Exilforschung · Ein internationales Jahrbuch · Band 31

Exilforschung
Ein internationales Jahrbuch

**Herausgegeben im Auftrag der Gesellschaft für Exilforschung/
Society for Exile Studies von Doerte Bischoff, Claus-Dieter Krohn und
Lutz Winckler**

Exilforschung
Ein internationales Jahrbuch

31/2013

Dinge des Exils

Herausgegeben von
Doerte Bischoff und Joachim Schlör

edition text + kritik

Redaktion der Beiträge:

Prof. Dr. Doerte Bischoff
Walter A. Berendsohn Forschungsstelle für deutsche Exilliteratur
Von-Melle-Park 3
20146 Hamburg
buero.exil@uni-hamburg.de

Rezensionen:

Prof. Dr. Claus-Dieter Krohn
cdkrohn@web.de

Verantwortlich außerdem:

Prof. Dr. Lutz Winckler
Lutz.Winckler@gmx.de

Dieser Band erscheint seit 2021 als Print-on-Demand-Titel (POD) und E-Book (PDF) bei De Gruyter.
ISBN POD 978-3-11-077994-3
e-ISBN (PDF) 978-3-11-078061-1

Bibliografische Information der Deutschen Nationalbibliothek

Die deutsche Nationalbibliothek verzeichnet diese Publikation in der Deutschen Nationalbibliografie; detaillierte bibliografische Daten sind im Internet über http://dnb.de abrufbar.

ISBN 978-3-86916-273-7

Umschlaggestaltung: Thomas Scheer, Stuttgart

Das Werk einschließlich aller seiner Teile ist urheberrechtlich geschützt. Jede Verwertung, die nicht ausdrücklich vom Urheberrechtsgesetz zugelassen ist, bedarf der vorherigen Zustimmung des Verlages. Dies gilt insbesondere für Vervielfältigungen, Bearbeitungen, Übersetzungen, Mikroverfilmungen und die Einspeicherung und Verarbeitung in elektronischen Systemen.

© edition text + kritik im Richard Boorberg Verlag GmbH & Co KG, München 2013
Levelingstraße 6a, 81673 München
www.etk-muenchen.de

Satz: Dörr + Schiller GmbH, Stuttgart
Druck und Verarbeitung: Laupp & Göbel GmbH, Talstraße 14, 72147 Nehren

Inhalt

Doerte Bischoff, Joachim Schlör	Dinge des Exils. Zur Einleitung	9

I. Exil, Migration, Materialität

Johannes F. Evelein	Erste Dinge – Reisegepäck im Exil: Eine phänomenologische Lektüre	23
Burcu Dogramaci	Objekte der Migration Zeitgenössische künstlerische Strategien und produktive Aneignungen	35
Andreas Stuhlmann	»Du sollst in Häusern wohnen, die du nicht gebaut hast.« – Die Villa Aurora als »ensemble de mémoire«	55
Anne-Rose Meyer	Herd, Feuer und Küchengerät in Exilwerken Anna Seghers', Irmgard Keuns und Aglaja Veteranyis	71

II. Objekte und (Ent-)Ortungen

Katarzyna Lukas	Dinge des Exils als Impuls der Identitätsfindung am Beispiel der Romane W. G. Sebalds und J. S. Foers	89
Anna Langenbruch	»Schallplatten emigrierter Künstler bevorzugt«: Medium, Materialität und Musikexil	103
Dorothee Kimmich	Fremde Dinge und fremde Menschen in der Moderne	119

Robert Krause	»Dinge, die ihren Zusammenhang verloren hatten wie wir« Hans Sahls und Ruth Tassonis Erinnerungen an die »anonyme Geschichte« des Exils	134
Claudia Röser	Von der Einrichtung im Exil – Hilde Spiels *Lisas Zimmer*	148
Linda Maeding	Dingwelten in Auflösung: Zum Traumcharakter des Exils bei Rudolf Leonhard und María Teresa León	165
Sylvia Asmus, Jesko Bender	Klickpfade durchs Exil Die virtuelle Ausstellung *Künste im Exil*	186
Heike Gfrereis mit Annika Christof, Johannes Kempf und Martina Wolff	Vier Bausteine zu einem virtuellen »Jungen Exilmuseum«	197

III. Stückwerk: Collage, Album, Sammlung

Annegret Pelz	Wohnung beziehen – im Album	213
Elisabeth Gallas	Materialisiertes Gedächtnis – Zur Rettung und Verteilung geraubter jüdischer Bücher nach dem Zweiten Weltkrieg	223
Anthony Grenville	Dinge der Vergessenheit: Der Fall eines unbekannten jüdischen Flüchtlings	236
Anat Feinberg	Der Fasan, Bialik und die Sehnsucht nach dem Zuhause	250

Sibylle Schönborn	Fahrkarte, Touristeninformation, Hotelrechnung: Max Herrmann-Neißes Foto- und Collage-Alben als Archive des Exils	268

IV. Identität und/als Objekt

Barbara Thums	Festkleid oder graues Kostüm – Textile Dinge des Exils Ästhetik und Politik der Kleidung in Thomas Manns *Joseph und seine Brüder* und Reinhard Jirgls *Die Unvollendeten*	283
Katja Schubert	Ein Schiff auf der Dizengoffstraße – Dinge in Yoel Hoffmanns *Christus der Fische*	299
Katarzyna Śliwińska	»Poniemieckie«: Von Deutschen zurückgelassene Dinge und deren Ort in der neueren polnischen Literatur	313
Mona Körte	Übergangsobjekte: Tagebücher zwischen den Sprachen	327
Charlton Payne	Der Pass zwischen Dingwanderung und Identitätsübertragung in Remarques *Die Nacht von Lissabon*	343
Rezensionen		355
Kurzbiografien der Autorinnen und Autoren		375
Abbildungsnachweis		383

Doerte Bischoff, Joachim Schlör

Dinge des Exils
Zur Einleitung

I.

Nach der Aufgabe seines Geschäfts und vor seiner eigenen Emigration in die USA, 1940, arbeitete Julius Kirchhausen noch einige Monate bei der »Israelitischen Mittelstelle« in Stuttgart. In deren Auftrag sollte er »die Juden im württembergischen Unterland und der badischen Nachbarschaft [...] betreuen, ihnen die notwendigen Auswanderungspapiere [...] besorgen und alle Hilfe [...] leisten, damit sich alles schnell und reibungslos abwickeln konnte.«[1] Neben Verhandlungen mit Konsulaten möglicher Zielländer und mit den verschiedenen deutschen Behörden bestand diese Tätigkeit vor allem in einer Bestandsaufnahme der Gegenstände, die die Auswanderer mitnehmen (oder, in den meisten Fällen, vorausschicken) wollten:

> Zur Aufnahme der Umzugsgüter mußte ich mich in die Wohnung der betreffenden Leute begeben, die Einrichtung aufnehmen, dazu die Anschaffungszeit und den Wert der einzelnen Gegenstände angeben. Das erforderte viel Zeit, zumal wenn es sich um auswärts wohnende Leute in Künzelsau, Öhringen, Talheim, Freudental, Sontheim, Bonfeld usw. handelte. Allgemein bezogen sich die Umzugsgüter auf Möbel, Bekleidung, Wäsche aller Art, Teppiche, Vorhänge, Betten, Haus- und Küchengeräte usw. Nach dem 9. November 1938 (Kristallnacht) durften durch die Nazi [sic] beschädigte Möbel, Bilder usw. nicht mehr ausgeführt, also auch nicht in den Listen angeführt werden. Die Listen fertigte man nachts bei mir zu Hause in Reinschrift (Schreibmaschine) aus [...].[2]

Dinge, schwäbische Dinge, gehen auf Reisen und finden sich bald darauf anderswo – »irgendwo auf der Welt« – wieder. Solche Dokumente geben Aufschluss über die Bedeutung (und den Bedeutungswandel) von Gegenständen, »Dingen«, und über die Einrichtung des Lebens in den vielfältigen Situationen und Prozessen der Entwurzelung und der

---

[1] Geschäftsverkauf – »Mittelstelle« – Auswanderung 1941. Mitgeteilt von Julius Kirchhausen, Baltimore, USA. In: Franke, Hans: Geschichte und Schicksal der Juden in Heilbronn. Heilbronn 1963, S. 246–250; hier: S. 257.
[2] Ebd.

Suche nach neuen Heimaten. Die Dinge des Exils stehen, wie im Rahmen einer Projektskizze für das Jahrbuch 2005 schon einmal dargelegt wurde, in einem komplexen Netz von Zusammenhängen.³ Die unterschiedlichen theoretischen und methodischen Annäherungen in einen sinnvollen Dialog miteinander zu bringen und damit der Exilforschung neue, auch interdisziplinäre Impulse zu geben, war eines der wesentlichen Anliegen der Herausgeber.

Mit der Fokussierung der Dinge des Exils, denen der vorliegende Band gewidmet ist, wird die Aufmerksamkeit auf persönliche Gegenstände gerichtet, die Migranten mitnehmen konnten oder zurücklassen mussten, auf Gegenstände, in denen sich Erinnerungen an die verlorenen Heimaten, an das Herausgerissensein und Unterwegssein, aber auch an das Ankommen und an die Erfahrung heteronomer Bedeutungszuschreibungen in unterschiedlichen kulturellen Kontexten symbolisch verdichten. Die hier versammelten Beiträge, welche die diesjährige Jahrestagung der Gesellschaft für Exilforschung (22.–24.03.2013 in Hamburg) dokumentieren,⁴ stehen im Horizont einer in den vergangenen Jahren zu beobachtenden Tendenz, dass neben den traditionellen Bereichen der politischen und ökonomischen Geschichte des Exils und der Erforschung von Exilliteratur neue kulturwissenschaftliche Fragestellungen in den Blick der Exil- und Migrationsforschung rücken. Das Interesse an alltags- und lebensweltlichen Erfahrungen von Vertreibung, Flucht, Passage, Neubeginn und transkultureller Orientierung bringt die Exilforschung in einen fruchtbaren Kontakt mit anderen Disziplinen und deren theoretischen und methodologischen Ansätzen – der Volkskunde und Europäischen Ethnologie, der Erforschung von »consumer culture«, den Diaspora Studies, der Museologie und Archivkunde beispielsweise. In diesen Bereichen hat die Erforschung von »Sachkultur« und »Dingbedeutsamkeit« eine lange Tradition. Tatsächlich ist die Beharrlichkeit und Detailgenauigkeit, mit denen die volkskundliche Dingforschung traditionell der Beschaffenheit und dem Funktionswandel der Dinge nachspürt, auch heute noch wichtige Basis und Bezugspunkt kulturwissenschaftlicher Arbeiten

---

3 Vgl. Schlör, Joachim: Dinge der Emigration. Eine Projektskizze. In: Exilforschung 23 (2005): Autobiografie und wissenschaftliche Biografik, S. 222–238.
4 Aufgenommen wurde auch der Beitrag von Anat Feinberg, den diese auf der Konferenz nicht präsentieren konnte, sowie – anstelle der eher performativen Präsentation eines Exilobjekts aus dem Deutschen Literaturarchiv Marbach durch Nikola Herweg und Caroline Jessen – zwei Beiträge, die das derzeit im Aufbau befindliche Projekt eines digitalen Museums »Künste im Exil« (vgl. Anm. 37) und das Exilarchiv 1933–1945 der Deutschen Nationalbibliothek (Sylvia Asmus, Jesko Bender) in Frankfurt vorstellen.

über die Dinge.⁵ Für eine Erweiterung dieser Tradition steht etwa der – auch in manchen Beiträgen zitierte – Kulturwissenschaftler Gottfried Korff als Mitbegründer der Tübinger Schule der »Empirischen Kulturwissenschaft«, die den *cultural* sowie den *material turn* geisteswissenschaftlicher Disziplinen präfiguriert und mitgeprägt hat.⁶

Dinge werden hergestellt, sie bestehen aus bestimmten Materialien, sie werden als Teil alltäglicher kultureller Praxis in Arbeits- oder Wohnzusammenhängen benutzt, sie werden (in einer »Ökonomie des Notbehelfs«) repariert, sie werden vererbt, umgewidmet, auf den Müll geworfen, wieder ausgegraben, sie werden vergessen und wieder erinnert. Allerdings hat sich die Volkskunde lange Zeit eher mit solchen Dingen befasst, die an ihrem Ort verblieben sind als mit solchen, die »auf Reisen« gingen.⁷ Überhaupt hat sich die Dingforschung, etwa im grundlegenden Werk *The Meanings of Things: Domestic Symbols and the Self* von Eugene Halton und Mihaly Csikszentmihalyi, zumeist mit der Frage beschäftigt, wie Menschen »carve meaning out of their domestic environment«.⁸ Was geschieht aber, wenn das »domestic environment«, das Zuhause, bedroht, zerstört, aufgelöst wird? Was geschieht mit den Dingen und ihren Be-Deutungen? Im Eingangszitat von Julius Kirchhausen wird gerade diese Situation thematisiert: Jüdische Familien, die sich angesichts der nationalsozialistischen Verfolgung zur Auswanderung entschließen, müssen ihre »Dinge« neu anschauen, auf ihre Brauchbarkeit an anderem Ort prüfen, sie für Zwecke der Besteuerung auflisten, sie verpacken, in Containern versenden. Viele Dinge, und beileibe nicht nur Kunstwerke, wurden in diesen Jahren von den NS-Machthabern requiriert, gestohlen und geplündert, verkauft oder (gerade im Falle von Familien, denen die Auswanderung nicht mehr gelang) vor der Deportation versteigert.⁹ In einer ebenso beklemmenden wie eindrücklichen filmischen Dokumentation hat Mi-

---
5 Vgl. etwa Brückner, Wolfgang: Dingbedeutung und Materialwertigkeit. Das Problemfeld. In: Anzeiger des Germanischen Nationalmuseums Nürnberg 1995, S. 14–21, danach in: Ders.: Gesammelte Schriften VII. Würzburg 2000, S. 31–50.
6 Vgl. Korff, Gottfried: Dinge: Unsäglich kultiviert. Notizen zur volkskundlichen Sachkulturforschung. In: Franz Grieshofer und Margot Schindler (Hg.): Netzwerk Volkskunde. Ideen und Wege. Wien 1999, S. 273–290; Ders.: Dimensionen der Dingbetrachtung. Versuch einer museumskundlichen Sichtung. In: Andreas Hartmann u. a. (Hg.): Die Macht der Dinge. Symbolische Kommunikation und kulturelles Handeln. Münster u. a. 2011, S. 11–26.
7 Vgl. aber zuletzt Moser, Johannes und Daniela Steidl (Hg.): Dinge auf Reisen: Materielle Kultur und Tourismus. Münster 2009.
8 Csikszentmihalyi, Mihaly and Eugene Rochberg-Halton: The Meaning of Things: Domestic Symbols and the Self. Cambridge/MA 1981, S. 308.
9 Ein besonders bedrückendes Beispiel wird vorgestellt von Ulmer, Martin und Martin Ritter: Das jüdische Zwangsaltenheim in Eschenau und seine Bewohner. Horb 2012.

chael Verhoeven das Ausmaß und die Beteiligung großer Teile der zurückbleibenden, nicht betroffenen Bevölkerung an diesen Arisierungsprozessen gezeigt.[10]

Auseinandersetzungen, auch rechtliche, sind bis heute die Folge dieser Politik, die man auch alltagsgeschichtlich und als Teil von Familienerinnerungen lesen kann.[11] Der britische Rechtstheoretiker Jeremy Bentham hat, um die Mitte des 19. Jahrhunderts, besonders auf die wichtige Bedeutung der *Beziehung* zwischen einem Gegenstand und seinem Besitzer hingewiesen: Besitz ist die Basis einer Hoffnung. Nur das Gesetz kann dafür sorgen, dass die Beziehung in die Zukunft, zur nächsten Generation, weitergetragen werden kann – »an assurance of future ownership«. Wird diese Sicherheit angegriffen oder bedroht, steht eben mehr zur Debatte als der bloße Gegenstand: »Every attack upon this sentiment produces a distinct and special evil, which may be called a *pain of disappointment.*«[12] Die Ausgrenzung der Juden aus der deutschen Gesellschaft wurde besonders sichtbar mit der »Arisierung«, der Wegnahme von Besitz. Wer auswanderte, musste die private Wohnung, die gegenüber der Straße und der Öffentlichkeit noch Schutzraum geboten hatte, verlassen. An den Orten der Zuflucht gerieten nicht nur die Menschen, sondern auch ihre Dinge in neue, ungewohnte Zusammenhänge – das wird uns oft erst bewusst, wenn Familienangehörige in aufgegebenen Wohnungen oder in Nachlässen auf Spuren der Dinge stoßen, die für die erste Generation noch den Kontakt zum Herkunftsort, aber auch die Passage hin zum neuen Wohnort, symbolisierten. Atina Grossman beschreibt, wie sie begann, in den Papieren ihrer Mutter und ihrer Tante, in einer Wohnung an der New Yorker Upper East Side, zu lesen. Sie fand dort »plastic bags filled with postwar aerogrammes linking friends and relatives scattered all over the globe, from Tokyo to Tel Aviv, Capetown to Canberra, Buenos Aires to Boston«.[13] Weiter enthielten die Plastiktüten »Baedeker guidebooks to virtually everywhere«[14] sowie »letters written by my aunts in London to the British relief agencies begging for passage for their parents trapped in

---

10 Verhoeven, Michael: Menschliches Versagen. Dokumentarfilm. Deutschland 2008.
11 Vgl. dazu für Deutschland Bertz, Inka und Michael Dormann (Hg.): Raub und Restitution. Kulturgut aus jüdischem Besitz von 1933 bis heute. Göttingen 2008; für Österreich Reininghaus, Alexandra (Hg.): Recollecting. Raub und Restitution. Wien 2009.
12 Bentham, Jeremy: The Theory of Legislation. Translated from the French of Etienne Dumont by R. Hildreth. Second Edition, London 1871, S. 111.
13 Grossman, Atina: Versions of Home. German-Jewish Refugee Papers Out of the Closet and Into the Archives. In: New German Critique 90 (2003), S. 95–122; hier: S. 95.
14 Ebd., S. 104.

Berlin«.[15] Und zu den Dokumenten kamen Bücher, Kleidungsstücke, Souvenirs, Küchenutensilien, Werkzeuge, Möbel – die konkreten Dinge der Emigration.

II.

Ausdrücklich auf seine Erfahrung von Ausgrenzung, Verfolgung und Exil während der NS-Zeit bezogen hat Jean Améry Beheimatetsein nachträglich als Verhältnis zu den Dingen beschrieben. In seinem Essay »Wieviel Heimat braucht der Mensch?« (1966), heißt es: »Wir sind [...] darauf gestellt, in Dingen zu leben, die uns Geschichten erzählen. Wir brauchen ein Haus, von dem wir wissen, wer es vor uns bewohnt hat, ein Möbelstück, in dessen kleinen Unregelmäßigkeiten wir den Handwerker erkennen, der daran arbeitete.«[16] Die Dinge machen die Welt wohnlich und heimatlich, indem sie Beziehungen zwischen Menschen stiften, die sie untereinander weitergeben und die auf ihnen menschliche Spuren hinterlassen, die von späteren Besitzern als vertraute wahrgenommen werden können. Das Exil als (gewaltsame) Vertreibung aus gewohnten Lebensumgebungen zerstört diese Vertrautheit mit den Dingen und die Kommunikations- und Mittlerfunktion, die diese innerhalb einer Nahwelt von Bewohnern desselben Hauses – im buchstäblichen wie übertragenen Sinne – besitzen. Der Raub der Besitztümer jüdischer Nachbarn zielt auf eine absolute Aneignung der Dinge, die diese zum Verstummen bringt; und mit ihnen ihre ehemaligen Besitzer. Dass jedoch die Dinge, gerade indem sie nicht nur ihre ehemaligen deportierten oder exilierten Besitzer überleben, sondern auch von ihren neuen Besitzern, die ihre Geschichte auszulöschen bestrebt sind, nicht vollständig kontrolliert werden können, zeigen die vielen realen und fiktionalen Geschichten vom Wiederauftauchen der geraubten und angeeigneten Dinge – einige von ihnen werden in den hier versammelten Aufsätzen erzählt und untersucht – in Konstellationen, in denen sie ihre Sprache wiederfinden, die sie von gewaltvollen Enteignungen und Beraubungen Zeugnis ablegen lassen. In Verhoevens Dokumentationsfilm über die »Arisierung« beispielsweise berichtet eine Exilantin von einem besonderen Kleidungsstück, einem Kaninchenfellmantel, den

---

15 Ebd., S. 105; vgl. auch Grossman, Atina: German Jews as Provincial Cosmopolitans: Reflections from the Upper West Side. In: Leo Baeck Institute Yearbook 2008, S. 157–168.
16 Améry, Jean: Wieviel Heimat braucht der Mensch?. In: Ders.: Jenseits von Schuld und Sühne. Bewältigungsversuche eines Überwältigten. Stuttgart 1977 (2. Aufl.), S. 74–101; hier: S. 96.

ihre Tante aus Resten eigener Kleider für sie als Kind geschneidert hatte. Dieser Mantel verschwindet zusammen mit allen anderen Dingen, die in einem Koffer waren, den sie zurücklassen musste. Jahre später – sie lebt inzwischen als Erwachsene wieder in ihrer Heimatstadt – bringt ihr fünfjähriger Sohn eine Freundin aus dem Kindergarten mit nach Hause, die ebendiesen – unverwechselbaren – Kindermantel trägt. Die Begegnung mit diesem Kleidungsstück, das nicht nur an die eigene Kindheit erinnert, sondern das ihr auch als Zeugnis von Vertreibung und unrechtmäßiger Aneignung gegenübertritt, lässt hier das affektive Innewerden des Eigenen mit einer Trennungs- und Fremdheitserfahrung schockhaft zusammentreten.

Szenen wie diese hat auch die Literatur, die Exilerlebnisse gestaltet, immer wieder beschrieben. Judith Kerrs Jugendbuch *Als Hitler das rosa Kaninchen stahl* etwa lässt bereits im Titel erkennen, dass die Exilerfahrung ganz wesentlich als Verlust eines privilegierten Objekts, hier: des Lieblingskuscheltiers eines neunjährigen Mädchens, gestaltet und reflektiert wird. Als Übergangsobjekt reflektiert es Nähe und Abtrennung nicht nur im Hinblick auf allgemeine Prozesse der Individuierung, sondern auch in Bezug auf die Erfahrung des Verlusts von Vertrautheit und Geborgenheit, welche die bisherige Welt des Kindes geprägt hatten. Der Abschied von dieser ist vor allem ein Abschied von den vertrauten Orten und Dingen:

> Sie gingen von einem Raum in den anderen und riefen: »Auf Wiedersehn, Papas Schlafzimmer … auf Wiedersehn, Flur … auf Wiedersehn, Treppe […] auf Wiedersehn, Wohnzimmer […] Auf Wiedersehn, Klavier… auf Wiedersehn, Sofa […] Auf Wiedersehn, Vorhänge … auf Wiedersehn, Eßtisch … auf Wiedersehn, Durchreiche!«[17]

In der Verabschiedung werden die Dinge angesprochen wie gleichberechtigte, quasi-lebendige Mitbewohner, das Verlassen der vertrauten Umgebung lässt mit der Materialität der Dinge, die das Zuhause bewohnbar gemacht hatten, zugleich deren Eigenleben hervortreten. Als die Kinder nach der Emigration die für sie abstrakte Information aufschnappen, die Nazis hätten das jüdische Eigentum konfisziert, stellen sie sich vor, was das für sie selbst bedeutet:

> Das Klavier war weg … die Vorhänge im Eßzimmer mit dem Blumenmuster … ihr Bett … alle Spielsachen, auch das rosa Kaninchen. Es hatte

---

17 Kerr, Judith: Als Hitler das rosa Kaninchen stahl. Aus dem Englischen übertragen von Annemarie Böll. Ravensburg 1974 (2. Aufl.), S. 23 f.

schwarze, aufgestickte Augen [...] und es sackte so reizend zusammen, wenn man es auf die Pfoten stellte. Das Fell war, obgleich nur noch verwaschen rosa, so weich und vertraut gewesen.[18]

Die Vertrautheit mit dem Ding manifestiert sich in den Spuren, die der Umgang des Kindes mit ihm hinterlassen hat; sein Verlust – im Text markiert auch durch die zahlreichen Auslassungspunkte – wird damit auch als Bruch im Ich beschreibbar, das sich durch den Bezug zu dem Kuscheltier hatte herausbilden und seiner selbst vergewissern können.

Wie in diesem Beispiel ist in vielen literarischen Texten, die Exilerfahrungen reflektieren, die Unterscheidung zwischen zurückgelassenen und mitgenommenen Dingen nicht so eindeutig, wie man vermuten könnte. Während sich einerseits in den ins Exil geretteten Dingen durchaus Heimat – jenseits von territorialen oder politischen Verortungen – materialisiert, so sind die aus ihren Kontexten gerissenen Dinge immer auch Zeugen von Entfremdung und Verlust. Ähnlich stiften gerade die verlorenen Dinge, sofern sie weiterhin Gegenstände der Sehnsucht und der Erinnerung sind, ein besonderes Verhältnis zu Dingen, das ein einfaches Verständnis von materiellem Besitz übersteigt. In der Entortung, so legen es viele Texte nahe, treten Mensch-Ding-Verhältnisse erst besonders hervor, wird die Bedingtheit und das heißt, sowohl die Kontingenz, aber auch die Materialität dessen, was als Heimat, als selbstverständliche Gegebenheit aufgefasst wurde, erst eigentlich erfahrbar. Lässt sich das Exil damit als Kondition beschreiben, die eine besondere Dingwahrnehmung erzwingt bzw. ermöglicht, so werden Dinge häufig zu zentralen Reflexionsobjekten des Exilierten, der sein eigenes Verworfensein und unkontrollierbares Umhergetriebenwerden im Existenzmodus der beweglichen Objekte wiedererkennt und reflektiert. In der Spiegelung von Mensch und Ding vertauschen sich jedoch auf vielfältige Weise die Positionen von Subjekt und Objekt: die sich belebenden und personifizierenden Dinge nähern sich den Menschen an und umgekehrt.

Ein im US-amerikanischen Exil entstandenes Textkonvolut des Pragerdeutschen Autors Hans Natonek mit dem Titel *Memoirs and diaries* beginnt mit dem Kapitel »Eine europäische Uhr, etwas kaputt«. Es beschreibt die Schiffspassage ins Exil im Spiegel der Armbanduhr des reisenden Ich, die von Anfang an als personifiziertes Ding in Erscheinung tritt: »Ich starrte auf meine Armbanduhr; sie behauptete, es sei halb sieben Uhr früh; aber das braucht nicht wahr zu sein. Sie ist ein bisschen verrückt, die Uhr, als hätte sie einen Chock erlitten. Sie kommt aus Eu-

---

18 Ebd., S. 41.

ropa.«[19] Später heißt es, die Uhr reise »nach Amerika, ohne zu wissen, wie ihr geschah, ähnlich wie ihr Herr, der gar nicht ihr Herr ist.«[20] Bemerkenswert ist dabei, dass das Exilschicksal hier in einem Gegenstand gespiegelt wird, der nicht etwa der letzte ursprüngliche Besitz des Flüchtlings ist. Zum materialisierten Inbegriff von Europa, zum »Zeit-Spiegel«[21] und zum Spiegel des Ich wird sie gerade dadurch, dass sie ihm nicht ursprünglich gehörte, sie ihm vielmehr in den Wirren von Exil und Flucht zufiel. Die Uhr ist also persönliches Ding und Erinnerungsobjekt, das mit dem alten Europa verbindet, gerade indem sie auf Diskontinuitäten verweist und mit dem Eigenen zugleich das Fremde, Unverfügbare, mit dem Kontrollier- und Besitzbaren auch den Zufall und das »aus den Dingen Fallen«, wie es bei Konrad Merz beschrieben ist, in sich aufgenommen hat. In Merz' frühem autobiografisch geprägtem Exilroman *Ein Mann fällt aus Deutschland* rücken dem jungen Exilanten die Dinge, etwa diejenigen Gegenstände, mit denen er während der Flucht unmittelbar in Berührung kommt, die mitgebrachten oder die der neuen Umgebungen, regelrecht auf den Leib.[22] Es gibt keine geregelte Distanz zu den Dingen mehr, als Verworfener, Umhergetriebener wird der Mensch selbst zu einem der Dinge, die seine Umgebung bilden. »Ein deutscher Regenmantel läuft nach Holland«[23] heißt es etwa, später unterschreibt er auch einen Brief an seine zurückgelassene Freundin: »innig, dein Regenmantel«.[24] Den »pensionierten Füllfederhalter«, den er bei sich trägt, ermahnt er, den Mund zu halten, wohl, um nicht von Erinnerungen überflutet zu werden. Nachdem sein Kopf auf dem Fluchtschiff in einem Eimer mit der Aufschrift »25 Pfund Pflaumenmus« gelegen hat, drängt sich ihm diese Warenaufschrift als neue, seine Verdinglichung manifestierende Identität auf: »ich bin die gesuchtesten 25 Pfund Pflaumenmus in ganz Deutschland«.[25] Vertauschungen von Mensch und Ding, Personifikationen von Dingen, die zum einzigen Gegenüber, zur einzigen Möglichkeit der Selbstversicherung, aber auch zu bedrohlichen Zeugen der eigenen Verworfenheit werden, sind das zentrale Strukturprinzip dieses Textes. Während der Roman auch darin ein »klassischer Exiltext« ist, dass er eine antifaschistische Haltung als Fluchtgrund beschreibt, problemati-

---

19 Natonek, Hans: Memoirs and diaries. Unveröffentlichtes (deutschsprachiges) Typoskript. 441 Seiten. Hans Natonek Papers, M. E. Grenander Department of Special Collections and Archives, University at Albany, SUNY, S. 1.
20 Ebd., S. 2.
21 Ebd.
22 Merz, Konrad: Ein Mensch fällt aus Deutschland [1936]. Berlin 1994.
23 Ebd., S. 27.
24 Ebd., S. 32, vgl. auch S. 84.
25 Das Motiv zieht sich durch den gesamten Text, vgl. etwa S. 25f., 32, 49, 56, 67, 97, 100.

siert er doch zugleich die Kategorie des (politisch) handelnden und souverän entscheidenden Subjekts und weist auf ästhetische und diskursive Vorgeschichten der Exilliteratur in Kunst und Literatur der Avantgarden zurück.

Anstelle von Kategorien, die man vielleicht humanozentrisch nennen könnte, insofern sie das menschliche Subjekt mit Blick auf seine politischen Entscheidungen, Gesinnungen und Bekenntnisse einerseits, sein (überlegenes) Verhältnis zu den ihn umgebenden, von ihm gemachten, bezeichneten und gebrauchten Dingen (Maschinen, Technologien) andererseits voraussetzen, tritt hier eine Perspektive, die mit Bruno Latour als die einer »universalistischen Anthropologie« begriffen werden kann.[26] Sie kehrt die Be-Dingtheit menschlichen Handelns und Urteilens hervor und birgt gerade darin die Chance einer kritischen Subversion von Selbstsetzungs- und Machtfantasien und deren verdinglichender und zumal im 20. Jahrhundert so häufig mörderischer Gewalt. Aber auch die in der traditionellen Exilforschung mit ihrer Fokussierung von Biografien vielfach im Vordergrund stehenden Fragen der Gesinnung und des politischen Bekenntnisses wie auch das den historischen Exildiskurs prägende Konzept des »militanten Humanismus« können aus dieser veränderten Sicht auf die Dinge auf neue Weise problematisiert werden.[27]

»Das Gewöhnliche der Dinge platzte, ihr Material wurde zum Personal«,[28] formuliert Herta Müller, deren den Totalitarismus bezeugende Texte durchweg durch eine Ästhetik der Dinge strukturiert sind, was sie in eine bemerkenswerte Nähe zum Roman von Konrad Merz treten lässt. Nicht zufällig wohl hat Herta Müller in ihrem Aufruf, in Deutschland ein »Museum des Exils« einzurichten, ausdrücklich auf Konrad Merz und seinen heute weitgehend vergessenen Exiltext Bezug genommen.[29] Auch in ihrer Nobelpreisrede gab Müller den Dingen, um die die Argumentation insgesamt kreist, viel Raum. Hier ist es ein kleiner Alltagsgegenstand, das Taschentuch, in dem Angst und Hoff-

---

26 Vgl. Latour, Bruno: Überraschungsmomente des Handels. Fakten, Fetische und Faitiches. In: Ders.: Die Hoffnung der Pandora. Untersuchungen zur Wirklichkeit der Wissenschaft. Frankfurt a. M. 2000, S. 327–359; hier: S. 340.
27 Vgl. etwa Koebner, Thomas: »Militanter Humanismus«. Ein Konzept des Dritten Weges im Exil. In: Ders.: Unbehauste. Zur deutschen Literatur in der Weimarer Republik, im Exil und in der Nachkriegszeit. München 1992, S. 237–260.
28 Müller, Herta: Der König verneigt sich und tötet. In: Dies.: Der König verneigt sich und tötet. Frankfurt a. M. 2008, S. 40–73; hier: S. 49.
29 Vgl. Müller, Herta: Menschen fallen aus Deutschland. Brief der Nobelpreisträgerin Herta Müller an die Bundeskanzlerin. In: FAZ.net, 24.06.2011, unter: http://www.faz.net/aktuell/feuilleton/buecher/autoren/deutsche-kulturpolitik-erinnert-ans-exil-1652383.html [abgerufen: 25.06.2013].

nung angesichts menschenverachtender Schikane und allgegenwärtiger Bedrohung buchstäblich greifbar werden. Das Taschentuch kann an die Stelle des abwesenden vertrauten Menschen treten, es bewahrt die Erinnerung und vergegenwärtigt eine Bindung, indem es diese in einer von Entzug und Verlust geprägten Situation regelrecht materialisiert. »[U]m uns der eigenen Existenz zu versichern, brauchen wir die Gegenstände, die Gesten und die Wörter«, schreibt Müller. Indem die kleinen Gegenstände »das Disparateste im Leben zusammenbinden«, ist ihnen eine Ausdruckskraft eigen, die sich einer eindeutigen Artikulation oder Erzählbarkeit widersetzt, die aber gerade darin Brüche von Narrativen, auch des eigenen Lebens, bezeugen können.[30] Gerade in dieser Widerständigkeit der (kleinen) Dinge gegenüber den Zugriffen der (Diskurs-)Macht, gegenüber einer sie instrumentalisierenden Vereindeutigung, kommt den Dingen eine ganz andere, sozusagen eine kleine Macht zu: die menschliche Würde zu bewahren.[31] So stellt auch die Hauptfigur in Franz Werfels Exildrama *Jacobowsky und der Oberst* über die persischen Teppiche, die er als seinen letzten, mobilen Besitz mit in sein nunmehr fünftes Exilland wenigstens »als Illusion von Besitz« nehmen möchte, fest: »Sie sind gewissermaßen das Letzte, was mir geblieben ist. Sie sind die Symbole einer Heimstätte mitten in meiner Heimatlosigkeit. Sie dienen der Erhaltung meiner Menschenwürde.«[32] Die von den Dingen gestiftete mobile Heimat evoziert hier, wie in manchem anderen Exiltext, auch eine jüdische Tradition von Exil und Diaspora, in der ein »portatives« Vaterland (Heine), figuriert zunächst durch die Bundeslade, später aber auch durch Schrift und Buch allgemein, den verlorenen Heimatort zu ersetzen hat, den sie gleichwohl erinnern.[33] In der jüngeren Literatur hat diese Tradition kürzlich der Roman *Das große Haus* von Nicole Krauss in ausdrücklichem Bezug zu Exil und Schoah im 20. Jahrhundert gestaltet. Der Protagonist ist ein

---

30 Müller, Herta: Jedes Wort weiß etwas vom Teufelskreis. Nobelvorlesung 07.12.2009, unter: http://www.nobelprize.org/nobel_prizes/literature/laureates/2009/muller-lecture_ty.html [abgerufen: 25.06.2013].

31 Vgl. ebd. Am Ende der Rede beschreibt Müller, wie ihre Mutter im Polizeiarrest mit ihrem Taschentuch die Möbel wischt: »[...] durch zusätzliche, aber freiwillige Erniedrigung verschaffte sie sich Würde in diesem Arrest. [...] Ich wünsche mir, ich könnte einen Satz sagen, für alle, denen man in Diktaturen alle Tage, bis heute, die Würde nimmt – und sei es ein Satz mit dem Wort Taschentuch. Und sei es die Frage: HABT IHR EIN TASCHENTUCH.«

32 Werfel, Franz: Jacobowsky und der Oberst. Komödie einer Tragödie in drei Akten. Frankfurt a. M. 1962, S. 51.

33 Vgl. hierzu Kilcher, Andreas: »Volk des Buches«. Zur kulturpolitischen Aktualisierung eines alten Topos in der jüdischen Moderne. In: Münchner Beiträge zur jüdischen Geschichte und Kultur 2 (2009), S. 43–58.

großer Schreibtisch, ein »riesiges bedeutungsschweres Ding«[34] mit vielen unterschiedlich großen Schubladen, dessen außerordentlich bewegte Geschichte als Exil-Schicksal dargestellt ist. Dass er immer wieder in andere Länder und Häuser gelangt, wird mit dem Verschwinden seiner ehemaligen Besitzer, mit gewaltsamer Enteignung, Deportation und Tod (durch Folter oder Lager) in eine enge Verbindung gebracht. So verbindet der Schreibtisch unterschiedliche menschliche Geschichten und Schicksale, die sich im Bezug auf dieses »Ding des Exils« ineinander spiegeln und in gewisser Weise gegenseitig bezeugen. Dabei ist der exilischen Bewegung des Tisches eine andere Bewegung entgegengesetzt: die der Sammlung der zerstreuten, ins Exil getriebenen Dinge, deren vollständige Restitution aber ausdrücklich verhindert bzw. als Unmöglichkeit aufgewiesen wird.

III.

In verschiedenen Beiträgen wird im Folgenden der Versuch unternommen, neue Richtungen künftiger Exilforschung zumindest anzudeuten und vorzuschlagen, das Gebiet thematisch, geografisch und zeitlich auszuweiten. Gerade in der Literatur des 20. und des beginnenden 21. Jahrhunderts eröffnen Verhandlungen der Dinge aufschlussreiche Zugänge zu Fragen kultureller Reflexion von Enteignung und Entortung sowie zu den Möglichkeiten und Grenzen von Heimatkonstruktionen. Die hier versammelten Aufsätze führen interdisziplinäre Perspektiven auf die Dinge des Exils vor, indem aus historischer, literatur-, kunst-, musik- sowie aus archivwissenschaftlicher Sicht Konstellationen von Dingbedeutsamkeit und Dingbefremdung wie auch diverse Ansätze der Dingtheorie reflektiert werden. Dabei können und sollten Fragestellungen, Beispielanalysen und Theorieimpulse auch in anderen Kontexten weiterentwickelt werden. Dies betrifft auch die Ausweitung der zeitlichen Perspektive über den traditionellen historischen Fokus der deutschsprachigen Exilforschung auf die Zeit 1933–1945 hinaus, für den eine Reihe der folgenden Untersuchungen durch Fragen nach dem Nachwirken dieser Epoche, aber auch nach Korrespondenzen mit anderen Exilen und Migrationsphänomenen, die gerade in der Gegenwartsliteratur und -kunst präsent sind, steht. Solche Erweiterungen und Verschiebungen innerhalb der Exilforschung, die komparatistische Perspektiven stärkt und Exile und Migrationen aus-

---

34 Krauss, Nicole: Das große Haus [2010]. Aus dem Englischen von Grete Osterwald. Reinbek bei Hamburg 2011, S. 322.

drücklich im Zusammenhang diskutiert,[35] öffnen der Exilforschung zudem neue Möglichkeiten, sich in Netzwerken von Forschungen zu Migration, Diaspora und kulturellem Transfer auch international neu zu positionieren. Zugleich stellen sich gerade angesichts der Tatsache, dass das historische Exil 1933–1945 mit wachsendem zeitlichen Abstand und dem Verschwinden der Zeitgenossen zunehmend Gegenstand von Musealisierung und Archivierung wird,[36] Fragen nach der Präsentation der Dinge des Exils und der kulturellen Reflexion ihrer Funktion und Aussagekraft mit neuer Dringlichkeit.[37] Hier eröffnet sich der Exilforschung ein produktives Feld, in dem sich praktische Fragen der Vermittlung und Erinnerung ausdrücklich mit kulturanalytischen und -theoretischen Annäherungen verschränken. Kooperationen zwischen Institutionen wie Museen und Archiven einerseits, diversen akademischen Disziplinen andererseits sind damit noch stärker als bisher herausgefordert.

---

35 Diese Tendenz zeichnete sich bereits auf den letzten Jahrestagungen der Gesellschaft für Exilforschung (z. B. 2012 in Amsterdam zum Thema *Quo vadis, Exilforschung? Stand und Perspektiven. Die Herausforderung der »Globalisierung«*) ab und wird in den Jahrbüchern *Exilforschung* der vergangenen Jahre z. T. ausdrücklich diskutiert. Vgl. bes. den von Claus-Dieter Krohn konzipierten Band Exilforschung 27 (2009): Exil, Entwurzelung, Hybridität. Vgl. außerdem Schlör, Joachim: »Menschen wie wir mit Koffern.« Neue kulturwissenschaftliche Zugänge zur Erforschung jüdischer Migrationen im 19. und 20. Jahrhundert. In: Ulla Kriebernegg, Gerald Lamprecht u. a. (Hg.): »Nach Amerika nämlich!« Jüdische Migrationen in die Amerikas im 19. und 20. Jahrhundert. Göttingen 2011, S. 23–54; Bischoff, Doerte und Susanne Komfort-Hein: Vom *anderen Deutschland* zur Transnationalität. Diskurse des Nationalen in Exilliteratur und Exilforschung. In: Exilforschung 30 (2012): Exilforschungen im historischen Prozess, S. 242–273.
36 Vgl. dazu Hinrichsen, Jan: Der Koffer im Museum. Ein Metasymbol für Migration. In: Reisebegleiter. Bearbeitet von Claudia Selheim. Begleitband zur Ausstellung im Germanischen Nationalmuseum. Nürnberg 2010; Poehls, Kerstin: Zum Stand der Dinge: Migration im Museum. In: Natalie Bayer u. a. (Hg.): Crossing Munich. Beiträge zur Migration aus Kunst, Wissenschaft und Aktivismus. München 2009, S. 94–98.
37 Ausdruck eines solchen intensivierten Dialogs sind auch die beiden Beiträge in diesem Band, die das momentan im Aufbau befindliche Projekt eines digitalen Museums »Künste im Exil« aus der Perspektive der beiden initiierenden Institutionen, dem DLA (Heike Gfrereis mit Annika Christof, Johannes Kempf und Martina Wolff) und dem Exilarchiv 1933–1945 der Deutschen Nationalbibliothek (Sylvia Asmus, Jesko Bender) in Frankfurt, vorstellen. Wichtiger Anstoß dieses Projekts war der öffentliche Aufruf Herta Müllers zur Gründung eines Museums des Exils (vgl. Anm. 29).

I. Exil, Migration, Materialität

Johannes F. Evelein

Erste Dinge – Reisegepäck im Exil:
Eine phänomenologische Lektüre

I. Einführung

Vorausgeschickt sei eine kleine, aber großartige Geschichte, mit der jeder Schüler und jede Schülerin in den Niederlanden vertraut ist: eine Geschichte der Dinge und des Exils. Während des Achtzigjährigen Krieges gegen Spanien, dessen Ende aus deutscher Sicht mit dem Dreißigjährigen Krieg überlappt, wurde der junge Völkerrechtler und Rechtsgelehrte Hugo Grotius (1583–1645), genannt »le miracle de la Hollande«, von Prinz Moritz von Oranien, Statthalter der Niederlande, verhaftet. Während Moritz den Krieg gegen den spanischen König unbedingt fortzusetzen gedachte, versuchte Hugo auf rechtlichem und versöhnlichem Wege den Konflikt zu schlichten. Auf Befehl des Prinzen sperrte man ihn auf Schloss Loevestein ein, wo der junge Gelehrte jedoch gewisse Privilegien hatte, worunter eine wöchentliche Zulieferung von Büchern, die ihm in einer Truhe, einer Bücherrückgabekiste zugestellt wurden. Nach einjähriger Haft, seine Gesundheit von der klammfeuchten Luft in seiner Kammer arg mitgenommen, schmuggelte ihn seine Frau, die kluge Marie Reigersberg, aus dem Schloss und transportierte ihn nach Frankreich, getarnt als Stapel theologischer Bücher. Die berühmte Kiste gibt es immer noch, und das gleich zwei Mal: im Rijksmuseum in Amsterdam und im Prinsenhof in Delft. Das wirft natürlich die Frage der Authentizität des Dinges auf, und als Besucher möchte man selbstverständlich auch vor dem Ding selber stehen, während man sich zu vergegenwärtigen versucht, wie Hugo in dieser Kiste als Buch verdinglicht versteckt lag und durch den kleinen Spalt zwischen Deckel und Kistenkante seiner Frau zuflüsterte. Die Echtheit des Gegenstandes, oder jedenfalls unsere Annahme dieser Echtheit, verleiht ihm Präsenz, Schwere, ja eine Aura. Um mit Walter Benjamin zu sprechen: das Ding teilt sich mit. »Wem teilt die Lampe sich mit?« fragt Benjamin:

> Das Gebirge? Der Fuchs? – Hier aber lautet die Antwort: dem Menschen. Das ist kein Anthropomorphismus. Die Wahrheit dieser Antwort erweist sich in der Erkenntnis und vielleicht auch in der Kunst. Zudem: wenn Lampe und Gebirge und der Fuchs sich dem Menschen nicht mitteilen würden, wie sollte er sie dann benennen? Aber er benennt sie, *er* teilt sich mit, indem er *sie* benennt.[1]

Im Grunde benennt Benjamin das wohl wichtigste Prinzip der Phänomenologie, nämlich, dass das In-Erscheinung-Treten der Realität eines Gegenstandes mit dem Menschen, dem Subjekt beginnt. Es handelt sich also um eine perspektivische Darstellung der Wirklichkeit, in der die Objekte, ja die Welt als solche, untrennbar vom Subjekt, und somit vom Beobachter, sind. Nun ist aber klar, dass der Museumsbesucher Hugo Grotius' Exiltruhe (authentisch oder nicht) in einem anderen Licht sieht als Hugo selbst, und anders als seine Frau. Man kann sich bemühen, um, mit dem Phänomenologen Edmund Husserl, zu den Sachen selbst zurückzugehen, ihre Historizität zu verfolgen und somit zu einem graduellen, sich allmählich entschließenden Wissen der Dinge hin zu arbeiten[2]. Dazu wäre man vielleicht auch bereit, doch wird sich der eigene Erfahrungsbereich, auch wenn man sich noch sosehr bemüht, sich einliest und einlebt, niemals mit dem von Hugo decken. Schließlich war ja nur Hugo in der heiklen und am eigenen Körper erlebten Lage, zum Buch verdinglicht und per Exiltruhe aus dem Gefängnis getragen zu werden. Aber auch für Hugo war diese Truhe ja zuerst nur eine Bücherrückgabekiste, die sich erst allmählich als Fluchtvehikel entfaltete. Exiltruhe, Fluchtvehikel, es sind Neologismen, sprachlich hergestellte Verbindungen zwischen Kontext und Objekt, die jedoch bereits im Seinspotenzial des Gegenstandes mitschwingen. Die Dinge sind bedingt: durch ihren spezifischen Kontext und insbesondere durch das sie wahrnehmende Subjekt: Hugo, Marie Reigersberg, den Beobachter. Man stellt sich vor, wie Marie die Truhe betrachtet, zuerst als Bücherkiste, dann als Fluchtoption, und schließlich, wie sie aus dem Schloß hinausgetragen wird, vorbei an den Wächtern, die das Ding keines Blickes würdigen, doch es hätte auch anders kommen können.

---

[1] Benjamin, Walter: Über Sprache überhaupt und über die Sprache des Menschen. In: Ders.: Gesammelte Schriften. Hg. v. Rolf Tiedemann und Hermann Schweppenhäuser. Bd. II.1. Frankfurt a. M. 1989, S. 140–157; hier: S. 143.

[2] Vgl. hierzu z. B. Dan Zahavis hervorragende Einführung zu den Grundprinzipien der modernen Phänomenologie. Zahavi, Dan: Phänomenologie für Einsteiger. Paderborn 2007, S. 13–20.

II. Exkurs: Die Frage nach dem Ding

Sobald von Dingen die Rede ist, stellt sich zuerst die ebenso banale wie tiefgründige Frage: welche Dinge? Es gibt ja abstrakte und konkrete Dinge, Gebrauchsgegenstände und Kunstobjekte, real-existierende Dinge und gedankliche Dinge, in Erscheinung tretende Dinge und verborgene oder gar verlorengegangene Dinge. »Woran denken wir«, fragt sich Martin Heidegger in seiner Studie zur *Frage nach dem Ding*,[3] »wenn wir ›ein Ding‹ sagen«? Im Gesamtkatalog der Dinge handhabt er eine einfache und einleuchtende Trennung:

> Ding im *engeren* Sinne meint das Greifbare, Sichtbare u. s. f., das Vorhandene. Ding im *weiteren* Sinne meint jegliche Angelegenheit, solches, um das es so und so bestellt ist, die Dinge, die in der »Welt« geschehen, Begebenheiten, Ereignisse. Schließlich gibt es aber noch einen Gebrauch des Wortes im *weitesten* Sinne; er ist lange vorbereitet und vor allem im 18. Jahrhundert in der Philosophie üblich geworden. Demzufolge spricht z. B. Kant vom »Ding an sich«, und zwar im Unterschied zum »Ding für uns«, d. h. als »Erscheinung«. Ein Ding an sich ist jenes, was uns Menschen *nicht* so wie Steine, Pflanzen und Tiere durch die Erfahrung zugänglich ist.[4]

Demzufolge fallen sowohl die greifbaren Objekte »Koffer«, »Fahrkarte«, »Reisepass« als auch die Ereignisse »Exil«, »Flucht« oder »Verbannung« unter den allgemeinen Begriff »Ding«. Ein solches Begriffsnetz wäre für die vorliegende Studie jedoch um ein Vielfaches zu weitmaschig. Heidegger beschränkt sich für seine Zwecke auch selber auf den ersten Sinn und rückt somit »das Nächstliegende«, »das Handgreifliche« in den Vordergrund. Gleichzeitig sucht er über das einzelne Ding hinaus nach der »Dingheit des Dinges«, dem Unbedingten, währenddessen er an der Einzigartigkeit des einzelnen Dinges festhält: »Jedes Ding ist ein je dieses und kein anderes«.[5] Das Ding existiert jedoch nicht im Luftleeren, sondern befindet sich auf einer Zeit-Raum-Achse, welche seine Dingheit beeinflusst. Mit anderen Worten: für die Wesensbestimmung des Dinges gilt, dass sie »im Wesen von Raum und Zeit« gründet.[6] Ändert sich die Raumzeitkonstellation, ändert sich auch das Wesen des Dinges. Das Ding existiert somit im zeitlich-räumlichen Kontext, doch als »je dieses« schließt es auch das Auge und die hinwei-

---
3 Heidegger, Martin: Die Frage nach dem Ding. Zu Kants Lehre von den transzendentalen Grundsätzen. Tübingen 1962.
4 Ebd., S. 4.
5 Ebd., S. 13 f.
6 Ebd., S. 16.

sende Hand des Betrachters mit ein. Die Frage nach dem Ding ist somit gleichzeitig eine Frage nach der Geschichte des Dinges – seine lebendige Dingheit in der Zeit – und nach der Beziehung des Dinges zum Menschen, der es berühren und von ihm berührt werden kann. Die fast mystisch anmutende Benjamin'sche Floskel trifft auch für Heidegger zu: das Ding teilt sich mit.

III. Vom Abhandenkommen der Dinge

Szenenwechsel. Wir verlassen Holland und das 17. Jahrhundert und sind jetzt Weggefährten des österreichischen Schriftstellers Franz Theodor Csokor, so wie er sich in seiner 1955 erschienenen Autobiografie *Auf fremden Straßen*[7] darstellt. Er ist nach Polen geflüchtet, doch wir schreiben 1939, die deutschen Truppen sind bereits in Polen einmarschiert und bewegen sich auf Warschau zu. Im Kapitel »Erste Panik« hält Csokor seine Fluchterfahrung fest und stellt die Dinge dar, wie Flüchtende sie sehen, nämlich im *Verlust* der Dinge, der mit dem Verlust des Ich einhergeht:

> Als Zivilist, hauptsächlich besorgt um ein problematisch gewordenes Ich, macht man in solchen Augenblicken keine sehr gute Figur. Deshalb verliert man auch alles – als Zivilist. Erst verliert der Zivilist im fremden Kriege die Menschen, mit denen er lebte, die Wohnung, in der er mit ihnen hauste, die Dinge, die er dort sammelte, seine eigene Ruhe und den Schlüssel zum Garten seiner Erinnerungen. Später verliert er, Stück um Stück, selbst das, was er sich zu seiner Rettung mitgenommen hat.[8]

Csokor beschreibt das Ich als verankert in seinen menschlichen Beziehungen, aber auch in den Dingen, in denen sich sein Ich-sein verfestigt hat. Es ist hart die Menschen zurückzulassen, aber auch das Zurücklassen der Dinge fällt ihm schwer. Sie lassen sich ja auch nicht ohne Weiteres vom Ich trennen, da sie mit ihm tief verbunden sind. Das ist durchaus nachvollziehbar: jeder Mensch hat Bezug zu den Dingen um sich herum, zu den Dingen, denen man verhaftet ist und für die man sich entschieden hat. Somit bedeutet die Trennung von den Dingen auch ein Auf-sich-selbst-zurückgeworfen-Werden, eine Reduktion bis auf den Reisekoffer mit den wenigen Sachen, also auf das Elementare. Es ist aber die Not in der Flucht, im bevorstehenden Exil, die zu einer Bewusstseinssteigerung hinsichtlich der Dinge führt. Man sieht die

---

[7] Csokor, Franz Theodor: Auf fremden Straßen. 1939–1945. Wien, München, Basel 1955.
[8] Ebd., S. 31.

Dinge neu und entscheidet sich für und gegen Mitnahme anhand einer flucht- und exilbedingten Taxonomie. Die Dinge teilen sich einem durch ihre relative Notwendigkeit mit.

Begleiten wir Csokor weiter. Das nächste Kapitel seiner Autobiografie trägt den Titel »Zweite Panik«, und auch diese Panik wird durch die Trennung von den Dingen ausgelöst. Als zu schwer erweist sich auch der Reisekoffer, den er jetzt in Verwahrung geben muss, obwohl er weiß, dass an eine Rückkehr nicht zu denken ist: »Und der Koffer wird ins Haus getragen. Meine Kleider, Wäsche, meine Bücher, meine Manuskripte sind darin. Nur sich nicht nach ihnen umschauen, daß man nicht zu einer Salzsäule erstarrt wie das Weib des Emigranten Lot, das nach Sodom blickte! Oder war es eine Salzsäule aus Tränen?«[9] Csokor sucht erzählerische Gemeinschaft mit seinen mythisch-biblischen Schicksalsgenossen, Vertriebene wie er. Was bewegt Lots Frau, das Gottesgebot zu missachten und auf das zerstörerische Drama hinter ihr zurück zu blicken? Sind es die Dinge, die sie zurücklässt, deren Anziehungskraft einfach zu groß ist? Die Welt, die hinter ihr zugrunde geht, lässt sich ja nicht von den Dingen trennen, in denen sie sich manifestiert. Die Welt geht in den Dingen zugrunde. Doch wie kann man in die Zukunft gehen, ohne sich von der Schwere der vergangenen, verlorenen Dinge zu lösen? Der Blick von Lots Frau ist zutiefst menschlich: die Erstarrung zur Salzsäule, ihre Verdinglichung, entnimmt ihr auch nicht ihre Menschlichkeit, sondern steigert sie, indem sie zu dem wird, was sie jetzt *ist*: eine Säule aus Tränen.

Lots Frau bleibt namenlos in der Genesis-Geschichte, wodurch ihr Handeln an repräsentativer Kraft gewinnt: sie handelt als Frau. Ist es eine *weibliche* Schwäche, zu sehr an den Dingen zu hängen? Solch weibliches Benehmen findet sich immer wieder als Topos in der westlichen Literatur. So auch im Exilroman *Neun Koffer*[10] des Ungarn Béla Zsolt, sind es in dieser nur leicht fingierten Autobiografie doch die neun Koffer seiner Frau, die sie 1939 auf ihrer Flucht aus Paris nicht zurücklassen will. Der einzige Zug, der so viel Gepäckmitnahme erlaubt, ist der Zug nach Budapest, der indirekt in den Tod führt. Zsolt schreibt: »Die Götter der Bürger sind die Dinge, und nimmt man sie ihnen weg, kann ihnen weder Jehova noch Christus helfen – das ist das Ende der Welt«.[11] Zwar wird die abgöttische Dingverhaftung von Zsolt als allgemein-bürgerlicher Makel dargestellt, doch zeigt sie sich am

---

9 Ebd., S. 35.
10 Zsolt, Béla: Neun Koffer. Frankfurt a. M. 2002.
11 Ebd., S. 20.

prägnantesten im hartnäckigen und folgenschweren Koffererhalt seiner Frau.

Nichts dergleichen aber für Csokor, der die gleiche Versuchung spürt wie Lots Frau. Es sind ja auch nicht die Kleider und Wäsche, sondern die Bücher und Manuskripte, denen er nachtrauert, mit anderen Worten: sein Werk, in dem er sich verdichtet und in dem er sein Dasein zu versichern versucht. Seinem bereits »problematisch gewordenen Ich« wird nun ein verheerender Schaden zugefügt, doch wieder findet er Trost in den zukunftsträchtigen Dingen: »Bleibt dir nicht noch eine Schreibmaschine und ein Rucksack? Also greine nicht und steig ein«.[12]

Csokors Schreibmaschine, auf die er nun zurückgeworfen wird, ist tatsächlich ein tröstlicher Gegenstand: während die Manuskripte das bereits Geschriebene festhalten, deutet die Schreibmaschine auf das noch zu Schreibende, auf das Schreibpotenzial, also auf die Zukunft hin. Als Ding erweist sie sich für Csokor als zukunftsoffen, indem sie einfach noch da ist und ihm gehört. Denn auch im Besitztum, im Noch-nicht-abhanden-gekommen-sein zeigt sich eine Beziehung zwischen Subjekt und Objekt, die enger wird, je geringer die Zahl der noch verbleibenden Gegenstände. Zur Schreibmaschine lässt sich ferner sagen, dass diese Beziehung, insbesondere für einen Schriftsteller wie Csokor, sogar intim ist. In ihrer Materialität verbirgt und entblößt sich die Erinnerung: in den abgegriffenen Tasten, in der Tinte auf den Buchstaben, in der Eigenart des Hebelanschlags, in den Buchstabenabdrücken, die sich nach jahrelangem Gebrauch in der Papierwalze eingeprägt haben, wie ein Palimpsest, auf dem man im Dasein von bereits Geschriebenem schreibt.

Im Hinblick auf die Heidegger'sche Dingbestimmung sollte hier ehrlichkeitshalber erwähnt sein, dass eine solch einfühlsame Lektüre der Schreibmaschine als Ding aufs Schärfste Heideggers eigener Einschätzung der Schreibmaschine widerspricht, die er als Inbegriff des modernen Undinges diffamiert und als »Hauptgrund für die zunehmende Zerstörung des Wortes« entlarvt. In seiner Freiburger Vorlesung 1942/1943 zu Parmenides erklärt er seinen Studenten, die Maschine entfremde den Menschen vom geschriebenen Wort, indem sie die organische Bewegung der Hand, die sich im Schreiben zur Handschrift verdichtet, unterbreche:

> Die Schreibmaschine entreißt die Schrift dem Wesensbereich der Hand, und d.h. des Wortes. Dieses selbst wird zu etwas »Getipptem«. [...] Das maschinelle Schreiben nimmt der Hand im Bereich des geschriebenen Wortes den Rang und degradiert das Wort zu einem Verkehrsmittel. Au-

---

12 Csokor: Auf fremden Straßen (s. Anm. 7), S. 35.

ßerdem bietet die Maschinenschrift den Vorteil, daß sie die Handschrift und damit den Charakter verbirgt. In der Maschinenschrift sehen alle Menschen gleich aus.[13]

Das Wort im zwanzigsten Jahrhundert ist im Begriff, dem Menschen durch das maschinelle Schreiben abhanden zu kommen. Die Identität geht im getippten Schriftbild verloren.

Zurück zu Csokors Schreibmaschine. Dem sorgfältigen Betrachter dieses letzten und – bei allem Respekt für Heidegger – doch intimen Gegenstandes bietet sich ein breites phänomenologisches Panorama, aber hat Csokor überhaupt Zeit für solche Beobachtungen und Überlegungen? Er ist ja auf der Flucht und Schnelligkeit ist das Gebot der Stunde. Wie sieht man die Dinge, wenn man es eilig hat, wenn man sich seines Lebens nicht sicher ist? Übersieht man sie, oder sieht man sie schärfer? Ist es nicht eher so, dass erst im Nachhinein die Dinge ihr eigentliches Gewicht bekommen? Csokors Autobiografie vermittelt zwar ein Gefühl der Unmittelbarkeit, doch ihr Erscheinen im Jahre 1955 weist auf eine große zeitliche Distanz zu den Ereignissen auf der Flucht hin. Sie will authentisch sein, ist aber gleichzeitig ein literarisches Werk, das Erfahrungen formvollendet und in ausgewogener Wortwahl darzustellen versucht. Die gefühlte Unmittelbarkeit, die Schilderung der Dinge im Hier und Jetzt ist in *Auf fremden Straßen* eine im Nachhinein konzipierte Fiktion.

Der Kritiker und Schriftsteller Hans Sahl, der bereits 1933 aus Berlin floh, bestätigt diese rückblickende Fiktionalisierung des Moments im ersten Teil seiner Autobiografie *Memoiren eines Moralisten*:

> Wir waren die Generation des »Nicht Mehr« und »Noch Nicht«. Die, die Abschied nahmen von sich selber, von Tischen, die nur halb gedeckt waren, Betten, die noch nicht ausgeschlafen hatten, Abschied von einer Sprache, die man jenseits der Grenzen nicht mehr sprechen und schreiben würde. Oder scheint es mir heute nur so? Wahrscheinlich war all das, was ich damals tat, die hastigen Vorbereitungen zur Flucht, die Nervosität und Ratlosigkeit des Wie und Wohin, gar nicht so mit Bedeutung beladen, sondern vielmehr ein Umherirren von Augenblick zu Augenblick.[14]

Wie schafft man, in der Gleichzeitigkeit, das, was Arthur Koestler als Ziel vorschwebte und an dem sich auch Sahl in seinen Memoiren orientierte, nämlich: »die Lawine zeigen und zugleich die einzelnen Kristalle, aus denen sie sich zusammensetzte«?[15] Um dies überhaupt zu versu-

---

13 Heidegger, Martin: Parmenides. In: Ders.: Gesamtausgabe. Bd. 54, II. Abteilung: Vorlesungen 1923–1944. Frankfurt a. M. 1992, S. 119.
14 Sahl, Hans: Memoiren eines Moralisten. Frankfurt a. M. 1990. S. 218.
15 Ebd., S. 8.

chen, braucht man sowohl zeitliche Distanz als auch zeitliche Nähe zu den Dingen. »Was mir vorschwebte,« so Sahl, »war, ein Inventar jener Zeit vorzunehmen, die noch frisch in unseren Kleidern hing«.[16] Wie Csokors *Auf fremden Straßen* ist auch Sahls *Memoiren eines Moralisten* eine Bestandsaufnahme. Die Dinge, die Sahl inventarisieren will, sind zeitlich bedingt, sie atmen ihre Zeit, die ihnen ihre Authentizität verleiht. Rückt man zu weit weg, oder sind die Dinge ihrer Zeit zu fern entrückt, verflüchtigt sich ihr Geruch zu sehr um ihn noch wahrzunehmen. Sahl spricht aber als Autobiograf. Für den Dichter und Schriftsteller literarischer Texte tritt die Authentizitätsfrage in den Hintergrund, geht es doch an erster Stelle um die *Glaubwürdigkeit* der Dinge, ja der erfundenen, erdichteten – und erinnerten – Dinge, und nicht um ihre *Tatsächlichkeit*.

Wie ist es aber um das Schreiben über die Dinge im Exil bestellt? Diese Dinge wollen in ihrer authentischen Dinglichkeit gesehen werden, damit die Bedeutung, die ihnen jetzt durch das Exil anhaftet, erkennbar wird. Das Schreiben über die Dinge im Exil ist somit ein moralisch verpflichtender Akt: sie erzwingen eine gewissenhafte Darstellung, da sich in ihnen das Exil manifestiert: ein existenzieller Erfahrungsbereich und gleichzeitig eine ethische Dimension. Das bezieht sich auf Hugo Grotius' Exiltruhe im Museum, also als museales Exponat, ebenso wie auf Csokors Koffer (und dessen Verlust), Zsolts neun Koffer (und das mit ihnen verbundene Schicksal), oder Joseph Roths existenzielle Feststellung: »Alles was ich besitze sind drei Koffer«.[17] Und es bezieht sich auf Csokors Schreibmaschine, auf die ein letztes Mal zurückzukommen ist, nicht zuletzt als Sinnbild seiner Verletzung und Verletzbarkeit. Wie es sich herausstellt, kommt ihm auch diese Schreibmaschine abhanden, oder präziser: sie wird ihm *gestohlen*. Nur ist er zu müde, um sich »so zu ärgern, wie ich sollte!«[18] Im Verlust der Schreibmaschine setzt sich das Wegschälen der Dinge fort, das mit der Wohnung anfing und nun im Diebstahl den absoluten Tiefpunkt erreicht hat. Was bleibt ist die Existenz. Man spürt, so Csokor, »daß es jetzt mehr und mehr um das nackte Leben selbst geht«.[19] Doch Dinge können auch über ihr eigenes Abhandengekommensein hinaus spürbar, ja sogar erfassbar sein, sei es nur für den, der dafür ein Auge hat.

Der amerikanischen Germanistin Marion Hussong zum Beispiel fällt bei der Lektüre von Csokors Originalbriefen aus den späten Dreißiger-

---

16 Ebd.
17 Roth, Joseph: Sehnsucht nach Paris, Heimweh nach Prag: Ein Leben in Selbstzeugnissen. Hg. v. Helmut Peschina. Köln 2006.
18 Csokor: Auf fremden Straßen (s. Anm. 7), S. 57.
19 Ebd., S. 57.

jahren auf, dass plötzlich die Umlaute im getippten Schriftbild fehlen. Hussong beschreibt, wie Csokor nun versucht, sich zu behelfen:

> zunächst setzt er die Umlaute mit Bleistift mit der Hand ein, um schließlich einige Wochen später auf Zwielaute umzusatteln. Den Umlaut hat er erst nach dem Krieg zurückbekommen, wie seine späten Briefe an die verwitwete Alma Mahler-Werfel zeigen. Csokor erwähnt das Mißgeschick mit der Schreibmaschine nicht in seinen Briefen, aber es ist sichtbar durch die Änderung des Schriftbildes.[20]

Ohne Csokors Autobiografie gelesen zu haben, deutet Hussong den fehlenden Umlaut als Verlust der Maschine, einen Verlust, der sich in die Briefe hineinschreibt. Die semiotische Kraft dieses Zeichens liegt also in seiner Abwesenheit.

Festzuhalten ist, dass der Verlust der Dinge, insbesondere im Kontext einer existenziellen Erfahrung wie des Exils, zu einer subjektiven Wertsteigerung dieser Dinge führt, auch wenn man zuerst gemeint hatte, ohne sie zurechtkommen zu können. Das macht auch Sinn: es sind nun mal *unsere* Dinge. So lautet die letzte Strophe in Bertolt Brechts Gedicht *Ich habe lange die Wahrheit gesucht*:

> Als ich über die Grenze fuhr, dachte ich:
> Mehr als mein Haus brauche ich die Wahrheit.
> Aber ich brauche auch mein Haus. Und seitdem
> Ist die Wahrheit für mich wie ein Haus und ein Wagen.
> Und man hat sie genommen.[21]

Die Wahrheit seines Wagens und seines Hauses ist doppelt verankert: erstens im Eigentumsverhältnis und zweitens in der Tatsache, dass Brecht sowohl Haus als Wagen *braucht*, dass ihm aber das Gebrauchsrecht abgesprochen worden ist. Die Wahrheit liegt somit ganz eindeutig in den materiellen Dingen. Die Trennung von den Dingen macht ihre Wahrheit, die immer schon da war, erst recht anschaulich. Für Brecht ist im Verlust der Dinge – des Hauses, des Wagens – ein Grundrecht verletzt worden, das sich in der moralischen Entrüstung noch vertieft, gleichzeitig aber den Blick auf das noch Vorhandene lenkt.

---

20 Hussong, Marion: »Falls also inzwischen die Welt nicht untergeht, werden wir uns wohl bald wiedersehen«. Schriftstellerbriefe aus dem Exil, 1938–1945, unter: http://www2.dickinson.edu/glossen/heft4/hussong.html [abgerufen: 25.06.2013].
21 Brecht, Bertolt: Ich habe lange die Wahrheit gesucht. In: Ders.: Die Gedichte von Bertolt Brecht in einem Band. Hg. v. Elisabeth Hauptmann. Frankfurt 1981, S. 415.

IV. Von den Dingen, die noch bleiben

Im selben Jahr dichtet Brecht:

> Der du zu fliehen glaubtest das Unertragbare
> Ein Geretteter trittst du
> In das Nichts[22]

Obwohl für Brecht der kategorische Imperativ des Exils lautet: »Schlage keinen Nagel in die Wand«[23], denn das Nichts des Exils kann und darf kein Dauerzustand sein, findet er sowohl unterm dänischen Strohdach als auch später auf der schwedischen Insel Lidingö eine doch recht leidliche Unterkunft. Nur ist er hier lediglich zu Gast: das Strohdach, die vier Wände gehören nicht ihm. Ende Dezember 1939, im vierten Monat des Zweiten Weltkrieges und im wachsenden Bewusstsein seiner gefährdeten Existenz in Skandinavien, erstellt er eine vollständige Liste seiner Besitztümer:

> 8.12.39
> Ich besitze:
> ein chinesisches Rollbild »Der Zweifler«
> 3 japanische Masken
> 2 kleine chinesische Teppiche
> 2 bayerische Bauernmesser
> 1 bayerisches Jägermesser
> einen englischen Kaminstuhl

Er listet noch eine Flasche Whiskey, eine Kamera und schließt dann seine Bestandsaufnahme ab:

> ein ledernes Taschennotizbuch
> einen ledernen Tabakbeutel
> einen schwarzen Ledermantel
> einen alten runden Tisch.[24]

Im Auflisten der Dinge, d. h. der Dinge, die ihm gehören, bestätigt er sein Dasein. Die Dinge sind ihm im Exil zu Weggefährten geworden. Und ferner listet er sie nicht nur auf, sondern er *benennt* sie. Hier müsste man, zu Benjamin zurückkehrend, fragen, was ihm nun diese Dinge, die er benennt, mitteilen? Ist es ihre kontinuierliche Anwesen-

---

22 Brecht: Der du zu fliehen glaubtest das Unertragbare. In: Ders.: Die Gedichte von Bertolt Brecht (s. Anm. 21), S. 413.
23 Brecht: Gedanken über die Dauer des Exils. In: Ders.: Die Gedichte von Bertolt Brecht (s. Anm. 21), S. 719.
24 Brecht, Bertolt: Reisen im Exil 1933–1949. Frankfurt a. M. 1996, S. 52.

heit in der Fremde? Ist es der Bezug zu ihrer früheren, vorexilischen Verortung? Teilen sie ihm die Eigentumslage mit, als Kontrastobjekte zu den verlorengegangenen und gestohlenen Gegenständen? Sicher ist, dass sie da sind, und beim Auflisten im Tagebuch sind sie nun auch schriftlich, ja literarisch, da.

Elias Canetti schreibt 1943 im englischen Exil: »Es ist eine alte Sicherheit in der Sprache«.[25] Für Brecht steht fest, dass auch in den Dingen, die man hat – oder besser: *noch* hat – eine alte Sicherheit ist. In der Inventur dieser Dinge, ja dieser letzten Dinge, die nun im Exil zu den *ersten Dingen* werden, inventarisiert man gleichsam sich selbst. Sie werden zu Symbolen des Überlebens, zur Selbstbehauptung in einer Zeit ihrer radikalen Gefährdung. Man ist noch da, und dieses Dasein bestätigt sich in den Dingen. Somit teilen sich die Dinge im Exil durch ihre Schicksalsverbundenheit weiter mit und gehen in eine neue Phase ihrer geschichtlichen Dinglichkeit. Sie begleiten den Flüchtenden, den Wohnungssuchenden, den Bleibenden, den Rückkehrenden, stehen auch weiter in der Zeit und im Raum und erweitern ihr gewesenes Sein mit Neuem: das Exil dringt in sie ein und macht sie symbolträchtig. Das Rollbild, das Brecht 1939 in seiner Inventur auflistet, begleitet ihn weiter nach Amerika und schließlich zurück nach Berlin. Sein 1947 entstandenes Gedicht *Ein neues Haus* zeigt die zurückgebrachten Dinge des Exils, darunter auch das Rollbild, deren ethisch-symbolische Bedeutung durch ihre Rückkehr noch gesteigert ist.

> Zurückgekehrt nach fünfzehnjährigem Exil
> Bin ich eingezogen in ein schönes Haus.
> Meine Nō-Masken und mein Rollbild, den Zweifler
> zeigend
> Habe ich aufgehängt hier. Fahrend durch die Trümmer
> Werde ich tagtäglich an die Privilegien erinnert
> Die mir dies Haus verschaffen. Ich hoffe
> Es macht mich nicht geduldig mit den Löchern
> In denen so viele Tausende sitzen. Immer noch
> Liegt auf dem Schrank mit den Manuskripten
> Mein Koffer.[26]

Der Koffer teilt sich im Benjamin'schen Sinne mit, und Brecht *will* ihn hören: er fördert sogar seine Mitteilungskraft, indem er ihm einen privilegierten, für jeden sichtbaren Platz gewährt. Die Mahnung, im Ge-

---

25 Canetti, Elias: Aufzeichnungen 1942–1985. München, Wien 1993, S. 59.
26 Brecht: Ein neues Haus. In: Ders.: Die Gedichte von Bertolt Brecht (s. Anm. 21), S. 962.

borgenen nicht das Ungeborgene, Unbehauste zu vergessen, bleibt dingfest im Koffer vorhanden.

V. Schlusswort

Bekanntlich ist Herta Müller Befürworterin eines deutschen Exilmuseums, das ihres Erachtens in der Erinnerungslandschaft der Bundesrepublik nicht länger fehlen sollte: »Deutschland«, so meint sie,

> sollte endlich an das Exil, diese erste Vertreibung aus Deutschland hinaus, erinnern. [...] Nirgends in diesem Land gibt es einen Ort, an dem man den Inhalt des Wortes Exil an einzelnen Schicksalen entlang darstellen kann. Das Risiko der Flucht, das verstörte Leben im Exil, Fremdheit, Armut, Angst und Heimweh. Das alles zu zeigen ist Deutschland seiner Geschichte schuldig geblieben.[27]

Welche Dinge würde man in einem solchen Exilmuseum ausstellen, um dem Exilschicksal Gestalt zu verleihen, ja um es dinglich *mitzuteilen*? Anna Seghers' Remington-Schreibmaschine, auf der sie im mexikanischen Exil tippte und die sie auf der Rückreise nach Berlin begleitete? Sind es Reisekoffer, Notizbücher, Affidavits, Visen, »sauf-conduits«, Pässe, Familienalben, Reiseskizzen, Fernschreibberichte, Zimmerschlüssel? Sollte vielleicht der Ort selbst exilbezogen sein, wie Brechts Haus, aus dem er fliehen musste? Die Sprache dieser Dinge, dieser *Dinge des Exils,* ist lebendig, aber nur solange ihre Betrachter ihnen offen gegenüberstehen und ihr Sprechen hören. Dass Hugo Grotius' Exiltruhe (sowohl in Amsterdam als auch in Delft) auch 400 Jahre später noch die Museumsbesucher anspricht, gibt Anlass zur Hoffnung.

---

[27] Müller, Herta: Herzwort und Kopfwort: Dieses Land trieb Hunderttausende ins Exil. Wir sollten uns daran erinnern. In: Der Spiegel 67/4 (2013), S. 97–101.

Burcu Dogramaci

Objekte der Migration
Zeitgenössische künstlerische Strategien und
produktive Aneignungen

»Es ist eigentlich überflüssig, darauf hinzuweisen, daß die von Menschen geschaffenen Dinge begehrenswert sind, denn der Mensch überwindet die ihm angeborene Trägheit nur durch die Begierde. Nichts wird geschaffen, wenn es nicht begehrenswert ist.«[1] Der Kunsthistoriker George Kubler verweist in dieser Beschreibung der »begehrenswert[en]« Objekte auf die enge Beziehung zwischen Person und Gegenstand. Objekte werden erschaffen, erworben und benutzt von Menschen, die zu ihnen eine innige Beziehung entwickeln können. Gerade die enge Vernetzung zwischen Mensch und Ding lässt letzteres zu einem wichtigen Thema für die Exil- und Migrationsforschung werden. Die (Aus-)Wanderung von Personen geht stets mit dem Transfer von Gegenständen einher – sei es die Kleidung, die selbst Flüchtlinge auf ihrem Körper tragen, seien es Reisedokumente, die an den Grenzübergängen unerlässlich sind, Erinnerungsstücke, Fotografien oder Bücher, die eine besondere Bedeutung für Migranten haben, oder aber auch ganze Haushalte, die in Containern oder per LKW von der alten in die neue Heimat transportiert werden. Die Geschichte der Emigration oder Migration ist also zugleich eine Geschichte wandernder Gegenstände. Dinge können in Beziehung zu ihren Eigentümern oder Benutzern gelesen werden, sie sind Aktanten in Beziehungsgeflechten, die, wie es die soziologische Netzwerkforschung formuliert hat, eine eigene »Agency« entwickeln können.[2] Dabei sind die migrierenden Objekte mit unterschiedlichen Konnotationen belegt, können wie Pass, Arbeitsvertrag und Koffer praktische Funktionen erfüllen oder als emotionale Gegenstände Erinnerungen verdichten – beispielsweise Familienfotografien, Schmuckstücke, Tagebücher. Dinge können auch ein Stück Heimat im Exil oder in der Migration sein und damit ein Fenster, durch das die Besitzer in die Vergangenheit und ihren Herkunftsort blicken

---

1 Kubler, George: Die Form der Zeit. Anmerkungen zur Geschichte der Dinge. Frankfurt a. M. 1982, S. 32.
2 Vgl. Latour, Bruno: Eine neue Soziologie für eine neue Gesellschaft. Frankfurt a. M. 2010.

oder mittels derer sie sich einen eigenen Raum in der Fremde schaffen können.

Ausgehend von dieser historischen und zeitgenössischen Bedeutung des Gegenstands in Exil und Migration ist ein Weiterleben des Objekts in der Rezeption zu bemerken. Zum einen sind öffentliche und offizielle Repräsentationen von Auswanderung in Ausstellungen und Museen ganz natürlich an das Objekt als Zeugnis der Zeit gebunden. Zum anderen ist im künstlerischen Umgang mit Migration eine besondere Hinwendung nicht nur zu den migrierenden Menschen, sondern auch zu den mitgeführten Sachen festzustellen. In der künstlerischen Transformierung wird noch einmal verdeutlicht, welche Bedeutung das Objekt in der Auseinandersetzung mit Migration als wichtigem transkulturellen Phänomen des 20. und 21. Jahrhundert besitzt. Objekte der Migration gehören – über eine dokumentarische Auseinandersetzung mit der historischen Arbeitsmigration hinaus – zum festen Repertoire zeitgenössischer künstlerischer Positionen, die Migration verhandeln oder durch diese motiviert sind.

Dieser Beitrag wird sich nach einem Exkurs in das historische Exil in der Zeit des Nationalsozialismus mit zeitgenössischen künstlerischen Projekten befassen, die das Objekt im Kontext der Migration oder Migration im Kontext der Objekte reflektieren. Dabei finden sich unterschiedliche Verfahren im Umgang mit Gegenständen, die in Kategorien des Sammelns, Ordnens, der De- und Neukontextualisierung, der Inszenierung und Konstruktion gefasst und untersucht werden sollen.

I. Schreibtische und Skulpturen. Dinge des Exils

In Nachlässen von Emigranten der Zeit des Nationalsozialismus finden sich häufig Fotografien, die mit den seit Mitte der 1920er-Jahre prosperierenden Kleinbildkameras aufgenommen wurden. Diese handlichen Apparate konnten ins Exil mitgenommen werden, sodass sich für viele die Möglichkeit bot, Aus- und Einreise sowie das Leben in der Emigration in seinen Facetten festzuhalten.[3] Folglich vermitteln die Aufnahmen nicht nur Einblicke in den Alltag und die sozialen Netzwerke von Emigranten, sondern geben auch private Perspektiven auf den Mikrokosmos, die eigene Wohnung, mitgeführte oder neu erworbene Gegenstände wieder. Interessant ist dabei, dass sich auch immer wieder

---

3 Zum Fotografieren mit der Kleinbildkamera im Exil vgl. Dogramaci, Burcu: Fotografieren und Forschen – Wissenschaftliche Expeditionen mit der Kamera im türkischen Exil nach 1933. Marburg 2013.

Abb. 1: Ernst Reuter, Wohnung der Familie in Ankara, Kızılırmak Caddesi, um 1938, Landesarchiv Berlin

menschenleere Aufnahmen aus dem Inneren von Emigrantenwohnungen finden, die ins Exil verbrachte Einrichtungsgegenstände und Sammelstücke wie Schreibtische, Sitzecken, Bilder und Skulpturen visualisieren. So vermaß der Politiker und Urbanist Ernst Reuter, der als politischer Flüchtling in die Türkei eingereist war, seine erste Wohnung in Ankara, Kızılırmak Caddesi, mit dem Fotoapparat. Fotografiert wurden die Küche und das Wohnzimmer (Abb. 1).
Die Räume sind menschenleer, das Mobiliar ist Protagonist der Aufnahmen und verweist auf die kulturelle Herkunft und Prägung seiner Besitzer. So trägt die Einrichtung – eine Sitzgruppe mit Tisch, ein Gemälde an der Wand, Decken- und Stehlampen – die Handschrift ihrer westeuropäischen, bürgerlichen Eigentümer: »In der Ausgestaltung des Wohnraumes spiegeln sich die Familien- und Gesellschaftsstrukturen einer Epoche wider. Das typisch bürgerliche Interieur hat ein patriarchalisches Gepräge: Es stellt die Einheit von Speise- und Schlafzimmer dar. Die Möbel, unterschieden nach ihrer Funktion, doch streng aufeinander bezogen, kreisen um den Tisch oder um das Bett in der Mitte. Die Tendenz, den Raum anzufüllen, auszufüllen, ihn abzugrenzen, ist offensichtlich«,[4] schreibt Jean Baudrillard in seinen Überlegungen zum Zeichensystem des Wohnraumes.

---

[4] Baudrillard, Jean: Das System der Dinge. Über unser Verhältnis zu den alltäglichen Gegenständen (1968). Frankfurt a. M. 2007 (3. Aufl.), S. 23.

Abb. 2: Walter Ruben, Wohnung der Familie in der Sümersokak in Ankara, 1936, Privatbesitz Potsdam

Reuters Wohnung und ihre Einrichtung führen vor Augen, dass die Emigration häufig mit der Aufrechterhaltung des vertrauten Rahmens einherging und kulturelle Assimilation ein langwieriger Prozess ist. Die Wohnung und ihre ins Exil mitgeführte oder rekonstruierte Einrichtung bildet, so wie es der emigrierte Medienphilosoph Vilém Flusser beschreibt, die eigentliche Heimat des Vertriebenen.[5] Fotografien der Wohnung oder des Wohnens im Exil können als Speicher für Erinnertes definiert werden.[6] In mehreren Aufnahmen hielt beispielsweise der in die Türkei emigrierte Heidelberger Indologe Walter Ruben die Wohnung der Familie in Ankara fest. Zu sehen ist ein Diwan (Abb. 2) und der Schreibtisch Rubens, darüber hinaus finden sich weitere Gegenstände und Artefakte, die die Profession und den Lebensweg des Wissenschaftlers zeigen, der seine Möbel und seine Bibliothek mit dem Container aus Deutschland in die Türkei überführte und dort mit seinem recht ansehnlichen Gehalt einige Gegenstände erwarb. So ist auf die Liege ein anatolischer Teppich gelegt, an der Wand ein Kelim ange-

---

5 Vgl. Flusser, Vilém: Wohnung beziehen in der Heimatlosigkeit. In: Ders.: Von der Freiheit des Migranten. Berlin, Wien 2000, S. 27.
6 Vgl. Sontag, Susan: Über Fotografie. München 1978, S. 151 f.

bracht, über dem eine südostasiatische Maske hängt, die Walter Ruben jedoch bereits als Jugendlicher besaß.[7] Die besondere Dekoration des Schreibtisches auf einer weiteren Fotografie ist Indiz des Versuches, auch in Zeiten von Zäsur und Neuanfang Kontinuität zu bewahren. Bereits zuvor in Deutschland bedeckte Ruben seinen Schreibtisch stets mit einem indischen Tuch. Die auf dem Tisch aufgestellte Buddha-Skulptur verweist auf Rubens langjährige Forschungsinteressen. In ihrer Gesamtheit sind die auf Rubens' Fotografien versammelten Dinge Substitute ihres Besitzers, es sind »Lieblingsdinge«[8], die auf seine Interessen, seine Geschichte, seine Erinnerungen deuten. Adaptieren ließe sich hier Jan Assmanns These, dass »der Mensch seit alters von Dingen umgeben [ist], in die er seine Vorstellungen von Zweckmäßigkeit, Bequemlichkeit und Schönheit, und damit in gewisser Weise sich selbst investiert. Daher spiegeln die Dinge ihm ein Bild seiner selbst wider, erinnern ihn an sich, seine Vergangenheit, seine Vorfahren usw. Die Dingwelt, in der er lebt, hat einen Zeitindex, der mit der Gegenwart zugleich auch auf verschiedene Vergangenheitsschichten deutet.«[9] Rubens ist zwar als Fotograf nicht im Bild präsent, sein Blick jedoch nimmt unser Sehen vorweg. Das fotografische Erfassen des Mikrokosmos, der das Vertraute in der Fremde ist, kommt einem Vermessen des persönlichen Raums nahe, ist vermutlich als Zeichen der Selbstvergewisserung des eigenen Status als Exilant zu lesen als auch eine mögliche Form, visuelle Informationen für entfernt lebende Verwandte oder Bekannte in Deutschland zu erstellen.

Die Skulptur auf dem Schreibtisch von Walter Rubens verbindet diesen mit einem anderen, weitaus prominenteren Emigranten: den Wiener Psychoanalytiker Sigmund Freud. Seit den 1890er-Jahren bis zu seinem Tod 1939 sammelte Freud Antiken – Fund- und Schmuckstücke, Kopien, Repliken –, ethnologische Artefakte, daneben aber auch Bücher, Kupferstiche, Gemälde mit unterschiedlichen Schwerpunkten. Für Freud war das Sammeln neben dem Rauchen und dem Reisen wohl

---

7 Vgl. Informationen zur Wohnungseinrichtung von Gerhard Ruben in einer E-Mail an die Verf., 14.03.2012.
8 »Was sind persönliche Objekte? Man könnte sie auch als Lieblingsdinge bezeichnen, als geschätzte oder umhegte und gepflegte Besitztümer. Es handelt sich um Objekte, die einer Person besonders teuer sind, die sie liebt, an denen sie hängt und mit denen sie sich verbunden fühlt.« (Habermas, Tilmann: Geliebte Objekte. Symbole und Instrumente der Identitätsbildung. Frankfurt a. M. 1999, S. 9).
9 Assmann, Jan: Das kulturelle Gedächtnis. Schrift, Erinnerung und politische Identität in frühen Hochkulturen [1992]. München 2002 (4. Aufl.), S. 20.

seine dritte Obsession.[10] Die Antiken bewahrte Freud in seinen beiden Wiener Arbeitsräumen auf, in denen er schrieb und seine Psychoanalysen vornahm, sodass die Sammlungsstücke als integraler Bestandteil seines beruflichen Lebens bezeichnet werden können.[11] Kurz vor der Emigration 1938 beauftragte die Familie Freuds den Fotografen Edmund Engelman, das Wiener Heim Freuds Zimmer für Zimmer zu fotografieren und dabei auch Details wie Freuds Schreibtisch mit besonderer Sorgfalt in der Fotografie festzuhalten.[12] Diese Aufnahmen könnten ein Ausgangspunkt für spätere Rekonstruktionen gewesen sein, denn Freuds Tätigkeit sowohl als Autor als auch als praktizierender Analytiker war eng mit der Einrichtung seines Arbeitsraumes verbunden. Engelmans Fotografien aus Freuds Wiener Heim in der Berggasse lassen sich als Bilder des Erinnerns, der Rekonstruktionsimagination und des Vergegenwärtigens bezeichnen.

Freuds Objekte sind überdies ein Beispiel für die Transformierung, die Gegenstände Zeit ihres Bestehens erleben können. Vormals private Objekte, die von ihren Eignern aus Notwendigkeit, Langeweile oder Leidenschaft erworben wurden, können museale Gegenstände werden, wenn sie in die Institution Museum überführt werden.[13] Freuds berühmter Diwan, seine Skulpturen und Bilder sind nun, da aus Freuds Häusern in Wien und London Freud-Museen, also Gedächtnisorte, wurden, sowohl museale Artefakte als auch Zeichen für sein von Emigration geprägtes Dasein der letzten Lebensjahre. Gerade in der Zusammenschau auf beide Lebensorte des Psychoanalytikers laden sich seine Besitztümer und Sammlungen mit einer zusätzlichen Bedeutung als Repräsentation von Emigration und Transfer auf.

---

10 Vgl. Schur, Max: Sigmund Freud. Leben und Sterben. Frankfurt a. M. 1982, S. 296. Zu Freud als Sammler von Kunstwerken und Antiquitäten vgl. Gay, Peter: Introduction. In: Lynn Gamwell und Richard Wells: Sigmund Freud and Art. His personal collection of Antiquities. London 1989, S. 15–19.
11 Vgl. Forrester, John: Freudsches Sammeln. In: Lydia Marinelli (Hg.): »Meine ... alten und dreckigen Götter«. Aus Sigmund Freuds Sammlung. Wien 1998, S. 21–35; hier: S. 21.
12 Edmund Engelmans Fotografien finden sich in zahlreichen Büchern über Freud und seine Sammlung. Siehe u. a. Marinelli: »Meine ... alten und dreckigen Götter« (s. Anm. 11).
13 Susan M. Pearce schildert sehr anschaulich diese Transformierung des Objekts in einen musealen Sammlungsgegenstand, die dem Ding einen neuen ideellen Wert zuweist: »But in terms of social action, the point at which an object passes from ›rubbish‹ or ›transient‹ to ›durable‹ lies in the act of collecting; it is this which produces the transformation of material into the heritage mode.« (Pearce, Susan M.: Museums, Objects and Collections: A Cultural Study. Leicester, London 1992, S. 35).

II. Koffer und karierte Taschen. Repräsentationen von Migration

Einige der persönlichen Dinge, die Emigranten bei ihrer Wanderung mit sich führen, haben sich in der Rezeption zu Symbolen der Auswanderung schlechthin entwickelt. Dazu gehören Koffer, Arbeitsverträge oder Reisepässe – mit metaphorischer Bedeutung aufgeladene Exponate in Exil- und Migrationsausstellungen oder Theaterstücken wie *Gleis 11* der Münchner Kammerspiele,[14] das die Ankunft von »Gastarbeitern« am Hauptbahnhof der Stadt in den 1960er-Jahren thematisiert und den Besuchern des Theaterstücks einen Koffer und Arbeitsvertrag in die Hand gibt. Migration soll damit nachvollziehbar werden; denn *Gleis 11*, das an dem historischen Schauplatz spielt, einem Bunker unter dem Münchner Hauptbahnhof, der als Sammelstelle der ankommenden Migranten diente, ist ein teildokumentarisches Theaterstück. Zeitzeugen erinnern sich an Ankunft und die Erlebnisse der ersten Jahre, und die mit den Objekten der Migration ausgerüsteten Theaterbesucher sollen sich selbst in die Rolle des »Gastarbeiters« begeben.

Dieser Gedanke des Nachlebens und der Partizipation findet sich bisweilen auch in musealen Repräsentationen von Migration, so im Stadtmuseum Kopenhagen, das im Jahr 2012 eine Ausstellung zum Thema »Einwanderung« einrichtete. Unter der Überschrift *Becoming a Copenhagener* waren die Besucher mit den mannigfaltigen Migrationsformen konfrontiert, die eine Großstadt modellieren können: Landflucht, Kriegsflucht, Arbeitsmigration, Künstlermigration. In einer Abteilung der Ausstellung versammelten Vitrinen (Abb. 3) exemplari-

Abb. 3: Ausstellung *Becoming A Copenhagener*, Museum of Copenhagen, 2012

---

14 Gleis 11, Münchner Kammerspiele, Regie: Christine Umpfenbach, Premiere: 06.06.2010.

Abb. 4: Ausstellung *Becoming A Copenhagener*, Museum of Copenhagen, 2012

sche Lebensläufe von Einwanderern in Wort, Bild und persönlichen Gegenständen wie einer Jacke oder Musikinstrumenten. Objekte werden auf diese Weise als Gegenstände verstanden, an denen sich persönliche Geschichte ablagert. Gleichzeitig werden die Dinge aus ihren ursprünglichen Zusammenhängen isoliert, institutionalisiert und in den Raum des Museums überführt, der sie einerseits auratisiert und mit zusätzlicher Bedeutung[15] auflädt, andererseits auch eine inhaltliche Klammer für die ausgestellten Objekte schafft: Gegenstände von Einwanderern werden zum Symbol für Migration.

Den Vitrinen im Kopenhagener Stadtmuseum gegenübergestellt waren mehrere Koffer (Abb. 4), die von den Besuchern mit Gegenständen befüllt werden konnten. Das Kofferpacken als Auftakt einer (Aus-)Reise sollte damit sinnlich nachvollziehbar sein. Migration wird auf diese Weise mit dem Bild des Koffers zusammengebracht – ein Objekt, das in jeder Ausstellung und Museum zur Auswanderung seinen festen Platz hat.[16] Kulturanthropologische Forschungen der jüngeren Zeit sehen in diesen Repräsentationsmodi die Gefahr der stereotypen Festschreibung der Migranten als ständig Reisende, die nie in ihrem Heimatland ankommen.[17]

---

15 Diesen Transferprozess von Gegenständen ins Museum und die damit einhergehende Bedeutungsverschiebung schildert Pomian, Krzysztof: Der Ursprung des Museums. Vom Sammeln. Berlin 1988.
16 Vgl. Hinrichsen, Jan: Der Koffer im Museum. Ein Metasymbol für Migration. In: Reisebegleiter. Koffer-Geschichten von 1750 bis heute. Ausst.-Kat. Germanisches Nationalmuseum Nürnberg 2010, S. 153–162.
17 Bayer spricht von exponierten »Migrationsobjekten« und postuliert, dass Migrationsausstellungen häufig »mit einer Fülle an Objekten und ›lebendigen‹, szenografischen Raumarchitekturen« arbeiteten, die jedoch typische »Darstellungsweisen mit einer

Abb. 5: Barthélémy Toguo: *Climbing Down*, 2004, Installation, Musée National de l'Histoire de l'Immigration, Paris

Bisweilen begegnen sich repräsentative, dokumentarische Objekte der Migration und künstlerische Transformationen von Migration unter dem Dach des Museums. Das 2007 eröffnete Pariser Migrationsmuseum Musée National de l'Histoire de l'Immigration verwahrt nicht nur fotografisches Dokumentationsmaterial, Interviewaufzeichnungen von Migranten oder ihre Gegenstände in der eigenen Sammlung, sondern auch künstlerische Installationen, darunter Barthélémy Toguos Arbeit *Climbing Down* (2004, Abb. 5).

Diese zeigt ein sechsstöckiges Hochbett aus Holz, das über vier Leitern zu erklimmen ist und an dem 40 karierte Kunststofftaschen befestigt sind. Die Installation verweist einerseits auf die von Mobilität geprägten prekären Lebensverhältnisse, denen Migranten, vor allem aber

entsprechenden Bebilderung« blieben: »[...] der Koffer, der zu einem Zeichen des Schwebezustandes und Nichtankommens wird; Menschenmassen am Bahnhof oder im Zug, denen das Motiv des Unbestimmten und ewigen Unterwegsseins unterstellt wird.« (Bayer, Natalie: Unter den Vitrinen. In: Hinterland 21 (2012), S. 47–52, unter: http://www.hinterland-magazin.de/pdf/21-47.pdf [abgerufen: 25.06.2013].

Flüchtlinge, bei ihrer Einreise in ein ihnen unbekanntes Land ausgesetzt sind. Dem Installationstitel *Climbing Down* ist dabei der Abstieg impliziert, der metaphorisch auch als sozialer Fall gedeutet werden kann. Gleichzeitig setzt Toguo mit der Tasche stereotypisierend einen Gegenstand ein, der vor allem als Attribut von Migranten gehandelt wird. In Frankreich werden die Plastiktaschen unter anderem »cabas Barbès« genannt, wobei Barbès ein migrantisch geprägtes Pariser Stadtviertel ist.[18] Verkauft in Import-Export-Läden handelt es sich um ein kostengünstiges Reiseutensil, das auch in Werken anderer Künstler, die sich mit Migration beschäftigen, Verwendung findet und als Substitut für den Migranten und sein Dasein als transitorisches Subjekt lesbar ist.

Ebenfalls in der Sammlung des Pariser Immigrationsmuseums zu finden ist die Fotoserie *Les Voitures Cathédral* (2004) des Medienkünstlers Thomas Mailaender. Sie zeigt die voll beladenen Kraftfahrzeuge französischer Immigranten, die mit Fähren der Société Nationale Maritime de la Méditerranée von Marseille aus in ihre nordafrikanischen Herkunftsländer reisen und von den Hafenarbeitern als »Voitures Cathédrales« tituliert werden.[19] Die Wagen transportieren Nutzgegenstände und Konsumgüter, die mit Stricken auf ihren Automobilen festgezurrt sind. Das Gepäck türmt sich in die Höhe, wobei sich darunter erneut die wasserabweisenden karierten Plastiktaschen finden lassen. Mailaender bereinigte durch technische Manipulation die Oberflächen der Autos von Aufklebern oder anderen Hinweisen und veränderte die Nummernschilder. Die formal einheitliche Perspektive auf das Fahrzeugheck, die Freistellung vor abstraktem Hintergrund sowie die Ausblendung der Fahrzeughalter führt zur Vereinheitlichung. Und dennoch ist der Verweis auf Migration sowohl durch die Art und Weise des Gepäcktransports, die Existenz der »cabas Barbès« als auch durch den Werktitel explizit. Mailaender reflektiert den Geld- und Warenfluss zwischen Herkunfts- und Zielländern von Migration; Objekte werden in dieser Konstellation zu Wertgegenständen, die auf die wirtschaftliche Prosperität ihrer Besitzer und die ökonomischen Auslöser von Migration verweisen. Wie fragil jedoch der durch Auswanderung

---

18 Vgl. dazu Diopp, Alice: Der Gegenstand: die Barbès-Einkaufstasche, unter: http://www.arte.tv/de/der-gegenstand-die-barbes-einkaufstasche/3108344,CmC=3108350.html [abgerufen: 25.06.2013]. Vgl. auch die fotografischen Impressionen von migrantischen Märkten und Geschäften, in denen immer wieder die karierte Tasche zu sehen ist, in: Peraldi, Michel: Cabas et containers. Activités marchandes informelles et réseaux migrants transfrontaliers. Paris 2001.
19 Zum Schiffs- und Fährverkehr zwischen Marseille und Nordafrika sowie den abenteuerlich beladenen PKW vgl. Gambaracci, Didider: L'occasion manquée. La filière automobile entre Marseille et l'Algérie. In: Peraldi: Cabas et containers (s. Anm. 18), S. 199–236.

zusammengetragene, vermeintliche Wohlstand ist, zeigt sich an den karierten Billigtaschen, in denen das kostbare Gut transportiert wird.[20] Für Mailaender selbst symbolisiert seine Serie auch den Grenzverkehr, den Migration bedeutet: »In constant transition between two territories, North and South, these containers in four wheels are the evident materialization of a concept of the frontier or border and the cultural proliferations that result there.«[21] Wenngleich nicht sichtbar in den Fotografien, gibt die Schiffspassage ein wichtiges Setting für Mailaenders Fotografien. Es ist ein »Nicht-Ort«[22], an dem das Subjekt keine Spuren seiner Identität hinterlässt, nach Augé ein Ort des Übergangs.

III. Alltagsgegenstände der Migration in künstlerischen Sammlungen

Dem Einsatz von Objekten als Zeichen oder Metaphern stehen andere Modi der produktiven Auseinandersetzung mit Migration durch Dinge gegenüber. Ein besonders interessantes Beispiel für die weite Konnotation des Begriffs »Migration« ist die Münchner Künstlerin Peggy Meinfelder. Geboren 1975 und aufgewachsen in einem kleinen Dorf in Südthüringen, das zur ehemaligen Sperrzone nahe der Grenze zwischen DDR und Bundesrepublik Deutschland gehörte, erlebte Meinfelder die Wende und die Auflösung ihres Heimatlandes als Jugendliche. Der Untergang der DDR und die Wiedervereinigung mit der BRD hat Meinfelder faktisch heimatlos werden lassen, da ihr Herkunftsland nicht mehr existierte. In ihren Arbeiten setzt sich die Künstlerin immer wieder mit den historischen Umbrüchen und deren Auswirkungen auf Biografien auseinander, thematisiert die Möglichkeiten oder Unmöglichkeiten einer gemeinsamen Erinnerungskultur von Ost- und Westdeutschen. Dass Meinfelder Mitglied im migrantischen Künstlerinnenkollektiv Expedition Medora[23] ist, lässt sich auf ihr Selbstverständnis als »displaced« zurückführen. Damit ist keine nostalgische Sehnsucht nach Wiederherstellung eines doktrinären Staatssystems verbunden, sondern vielmehr ein wiederholtes Reflektieren über Begriffe wie Iden-

---

20 Vgl. auch den als Pappbilderbuch gestalteten Katalog zur Serie (Mailaender, Thomas: Cathedral Cars. Paris 2012), dessen Umschlag das Dessin der karierten Taschen aufgreift.
21 Thomas Mailaender zit. n. Lafont-Couturier, Hélène: The Musée National de l'Histoire de l'Immigration: a museum without a collection. In: Museum International 59/1 (2007), S. 41–47; hier: S. 47.
22 Augé, Marc: Nicht-Orte. München 2012 (3. Aufl.).
23 Expedition Medora gehören neben Meinfelder auch Shirin Damerji, Claudia Djabbari, Andrea Faciu, Miriam Schiran, Christine Tanqueray sowie Sandra Filic an, die in diesem Beitrag ebenfalls mit einer Arbeit vorgestellt wird.

tität, Herkunft und kollektiver Erinnerung. Theoretisieren lässt sich Meinfelders Einordnung in den Kontext von Migration durch Bernhard Schlinks Essay *Heimat als Utopie*, in dem dieser den Verlust von Heimat für ehemalige Bürger der DDR als Exil definiert: »Immer wieder treffe ich Deutsche aus den neuen Ländern, die mir sagen, sie fühlten sich im Exil, obwohl sie leben, wo sie immer schon lebten, wohnen, wo sie immer schon wohnten ...«[24]

In den Arbeiten Meinfelders stehen immer wieder Gegenstände im Mittelpunkt,[25] so auch in ihrer Arbeit *Meine ersten 100 Westmark*, die 2003–2006 entstand. Die Künstlerin sammelte Objekte, die DDR-Bürger nach der Öffnung der innerdeutschen Grenze von ihren 100 DM Begrüßungsgeld erwarben. Ausgangspunkt waren ihre eigenen Erfahrungen, da Meinfelder sich von dem Geld unter anderem ein Sweatshirt mit englischer Aufschrift zulegte.[26] Dieses Kleidungsstück war Ausdruck einer Sehnsucht nach Gütern, die in der DDR nicht oder nur sehr schwer zu erwerben waren. Meinfelder machte sich für ihr Projekt auf die Spurensuche nach anderen Gegenständen, die von dem »Begrüßungsgeld« erworben worden waren und zur Zeit der Entstehung des Projektes noch existierten. Der Großteil der Sammlung stammt aus der Heimatregion Meinfelders, da sie zunächst Nachbarn, Bekannte und Freunde befragte, sie bat, ihr den Gegenstand zur Verfügung zu stellen und die persönliche Geschichte dazu zu erzählen. In der Sammlung der Künstlerin befinden sich besonders viele technische Geräte wie Kassettenrekorder, Walkmen, Werkzeuge, daneben Kleidungsstücke wie Jeanshosen (Abb. 6), Spielzeug wie eine Barbiepuppe und Schallplatten. Diese Gegenstände versah Meinfelder mit Etiketten, auf denen der abgekürzte Name der Eigentümer, deren Geburtsjahr sowie ein Kommentar über Absichten und Wünsche der Käufer notiert sind. Meinfelder sammelte und ordnete die Objekte und nahm sie in ihr eigenes Archiv[27] auf. Sammeln ist, nach der Definition der Kulturtheoretikerin Mieke Bal, ein Prozess, »der aus der Konfrontation zwischen Objekten und einem von einer bestimmten Einstellung geprägten sub-

---

24 Schlink, Bernhard: Heimat als Utopie. Frankfurt a. M. 2000, S. 7.
25 Beispielsweise in ihren »Versteinerungen«, für die sie elektronische Geräte in Beton abformt und als Dinosaurier einer rasch als überholt geltenden Technik in eigens angefertigten Holzkisten verwahrt.
26 Vgl. Meinfelder, Peggy: 100 Westmark. Unveröffentl. Diplomarbeit SS 2004. Bauhaus-Universität Weimar, S. 20.
27 Zur Bedeutung des Archivs als Institution der kulturellen Speicherung und des Gedächtnisses vgl. Ernst, Wolfgang: Das Archiv als Gedächtnisort. In: Knut Ebeling und Stephan Günzel: Archivologie. Theorien des Archivs in Philosophie, Medien und Künsten. Berlin 2009, S. 177–200.

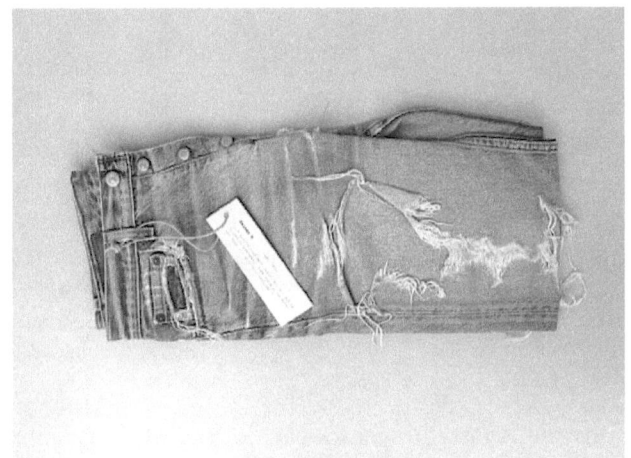

Abb. 6:
Peggy Meinfelder:
*Meine ersten
100 Westmark*,
2003–2006, Jeans
von Rainer R.

jektiven Handlungsvermögen besteht«.[28] Meinfelders Sammlung oder Archiv ist eine Suche nach den Zeichen und Dingen eines historischen Übergangs.[29] Dabei dekontextualisiert sie die Gegenstände aus ihrer Subjekt-Objekt-Beziehung und schafft in der Zusammenstellung ein neues Narrativ.[30] Hier sei erneut auf Bal verwiesen, die die Überführung des Dings in eine Sammlung und die damit einhergehende Verwandlung ins Semiotische wie folgt beschreibt: »Das Objekt wird von sich selbst – von dem ihm innewohnenden Wert – entfernt, es wird entführt und seiner definierenden Funktion entblößt, so daß es verfügbar ist und als Zeichen gebraucht werden kann.«[31] In der Präsentationsform oszilliert Meinfelders Installation (Abb. 7/8) zwischen Asservatenkammer, Warenlager, Archiv und Museum, wobei auf das klassische

---

28 Bal, Mieke: Kulturanalyse. Frankfurt a. M. 2006, S. 122.
29 Siehe verwandte Verfahrensweisen bei Sigurd Sigurdsson, deren Installationen auf Praktiken des Sammelns, Archivierens und Modifizierens beruhen und mit denen sich die Künstlerin vor allem mit der Individual- und Kollektivgeschichte des Nationalsozialismus auseinandersetzt. Allerdings arbeitet Sigurdsson mit Offenen Archiven, die den Besuchern die Möglichkeit der Einschreibung geben. Vgl. Pottek, Martina: Kunst als Medium der Erinnerung. Das Konzept der Offenen Archive im Werk von Sigurd Sigurdsson. Weimar 2007, S. 48 f. Zum Künstler als Sammler und Archivar vgl. Schaffner, Ingrid und Matthias Winzen: Deep Storage. Arsenale der Erinnerung. Sammeln, Speichern, Archivieren in der Kunst. München 1997.
30 Zur Narration als Möglichkeit der Geschichtsschreibung vgl. Rüsen, Jörn: Die Rhetorik des Historischen. In: Michael Fehr und Stefan Grohé: Geschichte. Bild. Museum. Zur Darstellung von Geschichte im Museum (Museum der Museen. Schriftenreihe des Karl Ernst Osthaus Museum, Bd. 1). Köln 1989, S. 113–126; hier: S. 116: »Erzählen ist Sinnbildung über Zeiterfahrung; es macht aus Zeit Sinn. Spezifisch historisch ist eine solche Sinnbildung dann, wenn sie im Medium der Erinnerung erfolgt, also spezifisch auf die Erfahrung der Vergangenheit bezogen ist.«
31 Bal: Kulturanalyse (s. Anm. 28), S. 139.

Abb. 7/8: Peggy Meinfelder: *Meine ersten 100 Westmark*, 2003–2006, Ausstellungsansichten Prag (2009) und Weimar (2006)

museale Ausstellungsmöbel, die Vitrine, verzichtet wird.[32] Den in der Ausstellungssituation als Sammlung oder Archiv arrangierten, etikettierten Objekten sind Konsumverhalten, Sehnsüchte und Enttäuschungen ihrer Besitzer eingeschrieben. Meinfelder selbst sieht in den vielen technischen Geräten, in der Lederjacke oder den Schallplatten Gegenstände »aus einer Zeit des Übergangs, die durch den Wunsch nach dem Besitz eines Produkts noch die alte Zeit repräsentiert, aber mit dem erworbenen Gegenstand schon das Neue kennzeichnet«.[33] Dabei sind nicht nur die Objekte, sondern auch die Erinnerung an ihren Erwerb, enttäuschte und erfüllte Erwartungen exponiert. Meinfelders Archiv ist damit ein Ort, an dem individuelle Narrative ebenso einen Platz haben wie die großen politischen Ereignisse (der Fall der Mauer, die Wiedervereinigung), die diese Erinnerungen erst ermöglicht haben: Persönliches verschränkt sich mit einer zeithistorischen Perspektive. Meinfelders Sammlung der vom »Begrüßungsgeld« erworbenen Dinge manifestiert deutlich, dass sich individuelle Erinnerung mit kollektiven Erfahrungen verbindet.[34] Geschichte sedimentiert sich nach Karl

---

32 Zur musealen Ausstellungspraxis in der Vitrine vgl. Godau, Sigrid: Inszenierung oder Rekonstruktion? Zur Darstellung von Geschichte im Museum. In: Fehr/Grohé: Geschichte. Bild. Museum (s. Anm. 30), S. 199–211; hier besonders S. 200–202.
33 Peggy Meinfelder, zit. n. Schneider, Reinhild: Zu dieser Ausstellung. In: Peggy Meinfelder. Meine ersten 100 Westmark. Ein Sammlungsprojekt. Sonneberg 2006, S. 9–12; hier: S. 11.
34 In Auseinandersetzung mit Maurice Halbwachs' Begriff der »mémoire collective« beschreibt Jan Assmann dies wie folgt: »Subjekt von Gedächtnis und Erinnerung bleibt immer der einzelne Mensch, aber in Abhängigkeit von den ›Rahmen‹, die seine Erinnerung organisieren. […] das individuelle Gedächtnis baut sich in einer bestimmten Person kraft ihrer Teilnahme an kommunikativen Prozessen auf. Es ist eine Funktion ihrer Eingebundenheit in mannigfaltige soziale Gruppen, von der Familie bis zur Religions- und Nationsgemeinschaft.« (Assmann: Das kulturelle Gedächtnis [s. Anm. 9], S. 36 f.).

Schlögel in Räumen und an Orten,[35] sie ist jedoch auch Dingen inhärent und kann durch künstlerische Interventionen de- oder re-kontextualisiert werden. Praktiken der künstlerischen Rekombinationen entorten Gegenstände und überführen sie in neue Bedeutungszusammenhänge; dies kann dabei helfen, für Konnotationen zu sensibilisieren und diese zu hinterfragen.

Der Psychologe Tilmann Habermas schreibt in seinem Buch *Geliebte Objekte* von einer »symbolische[n] Bedeutung«, mit denen Gebrauchsgegenstände anknüpfend an ihre Funktionen sekundär aufgeladen werden; sie können so zu Trägern kultureller Überlieferung oder zu rituellen Objekten werden.[36] Ausgehend von der Frage nach eben dieser kulturellen Aufladung von Gegenständen als Ausdruck von Fremdheit oder Zugehörigkeit zu einer Gesellschaft, konzipierte die Stuttgarter Künstlerin Ülkü Süngün ihre Arbeit *Transitional Objects*. In türkischen Geschäften erwarb sie Gebrauchs- und rituelle Gegenstände und fotografierte diese in ihrem Studio vor weißer Wand. In einem zweiten Schritt werden die Dinge – ein Reisigbesen, Teekannen oder Plastikschüsseln – von der Künstlerin in neue Anordnungen gebracht, mit anderen Gegenständen kombiniert oder von ihr bespielt. Damit brachte Süngün die Objekte in andere Zusammenhänge. Ihre Provenienz als dezidierte Gegenstände von Migranten sollte dabei weniger verwischt als vielmehr befragt werden: In ihren Reinszenierungen, bei denen oftmals skulpturale Formen geschaffen und durch das Medium der Fotografie in die Zweidimensionalität überführt wurden, geht es um die Wirkmacht von Objekten und zugleich um Projektionen, denen sie als Stellvertreter für eine gesellschaftliche Gruppe ausgesetzt sind. Dazu die Künstlerin: »Gestartet bin ich mit phänomenologischen und ethnologischen Methoden und der Ausgangsfrage: ›Haftet diesen Dingen etwas aus ihrem kulturellen Kontext an oder bringt lediglich der Betrachter dieses Wissen mit?‹ Doch auf dem unbestimmten Terrain der Fotografie erweisen sich für mich solche Festlegungen immer als haltlos.«[37] Ähnlich wie Meinfelder überführt auch Süngün die Artefakte in ihr persönliches Archiv, wobei das Recycling und collagehaftes Verwenden des Readymade in ihrer Arbeit besonders ausgeprägt ist. Die Präsentationsform ist dabei eine fotografische, die noch einmal durch das Medium selbst die Frage nach der Bildlichkeit von Objekten und der Aussage von Bildern in sich trägt.

---

35 Siehe Karl Schlögels Diktum »Ereignisse haben einen Ort, an dem sie stattfinden. Geschichte hat ihre Schauplätze«. (Schlögel, Karl: Im Raume lesen wir die Zeit. Über Zivilisationsgeschichte und Geopolitik. Frankfurt a. M. 2011 [4. Aufl.], S. 9.).
36 Vgl. Habermas: Geliebte Objekte (s. Anm. 8), S. 178–185.
37 Süngün, Ülkü: Transitional Objects, unveröffentlichtes Manuskript 2011, S. 2.

In einer ihrer Aufnahmen trägt Ülkü Süngün einen schwarzen Schuh, »Mest« genannt (Abb. 9), mit dem die rituelle Reinigung und Fußwaschung vor dem Gebet konserviert werden kann. Süngün posiert mit gestrecktem Fuß, was Assoziationen an den Spitzentanz auslöst, wobei sie auf einem Gebetsteppich agiert, der in vielen türkischen Geschäften zum günstigen Preis erworben werden kann und den Boden des Betenden als »rein« markiert. Süngün arbeitet in dieser Fotografie mit einer Deutungsvielheit, ist doch der Schuh in seiner Funktion nur durch Eingeweihte dekodierbar und kann in der Adaption der Künstlerin andere Assoziation auslösen: Material (Leder), Farbe (Schwarz) und Gegenstand (Schuh) könnten auch auf sexuelle Praktiken wie S/M verweisen und das Objekt weniger als religiösen oder rituellen Gegenstand denn als erotischen Fetisch[38] konnotieren.

Abb. 9: Ülkü Süngün: *Transitional Objects*, seit 2011

Künstlerinnen wie Peggy Meinfelder oder Ülkü Süngün adaptieren in ihren Arbeiten museale Strategien, indem sie Objekte, die Migranten gehören oder für sie produziert wurden, nach bestimmten Kategorien sammeln, ordnen und archivieren. In ihren Sammlungen artikuliert sich die spezifische Fragestellung der Künstlerinnen, das Motiv für das Zu-

---

38 Zum Fetischdiskurs allgemein vgl. Böhme, Hartmut: Fetischismus und Kultur. Reinbek 2006; zu Mode und Fetischismus vgl. Steele, Valerie: Fetisch. Mode, Sex und Macht. Berlin 1996, vor allem S. 111–115 (»Schuhe und Sex«), 138 (Farbe Schwarz), S. 158–164 (»Ledersex«).

sammentragen oder den Erwerb von Objekten, die durch das Zusammenstellen offensichtlichen Brüche und Leerstellen. Damit wird Geschichte in Objekte transferiert, neu geschrieben, umgedeutet und scheinbar logische Kausalitäten angezweifelt. Überdies entziehen sich die künstlerischen Sammlungen dem Repräsentationsgestus von Museen und konnotieren das Gesammelte als »persönlich«. Einzelne Objekte stehen damit nicht, wie oftmals in Migrations- oder Auswanderermuseen, pars pro toto für eine soziale Gemeinschaft, also »den« Migranten. Sondern es werden eben Zuschreibungspraktiken geprüft und die gradlinige Einordnung als »migrantischer Gegenstand« problematisiert.

IV. Objekt im Kontext der Migration – Migration im Kontext der Objekte

In ihrer seit 2006 entstehenden, mehrteiligen Videoarbeit *Modelle der Wirklichkeit* schlüpft die Künstlerin Sandra Filic für einen Tag in das Leben einer anderen Person – darunter ein Blinder, ein »Messie« und zwei Migrantinnen. Diese beschrieben Filic zuvor detailliert ihren genauen Tagesablauf, den die Künstlerin dann in Begleitung eines Kameramannes nachlebte. In *Modelle der Wirklichkeit I*, dem ersten, 2006 entstandenen Video der Reihe, folgt Filic den Erzählungen einer älteren kroatischen Migrantin in München. Zur eingespielten Stimme betritt Filic deren kleine, karge Wohnung, benutzt ihre Gegenstände (Abb. 10), verrichtet ihre Arbeit und bewegt sich in deren sozialen Räumen. Wir sehen Filic beim Aufbrühen des morgendlichen Kaffees, beim Geschirr spülen und Besuch einer kleinen Waldkapelle. Sie betet Rosenkränze und taucht ein in den von Armut und Stille geprägten Tagesablauf. Das Voice Over lässt eine Dissonanz zwischen Bild und Ton entstehen. Die Irritation des Zuschauers, der an der Glaubwürdigkeit des Gesehenen oder des Gesprochenen zweifelt, ist ein wichtiger Bestandteil dieser Arbeit, die die Grenzen zwischen Realität und Fiktion verwischt. Indem Filic den Ritualen des Alltäglichen nachspürt, wird die Leere des Immergleichen evident, denn die beobachtete Person lebt ein einsames Leben in der Fremde, in dem sie Heil und Ablenkung vor allem beim Fernsehen, Lesen oder beim Gebet findet. Filic rekonstruiert die Abhängigkeiten zwischen Selbstverständnis, Lebensgeschichte und -umständen, sie durchschreitet die sozialen Räume, innerhalb derer sich ihre Rollenvorbilder bewegen und thematisiert, wie sich Alltagsverhalten durch äußere Bedingungen modelliert. Dabei gibt es weniger Antworten als Bruch- und Leerstellen. In der Aneignung und

Abb. 10: Sandra Filic: *Modelle der Wirklichkeit*, 2006, Video

der Verkörperung des Anderen wird die Identität zum fragilen Konstrukt. Als Fremde hantiert Filic dabei mit den Dingen ihrer eigentlichen Besitzer, sie liest deren Bücher, raucht ihre Zigaretten und bedient deren technische Geräte. Diese Objekte sind auch in der Installation der Videoarbeiten präsent (Abb. 11), die Gegenstände der beobachteten Personen versammeln: Es begegnen Fernseher, Sessel, Kommoden und Teppiche ebenso wie Nippesfiguren. In der Grundkonstellation unterscheidet sich dieses Setting kaum von Präsentationsformen in Migrationsmuseen, die häufig Wohnzimmer oder andere private Räume von Migranten exponieren, um einen Einblick in die Lebensweisen von Einwanderern zu vermitteln.[39] Doch handelt es sich bei Filic um keinen Dokumentarismus, sondern um ein bühnenhaftes Arrangement, das sich nur als »Modell der Wirklichkeit«, wie der Werktitel impliziert,

---

39 Siehe z. B. die Präsentation eines Wohnzimmers in der Ausstellung *Merhaba Stuttgart. Oder die Geschichte vom Simit und der Brezel*, Linden-Museum Stuttgart (2011). Vgl. Nahidi, Katrin: Rezension zur Ausstellung »Merhaba Stuttgart. Oder die Geschichte vom Simit und der Brezel«, Linden-Museum Stuttgart, Staatliches Museum für Völkerkunde. In: Migration. kritische berichte. Zeitschrift für Kunst- und Kulturwissenschaften 39/4 (2011), S. 63–68.

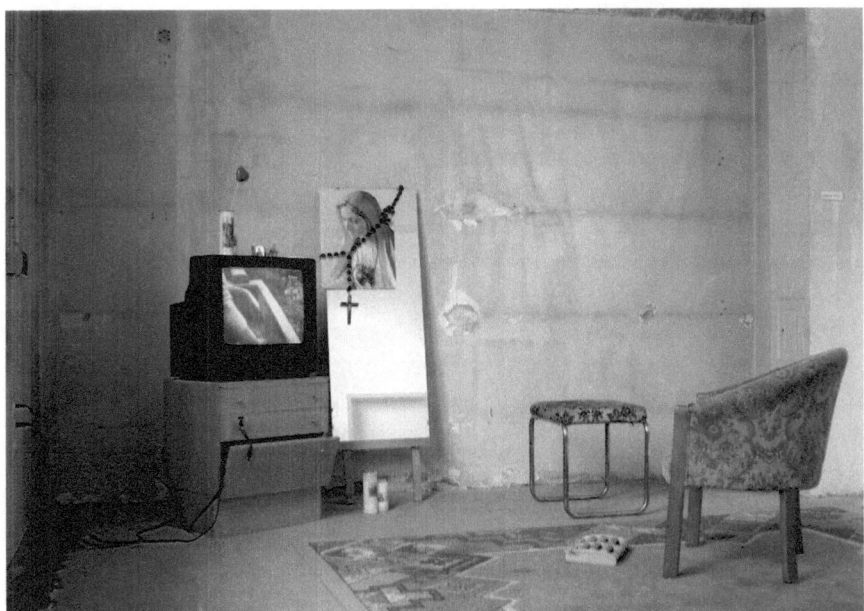

Abb. 11: Sandra Filic: *Modelle der Wirklichkeit*, 2006, Installationsansicht Akademie der Bildenden Künste, München

entpuppt. In Filic' Videoinstallation sind die ausgestellten und filmisch ins Bild gebrachten Objekte keine Repräsentationen von Migration, sondern stellen vielmehr die lineare Verkettung von Gegenständen und Biografien als Einheit infrage. In der Benutzung durch eine Fremde werden die Dinge wieder zurückgeworfen auf ihre Funktion und »objektiviert«. Damit werden auch soziokulturelle Forschungen bezweifelt, die das Wohnzimmer als Bedeutungsträger lesen und von den darin befindlichen Dingen auf den Status und Befindlichkeiten ihres Eigentümers schließen.[40] Zwar tragen der Sessel und das Kruzifix noch die Spur ihrer Besitzer, doch können die Objekte kaum ein komplexes Bild ihrer Eigentümer entstehen lassen. Eine ähnliche Vielfalt der Perspektiven auf Migranten fordert die indischstämmige, in die USA immigrierte Wissenschaftlerin Chandra Talpade Mohanty ein, wenn sie über die Narrative der Migration schreibt: »But then the very process of constructing a narrative for oneself – of telling a story – imposes a certain linearity and coherence that is never entirely there. But that is the les-

---

40 Siehe dazu auch den kritischen Ansatz von Hans Peter Hahn zur ethnografischen und soziologischen Wohnzimmerforschung (Hahn, Hans Peter: Von der Ethnografie des Wohnzimmers – zur »Topografie des Zufalls«, in: Elisabeth Tietmeyer, Claudia Hirschberger u. a. (Hg.): Die Sprache der Dinge. Kulturwissenschaftliche Perspektiven auf die materielle Kultur. Münster, New York u. a. 2010, S. 9–21; hier: S. 17).

son, perhaps, especially for us immigrants and migrants: i. e., that home, community and identity all fall somewhere between the histories and experiences we inherit ...«⁴¹

Arbeiten wie jene von Sandra Filic stellen hegemoniale Narrative über Migration infrage, indem sie eine perspektivische Vielheit bereits in sich tragen. Migration in künstlerischer Reflexion kann, so eine wichtige Beobachtung des vorliegenden Beitrags, scheinbar logische Kausalitäten erschüttern und wirkmächtigen öffentlichen und offiziellen Narrativen über Migration etwas entgegensetzen. So schreiben Mieke Bal und Miguel Á. Hernández-Navarro über die politische Kraft der Kunst: »... art can enact small-scale resistances against the status quo. These acts, which we call ›little resistances‹, determine the limited yet potentially powerful political impact of art.«⁴² Wenn das Museum in der Repräsentation von Migration durch das ausgestellte Material, die vielen Dokumente und Gegenstände von Migranten einen Realismus evoziert, der zumindest in der Rezeption als Wahrheit oder wahrhaftig verstanden wird, können in künstlerischen Arbeiten Freiräume entstehen, die andere Blicke auf das Themenfeld Migration zulassen. Dabei werden die Objekte der Migration – als Zeugnisse von Wanderungsbewegungen und als wandernde Gegenstände selbst – zum Material einer künstlerischen, produktiven Aneignung.

---

41 Mohanty, Chandra Talpade: Defining Genealogies: Feminist Reflections on Being South Asian in North America. In: The Women of South Asian Descent Collective (Hg.): Our feet walk the sky. Women of the South Asian Diaspora. San Francisco 1993, S. 351–359; hier: S. 357.
42 Bal, Mieke und Miguel Á. Hernández-Navarro: Introduction, in: Dies.: Art and Visibility in Migratory Culture. Conflict, Resistance, and Agency. Amsterdam, New York 2011, S. 9–20; hier: S. 9.

Andreas Stuhlmann

»Du sollst in Häusern wohnen, die du nicht gebaut hast.« – Die Villa Aurora als »ensemble de mémoire«

Zu den Dingen des Exils zählen solche, die ins Exil mitgenommen oder daheim zurückgelassen wurden, aber auch solche, die im Exil erworben wurden: Pässe und Papiere, die die Passage ins Zielland ermöglichen sollen, Bücher und Briefe, Manuskripte und Memorabilia. Weniger von solchen mobilen, als vielmehr von den immobilen Dingen des Exils ist hier die Rede. Die Dinge des Exils, die hier zur Sprache kommen, haben insofern eine aktive Rolle, als sie Zeugnis ablegen, Traditionen, Kontinuitäten verbürgen, Gemeinschaft stiften, das Kontinuum einer Lebenswelt garantieren. Gerade dass die Dinge bestenfalls Bruchstücke der vormals authentischen Lebenswelt sind, macht dabei ihren Wert und ihre Rolle in einem »ensemble de mémoire« aus. Der Begriff beschreibt in Anlehnung an Pierre Nora eine komplexe Architektur der Erinnerung an einem Ort bzw. die Überlagerung mehrerer »lieux de mémoire« an einem physischen Ort.

I. Häuser: Transitorische Räume »auf Lebenszeit«

Es gehört zu den Widersprüchen der Person Lion Feuchtwangers, dass er ein tiefempfundenes soziales Verantwortungsgefühl und eine Selbstidentifikation als »linker« Schriftsteller mit einer großbürgerlichen Lebensart verband, zu der ein herrschaftliches Wohnen gehörte.[1] Seine Biografen sehen Rechtfertigungsbedarf und erklären die großzügigen Häuser zur Voraussetzung für die enorme schriftstellerische Produktivität, deren ökonomischer Ertrag wiederum Basis für eine immense Hilfsbereitschaft und Fürsorge vor allem im Exil gewesen sei.[2] So versah Alfred Kantorowicz Feuchtwanger 1944 in einem Geburtstagsporträt mit dem spöttischen Epitheton des »Besitzers von Luxusvillen im

---
1 Vgl. Frühwald, Wolfgang: Hartnackige Villenbesitzer? Über reale und fiktive Häuser deutscher Dichter. In: Schwäbisch Hall-Stiftung (Hg.): Kultur des Eigentums. Berlin, Heidelberg 2006, S. 447–454.
2 Vgl. Skierka, Volker: Lion Feuchtwanger. Hg. v. Stefan Jaeger. Berlin 1984, S. 84f. und 112ff. und Sternburg, Wilhelm von: Lion Feuchtwanger. Ein deutsches Schriftstellerleben. Darmstadt 1994, S. 372–374.

Grunewald und in Sanary«. Er erinnert an die »authentische, ihn bezeichnende Anekdote«, dass er bereits 1930 in Berlin im Kreis von Freunden geäußert habe, ihm käme Berlin wie »eine Stadt voll von zukünftigen Emigranten« vor und »daß er dann mit viel Eifer daran gegangen ist, eine Villa im Grunewald bei Berlin zu erwerben und sie mit Geschmack komfortabel und prächtig auszustatten als eine Heimstatt für Lebenszeit«.³ Einer der polemischsten Texte Feuchtwangers in der Exilpresse, im *Pariser Tageblatt*, richtet sich dann auch 1935 unter dem programmatischen Titel »Du sollst in Häusern wohnen, die du nicht gebaut hast« an »den Bewohner meines Hauses Mahlerstrasse 8 in Berlin«:

> Ich weiss nicht, wie Sie heissen, mein Herr, und auf welche Art Sie in den Besitz meines Hauses gelangt sind. Ich weiss nur, dass vor zwei Jahren die Polizei des Dritten Reichs mein gesamtes bewegliches und unbewegliches Vermögen beschlagnahmt und der Reichsaktiengesellschaft für Konfiskation des Vermögens politischer Gegner (Aufsichtsratsvorsitzender Minister Göring) überwiesen hat. Ich erfuhr das aus einem Schreiben der Hypothekengläubiger. Sie teilten mir erläuternd mit, die Rechtsprechung des Dritten Reichs verstehe, wenn es sich um das konfiszierte Vermögen politischer Gegner handle, unter »Vermögen« nur die Aktiva. Trotzdem also mein Haus und meine Banknoten, die die Hypothek um ein Vielfaches überstiegen, konfisziert seien, sei ich verpflichtet, die Hypothekenzinsen genau so wie meine deutschen Steuern aus meinem im Ausland neu zu erwerbenden Vermögen weiter zu bezahlen. Sei dem wie immer, jedenfalls sitzen jetzt Sie, Herr X, in meinem Haus, und ich habe nach der Auffassung deutscher Richter die Zinsen zu zahlen. Wie gefällt Ihnen mein Haus, Herr X? Lebt es sich angenehm darin? Hat der silbergraue Teppichbelag der oberen Räume bei der Plünderung durch die SA-Leute sehr gelitten? [...] [D]er Teppichbelag ist sehr empfindlich, und Rot ist eine kräftige Farbe, die schwer herauszubringen ist [...].⁴

Der Text offenbart den komplexen Zusammenhang zwischen dem Objekt Haus und dem Subjekt und seiner Konstituierung über die Einbettung des Objekts in juristische wie ökonomische Kontexte. Die Vorstadt-Villa ist damit weit mehr als nur ein Statussymbol des Großbürgers. Zum einen wird sie zum manifesten Ausweis des »civis sum« eines Angehörigen des Deutschen Reichs. Dennoch vermochte diese schützende Hülle das Grundrecht der Unverletzlichkeit der Wohnung,

---

3 Alfred Kantorowicz an Lion Feuchtwanger aus New York vom 20. Juli 1944 (zit. n. Hofe, Harold von und Sigrid Washburn (Hg.): Lion Feuchtwanger. Briefwechsel mit Freunden 1933–1958. Bd. II. Berlin, Weimar 1991, S. 205–208; hier: S. 206f.
4 Feuchtwanger, Lion: »Du sollst in Häusern wohnen, die du nicht gebaut hast.« In: *Pariser Tageblatt*, 20.03.1935.

das in einer Stadt »voller zukünftiger Emigranten« ohnehin prekär gewesen zu sein schien, wohl ebenso wenig zu garantieren wie das Bürgerliche Gesetzbuch, das auch dann noch Steuern und Zinsen verlangte, als das Bürgerrecht längst entzogen war. Der Angriff auf das Haus war, auch wenn seine Bewohner gar nicht dort waren, ein Angriff auf die Integrität der Person, dies macht die Referenz auf Blutflecken auf dem silbergrauen Teppich deutlich. Jean Baudrillard hat auf die komplexe symbolische Aufladung des inneren Wohnraums und auf das Interaktionsverhältnis zwischen seinen Dingen und dem Individuum hingewiesen, da der Wohnraum auch immer die »Gesellschaftsstrukturen einer Epoche« widerspiegele. Das »typisch bürgerliche Interieur« mit seinem »patriarchalische[n] Gepräge« bilde eine Einheit, die »weniger eine räumliche, als eine moralische« sei.[5] In einem Text für die *Weltbühne* aus dem Jahr 1935 zog Feuchtwanger Bilanz des Verlusts: »28 Manuskripte, 10.248 Bücher, 1 Auto, 1 Katze, 2 Schildkröten, 9 Blumenbeete und 4.212 andere Gegenstände«.[6] Dennoch traf die für die Innenräume der Jahrhundertwende typische Tendenz, »den Raum anzufüllen, auszufüllen«,[7] bei Feuchtwanger nicht so sehr auf Möbel und Dekor, wohl aber auf die exzessiven Mengen an Büchern in seiner Bibliothek zu.

> Was fangen Sie wohl mit den beiden Räumen an, die meine Bibliothek enthielten? Bücher, habe ich mir sagen lassen, sind nicht sehr beliebt in dem Reich, in dem Sie leben, Herr X, und wer sich damit befasst, gerät leicht in Unannehmlichkeiten. Manchmal denke ich darüber nach, wofür man wohl im Dritten Reich die Büchergestelle verwenden konnte. Seien Sie vorsichtig, falls Sie sie herausreissen lassen, dass die Mauer darunter nicht leidet.[8]

Die Verwüstung einer Bibliothek, wie Feuchtwanger sie ja auch schon 1933 in seinem Roman *Die Geschwister Oppermann* geschildert hatte, und die Stiefel der randalierenden SA stehen metonymisch für die nun herrschende Barbarei. Der »Führer«, von Feuchtwanger ironisch an die Stelle Gottes gesetzt, habe an ihm, dem erklärten Gegner des Regimes mit der Beschlagnahmung des Hauses das Bibelwort »Auge um Auge, Zahn um Zahn« und an dem neuen Eigentümer das Wort »Du sollst in Häusern wohnen, die du nicht gebaut hast« erfüllt.

---

5 Baudrillard, Jean: Das System der Dinge. Frankfurt a. M., New York 1991, S. 23.
6 Feuchtwanger, Lion: Eine Bilanz. In: *Die Neue Weltbühne*, 13.06.1935, S. 746.
7 Baudrillard: Das System der Dinge (s. Anm. 5), S. 24.
8 Feuchtwanger: »Du sollst in Häusern wohnen, die du nicht gebaut hast« (s. Anm. 4).

II. Villa Valmer und 520 Paseo Miramar

Dieses Versprechen »Du sollst in Häusern wohnen, die du nicht gebaut hast« gilt aber auch für die Feuchtwangers im Exil. Nach der Flucht aus Deutschland lebten Lion Feuchtwanger und seine Frau Marta von Mai 1933 an zunächst im Hotel La Reserve in Bandol, dann in der Villa Lazare, und ab 1934 in der Villa Valmer in Sanary-sur-Mer. Feuchtwanger gelang es, wie Thomas Mann in einer ebenso respekt- wie neidvollen Bemerkung festhielt, jeweils »das schönste Haus in der schönsten Lage ausfindig zu machen und mit seinem harten Fleiß [...] die angenehmsten Bedingungen zu sichern«.[9] Grundlagen dieser relativ gesicherten Existenz waren die Tantiemen vor allem der englischen Übersetzungen seiner Romane. Nach der Internierung in Frankreich und einer riskanten Flucht über Spanien und Portugal erreichten die Feuchtwangers 1941 die USA. Nach zwei Jahren in Los Angeles fanden Marta und Lion Feuchtwanger 1943 jenes im mexikanischen Hacienda-Stil errichtete »Schloß am Meer in den malerischen Hügeln der Santa-Monica-Bucht«[10] in Pacific Palisades, das sie für nur 9.000 Dollar aus den Einnahmen von *Die Brüder Lautensack* von dem kalifornischen Richter Arthur A. Weber erwarben. Dieses Haus, in dem Marta wie in Sanary zum Tee und zu Musikabenden, politischen Diskussionen und Lesungen einlud, war zunächst als einer jener transitorischen Räume des Exils gedacht, in denen sich das Exil als imaginierte intellektuelle Gemeinschaft konstituierte.

1928 als Mustervilla der *Los Angeles Times* am Paseo Miramar erbaut, an dessen Erschließung und Bebauung die Zeitung gemeinsam mit der Firma Miramar Estates von Weber und George Ley beteiligt war, war das Haus eine exklusive »commodity«, ein »asset« – ein Statussymbol, sowohl für seinen ersten Besitzer wie für Feuchtwanger. Der Architekt Mark Daniels hatte die Villa nach dem Vorbild einer Burg bei Sevilla mit 22 Räumen auf drei Etagen und einer weitläufigen Terrasse mit Blick über die Landzunge Palos Verdes bis hin zur Pazifikinsel Santa Catalina entworfen und der Historienmaler Thorwald Probst sie mit maurischen Elementen wie geschnitzten und bemalten hölzernen Türen und Decken ausgestattet und den Innenhof mit Azulejo-Mosaiken nach Motiven der Kathedrale von Teruel dekoriert. Mustergültig war der Stand der eingebauten Haustechnik, Ende der Zwanzigerjahre schon gab es einen Gasherd, elektrischen Kühlschrank

---

9 Mann, Thomas: Freund Feuchtwanger. In: Lion Feuchtwanger zum 70. Geburtstag. Worte seiner Freunde. Berlin 1954, S. 7–12; hier: S. 9.
10 Ebd., S. 9.

und Geschirrspüler; die geräumige Garage für drei Autos ließ sich elektrisch öffnen. Eine integrierte Orgel im Wohnbereich diente der Untermalung privater Filmvorführungen und es gab eine futuristische Küchenmaschine, mit der man sowohl Eier schlagen als auch Silber polieren konnte. Noch mehr als die neusachliche Villa im Grunewald mit ihrem, in Baudrillards Terminologie, noch »patriarchalischen Gepräge« des »typisch bürgerlichen Interieurs« verbinden sich bei der Villa Aurora das Pastiche aus Kolonialstil und Historismus ihrer äußeren Hülle und eine modern-funktionale Ausstattung zu einem patriarchal-repräsentativen Schmuckstück und Wunderwerk. Das Haus bot im ersten Stock auch genügend Platz zum Arbeiten und Feuchtwanger perfektionierte dort in den kommenden Jahren eine aufwendige literarische Produktionstechnik, die nicht nur arbeitsteilig war, sondern in der Abfolge von Diktat-, Schreib- und Korrekturdurchgängen beinahe fordistisch anmutete. Thomas Mann beschrieb sie rückblickend als »kurios«, ebenso »fremd« wie »originell« und »für Studenten der Literatur höchst interessant«:

> [E]s ist eine Entstehungs- und Entwicklungsgeschichte, ein kreativer Monolog, halb Werk schon, halb Sinnen darüber, […] und all das umgibt ihn, wenn es zum Letzten kommt, […] auf blauem, grünem, braunem, rotem Papier geschrieben, und auch noch nummeriert, die sukzessiven Stadien anzeigend, die das Werk diktatweise durchlaufen hat […].[11]

Wenn Mann von sich selbst sagt, er sei hingegen jemand, »dem das Diktieren für sich entsetzlich ist, und der beim Ausdenken eines Romans kein stenographierendes Medium im Zimmer brauchen könne«, so werden hier eine moderne, mediale, objektzentrierte und eine traditionelle, geniale, ideenzentrierte Schreibweise gegeneinander in Stellung gebracht.

Das Haus, das noch nicht den Namen Villa Aurora trug, war bekannt, denn der Baufortschritt war mit wöchentlichen Artikeln in der *Times* aufgezeichnet worden und Hunderte von Menschen hatten den Rohbau im April und Mai 1928 besichtigt. Feuchtwanger erkannte, dass die Symbolik des Wohnhauses nicht nur inner-, sondern fast noch mehr außerhalb der Exil-Community von Bedeutung war. Für die Filmschaffenden aus Hollywood etwa ebenso wie für Verleger oder Agenten korrelierte die soziale Stellung direkt mit Größe und Lage des Hauses. Aber gerade dieses hypermoderne Musterhaus mit seiner Bibliothek voller europäischer Bücher, seinem Garten, wo Charles Laughton unter Palmen und Hibiskus Shakespeare vorlas, seinem Ka-

---

11 Mann: Freund Feuchtwanger (s. Anm. 9), S. 11.

minzimmer mit dem Flügel, auf dem Hanns Eisler und Arnold Schönberg spielten, wurde Knotenpunkt wichtiger Netzwerke im Exil. Es war Trutzburg einer aufklärerischen deutschen Literaturtradition mit internationaler Geltung in einer Stadt zwischen Wüste und Ozean, einer, wie Ludwig Marcuse schrieb, »über die Erde sich ausbreitende[n] Formlosigkeit«,[12] Symbol und Schutzraum intellektueller Arbeit an einer jüdisch-europäischen Kultur, aber auch eine Ikone jener teilweise verweigerten Assimilation der Repräsentanten europäischer Tradition an den amerikanischen Lebensstil, die so prägend für das »›New Weimar‹ unter Palmen« war.[13] Die vielfältige Wirklichkeit von Los Angeles, der am stärksten boomenden Stadt der USA der Kriegsjahre mit ihrer Schwerindustrie, den Militärbasen, war kein Thema für das deutsche Exil und umgekehrt wurde das Exil, so Ehrhard Bahr, kein integraler Bestandteil der kalifornischen Kultur.[14] Die fragile Exil-Community, die sich in diesem Haus versammelt hatte, zerfiel innerhalb weniger Jahre: Nelly Mann starb 1944, nicht einmal ein Jahr nachdem die Villa sich als Treffpunkt etabliert hatte, Franz Werfel und Bruno Frank 1945, Bertolt Brecht, Helene Weigel und Berthold Viertel verließen im Oktober 1947 Kalifornien, die Eislers und Paul Dessau 1948, Heinrich Mann starb 1950 in Santa Monica, Kurt Weill in New York, 1951 Schönberg in Los Angeles. Thomas und Katja Mann siedelten 1952 in die Schweiz über – wie auch Alfred Neumann. Theodor W. Adorno kehrte 1953 endgültig nach Frankfurt zurück, Salka Viertel zog nach Klosters. Lion Feuchtwanger überlebte die meisten Mitglieder der Community und blieb zurück, blieb staatenlos und starb 1958.[15] Die zentrale Gestalt der Kultur des Exils und ihres Nachlebens in Kalifornien aber war Marta Feuchtwanger, sie hielt das Haus und bewahrte Lions Nachruhm.[16] Durch Vermittlung des 2011 verstorbenen Harold

---

12 Marcuse, Ludwig: Mein zwanzigstes Jahrhundert. Auf dem Weg zu einer Autobiographie. München 1960, S. 263.
13 Gumprecht, Holger: »New Weimar« unter Palmen. Deutsche Schriftsteller im Exil in Los Angeles. Berlin 1998.
14 Vgl. Bahr, Ehrhard: Los Angeles als Zentrum der Exilkultur und die Krise des Modernismus. In: Exilforschung 20 (2002): Metropolen des Exils, S. 199–212; hier: S. 200.
15 Vgl. Wallace, Ian (Hg.): Feuchtwanger and Remigration. Oxford, Bern, Frankfurt a. M. 2013. Unter denen, die in Kalifornien blieben, waren aber auch u. a. Gina Kaus und Eva Herrmann, vgl. dazu Kaus, Gina: Von Wien nach Hollywood. Erinnerungen. Frankfurt a. M. 1990, darin besonders das Nachwort von Sibylle Mulot und Manfred Flügge: Muse des Exils. Das Leben der Malerin Eva Herrmann.
16 Vgl. Flügge, Manfred: Die vier Leben der Marta Feuchtwanger. Berlin 2008; Weschler, Lawrence und Marta Feuchtwanger: An émigré life: Munich, Berlin, Sanary, Pacific Palisades. University of California Oral History Program. Vol. 1–4. Los Angeles 1976; Heuwagen, Marianne: Martas Vision. In: Kreis der Freunde und Förderer der Villa Aurora (Hg.): 10 Jahre Villa Aurora. 1995–2005. Berlin 2005, S. 22–29.

von Hofe von der University of Southern California (USC) überschrieb Marta Feuchtwanger das gesamte Vermögen, darunter Haus, Bibliothek und den gesamten Hausrat dieser Universität.[17]

III. »Ensemble de mémoire«

In den 30 Jahren zwischen 1958 und 1987 veränderte sich die Villa, öffnete sich weiter, für neue Personenkreise. Doch nach Marta Feuchtwangers Tod 1987 stellte es sich schnell heraus, dass die USC zwar die wertvollen Bücher und Manuskripte Feuchtwangers sinnvoll in ihre Arbeit und den Betrieb zu integrieren vermochte, nicht aber die Liegenschaft selbst. Das Haus wurde nun überraschend schnell zum Anachronismus, denn es war das eingetreten, was Pierre Nora das Verschwinden des »milieu de mémoire«[18] nennt: die Kultur des Exils war verschwunden. Es wurde vernachlässigt, bald stellte sich eine ernsthafte Bedrohung seines Fortbestands ein, die anderen ehemaligen Häuser und Grundstücke der Exilanten, die in mittlerweile extrem aufgewerteten Vierteln wie Brentwood, Westwood und eben Pacific Palisades lagen, waren längst in die normale Immobilienzirkulation eingegangen. Typisch für amerikanische Städte mit ihrer radikalen Veränderungsdynamik, die das Gesicht ganzer Stadtteile innerhalb nur weniger Jahre verwandelt, überlagern neue Topografien die alten. Heute sind, so schrieb David Laskin 2008 in einem Reisebericht für die *New York Times*,

> Mann's mansion and Brecht's Santa Monica bungalow not included in the »stars' homes« tours that promise glimpses of the abodes of Leonardo DiCaprio, Britney Spears and Jennifer Lopez. […] Palisades Park along Ocean Avenue is one of the great urban seaside strolls – nearly two miles of palm-shaded gardens, benches, joggers and dreamers serenaded by the mingled roar of the Pacific Coast Highway and the waves caressing Santa Monica Beach below: an ideal place to channel the spirit of the exiles. In the 1930s and 40s, the occupants of those benches were more likely to speak German, Polish and Yiddish than English. The aura of angst, infighting, snobbery and gemütlichkeit that the exiles brought with them

---

17 Knapp, Dan: In Memoriam: Harold von Hofe, 98. In: USC Libraries, Libwire, unter: http://dotsx.usc.edu/newsblog/index.php/main/comments/in_memoriam_harold_von_hofe_98/ [abgerufen: 25.06.2013].
18 Nora, Pierre: Zwischen Geschichte und Gedächtnis. Die Gedächtnisorte. In: Ders.: Zwischen Geschichte und Gedächtnis (= Kleine kulturwissenschaftliche Bibliothek, Bd. 16). Berlin 1990, S. 11–18; hier: S. 11.

has long since departed. Still, as I watched the palm trees sway over Ocean Avenue, I could imagine the wonder and relief these exiles felt when they first stood blinking in all that light.[19]

Mit dem Verlust des »Milieus« wurde deutlich, dass es eines »Kulturdenkmals«, eines »lieu de mémoire«, eines Erinnerungsortes der Exilkultur bedurfte, an dem sich, wie Nora es definiert, das Gedächtnis »in besonderem Maße kondensiert, verkörpert oder kristallisiert«.[20] »Die Villa Aurora ist das letzte authentische Monument des deutschen Exils in Amerika«, erklärte 1990 der damalige Direktor des Goethe-Instituts Los Angeles, Reinhard Dinkelmeyer.[21] Das Bedürfnis einen solchen Ort zu erhalten, ist typisch für die Phase des Übergangs vom »kommunikativen« zum »kulturellen« Gedächtnis,[22] für das »lieux de mémoire« unerlässlich sind. Prominente Fürsprecher der Erinnerung an das Exil wie Harold von Hofe, der Feuchtwanger-Biograf Volker Skierka, der damalige Leiter des Rowohlt-Verlages Michael Naumann, der Publizist Fritz J. Raddatz und der Politiker Freimut Duve begannen an einem Zukunftskonzept für die Villa Aurora zu arbeiten, mit der Pressestiftung des *Tagesspiegel* wurden 1988 die Aktivitäten in Berlin im »Kreis der Freunde und Förderer der Villa Aurora e.V.« zusammengeführt. Der Verein konnte mithilfe der Stiftung Deutsche Klassenlotterie Berlin der USC das Haus 1990 abkaufen. Nachdem der Architekt Frank Dimster sie weitgehend in ihre ursprüngliche Gestalt zurückversetzt hat, steht die Villa seit 1996 unter Denkmalschutz. »Es sollte«, so Dinkelmeyer, »nicht als Museum, sondern als lebendige Stätte der Forschung und der Begegnung erhalten bleiben, als Ort der Erinnerung für die deutsche Nachkriegsgeneration […] als ein Ort des Dialogs mit der Stadt und ihrer multikulturellen Bevölkerung.«[23] Für dieses Konzept einer Kombination von Museum, Forschungsstätte und Künstlerresidenz schlage ich den Begriff des »ensemble de mémoire« vor.

---

19 Laskin, David: When Weimar Luminaries Went West Coast. In: *New York Times*, 03.10.2008.
20 Nora: Zwischen Geschichte und Gedächtnis (s. Anm. 18), S. 11.
21 Zit. n. Wehrmann, Elisabeth: Auroras Zukunft unter den Engeln. Die Villa Aurora muß sich ihrer Umgebung mehr öffnen. In: *Die Zeit*, 13.09.1991.
22 Assmann, Aleida: Erinnerungsräume. Formen und Wandlungen des kulturellen Gedächtnisses. München 1999 und Assmann, Aleida und Jan Assmann: Das Gestern im Heute. Medien und soziales Gedächtnis. In: Klaus Merten, Siegfried J. Schmidt und Siegfried Weischenberg (Hg.): Die Wirklichkeit der Medien. Eine Einführung in die Kommunikationswissenschaft. Opladen 1994, S. 114–140. Assmann geht dabei eigentlich von einer Phase von 80 bis 120 Jahren aus, bis kein Zeitzeuge mehr am Leben ist. Zwar leben noch immer Zeitzeugen und deren Nachkommen, aber aufgrund der besonderen Struktur der Exil-Community ist von einer kürzeren Übergangsphase auszugehen.
23 Zit. n. Wehrmann: Auroras Zukunft (s. Anm. 21).

Der Begriff »Museum« wird hierbei als Synonym für die statischen Elemente des kulturellen Gedächtnisses verwendet, des Speichergedächtnisses des »ensemble de mémoire«, die in Noras Worten, »kondensiert oder kristallisiert« sind. Museal ausgestellt werden wenige auf der Flucht gerettete und im Exil erworbene »persönliche Objekte«: ein Medikamentenfläschchen, ein Schreibtischset mit Papierschere und Briefmesser, ein Tintenfass, eine Tischuhr, kleine Figuren aus Metall, Lion Feuchtwangers Medaille zum Nationalpreis Erster Klasse der DDR 1953 und Marta Feuchtwangers Großes Bundesverdienstkreuz der BRD aus dem Jahr 1966 oder ein leicht vergilbter Zettel aus einem Notizblock mit der Aufschrift: »Ich bin ein deutscher Schriftsteller, mein Herz schlägt jüdisch, mein Denken gehört der Welt«; aber auch später von Marta Feuchtwanger aufgenommene Objekte wie ein Sofa der Eislers, der Blüthner-Flügel von Ernst Toch oder eine Büste dieses Komponisten. Ein besonderes Objekt wurde im Zuge von Aufräumarbeiten entdeckt: eine flache Holzscheibe, auf beiden Seiten mit Karikaturen Adolf Hitlers beklebt – einmal nur das Gesicht, auf der anderen Seite der »Führer« in Uniform. Die Scheibe wurde offensichtlich, dies machen zahllose fleißige Einstichlöcher deutlich, als Zielscheibe für Dartpfeile genutzt. Baudrillard beschreibt es als das primäre Charakteristikum der Möbel und Gegenstände, »den Raum, den sie sich teilen, zu bevölkern und selbst eine Seele zu besitzen. Wesen und Dinge sind übrigens miteinander verbunden und nehmen in dieser heimlichen Übereinkunft eine Innigkeit, einen affektiven Wert an, den man überkommenerweise als ihre ›Präsenz‹ bezeichnet«.[24] Wenn allerdings die Personen nicht mehr anwesend sind, geht ein weiterer Teil dieser Präsenz auf die Dinge über, sie werden im Akt der Verehrung, des Andenkens zu Stellvertretern der Personen, zu Reliquien. Jeder primären Funktionalität entkleidet, stillten solche Objekte das Bedürfnis nach »Zeugnis, Andenken, Nostalgie und Evasion«,[25] sie garantieren nur vermeintlich Authentizität, erzeugen aber lediglich eine Stimmung, einen Historismus der Zitate. Der Übergang der Präsenz von der Person auf das Haus drückt sich oft aus in Gespenster-Geschichten, nach Baudrillard ein Bild, in dem die »Seele des Hauses«[26] aufgehoben ist – und auch im Fall der Villa Aurora geben Zeitzeugen und Gäste an, dass Marta Feuchtwanger als freundlicher Geist das Haus durchstreife.

Das in einem Museum unterstellte »Erfülltsein mit Erinnerungen«[27] steht dann nicht im Widerspruch zur angestrebten Lebendigkeit der

---

24 Baudrillard: Das System der Dinge (s. Anm. 5), S. 24.
25 Ebd., S. 95.
26 Ebd., S. 99 f.
27 Ebd., S. 24.

Villa als »lieu de mémoire«, wenn die Bedingung einer ständigen Auseinandersetzung mit der Erinnerung und eine Reaktualisierung bzw. Rekontextualisierung der Objekte als ihre Bedingung erfüllt ist.

Zum Speichergedächtnis gehört auch die bei Feuchtwangers Tod ca. 30.000 Bände umfassende Bibliothek, die dritte, die er in 74 Lebensjahren zusammentrug. Etwa 22.000 Bände verblieben im Haus, die restlichen, besonders wertvollen 8.000 Bände bilden mit Briefen, Lebenszeugnissen und Manuskripten den Grundstock der Lion-Feuchtwanger-Memorial-Library an der USC.[28] Die Bücher sind in doppelter Hinsicht als Objekte interessant: zum einen sind sie unverzichtbare Quellen für die Forschung zum Werk Feuchtwangers und zum kalifornischen Exil und Zeugnisse einer verzweifelten Anstrengung, aus ihnen den Geist der europäischen Tradition, der für ihn verlorenen Kultur und damit mehr als nur das Kolorit der Epochen zu rekonstruieren, in denen seine Romane spielen. Allein für seine Flavius Josephus-Trilogie erwarb er 16 verschiedene Ausgaben und Übersetzungen von dessen Werken: die älteste, eine italienische aus Florenz, datiert auf das Jahr 1493 zurück, allein sieben Ausgaben stammen aus dem 16. Jahrhundert, darunter eine griechische des berühmten Schweizer Druckers Hieronymus Froben aus dem Jahr 1544, zwei aus dem 17., fünf aus dem 18. und eine aus dem 19. Jahrhundert. Zum anderen sind die Bücher Ausdruck einer Sammelleidenschaft, einer seiner Sozialisation als promovierter Philologe abgeleiteten »innigen« Beziehung zum Buch und zugleich Objekte der »Beseelung des Hauses«. Als Sammelstücke weitgehend entfunktionalisiert, kommt ihnen die Aufgabe zu, wie es Baudrillard in seinem Beispiel formuliert, für die »raffinierte und tadellose Funktionalität eines Landhauses« wie ein »Splitter vom echten Kreuz, der die Kirche heiligt, ein Talisman, ein Stück unbedingter Echtheit aus der innersten Realität des Lebens« zu fungieren und kulturelle Authentizität für das historistisch-funktionalistische Haus zu stiften.[29] Unter diesen sind eine handschriftliche Notiz Papst Innozenz III. über Flavius Josephus, Inkunabeln wie Hartmann Schedels *Liber Chronicarum*, gedruckt von Anton Koberger 1493 in Nürnberg,[30] ein Band Sophokles' mit handschriftlichen Notizen von Michelangelo, sowie Widmungsexemplare der Bücher seiner Exil-Genossen. Thomas Mann allerdings

---

28 Vgl. Schuetze-Coburn, Marje: Lion Feuchtwanger und seine Privatbibliothek. Eine Geschichte von Verlust und Überleben. In: Exilforschung 29 (2011): Bibliotheken und Sammlungen im Exil, S. 229–240. Rein technisch ist die Villa Aurora nur ein zweiter Standort der Memorial-Library.
29 Baudrillard: Das System der Dinge (s. Anm. 5), S. 102.
30 Jaeger, Roland: »He just wanted the books.« Lion Feuchtwanger als Büchersammler. In: Aus dem Antiquariat 51/43 (1998), S. A330–A341.

sah in seiner polemischen Würdigung in den Büchermengen auch ein Substitut für die mangelnde poetische Potenz des »kleinen Meisters«, der für ihn trotz allen literarischen Erfolges ein »gelehrter Philolog und firmer Historiker«[31] blieb.

IV. Zukunft Künstler-Residenz

Im Dezember 1995 eröffnete die Villa Aurora als eine internationale Begegnungsstätte für Künstler, als deutsche Künstler-Residenz und als Refugium für einen »Writer in Exile«. Während jeweils drei oder vier deutsche SchriftstellerInnen, KomponistInnen, bildende KünstlerInnen oder FilmemacherInnen für drei Monate in der Villa leben, bleiben die in Zusammenarbeit mit dem Getty Center for the History of Art and Humanities und dem PEN-Center USA West ausgewählten »Feuchtwanger-Fellows« bis zu zehn Monate wie die Lyrikerin Zineb Laouedj aus Algerien im Jahr 1999, der Theaterdichter Shahid Nadeem aus Pakistan 2001, der Romancier Abbas Khider aus dem Irak 2011 oder die Journalistin und Autorin Sviatlana Kurs aus Weißrussland 2013. So bleibt die Villa Ort für das Thema Exil in der transatlantischen Kommunikation und zugleich in diesem Dialog Ort der Erfahrungen von kulturellem Transfer. Für die »Feuchtwanger-Fellows« ist das Haus zunächst häufig ein dringend benötigter Schutzraum vor Verfolgung, eine Station der Flucht, des Exils. Nur wenige von ihnen nehmen den Aufenthalt zum Anlass, sich mit der Geschichte des Hauses und des Namenspatrons auseinanderzusetzen. Für die Aneignung des Ortes als Bedingung für die aus Deutschland ausgewählten StipendiatInnen[32] kann stellvertretend das Fazit des Lyrikers Lutz Seiler stehen:

> Zu jedem Aufenthaltsstipendium formen die Umstände des Ortes, zum Beispiel seine Geschichte oder der Stifter des Aufenthalts oder die lokale Szenerie, eine Erwartungshaltung, der sich der Künstler, ob er will oder nicht, ausgesetzt sieht.[33]

Durs Grünbein schrieb »Grüße aus der Hauptstadt des Vergessens«, Peter Lilienthal das Drehbuch zu einem neuen *Jud Süß*-Film, Thomas Blubacher recherchierte zum Schicksal des Cellisten und Kunstsamm-

---

31 Mann: Freund Feuchtwanger (s. Anm. 9), S. 11.
32 Vgl. die Beiträge in Borries-Knopp, Mechthild: Exiled in Paradise? Exile Literature in California. Berlin 2004 und das sogenannte »Künstlerbuch« in 10 Jahre Villa Aurora (s. Anm. 16), S. 62–352.
33 Seiler, Lutz: Das AURORA-Projekt. Ein kurzer Bericht. In: 10 Jahre Villa Aurora (s. Anm. 16), S. 264–267; hier: 264.

lers Francesco von Mendelssohn und Tamara Staudt porträtierte 2001 in *American Dreams* einen Auschwitz-Überlebenden namens Manfred, einen älteren Herrn in Strickjacke und Krawatte, der nach dem Krieg als Flüchtling in die USA kam und ihr als Rentner im Supermarkt die Einkaufstasche packte. Antje Ravic Strubel hat 2004 ihre Auseinandersetzung mit der Seele des Hauses in ihrer Begegnung mit dem Geist von Marta Feuchtwanger aufgezeichnet, für die Beschwörung des Geistes fungiert eines der musealen Objekte, ein Bild der Hausherrin, als erstes Medium.[34]

Ein eigenes Objekt des Erinnerungsarchivs stiftete Heiner Müller, der während seines Aufenthalts 1995 an *Germania 3* schrieb. Er klebte das »Exit«-Schild im Kaminzimmer so ab, dass »Exil« lesbar wurde. Die kleine Veränderung blieb wohl zunächst unbemerkt, dann behielt man sie bei. Notausgang ins Exil und zugleich das Exil als Notausgang, plakative Dialektik. In Seilers Fall habe der Ort jedoch zunächst nicht inspirierend gewirkt, ihn lähmte die riesige Bibliothek, die »das ganze Haus beherrscht, sie verströmt den verhalten muffigen betäubenden Geruch einer ›memorial library‹, deren letzte Zugänge fünfzig Jahre zurückdatieren und in den Büchern wohnen kleine, seltsame Tiere.«[35]

Der »lieu de mémoire« vermochte bei Seiler keine konstruktive Erinnerungsarbeit in Gang zu setzen, die Dinge blieben zunächst abgelebt und tot, dem Verfall anheimgegeben. Mit dem Fotografen Philipp Lachenmann und dem Komponisten Jens Brand, gemeinsam im Sommer 2003 Stipendiaten der Villa, entstand aber dann das AURORA-Projekt. Zu dritt begannen sie, aus den täglichen Gesprächen imaginäre Dialoge zwischen Feuchtwanger, Brecht und Thomas Mann zu entwickeln, die sie dann mit improvisierten Kostümen und Requisiten ebenso vor Lachenmanns Kamera nachstellten wie Gruppenbilder mit Mitarbeitern des Hauses, wie der Putzfrau Betty Herrera und dem Gärtner Juan Soto.

> Die Idee war, [...] die Exilsituation nicht nur zu reflektieren, sondern – wenn auch nur in einer bestimmten Pose – mit ihr identisch zu werden, sie noch einmal mit Leben zu erfüllen, sie darin zu erleben oder genauer gesagt, die Fiktion des Ganzen zu erleben. [...] Thomas Manns Siegelring an meinem Finger bestand, wenn ich mich recht erinnere, aus Lakritz und Silberpapier, alles sah täuschend echt aus.[36]

---

34 Ravic Strubel, Antje: Bewegung und Omelette. In: 10 Jahre Villa Aurora (s. Anm. 16), S. 284–286.
35 Seiler: Das AURORA-Projekt (s. Anm. 33), S. 265.
36 Ebd., S. 266.

Einige dieser Bilder, so schreibt Seiler in seinem Bericht über seinen Aufenthalt, wurden Teil des Ensembles: sie hingen inzwischen als vermeintliche Originale in Feuchtwangers Arbeitszimmer oder hätten ihren Weg ins Archiv der USC gefunden. Die Putzfrau Betty und der Gärtner Juan waren ursprünglich aus Guatemala bzw. Mexiko auf der Flucht vor Militärdiktatur, Bürgerkrieg und Gewalt in die USA gekommen.

Christine Lang interessierte sich in ihrem während ihres Stipendiums im März 2007 in der Villa gedrehten Film *The Courage, The Cars & The Church* dafür, die Villa als transitorischen Raum wiederzuentdecken, in dem auch heute noch Migration und Flucht präsent sind. Beide glauben an das Credo des amerikanischen Traums: »if you work hard, you get a reward after and after«, so Juan. Betty hat sich einerseits diese Belohnung schon konkret erarbeitet; ihre Dinge des Exils sind zwei Autos und ein großes Haus, ein Statussymbol wie Feuchtwangers Villa, für sie andererseits fast zu kostbar, um darin zu leben. Das wird sie dann tun, eines Tages, wenn sie pensioniert sein wird.

Klaus Modicks Erzählung *Sunset* aus dem Jahr 2011, eine klassische Novelle, konzentriert sich auf einen Schlüsselmoment der Erinnerung, den die Villa aufhebt: er beschreibt einen einzigen Tag, den 17. August 1956, jenes Datum, an dem Feuchtwanger von Johannes R. Becher aus dem geteilten Berlin die Nachricht vom Tode Brechts erhielt.

> Zwischen Himmel und Meer gähnt der Morgennebel, zieht Strand und Uferstraße in seinen silbergrauen Schlund, scheint aber vor den Palmen zurückzuweichen. Die hageren Stämme recken sich wie Wesen aus mythischen Zeiten, archaische Wächter des Landes, die mit scharf gefiederten Lanzen dem Nebel Einhalt gebieten. Die Sonne, ein milchweißer Fleck im Osten erst, wird bald den Vorhang zerreißen, die Fetzen in Dunst auflösen und den Blick freigeben auf die Bühne des Meeres, das unwandelbare Schauspiel von Wasser, Licht und Luft.[37]

Nicht nur fängt der Text mit den Adjektiven »silbergrau« und »milchweiß« die kalifornische Morgenstimmung ein, der Nebel, ein Vorbote des Todes, der Widerstreit zwischen Nebel und Palmen wie der Dualismus von Tod und Leben. Zugleich wird der Nebel als ein von der Sonne zerrissener Vorhang eingeführt, der nicht nur den Blick auf das transhistorische Naturschauspiel von »Wasser, Licht und Luft« freigibt, sondern auch auf jene präzise historisch lokalisierte Szene, die nun ihren Anfang nimmt. Modick rekonstruiert bzw. re-inszeniert jenen Tag mit einer ähnlichen Präzision, wie Thomas Mann sie auf jenen Dezem-

---

37 Modick, Klaus: Sunset. München 2011, S. 7.

bertag 1796 verwendet, den er 1905 in *Schwere Stunde* aufruft.[38] Schreibt Mann zum 100. Todestag Schillers eine vom *Simplizissimus* bestellte Würdigung als Teil der Erinnerungskultur der Klassik, schreibt sich Modick, knapp 30 Jahre nachdem er sich in seiner Dissertation[39] schon einmal intensiv an Feuchtwanger abgearbeitet hat, mit seiner Erzählung in den Erinnerungsdiskurs des Exils und des Ortes ein. In beiden Texten, dies ist aber auch Teil der Tradition der Künstlernovelle, scheint im porträtierten Künstler der Autor mit durch. So hat Modick seinem Feuchtwanger Bekenntnisse in eigener Sache eingeschrieben: »Die Arbeit wartet. Er hat noch zu tun. […] Er schlendert bergab wie einer, der alle Ziele kennt und längst weiß, dass Eile nicht lohnt.«[40] Das physische Erleben, das Durchschreiten des Hauses, die geschilderte Wahrnehmung von Licht, Sonne, Wärme und Kälte, der Böen, die Geräusche, Gerüche sind mit eigenen Erfahrungen angereichert und geben der Figur Feuchtwangers damit eine große Lebendigkeit. Modick webt aber auch einige der vielen Anekdoten oder Legenden in seinen Text ein, die über die Villa und ihre vormaligen Besitzer kursieren – so etwa die mal Eisler, mal Alma Mahler zugeschriebene Bemerkung, der Salon der Villa sei so groß, dass man darin Basketball spielen könne. Vermutlich ganz und gar erfunden ist aber Modicks Zusatz, Chaplin habe daraufhin pantomimisch mit seinem Cocktailglas einen imaginären Korbwurf vollführt.

Michael Lentz, bereits 2001 Stipendiat im Haus, hat in seinem Roman *Pazifik Exil* 2007 einen polyphonen Erinnerungsteppich gewoben. Er folgt zunächst der Flucht der Werfels, Manns und Feuchtwangers von Marseille nach Lissabon und inszeniert dann das Exil am Pazifik weniger als eine intellektuelle Gemeinschaft als ein Geflecht von teils tatsächlich geführten, teils imaginären Dialogen: Brecht verabschiedet sich im Gedicht von der verstorbenen Mitarbeiterin Margarete Steffin und trifft auf einer Cocktailparty unter lauter Fremden per Zufall Eisler, Feuchtwanger diskutiert mit Brecht und Heinrich Mann im Garten zwischen starkem Kaffee, schwirrenden Kolibris und flirrender Hitze politische Handlungsmöglichkeiten der Literatur und offenbart beiden betroffen die von Thorwald Probst nach den spanischen Vorlagen in den geschnitzten Regalen seiner Bibliothek eingearbeiteten Swastiken. Thomas Mann wiederum gerät an einen Reporter, der sich in das Haus

---

38 Vgl. Kurzke, Hermann: Thomas Mann. Das Leben als Kunstwerk. Frankfurt a.M. 2001, S. 129.
39 Modick, Klaus: Lion Feuchtwanger im Kontext der zwanziger Jahre. Autonomie und Sachlichkeit. Königstein/Taunus 1981. Die Gutachter waren Karl Robert Mandelkow und Lutz Winckler.
40 Modick: Sunset (s. Anm. 37), S. 175.

des »Goethe in Hollywood«[41] geschlichen hat und Schönberg streitet im inneren Monolog mit Mann um einen in Princeton an ihn verliehenen Sessel, den er allerdings längst zurückbekommen hat. Dieser Ohrensessel, so kommt auch Lentz wieder bei den wenigen musealen Dingen und Relikten des Exils an, sei »das Einzige« aus Schönbergs großbürgerlichem Wiener Interieur gewesen, das »mit herübergekommen« sei.

> Jahrelang habe ich in Berlin in diesem Sessel gesessen, [...] sitze ich in diesem Sessel, brauche ich nur die Augen zu schließen, sofort läuft alles ganz genau vor mir ab, ich kann in diesem Sessel mein Leben abrufen, sehe Gesichter, spüre Hitze und Frost, [...] dieser Sessel ist Heimat. Eine unantastbare Insel im ringsum sinkenden Meer.[42]

V. Fazit

Nicht nur die mobilen Dinge des Exils, die Briefe, die Manuskripte und Papiere »wandern«, gehen von Hand zu Hand, auch die immobilen tun es. Die Geschichte der Villa Aurora als Treffpunkt so vieler ExilantInnen und EmigrantInnen prädestiniert sie einerseits zum »lieu de mémoire«, doch muss eben die Geschichte durch lebendige Erinnerung reaktualisiert werden. Tanja Dückers, Stipendiatin des Jahres 2000, beschreibt im Rückblick, dass von der Villa »etwas Auratisches ausgehe, eine Atmosphäre von gelebter Geschichte, entronnenem Leid und gleichzeitig pazifisch-paradiesischer Ruhe.«[43] Das Konzept der Villa Aurora, den Ort als transitorischen Raum zu erhalten, der zugleich Museum und Archiv ist, ermöglicht zugleich eine Begegnung, Interaktion und einen Dialog wie eine teilweise Überschreibung der hier gespeicherten Exilerfahrung. Die gefundene Konstellation, dieses »ensemble de mémoire«, macht das Palimpsest der verschiedenen Erfahrungen zugleich lesbar. Dückers beschreibt idealisierend das »Melancholisch-Geschichtsgesättigte« als eine Spannung, die durch die »greifbare Faktizität von Krieg, Judenverfolgung und Emigration auf der einen Seite und die geradezu irreal anmutende, Zahlen und Fakten spottende Schönheit des palmenumstandenen Hauses« evoziert werde:

---

41 Flanner, Janet: Goethe in Hollywood. In: *The New Yorker*, 13.12.1941, S. 31 und 20.12.1941, S. 22 f.
42 Lentz, Michael: Pazifik Exil. Frankfurt a. M. 2007, S. 203 f.
43 Dückers, Tanja: Vortrag bei der Villa Aurora-Auktion am 12. Dezember 2003 im Roten Rathaus in Berlin. In: 10 Jahre Villa Aurora (s. Anm. 16), S. 56–57; hier: S. 56.

Die Vergangenheit ist hier immer spürbar, doch ist die Gegenwart, das heterogene, verstörende, und betörende Los Angeles, gleichzeitig miteingewoben. Die Villa Aurora ist nicht museal und doch ein Museum: ein flexibles, ein transparentes, eines, das Kontemporäres zum Vergangnen in Bezug setzt. Sie ist ein Archiv, ohne nur das Kanonisierte zuzulassen, das dem Neuen, dem Experimentellen, verkörpert durch die jedes Jahr eingeladenen Stipendiaten, offen steht.[44]

---

44 Dückers: Vortrag bei der Villa Aurora-Auktion (s. Anm. 43), S. 56.

Anne-Rose Meyer

Herd, Feuer und Küchengerät in Exilwerken Anna Seghers', Irmgard Keuns und Aglaja Veteranyis

Eigner Herd ist Goldes wert – das Sprichwort birgt bekanntlich Weisheit. Es ließe sich deuten: Ein eigener Haushalt ist sehr erstrebenswert. Und: Kochen auf dem eigenen Herd ist meist günstiger als das Essen außer Haus und deswegen von existenzieller Bedeutung. Neben diesen ökonomischen Aspekten ist das brennende Herdfeuer, auf dem gekocht wird und vor dem sich die Mitglieder eines Haushaltes versammeln, um zu essen und zu reden, ein archaisch anmutendes Bild. Es steht u. a. für Gemeinschaft und Geborgenheit und ist deswegen auch in zentralen Werken deutschsprachiger Exilliteratur ein häufiges und – in seiner Alltäglichkeit – auch häufig übersehenes Motiv.

Das Herdfeuer ist per definitionem kein Ding, aber es ist eng verbunden mit der Kochstelle, dem Herd oder dem Ofen, und mit diversen Küchenutensilien zur Nahrungszubereitung. Sprechen wir über »Dinge«, scheinen Herde in ihrer Schwere allerdings eher zu den *Immobilia* als zu den *Mobilia* zu gehören. Doch geraten auch schwere, erdverbundene Objekte in Texten speziell der Exilliteratur nicht selten in Bewegung. Dies lässt sich bei Anna Seghers, Irmgard Keun und Aglaja Veteranyi beobachten, die alle drei Herde und dazugehöriges Kochgeschirr sowohl als Affirmationen von Präsenz und Dauer als auch als Beispiel für die Flüchtigkeit, für die Verrückbarkeit von Dingen in schweren Krisenzeiten evozieren. Dabei bedienen sie sich unterschiedlicher narrativer Verfahren, um gewohnte Sichtweisen des Lesers in Bezug auf seine materielle Umwelt nachhaltig zu irritieren.

In Anna Seghers Roman *Transit* von 1944 ist der Pizzaofen ein Leitmotiv. Gleich am Anfang wendet sich der Erzähler an einen nicht näher gekennzeichneten Zuhörer und präsentiert sich als Gastgeber, der eine Geschichte erzählen will, seine Geschichte:

> Erlauben Sie mir, Sie einzuladen. Zu einem richtigen Abendessen habe ich leider kein Geld. Zu einem Glas Rosé und einem Stück Pizza. Setzen Sie sich bitte zu mir! Was möchten Sie am liebsten vor sich sehen? Wie man die Pizza bäckt auf dem offenen Feuer? Dann setzen Sie sich neben mich. Den alten Hafen? Dann besser mir gegenüber. [...] Die Pizza ist doch ein sonderbares Gebäck. Rund und bunt wie eine Torte. Man erwartet etwas

Süßes, da beißt man auf Pfeffer. Man sieht sich das Ding näher an, da merkt man, daß es gar nicht mit Kirschen und Rosinen gespickt ist, sondern mit Paprika und Oliven. Man gewöhnt sich daran. Nur leider verlangen sie jetzt auch hier für die Pizza Brotkarten.[1]

Eine interkulturelle Perspektive im Text entsteht dadurch, dass abstrakte Kategorien auf sinnlich-ästhetischer Ebene dargestellt werden: Da ist die Pizza, ein ganz offensichtlich dem Erzähler unvertrautes Gericht, mittels dessen Beschreibung Fremdheit literarisch aktualisiert wird. Die enttäuschte Erwartung, es handele sich um eine süße Torte, verleiht der Textstelle Unmittelbarkeit und Anschaulichkeit. Die Thematisierung anfänglicher kulinarischer Unkenntnis weist den Erzählenden zudem als Nicht-Einheimischen aus, der mit den Essgewohnheiten eines mutmaßlich südländischen Volkes nicht vertraut ist. Später erfahren wir dann, wir befinden uns in Marseille.[2]

Die evozierte Eingangssituation, eine zunächst unbekannte Figur spricht jemanden – den Leser? – an, setzt Fremdheit und Differenz nicht nur in Szene, sondern macht dem Leser Fremdheit und Kennenlernen gleichsam performativ erfahrbar, zieht ihn in die geschilderte Situation hinein. Die Pizza als preiswerte, sättigende Speise veranschaulicht die finanzielle Lage des Erzählenden, der sich nichts anderes leisten kann, konzise und einprägsam gleich zu Anfang. Die wirtschaftliche Notlage exponiert Seghers Seiten später im Roman ausführlich. Auch die seelische Notlage des Erzählers wird im Romanverlauf kenntlich: Er neidet seinen Freunden, den Binnets, und auch zwei Clochards, in Marseille beheimatet zu sein.[3]

In der Hafen und Ofen kombinierenden Eingangsszene erscheint die Situation des Exilierten durch das offene Feuer zunächst idyllisch. Seghers kontrastiert zwei archaische Topoi, den Blick aufs häusliche Innere und den Blick nach draußen, auf den Hafen, der traditionell für Auf-

---

1 Seghers, Anna: Transit [1944]. Roman. Berlin 2000 (6. Aufl.), S. 5f.
2 In der Forschung sind Pizza und Rosé als metafiktionaler Hinweis auf die Vielschichtigkeit gelesen worden, etwa von Böhle, Ingo: Studie zur Märchenebene in Anna Seghers' Roman »Transit«. In: Exil 15/1 (1995), S. 75–89; hier: S. 75: Anna Seghers weise durch die Textstelle »Man erwartet etwas Süßes, da beißt man auf Pfeffer« auf »eine verborgene Ebene in ihrem Roman« hin. Der Rosé erweise sich als stark berauschendes Getränk, obwohl sein Aussehen und die erste Anmutung an Himbeersaft erinnerten. Vergleichbar argumentiert auch die Studie von Thurner, Christina: Der andere Ort des Erzählens. Exil und Utopie in der Literatur deutscher Emigrantinnen und Emigranten 1933–1945. Köln 2003, S. 78f.
3 Vgl. Seghers: Transit (s. Anm. 1), S. 85, 153, 179f.

bruch und Ankunft, für die Lebensreise und Heimkommen – auch in einem spirituellen Sinn – gelesen werden kann.[4]

Ein näherer Blick auf den Roman verdeutlicht, weshalb der Eindruck von Idylle, Beständigkeit und Häuslichkeit, den Seghers mit dem Herd und seinem Feuer verbindet, transitorisch und fragil bleibt: Im Verlauf der Erzählung ist die Pizzeria immer wieder Schauplatz von Treffen zwischen einem Arzt, dessen Gefährtin Marie und dem Erzähler. Durch Einladungen zu Pizza und Rosé will der Arzt vom meist hungrigen Erzähler Informationen zu Ausreisemöglichkeiten und zu Visa erhalten. Die Pizzeria, die einerseits durch das Herdfeuer Geborgenheit ausstrahlt, wird dadurch erzählerisch andererseits um die Komponenten der unbekannten Ferne und des Aufbruchs erweitert, die in den Dialogen immer wieder Thema sind.[5] Dies unterstreicht Seghers erzählerisch auch durch die mehrfach erwähnte Pizza, ein international verbreitetes Gericht.

Die Beschreibungen des Pizzabackens, des Essens und Trinkens verleihen den Gesprächen um falsche und echte Papiere, Ansprechpartner und Schmiergelder sinnliche Anschaulichkeit. Der Text erzeugt durch das Feuer im Pizzaofen und die urtümlich anmutende Tätigkeit des Knetens und Backens zudem eine Illusion von Beständigkeit:

> Wir betraten die Pizzeria. Ich setzte mich mit dem Gesicht zum offenen Fenster. [...] Das offene Feuer da, sehen Sie, kann mir gefallen. Und wie der Mann auf den Teig schlägt mit lockerem Handgelenk. Ja, eigentlich gefällt mir auf Erden nur das: ich meine, nur das gefällt mir, was immer vorhält. Denn immer hat hier ein offenes Feuer gebrannt, und seit Jahrhunderten hat man den Teig so geschlagen.[6]

---

4 Klaus Müller-Salget etwa hat in einer differenzierten Interpretation aufgezeigt, dass die »Exilsituation« als »Totenreich« dargestellt ist und diverse mythologische Anspielungen enthält. Müller-Salget analogisiert in dieser Lesart den Hafen mit dem Acheron. Feuer, Herd und Backen sind ihm Bilder für »tätiges, schöpferisches Leben« (Müller-Salget, Klaus: Totenreich und lebendiges Leben. Zur Darstellung des Exils in Anna Seghers' Roman »Transit«. In: Wulf Koepke und Michael Winkler (Hg.): Exilliteratur 1933–1945. Darmstadt 1989, S. 333–354; hier: S. 339). Zu den mythologischen Implikationen in *Transit* vgl. auch Trapp, Frithjof: Zeitgeschichte und fiktionale Wirklichkeit: »Transit«. In: Exil 13/1 (1993), S. 5–14, bes. S. 8–10.

5 Die Pizzeria ist deswegen nicht als »Inbegriff kreatürlichen Aufgehobenseins inmitten aller Unbehaustheit« zu werten, wie dies Sigrid Thielking versucht (Thielking, Sigrid: Warten – Erzählen – Überleben. Vom Exil aller Zeiten in Anna Seghers' Roman »Transit«. In: Argonautenschiff. Jahrbuch der Anna-Seghers-Gesellschaft 4 (1995), S. 127–138; hier: S. 129).

6 Seghers: Transit (s. Anm. 1), S. 125.

Diverse andere, vergleichbare Textstellen ließen sich anführen.[7] Am Schluss jedoch, kurz vor der Abreise des Arztes und Maries, gewinnt ein Pizzaofen an Mobilität und ist nicht mehr tief im Inneren eines Gebäudes, sondern an einer Straße zu finden: Seghers schildert eine Bäckerin mit einem eisernen Öfchen, die Vorübergehenden Pizza zum Mitnehmen verkauft. Der Ofen mitsamt seiner Bäckerin erlangt dabei sagenhafte Größe und Bedeutung:

> Die Pizzabäckerin, ohne schön zu sein, glich doch den Schönsten der Schönen. Sie glich allen Frauen der alten Sagen, die immer jung bleiben. Sie hatte immer auf diesem Hügel am Meer auf ihrem uralten Gerät die Pizza gebacken, als andere Völker dahergezogen waren, von denen man heute nichts mehr weiß, und sie wird auch immer noch Pizza backen, wenn andere Völker kommen.[8]

Die Pizzeria – Treffpunkt, Straßenverkaufsstand – erfährt durch Präsentationen wie diese eine mythopoetische Aufladung. Gleichzeitig aber erzeugt der Text an dieser Stelle durch Paradoxa und Anachronismen eine irritierende Spannung: Obwohl die Pizzabäckerin nicht schön ist, »glich« sie »den Schönsten der Schönen«. Und Pizza, wie sie im Roman gebacken und verzehrt wird, ist ein Produkt des ausgehenden 19. Jahrhunderts, also ein verhältnismäßig modernes Gericht. Eiserne Pizzaöfchen für den Straßenverkauf sind jünger.[9] Das »Gerät« der »Pizzabäckerin« ist folglich nicht »uralt« und mit Pizza wurden in oder bei Marseille auch keine »andere[n] Völker« während ihrer Wanderung beköstigt.

Offensichtlich geht es Seghers an dieser Stelle nicht um historische Stimmigkeit, sondern darum, den Ofen einerseits als Kontinuum in bewegten Zeiten erscheinen zu lassen. Dessen Mobilität zeigt andererseits auch, dass selbst schwere Gerätschaften – in bildlicher Verbindung mit Migration – an Flexibilität gewinnen können. Der Ofen fungiert im Roman sowohl als profane Realie wie als archaisches Symbol. Gleichzeitig ist er wie die Pizza für die Figurencharakterisierung zentral: Ironisch gebrochen erscheinen Ofen und Pizza als Projektionsflächen für den Erzähler, um dessen Sehnsucht nach dauerhaften Verhältnissen, nach Stabilität und Geborgenheit am Anfang und am Ende des Romans pointiert zu verdeutlichen; eine Sehnsucht, die unter Bedingungen des Exils unerfüllt bleibt.

---

7 Vgl. ebd., S. 127–129; 168; 171; 241; 281.
8 Ebd., S. 271.
9 Vgl. Peter, Peter: Italienische Küche. Geschichten und Rezepte zur Kulturgeschichte der italienischen Küche. München 2011, S. 106–108.

Unterwegssein ist auch in Irmgard Keuns leider immer noch von der Forschung zu wenig beachteten *Kind aller Länder* das zentrale Motiv. Der Roman erschien bereits 1938 bei Querido in Amsterdam. Die Handlung wird aus der Perspektive der zehnjährigen Ich-Erzählerin Kully evoziert, eines Emigrantenkindes aus Frankfurt am Main.

Wie es Titel und Thema bereits nahelegen, ist die Romanstruktur durch eine Stationenfolge geprägt: Lemberg, Salzburg, Prag, Ostende, Brüssel, Amsterdam, Paris, San Remo, Nizza, New York und wieder Amsterdam sind Orte, an die es die Erzählerin und ihre Familie verschlägt. Der Vater ist Schriftsteller und erhält seine Einkünfte fast nur noch aus Amsterdam. Seine Bücher verkaufen sich schlecht und er ist europaweit unterwegs, um Geld für die Familie – seine Frau und seine Tochter Kully – aufzutreiben:

> Wir sind aus Deutschland fortgefahren, weil mein Vater es nicht mehr ausgehalten hat, denn er schreibt Bücher und für Zeitungen. Wir sind in die allgemeine Freiheit gewandert. Nach Deutschland gehen wir nie mehr zurück. Das brauchen wir auch nicht, denn die Welt ist sehr groß.
> Mein Vater bekommt hauptsächlich Geld für seine Bücher aus Holland, aber das hat wenig Sinn, weil das Geld von ihm schon ausgegeben ist, bevor es ankommt. Darum sagt mein Vater, es müssen andere Verbindungen und Quellen gesucht werden.
> Meine Mutter und ich sind meinem Vater eine Last, aber da er uns nun mal hat, will er uns auch behalten.[10]

Irmgard Keun thematisiert in *Kind aller Länder* konkret die Situation des Schriftstellers, des Intellektuellen, der fern seines Sprachraums, seines Publikums arbeiten und sich Verdienstmöglichkeiten erschließen muss: Der Vater wolle das Land verlassen, heißt es im Roman, »weil eine Regierung Freunde von ihm eingesperrt hat und weil er nicht sprechen durfte was er wollte und auch nicht schreiben«.[11]

Die Schriftsteller-Figur in *Kind aller Länder* haben mehrere reale Gestalten geprägt, denen Keun im Exil begegnete. Ihre Schilderungen einer Jagd nach Geld und Kontakten entsprechen den historischen Verhältnissen.[12] Gleichzeitig greift die Autorin einen Topos auf, der spätestens seit der Romantik in die Literatur Eingang gefunden hat: den Konflikt zwischen Künstlertum und Bürgertum, zwischen freiem Schaffen und der Sorge für eine Familie. Dieser Konflikt gewinnt im

---

10 Keun, Irmgard: Kind aller Länder [1938]. München 2004, S. 8.
11 Ebd., S. 29.
12 Vgl. Keun, Irmgard: Bilder aus der Emigration. In: Dies.: Wenn wir alle gut wären. Hg. u. mit einem Nachw. vers. v. Wilhelm Unger. Köln 1983, S. 129–156; s. bes. S. 139, 144–146. Sowie Häntzschel, Hiltrud: Irmgard Keun. Reinbek 2001, bes. S. 60–71 und 91.

Exil besondere Brisanz, da der Vater im Roman als Spieler, Gewohnheitstrinker und Verschwender gezeichnet ist, dem jedes Talent zum vorausschauenden Wirtschaften und Planen abgeht. Dies war im Deutschland vor 1933 noch nicht problematisch, zeitigt aber im Exil schlimme Folgen. Aus der Perspektive der zehnjährigen Tochter wird eine väterliche Eskapade nach der anderen bekannt.

Im Kontext dieser konfliktreichen Situation gewinnen Herd und Küche zentrale Bedeutung: Sie ermöglichen die verhältnismäßig preiswerte, selbstständige Versorgung der Familie, eröffnen der Frau einen eigenen Wirkungsbereich und verdeutlichen die Sehnsucht der beiden weiblichen Familienmitglieder, Mutter und Tochter, nach Beständigkeit, Heimat und Geborgenheit. In Nizza »mietete« die Mutter, wie es heißt, »zwei Zimmer und einen Herd.« Die Erzählerin kommentiert:

> Ich habe sie [die Mutter] noch nie so glücklich gesehen. Wir kauften Kochtöpfe im Bazar und Löffel und Messer und Gabeln [...]. Am nächsten Morgen haben wir gekocht, ich durfte meiner Mutter helfen. Wir hatten Artischocken mit Essigsoße, die mein Vater so gern mag, und Kalbsleber und Blumenkohl und dann noch jeder ein Stück Ananas, der Rest wurde aufgehoben.
> Mein Vater bekam auch noch Käse und eine Tasse Kaffee mit einem Kognak und den Paris Soir zu lesen, zum Schluß durfte er sich auf das Sofa legen.[13]

Wie Sabine Rohlf in ihrer instruktiven Studie *Exil als Praxis – Heimatlosigkeit als Perspektive?* gezeigt hat, haben Szenen wie diese besondere Wichtigkeit für die Darstellung von gender-Aspekten: Die Mutter – Annchen – ist als Figur ohne besondere künstlerische Talente gezeichnet, hat aber diverse hausfrauliche Talente:

> Sie kann für meinen Vater selbst Zigaretten drehen, dann kosten sie nur die Hälfte. Sie kann aus Tischtüchern Tintenflecke entfernen, die mein Vater reingemacht hat und Koffer packen, daß dreimal so viel reingeht, als wenn mein Vater sie packt. [...] Dann kann sie unsere Wäsche selbst im Waschbecken waschen und mit dem kleinen Bügeleisen bügeln, ohne daß im Hotel jemand »was merkt«.[14]

Keun präsentiert aus Sicht der Tochter die Figur Annchen mit durchaus liebevollem Blick und zeigt an ihr eine frauenspezifische Exilproblematik: Während der Vater als Schriftsteller – wenn auch deutlich eingeschränkt – beruflich aktiv sein kann und mobil ist, verengt sich der Wirkungs- und Bewegungskreis der Ehefrau auf Hotel- und Pensions-

---

13 Keun: Kind aller Länder (s. Anm. 10), S. 160.
14 Ebd., S. 31.

zimmer. Dort hütet die Mutter in Keuns Roman die Tochter und unterrichtet diese sporadisch mehr schlecht als recht, hungert, um Geld zu sparen, und ersetzt das Dienstmädchen.[15]

In einem Setting, das den eingeschränkten Handlungsspielraum einer Frau im Exil überdeutlich erkennen lässt, ist diese einerseits auf die Rolle der Familienmutter und der auf den Mann wartenden Ehefrau reduziert. Andererseits aber kann die Frau durch die Exilsituation, die damit verbundenen Geldsorgen, fehlende Aufenthaltsberechtigungen usw. diesen traditionellen Rollenmodellen nicht gerecht werden, nicht im gewünschten Maß für Kind und Mann sorgen. Anders als diesem ist der Frau in Keuns Roman Selbstständigkeit verwehrt. Sie bleibt passiv in ihrer unbefriedigenden, nervenaufreibenden Warteposition verhaftet. Sabine Rohlf formuliert:

> Die reduzierte, abgeschlossene und transitäre Lebenswelt der Hotelzimmer und -betten liest sich wie eine literarische Ausgestaltung der Metapher des »gender exile« und zeigt, dass die Frau sich nicht in einem undefinierbaren Außen, sondern in klar benennbaren Relationen zu einem männlich markierten Referenzpunkt befindet.[16]

Die gender-Komponente wird besonders anschaulich dadurch, dass die Vaterfigur als unsteter Lebemann gezeichnet ist, dem das Exilleben deswegen trotz seiner Widrigkeiten auch zeitweise völlig entspricht, und die Situation der Mutter durch die Sehnsucht nach dem eigenen Herd charakterisiert ist.

Das Heim in Nizza ermöglicht eine kurzzeitige »Reterritorialisierung im Haushalt«:[17] Im eigenen Herd und in den Küchenutensilien materialisiert sich ein Gefühl von Heimat, das nicht mehr auf einen politischen Raum, sondern auf die private Wohnung bezogen ist. Darüber hinaus eröffnet der eigene Herd der Mutter Handlungsmöglichkeiten. Sie kann sich beim Einkaufen und Kochen von erzwungener Passivität befreien, im Rahmen ihrer Möglichkeiten wirtschaften, planen, kurz: Bewegungsfreiheit wenigstens im Rahmen eines traditionellen Rollenmodells zurückgewinnen, die sie in Hotels und Pensionen verloren hatte. Die häusliche Idylle ist aber nicht von Dauer: Den Vater zieht es bald in die USA, weil er Visa bekommen hat und dort Geschäfte machen will. Nach der Essensszene zerstört Keun alle Anflüge von Gemütlichkeit mittels dieser bohèmienhaften, luxusliebenden Vaterfigur. Die Mutter fragt:

---

15 Ebd., S. 30 f.
16 Rohlfs, Sabine: Exil als Praxis – Heimatlosigkeit als Perspektive? Lektüre ausgewählter Exilromane von Frauen. München 2002, S. 157 f.
17 Ebd., S. 152.

> »Kully, freust du dich auf Amerika?«
> »Werden wir alle Kochtöpfe mitnehmen?«, habe ich gefragt.
> »Aber nein, Kully«, rief mein Vater und lachte, wozu brauchen wir dieses ganze Zeug denn noch?«[18]

Mit der fröhlichen Aufbruchsstimmung des Vaters, für den das Exil Gelegenheit ist, eine als spießig empfundene Häuslichkeit hinter sich zu lassen, kontrastiert Keun Trauer und Müdigkeit von Mutter und Tochter. Für diese Figuren sind der gemietete Herd und die Kochtöpfe nicht nur Symbole einer im Exil verloren gegangenen und temporär wiedergefundenen Häuslichkeit. Herd, Töpfe und andere Küchenutensilien bieten die Möglichkeit, sich auch ganz konkret von der eigenen Verdinglichung zu befreien: Da die Familie in diversen Hotels und Restaurants die Rechnungen nicht bezahlen kann, fungieren Mutter und Kind als lebendige Pfandsachen. Sie bleiben im jeweiligen Etablissement zurück und sollen davon ablenken, dass der Vater versucht, Geld aufzutreiben. Aus ihrer schwierigen Lage werden Mutter und Tochter in Restaurants erst nach Stunden, in Hotels manchmal erst nach Tagen oder Wochen erlöst.

Die prekäre Situation Exilierter verdeutlicht Keun folglich dadurch, dass sie Beziehungen zu alltäglichen Objekten in ihrem Roman systematisch verfremdet und Hierarchien zwischen Menschen und Dingen umkehrt. Das Motiv der Verdinglichung finden wir leitmotivartig im gesamten Text und – ganz exponiert – gleich am Romananfang:

> In den Hotels bin ich auch nicht gern gesehen, aber das ist nicht die Schuld von meiner Ungezogenheit, sondern die Schuld von meinem Vater, von dem jeder sagt: dieser Mann hätte nie heiraten dürfen.
> Zuerst werde ich in den Hotels immer behandelt wie das Lieblingshündchen von einer reichen Dame. Die Zimmermädchen machen mir spitze Lippen und geben küssende Laute von sich. Die Portiers schenken mir Briefmarken, die ich sammle, weil ich sie vielleicht später verkaufen kann. […] Und die Kellner wedeln mich freundlich mit ihren Servietten an. Das hat aber alles ein Ende, wenn mein Vater fortfährt, um Geld aufzutreiben, und meine Mutter und ich allein zurückbleiben müssen, ohne daß bezahlt worden ist. Wir bleiben als Pfand zurück und mein Vater sagt: wir hätten einen höheren Versatzwert als Diamanten und Pelze.
> Die Kellner im Hotel-Restaurant wedeln nicht mehr freundlich mit den Servietten, sie peitschen damit unseren Tisch. Meine Mutter sagt, das diene nur der Reinigung, aber es sieht aus, als schlagen sie nach uns wie nach Katzen, die einen Braten stehlen wollen.[19]

---

18 Keun: Kind aller Länder (s. Anm. 10), S. 163.
19 Ebd., S. 5.

Das Leben in Hotels und Pensionen bietet – wenn überhaupt – nur vorübergehend Geborgenheit. Dauernde Geldnot, sich häufende Rechnungen und mangelnde Kreditwürdigkeit zwingen die Familie zu Abreisen, die oft einer Flucht ähneln. »Das führt zu der absurden Situation, daß die Familie nur in der Bewegung, auf der Reise unbedroht ist«, wie Walter Delabar bemerkt hat.[20] Im Roman heißt es: »Glücklich sind wir eigentlich immer nur, wenn wir im Zug sitzen«.[21] Bewegung und Bewegungslosigkeit sind kennzeichnend für die Struktur des Romans im Ganzen und auch für das sich im Exil ändernde Verhältnis von Mensch und Dingwelt: Frau und Tochter werden zeitweise zu Objekten, zu Kostbarkeiten, die zurückgelassen werden – ortsgebunden und starr. Sie sind zur Passivität gezwungen, aus der sie erst durch einen Mann befreit werden, der kommt, sie auslöst, mitnimmt und ihren Aktionsradius wieder entscheidend erweitert. Dadurch verdeutlicht Keun auf eindrucksvoll-bedrückende Weise die eingeengten Spielräume vor allem von Frauen sowie die dürftigen Handlungsmöglichkeiten derer, für die Geldmangel und fehlende Papiere lebensbestimmend werden. Dies verändert auch die Wahrnehmung von anderen Menschen durch die Familie, wie Keun gleich auf der zweiten Seite ihres Romans beschreibt:

> Wir wagen auch kaum noch, ins Restaurant zu gehen, meine Mutter und ich. Doch bleibt uns nichts anderes übrig, wenn wir nicht verhungern wollen. Denn wir haben keinen Franc mehr und können uns keinen billigen Käse kaufen, keinen Apfel und kein Brot, um heimlich im Zimmer zu essen. [...] Im Hotel-Restaurant wagte meine Mutter nicht, was Billiges zu bestellen, weil Kellner das nicht leiden können, und wir können es uns nicht leisten, die Menschen hier noch mehr zu verärgern. [...] Wir geben auch unsere Zimmerschlüssel nicht mehr ab, weil wir keine Sekunde stehenbleiben wollen beim Portier, denn er schenkt mir keine Briefmarken mehr. Meine Mutter findet, daß sein Gesicht kein Menschengesicht ist, sondern eine strenge Rechnung.[22]

Die besondere Wirkung dieses Keun'schen Romans beruht auf dem changierenden Verhältnis zwischen Subjekt und Objekt, Mensch und Ding. Dieses Verhältnis ist – mit Blick auf das lebensnotwendige Essen – in Bewegung geraten. Es vermag gewohnte Sichtweisen des Lesers in Bezug auf seine materielle Umwelt nachhaltig zu stören.

---

20 Delabar, Walter: Überleben in der kleinsten Größe, Einschübe ins Weltbürgertum. Zur Perpetuierung des Exils in Irmgard Keuns Roman *Kind aller Länder*. In: Stefanie Arend und Ariane Martin (Hg.): Irmgard Keun 1905/2005. Deutungen und Dokumente. Bielefeld 2005, S. 205–216; hier: S. 213.
21 Keun: Kind aller Länder (s. Anm. 10), S. 137.
22 Ebd., S. 6.

Der eigene Herd, der für einen Exilierten im Hotel tatsächlich »Gold« wert wäre, ist im Roman lediglich noch im Miniatur-Format erhalten: als kleine Puppenküche, die – genau wie ein kleiner Kaufmannsladen – immer im Gepäck ist und mit der die Erzählerin vergeblich versucht zu spielen. Dies liegt einerseits an der freudlosen Umgebung, andererseits auch am wirtschaftlichen Mangel, der im Text immer wieder Thema ist und der auch Kinderspiele nachhaltig beeinflusst:

> Meine Puppenküche macht mir gar keinen Spaß mehr. Ich kann ja doch nicht richtig drin kochen mit Feuer. Meine Mutter hat gesagt: »Wenn wir mal wieder einen eigenen Herd haben, Kully, oder ein eigenes Zimmer mit einem eigenen Spirituskocher, dann lehre ich dich Feuer machen und Essen kochen.[23]

Und:

> Ich sitze vor meinem Kaufmannsladen, ich kann nicht müde sein, weil mein Herz klopft. Wozu habe ich den Kaufmannsladen, wenn ich doch nicht 'mal daraus Nahrung an Schildkröten vergeben kann?[24]

Bei Keun ist der Herd vollends in Bewegung geraten. Während sich bei Seghers der Pizzaofen in Bewegung setzt und zugleich aus dem Restaurant-Inneren in den öffentlichen Raum gerät, ist Keuns Puppenküche in diversen Hotels, Pensionen und Gästezimmern immer dabei. Ihr großes, fehlendes Pendant fungiert – wie bei Seghers – gleichfalls als Wunschbild exilierter Figuren, ist Fluchtpunkt kulinarisch-heimatlicher Sehnsüchte ebenso wie ein Symbol der Freiheit, sich aus dem Objektstatus zu befreien, auf aufgezwungene Dienstleistungsbeziehungen verzichten und Eigenes zubereiten zu können. Die politische Extremsituation, in welche die Figuren versetzt sind, wird durch die Kinderperspektive verdeutlicht. Die harmlos-gewöhnlichen Spielzeuge – Küche und Kaufmannsladen – verweisen überdeutlich auf radikale Veränderungen im Alltagsleben, auf den Verlust von Routinen, Verhaltensstandards und materiellen Sicherheiten.

Innerhalb der erzählten Hotel-Welten fallen die Kinderspielzeuge unter anderem auch deswegen auf, da sie der Narration passagenweise Anschaulichkeit verleihen. Denn die wechselnden Hotels, Pensionen, Absteigen, innerhalb derer sich so etwas wie Familienleben abspielt, skizziert Keun meist nur mit äußerster Sparsamkeit und allgemeinen Worten. Dies ist – wie auch die offene, fragmentarische Struktur – als

---

23 Ebd., S. 49.
24 Ebd., S. 52. Vgl. auch ebd., S. 48.

ästhetischer Mangel bewertet worden. So urteilt die Keun-Biografin Ingrid Machlewitz über *Kind aller Länder*:

> Indem die Handlung jedes Bemühen um Seßhaftigkeit und somit die Probleme einer Immigration oder Assimilation ausspart, werden die besuchten Länder zu einer weitestgehend ohne gesellschaftskritische Wertung beschriebenen Kulisse reduziert.[25]

Machlewitz übersieht an dieser Stelle die bedeutungstragende Funktion fehlender Dingbeschreibungen und entindividualisierter literarischer Räume. Deren Austauschbarkeit wird gerade durch die Abwesenheit topografischer Markierungen und Charakterisierungen verdeutlicht, die auch die mangelnde gefühlsmäßige Bindung der Erzählerfigur an die ständig wechselnden Räume erkennbar macht.

Dies ist eine Erzählweise, die auch den ersten Roman der rumänischstämmigen Autorin Aglaja Veteranyi (1962–2002) prägt. In *Warum das Kind in der Polenta kocht* aus dem Jahr 1999 steht eine Artistenfamilie im Fokus, die vor Ceauşescus Regime aus Rumänien floh und mit einem Zirkus das nicht näher beschriebene westliche Ausland bereist. Die Exilproblematik ist mit dem unsteten Wanderleben von Unterhaltungskünstlern verknüpft, die ihre Engagements von Aufenthaltsgenehmigungen abhängig machen müssen und nirgendwo längere Zeit verweilen dürfen. Ähnlich wie Keuns Roman ist der Roman Veteranyis strukturell durch die wechselnden Aufenthaltsorte der Familie geprägt, die entweder mit einem Wohnwagen herumzieht oder auf andere Weise mobil ist und in immer wechselnden Hotels oder Pensionen übernachtet.

Das Ausland erscheint der Ich-Erzählerin, die als Kind nicht näher spezifizierten Alters konstruiert ist, als positives Gegenbild zur Diktatur stalinistischen Vorbildes. Allerdings zahlt die Familie für ihre heimliche Flucht einen hohen Preis. Im Roman heißt es: »In Rumänien wurden meine Eltern nach unserer Flucht zum Tode verurteilt. […] Seit unserer Flucht wird Onkel Petru im Gefängnis gefoltert. Und Onkel Nicu wurde vor seiner Wohnungstür erschlagen.«[26]

Während Keun und Seghers Dinge als etwas evozieren, denen neben symbolischen Bedeutungen auch konkret materielle Qualitäten innerhalb der erzählten Welt zugeschrieben werden, bedient sich ihre jüngere Kollegin einer anderen Darstellungsweise: Herd, Feuer und Küchenutensilien nutzt sie in *Warum das Kind in der Polenta kocht*, um

---

25 Machlewitz, Ingrid: Irmgard Keun. Leben und Werk. Würzburg 1999, S. 140.
26 Veteranyi, Aglaja: Warum das Kind in der Polenta kocht [1999]. München 2003 (4. Aufl.), S. 52f.

albtraumhafte Bilder zu entwerfen und eine Fiktion innerhalb der Fiktion zu konstruieren. Kochstelle und Topf sind in den Bereich des Imaginären entrückt, entfalten von dieser Ebene aus – der Ebene des Traums und der Einbildungen der Figuren – einen grauenvollen Sog.

Die Familie führt ein rastloses Leben und tourt durch zahlreiche Länder, von denen keines von der Erzählerin näher bestimmt wird. »Ausland« fungiert im Roman als konzeptueller Sammelbegriff, nicht als geografisch festlegbare Entität. Der konkrete Lebensraum wird nicht beschrieben. Wie sieht der Wohnwagen der Familie aus? Welches Ambiente haben die wechselnden Hotelzimmer? Handelt es sich um Absteigen, einfache Pensionen oder um Hotels der gehobenen Klasse? Zu einer näheren Bestimmung von Räumen und Dingen gibt der Text keine Anhaltspunkte. Wie in Irmgard Keuns Roman lässt der Zwang, bald wieder abreisen zu müssen, die geringe emotionale Bindung der Erzählerin an Räume und Dinge verständlich werden und motiviert die konsequente Aussparung beschreibender Passagen. Dies gilt auch für die Dinge, welche die Familie mit sich führt. Unter anderem diese Leerstellen machen Gefühle von Heimatlosigkeit ästhetisch erfahrbar.

Eine Anpassung und Eingliederung an und in die jeweiligen Lebensverhältnisse des Gastlandes ist wegen der zeitlich begrenzten Aufenthalte für die Flüchtlinge weder möglich noch wünschenswert. Die prekären Familienverhältnisse sollen nicht auch noch durch Trennungsschmerzen weiter verkompliziert werden: »WIR DÜRFEN NICHTS LIEBGEWINNEN«[27], sagt die Erzählerin, wobei die Großschreibung an dieser wie an vielen anderen Stellen im Roman die Wichtigkeit der Aussage verdeutlicht. Auch was das Materielle betrifft, betont Veteranyi die Flexibilität ihrer Gestalten: Dies wird nicht nur am dauernden Wechsel der Stationen deutlich, an denen die Zirkuskünstler ihr Geld verdienen, sondern auch daran, dass Besitztümer der Familie in einen großen Koffer passen. Die Erzählerin hat nur geringe Ansprüche an ihre wechselnden Unterkünfte; sie hat das Unterwegssein als Lebensmodell verinnerlicht: »Ich bin es gewohnt, mich überall so einzurichten, daß ich mich wohlfühle.«[28]

Doch sind die familiären Bande brüchig: Die Mutter verliert aufgrund ihrer gefahrvollen Tätigkeit als Artistin und aufgrund spontaner, nicht nachvollziehbarer Stimmungsschwankungen ihre Schutzfunktion und wird für die Tochter, die Erzählerfigur, zum Objekt steter Sorge. Wie es der Titel bereits indiziert, ist ein Topf mit kochender Polenta leitmotivisch in den Text verwoben. Das Bild ist auf das engste mit der

---

27 Ebd., S. 18.
28 Ebd.

Mutterfigur verbunden, die – an ihren Haaren in der Zirkuskuppel aufgehängt – gefährliche Kunststücke macht. Um die Furcht um sie vergessen zu können, bedarf das Kind, aus dessen Perspektive erzählt wird, einer stärkeren Emotion. Es versucht, Angst durch Angst zu bekämpfen und lässt sich von seiner Schwester grausame Geschichten über ein Kind erzählen, das im Maisbrei kocht:

> Ich weiß selber, warum das Kind in der Polenta kocht, auch wenn meine Schwester es mir nicht sagen will.
> Das Kind versteckt sich im Maissack, weil es Angst hat. Und dann schläft es ein. Die Großmutter kommt, schüttet den Mais ins heiße Wasser, um für das Kind Polenta zu kochen. Und als das Kind aufwacht, ist es verkocht.
> ODER
> Die Großmutter kocht und sagt zum Kind: Paß auf die Polenta auf und rühr mit diesem Löffel, ich geh raus, Holz holen.
> Als die Großmutter draußen ist, spricht die Polenta zum Kind: Ich bin so allein, willst du nicht mit mir spielen?
> Und das Kind steigt in den Topf.[29]

An anderer Stelle heißt es:

> Im Bett denke ich ständig daran, daß meine Mutter jetzt an den Haaren hängt. Meine Schwester muß beim KIND IN DER POLENTA immer grausamere Dinge erfinden.
> Ich helfe ihr nach:
> SCHMECKT DAS KIND WIE HÜHNERFLEISCH?
> WIRD DAS KIND IN SCHEIBEN GESCHNITTEN?
> WIE IST DAS, WENN DIE AUGEN PLATZEN?
> Dann weine ich.
> Und meine Schwester hält mich fest und tröstet mich.
> ICH TRÄUME, DASS MEINE MUTTER STIRBT. SIE HINTERLÄSST MIR EINE SCHACHTEL MIT IHREM HERZSCHLAG.[30]

Es ist nicht möglich, diesen beziehungsreichen Roman hier in ausreichendem Maß zu würdigen, in dem auch das Druckbild zu einem bedeutungstragenden Element wird.[31] Es lässt sich aber festhalten, dass die Auflösung der Erzählerin im Kochtopf Wunsch- und Schreckbild zugleich ist. Der Topf steht für Sicherheit, die an den Tod gebunden ist:

---

29 Ebd., S. 74.
30 Ebd., S. 92 f.
31 Vgl. an Darstellungen etwa Suren, Katja: »Am liebsten habe ich Geschichten mit Menschen, die essen oder gekocht werden«. Zur vermeintlich einigenden Kraft des Essens bei Natascha Wodin und Aglaja Veteranyi. In: Claudia Lillge und Anne-Rose Meyer (Hg.): Interkulturelle Mahlzeiten. Kulinarische Begegnungen und Kommunikation in der Literatur. Bielefeld 2008, S. 171–182.

Indem sich das Mädchen vorstellt, im Polenta-Topf zu sterben, ist sie der Angst um die Mutter ledig.

Der Topf ist Zufluchtsort und Grab zugleich. Er ist darüber hinaus gebunden an eine fiktive Ebene innerhalb der Fiktion und erinnert an das Grimm'sche Märchen vom nährenden, aber auch lebensbedrohlichen Brei, der aus dem Topf überquillt und Land und Leute unter sich begräbt. Auch in diesem Märchen geht es um eine enge Mutter-Tochter-Bindung, um Hunger und darum, dass ein Mädchen seine Mutter rettet: In Grimms Märchen beschafft die Tochter den Topf, sorgt so für das tägliche Essen und schützt später seine Mutter vor den Breimassen. Auch in Veteranyis Roman will das Kind seine Mutter retten. Der Brei aber ist nur noch als Wunschbild präsent, etwa als »Polenta«. Diese wird stellenweise als nahrhafte, begehrte Speise imaginiert,[32] in den Geschichten von dem in der Polenta kochenden Kind jedoch als todbringend. Anders als im Grimm'schen Märchen sind in Veteranyis Roman dem Kind konkrete Handlungsmöglichkeiten verwehrt, weswegen sie sich in Albträume flüchtet.

Ähnlich wie bei Keun sind der Topf und die Bilder vom Essen und Kochen bei Veteranyi verbunden mit einer Verdinglichung der Figuren, wodurch gleichfalls – wie bei Keun – soziale Not- und Zwangslagen im Exil verdeutlicht werden. Bei Veteranyi kulminiert diese Darstellungsweise, indem sie ihrer Erzählerfigur leitmotivisch Fantasien von der eigenen Zerteilung, von kannibalischem Verzehr und schmerzhafter Versehrung wie dem Zerplatzen der Augäpfel zuschreibt.[33] Der Polentatopf ist auch als Aktant wirksam, der das erzählende Kind zu sich lockt und zu vernichten droht.

Als sättigende, nationaltypische Speise verweist die Polenta auf das Herkunftsland der Erzählerin. Gleichzeitig aber ist der Topf – ähnlich wie Koffer und Zirkuswohnwagen – ein mobiles Gerät, das umso stärker mit grausamen Geschichten vom Sterben, Kochen, Zerteiltwerden verbunden ist, je lockerer und distanzierter sich die Beziehung der Erzählerin zu ihrer Mutter gestaltet. Ähnlich wie in Keuns Roman kommt dem Kochgerät auch bei Veteranyi folglich eine gender-Kom-

---

32 Veteranyi: Warum das Kind in der Polenta kocht (s. Anm. 26), S. 13.
33 In einer weniger grausamen Darstellung ist auch die Erzählerin bei Keun vom kannibalischen Verzehr bedroht: »In der Hotelküche herrscht immer dampfende Eile. Ich stehe den Leuten da im Weg. […] Ein Koch hat gesagt, er würde mich kochen, wenn ich noch mal wiederkäme. […] Ich glaube, es ist verboten, Menschen zu kochen, der Koch wird es auch nicht tun. […] Ich habe ja keine Angst, in die Küche zu gehen, doch mein Vater hat ›mal gesagt: ›Heutzutage ist alles Furchtbare möglich.‹« (Keun: Kind aller Länder (s. Anm. 10), S. 51 f.).

ponente zu. Heimatliche Geborgenheit vermag der Topf aber nicht einmal mehr zeitweise zu vermitteln.

Als vorläufiges Fazit lässt sich festhalten, dass der Herd, das Feuer, das Essen als archaische Bilder und wiederkehrende Motive seit mehr als siebzig Jahren in Werken der Exilliteratur Konjunktur haben. Schilderungen von Nahrung, deren Zubereitung und Verzehr eröffnen somato-sensorische Zugänge zu Extremsituationen. In allen drei vorgestellten Romanen verdeutlichen die Autorinnen den prekären sozialen Status und die damit einhergehenden psychischen Belastungen im Exil u. a. mittels Evokationen von Herden, Herdfeuern und Kochgerätschaften. Fehlende Handlungsspielräume werden durch geänderte Verhältnisse zwischen Menschen und Dingen verdeutlicht: Deren Mobilität oder Anthropomorphisierung und die damit einhergehende Verdinglichung und Fixierung der menschlichen Figuren machen die unbeständigen, bedrohlichen Verhältnisse in erschütternder Weise ästhetisch erfahrbar.

II. Objekte und (Ent-)Ortungen

Katarzyna Lukas

Dinge des Exils als Impuls der Identitätsfindung am Beispiel der Romane W. G. Sebalds und J. S. Foers

I. Vorbemerkung: Sebald und Foer als »Dichter des Traumas«

Die Schriftsteller W. G. Sebald (1944–2001) und Jonathan Safran Foer (geb. 1977) haben auf den ersten Blick nicht viel gemeinsam, da sie verschiedene Sprachen und Nationalitäten (deutsch bzw. jüdisch-amerikanisch) vertreten und unterschiedlichen Generationen angehören. Daher sei einleitend auf einige Affinitäten zwischen den beiden Autoren eingegangen, die es rechtfertigen, ihre Texte gemeinsam zu betrachten.

Sowohl der deutsche als auch der amerikanische Autor greifen den Themenkomplex »Gedächtnis, Erinnerung, Trauma« auf, der jeweils mit einer Exilerfahrung verknüpft wird. Obwohl selbst von den Migrationsbewegungen der Kriegszeit aus biografischen Gründen persönlich nicht betroffen,[1] bringen beide Schriftsteller eine auffallende Sensibilität für Schicksale von Exilierten auf: gegenüber denjenigen, die ihre Heimat selbst verlassen mussten, sowie ihren Kindern und Enkeln, die unter den Nachwirkungen des Exiltraumas ihrer Vorfahren leiden.

In den Texten der beiden Autoren haftet das traumatisierte Gedächtnis an materiellen Dingen, die von Ausgewanderten zurückgelassen, ins Exil mitgenommen oder an die Nachfahren vererbt wurden. Die autobiografische Erinnerung von Sebalds und Foers literarischen Figuren entwickelt sich bzw. wird erschüttert und von Brüchen gezeichnet in Interaktion mit Objekten, die entweder unmittelbar sinnlich erfahren werden (durch Anschauen, Tasten, Wiedergebrauch) oder durch mediale Vermittlung (Abbildungen, Erzählung) zugänglich sind. Dabei hängen die (keinesfalls kontinuierlich verlaufenden) Prozesse der Identitätsfindung, wie Verlust und Verdrängung des Selbst, Zerfall der Persönlichkeit, Selbstentfremdung durch traumatische Erfahrungen, Aufbau einer neuen, posttraumatischen Identität, mit Gedächtnis und Erinnerungsmechanismen zusammen.

---

1 Sebalds Auswanderung nach England in den 1960er-Jahren war seine freie Entscheidung; Foer kennt die Exilproblematik allenfalls aus Berichten seiner jüdischen Vorfahren, die während des Krieges aus der Ukraine in die USA übersiedelten.

Bei Sebald und Foer werden diese identitätsbildenden Mechanismen ihrerseits durch die »Ding-Erfahrung« vorangetrieben und gesteuert. Allerdings verwenden beide Autoren unterschiedliche Strategien, diese Erfahrung darzustellen. Meine These lautet, dass Sebald die visuelle Vermittlung von Gegenständen durch Fotografien, also die *Medialität* der Dinge in den Vordergrund rückt, während Foer auf die Relevanz des physischen Kontakts zu den Dingen des Exils für die Identitätsbildung seiner Figuren, d.h. auf die Erfahrung von *Materialität* hinweist. Dies soll anhand der Romane *Austerlitz* von Sebald (2001) und *Everything Is Illuminated* von Foer (2003; dt. *Alles ist erleuchtet* 2005) veranschaulicht werden.

II. Dinge des Exils in Sebalds Roman *Austerlitz:* Zwischen Materialität und Medialität

Bei Sebald werden Dinge zu den Schicksalen von Exilierten bzw. Exil-Betroffenen verschiedenartig in Beziehung gesetzt. Zum einen handelt es sich um Gegenstände, die an ihre ehemaligen Besitzer erinnern: Menschen, die aus ihren gewohnten Lebenszusammenhängen gewaltsam herausgerissen, vertrieben oder deportiert wurden. Zurückgelassene oder den Eigentümern entzogene persönliche Sachen verweisen auf die individuelle Dimension des Leids, das nicht anonymen Massen, sondern Einzelmenschen angetan wurde.[2] Derartige Dinge erhalten erst in Verbindung mit einer konkreten Lebensgeschichte eine Bedeutung. Sobald sie metonymisch aufgezählt oder fotografisch als eine Sammlung inszeniert werden, die quasi wie in einem Museum ausgestellt wird, bilden sie Ensembles von Zeichenträgern, die eine gewisse Ähnlichkeit mit »Semiophoren« im Sinne von Krzysztof Pomian aufweisen: mit Gegenständen, die mit einer Bedeutung versehen sind, weil sie »das Unsichtbare repräsentieren«[3] – in Sebalds Roman: die kulturelle Identität einer Gemeinschaft, die den Nachfahren endgültig verloren ging.

In Bezug auf Semiophoren bzw. Museumsdinge äußert Gottfried Korff einige Bemerkungen, die auch für die Gegenstände in Sebalds Roman zutreffen. Einerseits zeichnen sich solche Dinge durch sinnliche Nähe und Handgreiflichkeit, andererseits durch das Moment der Zur-Schau-Stellung, der Inszenierung im Raum aus. Aus dieser doppelten, zugleich materiellen *und* medialen Natur der Museumsdinge ergibt sich

---

2 Vgl. Schedel, Susanne: »Wer weiß, wie es vor Zeiten wirklich gewesen ist?«. Textbeziehungen als Mittel der Geschichtsdarstellung bei W.G. Sebald. Würzburg 2004, S. 78.
3 Pomian, Krzysztof: Der Ursprung des Museums. Vom Sammeln. Berlin 1998, S. 50.

ihre »sinnlich-ästhetische Anmutungsqualität« und »Erinnerungsveranlassungsleistung«[4]: die Fähigkeit, »suggestive Brücken zwischen Subjekt und Objekt, zwischen Gegenwart und Vergangenheit [zu] schlagen«[5] – anders gesagt: dem Betrachter eine Authentizitätserfahrung zu ermöglichen und »mnemotechnische Energien« freizusetzen.[6]

Sebalds Semiophoren weisen ebenfalls diese zwei Aspekte auf, da sie oft nicht nur beschrieben, sondern auch Text begleitend abgebildet werden. Den Fotografien, die u. a. Dinge des Exils darstellen, kommt eine ambivalente Funktion zu. Einerseits erzeugen sie den Realitätseffekt, da sie die Gegenstände in ihrer Materialität erscheinen lassen; andererseits betonen sie deren Visualität und Abhängigkeit vom technischen Medium.[7] Dieses Spannungsverhältnis bleibt dem Rezipienten stets bewusst (zumal die Bilder nicht immer mit dem Text übereinstimmen, sondern ihm nicht selten widersprechen[8]) und wiederholt sich als Oszillieren zwischen der Überzeugung von materiell verbürgter Faktizität, an die der Protagonist glauben will, und seiner Einsicht in den zwangsläufig vermittelten Charakter der Realität. Die mnemotechnische Energie, die von Sebalds Semiophoren ausgeht, führt somit nicht das harmonische, positive Erlebnis des unmittelbaren Kontakts mit der Vergangenheit herbei, wie es Korff zufolge aus der Verbindung von Materialität und Medialität der Museumsdinge hervorgeht. Im Gegenteil: Das Materielle und das Mediale an den Dingen konkurrieren bei Sebald miteinander, indem die Fotos die Authentizität des Dargestellten problematisieren.[9] Die Bilder sind dabei als eine »Brücke zwischen der Lektüre- und Wahrnehmungstätigkeit des Rezipienten und der Er-

---

4 Vgl. Korff, Gottfried: Die Eigenart der Museums-Dinge: Zur Materialität und Medialität des Museums. In: Kirsten Fast (Hg.): Handbuch der museumspädagogischen Ansätze. Opladen 1995, S. 17–28; hier: S. 19 und 22.
5 Assmann, Aleida: Geschichte im Gedächtnis. Von der individuellen Erfahrung zur öffentlichen Inszenierung. München 2007, S. 156.
6 Vgl. Korff: Die Eigenart der Museums-Dinge (s. Anm. 4), S. 25.
7 Vgl. Tischel, Alexandra: Aus der Dunkelkammer der Geschichte. Zum Zusammenhang von Photographie und Erinnerung in W. G. Sebalds *Austerlitz*. In: Michael Niehaus und Claudia Öhlschläger (Hg.): W. G. Sebald. Politische Archäologie und melancholische Bastelei. Berlin 2006, S. 31–45; hier: S. 39–40. Die Medialität der abgebildeten Dinge kommt auch deswegen zum Tragen, weil die Bilder oft eine (absichtlich) schlechte technische Qualität aufweisen, vgl. z. B. Eggers, Christoph: »Das Dunkel durchdringen, das uns umgibt«. Die Fotografie im Werk von W. G. Sebald. Frankfurt a. M. 2011, S. 38.
8 Vgl. etwa Weber, Markus R.: Die fantastische befragt die pedantische Genauigkeit. In: Text+Kritik 158 (2003): W. G. Sebald, S. 63–74.
9 Vgl. Öhlschläger, Claudia: Beschädigtes Leben. Erzählte Risse. W. G. Sebalds poetische Ordnung des Unglücks. Freiburg i. Br., Berlin, Wien 2006, S. 21; Boehncke, Heiner: Clair obscur. W. G. Sebalds Bilder. In: Text+Kritik 158 (2003): W. G. Sebald, S. 43–62.

innerungsaktivität der Figuren, die von den Fotografien ihren Ausgang nimmt«,[10] zu lesen.

Im Roman *Austerlitz* beruht die medial gebrochene Erinnerungsveranlassungsleistung von Dingen darauf, dass sie dem Titelprotagonisten verdrängte Teile seiner Identität bewusst machen. Jacques Austerlitz ist Kunsthistoriker jüdischer Herkunft, ein gebürtiger Tscheche, der im Sommer 1939 als viereinhalbjähriges Kind von seinen Eltern getrennt und aus dem heimatlichen Prag mit einem der sogenannten Kindertransporte[11] nach England verschickt wurde. Seine Mutter kam in einem Vernichtungslager ums Leben, der Vater ist verschollen. In London angekommen, wird Austerlitz von einem walisischen Predigerehepaar aufgenommen und wächst unter einem fremden Namen auf. Seine tschechische Herkunft, seine Kindheit, die Muttersprache, ja selbst die Erfahrung des traumatischen Verlusts der Eltern verbannt der Junge jedoch aus dem Bewusstsein. Jahrelang gelingt es ihm, in Unwissenheit zu leben, auch wenn ihn ungewisse, verschwommene Bilder aus der Vergangenheit sowie die vage Ahnung plagen, dass er mit einer »falschen Identität« in einem »falschen Leben« steckt – Gefühle, die zu Nervenzusammenbrüchen, Angstzuständen und Sprachstörungen führen. Erst mit 57 Jahren beginnt er, seine wahre Herkunft zu erforschen, nachdem er zufällig eine Radiosendung über die Kindertransporte gehört hat. Er fährt nach Prag, wo es ihm gelingt, sein ehemaliges Kindermädchen zu finden – eine inzwischen alte Frau, die ihm seine Vorgeschichte erzählt sowie von dem tragischen Schicksal der Eltern berichtet. Anschließend begibt sich Austerlitz auf die Suche nach den Spuren seiner Mutter in Theresienstadt und seines Vaters in Paris.

J. J. Long weist darauf hin, dass die Lebensgeschichte und die Erinnerungen von Austerlitz in der materiellen Welt, darunter in Gegenständen, abgelagert sind.[12] Der physische, visuelle oder narrativ vermittelte Kontakt mit Gegenständen steht im Zusammenhang mit Brüchen und Wendepunkten in seiner Biografie.

---

10 Horstkotte, Silke: Nachbilder. Zur Funktion von Fotografien in der deutschen Gedächtnisliteratur. Leipzig 2008 (Manuskript), S. 24.
11 Der Kindertransport (*Refugee Children Movement*) war eine 1938/1939 von der britischen Regierung organisierte Rettungsaktion mit dem Ziel, jüdischen Kindern aus dem Deutschen Reich, Österreich, der Tschechoslowakei, Polen und der Freien Stadt Danzig die Ausreise nach Großbritannien und somit das Überleben zu ermöglichen. Zwischen Ende November 1938 und dem 1. September 1939 wurden über zehntausend Kinder per Schiff und Bahn nach Großbritannien gebracht und von Pflegefamilien aufgenommen. Vgl. etwa Harris, Mark Jonathan, Deborah Oppenheimer und Jerry Hofer (Hg.): Kindertransport in eine fremde Welt. München 2000. Den neuesten Forschungsstand dokumentieren Hammel, Andrea und Bea Lewkowicz (Hg.): The Kindertransport to Britain 1938/1939: New Perspectives. Amsterdam 2012.
12 Vgl. Long, J. J.: W. G. Sebald – Image, Archive, Modernity. Edinburgh 2007, S. 166.

Die einzige Erinnerung des Protagonisten an seine Ankunft in England hat einen deutlich dinghaften, körperlichen Charakter. Es ist das Erlebnis der Deprivation, des Entzugs der vertrauten Sachen, die dem Kind mit auf den Weg in die Verbannung gegeben wurden:

> So ist mir aus meiner frühesten Zeit in Bala fast nichts mehr erinnerlich, außer wie sehr es mich schmerzte, [...] nach dem Verschwinden meiner eigenen Sachen, herumgehen zu müssen in diesen kurzen englischen Hosen, mit den ewig herunterrutschenden Kniesocken, einem fischnetzartigen Leibchen und einem mausgrauen, viel zu leichten Hemd.[13]

Mit der fremden Bekleidung wird dem Viereinhalbjährigen eine neue Identität aufgezwungen. Seine Vorvergangenheit wird von seinen Pflegeeltern, die alle Dokumente des Kindes bei seiner Ankunft vernichten, ausgelöscht – was symbolisch mit dem »unerklärliche[n] Verschwinden des grünen Rucksäckchens«,[14] eines für den Jungen besonders wertvollen Gepäckstücks, erfolgt. Mit dem Verlust der eigenen Kleidung geht das Gefühl von körperlicher und emotionaler Kälte einher, die sich in Distanziertheit und mangelndem Körperkontakt zwischen den Pflegeeltern und dem Kind äußert.

Der Rucksack, in dem der Junge Proviant für die Fahrt mit dem Kindertransport bekommt, ist eine Art Übergangsobjekt, das für die Abreise und den Abschied von der jüdisch-tschechischen Heimat steht und den Eintritt in Austerlitz' »falsche« englische Biografie markiert. Intuitiv verlangt es den Protagonisten danach, über diesen Gegenstand, der ihm auf der langen Zugfahrt die abwesende Mutter gewissermaßen ersetzt, den Kontakt zur verdrängten Vergangenheit aufrechtzuerhalten. Deswegen erwirbt er als Student einen alten Rucksack, den er als »das einzige wahrhaft Zuverlässige in seinem Leben«[15] bezeichnet. Zu diesem Stück hat Austerlitz direkten Zugang: Er trägt den Rucksack dicht am Körper. Allerdings fällt gerade an diesem Gegenstand die erwähnte Spannung zwischen Materialität und Medialität der Dinge auf, die in die textexterne Ebene hineinwirkt: Der Rucksack wird im Text quasi dokumentarisch abgebildet, was dem Rezipienten seine Echtheit beglaubigen soll; es könnte aber irgendein beliebiger Rucksack sein.[16] Die Medialität des Bildes entlarvt die Fiktionalität des Erzählten, anstatt es zu authentifizieren. Das Foto, das als Teil der dargestellten Welt

---

13 Sebald, W.G.: Austerlitz [2001]. Frankfurt a.M. 2008, S. 69–70.
14 Ebd., S. 203.
15 Ebd., S. 63.
16 Vgl. Weber: Die fantastische befragt die pedantische Aufmerksamkeit (s. Anm. 8), S. 66.

erscheint, wird dabei selbst fiktionalisiert.[17] Und auch wenn im Text vom haptischen Kontakt des Protagonisten mit dem Ding die Rede ist, führt das Bild dem Leser die Medialität des Dargestellten vor Augen.

Insgesamt bleibt jedoch festzuhalten, dass Dinge, die der Junge mit wohltuendem Körperkontakt assoziiert, die für das Heimische stehen und seine »ursprüngliche« Identität verbürgen, durch den exilbedingten Bruch in seiner Biografie einen gegensätzlichen Anmutungswert erhalten: Sie stehen für Entzug des Vertrauten, für Entwurzelung und Identitätsverlust.

Andere Gegenstände, um die herum Austerlitz seine biografische Erinnerung aufbaut bzw. rekonstruiert, nimmt er visuell wahr oder erfährt von ihnen durch Erzählung von Dritten.

Sebalds Protagonisten besichtigen auffallend oft Museen, Naturalienkabinette und Ausstellungen. Dabei werden sie von den ausgestellten Objekten durch Glasvitrinen getrennt, die die haptische Wahrnehmung der Dinge verhindern und nur die Anschauung zulassen.[18] Auch in *Austerlitz* dominiert der Blick als Modus der Erkenntnis. Es wird mehrmals geschildert, wie zur Schau gestellte Gebrauchs- und Zierobjekte Austerlitz zutiefst verstören – ein Zeichen, dass die Abwehrmechanismen seines traumatisierten Gedächtnisses versagen. Austerlitz versucht nämlich, das Trauma der Kindheit einzukapseln: Er bildet eine Art psychisches »Quarantäne- und Immunsystem«[19] aus, um das Zurückfluten von Erinnerungen zu verhindern. Trotzdem wird das verdrängte »Mich-Gedächtnis«, um einen Terminus von Aleida Assmann zu benutzen,[20] durch den Anblick von Gegenständen mehrmals aufgerufen.

Unmittelbar nach seinem ersten Besuch bei seinem ehemaligen Prager Kindermädchen fährt Austerlitz in das ehemalige KZ Theresienstadt und entdeckt dort einen Trödelladen. In der Auslage, die im Text zweimal abgebildet ist, befinden sich Gegenstände, auf die er wie folgt reagiert:

> [Sie] hatten für mich eine derartige Anziehungskraft, daß ich mich von ihnen lange nicht losreißen konnte und, die Stirne gegen die kalte Scheibe gepreßt, die hundert verschiedenen Dinge studierte [...]. Was bedeutete das Festtagstischtuch aus weißer Spitze, das über der Rückenlehne einer Ottomane hing, der Wohnzimmersessel mit seinem verblaßten Brokatbe-

---

17 Vgl. Horstkotte: Nachbilder (s. Anm. 10), S. 23.
18 Vgl. Long: W. G. Sebald – Image, Archive, Modernity (s. Anm. 12), S. 38–39.
19 Sebald: Austerlitz (s. Anm. 13), S. 205–206.
20 Vgl. Assmann, Aleida: Der lange Schatten der Vergangenheit. Erinnerungskultur und Geschichtspolitik. München 2006, S. 119–124.

zug? Welches Geheimnis bargen die drei verschieden großen Messingmörser, [...] die kristallenen Schalen, Keramikvasen und irdenen Krüge [...]?[21]

Unter all diesen »Zierstücke[n], Gerätschaften und Andenken«[22] befinden sich höchstwahrscheinlich Sachen, die Deportierten oder Vertriebenen entzogen wurden. Es sind Bruchstücke der mit Auschwitz endgültig zerstörten bürgerlichen Kultur, »mit der sich das assimilierte Westjudentum seit dem 19. Jahrhundert identifiziert hatte«.[23] Und die Anziehungskraft dieser Dinge resultiert daraus, dass Austerlitz sich zu dieser Kultur innerlich bekennen muss. Dass er hier ein Gedächtnismedium vor Augen hat, und in die vergangene Welt gleichsam hineingehen muss, veranschaulicht sogar sein Spiegelbild in der Fensterscheibe: Auf einem der Fotos vermengt sich das gespiegelte Gesicht des Betrachters (ein Hinweis mehr auf Medialität der Erfahrung!) mit der ausgestellten Porzellanfigur. Zwei Dimensionen und zwei Identitäten gehen hier ineinander über: die »Gegenwart« mit der »falschen« Identität von Austerlitz und die in den Schaustücken verkörperte »Vergangenheit«, der das Attribut des Authentischen zuzukommen scheint. Diese beiden zeitlich-räumlichen Wirklichkeiten trennt aber die Glasscheibe als eine unsichtbare Grenze, die das Zusammenschmelzen unmöglich macht.

Die Vermitteltheit des Vergangenen wird in *Austerlitz* nicht nur durch die Abbildungen im Text nahegelegt. Mit der Medialität der Fotos und deren problematischem Anspruch auf Glaubwürdigkeit korrespondiert auch die immer wieder durch die inquit-Sätze signalisierte Indirektheit der erzählten Geschichte:[24] Der Lebensbericht von Austerlitz wird erzählerisch mehrfach weitergegeben, aber auch ihm selbst werden bruchstückhafte Bilder aus seinem Leben – zu denen auch Dinge des Exils gehören – narrativ vermittelt. Von Věra erfährt Austerlitz, wie das zurückgelassene Hab und Gut der deportierten Juden (darunter das seiner Mutter) beschlagnahmt wurde: wie »die gesamte Hinterlassenschaft, die Möbel, die Lampen und Leuchter, die Teppiche und Vorhänge, die Bücher und Partituren [...] ausgeräumt und bis auf den letzten Löffel alles in eines der über fünfzig Lagerhäuser geschafft«[25] wurde. Věras Bericht macht ihm klar, dass er das Schicksal seiner Mutter nur durch Zufall nicht geteilt hat. Er muss die

---

21 Sebald: Austerlitz (s. Anm. 13), S. 282–283.
22 Ebd., S. 285.
23 Fuchs, Anne: »Die Schmerzensspuren der Geschichte«. Zur Poetik der Erinnerung in W. G. Sebalds Prosa. Köln, Weimar, Wien 2004, S. 61.
24 Vgl. etwa Weber: Die fantastische befragt die pedantische Genauigkeit (s. Anm. 8), S. 65.
25 Sebald: Austerlitz (s. Anm. 13), S. 263.

Zugehörigkeit zur Gemeinschaft der Geretteten als Teil seiner Identität akzeptieren, gleichzeitig empfindet er aber seine Errettung als Vernichtung.[26]

Die Auseinandersetzung mit Dingen des Exils, die Austerlitz durch die Glasscheibe betrachtet oder von denen er erzählt bekommt, ermöglicht nicht die Rückkehr zu den verlorenen Aspekten seiner Identität. Weder die Anschauung noch das Wissen aus zweiter Hand können das nicht vorhandene eigene Gedächtnis kompensieren. Besonders deutlich bekommt Austerlitz die Unzulänglichkeit dieser Erkenntnis- bzw. Erfahrungsquellen zu spüren, als er in der Zeitlupenkopie eines im Theresienstädter Ghetto gedrehten Films das Gesicht seiner Mutter zu entdecken glaubt: Was die Zeitlupe zum Vorschein bringt, ist vor allem die Medialität der unscharfen, vielfach beschädigten Bilder; das Gesicht der Frau ist zudem von der Zeitangabe des Videos überdeckt und »trägt gleichsam das Stigma des Mediums auf sich«.[27] Die sich an so zahlreichen Dingen des Exils ständig manifestierende Medialität zerstört immer wieder die potenziell positive, gedächtnisfördernde Wirkung ihrer Materialität: das Gefühl von Nähe, Sinnlichkeit, Konkretheit und »Handgreiflichkeit des Dinghaften«.[28] Was dem Protagonisten wohl am meisten fehlt, ist die biografische Erinnerung, die sich im Kindesalter durch haptischen Kontakt mit Dingen konstituiert. Gerade diese Form des Umgangs mit materieller Umgebung wird im Haus seiner Pflegeeltern nicht gefördert: Es gibt dort keine Gegenstände, die der Junge berühren und an denen er hängen könnte. Indem er von den einprägsamsten, somatosensorischen, positiv besetzten Erinnerungen einmal abgeschnitten wird, wird der Prozess seiner Identitätsbildung gestört. Das fehlende haptische Gedächtnis lässt sich nicht wieder nachholen. Dies mag z. T. erklären, warum Austerlitz zum Schluss die Nutzlosigkeit der Entdeckung der verschütteten Teile seiner Biografie einsieht.

III. J. S. Foer: Abfall als Dinge des Exils und als Gegengedächtnis

Auch bei Foer prägen Dinge des Exils die Identität von Gemeinschaften und Individuen, indem sie Traumata von einer Generation auf die andere übertragen. Nach Susanne Rohr dokumentiert der Roman

---

26 Vgl. Mosbach, Bettina: Figurationen der Katastrophe. Ästhetische Verfahren in W. G. Sebalds *Die Ringe des Saturn* und *Austerlitz*. Bielefeld 2008, S. 289.
27 Tischel: Aus der Dunkelkammer der Geschichte (s. Anm. 7), S. 38.
28 Formulierung von Hannah Arendt, die darin die Voraussetzung für die Erinnerung überhaupt sieht – vgl. Assmann: Geschichte im Gedächtnis (s. Anm. 5), S. 155.

Everything Is Illuminated »the struggle of the third post-Holocaust generation to come to terms with the patterns of silence of the preceding generations«.[29] Ähnlich wie Sebald erprobt Foer die Möglichkeiten der Darstellung des Beschwiegenen und Undarstellbaren, die der auf mediale Bilder und Berichte angewiesenen *postmemory*-Generation zur Verfügung stehen: Narration, Visualität, Kontakt mit (Museums-)Dingen.

Foer erzählt die Geschichte eines amerikanischen Juden (ein Alter Ego des Schriftstellers, das in der Handlung unter demselben Namen auftritt), der 1997 in die Ukraine kommt, um unweit der polnischen Grenze nach den Spuren seiner im Holocaust umgekommenen Vorfahren zu suchen. Auf seiner Entdeckungsreise zu den Orten, die im Krieg buchstäblich ausgelöscht wurden, ist er auf die Vermittlungskünste eines sprachlich besonders inkompetenten ukrainischen Dolmetschers Alex (Sascha) angewiesen.

Das Buch weist eine raffinierte, nicht sofort nachvollziehbare Erzählstruktur auf. Die drei parallel verlaufenden Handlungsstränge verflechten sich und greifen an den entscheidenden Punkten ineinander. Der Roman beginnt als humoristischer Bericht des Ich-Erzählers Sascha, der den Leser (in einem köstlich verballhornten Englisch) mit seinen familiären Verhältnissen vertraut macht – vor allem mit seinem von gespenstischer Vergangenheit heimgesuchten Großvater, der auf der Reise das Autofahren übernimmt. Erst im Laufe der Lektüre wird dem Leser klar, dass hier ein Roman vorliegt, den zwei virtuelle Autoren: Alex und der fiktive Jonathan Safran Foer, gemeinsam niederschreiben.

Der Beitrag von Sascha besteht in seinem Bericht von der ukrainischen Reise im Sommer 1997 sowie in den diese Textabschnitte begleitenden und kommentierenden Briefen, die er nach Jonathans Heimkehr nach Amerika zwischen Juli 1997 und Januar 1998 an seinen Freund schickt. Zugleich berichtet er von den laufenden, sich in der Erzählzeit abspielenden Ereignissen: den Reaktionen des Großvaters, den verheerenden emotionalen Nachwirkungen der gemeinsamen Reise auf dessen Psyche und den wachgerufenen schmerzlichen Erinnerungen, die den alten Mann schließlich in den Selbstmord treiben. Im Gegenzug liefert der (virtuelle) J. S. Foer einen Text, der mit der Hauptgeschichte anfangs in keinerlei Zusammenhang zu stehen scheint. Es wird darin das fantastische, tragische Schicksal des Schtetls Trachimbrod vom

---

29 Rohr, Susanne: Transgressing Taboos: Projecting the Holocaust in Melvin Jules Bukiet's *After* and Jonathan Safran Foer's *Everything Is Illuminated*. In: Thomas Claviez, Ulla Haselstein und Sieglinde Lemke (Hg.): Aesthetic Transgressions: Modernity, Liberalism, and the Function of Literature. Festschrift für Winfried Fluck zum 60. Geburtstag. Heidelberg 2006, S. 239–260; hier: S. 257.

Ende des 18. Jh. bis zu seiner Vernichtung im Zweiten Weltkrieg nachvollzogen. Allmählich leuchtet dem Leser ein, dass die Hauptfiguren dieses Handlungsstrangs die Vorfahren von Jonathan sind: u. a. sein Großvater Safran, der den Krieg überlebte und nach Amerika geflüchtet ist.

Auf allen drei Handlungsebenen verlaufen Prozesse der individuellen und kollektiven Identitätsfindung in Interaktion mit materiellen Gegenständen. Auf ihrer ukrainischen Reise werden die Protagonisten mit Dingen des Exils im metaphorischen Sinne konfrontiert – Hinterlassenschaften von Menschen, die im Krieg ermordet wurden und nur in Ausnahmefällen überleben konnten. Der Grund, warum Jonathan in die Ukraine kommt, ist sein Wunsch, die Frau zu finden, die seinem Großvater während der Nazizeit das Leben gerettet hat. Ihre einzige Spur ist ein Foto, auf dem diese Frau, von der man nur weiß, dass sie Augustine hieß, und sein Großvater als junger Mann zu sehen sind. Er will Augustine finden – in dem naiven Glauben, dass ihre Erzählung ihm die Wahrheit über seine Familiengeschichte erschließt. Letztendlich finden die drei Männer eine alte Frau, die sich an Trachimbrod und das tragische Schicksal seiner Bewohner (auch an Jonathans Großvater) erinnert. Die Frau, von der alle wollen, dass sie tatsächlich Augustine ist und sie daher auch so nennen, lebt allein und bewahrt in ihrem kleinen Häuschen Hunderte von merkwürdig beschrifteten Schachteln (»Haar/Handspiegel, Gedichte/Nägel/Fische, Schach/Relikte/Schwarze Magie«[30]) mit materiellen Überresten der einstigen Nazi-Opfer auf. Sie verkörpert gleichsam das Gedächtnis des Schtetls, zu dem sie sich mit den Worten »Ich bin Trachimbrod«[31] bekennt.

In dieser Episode fungieren die ohne logischen Zusammenhang archivierten Dinge als »pars pro toto einer verschollenen Lebens- und Leidenswelt«.[32] Ähnlich wie bei Sebald kann man sie als Zeichenträger betrachten, die auf das Unsichtbare verweisen – mit dem Unterschied, dass Foer nicht an die Lebensform der in Westeuropa assimilierten Juden, sondern an die jüdisch-orthodoxe Kultur eines armen galizischen Schtetls erinnert.

Materielle Gegenstände erweisen sich auch als das einzige authentische Medium, die grauenhafte Vergangenheit zu vergegenwärtigen – im Gegensatz zur verbalen Sprache, deren Unzulänglichkeit dem Dolmetscher Sascha bei der Wiedergabe von Augustines Bericht einleuchtet. Während Augustine erzählt, wie die Nazis alle Juden aus Trachimbrod,

---

30 Foer, Jonathan Safran: Alles ist erleuchtet. Roman [2002]. Aus dem Amerikanischen von Dirk van Gunsteren. Frankfurt a. M. 2010, S. 214.
31 Foer: Alles ist erleuchtet (s. Anm. 30), S. 170.
32 Assmann: Geschichte im Gedächtnis (s. Anm. 5), S. 155.

die nicht auf die Tora spucken wollten, der Reihe nach erschossen haben, versagen die Worte und Sascha muss mit der Übersetzung aufhören. Trotz der sprachlichen Unverständlichkeit wird die berichtete Leiderfahrung dem Amerikaner Jonathan bewusst, sobald die Erzählerin auf das Materielle ausweicht. Den unmittelbaren Zugang zur Vergangenheit gewähren den Protagonisten nämlich somatosensorische Eindrücke: der Tastsinn als »alternatives Erinnerungsmittel«.[33] Die Dinge in Augustines »Museum« sind – anders als die Gegenstände, die Sebalds Romanfigur sich nur anschaut – greifbar nahe: Man kann sie in ihrer physikalischen Beschaffenheit erfahren. Zum Abschied schenkt Augustine dem jungen Amerikaner eine Schachtel mit der Beschriftung »Für den Fall«. Die drei Männer – Jonathan, Sascha und sein Großvater – öffnen die Schachtel und ziehen daraus aufs Geratewohl verschiedene Gegenstände hervor, indem sie sich allein auf das Haptische verlassen:

> »Lasst uns suchen«, sagte Großvater und bewegte seine Hand durch die Schachtel *Für den Fall* […]. Er grub eine Halskette aus. […] Ich spürte viele abnorme Dinge und wusste nicht, was sie waren. Wir sagten es nicht, aber es war ein Teil des Spiels, dass wir nicht in die Schachtel sahen, wenn wir etwas ausgruben. Manche der Dinge, die meine Hand berührte, waren glatt wie Marmor oder Steine am Strand. Andere Dinge, die meine Hand berührte, waren kalt wie Metall oder warm wie Pelz.[34]

Das Ertasten von Objekten ergänzt bzw. ersetzt hier die unzulängliche visuelle und narrative Vermittlung von Erinnerungen. Im Akt der haptischen Wahrnehmung reflektieren die Romanfiguren über ihre Identität. Jonathan fühlt sich in seiner Zugehörigkeit zur Gemeinschaft der zufällig Überlebenden[35] gestärkt; symbolisch erfolgt diese Identifizierung, als Augustine ihm den Ehering einer Trachimbroder Jüdin mühsam an den Finger steckt: Die bloße Berührung geht in Schmerz über, als der zu enge Ring den jungen Mann am Finger verletzt. Saschas Großvater muss seine wahre Identität als Zeuge der Ermordung der

---

33 Vgl. Lukas, Katarzyna: Die Erzählbarkeit des Verdrängten. Strategien der Erinnerung im Roman *Alles ist erleuchtet* von J.S. Foer. In: Franciszek Grucza, Paweł Zimniak und Grzegorz Pawłowski (Hg.): Die deutsche Sprache, Kultur und Literatur in polnisch-deutscher Interaktion. Beiträge der internationalen wissenschaftlichen Konferenz des Verbandes Polnischer Germanisten 17.–19. Juni 2011 in Zielona Góra. Warschau 2011, S. 369–384; hier: S. 378–381.
34 Foer: Alles ist erleuchtet (s. Anm. 30), S. 310–311.
35 Jonathan sieht ein, dass er nur durch Zufall, der das Schicksal seiner Vorfahren gesteuert hat, Amerikaner und nicht Ukrainer ist: »Ich will sehen, […] wo ich jetzt leben würde, wenn der Krieg nicht gewesen wäre.« »Dann wären Sie Ukrainer.« »Stimmt.« (Foer: Alles ist erleuchtet (s. Anm. 30), S. 88).

Trachimbroder Juden vor sich selbst verantworten. Schließlich bestätigt Augustine, die die Hinterlassenschaften der Opfer immer von neuem aus den Schachteln herausnimmt und wieder einordnet, durch die taktile Ding-Erfahrung ihre Identität als »die Einzige, die es noch gibt«[36] sowie ihre Lebensaufgabe, das in den Dingen gespeicherte Gedächtnis zu bewahren.

Wohlgemerkt enthält Augustines Sammlung keine Wertgegenstände, sondern eher wertloses Zeug – »Überreste«, wie es auf einer der Schachteln steht. Die Grenze zwischen Archiv und Abfall ist in ihrem »Museum« durchlässig. Es sind Dinge des Exils im metaphorischen Sinne: das, was mit dem Verlust seines Besitzers entwertet, aus dem Leben vertrieben, ausgeschlossen und auf schiere Materialität reduziert wurde. Wie Aleida Assmann bemerkt, wird Abfall in der heutigen Kunst als *kulturelles Gegengedächtnis* thematisiert.[37] In dieser Funktion verweisen Augustines Dinge des Exils auf die Gegenstände, auf denen die Bewohner des Schtetls in den Trachimbrod-Kapiteln ihre kollektive Identität gründen. Der groteske Gründungsmythos der Gemeinde – eine Art inoffizielle, alternative Geschichte – erwächst wortwörtlich aus einem Müllhaufen:

> Am 18. März 1791 drückte Trachim B.s doppelachsiger Wagen seinen Besitzer auf den Grund des Flusses Brod oder auch nicht. Die W.-Zwillinge waren die Ersten, die das seltsame Treibgut an der Oberfläche auftauchen sahen: sich schlängelnde Schlangen aus weißer Schnur, ein knittriger Samthandschuh mit ausgestreckten Fingern, leere Garnspulen, Him- und Brombeeren, Fäkalien, Rüschen, die Scherben eines zerschmetterten Zerstäubers […].[38]

In mündlicher Überlieferung verwandelt sich der banale Vorfall in ein geschichtsträchtiges, erinnerungswürdiges Ereignis – auch wenn die Bewohner des Schtetls diese Geschichte als eine nur mögliche betrachten und ihren Verlauf in der Rückschau stets neu aushandeln.[39] Die Erzählung der mythischen Gründungsgeschichte wird von der Gemeinschaft jährlich in einer rituellen Inszenierung wiederholt, wobei man auch die Abfälle als unabdingbare Requisiten treu rekonstruiert. Der Abfall steht für die gemeinsame Identität der Trachimbroder. Anders als sprachliche Überlieferung, in der die Geschichte des Händlers Tra-

---

36 Foer: Alles ist erleuchtet (s. Anm. 30), S. 218.
37 Vgl. Assmann, Aleida: Erinnerungsräume. Formen und Wandlungen des kulturellen Gedächtnisses. München 2009, S. 384.
38 Foer: Alles ist erleuchtet (s. Anm. 30), S. 19.
39 Vgl. Amian, Katrin: Rethinking Postmodernism(s). Charles S. Peirce and the Pragmatist Negotiations of Thomas Pynchon, Toni Morrison, and Jonathan Safran Foer. Amsterdam, New York 2008, S. 170.

chim jedes Mal anders ausfällt, sind materielle Dinge – auch solche, die man sonst verabscheut – der zuverlässigste Gedächtnisspeicher.

Bei Foer konkurrieren somit mehrere Texte, Überlieferungen, Zeugnisse materieller Kultur in ihrer »Erinnerungsveranlassungsleistung«, indem sie ihre Glaubwürdigkeit gegenseitig infrage stellen[40] – ähnlich wie Sebalds Fotos seinen Text hin und wieder anzweifeln. Den Vorrang scheint Foer der haptischen Wahrnehmung der Dinge des Exils zu geben: einer – zuweilen physisch schmerzhaften – sinnlichen Erfahrung, die es erlaubt, die eigene Identität wortwörtlich am eigenen Leib zu spüren.

IV. Schlussbemerkungen

Sowohl Sebald als auch Foer knüpfen mit ihrer Prosa an die Frage der Darstellbarkeit des Holocausts an. Beide finden dafür ihre eigenen ästhetischen Ausdrucksmittel: die postmoderne »bricolage« (Sebald) bzw. eine Verbindung von magischem Realismus, Ironie und Groteske (Foer).[41] Die poetischen Strategien der beiden Autoren laufen, so unterschiedlich sie auch sind, auf dieselbe erkenntnistheoretische Beobachtung hinaus: Die Unzulänglichkeit bzw. nur scheinbare Glaubwürdigkeit mediatisierten (visuell oder narrativ vermittelten) Wissens über das vergangene Leid – eines Wissens, dessen unumgängliche Medialität bei Sebald zusätzlich auf der fiktionsexternen Ebene durch Fotos potenziert wird. Die Wahrnehmung mit den »abstrakten« Fernsinnen sowie über die Verbalsprache zeichnet sich durch epistemologische Distanz aus, hängt mit Sinnstiftung und mit ratio zusammen.[42] Den Zugang zur Geschichte, zum eigenen Gedächtnis, der ja niemals rational ist, gewährt dem Menschen der physische Kontakt mit materiellen Dingen – den Foers Protagonisten so häufig erfahren, Sebalds Exil-Betroffene dagegen entbehren.

Es ist wohl kein Zufall, dass die Skepsis gegenüber der Zuverlässigkeit der visuellen und narrativen Wissensvermittlung sowie die Andeu-

---

40 Vgl. Amian: Rethinking Postmodernism(s) (s. Anm. 39), S. 160–161.
41 Vgl. Amian: Rethinking Postmodernism(s) (s. Anm. 39), S. 167 sowie Ribbat, Christoph: Nomadic with the Truth. Holocaust Representations in Michael Chabon, James McBride, and Jonathan Safran Foer. In: Ders. (Hg.): Twenty-First Century Fiction. Readings, Essays, Conversations. Heidelberg 2005, S. 199–218; hier: S. 214.
42 Vgl. Łebkowska, Anna: Świat dotyku. Interpretacja prozy Zofii Romanowiczowej [Die Welt des Tastens. Zur Interpretation der Prosa von Zofia Romanowiczowa]. In: Teresa Walas und Ryszard Nycz (Hg.): Kulturowa teoria literatury 2. Poetyki, problematyki, interpretacje [Kulturwissenschaftliche Literaturtheorie 2. Poetiken, Problematiken, Interpretationen]. Krakau 2012, S. 565–586; hier: S. 581.

tung des epistemologischen Potenzials des Tastsinns gerade in Romanen zum Ausdruck kommen, die von Gedächtnis, Trauma und Exil handeln. Im digitalen Zeitalter werden wir ständig mit medialen Repräsentationen der Vergangenheit konfrontiert, was die Frage nach Authentizität aufkommen lässt.[43] Dinge des Exils dagegen verweisen auf die materielle Dimension der Geschichte, die durch Mediatisierung viel an ihrer Aussagekraft einbüßt. Von ihrer Materialität abgelöst und auf Informationen und Bilder reduziert, die auf Festplatten gespeichert, in Filmen oder Computerspielen verarbeitet werden, verliert Geschichte ihre »handgreifliche Sinnlichkeit« und lässt ihre Konstrukthaftigkeit durchscheinen, zumal der Zuschauer mit der Möglichkeit der Manipulation der digitalen Bilder stets rechnen muss.[44] Die Romane von Sebald und Foer lassen sich somit als eine literarische Parallele zu einem sich anbahnenden »material turn« lesen, der nichtsprachliche und nichtvisuelle Repräsentationsformen aufwertet.

---

43 Vgl. Erll, Astrid: Kollektives Gedächtnis und Erinnerungskulturen. Eine Einführung. Stuttgart, Weimar 2011, S. 2–4.
44 Vgl. Assmann: Geschichte im Gedächtnis (s. Anm. 5), S. 157.

Anna Langenbruch

»Schallplatten emigrierter Künstler bevorzugt«: Medium, Materialität und Musikexil

Eine Schellackplatte, schwarz, etwa 30 cm im Durchmesser und erstaunlich schwer für unsere an CDs, Langspielplatten oder MP3-Player gewöhnten Hände. In der Mitte ein roter Kreis mit dem geschwungenen Schriftzug »Pathé« und einem Piktogramm des gallischen Hahns, darunter kleiner: »Les Préludes – No. 3. Liszt. interprétée par le Grand Orchestre Symphonique. Direction Selmar Meyrowitz«.[1]

In diesem Objekt steckt ein Stück Exilgeschichte, ebenso wie Technik-, Medien- und Musikgeschichte. Es handelt sich um eine Einspielung von Anfang März 1934 unter Leitung des heute nahezu unbekannten Dirigenten Selmar Meyrowitz.[2] Meyrowitz lebte zu diesem Zeitpunkt seit knapp einem Jahr im Pariser Exil und machte sich dort als sogenannter »Mikrophon-Dirigent«[3] einen Namen. Die elektrische Aufnahmetechnik steckte zwar 1934 noch in den Kinderschuhen, die Schallplatte war jedoch auf dem besten Weg zum Massenprodukt. Das erklärt vielleicht die Faszination, die in den Schallplattendiskursen der Exilpresse immer wieder spürbar ist, wenn sie die kulturellen, technischen, rechtlichen und propagandistischen Möglichkeiten des Mediums auslotete, Plattenempfehlungen aussprach und Bezüge herstellte zwischen Medium und Exilsituation: »Schallplatten emigrierter Künstler bevorzugt«, titelte beispielsweise 1937 die *Pariser Tageszeitung*.[4]

Schallplatten werfen musik- und mediengeschichtliche Fragen nach Künstlern und ihren Interpretations- und Bearbeitungstechniken auf, exilhistoriografische nach Möglichkeiten von Kulturtransfer und der

---

1 Liszt: Les Préludes – No. 3, Pathé PDT 8–9. Anonymes Orchester, Ltg.: Selmar Meyrowitz. Matrizennr. M6–70704 – M6–70707.
2 Vgl. zu Meyrowitz auch: Langenbruch, Anna: Topographien musikalischen Handelns im Pariser Exil. Eine Histoire croisée des Exils deutschsprachiger Musikerinnen und Musiker in Paris 1933–1939. Hildesheim 2013 (im Druck).
3 So P. Walter Jacob in seinem Nachruf. Vgl. Jacob, P. Walter: Der Mikrophon-Dirigent. In memoriam Selmar Meyrowitz. In: *Argentinisches Tageblatt*, 08.04.1941, zit. nach Ders.: Musikalische Streitschriften: P. Walter Jacobs Musikpublizistik 1933–1949. Hg. von Andreas Löhrer. Hamburg 2005, S. 191–195.
4 Anon.: Schallplatten emigrierter Künstler bevorzugt. In: *Pariser Tageszeitung*, 04.12.1937.

Symbolwirkung als Kulturgut im Exil, alltagsgeschichtliche nach praktischen Umgangsformen, nach Grammophontransport, Schallplattenerwerb oder Plattensammlungen im Exil. Sie verweisen aber auch auf das grundsätzliche Problem der Materialität von Musik und auf die Frage nach Objekten der (Exil-)Geschichtsschreibung.

I. »Musik, die als Ding sich besitzen läßt«: Schallplatten zwischen Materialität und Medium

Das erste Ausprobieren eines Grammophons, das Thomas Mann im *Zauberberg* minutiös beschreibt, führt mitten hinein in die komplexe Beziehung von Musik, Medium und Materialität:

> Behrens zog eines der stumm-gehaltvollen Zauberbücher hervor, wandte die schweren Blätter, zog aus einer der Kartontaschen, deren kreisförmige Ausschnitte die farbigen Titel erkennen ließen, eine Platte und legte sie ein. Mit einem Handgriff gab er der Drehscheibe Strom, zögerte zwei Sekunden, bis ihr Lauf die volle Geschwindigkeit erreicht hatte, und setzte die feine Spitze des Stahlstiftes behutsam auf den Plattenrand. Ein leicht wetzendes Geräusch ward hörbar. Er senkte den Deckel darüber, und in demselben Augenblick brach durch die offene Flügeltür, zwischen den Spalten der Jalousie hervor, nein, aus dem ganzen Körper der Truhe Instrumentaltrubel [...].[5]

Mann nähert sich der Schallplatte als »stumm-gehaltvollem« Objekt und den technischen Details des Grammophons zunächst eher visuell und haptisch. Ihre Funktion als Medium, und damit die Klangebene, wird erst im fein abgestimmten Zusammenspiel von Ding, technischer Apparatur und entsprechenden Praktiken – den richtigen, behutsamen Handgriffen – zugänglich. Vor die musikalische Wiedergabe ist zudem eine für das Medium charakteristische Geräuschebene zwischengeschaltet. Mit dem Erklingen von Musik wird das Grammophon dann unmittelbar zum Klangraum – mit Flügeltüren und Jalousien in deutlicher Konzertsaalanalogie – und zum anthropomorphen Klangkörper umgedeutet. Die quasi magische Faszination von Schallplatte und Grammophon scheint sich in dieser Szene gerade aus dem Kontrast zwischen stummer Dinglichkeit der Gegenstände und ihrer Funktion als Klangspeicher und Klangspender zu speisen, die in Manns Beschreibung schließlich einen portablen musikalischen Raum aufspannen.

---

5 Mann, Thomas: Der Zauberberg [1924]. Frankfurt a. M. 2002, S. 895.

Durch immer weiter perfektionierte Möglichkeiten der Schallaufzeichnung wird die scheinbar flüchtige Klangkunst im Laufe des 20. Jahrhunderts anders greifbar und die Frage nach dem musikalischen Material bzw. der Materialität von Musik stellt sich neu.[6] Die Überlieferung von Musik hängt traditionell in sehr direkter Form von Dingen ab, die jedoch immer nur einen Teileindruck eines musikalischen Ereignisses vermitteln können. Gegenüber den vielfältigen schriftlichen Quellen nehmen die diversen Speichermedien, die es seit Ende des 19. Jahrhunderts ermöglichen, Klangeindrücke systematisch festzuhalten, in den methodologischen Diskussionen der Musikwissenschaft und als genuine musikalische Quellen immer noch einen erstaunlich geringen Raum ein.[7] Dabei stellt sich für Musikhistorikerinnen und -historiker das Problem der Materialität ihres Gegenstandes wegen des performativen Charakters von Musik in ganz besonderer Weise.

Medien wie frühe Pianino-Rollen, Wachswalzen, Schellackplatten, Langspielplatten oder CDs nehmen hier eine Zwischenstellung ein: Sie sind gleichzeitig Objekte, also Gegenstände im eigentlichen Sinne, die gesammelt, ausgestellt, verloren, entsorgt oder beschädigt werden, und sie sind Klangvermittler, die zwar neue auditive Praktiken generieren, deren Materialität aber gegenüber ihrer Funktion mit zunehmender Routine und Gewöhnung in den Hintergrund tritt. Ein vollständig routinierter Umgang mit Schallplatte und Grammophon geht jedoch den Figuren im *Zauberberg* – wie im Übrigen auch den Autoren der Exilpresse der 1930er Jahre und vielen Musikerinnen und Musikern der Zeit – offensichtlich noch ab. Dies äußert sich gerade darin, dass Schallplatten als Gegenstände thematisiert und ihre Möglichkeiten und Grenzen zwischen Materialität, Medium und Musik diskutiert werden.[8] So beginnt beispielsweise Theodor W. Adorno seinen Aufsatz

---

6 Vgl. Grossmann, Rolf: Die Materialität des Klangs und die Medienpraxis der Musikkultur. Ein verspäteter Gegenstand der Musikwissenschaft? In: Axel Volmar und Jens Schröter (Hg.): Auditive Medienkulturen. Techniken des Hörens und Praktiken der Klanggestaltung. Bielefeld 2013, S. 61–77; hier insbesondere S. 62 ff.

7 Vgl. in diesem Zusammenhang zur Schallplatte: Schmidt, Dörte: Schönberg und die Schallplatte oder: Über die technische Reproduzierbarkeit der Musik und das Exil. In: Camilla Bork u. a. (Hg.): Ereignis und Exegese: musikalische Interpretation, Interpretation der Musik. Schliengen 2011, S. 581–599; hier: S. 582. Vgl. auch allgemein: Volmar, Axel und Jens Schröter: Einleitung: Auditive Medienkulturen. In: Dies. (Hg.): Auditive Medienkulturen. Techniken des Hörens und Praktiken der Klanggestaltung. Bielefeld 2013, S. 9–34; hier: S. 24.

8 Bereits in den 1920er-Jahren wurde die technische Reproduktion von Musik z. B. in Musikzeitschriften wie *Pult und Taktstock* oder *Anbruch* weiträumig diskutiert. Vgl. Schmidt: Schönberg und die Schallplatte (s. Anm. 7), S. 582–585. Zum Rundfunkdiskurs der Zeit vgl. auch die Dissertation von Szendrei, Alfred: Rundfunk und Musikpflege. Leipzig 1931.

»Die Form der Schallplatte« 1934 mit einer detaillierten Beschreibung des Objektes:

> [...] eine schwarze Scheibe, hergestellt aus einem Gemenge, das heutzutage so wenig mehr seinen ehrlichen Namen hat wie der Brennstoff der Autos Benzin heißt; zerbrechlich wie Tafeln, in der Mitte ein kreisrunder Zettel, der immer noch am echtesten aussieht, wenn darauf der Vorkriegsterrier die Stimme seines Herrn erlauscht; im Innersten ein kleines Loch, so eng zuweilen, daß man nachbohren muß, damit die Platte dem Teller sich auflegen läßt. Sie ist mit Kurven bedeckt; einer fein gekräuselten, gänzlich unleserlichen Schrift, die hie und da plastischere Figuren ausbildet, ohne daß der Laie ihr anhören könnte, warum; angeordnet als Spirale, endet sie irgendwo in der Nähe des Titel-Zettels, manchmal durch eine Querrinne mit diesem verbunden, damit die Nadel bequem auslaufen kann.[9]

Adornos Analogie der »gänzlich unleserlichen Schrift« trifft sich mit Manns Bild vom »stumm-gehaltvollen Zauberbuch« insofern als die Autoren einen medialen Schriftdiskurs zu einem im Entstehen begriffenen Klangdiskurs in Beziehung setzen.[10] Während aber bei Mann die Dinglichkeit der Schallplatte den magischen Charakter der erklingenden Musik unterstreicht, zielt Adorno darauf, den Gegenstand Schallplatte gerade nicht als »Kunst-Objekt« zu sehen, indem er den »Konturen seiner Dinglichkeit« nachforscht: »Denn nicht im Grammophonspiel als einem Musiksurrogat: vielmehr in der Platte als Ding steckt, was sie etwa, auch ästhetisch, bedeutet. Sie ist, als künstlerisches Verfallsprodukt, die erste Darstellungsweise von Musik, die als Ding sich besitzen lässt.«[11] Nun mag man sich fragen, ob nicht Partituren, als traditionelle Darstellungsweise von Musik, seit Jahrhunderten auch als »Dinge« besessen worden sind, ob sich die Zusammenstellung von Plattenalben, die Adorno in Folge anführt, von der weithin gebräuchlichen Praxis der Kompilation von Notenalben wirklich grundlegend unterscheidet.[12]

Für den vorliegenden Fragenkomplex ist jedoch ein anderer Aspekt, den Adorno hier en passant aufruft, interessanter: Während in Büchern

---

9 Adorno, Theodor W.: Die Form der Schallplatte. In: »23«. Eine Wiener Musikzeitschrift 17–19 (1934), S. 35–39. Zit. nach Ders.: Musikalische Schriften VI (Gesammelte Schriften 19). Hg. von Rolf Tiedemann und Klaus Schultz. Frankfurt a. M. 1984, S. 530–534; hier: S. 530.
10 Zum Wechselverhältnis von Klang bzw. Hören und Schrift bzw. Bild in kultur- und geisteswissenschaftlichen Diskursen vgl. Sterne, Jonathan: The Audible Past. Cultural Origins of Sound Reproduction. Durham, London 2003, S. 10–19.
11 Adorno, Theodor W.: Die Form der Schallplatte. In: Ders.: Musikalische Schriften (s. Anm. 9), S. 531.
12 Vgl. zum Konzept des Albums auch den Text von Annegret Pelz in diesem Band.

und Ausstellungen zur materiellen Kultur immer wieder die Hoffnung durchschimmert, über eine Rückbindung an die Dinge in Kontakt mit einem »authentischen« Geschichtserlebnis jenseits der Schriftkultur zu treten,[13] sieht Adorno in der Schallplatte aufgrund ihres Dingcharakters zwar eine grundsätzlich neuartige Darstellungsweise von Musik, die aber gerade keinen Zugang zu einem »authentischen« Musikerlebnis biete. »Musikalische Authentizität« wird im Zusammenhang mit der Schallplatte höchst unterschiedlich verstanden, wie wir im weiteren Verlauf noch sehen werden. Innerhalb der Musikwissenschaft sind die Grenzen der Notierbarkeit von Musik und damit die Grenzen des Ideals kompositorischer Authentizität in den letzten Jahrzehnten immer deutlicher geworden.[14] Entsprechende Überlegungen sind auch im Zusammenhang mit anderen musikalischen Aufzeichnungs- und Überlieferungsmöglichkeiten geboten: Denn was hören wir, wenn wir uns mit historischen Aufnahmen beschäftigen? In der Regel nicht den Klang eines spezifischen historischen Objekts, etwa der eingangs beschriebenen Schellackplatte der Meyrowitz-Einspielung von 1934. Mangels Grammophon, passender Tonabnehmer oder Abspielfertigkeiten greifen wir auf mediale Transformationen zurück, entweder »digitally remastered« auf CD oder als Download im MP3- oder einem anderen gängigen Datenformat. Nun ermöglicht aber die moderne Tontechnik, den Ursprungsklang bis zur Unkenntlichkeit zu verändern, Rauschen herauszufiltern oder im Gegenteil ein pseudohistorisches Knistern zu ergänzen, einzelne Frequenzen zu verstärken, künstlichen Hall hinzuzufügen usw.[15] Diese Problematiken sind zu reflektieren und erfordern eine differenzierte historische Situierung der jeweiligen Klang-Objekte und Hör-Praktiken.[16]

---

13 Vgl. dazu z. B. die Einleitung in MacGregor, Neil: Eine Geschichte der Welt in 100 Objekten. München 2011, S. 13–27. Mit verschiedenen Spielarten musealer »Illusion der Authentizität« setzt sich der Abschnitt »Authentizität und Kontextualisierungen« in Tietmeyer, Elisabeth u. a. (Hg.): Die Sprache der Dinge. Kulturwissenschaftliche Perspektiven auf die materielle Kultur. Münster 2010, S. 77–131, auseinander.
14 Vgl. z. B. Butt, John: Playing with History. The Historical Approach to Musical Performance. Cambridge u. a. 2002.
15 Vgl. zu den Bearbeitungstechniken historischer Aufnahmen Leech-Wilkinson, Daniel: The Changing Sound of Music: Approaches to Studying Recorded Musical Performance. London 2009, insb. Kap. 3.2 »Transferring and listining to early recordings«, unter: http://www.charm.kcl.ac.uk/studies/chapters/chap3.html, Paragraf 29–51 [abgerufen: 25.06.2013].
16 Vgl. z. B. Werner, Michael: Musik als Handlung. Zu einigen Schwierigkeiten beim Arbeiten über Musik. In: Bachir-Loopuyt, Talia, Sara Iglesias, Anna Langenbruch, Gesa zur Nieden: Musik – Kontext – Wissenschaft. Interdisziplinäre Forschung zu Musik. Frankfurt a. M. 2012, S. 261–269; hier insbesondere S. 262–265.

Durch einen Prozess der Ent-Routinisierung haben heutige Hörerinnen und Hörer einen ähnlichen Punkt erreicht, wie ihn frühe Umgangs- und Beschreibungsstrategien von Schellackplatte und Grammophon aufweisen: Ihre Materialität tritt gegenüber ihrer Funktion als Medium in den Vordergrund – von der Noch-nicht- zur Nicht-mehr-Selbstverständlichkeit. Medien veralten, und wenn sie nicht ständig aktualisiert werden, ist es, als hätte man den Schlüssel zum »Speichergedächtnis«[17] verloren: Die aufgezeichnete Musik, insbesondere die dort festgehaltene Interpretationskunst, bleibt unzugänglich, wird nicht überliefert und gerät in Vergessenheit. Genau das ist im Falle von Selmar Meyrowitz und vielen anderen exilierten Interpretinnen und Interpreten passiert. Meyrowitz' Aufnahmen sind, bis auf ganz wenige Ausnahmen, nur sporadisch auf Langspielplatte oder CD erschienen.[18] Erst in den letzten Jahren, mit der Entwicklung des Internets als globalem Medium der Musikvermittlung, werden sie allmählich wiederentdeckt.[19] Damit entfernen sich musikalische Medien von ihrer Gegenständlichkeit, die Problematik der Halbwertszeit von Datenformaten bleibt allerdings bestehen, und damit auch der permanente Reaktualisierungsbedarf.[20]

---

17 Assmann, Aleida: Der lange Schatten der Vergangenheit: Erinnerungskultur und Geschichtspolitik. Bonn 2007, S. 54 ff.
18 Oft sind dies Sängerinnen und Sängern gewidmete CD-Alben, bei denen Meyrowitz lediglich einer der Dirigenten ist. Aus Meyrowitz' Berliner Jahren vgl. z. B.: Joseph Schmidt: The Ultraphone recordings. Teldec (Warner) 2002 (Telefunken legacy, Aufnahmen 1929–1932); Legendary Wagner Singers of the 1930s. Teldec (Warner) 2001 (Telefunken legacy, Aufnahmen 1929–1939). Aus Meyrowitz' Pariser Exilzeit vgl. die Aufnahmen mit dem Pianisten Edward Kilenyi: Edward Kilenyi: The Pathé recordings 1937–1939. apr 2005. Außerhalb solcher Sammlungen ist nur eine einzige seiner Einspielungen neu aufgelegt worden, und zwar die der Faust-Symphonie (auf Langspielplatte): Liszt: A Faust-Symphonie. Vox (PL 6920) 1951.
19 Über die Internetseite Pristine Classical vertreibt der Tonmeister Andrew Rose Meyrowitz' Einspielungen von Schuberts Unvollendeter (Pathé PAT 98–100. Paris 1934): PASC130: Schubert: Symphony No. 8 »Unfinished« in B minor, D759. Restoration and XR remastering by Andrew Rose at Pristine Audio, October 2008, unter: http://www.pristineclassical.com/LargeWorks/Orchestral/PASC130.php; und von Liszts Faust-Symphonie (Pathé PDT 31–37. Paris 1935): PASC032: Liszt: A Faust Symphony, S108. Restoration (Natural Sound) by Andrew Rose at Pristine Audio, o. D., unter: http://www.pristineclassical.com/LargeWorks/Orchestral/PASC032.php [beide abgerufen: 25.06.2013].
20 Vgl. Sterne, Jonathan: The Preservation Paradox in Digital Audio. In: Karin Bijsterveld und José van Dijck (Hg.): Sound Souvenirs. Audio Technologies, Memory and Cultural Practice. Amsterdam 2009, S. 55–65.

II. »Die Schallplatte als Kulturwert«: Zugänge zu (nicht nur) musikalischen Praktiken in Exilpresse und Exilalltag

Als relativ neues Klang-Objekt, das dank ständiger technischer Weiterentwicklung im Laufe der 1930er-Jahre neben dem Rundfunk auf dem Weg zum auditiven Massenmedium war, hatte die Schallplatte hohes gesellschaftliches Diskurspotenzial. Das schlägt sich unter anderem in der Exilpresse nieder, die sich für die vielfältigen rechtlichen, kulturellen und propagandistischen Möglichkeiten und Grenzen von Schallplatten interessierte.

Das *Pariser Tageblatt* berichtet 1936 beispielsweise von »Illegale[r] Schallplattenpropaganda«,[21] die von einer sozialistischen Gruppe ähnlich wie Flugschriften nach NS-Deutschland geschmuggelt wurde. Nach Kriegsbeginn 1939 warnte die *Pariser Tageszeitung* vor der umgekehrten Strategie: Nun gelangte NS-deutsche »Propaganda mit Schallplatten«[22] per Post nach Frankreich. Diese Sendungen waren nach einer Direktive des französischen Innenministeriums ablieferungspflichtig, ihre Nutzung wurde streng bestraft.

Schallplatten hatten in der Exilpresse zudem einen hohen Symbolwert als kulturelles Distinktionsmittel in der Auseinandersetzung mit NS-Deutschland. So wurden die Rechtsstreitigkeiten und Gleichschaltungsversuche, die auf dem damals bereits internationalen Schallplattenmarkt nicht so einfach durchzusetzen waren, in der Exilpresse genau verfolgt: Viele deutsche Schallplattenfirmen waren lediglich Tochtergesellschaften internationaler Unternehmen. Während das öffentliche Musikleben der Bühnen und Konzertsäle nach der nationalsozialistischen Machtübernahme schnell weitgehend gleichgeschaltet wurde, waren Schallplatten jüdischer Musikerinnen und Musiker offenbar in NS-Deutschland relativ problemlos zu erwerben und wurden so stark nachgefragt, dass die *Pariser Tageszeitung* noch im Dezember 1937 einen Bericht über eine gegen den Vertrieb dieser Schallplatten gerichtete Kampagne des *Schwarzen Korps* von November 1937 lapidar mit »Schallplatten emigrierter Künstler bevorzugt«[23] überschrieb. Im Anschluss an diese Kampagne verfügte das Propagandaministerium laut einem Folgeartikel der *Pariser Tageszeitung*,

---

21 Anon.: Wie die Wahlen gemacht wurden. Illegale Schallplattenpropaganda und Auszählungsschwindel. In: *Pariser Tageblatt*, 04.04.1936.
22 Anon.: Propaganda mit Schallplatten. In: *Pariser Tageszeitung*, 19.12.1939.
23 Anon.: Schallplatten emigrierter Künstler bevorzugt. In: *Pariser Tageszeitung*, 04.12.1937.

Platten mit jüdischen Künstlern nicht mehr zu vertreiben. Die Industrie kam dadurch in eine peinliche Lage. Sie sah sich gezwungen, Musiker wie Offenbach, Mendelssohn, Meyerbeer, Mahler und Rubinstein aus dem Repertoire zu streichen. Die Proteste aus dem Lager der Industrie hatten den vorläufigen Erfolg, dass man erwogen hat, eine kleine Anzahl »jüdischer Klassiker« (Mendelssohn, Meyerbeer) freizugeben.[24]

Dahinter verbirgt sich die Einrichtung der sogenannten Reichsmusikprüfstelle, die Goebbels' am 17. Dezember 1937 erlassenes Verbot von Schallplatten jüdischer Komponisten und Interpreten kontrollieren sollte.[25] Was im staatlich subventionierten öffentlichen Musikleben relativ problemlos möglich gewesen war – eine Reglementierung von Künstlern und Repertoire – gestaltete sich im wirtschaftlichen Interessengeflecht aus Medienkonzernen und staatlichen Stellen komplexer. Durch das nationalsozialistische Interesse an den Devisen internationaler Schallplattenkonzerne war im NS-deutschen Musikleben über einige Jahre ein medialer Freiraum entstanden, den man erst vergleichsweise spät zu schließen trachtete.

Rechtlich warfen Schallplatten in den 1930er-Jahren generell ganz neue Fragen auf. So berichtete das *Pariser Tageblatt* 1934 unter der plakativen Überschrift »Testament auf Stuhlbein gültig – auf Schallplatte ungültig«[26] über Entscheidungen französischer Gerichte, die schriftlich abgefasste Testamente unabhängig von Material und Untergrund in der Regel anerkannten – also auch solche auf Stuhlbeinen oder Wänden. Ein auf Schallplatte aufgenommenes Testament wurde jedoch für ungültig erklärt, »da die Bedingung der Eigenhändigkeit nicht erfüllt war«.[27] Der Handschrift wurde damit nach wie vor ein höherer Rechtsstatus zuerkannt als der scheinbar immateriellen, doch ähnlich individuellen Stimme – ganz im Sinne des bis heute dominanten Diskursmodells vom Primat der Schrift- über die Klangkultur.[28] Umgekehrt vermehrten sich jedoch Initiativen, die den neuen Möglichkeiten der Klangaufzeichnung einen ähnlichen kulturellen und historischen Rang

---

24 Anon.: Nur arische Schallplatten. Millionenverluste einer Industrie. In: *Pariser Tageszeitung*, 02.03.1938.
25 Vgl. Fetthauer, Sophie: Deutsche Grammophon. Geschichte eines Schallplattenunternehmens im »Dritten Reich«. Hamburg 2000, S. 34–36. Fetthauer verweist auch darauf, dass das Verbot »nie hundertprozentig umgesetzt« worden sei. Ebd., S. 81.
26 Anon.: Testament auf Stuhlbein gültig – auf Schallplatte ungültig. In: *Pariser Tageblatt*, 02.08.1934.
27 Ebd.
28 Zum juristischen Verhältnis von Stimme und Schrift vgl. Vismann, Cornelia: *Action writing*: Zur Mündlichkeit im Recht. In: Friedrich Kittler u. a. (Hg.): Zwischen Rauschen und Offenbarung. Zur Kultur- und Mediengeschichte der Stimme. Berlin 2002, S. 133–151. Zu technischen Aufzeichnungsmöglichkeiten insb. S. 147–151.

zusprachen wie den bisherigen schriftlichen Quellen. Dies ging einher mit einer Aufwertung der Interpretationskunst, die letztlich auch Auswirkungen auf das Musikverständnis haben sollte. 1938 beschrieb die *Pariser Tageszeitung* beispielsweise Pläne für die Einrichtung der ersten Nationalphonotheken, die ähnlich den Nationalbibliotheken über Pflichtexemplare sämtliche neu erscheinenden Plattenaufnahmen systematisch sammeln und aufbewahren sollten: »Der technische Fortschritt in der mechanisch fixierten Musik gestattet heute die Aufbewahrung nicht nur der Noten, sondern auch der Stilwiedergabe der gegenwärtigen Epochen für künftige Zeiten.«[29] Ziel des entsprechenden Gesetzesentwurfs der Prager Gesellschaft für Musikerziehung sei es, »die Schallplatte zu einem staatlich anerkannten und geförderten Kulturinstrument zu machen, statt einer bloßen Handelsware«[30]. Die Umwertung vom Konsum- zum Kulturgut geschieht argumentativ über einen Vergleich mit der Schriftkultur, indem der Entwurf »die Schallplatte ausdrücklich als Kulturwert anerkennt und dem Buche gleichsetzt«, wie es in der *Pariser Tageszeitung* weiter heißt. Die Schallplatte wird damit zum Geschichtsmedium, zur wichtigen kulturhistorischen Quelle.

Auch in Memoiren von Exilantinnen und Exilanten gewinnen Schallplatten als Erinnerungsmedien der eigenen Geschichte an Bedeutung. So skizzierte beispielsweise Grete Weil in einem autobiografischen Text aus den 1980er-Jahren Lebensstationen anhand prägender Plattenaufnahmen.[31] Ihre Plattensammlung wird damit zur Gedächtnisstütze, »bereit, jegliche Erinnerung zu beschwören, die sonst zwischen der Hast und dem Einerlei des Privatlebens zerrieben wird«[32], wie es Adorno 1934 für Schallplatten-Alben prognostizierte. Grete Weil spielt hier offensichtlich mit der Idee einer Hör-Biografie. Dabei stehen mediale Funktion und materiale Beschaffenheit der Schallplatten in spannungsreichem Wechselverhältnis, wenn sie beispielsweise davon berichtet, wie sie im Amsterdamer Exil ihre Platten mit Aufnahmen Ernst Buschs verlieh:

> Die Buschplatten waren in Deutschland schon abgespielt, ich nahm sie mit nach Holland, und während ich untergetaucht war, habe ich sie verlie-

---

29 Anon.: Die Schallplatte als Kulturwert. In: *Pariser Tageszeitung*, 02.02.1938.
30 Ebd.
31 Weil, Grete: Grammophon. Handschrift im Nachlass Grete Weils in der Monacensia. Literaturarchiv und Bibliothek München (Signatur: MS 5). Auszugsweise publiziert in: Text+Kritik (2009): Grete Weil, S. 3–10. Ich danke Sibylle Schönborn für den Hinweis auf diesen Text.
32 Adorno: Die Form der Schallplatte (s. Anm. 9), S. 532.

hen, sie kursierten in den Widerstandskreisen Amsterdams, waren Trost, Ermunterung, Hilfe, und als ich sie nach dem Krieg zurück bekam, hatten sie sehr viele Kratzer dazu bekommen, aber ich besitze sie noch.[33]

Die Kampfliedaufnahmen Ernst Buschs wurden im Untergrund zum Widerstandsmedium, dessen exzessiver Gebrauch deutliche Spuren am Objekt hinterließ, die den Wert der Schallplatten für die Besitzerin jedoch eher erhöht zu haben scheinen, obwohl sie sicherlich ihre Funktion als Medium einschränkten. Entsprechend sind Schallplattensammlungen aus kulturgeschichtlicher Sicht nicht nur als Klangspeicher individueller musikalischer Horizonte interessant, sondern gerade als Objekte mit vielfältigen Gebrauchsspuren, die Zugänge zu lebenslangen Hörerfahrungen und -praktiken ihrer Besitzer eröffnen.[34] In existenzieller Not trat für Grete Weil offenbar der Objektcharakter ihrer Schallplatten, genauer: ihr Nutzen als Tausch-Objekt, wieder in den Vordergrund: »Während des Untertauchens besaß ich nicht einmal mehr ein Grammophon«, schreibt sie, »und als auch im letzten Winter, in Holland Hungerwinter genannt, noch der Strom wegblieb, tauschte ich sehr viele meiner Platten gegen Kerzen oder Petroleum für die einzig vorhandene Lampe ein.«[35] Schallplatten sind insofern nicht nur Gegenstände auditiver Praktiken oder technischer Fertigkeiten, sondern eingebunden in ein situationsabhängiges Netz alltäglicher Umgangs- und Nutzungsweisen. Sie lassen sich deuten als »Bausteine einer, und sei es nur privaten, kulturellen Welt im Exil«[36], einer Welt, die zwischen medial-musikalischer und Ding-Welt oszilliert.

III. Selmar Meyrowitz: »Der Mikrophon-Dirigent« – Veränderungen der musikalischen Wirklichkeit der 1930er-Jahre

Schallplatte und Rundfunk, deren Entwicklung in den 1920er- und 1930er-Jahren zwar nicht konfliktfrei,[37] aber technisch und musikalisch

---

33 Weil: Grammophon, zit. nach dem Abdruck in: Arnold: Grete Weil (s. Anm. 31), S. 7.
34 Vgl. dazu am Beispiel der Schallplattennachlässe im Leo-Baeck-Institut: Schmidt, Dörte, Cordula Heymann-Wentzel und Matthias Pasdzierny: Nachgelassene Klänge. Schallplattensammlungen und die Musikkulturen des Exils. In: Dörte Schmidt (Hg.): Traveling sounds: Dokumentation zum 6. Berliner Salon des Leo-Baeck-Instituts am 29. April 2009. Berlin 2009, S. 16–36.
35 Weil: Grammophon, zit. nach dem Abdruck in: Arnold: Grete Weil (s. Anm. 31), S. 8.
36 Schmidt, Heymann-Wentzel und Pasdzierny: Nachgelassene Klänge (s. Anm. 34), S. 20.
37 Immer wieder kam es zu Streitigkeiten über Senderechte zwischen Rundfunkgesellschaften und Plattenfirmen, vgl. z.B. Léon: Rundfunk aus dem Jahre 2135. Vortrag: Der Schallplattenkrieg. In: *Pariser Tageblatt*, 03.08.1935 oder Anon.: Reichsrundfunkgesellschaft verliert Schallplatten-Prozess. In: *Pariser Tageszeitung*, 19.11.1936.

eng verflochten verlief, brachten nicht nur neue Berufe wie den des Tonmeisters hervor, sondern auch Interpreten, die mit den Anforderungen und Schwächen der neuen Medien besonders gut umzugehen wussten. In diesem Zusammenhang wurde der »Mikrophon-Dirigent« Selmar Meyrowitz zum Symbol für die kulturelle Modernität des Exils.[38] Als Opern- und Konzertdirigent in Karlsruhe, New York, Prag, Berlin, München, Hamburg und wieder Berlin war Meyrowitz schon vor seinem eigentlichen Exil sehr mobil. Ab 1924 begann er sich neben dem klassischen Opern- und Konzertbetrieb immer mehr für die technischen Möglichkeiten des Mikrofons zu interessieren. In dieser Zeit dirigierte er häufig in der Berliner Funkstunde und leitete das Berliner Funk-Orchester. Zwischen 1929 und 1932 war er außerdem Dirigent der Schallplattenfirma Ultraphon. Als er 1933 ins Pariser Exil ging, konnte Meyrowitz auf aufnahmetechnischem Gebiet also bereits Erfolge vorweisen, an die er dort anknüpfte.

Der Bedarf an Musik für Rundfunkübertragungen und den Schallplattenmarkt nahm in den 1930er-Jahren stetig zu und damit änderten sich die Bedingungen des Musikerberufs grundlegend.[39] Für Komponisten etwa wurden Schallplatten mit Einspielungen ihrer Werke im Exil zum wichtigen Präsentationsmedium, wie im Falle Kurt Weills, der aus Hollywood Lotte Lenya in New York um »die Platten, *3-Groschenoper*, *Mahagonny* und Lys Gauty« bat: »Wenn du sie gleich schickst habe ich sie Anfang nächster Woche, du brauchst sie nicht Luftpost schicken. Ich brauche sie, wenn ich mit anderen Studios verhandele.«[40]

Es wurde unerlässlich, dass Musikerinnen und Musiker mit den technischen Anforderungen des Mediums, die sich von denen des normalen Konzertbetriebes deutlich unterschieden, umzugehen lernten. Die elektrische Aufnahmetechnik war 1933 jedoch erst weniger als zehn Jahre alt, die entsprechende Übertragungstechnik etwa zwanzig,[41] und das Mikrofon mit zahlreichen technischen Mängeln behaftet, die die Musikerinnen und Musiker beim Spiel ausgleichen mussten: Eine

---

38 Vgl. Langenbruch: Topographien musikalischen Handelns im Pariser Exil (s. Anm. 2), insbesondere die Abschnitte »Medien und Kulturtransfer« und »Porträt II: Selmar Meyrowitz«.
39 Vgl. Tournès, Ludovic: Du phonographe au MP3: une histoire de la musique enregistrée, XIXe-XXIe siècle. Paris 2008, S. 50.
40 Weill in Hollywood an Lenya in New York, 03.05.1937. In: Sprich leise, wenn du Liebe sagst. Der Briefwechsel Kurt Weill/Lotte Lenya. Hg. von Lys Symonette und Kim H. Kowalke. Köln 1998, S. 215–216; hier: S. 216.
41 Vgl. Basile, Giusy und Henri Chamoux: De l'enregistrement acoustique à l'enregistrement électrique des années trente. In: Danièle Pistone (Hg.): Musiques et musiciens à Paris dans les années trente. Paris 2000, S. 437–444; hier: S. 438–439.

zu große dynamische Bandbreite war genauso problematisch wie ein großer Ambitus oder eine unpräzise Diktion. Eine französische Radiozeitschrift gab Sängerinnen und Sängern 1933 eine Reihe grundlegender Ratschläge, wie der Auftritt vor »cet ingrat instrument qu'est le micro«[42] erfolgreich zu bestehen sei:

> 1. Ne pas crier. – On a souvent eu l'idée d'afficher devant le micro: »Chanter n'est pas crier!« [...] Les gros volumes ne sont pas encore très fidèlement enregistrés par le micro. Si l'on pouvait chanter comme on parle, ce serait presque toujours parfait;
> 2. Articuler d'une façon presque excessive [...]. Et pour cela, ouvrir la bouche, ne pas chanter dans les dents;
> 3. Adapter son emplacement au volume de sa voix dans tous les parties du chant, c'est-a-dire savoir convenablement reculer dans les *forte* et se rapprocher dans les *piano*. Et ceci sans exagération, car des *forte* deviennent cocassement des *piano* si l'on exagérait l'éloignement. Tout est mesure ...[43]

Offensichtlich ist insbesondere der letzte Punkt für größere Gruppen und Instrumentalensembles nicht zu bewältigen – wie sollte ein Orchester während des Spiels ständig die Position wechseln? Hier mussten andere Lösungen gefunden werden.[44] In Deutschland war neben dem Rundfunk auch die Schallplattenproduktion deutlich weiter fortgeschritten als in Frankreich: Ein zeitgenössischer französischer Kritiker schreibt, dass im Jahre 1929 in Deutschland 70 Millionen Schallplatten verkauft worden seien, in Frankreich hingegen nur 8 Millionen.[45] Die exilierten deutschen Musiker in Paris verfügten also ten-

---

42 Anon.: Les chanteurs devant le micro. In: *Annuaire de la Radiodiffusion nationale* (1933), S. 239–240; hier: S. 239: »dem Mikrofon, diesem undankbaren Instrument«.
43 Ebd., S. 240: »1. Nicht schreien. – Oft drängt sich die Idee auf, vor dem Mikrofon ein Plakat anzubringen: ›Singen ist nicht gleich Schreien!‹ [...] Ein großes Stimmvolumen wird vom Mikro noch nicht sehr gut aufgezeichnet. Wenn man singen könnte, wie man spricht, wäre es fast immer perfekt; 2. Fast übertrieben artikulieren [...]. Und dazu den Mund öffnen, nicht in die Zähne hinein singen; 3. Seinen Standort in allen Gesangspartien dem Stimmvolumen anpassen, d. h. bei den Forte-Stellen angemessen zurücktreten, bei den Piano-Partien näherkommen. Und dies ohne zu übertreiben, denn ein *forte* würde augenzwinkernd zum *piano*, wenn man sich zu weit entfernte. Alles in rechtem Maß ...«.
44 Selmar Meyrowitz etwa experimentierte für Platteneinspielungen mit anderen Orchesteraufstellungen, vgl. Anon.: Eindrucksvoller Erfolg eines deutschen Dirigenten. Selmar Meyrowitz im Pariser Rundfunk. In: *Pariser Tageszeitung*, 29.10.1936.
45 Vgl. André Cœuroy: Le phonographe. Paris 1929, zit. nach Basile und Chamoux: De l'enregistrement acoustique à l'enregistrement électrique des années trente (s. Anm. 41), S. 440. Dabei handelt es sich möglicherweise um eine optimistische Schätzung – in der Literatur ist von einem Absatz der deutschen Phonoindustrie von etwa 30 Millionen Tonträgern im Jahr 1929 die Rede. Nach einem durch die Weltwirtschaftskrise bedingten weltweiten Umsatzeinbruch erholte sich das Schallplattenge-

denziell über mehr Erfahrung im Umgang mit dem Mikrofon und befanden sich in der privilegierten Position, ihren französischen Kollegen begehrtes Fachwissen anbieten zu können.

Exilierte Musiker waren sich dieser Marktlücke offenbar bewusst: Unabhängig voneinander verfolgten sowohl der später beim französischen Radio tätige Dirigent und Musikwissenschaftler Alfred Szendrei[46] als auch Selmar Meyrowitz, der in Paris vor allem mit Schallplattenaufnahmen von sich reden machte, Ende 1933 die Idee, Musikerinnen und Musiker im richtigen Spiel für das Mikrofon zu unterweisen. Meyrowitz gründete 1934 eine Mikrofonklasse am Pariser Conservatoire international de musique.[47] Diese erregte in Paris einige öffentliche Aufmerksamkeit, wie ein Zeitungsartikel zeigt, der detailliert die erste Sitzung der neuen »École du Micro«[48] schildert. Besonders beeindruckte den Rezensenten die praktische Demonstration vor Ort:

> Maintenant, une élève enregistre une berceuse devant le micro. La voix, menue et souple, produit le meilleur effet. La diction nette et pure parait parfaite. Hélas! quand le disque nous »rend« l'audition, notre oreille est blessée par les défauts multipliés de cette artiste: chevrotement, sons aigres dans le registre aigu, diction sifflante ...[49]

Damit hatte Meyrowitz seinen Hörern deutlich den Unterschied zwischen einer gelungenen Konzertaufführung und einer gelungenen Aufnahme gezeigt. Diese Vorgehensweise entsprach seiner Überzeugung, dass eine gute Einspielung vom Endprodukt, also dem letztlich vom Lautsprecher wiedergegebenen Klang, her gedacht werden müsse.[50] Dazu müsse nicht der gesungene oder gespielte Klang vor Ort perfektioniert, sondern dem vorgestellten bzw. gewünschten Klang der

---

schäft im Laufe der 1930er-Jahre wieder, vgl. Gauß, Stefan: Nadel, Rille, Trichter. Kulturgeschichte des Phonographen und des Grammophons in Deutschland (1900–1940). Wien, Köln, Weimar 2009, S. 73.

46 Vgl. zu Alfred Szendrei auch Langenbruch: Topographien musikalischen Handelns im Pariser Exil (s. Anm. 2), insbesondere die Abschnitte »Medien und Kulturtransfer« und »Porträt I: Alfred Szendrei«.

47 Das Conservatoire international de musique de Paris ist ein 1925 gegründetes, privates Konservatorium, an dem beispielsweise auch die exilierte Sängerin Lotte Leonard unterrichtete.

48 Gabriel Reuillard: »Une classe de ›Micro‹ vient d'être créée à Paris« (Zeitungsartikel). O. Ort, n. dat. In: Archives nationales, Centre historique, Paris, F/21/5390/7C.

49 Ebd.: »Dann nimmt eine Schülerin vor dem Mikrofon ein Wiegenlied auf. Die schlanke und flexible Stimme macht den allerbesten Eindruck, die deutliche und reine Aussprache scheint perfekt. Aber ach! Als die Schallplatte uns das Gehörte ›wiedergibt‹ sträubt sich unser Ohr gegen die vielfachen Mängel der Künstlerin: Zittern, grelle Töne im hohen Register, pfeifende Diktion ...«.

50 Vgl. dazu z. B. den Nachruf von Jacob: Der Mikrophon-Dirigent (s. Anm. 3), S. 193 ff.

Schallplatte angepasst werden. Dies hieß für Meyrowitz auch, Partituren für eine Platteneinspielung entsprechend einzurichten, beispielsweise indem er die Instrumentation nach Maßgabe des angestrebten Klangresultats der Aufnahme änderte.[51] Der Dirigent griff also in die Notenschrift ein, um einen »authentischen« Klangeindruck zu erzeugen – oder, wie in der *Deutschen Freiheit* zu lesen, damit »die Lautsprecherwiedergabe genau dem ursprünglichen Willen des Komponisten entspricht«.[52] Argumentativ stellte man Meyrowitz hier in eine auktoriale Aufführungstradition, von der er sich faktisch befreite – ganz im Gegensatz zu den Vorstellungen Arnold Schönbergs, der Schallplatten gerade als Chance für die Überlieferung kompositorischer »Authentizität« betrachtete. Technische Perfektion spielte für Schönberg in diesem Zusammenhang keine zentrale Rolle, ihn interessierte die Möglichkeit, der Nachwelt ausdrücklich vom Komponisten autorisierte, zum Teil sogar durch erklärende Vorträge ergänzte Aufnahmen zu hinterlassen[53] und damit die Interpretation seiner Werke noch über seinen Tod hinaus kontrollieren zu können: »I am now sixty years of age and do not know how long I will live and how long I would be able to conduct my works«, schreibt er 1936 an die Columbia Phonograph Company. »Is there nobody in this industry who knows that it might be of some value for this industry to have at least some of my works in an authentic recording.«[54] Authentizität ist hier ausdrücklich an die Person des exilierten Komponisten gebunden. Meyrowitz stellte mit seiner Bearbeitungstechnik dagegen nicht nur das Primat der Notenschrift über den Klang infrage, sondern auch das des Komponisten über den Interpreten. Zudem rückte er den Aufnahmevorgang gegenüber der Idee von der Tonaufnahme als bloßem Abbild der Aufführung ins Zentrum seiner Plattenproduktion.[55] Die Möglichkeit der Schallaufzeichnung bringt insofern gegensätzliche Auffassungen musikalischer Authentizität ans Licht, vom bloßen »Musiksurrogat«[56] Schallplatte, über das

---

51 Vgl. Anon.: Platten-Aufnahmen. In: *Pariser Tageblatt*, 03.03.1934.
52 Anon.: Kunst und Mikrophon. Ein Vortrag Selmar Meyrowitz'. In: *Deutsche Freiheit*, 22.02.1934.
53 Vgl. Schmidt: Schönberg und die Schallplatte (s. Anm. 7), S. 596.
54 Schönberg an die Columbia Phonograph Company, London, 19.12.1936. Arnold Schoenberg Collection, Library of Congress, Washington D.C. Zit. n. ebd., S. 593–594.
55 Für moderne Musikaufnahmen diskutiert dies z.B. Maempel, Hans Joachim: Musikaufnahmen als Datenquellen der Interpretationsanalyse. In: Heinz von Loesch und Stefan Weinzierl (Hg.): Gemessene Interpretation. Computergestützte Aufführungsanalyse im Kreuzverhör der Disziplinen. Mainz 2011, S. 157–171; hier: S. 160.
56 Adorno: Die Form der Schallplatte (s. Anm. 9), S. 531.

Speichermedium kompositorischer Authentizität bis zum Ideal eines interpretatorisch authentischen Klangresultats.

Für die Rekonstruktion der Meyrowitz'schen Technik wäre man konsequenterweise wieder auf schriftliche Quellen zurückgeworfen, denn nach dem reinen Höreindruck fällt eine differenzierte Analyse der vom Dirigenten vorgenommenen Veränderungen schwer. An seiner Einspielung von Liszts *Faust-Symphonie* für die Plattenfirma Pathé,[57] die 1936 als »l'enregistrement le plus sensationnel de la saison«[58] gepriesen wurde, fällt vor allem die klangliche Transparenz auf, die einzelne Instrumentalgruppen und -linien außergewöhnlich gut durchhörbar macht. Auch die dynamische Bandbreite ist für eine Aufnahme aus den 1930er-Jahren enorm. Aber wie genau ging Meyrowitz vor? Und welche dieser Klangeigenschaften gehen auf den Interpreten zurück, welche auf den Aufnahmekontext und welche auf die digitale Bearbeitung des Tonmeisters Andrew Rose?[59] Arbeitspartituren, Orchesterstimmen oder Bilder der Aufnahmesituation würden hier weiterhelfen. Dass diese Krieg und deutsche Besetzung Frankreichs überdauert haben, ist jedoch sehr unwahrscheinlich, zumal Meyrowitz nach seiner Flucht in dem noch unbesetzten Teil Frankreichs schon 1941 in Toulouse starb, während seine Frau und sein Sohn dort zurückblieben.[60]

In seiner Pariser Exilzeit hatte Meyrowitz für seine Plattenaufnahmen allein dreimal den begehrten Grand Prix du disque der Zeitschrift *Candide* erhalten. Die Exilpresse führte seine Karriere entsprechend als Beispiel für ein gelungenes Künstlerschicksal im Pariser Exil an:

---

57 Liszt: Faust-Symphonie. Pathé PDT 31–37. Anonymes Orchester. Ltg.: Selmar Meyrowitz. Paris 1935. Digitale Bearbeitung: PASC032: Liszt: A Faust Symphony, S108. Restoration (Natural Sound) by Andrew Rose at Pristine Audio, o.D., unter: vgl. http://www.pristineclassical.com/LargeWorks/Orchestral/PASC032.php [abgerufen: 25.06.2013].

58 »Pathé présente l'enregistrement le plus sensationnel de la saison«, Werbeanzeige. In: *Le Guide du concert*, 31.01.1936, S. 480: »Pathé präsentiert die sensationellste Aufnahme der Saison«.

59 Die Idee der von Rose entwickelten und detailliert beschriebenen Technik des XR remastering (Frühform: Natural Sound) beruht darauf, nicht nur die Unvollkommenheiten des Speichermediums (Schallplatte etc.), sondern auch die der Aufnahmetechnik (Mikrofone etc.) auszugleichen, »working backwards from a tonal ideal, to produce a very precise equalisation curve that brings the tonal characteristics of the older recording towards that ideal« (Rose, Andrew: Pristine Audio XR – remarkable historic remasters, unter: http://www.pristineclassical.com/More/NaturalSound.html [abgerufen: 25.06.2013]).

60 Vgl. die Angaben in der Einbürgerungsakte seines Sohnes Hans Meyerowitz [sic]: Archives nationales, Centre des archives contemporaines, Fontainebleau. Versement 19770900, Art. 38, Dossier 15036 X 39.

> Dieser Erfolg eines emigrierten deutschen Künstlers in Frankreich ist ein schönes Zeugnis gleichzeitig für die vorurteilsfreie Grosszügigkeit [sic] der Franzosen in allen Fragen des Geistes und der Kultur, wie für das Können Meyrowitzens in der in ihm verkörperten Tradition bester deutscher Kunst, von der sich das Dritte Reich losgesagt hat.[61]

Der Musiker Meyrowitz verkörperte damit nicht nur ein verbreitetes Selbstverständnis als Kulturbewahrer in Abgrenzung zum Nationalsozialismus, sondern auch Hoffnungen und Wünsche vieler deutschsprachiger Exilanten nach beruflichem Erfolg und allmählicher Integration im Gastland. Der Dirigent wird in diesem Artikel zu einer Identifikationsfigur des deutschsprachigen Exils auf dem internationalen Schallplattenmarkt, der »den Eigenheiten der Uebertragungstechnik, insbesondere der Schallplatte [...] in so hohem Masse [sic] gerecht« werde, »dass er für die deutsche Schallplatte etwa den Platz Stokowskys in der amerikanischen«[62] einnehme. Ein französischer Kritiker verkündete 1935 gar: »Une discothèque un peu complète ne peut désormais se passer d'un Meyrowitz«.[63] So wird am Beispiel Selmar Meyrowitz' die Geschichte der Schallplatte im Exil zwischen Medium und Materialität, Kulturtransfer und Begrenzung, Symbolwirkung und Alltagspraxis, Erinnerungspotenzial und Vergessen, Musik- und Exilgeschichte greifbar.

---

61 Anon.: Selmar Meyrowitz. Zum sechzigsten Geburtstag. In: *Pariser Tageblatt*, 18.04.1935.
62 Ebd.
63 Bruyr, José: Critique de quelques bons disques. In: *Le Guide Musical*, Mai–Juni 1935, S. 170: »Eine einigermaßen vollständige Plattensammlung kann von nun an auf einen Meyrowitz nicht verzichten«.

Dorothee Kimmich

Fremde Dinge und fremde Menschen in der Moderne

I. Einleitung

Im alltäglichen Sprachgebrauch steht »fremd« für sehr Unterschiedliches; es kann damit Unbekanntes, Unvertrautes oder auch Nichtzugehöriges gemeint sein. Da Fremdes im Sinne des Unvertrauten auch an die Sphäre des Sakralen gebunden, dem Numinosen und Religiösen zugehörig sein kann, ist selbst die Exklusion des Fremden ambivalent. Erst mit der Exklusion des Fremden entsteht ein imaginäres Ganzes, das aus dem Eignen, dem Vertrauten und dem Fremden, dem Unvertrauten besteht.[1] Nun ist die Frage nach der Vertrautheit mit oder der Fremdheit von Dingen sicher anders zu beantworten als die nach der Vertrautheit mit oder der Fremdheit von Menschen. Dinge sind uns vertraut, wenn man weiß, wie sie funktionieren, wie wir sie zu verwenden haben, welchem Zweck sie dienen. Menschen werden uns vertraut, wenn wir mit ihnen kommunizieren und sie gerade nicht zu einem Zweck einsetzen bzw. eben dann, wenn sie nicht nur eine Funktion haben, sondern wenn wir darauf vertrauen können, dass sie ihr eigener Zweck sind. Dinge werden uns fremd, wenn wir nicht (mehr) wissen, wozu sie dienen. Menschen sind uns sozial, persönlich oder kulturell »fremd«, wobei es sich in vielen Fällen um sekundäre Zuschreibungen des Fremdseins handelt oder mittlerweile nur noch partielle oder segmentäre Fremdheiten zu konstatieren sind: »Definitiv Fremde [...] sind selten, wenn nicht gar unmöglich geworden, während sich die Fremden in einem sektoral begrenzten Sinne unendlich vermehrt haben.«[2] Worin liegt also das Interesse, sich mit der Fremdheit von Dingen zu beschäftigen? Es müsste hier ein spezifischer Gewinn zu erkennen sein.

Die Auseinandersetzung mit der Frage, was uns wie und wann fremd ist oder fremd wird und welche Auswirkungen die Begegnung mit dem Fremden hat, ist eine der zentralen Fragestellungen der Moderne, oder anders: der Kulturtheorie der Moderne. Es geht hier also nicht nur – aber auch – um die historische Erfahrung von Migration, Flucht und

---

1 Vgl. dazu Münkler, Herfried: Einleitung. Das Verschwinden des Fremden und die Pluralisierung der Fremdheit. In: Ders. (Hg.): Die Herausforderung durch das Fremde. Berlin 1998, S. 11–26; hier: S. 11 f.
2 Ebd., S. 23.

Exil bzw. den Dingen in diesem Zusammenhang, sondern in erster Linie darum, wie und in welchem Modus diese Erfahrungen beschrieben, verarbeitet und auch beurteilt werden. Dabei gibt es Stimmen, die die Erfahrung der Fremde und sogar das erzwungene Exil ambivalent, also als Verlust und Gewinn zugleich darstellen; wobei sich die historische, die ästhetische und die psychologische Form des Fremden, der Verfremdung und der Entfremdung gegenseitig kommentieren.

II. Russische Zigaretten

»Früher«, so wird ein russischer Emigrant in Stefan Zweigs autobiografischem Text *Die Welt von gestern* zitiert, »hatte der Mensch nur einen Körper und eine Seele. Heute braucht er auch noch einen Paß dazu […].«[3] Zweig beschreibt hier eine neue, die moderne Grenzerfahrung: Früher seien Grenzen Linien gewesen, die man »ebenso sorglos überschritten [habe] wie den Meridian in Greenwich«. Heute seien sie von »Zollbeamten, Polizei, Gendarmerieposten« in einen »Drahtverhau verwandelt«. Die Fremden sind jetzt per se, qua Status, Verbrecher: »Man mußte sich photographieren lassen von rechts von links, im Profil und en face, das Haar so kurz geschnitten, dass man das Ohr sehen konnte, man mußte Fingerabdrücke geben.«[4] So beschreibt Zweig die Prozedur, die nötig war, um einen Pass zu bekommen. Der Übertritt von Grenzen verlangt dieselben Prozeduren wie die Identifikation von Verbrechern; oder anders ausgedrückt: Wer unterwegs ist, macht sich verdächtig. Das ambivalente Verhältnis zum Fremden, zum Emigranten beschäftigt auch Siegfried Kracauer in einer signifikanten Weise, auch er erzählt in einem kurzen Text aus dem Jahr 1930 von einem russischen Emigranten.

> Eines späten Nachmittags hielt mich an einer belebten Großstadtecke eine Frau durch den Zuruf an, ich möge einen Moment warten. Da ich in Eile war, drehte ich mich ein wenig unwillig um. Der ärmlich gekleideten Frau humpelte hastig ein Mann auf Krücken nach. So eine Straßenexistenz; ich dachte, ohne zu denken, es sei einer der vielen Bettler. »Sind Sie ein Russe«, fragte der Mann in gebrochenem Deutsch. »Nein«, antwortete ich au-

---

3 Zweig, Stefan: Die Welt von gestern. Erinnerungen eines Europäers [1942]. Frankfurt a. M. 1994, S. 469. Vgl. zu diesem Komplex auch Gerhard, Ute: Neue Grenzen – andere Erzählungen? Migration und deutschsprachige Literatur zu Beginn des 20. Jahrhunderts. In: Text+Kritik (2006): Sonderband Literatur und Migration, S. 19–30; hier: S. 21. Zu Pässen als Dinge in der Exilliteratur vgl. auch den Beitrag von Charlton Payne in diesem Band.
4 Zweig: Die Welt von gestern (s. Anm. 3), S. 471.

tomatisch. Der Mann sah mich enttäuscht an. Er war also kein Bettler, aber ich konnte ihm nur um so weniger helfen. »Woran wollen Sie erkennen, daß ich ein Russe sei?« Ich fragte in der dunklen Absicht, ihn nicht ohne die Andeutung eines Gesprächs laufen zu lassen.
»An der Zigarette«, antwortete der Krückenmann. »Sie rauchen eine russische Zigarette.« Er entfernte sich und murmelte etwas, das wie Verzeihung klang. Die Frau war ihm schon auf die andere Straßenseite vorausgegangen.[5]

Das ist die kurze Geschichte, die Kracauer erzählt, um daran anschließend über Heimat und Heimweh, Kopie und Original, Grenzen und Gemeinsamkeiten, Wiedererkennung und Sehnsucht, über Fremdheit nachzudenken. Die Zigarette ist keine russische. Sie hat nur ein Papiermundstück wie die berühmten russischen Papirossy-Zigaretten, Zigaretten mit einem relativ kurzen Tabak- und einem langen Mundstück aus Pappe, das vor dem Anzünden entsprechend zurechtgefaltet werden muss. Kracauers Zigarette aber »war nur eine schwache Nachahmung, die sich zu ihrem Vorbild wie eine elende Übersetzung zum Originaltext verhielt«.[6]

»Und doch«, so bemerkt Kracauer, unwillkürlich angerührt von der Szene, »bewog schon der Anblick dieser Kopie, dieses kleinen nichtssagenden Dings den Mann dazu, unter allen Menschen mich, den Wildfremden aufzuhalten und anzusprechen«.[7] Dabei bleibt allerdings offen, was der alte kranke Mann eigentlich wollte: ein Gespräch auf Russisch, eine Bitte um Hilfe an einen Landsmann, vielleicht einfach nur eine russische Zigarette schnorren? »Das Papiermundstück stellte inmitten der Straßenmenge eine Gemeinsamkeit zwischen uns her, die Zigarette, die niemals *jenseits der Grenze* gewesen war, beschwor das Bild Russlands herauf.«[8]

1930, zum Zeitpunkt des Erscheinens dieser Geschichte, lebt Kracauer noch in Deutschland. Seine Emigration nach Frankreich 1933 und schließlich in die USA 1939 steht noch bevor. Und doch hat man den Eindruck, als reflektiere Kracauer hier schon auf seine zukünftige Situation. Es ist ihm unangenehm. Die Ungeduld, mit der er dem Passanten begegnet, ist noch die Ungeduld des Einheimischen, der die Bitte eines Bettlers, eines Obdachlosen, eines Fremden fürchtet, sie ist ihm lästig; und doch scheint in dem Text schon die Angst vor dem ei-

---

5 Kracauer, Siegfried: Das Papiermundstück. In: Ders.: Schriften. Hg. v. Inka Mülder-Bach. Bd. 5.2: Aufsätze 1927–1931. Frankfurt a. M. 1990, S. 258 f.; hier: S. 259.
6 Ebd.
7 Ebd.
8 Ebd.

genen Exil durch. Schließlich beginnt der Text mit einer weiteren Zigarettenszene:

> Seit einigen Tagen klebt an den Berliner Litfaßsäulen ein Plakat, das alle national empfindenden Deutschen auffordert, fortan eine bestimmte Zigarettenmarke zu rauchen. Durch ihren Genuß arbeite man den Machenschaften des internationalen Finanzkapitals entgegen und begehe insofern gewissermaßen eine vaterländische Tat. Unnötig noch hinzuzufügen, daß in der Mitte des Anschlags ein riesiges Hakenkreuz prangt.[9]

Das Plakat wird erwähnt, weil es die »kleine Begebenheit« mit dem hinkenden Russen »ins rechte Licht« setzen könne: So erklärt Kracauer die Zusammenstellung der beiden Zigarettenszenen. Zigarettenwerbung wurde von den Nationalsozialisten nicht nur an Plakatwänden zu Propagandazwecken missbraucht, auch die berühmten Sammelbildchen, die es Anfang des 20. Jahrhunderts vor allem von den Firmen *Stollwerck*, *Palmin* und *Liebig* gab, wurden nun von den Zigarettenherstellern aufgegriffen und zu politischen Zwecken eingesetzt. Bekannt ist vor allem die Serie »Raubstaat England«[10] von 1941.

Zigaretten werden von Kracauer zweimal im Zusammenhang mit sozialer Gruppenbildung, mit Zusammengehörigkeit, mit In- bzw. Exklusion genannt. Einmal handelt es sich um nationalsozialistische Propaganda, die auf deutsche Marken setzt, um die Abhängigkeit von internationalen Produkten zu diskriminieren. Auf der anderen Seite ist es die russische Zigarette, die eigentlich gar keine russische ist und doch auch etwas wie eine Gemeinschaft – der Fremden – zu stiften scheint. Zigaretten sollen Signaturen der Zugehörigkeit bzw. der Ausgrenzung sein. Die Zigaretten werden von der Propaganda in Anspruch genommen, um das Eigene zu markieren und zugleich wird deutlich, dass Dinge – besonders als Waren – sowieso schon international sind, über alle Grenzen migrieren, leichter und besser als die Menschen; und doch sind sie auch dem armen russischen Migranten keine treuen Gefährten. Die Dinge sind eben keine verlässlichen Zeichen. Die Unzuverlässigkeit alltäglicher, eigentlich selbstverständlicher Zeichen macht die Fremde in all ihren Dimensionen deutlich. Die Ähnlichkeit der Dinge ist nicht hilfreich, sondern trügerisch.[11]

---

9 Ebd., S. 258. Vgl. auch Merki, Christoph Maria: Die nationalsozialistische Tabakpolitik. In: Vierteljahrshefte für Zeitgeschichte 46/1 (1998), S. 19–42. Vgl. auch Lindner, Erik: Die Reemtsmas. Geschichte einer deutschen Unternehmerfamilie. Hamburg 2007.
10 Raubstaat England. Hg. v. Cigaretten-Bilderdienst. Hamburg-Bahrenfeld 1941.
11 Vgl. Kimmich, Dorothee (zus. mit Anil Bhatti, Albrecht Koschorke, Rudolf Schlögl und Jürgen Wertheimer): Ähnlichkeit. In: Internationales Archiv für Sozialgeschichte der Deutschen Literatur 36/1 (2011), S. 233–247.

Jenseits der Tatsache, dass der alte Mann krank wirkt, die Sprache schlecht spricht, einsam und arm zu sein scheint, dass die Propaganda erschreckend ist, gibt es eine tiefe Verunsicherung in diesem Text, die mit der misslungenen Vereinnahmung der Dinge zu tun hat. Das Verhältnis von Dingen und Menschen scheint auf eine nicht dramatische, aber doch beunruhigende Weise in Unordnung geraten zu sein. Die Dinge funktionieren nicht mehr zuverlässig als lesbare Zeichen. Der Text macht uns besorgt und traurig, weil er ahnen lässt, dass es eben nicht nur dem alten Russen, sondern uns allen so geht. Die Erfahrung der Täuschung durch Ähnlichkeit, der Einsamkeit, die durch die Fehllektüre entsteht, weist weit über die spezifische Situation des Russen, der Zigarette und des Erzählers hinaus in eine Welt, in der Zeichen sich der – und sei es nur lebensweltlichen – Deutung verschließen. Kracauers kurze Reflexion ist ein moderner Text, weil er diese Erfahrung der Verunsicherung nicht nur als historische und soziale, sondern zugleich als eine genuin ästhetische markiert. Die Verweigerung der Lesbarkeit verweist auf die Fremdheit dessen, was man als Natur oder als die Bereiche des Nichtlebendigen beschreibt. Die Deutungslosigkeit der Zeichen, ihre »Opazität« oder auch ihr nichtinstrumenteller Charakter werden nicht nur als soziale Phänomene in der Moderne relevant, sondern charakterisieren auch die Ästhetik der Moderne.

III. Amerikanische Schubkarren

> so much depends
> upon
> a red wheel
> barrow
> glazed with rain
> water
> beside the white
> chickens.[12]

Das Gedicht stellt eine Behauptung auf, die dabei allerdings sofort wieder negiert wird: Absolut nichts hängt von einer roten Schubkarre ab, die bei den weißen Hühnern steht und nass ist vom Regen. Kaum etwas dürfte weniger interessieren als Schubkarren, Hühner und Regenwasser. Der Versuch, dieser Schubkarre eine tiefere Bedeutung, einen höhe-

---

12 Williams, William Carlos: Gedichte. Ausgewählt von Raoul Schrott u. a. München 1999, S. 82 f.: »So viel hängt ab / Von einer roten Schubkarre / Glänzend von Regenwasser / Bei den weißen Hühnern«.

ren Sinn oder eine symbolische Dimension zu verleihen, ist nicht vielversprechend.

Darüber hinaus thematisiert das Gedicht in einem ganz anderen und – anders als bei Kracauer – vollkommen von politischen und gesellschaftlichen Kontexten abgelösten Rahmen die Frustration, die Deutungslosigkeit auslöst; und zugleich den Charme, den diese ausmacht. Hier gibt es keinen kranken Flüchtling zu bedauern, der sich durch die Entfremdung von den Dingen in der Welt nicht mehr zurechtfindet. Wir können uns höchstens als Literaturwissenschaftler selbst bemitleiden, weil wir an einem solchen Gedicht genauso abgleiten wie die Regentropfen am Schubkarren. Die Erfahrung der Undurchdringlichkeit, der Opazität der Dinge, der glitschigen Oberflächlichkeit wird zum Bild für die Undurchdringlichkeit des Textes. Damit ist die Deutungslosigkeit zwar sozial und politisch entschärft, aber zugleich radikal ins Ästhetische gewendet.

Die rote Schubkarre ist kein Einzelfall. In literarischen Texten der Moderne – aber auch in Filmen und in Essays – wimmelt es von Dingen, die einfach nichts bedeuten oder genauer, die *nicht* bedeuten. Das heißt nicht, dass es unmöglich wäre, diesen Dingen eine symbolische Qualität zuzuschreiben. Aber tiefsinnige Interpretationen wirken eben angesichts der Bedeutungslosigkeit der Dinge, ihrer alltäglichen Banalität, ihrer Vielzahl und Kontingenz fehl am Platze. Die Dinge sind dabei – und zwar gerade deswegen – ein zentraler Bestandteil moderner Poetologie; einer Poetologie, die den Anspruch erhebt, gerade in der Deutungslosigkeit, in der Unmöglichkeit einer Aneignung des beunruhigend Fremden Kommentar und Theorie der eigenen Kultur zu sein. Es handelt sich dabei gerade nicht nur um Erfahrungen des Exils, sondern auch um andere Formen der Fremderfahrung, so etwa den Aufenthalt eines jungen Dänen in Paris, Malte Laurids Brigge, der sich in der Kulturhauptstadt Europas wähnt, also mitten im Zentrum, und doch einsehen muss, dass er, selbst marginalisiert, nur mit Marginalem umgehen kann. Diese Erfahrung, die ihn in eine tiefe Krise führt, zeitigt aber zugleich auf eine paradoxe Weise auch einen neuen Zugang zur Welt; und es wird dabei bereits angedeutet, dass sich in der daraus gewonnenen Haltung ein neuer Humanismus bzw. eine neue Interpretation des herkömmlichen Humanismus abzeichnet.[13]

Besonders einschlägig sind hier die Texte von Rainer Maria Rilke; wobei nicht nur die sogenannten »Dinggedichte« zu nennen sind, sondern vor allem auch die »Aufzeichnungen des Malte Laurids Brigge«. Malte verliert gerade in Momenten allerhöchster Aufmerksamkeit die

---

13 Vgl. dazu untenstehend die Bemerkungen zu Francis Ponge.

Kontrolle über sich und gerade weil er auf eine nicht-intentionale Weise sehen lernt, sieht er mehr als alle anderen.

> Ich lerne sehen. Ich weiß nicht, woran es liegt, es geht alles tiefer in mich ein und bleibt nicht an der Stelle stehen, wo es sonst immer zu Ende war. Ich habe ein Inneres, von dem ich nicht wußte. Alles geht jetzt dorthin. Ich weiß nicht, was dort geschieht.[14]

Es gelingt ihm in diesem Zustand, die Grenzen zwischen Lebendigem und Totem, zwischen Menschen und Dingen zu berühren, und so zeigen ihm auch die Dinge, die sonst für leblos gehalten werden, ihr Gesicht. Malte erkennt plötzlich, »wie verwirrend der Umgang mit den Menschen auf die Dinge« gewirkt haben muss. Die Dinge sehen sich die menschliche Unordnung und den Lärm

> schon seit Jahrhunderten an. Es ist kein Wunder, wenn sie verdorben sind, wenn sie den Geschmack verlieren an ihrem natürlichen, stillen Zweck und das Dasein so ausnützen möchten, wie sie es rings um sich ausgenutzt sehen. Sie machen Versuche, sich ihren Anwendungen zu entziehen, sie werden unlustig und nachlässig [...].[15]

Sie entziehen sich aktiv nicht nur ihrer Gebrauchsform, sondern damit eben auch jedem Verständnis. Allerdings eröffnet gerade dies offenbar ein anderes Register des Umgangs mit den Dingen: Die Entfremdung ist die Bedingung für eine angemessene Form der Kommunikation. Nicht nur Alltagsdinge, sondern vor allem Dinge auf Gemälden kann Malte jetzt erkennen: »Wie begreif ich jetzt die wunderlichen Bilder, darinnen Dinge von beschränkten und regelmäßigen Gebrauchen sich ausspannen und sich lüstern und neugierig aneinander versuchen, zuckend in der ungefähren Unzucht der Zerstreuung.«[16] Brueghel, Cézanne, Flaubert und Baudelaire waren diejenigen Künstler, die sich den Dingen ausgeliefert haben: willenlos, furchtlos, ohne Ekel und ohne Ziel. Sie werden die Vorbilder der modernen Kunst und Literatur.

Die Dinge in ihrer Verweigerung des Bedeutens als bedeutsam für eine Kulturtheorie, Kulturgeschichte und auch für die Literaturgeschichte der Moderne zu erkennen, war bis zur kulturwissenschaftlichen Wende der Philologien nahezu unmöglich. Erst der anthropologisch inspirierte Blick, der sich in den letzten Jahrzehnten langsam entwickelte, hat eine Beobachtung und »Sammlung« dieser Dinge er-

---

14 Rilke, Rainer Maria: Die Aufzeichnungen des Malte Laurids Brigge. In: Ders.: Sämtliche Werke. Bd. 6: Malte Laurids Brigge, Prosa 1906–1926. Frankfurt a. M. 1966, S. 707–946; hier: S. 710.
15 Ebd., S. 756.
16 Ebd., S. 877 f.

möglicht. So entdecken wir eine Dimension der Moderne, einen »undercurrent« moderner Literatur und Kultur, den methodische Verfahren der »Aneignung« notwendig übersehen müssen.

Dinge, die nicht bedeuten, sind nicht exotisch, sondern fremd. Sie sind fremd im Sinne von Georg Simmels Fremdem, »der heute kommt und morgen bleibt«.[17] Dinge, die nicht bedeuten, gehören zu einem spezifisch Fremden, das modernen Gesellschaften »eigen« ist. Erst kulturwissenschaftliche, ethnologisch informierte Arbeitsweisen lassen dies erkennbar werden. Diese Dinge sind also ein Kommentar zur Kulturgeschichte – im Sinne der Erfahrung des Exils –, wie das erste Beispiel von Siegfried Kracauer zeigen sollte; sie sind ein Kommentar zur Literaturgeschichte – im Sinne einer Ästhetik der Verfremdung –, wie das zweite Beispiel gezeigt hat und sie sind ein Kommentar zur Geschichte der Hermeneutik – im Sinne einer Kritik der aneignenden Interpretation.

Deutlich wird, dass es sich nicht eigentlich um Dinge in der Fremde handelt, auch nicht um Dinge, die im exotischen Sinne fremd und unbekannt sind. Fremde Dinge sind nicht genuin Dinge, die aus einer anderen, »fremden« Kultur stammen, wie man am Beispiel der Zigarette gesehen hat. In Rilkes Werken geht es ebenfalls um Bleistifte und Dosen, die nicht exotisch sind, aber fremd werden. Es sind nicht notwendigerweise Gegenstände, deren Bezeichnung oder Funktion man nicht kennt. Vielmehr sind damit meist Dinge gemeint, die Befremden auslösen und zwar Befremden sowohl bei denjenigen, die mit diesen Dingen konfrontiert werden, als auch beim Leser. Nicht selten wird dabei das größte Befremden gerade von denjenigen Dingen provoziert, die am besten bekannt erscheinen, oder auch von eigentlich ganz unscheinbaren Dingen, die gar nicht als Dinge auffallen und eine Art Schattendasein im Schutze ihrer Funktionen führen. Sie werden ausgegrenzt und bestaunt oder assimiliert, verkauft, verloren, weggeworfen oder einfach verbraucht und verraucht.

Im Falle der Zigarette und der Schubkarre muss man die symbolische und die zeichenhafte Dimension der Dinge im Text suspendieren, ohne sie aber zu eliminieren, denn das Besondere dieser Texte liegt ja gerade darin, dass der Verlust noch als solcher spürbar ist. Das Bedürfnis nach einer aneignenden Deutung ist in keiner Person besser repräsentiert als in dem armen humpelnden Emigranten, einem obdachlos gewordenen Hermeneuten, der aus einer untergegangenen Welt stammt. Dieser Verlust ist allerdings – selbstverständlich – ambivalent.

---

17 Simmel, Georg: Exkurs über den Fremden. In: Ders.: Soziologie. Untersuchung über die Formen der Vergesellschaftung. Berlin 1908, S. 764–790; hier: S. 764.

Schließlich geht mit dem Verlust der alltäglichen Sicherheit oft auch ein Gewinn einher. Dies ist bei jeder Reise selbstverständlich, bei der Erfahrung von erzwungenem Exil allerdings eher überraschend: Daher gilt es, diese Position von Siegfried Kracauer besonders genau zu analysieren. Tatsächlich hängt es bei Kracauer auch mit einer besonderen Erfahrung von Dingen und ihrer Fremdheit zusammen. Kracauer entwickelt aus dieser Einsicht seine Geschichtsphilosophie; um dies zeigen zu können, verlangt das Argument aber wieder einen Umweg über die Ästhetik und die Kunst.

Die Vermutung liegt nahe, dass es eine hedonistische Komponente gibt, die mit dieser Verunsicherung verbunden ist. Genau dann, wenn sich die Dinge der Zeichenfunktion, dem Begriff oder sogar ganz konkret dem Begreifen bzw. Anfassen entziehen, scheint sich eine neue Dimension im Verhältnis zwischen Dingen und Menschen aufzutun, die ebenfalls auf einer Erfahrung von Fremdheit beruht, aber nicht den Verlust konnotiert, sondern Genuss und schließlich auch Erkenntnis. Die sinnliche Freude, die einem gerade die Dinge bereiten, die sich im Moment der größten Gewissheit, nämlich des haptischen Kontakts, der Berührung, ja im eigentlichen Sinne beim Begreifen, entziehen, hat Francis Ponge in seinem großartigen Buch über die Seife beschrieben. Die Frage des Erkenntnisgewinns bearbeitet Kracauer in seinem letzten Buch.

IV. Französische Seifen

Der französische Dichter Francis Ponge hat einem ganz besonderen Ding, der Seife, ein ganzes Buch gewidmet. Der Beginn dieses ungewöhnlichen Textes ist auf April 1942 datiert. Auch alle anderen Einträge, Reflexionen, Abschnitte und Kurztexte tragen Datums- und Ortsangaben, es ist ein »Seifentagebuch«. Aus dem Jahr 1946 stammt die letzte Eintragung und reflektiert auf die seifenlose Zeit, auf die Flucht vor den Nazis, den Faschismus und den Widerstand. Nicht nur die Seife selbst, nicht nur das allmähliche Verschwinden der Seife beim Händewaschen, sondern auch das gänzliche Fehlen der Seife wird zum Moment der Reflexion. Die Seife ist ein alltäglich vorhandener Gegenstand, der hauptsächlich dann auf sich aufmerksam macht, wenn er fehlt, z.B. im Krieg, auf der Flucht, im Widerstand. Dann, so beweist ein Text, der als Anhang zu den Seifenstücken abgedruckt ist, wird die Beschäftigung mit der Seife noch einmal ganz neu zu betrachten sein:

> Wenn es ausnahmsweise passiert, dass es uns an solchen Gegenständen mangelt, sie »nicht zu finden« sind, erfüllt uns alsbald ein Gefühl der Überraschung und Enttäuschung, das uns irgendwie aus dem Gleichgewicht bringt ... Ihre Kostbarkeit wird uns deutlich, ihr Wert offenbart sich uns.[18]

Diese Sicht der Dinge, die durch Mangel und Enttäuschung entstehen kann, kann auch anders hervorgerufen werden: »[E]s kann zum Beispiel geschehen, dass ein Dichter in dieser Weise einen beliebigen Gegenstand sieht: das Brot, die Kerze, ein Stück Fleisch, ein Stück Seife.«[19]

Meistens, so vermutet Ponge, werde man ein solches Sehen unangepasst finden inmitten einer leichten, automatischen, gewöhnlichen, gängigen Welt. Vielleicht, so schlägt er vor, könnte solches Sehen aber auch nützlich sein: »Zumindest kann man sie bereits als nützliche Wegbereiter für eine gewisse »Realität« der Welt betrachten, die gelegentlich schwieriger, interessanter, beglückender werden kann, als sie sich gewöhnlich gibt.«[20] Glück und Verlust liegen auf eine irritierende Weise ganz nahe beieinander oder bedingen sich sogar.

Die Form der Seife, ihr Geruch, ihre Konsistenz, ihre Temperatur erschließt sich der Hand, die sanft um sie gleitet und sie erforscht. Zugleich ist es aber auch die Hand, die die Form ständig verändert, den Schaum auslöst und die Seife am Ende in Nichts auflöst. Die Grenze zwischen der Hand und der Seife, der Ort der Empfindung, der Übergang von Subjekt zu Objekt wird diffus. Dinge und Empfindungen stehen nicht in einem eindeutig kausalen Verhältnis, genauso wenig wie Dinge und Namen in einem eindeutigen Verhältnis der Bezeichnung stehen.[21]

Ponges phänomenologische Dingprosa ist zugleich Dichtung *und* Sprachkritik. Seine Ode an den Schlamm etwa, *La boue*, bleibt programmatisch unvollendet:

> [...] [S]o geb ich ihm gern seine Chance und will ihn nicht allzu sehr ins Wort verwandeln. Denn er ist den Gestaltungen feindlich gesinnt und behauptet seinen Platz auf der Grenze zum Gestaltlosen. [...] Und so vermöchte ich denn zu seinem Ruhm [...] nichts anderes schreiben als eine Ode, die in aller Sorgfalt unvollendet bleibt [...].[22]

---

18 Ponge, Francis: Die Seife [1967]. Frankfurt a. M. 1993, S. 103.
19 Ebd., S. 104.
20 Ebd., S. 104 f.
21 Vgl. Sartre, Jean-Paul: Nachwort. Der Mensch und die Dinge. In: Francis Ponge: Im Namen der Dinge. Frankfurt a. M. 1973, S. 101–149.
22 Ponge, Francis: Ausgewählte Werke. Stücke, Methoden. Frankfurt a. M. 1968, S. 77.

Die Verwandlung des Schlamms, der Urform der Materie, des Lehms, aus dem Gott und Prometheus den Menschen formen, wird abgebrochen, kurz bevor daraus ein Ding werden könnte, das man dann mit einem Namen versehen müsste. Der Dichter ehrt den Schlamm als solchen, indem er ihn nicht in Form und auf den Begriff bringt.

Für Sartre ist Ponge einer der vielen modernen Dichter, deren »literarische Berufung durch einen außergewöhnlichen Kampf gegen die Sprache gekennzeichnet ist«.[23] *L'Homme et les choses* (1944), so heißt sein langer Essay über Ponge. Der Text hat nicht nur Ponge bekannt gemacht, sondern wohl auch Foucault zu seinem Titel *Les mots et les choses* inspiriert. Ponge habe, so Sartre, mit vielen Schriftstellern und Malern seiner Zeit gemein, dass sie sich erhoffen, »daß das von ihnen Geschaffene ein *Ding* würde«.[24] »In der Welt Ponges spielt sich alles so ab, als bemächtige sich eine subtile Materialisation hinterrücks der Bedeutungsinhalte selbst, oder vielmehr, als ›stockten‹ die Dinge und Gedanken, wie man es bei Sahne nennt.«[25] Sartre attestiert Ponge, dass es ein »ehrgeiziges« Unterfangen sei, »die Natur ohne den Menschen zu überraschen«.[26]

Möglicherweise hat Sartre Ponge gar nicht ganz verstanden, denn zu Ponges Konzept gehört es weniger, Dinge zu schaffen, als Menschen abzuschaffen, oder besser: das spezifische Verhältnis von Dingen und Menschen neu zu ordnen, indem die Menschen etwas weniger Menschen und die Dinge etwas weniger Dinge sind, beides – und vor allem ihr Verhältnis – bleibt in der Schwebe. Ponge selbst drückt es so aus:

> »Der beste Teil, den man wählen kann, ist also, alle Dinge als unbekannt anzusehen, spazierenzugehen und sich entweder unter Bäumen oder auf dem Gras auszustrecken und alles noch einmal von vorn zu beginnen.«[27]

Noch einmal von vorne beginnen heißt eben auch, ein neues, ein anderes Leben zu beginnen, ein anderer, ein sich selbst Fremder zu werden. Bei Ponge spürt man die Lust an dem immer wieder möglichen Anfang, den es nur um den Preis des Verlustes, des Kriegs oder auch der Emigration aus einem Land, einem Leben, sogar einem Ich gibt: »Was mich betrifft, so möchte ich betonen, dass ich anders bin und dass ich außer all den Eigenschaften, die ich mit der Ratte, dem Löwen und dem Netz

---

23 Sartre: Der Mensch und die Dinge (s. Anm. 21), S. 103.
24 Ebd., S. 108.
25 Ebd., S. 122.
26 Ebd., S. 112.
27 Ponge, Francis: Introduction au Galet (1933). In: Ders.: Œuvres Complètes. Hg. v. Bernhard Beugnot. Band 1. Paris 1999, S. 204 (Übersetzung D. K.).

gemein habe, auch die des Diamanten beanspruche [...]«.²⁸ So gelingt es ihm, die melancholischen und zugleich hedonistischen Aspekte der bedeutungslosen Dinge zu erfassen – im wahrsten Sinne des Wortes –, und zwar ohne sie auf den Begriff zu bringen. Dieser Hedonismus ist allerdings nicht mit einem Ästhetizismus zu verwechseln.

> Wenn ich mir die Hände damit einreibe, schäumt die Seife, jubelt sie ...
> Je mehr sie die Hände willfährig macht, schmiegsam, glatt, weich, desto mehr schäumt sie, desto üppiger schäumt sie perlmuttglänzend auf ...
> Ein Zauberstein!
> Desto schneller bildet sie mit Luft und Wasser
> Explosive Trauben duftender Beeren ...
> Luft, Wasser und Seife
> Greifen übereinander, springen
> Bock, gehen Verbindungen ein, weniger chemisch als
> physikalisch, turnerisch, akrobatisch ...
> Rhetorisch?²⁹

Die Geschichte von der Seife hat einen Anfang und ein Ende: »Über die Seife läßt sich viel sagen. Buchstäblich alles, was sie von sich selber berichtet, bis zu ihrem völligen Verschwinden, bis zur Erschöpfung des Themas. Genau dieser Gegenstand ist mir recht.«³⁰ Der Text ist formal eine Art Tagebuch und enthält unregelmäßige Eintragungen; die letzte ist datiert auf das Jahr 1946 und diskutiert, wie bereits erwähnt, die Seifenlosigkeit während der Flucht vor den Nazis und dem Faschismus. Das mag man seltsam finden, gibt es doch sicher von Flucht und Faschismus anderes zu berichten, als das Fehlen der Seife; und doch ist die Geschichte von der Seife, von ihrem Fehlen, von der Freude am Geruch, an der Sauberkeit, daran, sich selbst zu spüren und zu mögen so eindringlich in die Schrecken von Krieg, Flucht und Emigration eingeschrieben, dass die Geschichte von der Seife nicht zynisch ist, sondern anrührend.

Dabei – und das wird bei Ponge so deutlich wie bei Kracauer – handelt es sich nicht nur um den ästhetischen Aspekt der Verfremdung, die die Welt aus einer anderen Perspektive zeigt. Die eigentliche Frage ist die nach den sozialen, vielleicht politischen und philosophischen Implikationen: »[...] [J]e me fais tirer, par les objets, hors du vieil humanisme, hors de l'homme actuel et en avant de lui.«³¹ Ponge will sich

---

28 Ebd., S. 202 (Übersetzung D. K.).
29 Ponge: Die Seife (s. Anm. 18), S. 15.
30 Ebd.
31 Ponge, Francis: My creative Method. In: Ders.: Œuvres Complètes (s. Anm. 27), S. 536.

»mit Hilfe der Objekte« aus einem veralteten Humanismus befreien und einen neuen anvisieren, den er mit den fremd-vertrauten Dingen teilen kann.

V. Schluss: Vom Leben mit Zigaretten, Schubkarren und Seifen

Spätestens hier wird deutlich, dass die Befremdung angesichts der fremden Dinge eben nicht notwendigerweise nur ein Gefühl der Entfremdung hinterlässt. Ganz im Gegenteil tut sich hier ein Feld auf, in dem die Idee von »Entfremdung« nicht den marxistischen Vorgaben einer Kritik an der kapitalistischen Warenwelt folgt, sondern vielmehr einem weit weniger beachteten und doch bemerkenswerten Konzept der »Begegnung« von Menschen und Dingen entspricht. Man kann in diesem Zusammenhang neben Siegfried Kracauer und Georg Simmel auch Helmuth Plessner erwähnen, selbstverständlich aber auch Bertolt Brecht und natürlich Bruno Latour. »Menschlichem Tun«, so Plessner,

> ist es eigentümlich, Produkte hervorzubringen, die seiner Verfügungsgewalt entgleiten und sich gegen sie wenden. Diese Emanzipationskraft unserer Taten [...] darf nicht so verstanden werden, dass sie die Verwirklichung unserer Absichten vereitle. Im Gegenteil, sie ermöglicht sie gerade und entfaltet erst aufgrund des realisierten Produktes ihre von der Absicht nicht vorhergesehene Wirkung.[32]

Fast identisch formuliert einige Jahre später Bruno Latour: »Nous pouvons produire des êtres légèrement autonomes qui nous dépassent quelque peu.«[33] Wie bei Plessner handelt es sich bei Latour dabei auch keineswegs um einen Mangel an Beherrschung der Dinge oder um einen Mangel an Abgrenzung gegenüber den Dingen, der schließlich dann zu einer fatalen Verkehrung der Welt, das heißt zu einer Verdinglichung des Menschen und einer Remythisierung der Geschichte im Sinne einer Dialektik der Aufklärung führen würde. Im Gegenteil ist die Erkenntnis, dass man nie der alleinige Autor seiner Lebensgeschichte ist, nicht notwendigerweise eine Katastrophe.[34] Sogar ein im Großen und Ganzen nicht entfremdetes Leben ist nicht Resultat von autonom gefällten Entscheidungen, beruht weder auf einer vollständi-

---

32 Plessner, Helmuth: Das Problem der Öffentlichkeit und die Idee der Entfremdung (1960). In: Ders.: Gesammelte Schriften X. Frankfurt a. M. 2003, S. 212–226; hier: S. 220f.
33 Latour, Bruno: Petite réflexion sur le culte moderne des dieux Faitiches. Paris 1996, S. 67.
34 Vgl. Jaeggi, Rahel: Entfremdung. Frankfurt a. M. 2005, S. 84.

gen Beherrschung der eigenen Person noch auf der Beherrschung von Natur und Gegenstandswelt. Ein gewisser Grad an Eigendynamik und Nichtbeherrschung, die Tatsache, dass man von Ereignissen affiziert ist und sie nicht lenkt, dass man mit den Dingen und Menschen lebt, ohne sie ganz zu kennen und sogar ohne sie ganz benennen und begreifen zu können, ist schließlich genau die Erfahrung, die uns die Kunst beschert.

> In der ästhetischen Wahrnehmung [...] ereignet sich eine Affirmation des begrifflich und praktisch Unbestimmbaren; sie leistet [...] eine sensitive Betrachtung dessen, was in den Dingen unbestimmbar ist. Sie ist darauf aus, ihre Gegenstände so zu belassen, nicht wie sie unter diesem oder jenem Aspekt sind, sondern wie sie unseren Sinnen jeweils hier und jetzt erscheinen.[35]

Damit beschreibt Martin Seel in phänomenologischer Diktion ziemlich genau das, was Francis Ponge meinte, wenn er den Lesern einen Spaziergang empfahl und einen Tagtraum unter einem Baum, sodass man am Ende noch einmal von vorne anfangen kann.

Für Kracauer schließlich ist die Frage nach den Dingen und ihrer spezifischen Fremdheit, ihrer spezifischen Unbestimmbarkeit als physischer Realität auch eine Frage wissenschaftlicher Methodik. Sie zielt auf das Problem, wie man Geschichte schreiben bzw. wie man sie verstehen könne und ist letztlich die Frage nach einer nichtidealistischen, aber eben auch nichtmarxistischen, modernen, materialistischen Geschichtsphilosophie. Der Historiker kann und soll nirgends zu Hause sein, sondern vielmehr die Fremde als Voraussetzung seiner Arbeit verstehen lernen: »Nur in diesem Zustand der Selbstauslöschung oder Heimatlosigkeit kann der Historiker mit dem Material, das ihm am Herzen liegt, vertraulich verkehren.«[36] Der Historiker, so Kracauer in »Geschichte – Vor den letzten Dingen«, lebt im »fast vollkommenen Vakuum der Exterritorialität«, dem »wahren Niemandsland«.[37] Das gesamte IV. Kapitel seiner Einleitung besteht aus einer Reflexion auf Exil, Fremdheit, die Position des Historikers und die Frage nach der Objektivität. Er rekurriert dabei auf Theorien der historischen Objektivität von Ranke und zugleich auf die Definitionen des Fremden durch Alfred Schütz und andere.[38] Selbstvertilgung, »Self-effacement« als Exterritorialität gedacht, ist die Bedingung für die Kommunikation mit dem »Material«. Letztlich ist hier die Geschichte vom russischen Emigran-

---
35 Seel, Martin: Ästhetik des Erscheinens. München 2000, S. 38.
36 Kracauer, Siegfried: Geschichte – Vor den letzten Dingen. In: Ders.: Schriften 4. Hg. von Ingrid Belke. Frankfurt a. M. 2009, S. 96.
37 Ebd., S. 95.
38 Vgl. ebd., S. 92–116.

ten noch einmal präsent; allerdings als Kontrafaktur: Die Heimatlosigkeit muss nicht notwendigerweise der Anlass zu melancholischen Fehldeutungen sein; im Gegenteil kann sie die Voraussetzung dafür sein, die – z. T. trügerischen – Ähnlichkeiten zu erkennen und damit die methodische Grundlage historischen Arbeitens bieten.

Das heißt, dass die genuine, professionelle – und wohl auch – existenzielle Fremdheit des Historikers eine Bedingung dafür ist, dass man den fremden Dingen mit einem gewissen Befremden begegnen kann. Kracauer betont ausdrücklich, dass es bestimmte Wissensformen gibt, die man nur als Exilant angemessen erfassen und einschätzen könne.

> »In diesem Sinn zu warten kommt einer Art aktiver Passivität seitens des Historikers gleich. [...] [S]ich treiben lassen und die verschiedenen Botschaften, die zu ihm dringen, mit allen angespannten Sinnen aufnehmen [...]«,[39]

ist die Voraussetzung. Der Historiker ist affiziert von den Ereignissen, Quellen, Dokumenten, Bildern und Dingen seiner Forschung und muss das akzeptieren und damit umgehen.

Erstaunlich bleibt die irisierende Ambivalenz, die neben der Trauer im Exil, neben dem Verlust von Heimat und von Sicherheit, neben der Angst vor dem Fremden allen hier angeführten Texten eine Lust an der ästhetischen Verfremdung, einen Stolz auf die spezifische Erkenntnis, die im fremden Blick liegt, und zuletzt vor allem eine wirklich überraschende Hoffnung auf einen neuen Humanismus einschreibt. Es ist ein »Humanismus« in Klammern, der sich gerade nicht gegen Verdinglichung und Entfremdung wendet, sondern ganz im Gegenteil dazu einlädt, sich selbst ein wenig fremd zu werden und dafür den Dingen ein wenig näher zu rücken.

---

39 Ebd., S. 97.

Robert Krause

»Dinge, die ihren Zusammenhang verloren hatten wie wir«
Hans Sahls und Ruth Tassonis Erinnerungen an die »anonyme Geschichte« des Exils

»Um die Atmosphäre zu studieren, die Umwelt, in der die Emigranten lebten«, empfiehlt Hans Sahl (1902–1993), »den schmalen Weg längs des Hudson River« aufzusuchen:

> Da standen wir und starrten über die niedrige Böschung hinunter auf die in der Strömung vorbeitreibenden Überbleibsel eines Tages, auf die Dinge, die ihren Zusammenhang verloren hatten wie wir und die weitertrieben, irgendwohin, an das Ende aller Flüsse – ein Büstenhalter, ein Schuh, ein Hut, ein Präservativ.[1]

In dieser Passage aus seinen Memoiren vergleicht Hans Sahl sich und die anderen New Yorker Emigranten mit verlorenen Alltagsgegenständen und Abfällen der Metropole, die vom Fluss davongeschwemmt werden. Aufgerufen sind damit existenzielle Kontingenzerfahrungen, die über die Erwähnung und Schilderung unauffälliger Dinge artikuliert werden.

Schon diese erste Beobachtung lässt das Bedeutungsspektrum erahnen, das alltägliche Gegenstände für das Exil und seine Darstellung besitzen. Um sie als Dinge des Exils dechiffrieren zu können, bedarf es jedoch einer kultur- und literaturwissenschaftlich fundierten Analyse.[2] Für eine solche Lektüre der Dinge, um die Sahls Erinnerungen häufig kreisen,[3] bietet sich auch die Autobiografie von Ruth Tassoni (1908–

---

1 Sahl, Hans: Das Exil im Exil. Memoiren eines Moralisten II. Frankfurt a.M. 1991, S. 130. Zitate aus dieser Ausgabe werden im Folgenden mit der Sigle »EiE« und der Seitenangabe direkt im Fließtext nachgewiesen.
2 Dass Emigranten vielfach »in ihren Erinnerungen die Wohnungen, die Möbel, die Gegenstände, die sie zurücklassen mussten, fast ebenso liebevoll wie die Mitglieder ihrer Familie [beschreiben]«, ist nach Auffassung des Kulturwissenschaftlers Joachim Schlör »ein Thema für die Literaturwissenschaft« und »bedarf der Interpretation« (Schlör, Joachim: Dinge der Emigration. Eine Projektskizze. In: Exilforschung 23 [2005]: Autobiografie und wissenschaftliche Biografik, S. 222–238; hier: S. 226 und S. 233).
3 Zur Bedeutung von »Gedächtnis und Erinnerung« für eine »Analyse der ›Dinge der Emigration‹« vgl. ebd., S. 226.

1994) an, in der ähnliche Verfahren der Verschiebung und Verdichtung, ähnliche Metaphern und Metonymien zu beobachten sind. Aus methodisch-systematischen und historischen Gründen erläutert mein Beitrag zuerst kurz, was »anonyme Geschichte« nach Sigfried Giedion (1888– 1968) meint und wie diese in unscheinbaren Dingen beobachtbar und greifbar wird (I). Danach widmet er sich der wenig bekannten Emigrantin Tassoni (geb. Domiono), die als Jüdin zur Flucht gezwungen wurde, Erzählungen auf Deutsch und Englisch veröffentlichte und deren *Autobiographische Splitter* bereits motivisch auf die Dingthematik verweisen (II).[4] Zu veranschaulichen und zu konkretisieren ist der Zusammenhang zwischen »anonymer Geschichte« und den Dingen in einem dritten und letzten Teil mit Blick auf Hans Sahls sogenannte »Ikonographie des Exils« (III). Dabei soll sowohl der besondere Status der Dinge im Exil als auch ihre Relevanz im Kontext autobiografischen Schreibens deutlich werden. Von »alltäglichen Dingen zu reden heißt, unfreiwillig von sich selbst zu reden«, konstatiert Hartmut Böhme.[5] Da Autobiografen allerdings gerade freiwillig von sich selbst und häufig auch von ihrem Alltag erzählen, dürfte in ihren Lebensberichten den alltäglichen Dingen eine herausragende Bedeutung zukommen.

I. Rettung der »unscheinbaren Dinge«. Sigfried Giedions »Beitrag zur anonymen Geschichte«

»Auch in einem Kaffeelöffel spiegelt sich die Sonne«, bemerkt Sigfried Giedion,[6] der selbst 1938 aus der Schweiz in die USA auswanderte, wo er als Professor an der Harvard University seine architekturtheoretischen, kunst- und kulturgeschichtlichen Studien fortsetzte und weiterentwickelte.[7] Besonders aufschlussreich für die Frage nach den Dingen

---

4 Tassoni, Ruth: Lichtpunkte. Autobiographische Splitter. Zürich 1990. Im Folgenden zitiert mit der Sigle »LpAS« samt Seitenangabe. Zu Tassonis Exil und Akkulturation vgl. die Studie des Verfassers: Krause, Robert: Lebensgeschichten aus der Fremde. Autobiografien deutschsprachiger emigrierter SchriftstellerInnen als Beispiele literarischer Akkulturation nach 1933. München 2010. Die Erinnerungsproblematik bei Ruth Tassoni analysiert in vergleichender Perspektive Gunhild Schneider: Ruth Tassoni und Elias Canetti. Sprachen der Erinnerung. In: Bernd Thum und Thomas Keller (Hg.): Interkulturelle Lebensläufe. Tübingen 1998, S. 297–313.
5 Böhme, Hartmut: Fetischismus und Kultur. Eine andere Theorie der Moderne. Reinbek bei Hamburg 2006, S. 57.
6 Giedion, Sigfried: Die Herrschaft der Mechanisierung. Ein Beitrag zur anonymen Geschichte [1948]. Hg. v. Henning Ritter. Mit einem Nachwort v. Stanislaus von Moos. Hamburg 1987, S. 19.
7 Vgl. Georgiadis, Sokratis: Sigfried Giedion. Eine intellektuelle Biographie. Zürich 1989.

ist sein 1948 veröffentlichtes Werk *Mechanization takes command* (dt.: *Die Herrschaft der Mechanisierung*). Denn in diesem *Beitrag zur anonymen Geschichte*, so der Untertitel der deutschen Ausgabe, relativiert Giedion die Bedeutung der »Größe des Gegenstandes« und führt den reflektierenden »Kaffeelöffel« als ästhetisches Beispiel dafür an.[8]

Wie dieser Löffel sind die von Giedion untersuchten Gegenstände »äußerlich bescheidene Dinge«.[9] In Schlüsseln und Schlössern, Kaffeemaschinen und sonstigen Küchengeräten, Salonmöbeln und Sanitäreinrichtungen, Fließbändern und anderem mehr erkennt Giedion Spuren der anvisierten »anonymen Geschichte«. Als historiografisches Konzept schließt sie sowohl an die »Kunstgeschichte ohne Namen« seines Doktorvaters Heinrich Wölfflin als auch an Giedions eigene Darstellungen der anonymen Bautradition an,[10] verschiebt jedoch den Fokus auf einen anderen Gegenstandsbereich: *Die Herrschaft der Mechanisierung* rekonstruiert die »anonyme Entwicklungsgeschichte der alltäglichen Gerätschaften jenseits einer Geschichtsschreibung der grossen [sic] Erfindernamen«.[11] Auch ist die Studie geschichtsphilosophisch fundiert, wie vor allem die Einleitung zeigt: Geschichte, so argumentiert Giedion dort, sei nie »in ihrer Ganzheit zu fassen, sondern enthüllt sich nur in Bruchstücken, entsprechend dem jeweiligen Standpunkt des Beobachters«.[12] Für einen derartigen Perspektivismus sind Kunst- und Bauwerke keine privilegierten Quellen mehr: »Einmal werden große Historienbilder gemalt und ein andermal genügen Fragmente von Dingen des Alltags, um den Gefühlsinhalt einer Epoche mitzuteilen«, so Giedion.[13] Alltägliche Dinge bedeuten etwas, als epochale Medien bieten sie eine unverzichtbare Orientierung und bedürfen entsprechender Beachtung: »Eine Zeit, die das Gedächtnis für die Dinge, die ihr Leben formen, verloren hat, weiß nicht, wo sie steht, und noch weniger, was sie will«, urteilt Giedion apodiktisch.[14] Um die Dinge für das kollektive und kulturelle Gedächtnis zu retten, formuliert er folgendes Arbeitsprogramm:

---

8 Giedion: Die Herrschaft der Mechanisierung (s. Anm. 6), S. 19.
9 Ebd., S. 19 f.
10 Vgl. dazu Moos, Stanislaus von: Nachwort. In: Giedion: Die Herrschaft der Mechanisierung (s. Anm. 6), S. 769–816; hier: S. 781.
11 Harbusch, Gregor: Bestandesbeschrieb Sigfried Giedion. In: Website des gta Achivs/ETH Zürich. Dezember 2009, unter: http://www.archiv.gta.arch.ethz.ch/nachlaesse-vorlaesse/giedion-sigfried [abgerufen: 25.06.2013].
12 Giedion: Die Herrschaft der Mechanisierung (s. Anm. 6), S. 19.
13 Ebd.
14 Ebd.

> Wir fragen in erster Linie nach den Werkzeugen, die das heutige Leben geformt haben, wir wollen wissen, wie sie zustande gekommen sind und wie der Wachstumsprozeß vor sich ging. Es sind äußerlich bescheidene Dinge, um die es hier geht, Dinge, die gewöhnlich nicht ernstgenommen werden, jedenfalls nicht in historischer Beziehung.[15]

Giedion versteht diese »Werkzeuge und Gegenstände« als »Ausdruck grundsätzlicher Einstellungen zur Welt«, die bei unvoreingenommener historisierender Betrachtung hervortreten:

> Für den Historiker gibt es keine banalen Dinge. [...] Er hat die Objekte nicht mit den Augen des täglichen Benutzers zu sehen, sondern mit denen des Erfinders, so als wären sie gerade erst entstanden. Er benötigt die unverbrauchten Augen der Zeitgenossen, denen sie wunderbar oder erschreckend erscheinen. Gleichzeitig hat er ihre Konstellation in der Zeit und dadurch ihren Sinn zu bestimmen.[16]

Während die hier geforderte ursprüngliche Wahrnehmungsweise durchaus an zeitgenössische phänomenologische Programme erinnert,[17] lassen die dem Historiker zugewiesenen Objekte und der Konstellationsbegriff an Walter Benjamin denken, der 1929 brieflich Kontakt zu Giedion suchte.[18] Doch solchen systematischen und historischen Zusammenhängen wäre eigens nachzugehen, nicht zuletzt mit Blick auf das Verhältnis von Dingen und Technik in Giedions Mechanisierungsstudie. Für die dingorientierte Exilforschung erscheint indes sein Konzept der »anonymen Geschichte« hinreichend, nobilitiert es doch unscheinbare und konkrete Dinge als epochale Gedächtnismedien sowie alltags- und mentalitätsgeschichtliche Quellen.

---

15 Ebd.
16 Ebd., S. 20.
17 Zu denken wäre vor allem an Edmund Husserls Konzept einer phänomenologischen Reduktion und an Martin Heideggers Frage »Was ist ein Ding?« sowie sein Wachsamkeitspostulat (vgl. Heidegger, Martin: Das Ding [1950]. In: Ders.: Gesamtausgabe [= HGA]. Abt. 3, Bd. 79: Bremer und Freiburger Vorträge. Frankfurt a. M. 1994, S. 5–23; hier: S. 5). Zu Heideggers Dingverständnis und dessen Wandlungen vgl. Aum, Pil Sun: Wege zum Ding. Heideggers hermeneutische Phänomenologie des Dingseins. Marburg 2008.
18 Vgl. Walter Benjamin an Sigfried Giedion, Brief vom 15.02.1929. In: Walter Benjamin: Gesammelte Briefe. Bd. III: 1925–1930. Hg. v. Christoph Gödde und Henri Lonitz. Frankfurt a. M. 1997, S. 443 f.

II. Splitter und Schlüssel. Ruth Tassonis *Lichtpunkte*

Ruth Tassonis Autobiografie, die 1990 unter dem Titel *Lichtpunkte* im Pendo-Verlag Zürich erschien, ist fragmentarisch und beschränkt sich laut Untertitel auf *autobiographische Splitter*. Die kurzen und kaum miteinander verbundenen Kapitel folgen nur vage einer Chronologie: Diese reicht von der Berliner Kindheit im späten Kaiserreich und den Wiener Studienjahren über den Spanischen Bürgerkrieg sowie das französische und US-amerikanische Exil bis in die 1950 anbrechenden italienischen Lebensjahre und -jahrzehnte der Verfasserin. Der paratextuellen Bezeichnung aus dem Untertitel kommt eine programmatische Bedeutung zu, die im folgenden Motto näher erläutert wird: »Splitter, die sich unter die Haut setzen, muss man herausziehen; bei manchen genügt ein leichter Druck, bei anderen geht es schwerer. So ähnlich steht es mit vielen meiner Erlebnisse und Begegnungen, von denen ich nicht weiss [sic], ob sie tief und wie tief sie gegangen sind.« (LpAS, S. 9) Nachdem sie schon im Untertitel auftauchten, werden die »autobiografische[n] Splitter« durch das zitierte Motto zum ebenso anschaulichen wie eingängigen Leitmotiv von Tassonis Lebensbericht. Doch worauf gründet der Imperativ, dass Splitter möglicherweise unter Schmerzen wieder hervorgeholt werden müssen? Besteht die angesprochene Notwendigkeit darin, größere körperliche oder psychische Verwundungen bzw. Irritationen zu vermeiden? Oder gilt die Sorge der Verfasserin den »Splitter[n]« selbst, die sich nur herausgezogen und – im Sinne des Obertitels *Lichtpunkte* – bei Licht betrachtet identifizieren lassen?

Geht man ihren Spuren nach und fragt nach der Herkunft von Splittern, sind Überreste von Dingen angesprochen, die leicht brechen oder zerspringen.[19] Welche dieser fragilen Dinge »autobiographische Splitter« hinterlassen können, ist einem weiteren Paratext von Tassonis Lebensbericht, nämlich dem Inhaltsverzeichnis, zumindest ansatzweise zu entnehmen: Sechs der 24 Kapitel sind mit einem Städte- oder Ortsnamen überschrieben, weitere fünf Kapitel nehmen ihren Ausgang in Erinnerungen an Parks, Denkmäler und Treppen.[20] Dinge – und zwar Schlüssel – tauchen immerhin in zwei Kapitelüberschriften explizit

---

19 »Splitter«: »a) kleines, flaches spitzes Bruchstück bes. von einem spröden Material: ein S. aus Holz, Kunststoff, Glas« (Duden. Deutsches Universalwörterbuch, Mannheim (5. Aufl.) 2003 [CD-ROM]).

20 Vgl. die Kapitelüberschriften im Inhaltsverzeichnis (LpAS, S. 7): »Wandsbeck«, »Uelzen«, »Albacete«, »Murcia«, »Trafalgar Square« und »Park II: Green Park«; sowie »Das Grabmal«, »Vor-Orte«, »Park I«, »Die Treppe« und »Die Treppe II«; dazu Krause: Lebensgeschichten aus der Fremde (s. Anm. 4), S. 278.

auf.²¹ Sie helfen dabei, Tassonis fragmentarische Lebensgeschichte zu entschlüsseln.

»Schlüssel, Haustiere und Wahlverwandte« lautet die Überschrift von Kapitel 15 (LpAS, S. 61), die also Heterogenes, Lebloses und Lebendiges zusammenführt und dadurch erstaunen mag. Aufschluss über diese ungewohnte Aufzählung bietet Tassonis folgender Absatz:

> Beim Aufziehen der Schublade schwirren sie noch immer durcheinander wie eine Schar aufgescheuchter Küchenschaben, obwohl schon mehr als die Hälfte davon verschwunden sind – Schlüssel, die schon längst keine Türen mehr öffnen. Doch hinter jeder dieser Türen hat ein Stück Heimat gelegen – zusammen ergeben die Stückchen ein ganzes Mosaik von Heimat –, von dem ich mich schwer trennen kann. (LpAS, S. 61)

Erzählt wird, wie sich in einer Schublade »Schlüssel« finden, die aufgrund der Satzkonstruktion nicht sofort als solche zu erkennen sind, da sie zuerst mit »Küchenschaben« verglichen und erst danach explizit benannt werden. Ihre Ähnlichkeit mit den erwähnten Insekten basiert auf der ungeordneten »schwirrenden« Bewegung, zu der es »[b]eim Aufziehen der Schublade« kommt (LpAS, S. 61). Damit bestätigen die umschriebenen Schlüssel Dorothee Kimmichs These, dass »Dinge in der Moderne [...] oft lebendig oder fast lebendig oder so etwas Ähnliches wie lebendig« sind.²² Denn die kategoriale »Trennung in Lebendiges – Menschen und Tiere – und Totes – eben die Dinge«, welche Kimmich im Anschluss an Bruno Latours »symmetrische Anthropologie« konstatiert und hinterfragt,²³ wird von den kleintierähnlichen Schlüsseln Tassonis unterlaufen. Nachdem sie in der Kapitelüberschrift bereits neben Haustieren stehen, erscheinen die Schlüssel anschließend »wie [...] Küchenschaben«, die im weiteren Verlauf wiederum als »Haustiere« bezeichnet werden (LpAS, S. 62). So finden unscheinbare Dinge und Lebewesen zusammen und erweisen sich als veritable »Wahlverwandte« (LpAS, S. 61).

Bemerkenswert sind auch Tassonis Tagträume, die von den wiedergefundenen Schlüsseln ausgelöst werden. Öffneten diese früher Zimmertüren, so erschließen die nur vermeintlich funktionslos gewordenen Schlüssel nun Erinnerungen, etwa an »das alte, vierstöckige Haus [...] im New Yorker Bohèmeviertel, Greenwich Village« (LpAS, S. 61), wo Tassoni in den 1940er-Jahren wohnte:

---

21 Vgl. »Schlüssel, Haustiere und Wahlverwandte« (LpAS, S. 61) und »Schlüssel II« (LpAS, S. 105).
22 Kimmich, Dorothee: Lebendige Dinge in der Moderne. Konstanz 2011, S. 11.
23 Vgl. ebd., S. 12. Kimmich verweist hier auf Latour, Bruno: Wir sind nie modern gewesen. Versuch einer symmetrischen Anthropologie. Berlin 1995.

> Hinein in mein Zimmer – mein erstes nach Jahren Pariser Hotels und vielerlei Durchgangsstationen, die letzte in Ellis Island. Das Zimmer klein, [...] es war ein Zufluchtsort. Man schlüpfte hinein und fühlte sich sicher, wie in einer warmen Tasche – dazu Bücherregale, aufklappbarer Tisch, Stehlampe und Schlafsofa mit malerisch darübergeworfener mexikanischer Decke und dahinter ein grosses [sic] Fenster – und durch das Fenster von weitem die Wolkenkratzer Manhattans – und weit, weit dahinter, nur für mich sichtbar: Ellis Island [...]. (LpAS, S. 63 f.)

Nachdem Tassoni jahrelang nur in provisorischen oder gemeinschaftlichen Wohnverhältnissen gelebt hat, fühlt sie sich in ihrem New Yorker Zimmer »sicher«, wozu der eingangs genannte Schlüssel entscheidend beiträgt. Denn indem Schlüssel Türen öffnen und schließen, sichern sie den Benutzer, seine Privatsphäre und sein Eigentum: Was als Selbstverständlichkeit erscheinen mag, erhält im Exil mit seinen zahlreichen unsicheren Gemeinschaftsunterkünften nach Flucht und Vertreibung allzu oft eine neue Bedeutung.[24] Vor diesem Hintergrund deutet Tassoni ihr begrenztes Refugium ebenso positiv wie die dort herrschende Unordnung, die ihr zumindest retrospektiv als »malerisch« erscheint. Das Möbelarrangement und seine verklärte Wahrnehmung illustrieren, dass selbst die von Jean Baudrillard diagnostizierte »zwingende Anpassung an die Enge des Wohnraums« noch Raum für positive Stimmungen lässt.[25]

Genauer betrachtet überlagern sich in Tassonis Interieur-Schilderung zwei konträre Motive: Indem ihr beengtes Zimmer eine Aussicht auf die New Yorker Skyline bietet, ist die Schilderung dem Motiv des offenen Raums verpflichtet. Die erwähnten »Wolkenkratzer Manhattans« sind ein Topos der New York-Beschreibungen in der deutschsprachigen Exilliteratur.[26] Sie stehen in der Tradition des Großstadtromans emblematisch für die moderne Metropole, deren Anonymität und Schnelllebigkeit häufig den beschriebenen privaten Rückzugsort fordert, um für das empfindliche Individuum überhaupt bewohnbar zu

---

24 Auf unvergessliche »Eindrücke aus der ersten Woche in New York« angesprochen, erwähnt beispielsweise die dort im November 1939 angekommene Hilde Marx »[d]ies schreckliche Wohnen während der ersten Nacht in einem Gemeindehaus. Sechs Frauen schliefen in einem Zimmer. Aber eine Handtasche durfte man dort nicht stehen lassen« (Marx, Hilde: Es ist wichtig, daß wir sprechen. In: Henri Jacob Hempel (Hg.): »Wenn ich schon ein Fremder sein muß ...« Deutsch-jüdische Emigranten in New York. Frankfurt a. M., Berlin, Wien 1984, S. 29–69; hier: S. 51 f.).
25 Baudrillard, Jean: Das System der Dinge. Über unser Verhältnis zu den alltäglichen Gegenständen [1968]. Aus dem Französischen von Joseph Garzuly. Frankfurt a. M., New York 2007 (3. Aufl.), S. 25. Zu den »Strukturen der Stimmung« und den »Stimmungswerten« vgl. ebd., S. 42–82.
26 Vgl. Pfanner, Helmut: Exile in New York. German and Austrian Writers after 1933. Detroit 1983, S. 38 f.

sein.²⁷ Als Tassonis »Zufluchtsort« in der fremden Großstadt dient die beschriebene Enge des Zimmers (LpAS, S. 63), das in geradezu archetypischer Weise (im Sinne Gaston Bachelards) mit einer »warmen Tasche« als Inbegriff von Geborgenheit verglichen wird und motivisch auf einen geschlossenen Raum verweist, der insofern zur vorher genannten Schublade passt.²⁸

Über den Taschenvergleich hinaus artikuliert sich Tassonis Sicherheitsgefühl in ihrem Zimmer auch durch dessen Distanz zu »Ellis Island, Auffangstation für die heimatlosen Seelen jener Zeit, eine Art Purgatorium, in dem man gereinigt und vor der Zulassung geprüft wurde« (LpAS, S. 64). Die Insel im Hafen New Yorks wird durch Tassonis Vokabular und Metaphorik als metaphysischer und fabrikmäßiger Ort zugleich dargestellt: Reinigung und Prüfung der Emigranten sind mechanische Vorgänge, deren Sachlichkeit zwar frappierend inhuman anmutet, aber notwendiger Preis des Heilsversprechens auf mögliche Anerkennung und Amerikanisierung zu sein scheint. Für diese Fabrikationslogik, mit der »man Amerikaner macht«, liefert der französische Autor Georges Perec (1936–1982) im Zuge seines multimedialen Projekts über Ellis Island folgende prägnante Analyse:

> Im Grunde war Ellis Island nichts als eine Fabrik zur Herstellung von Amerikanern, eine Fabrik, um Auswanderer in Einwanderer zu verwandeln, eine Fabrik der amerikanischen Art, ebenso schnell und effizient wie ein Schlachthof in Chicago: auf das eine Ende des Fließbandes stellt man einen Iren, einen ukrainischen Juden, oder einen Italiener aus Apulien, und am anderen Ende kommt – nach Untersuchung der Augen, Untersuchung der Tränensäcke, Impfung und Desinfektion – ein Amerikaner heraus.²⁹

Auch Tassoni berichtet von der »sterilisierenden Reinlichkeit« des Auffanglagers (LpAS, S. 65), in dem »man sich nicht verkriechen« konnte: Es sei denn, man setzte »sich in die dazugehörige Toilette, wo die ganze

---

27 Vgl. Popp, Valerie: »Vielleicht sind die Häuser zu hoch und die Strassen zu lang.« Amerikabilder der deutschsprachigen Exilliteratur. In: Helga Schreckenberger (Hg.): Die Alchemie des Exils. Exil als schöpferischer Impuls. Wien 2005, S. 109–127; hier: S. 114f.
28 Vgl. Bachelard, Gaston: Poetik des Raums [1957]. Aus dem Französischen von Kurt Leonhard. Frankfurt a. M. 2007, bes. S. 90–103 (Kap. III: »Die Schublade, die Truhen und die Schränke«) und S. 104–116 (Kap. IV: »Das Nest«).
29 Perec, Georges und Robert Bober: Geschichten von Ellis Island oder wie man Amerikaner macht [1980]. Aus dem Französischen von Eugen Helmlé. Berlin 1997, S. 10f.; vgl. dazu Goldblum, Sonia: »Wie man Amerikaner macht.« Georges Perecs *Geschichten von Ellis Island*. In: Sabina Becker und Robert Krause (Hg.): Exil ohne Rückkehr. Literatur als Medium der Akkulturation nach 1933. München 2010, S. 313–332; hier: S. 320–322.

Nacht eine nackte Birne brannte; nur dort konnte man sich verkriechen und allein sein mit Buch, Zeitung oder mit sich selbst« (LpAS, S. 64). Die »nackte« Glühbirne illustriert die Kargheit und wohl auch das Gefühl eigener Nacktheit angesichts der intimen Kontrollen auf Ellis Island.[30]

Allerdings tauchen auch in Tassonis wenigen positiven Erinnerungen an Ellis Island immer wieder unscheinbare Dinge auf:[31] Gemeinschaftserfahrungen etwa sind mit »Holzbänken« verbunden, auf denen »man in Gruppen zusammen[saß]«, während »eine flinke Italienerin, auch interniert, deren Verwandte ihr gemahlenen Kaffee und Zucker hereinbrachten, [...] mit dem kochend heissen Wasser aus den Waschräumen einen Espresso [bereitete]« (LpAS, S. 64). Verteilt wurde der Espresso wohlgemerkt nur »gegen Bezahlung«, aber »das gab nach dem Mittagessen die Illusion eines Kaffeehauses« (LpAS, S. 64). Die europäische Institution des Kaffeehauses mit Holzmöbeln erscheint hier als kollektive Erinnerung ebenso präsent wie die Vorausdeutung auf Italien, wo Tassoni ab 1950 in Bergamo leben wird. Der Espresso und das gemeinsame Kaffeeritual fungieren offenbar als Lichtblicke.

III. Authentische Darstellung. Hans Sahls »Ikonographie des Exils«

Die »großen und die kleinen Geister, die Plumpen und die Geschmeidigen, die toten Taten des öffentlichen Lebens, die Machthaber mit Pensionsberechtigung, die man ihnen entzog, Journalisten ohne Zeitung, Schauspieler ohne Bühne, Schriftsteller ohne Buch« – sie alle finden sich in der »anonymen Landschaft des Exils« wieder, von der Hans Sahl aus eigener Anschauung erzählt (EiE, S. 13). Zu Anfang des zweiten Bandes seiner *Memoiren eines Moralisten* erklärt er programmatisch, dasjenige, was ihn an der »Zeit von 1933–45« interessiere, sei

---

30 Vgl. die ähnliche Schilderung Ellis Islands von Gina Kaus: Und was für ein Leben. Hamburg 1979, S. 226–233: »Nach dem Essen wurden wir wie eine Herde in einen großen Saal geführt, der wie ein riesiger Wartesaal wirkte, mit vielen langen Tischen und unzähligen Stühlen. [...] Nach dem Abendessen durften wir baden, nur ein paar Minuten lang, denn natürlich gab es nicht genug Wannen. Nach dem Gebrauch mußten wir sie auswaschen« (S. 228 f.). Kaus teilt sich eine »Kammer mit sieben anderen Frauen«, doch selbst die Gespräche enden »um zehn, dann wurden alle Lichter ausgelöscht. Es gab keine Privatlampen« (S. 229).
31 Ein Besuch Ellis Islands und der »Berg aus Übersee- und Handkoffern, aus Bündeln und Säcken«, der im dortigen Einwanderungsmuseum ausgestellt ist, haben auch die kulturwissenschaftliche Studie einer Projektgruppe des Ludwig-Uhland-Instituts mit initiiert (Warneken, Bernd Jürgen: Einleitung. In: Bewegliche Habe. Zur Ethnographie der Migration. Begleitband zur Ausstellung. Leitung Bernd Jürgen Warneken. Tübingen 2003, S. 7–14; hier: S. 7).

nicht mehr der Kriminalroman einer Massenflucht ohne erhebliche individuelle Abweichungen, sondern die Geschichte vom Leben und Sterben einer Kultur, die in *unserem* Leben und Sterben ihren sinnfälligsten Ausdruck finden sollte, einer glanzvollen Epoche, die wir aus dem Feuer des Untergangs zu retten versuchten und durch halb Europa trugen, in Kleidern, die selbst schon zu brennen anfingen, Fackeln, die durch die Nacht der Völker irrten, bis sie langsam in London oder New York oder Paris erloschen. (EiE, S. 11)

Neben »große Historienbilder« wie das des apokalyptischen Fackelzugs der Emigranten mit brennenden Kleidern, also textilen Dingen, treten in Sahls Memoiren weitere »Fragmente von Dingen des Alltags«,[32] die zur Anschaulichkeit beitragen und Authentizität sichern sollen. Diesen gerade für autobiografische Texte charakteristischen Anspruch dokumentiert und realisiert insbesondere seine »Ikonographie des Exils« – so lautet die Überschrift des Kapitels mit Sahls zitierten Empfehlungen an eine »Exilforschung, die Wert auf Authentizität legt« (EiE, S. 130).[33] Für das ikonografische Verfahren der Bildbeschreibung trat in der Kunstgeschichte neben Erwin Panofsky und Aby Warburg u. a. August Grisebach (1881–1950), Sahls akademischer Lehrer und Doktorvater, ein:[34]

> »Man muß einen Nagel haben, an dem man alles andere aufhängt«, sagte er [August Grisebach] einmal: Worum es ihm ging, war, zunächst einmal Klarheit zu schaffen, das Kunstwerk mit dem Auge noch einmal nachzuvollziehen, es zu analysieren und seinen Standort in der Geschichte zu bestimmen; also Gewissenhaftigkeit im Verkehr mit der Kunst, kühle Beobachtung und ikonographische Darlegung von Thema und Inhalt.[35]

Um eine entsprechende Konkretion und sachliche Betrachtung, sowohl bei der ästhetischen Urteilsfindung als auch bei der eigenen Standortbestimmung in der Geschichte, ist Sahl ebenfalls bemüht. In dem Uferweg am Hudson River, wo Hannah Arendt und Hermann Broch wohnten und arbeiteten und wo die anfangs genannten Alltagsgegenstände vorbeitreiben, sieht er weniger den genius loci als vielmehr das »Authentische« des Exils (EiE, S. 130). Bei dessen literarischer Wieder-

---

32 Giedion: Die Herrschaft der Mechanisierung (s. Anm. 6), S. 19.
33 Vgl. auch EiE, S. 51, »Ikonographie des Exils I«. Zum Terminus »Authentizität« vgl. Knaller, Susanne: Ein Wort aus der Fremde. Geschichte und Theorie des Begriffs Authentizität. Heidelberg 2007; zur Bedeutung von Authentizität, Referenzialität und Fiktionalität für autobiografische Texte vgl. Krause: Lebensgeschichten aus der Fremde (s. Anm. 4), S. 68–82.
34 Vgl. Skwara, Erich Wolfgang: Hans Sahl. Leben und Werk. Bern, Frankfurt a. M., New York 1986, S. 38.
35 Sahl, Hans: Memoiren eines Moralisten I. Hamburg, Zürich 1990, S. 73.

gabe bedient sich Sahl zuweilen einer Kontrastästhetik, so etwa in folgender Schilderung einer Zusammenkunft von Emigranten in der Charles Street: »Es war mitunter sehr voll in den zwei möblierten Zimmern mit den unscheinbaren Möbeln, den zerschlissenen Teppichen und den Stühlen, deren Beine schon etwas zu wackeln begannen. Aber die Gäste, die auf den Stühlen saßen, waren keineswegs unscheinbar.« (EiE, S. 131) Unscheinbare Dinge wie die erwähnten Möbel und Teppiche kontrastieren mit Erich Maria Remarque und anderen illustren Besuchern, für welche die Hausherrin Erika Labrune »sorgte, denen sie dies oder jenes verschaffte, was sie brauchten, ein Paar Schuhe, einen Anzug, einen Job« (EiE, S. 131).

Möbel und andere Einrichtungsgegenstände tauchen auch in Sahls Erinnerungen an Melinda Albrechtova (geb. 1931), mit der er von 1961 bis 1984 verheiratet war,[36] immer wieder auf. Die unscheinbaren Dinge gewinnen sogar genauere Konturen als die ungarische Ehefrau, von der vorwiegend durch das Pronomen der dritten Person Singular die Rede ist:

> Sie spielte in New York mit zwei Fingern auf einem Piano, an dem mehrere Tasten bereits verstummt waren, das Nocturno wies Lücken auf, die unwiderruflich waren. Das Piano befand sich in einem Zimmer, das nur aus Wänden und einer Decke zu bestehen schien und dessen Möbel sich für ihr entbehrliches Vorhandensein entschuldigten. Die Dinge hatten eine Beschaffenheit, die sich als trügerisch erwies. An die Stelle des Originals war der Ersatz getreten. Plastikgläser, Plastikmesser, Plastikgabeln, Plastiklampen und Plastikeimer und -besen erinnerten an etwas, das einmal eine Zivilisation gewesen war. Es war eine Welt des gewichtslosen Zustandes, in der alles gleich leicht und gleich schwer war, das Harte sich als weich, das Weiche sich als hart herausstellte, das Spitze als Stumpfes, das Stumpfe als Spitzes, eine Welt, deren Gebrauchswert nach dem Gesetz der Billigkeit gehandelt wurde, eine Zivilisation für den Augenblick, zum Wegwerfen, die Häuser, die sie bauten, die Ehen, die sie schlossen. (EiE, S. 171)

Das geschilderte Interieur beschränkt sich auf ebenso undefinierte wie »entbehrliche« Möbel, akribisch benannte Lampen, Putzgeräte und Besteckteile sowie ein partiell defektes Piano. Dessen verstummte Klaviertasten generieren beim Spiel von Chopins *Nocturno* »Lücken«, die als »unwiderruflich[e]« Leerstellen auf den von Sahl wahrgenommenen allgemeinen Erinnerungs- und Kulturverlust hindeuten dürften und insofern mit den diversen Plastikaccessoires als Ausdruck einer zivilisato-

---

36 Vgl. Skwara: Hans Sahl (s. Anm. 34), S. 117–121; Reiter, Andrea: Die Exterritorialität des Denkens. Hans Sahl im Exil. Göttingen 2007, S. 15.

rischen Schwundstufe korrespondieren. Dem billigen Kunststoff analog evozieren die daraus gefertigten Gegenstände eine diffuse Stimmung, kreieren gar einen Gesamtzustand der Indifferenz, in dem sich elementare Gegensätze umkehren und nichts einen Wert haben oder dauern kann. So erscheinen die Verschleißartikel als Sinnbild einer amerikanischen Wegwerfgesellschaft, die für Sahl im kaum zu überbietenden Kontrast zur zurückgelassenen alteuropäischen Tradition steht. Hier wird deutlich, dass die »Beschreibung des Systems der Gegenstände« keineswegs neutral erfolgen und »ohne eine angewandte Ideologiekritik dieses Systems nicht durchgeführt werden [kann]«, wie bereits Baudrillard erkannt hat.[37] Doch trifft sein Befund nicht nur auf Amerika, sondern auch auf das europäische »System der Dinge« zu. Denn die überbordende Geschichte Europas, die an ehrfurchtsvoll bewahrten Objekten haftet,[38] ist für die psychisch labile Komponistentochter und Ehefrau Sahls nicht länger tragbar:

> Sie dachte an die schweren silbernen Bestecke, an die schweren geschliffenen Pokale aus edelstem Glas, an den silbernen Samowar und die silbernen Kerzenhalter im gelben Haus ihrer Eltern, und sie dachte, vielleicht sei es doch besser in einer Welt ohne Schwerkraft, ohne Vergangenheit und Geschichte zu leben als in jener anderen, silbernen, in der die Verpflichtung zur Geschichte die Gegenwart gegenstandslos gemacht hatte ... (EiE, S. 171)

Mit ihrer Gravität scheinen die erinnerten Einrichtungsgegenstände aus dem Elternhaus Melinda geradezu zu erdrücken. Sie erwägt, ob die übermächtige Präsenz des Vergangenen womöglich die Gegenwart entleert und entwertet habe. Die gewichtigen silbernen Bestecke und Kerzenhalter von früher heben sich zwar deutlich von den amerikanischen Plastikaccessoires ab, überstrahlen jedoch auch Melindas eigenes Leben in den USA. Als »Symbole« und »Instrumente« hemmen statt fördern sie nunmehr die »Identitätsbildung«.[39] Was einst schön und wertvoll

---

37 Baudrillard: Das System der Dinge (s. Anm. 25), S. 17.
38 Von der väterlichen »Vorliebe für Antiquitäten«, »Barockschränke, Barocktruhen, Barockengel, Barockstühle« und »Ritterrüstung«, erzählt Sahls erster Memoirenband, dessen Beschreibung des »nur selten benutzten Biedermeierzimmer[s]« samt »Spinett« und »mit einer Unmenge von unnütz über Tische und Stühle verteilten Spitzendeckchen, perlenbestickten Dosen, Beuteln und einem ebensolchen Klingelzeug an der Wand« sowie des »Salon[s] mit dem Bechstein-Flügel [...] im Empire-Stil« ein Soziogramm des assimilierten großbürgerlichen Judentums entwirft (Sahl: Memoiren eines Moralisten I (s. Anm. 35), S. 15).
39 Habermas, Tilman: Geliebte Objekte. Symbole und Instrumente der Identitätsbildung. Berlin, New York 1996.

erschien, kann seine Bedeutung und Wertigkeit im Exil verändern und dort zur Last werden.[40]

Als Verbindung zwischen früher und heute, zwischen der alten und der neuen Heimat, fungiert nur ein altes Kleidungsstück. »Aus der fernen Tschechoslowakei« trifft »ein kleines Spitzenjäckchen ein [...], das schon hundert Jahre alt« und für den mit Sahl gezeugten Sohn bestimmt ist. Es bringt den Schriftsteller Sahl auf folgende Idee, die für die Dingthematik zentral erscheint:

> Warum hat noch niemand den Roman der »toten« Gegenstände geschrieben? Das geheimnisvolle, abenteuerliche Leben der Dinge, die nicht besitzen, sondern besessen werden und nur im Zusammenhang existieren können, bis dieser durch irgendeinen Umstand plötzlich zerreißt und sie sich allein auf den Weg machen, noch Zusammenhänge suchend und findend oder auch ganz ohne Zusammenhang in irgendeiner Weise zugrundegehend, verloren, vergessen. Dieses kleine, kostbare Jäckchen, das nur darauf wartet, alle zwanzig oder vierzig Jahre aus alten Truhen oder Koffern herausgezogen zu werden, es hat Krieg und Bürgerkrieg überdauert, Brandstiftungen, den Untergang von Familien, von großen Reichen, bis es den Weg hierher fand, zu mir, der es dir nun anziehen wird. (EiE, S. 182 f.)

In gedrängter und an das noch ungeborene Kind adressierter Form skizziert Sahl hier, wie lebendige, miteinander korrespondierende und koexistierende Dinge »plötzlich« ihren konstitutiven »Zusammenhang« verlieren, umherirren und letztlich verlorengehen. Zunehmend geraten sie in Vergessenheit und degenerieren zu »›toten‹ Gegenstände[n]«, die erst im zeitlichen Abstand von Dekaden und Generationen wiederentdeckt werden.

Somit wäre schließlich eine Unterscheidung zwischen Dingen und Gegenständen gefunden, die an Ruth Tassonis und Sigfried Giedions Begriffe und Beobachtungen anschließt: Dinge werden beachtet und besessen, sie sind – anders als bloße Gegenstände – mit Emotionen und Erinnerungen aufgeladen und leben gewissermaßen; zumindest leben sie im Gedächtnis der Exilanten fort, wie den behandelten Lebenserinnerungen abzulesen war. Deren zahlreiche Dingschilderungen auf ihre lebensweltliche und symbolische Bedeutung hin zu untersuchen, vermittelt sowohl Einsichten in den Alltag und die psychische Situation nach Flucht, Transit und Neuanfang als auch Befunde zu den Narrationen des Exils. Gerade deskriptive autobiografische Texte können in dieser Hinsicht ihren eigenen Reiz entwickeln und sich als besonders

---

40 Vgl. den Befund Joachim Schlörs: Dinge der Emigration (s. Anm. 2), S. 233: »Gegenstände verändern ihre Be-Deutung mit den historischen Umständen und haben an verschiedenen Orten unterschiedliche Wertigkeiten.«

ergiebige Untersuchungsgrundlage für die Frage nach den Dingen und ihrem narrativen Charakter erweisen. Insofern entschädigen sie für den zumindest nach Sahls Auffassung ausstehenden »Roman der ›toten‹ Gegenstände« (EiE, S. 182).[41]

---

[41] Wiederum ist es Georges Perec, der mit *Les choses. Une histoire des années soixante* (Paris 1965) einen soziologisch ausgerichteten Roman verfasst hat, in dem es um den untrennbaren Zusammenhang moderner Dinge und (Un-)Glückserfahrungen geht. Auch in Sahls eigenem »Roman einer Zeit« *Die Wenigen und die Vielen* ([1959] Hamburg 1991) werden mehrfach Gegenstände wie »alte Möbel« (S. 59, 61) und »Möbel von drüben« (S. 281), aus Europa, erwähnt, die in den USA deplatziert wirken; doch auffälliger und wohl auch wesentlicher als diese Gegenstände sind die Figurenporträts, die den Anspruch eines Zeit- und Schlüsselromans begründen.

Claudia Röser

Von der Einrichtung im Exil – Hilde Spiels *Lisas Zimmer*

Und nach einem Leben voll italienischem Knoblauch und Weihrauch, von tropfenden Wachskerzen und einem deutschen Weihnachtsbaum, nachdem man den Bois de Boulogne im Frühling gesehen hat und den Spessart im Herbst – wie kann man da in einer fremden Welt des Kaugummis und Popcorn und Baseball existieren?[1]

In dieser topischen Gegenüberstellung europäischer und amerikanischer Dinge formuliert eine der Figuren in Hilde Spiels Roman *Lisas Zimmer*[2] ein Problem des (Über-)Lebens im Exil, das sich ganz grundlegend als ein Problem der Dinge im Exil erweist. Das New York der 1940er-Jahre gibt den Schauplatz, an dem der Roman verschiedene Möglichkeiten verhandelt, mit dem Exil nach dem Ende von Krieg und Nationalsozialismus umzugehen. Im Zimmer der Hauptfigur stellt sich das Problem der Dinge des Exils als eines der Einrichtung aus: Nach dem Zweiten Weltkrieg und ihrer Emigration in die USA hat sich die kosmopolite Wienerin Lisa mit »ihren Parfümflaschen, ihrem juwelenbesetzten Monokel, ihren Büchern und Vögeln« das verlorene Europa in ihrem »Zimmer auf der Westseite von Manhattan getreulich wiederaufgebaut« (S. 285). Antike europäische Möbel, Kunstgegenstände, Bilder und Fotos sowie ihre europäischen Kleider, die sie auslegen lässt, gestalten Lisas Zimmer hinter notorisch zugezogenen Vorhängen als europäisches Exterritorium, das ihr »wie einer Auster in ihrer Muschel« (S. 283 f.) Schutz gegen die amerikanische Wirklichkeit gibt. Der ganze Roman ebenso wie Lisas Zimmer im Roman werden als Räume entworfen, deren Ordnungen Beziehungen zwischen Subjekt und Din-

---

1 Spiel, Hilde: Lisas Zimmer. München 1965, S. 130. Unter dem Titel *The Darkened Room* erschien der Roman 1961 zunächst auf Englisch, dann 1965 in Hilde Spiels eigener Übersetzung auf Deutsch. Im Folgenden vgl. die Angaben nach der deutschen Erstausgabe in Klammern im fortlaufenden Text.
2 Eine ausführliche, philologische Analyse von Hilde Spiels *Lisas Zimmer* findet sich bei Waltraud Strickhausen: Die Erzählerin Hilde Spiel oder »Der weite Wurf in die Finsternis«. Frankfurt a. M. 1996. Einer psychoanalytisch ausgerichteten Exilforschung dient der Roman als Folie, vgl. Elisabeth Bronfen: Exil in der Literatur: Zwischen Metapher und Realität. In: arcadia. Zeitschrift für Vergleichende Literaturwissenschaft 28/2 (1993), S. 167–183.

gen im Exil verhandeln und verschiedene Logiken von Ding-Systemen gegeneinanderstellen.

I.

Die Geschichte der exzentrischen Lisa wird von ihrem ebenfalls emigrierten Dienstmädchen Lele erzählt, die ihr erstes Eintreten in Lisas Zimmer folgendermaßen schildert:

> In der Ecke stand ein Ventilator, doch sie hatte ihn nicht angestellt, sie vertraute nur ihren fest geschlossenen Vorhängen und schweren Jalousien. Das Zimmer mit seinem Geruch nach Parfum, schalem Zigarettenrauch, verwelkten Blumen und benützten Laken erinnerte mich an etwas Altmodisches: ein Boudoir. Die Möbel waren alt, groß, schön geschwungen und einfach, mit verblaßtem Grün und Hellrot bemalt, an dem da und dort Spuren goldener Bordüren sichtbar waren. An der gestreiften Tapete über Lisas Bett hing das Bild eines Mädchens mit eigenartig verlängertem Hals. Ein leicht verbeultes goldenes Vogelbauer, mit einem Kaschmirschal verhüllt, war nahe dem Fenster an der gegenüberliegenden Wand befestigt. Sowie ich hier eingetreten war, hatte mich ein Gefühl von Unbehagen und Verzauberung erfaßt. Ohne es zu wissen, war ich bereits in Lisas Bann geraten. (S. 35)

Nur in der Dunkelheit des Zimmers kann Lisa jene Aura entfalten, die ihre Dinge als lebendige Zeugnisse europäischer Kultur und Kunst erscheinen lassen; die magische Ausstrahlung und die Abschottung von der amerikanischen Außenwelt halten die europäische Phantasmagorie aufrecht. Das Licht der Aufklärung betritt mit Lisas amerikanischem Ehemann Jeff das Zimmer, der im Roman immer wieder Vorhänge aufzieht und lüftet – die Dinge erscheinen durch die Beleuchtung in anderem Licht:

> Der geschäftige Alltag [...] drang ein und setzte die schäbige Pracht des Zimmers seiner schonungslosen Grelle aus. Jetzt wirkte das Mobiliar nicht nur alt, sondern brüchig, der Kaschmirschal entblößte seine zerschlissenen Fäden, und aus der hellroten Polsterung der Stühle und Sofas drang da und dort das gelbliche Werg. Dennoch hatte, seit Jeff, das Morgenlicht und die Sommerhitze im Zimmer erschienen waren und zwischen dem Ventilator und der offenen Tür kalte Luft hin und her zu wirbeln begann, eine außerordentliche Veränderung stattgefunden, die selbst Lisa zur Kenntnis nahm. (S. 41)

Wie sich herausstellt, besteht Lisas »schäbiges und wurmstichiges Mobiliar [...] aus schwerbeschädigten, aber erlesenen Antiquitäten, [...] –

zumeist Louis Seize, das französische Einwanderer vor langer Zeit herübergebracht hatten« (S. 115), die wahrscheinlich auf der Flucht vor der Französischen Revolution waren (die französischen Kolonien sind schon 1763 an Großbritannien gegangen). Schon die Flüchtlinge hatten mit den Möbeln ein altes Europa in der neuen Welt zu errichten versucht, ein Europa, das seither nicht nur in Französischer Revolution und Napoleonischer Herrschaft, sondern auch in Weltkriegen und im Nationalsozialismus zugrunde gegangen ist. Für die antiken Louis-Seize-Möbel scheint Lisa also nicht ohne Grund ein Faible zu haben, errichtet sich mit ihnen doch ein alteuropäisches Ancien Régime, das gleichermaßen von Reformunfähigkeit, Bankrott und einer anbrechenden Revolution bedroht ist. In amerikanischem Licht erscheint die alteuropäische Einrichtung dann als desolater Ersatz für ein längst verschwundenes Europa.

II.

Ein für Exil und Migration topisches Ding wird im Roman in ein besonderes Verhältnis zu Lisas Zimmer gesetzt: ein Schiffskoffer, in dem Lisa Antiquitäten, Kunstgegenstände, Nippes und Andenken aus ihrer Kindheit und ihrer Zeit in Rom nach Amerika gebracht hat und der nur aus dem Keller geholt wird, um Gegenstände zum Verkauf oder für eine festliche Weihnachtsfeier herauszunehmen. Inhalt und Ausmaße des Schiffskoffers stellen sich als völlig unverhältnismäßig dar, sodass der Koffer mit keiner Ordnung kommensurabel erscheint. Insofern bestimmt sich das Verhältnis des Koffers zu Lisas Zimmer als supplementäres in einem doppelten Sinn:[3] Was nach Flucht und Transit eigentlich überflüssig erscheint und deshalb im Keller verstaut wird, erweist sich im Gegenteil als magischer Ursprungsort und Bedingung des Zimmers. Darüber hinaus markiert der Koffer einen Ort des Übergangs, indem er sich der Ordnung des Zimmers nicht nur voraussetzt, sondern sich ihr zugleich immer auch entzieht und Kontakt zu anderen Ordnungen herstellt.

Als Ursprungsort bezeichnet der Koffer einen Ort der Fülle, zaubert Lisa im Laufe des Romans doch immer neue Dinge aus ihm hervor. Seine Herkunft aus Europa macht den Koffer zum Ursprungsort, aus

---

[3] Zum Begriff des Supplements vgl. Derrida, Jacques: Grammatologie. Frankfurt a. M. 1974, S. 244–282. Für eine »dinglichere« Erläuterung des Begriffs vgl. Derridas Ausführungen zum Verhältnis von Rahmen und Werk: Derrida, Jacques: Die Wahrheit in der Malerei. Hg. von Peter Engelmann. Wien 1992, S. 74–89.

dem sich Lisas Zimmer entfaltet hat. Als die beiden schwarzen Hausangestellten den Koffer zum ersten Mal »schwitzend und stöhnend« (S. 96) aus dem Keller holen, beobachtet die Erzählerin ihren kleinen Sohn und Lisa, wie sie »wie toll miteinander lachen, Reime erfinden und sich an unsinnigen Einfällen überbieten – ›Tink-Tank suchte sich ein Hoppiti‹ ›– und ein Moppiti –‹ ›– und ein Dusi-Wusi –‹ ›– und ein Hattie-Susi –‹ ›– und ein Luke-Bindi –‹ ›– und ein Lele-Kindi –‹« (S. 96). Dass alle mit einfallen und vor allem die beiden Schwarzen in die Hände klatschen und »ihren fetten, fröhlichen Leib« (S. 96) schütteln, inszeniert den Koffer mit allen Topoi der europäischen Jahrhundertwende als Fetisch. Einerseits bedeutet Lisa der Koffer die imaginäre Fülle ihres »ganze[n] Besitz[es]« (S. 249), andererseits vermutet die Figur der Psychoanalytikerin Katherine Langendorf, der Koffer sei »völlig leer« und nur »eine Attrappe« (S. 76). Als fetischisiertes Ding bezeichnet und verdeckt der geheimnisvolle Koffer Lisas Verlust und ihre Trennung von Europa gleichermaßen.[4] Der Koffer ist Hort magischer Dinge, die Lisas Wunsch nach Selbstpräsenz und ungebrochener Identität zu erfüllen versprechen und die zugleich drohen, sich ihrer Besitzerin zu entziehen und gerade den Mangel zu bezeugen.

Als Transportgerät von Dingen figuriert der Koffer zudem ein Übersetzungsproblem, das durch den Kontakt europäischer und amerikanischer Ding-Ordnungen entsteht: Das begehrte amerikanische Geld und ihre vom mit Antiquitäten handelnden Vater erlernte Expertise haben Lisa in der unmittelbaren Nachkriegszeit den Kauf wertvoller Kunstgegenstände und Bilder ermöglicht, deren Verkauf ihr und ihrem Ehemann in New York einige Male ein Auskommen sichert. Für wenig

---

4 Sigmund Freud zufolge verdeckt der Fetisch den ein Trauma auslösenden Mangel (die Kastration des weiblichen Geschlechts und die sich daraus ergebende Kastrationsdrohung), vgl. Freud, Sigmund: Fetischismus (1927). In: Ders.: Studienausgabe. Hg. von Alexander Mitscherlich, Angela Richards und James Strachey. Bd. III: Psychologie des Unbewußten. Frankfurt a. M. 2000, S. 379–388; hier: S. 386, zur Ambivalenz des Fetisch, S. 388. Jacques Lacan konzipiert den Fetisch in seinen Studien zur Subjektwerdung als Ersatzobjekt, das eine imaginäre Einheit im Symbolischen postuliere, vgl. dazu Lacan, Jacques: Das Seminar. In dt. Sprache hg. von Norbert Haas. Buch IV: Die Objektbeziehung 1956–1957. Weinheim 2003, S. 184. Die fetischistische Ambivalenz zeigt sich auch im Verhältnis der Exilanten zur alten und neuen »Heimat«, in ihrem »Liebeshaß auf Europa« ebenso wie in ihrer »Haßliebe zu Amerika« (S. 123) – ein Verhältnis, das Hilde Spiel auch in ihrem Essay »Sternbild Europa« im Sinne eines fetischistischen Verhältnisses als verdinglichtes beschreibt: Das »Problem« wird bei den Exilantengesellschaften in Lisas Zimmer zur »geheimnisvolle[n] Münze«, die »immer wieder studiert, abgegriffen, von Hand zu Hand gereicht und schließlich als unenträtselbar beiseite gelegt wird, um für den nächsten Besucher neuerlich hervorgeholt zu werden« (Spiel, Hilde: Sternbild Europa. In: Thilo Koch (Hg.): Europa persönlich. Erlebnisse und Betrachtungen deutscher P.E.N.-Autoren. Tübingen, Basel 1973, S. 279–296; hier: S. 294).

amerikanisches Geld gekauft, können die Kunstgegenstände in New York signifikanterweise dann allerdings nicht an Amerikaner, sondern an andere europäische Exilanten für einen angemessenen Preis weiter veräußert werden. Ein Bild wird für »einen Betrag« verkauft, »der die beiden monatelang über Wasser halten sollte, wenn auch nur für ein Zehntel des Wertes, den das Bild bereits drei Jahre später besaß« (S. 187) – eine Wertsteigerung, die auf die historische Entwicklung des Kunstmarkts verweist, sich aber auch durch den Verkauf des Bildes nach Europa an einen dorthin zurückgekehrten Exilanten erklärt. Zwar kann hier zum Überleben im Exil aus europäischer Kunst amerikanisches Geld gemacht werden, ihren angemessenen Wert scheinen Dinge aber nur in der Ordnung zu erhalten, die sie hervorgebracht hat. Koffer und Kunstgegenstände werden zu Dingen »ohne festen Wohnsitz«,[5] die mit ihrem Bezugsrahmen auch ihren Wert verlieren. Das gilt auch für den ästhetischen Wert der Dinge: In den Trödelläden Roms seien die Dinge auf Lisa »zugeflogen wie […] zu einem Magneten. Miniaturen, altes Porzellan, Bronzen, eine frühe florentinische Duchessa«, berichtet einer der europäischen Gäste in Lisas Zimmer, habe Lisa doch eine »merkwürdige Anziehungskraft für alles Schöne« (S. 180). Dem Dienstmädchen Lele erscheinen diese schönen Dinge nurmehr als »zerschlissene Pracht« (S. 284).

III.

Dinge im Exil werden in *Lisas Zimmer* dann problematisch, als der Koffer verstaut ist, an einem fremden Ort eine neue bzw. ein Ersatz für die alte Heimat entstehen soll und die Dinge trotzdem fremd bleiben: »Die alte Welt für immer verlassen zu haben, in der neuen nicht nur seßhaft, sondern für immer heimisch zu werden«, formuliert Hilde Spiel in einem Essay als »unlösbares Problem« der New Yorker Exilanten in der Nachkriegszeit.[6] Die Dinge, die Lisa aus dem Koffer zutage fördert, scheinen zunächst Emanationen ihrer selbst zu sein: Ehemals auch im Koffer, aber schon am Anfang des Berichts an der Wand, hängt ein Frauenporträt von Amedeo Modigliani (1884–1920) mit dem typischen, verlängerten Hals als Inbegriff der europäischen Avantgarde. Symbolträchtig muss dieses Bild später verkauft werden, um die Kosten für eine Krebsoperation zu bezahlen, der sich Lisa unterziehen muss. Die »langhalsige junge Dame« folgt einer »florentinischen Du-

---

5 Kimmich, Dorothee: Lebendige Dinge in der Moderne. Konstanz 2011, S. 25.
6 Spiel: Sternbild Europa (s. Anm. 4), S. 293.

chessa«, einem Bild, das schon zuvor verkauft worden war, und ein Bildnis der Heiligen Katharina wird aufgehängt. Während die anderen Bilder von großen europäischen Kunstepochen künden, bleibt die Heilige Katharina bodenverbunden heimatlich. Wie die Heilige Katharina sich nicht vom Christentum abwenden wird, so Lisa auch nicht von ihrer Heimat; beiden, so prophezeit das Bild, droht Martyrium und Tod. Zwar kann Lisas Tumor vollständig beseitigt werden, die Prognose bleibt jedoch unsicher, was Lisa allerdings verheimlicht wird, um ihren Genesungsprozess zu fördern – am Ende erfährt Lisa doch durch die Figur der Psychoanalytikerin davon, wird wieder drogensüchtig und stirbt an einer Überdosis Morphium. Die florentinische Duchessa, das Frauenporträt von Modigliani, die barocke Katharina – die Frauen-Bilder ordnen sich in einer Kette von Ersetzungen: Zuletzt schickt Lisa ihrem Bruder statt Geld eine kleine Tanagra-Figur, die nicht nur einen kulturellen Referenzraum eröffnet, der von der hellenistischen Antike bis in die literarische Moderne der Jahrhundertwende reicht, sondern auch Lisas Verhältnis zu Dingen reflektiert.[7] Als Votiv- und Grabbeigaben von offenbar früh verstorbenen Frauen zeigen die antiken Figuren ein Wunschbild imaginärer weiblicher Vollkommenheit. In Rainer Maria Rilkes *Neuen Gedichten* erscheint 1906 ein Gedicht mit dem Titel »Tanagra«, in dem es bezeichnenderweise heißt:

> Als wäre die Gebärde
> einer Mädchenhand
> auf einmal nicht mehr vergangen;
> ohne nach etwas zu langen,
> zu keinem Ding hin
> aus ihrem Gefühle führend,
> nur an sich selber rührend
> wie eine Hand ans Kinn.[8]

Die Figur ist zugleich Subjekt und Objekt einer zeigenden Bewegung, die »zu keinem Ding hin« führt, sondern allein sich selbst zum Ausgangs- und Endpunkt hat. Die Figuren scheinen in ihrer unvermittelten Selbstbezüglichkeit Identität und Präsenz zu versprechen. Anders als die Gebärden jener Tanagra-Figur richten sich Lisas Gesten ständig auf Dinge, in denen sie jedoch auch Figurationen ihrer selbst und damit

---

7 Die meist kleinen Frauenfiguren waren im 3. und 4. Jahrhundert v. Chr. im hellenistischen Kulturraum verbreitet, 1874 war eine große Anzahl der Figuren auf einem Totenfeld bei Tanagra/Griechenland entdeckt worden.
8 Rilke, Rainer Maria: Tanagra. In: Ders.: Die Gedichte. Frankfurt a. M., Leipzig 2006, S. 453. Die Ausgabe folgt: Werke. Kommentierte Ausgabe in vier Bänden. Hg. von Manfred Engel, Ulrich Fülleborn, Horst Nalewski und August Stahl. Frankfurt a. M., Leipzig 1966.

eine von diesen Wunschbildern bezeugte imaginäre Einheit und Identität zu finden hofft. Der Roman nutzt den intertextuellen Verweis noch weiter und so scheinen mit einem Mal die in Rilkes *Neuen Gedichten* um »Tanagra« platzierten Gedichte von Lisas »Frauen-Schicksal« zu erzählen, ist sie vielleicht auch eine aus Europa »Fortgeliehne« wie es dort heißt und nicht zuletzt eine »Genesende«, die jene »ungewohnte Geste«[9] der Tanagra-Figur vorwegnimmt. So entsteht nicht nur ein unheimlicher Effekt – als hätten Rilkes Gedichte schon von Lisa berichtet. Die Referenz der Tanagrafigur auf antike Statuetten, das gleichnamige Gedicht und weitere Figuren Rilke'scher Gedichte erweist sich darüber hinaus als nicht eindeutig: Die referenzielle Verweisungsbewegung erreicht keinen Stillstand, der jene von der Tanagrafigur versprochene Identifizierung und Selbstpräsenz ermöglichen würde. Dieser Befund trifft für alle Figuren zu, in denen Lisa sich wiedererkennt, vervielfältigen sie sich doch ebenso in einer Kette von Ersetzungen: Sogar Lisa selbst »hatte viele Gesichter und war doch nie sie selbst« (S. 237), fasst die Erzählerin vorwurfsvoll zusammen.

Nicht nur die Menge dieser verschiedenen Figuren und Masken verfremdet Lisas vermeintliche Identität, auch in den einzelnen Frauen-Figuren erscheint bei genauem Blick Fremdes (wie an Lisas Körper der Tumor):[10] Die erste Frauenfigur, die Lisa aus dem Koffer birgt, ist eine Kolombine aus Nymphenburger Porzellan, die Franz Anton Bustelli 1759/60 entworfen hat – die Erzählerin erinnert die Angaben zur Provenienz ganz genau (S. 96–97).[11] Diese Details werden zum einen deshalb so genau beschrieben, weil die Nymphenburger Porzellanfiguren im Gegensatz etwa zu den Meißener sehr wertvoll und selten sind, zum anderen aber auch, weil die Nymphenburger Kolombine – anders als die Figur der Commedia dell'Arte – eine Maske trägt und demnach Lisas zahlreiche »Gesichter« als Figur darstellt. Dass eine Kolombine jedoch eine verführerische, selbstsichere Dienstmagd ist, macht auch das Dienstmädchen Lele in der Figur präsent. Schon die florentinische Duchessa, die noch in Rom an Lisas Wand gehangen hatte, sei Lele sehr ähnlich gewesen: »Eine kleine Duchessa. Sehr blond. Wie du« (S. 180, vgl. auch S. 183). Auch im Modigliani lässt sich Lele entdecken, stand

---

9 Rilke: Die Genesende. In: Ders.: Die Gedichte (s. Anm. 8), S. 452.
10 Vgl. dazu Bronfen: Exil in der Literatur (s. Anm. 2), S. 182. Schon das Bild der Heiligen Katharina verweist auf sein Gegenteil, erscheint sie doch im Namen der Psychoanalytikerin (Katherine Langendorf) wieder und bringt – anstatt Schutz zu gewähren – als »wohlkorsettierter Dämon« (S. 223) den Tod.
11 »Ich glaubte, sie sei aus Meißen, denn wir hatten in unserer Vitrine daheim ein paar Meißner Püppchen gehabt, aber Lisa sagte, es sei Nymphenburger Porzellan und von dem italienischen Schweizer Bustelli für die Hofmanufaktur der Kurfürsten Max III. Joseph von Bayern angefertigt worden« (S. 97).

doch in den Jahren vor Modiglianis Tod vor allem seine Verlobte für seine Porträts Modell, mit der er ein Kind hatte – eine Parallele zu Leles unehelichem Sohn. Was zunächst nur ein Moment der Entfremdung ist, setzt sich im Doppelgängermotiv (Lele/Lisa) fort, das den ganzen Roman strukturiert: Auf einem Zettel, der die Entwicklung der Geschichte kommentiert und den Lele gegen Ende des Romans zufällig beim Aufräumen in Lisas Zimmer findet, steht dann folgendes Zitat aus Villier de l'Isle Adams *Grausamen Geschichten*: »Vivre? Nos valets le feront pour nous« (S. 277). Das Dienstmädchen schaut Lisa in ihren Selbstspiegelungen anfangs nur als Entfremdungsmoment entgegen, übernimmt ihr Leben aber immer mehr, wird zur »eigentliche[n] Gastgeberin« von Lisas Partys und heiratet nach ihrem Tod Lisas Ehemann, sodass sich die Geschichte von Entfremdung und Tod mit der einer Befreiung zu kreuzen scheint.

Einige Merkmale dieser fetischisierten, europäischen Dinge im Exil lassen sich zusammenfassend also zum einen hinsichtlich ihrer Semantiken bestimmen: Die Dinge und ihre sich vervielfachenden (intertextuellen) Referenzen eröffnen zwar ganze Bedeutungsräume europäischer Kultur, können jedoch nur noch auf immer weitere Dinge verweisen und eine Identität, die sich ihrer selbst in den Dingen versichern möchte, nur noch als fragmentarische ausweisen. Zum anderen lassen sich Bedeutung und Funktion für die Narration des Romans resümieren: Als Symbole einer ganzen europäischen Kulturtradition haben die Dinge nicht nur eine Speicherfunktion, sondern auch prophetische Fähigkeiten, die sie vom Fortgang der Geschichte künden lassen. Die Dinge entziehen sich dabei der immer unzuverlässiger werdenden Erzählerin und beginnen – wie etwa der Zettel – ihre eigene Geschichte zu erzählen, das Geschehen zusammenzufassen und es aus einer anderen Perspektive zu kommentieren.

IV.

Werden Lisa hier schon die eigenen Dinge fremd, gelingt es ihr erst recht nicht, in den fremden Dingen zu sich selbst zu kommen. »Oh, it fitted me like a glove«, erinnert sich Lisa in der englischen Ausgabe von *Lisas Zimmer*[12] an ihre Heimatstadt Wien – in der deutschen: »Sie paßte mir wie angegossen, diese Stadt. Sie war mein Element«, dort sei sie immer bei sich selbst gewesen (S. 61). Das Problem der fremden Dinge im Exil wird an Lisas und Leles Kleidern weniger als künstlerische Perso-

---

12 Spiel, Hilde: The Darkened Room. London 1961, S. 41.

nifikationen einer Identität wie in Lisas Frauenfiguren und -bildern, als vielmehr im Sinn einer körperlichen Entsprechung mit Alltagsdingen erprobt. Wiederum ist es ein Handschuh, dessen »geborstene Nähte« (S. 200) später von Lisas Scheitern im Exil künden und der für Lele nach dem Tod Lisas sogar in Erweiterung von Lisas Zimmer für New York einsteht:

> Selbst diese Stadt, dieses New York, erschien mir, als ich in dem leeren Zimmer stand, wie ein schmutziger Lederhandschuh, ein klebriges, übelriechendes Ding, beschmutzt von der Berührung mit Europa, dessen Hand immerfort von der anderen Seite des Ozeans nach ihm griff. (S. 285)

Anders als Lisa gelingt es Lele allerdings schon zuvor, die Erinnerung an ein Erlebnis »in eine Schublade« zu legen, »wie [...] ein Paar Abendhandschuhe, die sich für den einen und einzigen Ball gelohnt haben, an dem man sie trug« (S. 184) und damit Identitäten zu wechseln wie ihre Kleider.

Solch ein Kleiderwechsel glückt Lisa nicht, kann sie in amerikanischen Kleidern doch nicht zu sich selbst kommen: Zwar kauft Lisa amerikanische Kleider, kehrt jedoch sofort »reuig zu ihren römischen Kostümen und Abendroben zurück, die in den letzten drei oder vier Jahren nicht aus der Mode gekommen waren« (S. 94). An den Kleidern manifestiert sich dann die Unterscheidung europäischer und amerikanischer Dinge, wenn Lisa ihrem Mann erklärt, warum sie nun Lele die Kleider schenkt: »Weil sie ihr gut stehen mit ihrem faden Haar und blassen Teint. Sie sind schick, verstehst du, schicke Kleider. Aber ich bin nicht schick wie eure fünfzig Millionen amerikanischen Frauen am laufenden Band. Lele, wenn sie Glück hat, kann noch zu einer werden« (S. 95). Lisa formuliert hier also eine Deutung ihrer Entfremdung, die aus einem stereotypen Amerikabild resultiert: Technische Reproduzierbarkeit und Warenförmigkeit werden als topische Merkmale amerikanischer Dinge aufgerufen. Ihrer Gegenspielerin Lele scheinen die amerikanischen Kleider jedoch zunehmend zu passen. Was für Lisa Entfremdung heißt, bedeutet für Lele Befreiung: Am Anfang des Romans kauft sie sich in einem ersten Schritt dieses Befreiungsprozesses ein kanariengelbes Kleid und findet sich zum ersten Mal ganz ansehnlich – bis sie dann am Independence Day im Kreise der Familie ihres neuen amerikanischen Ehemanns eine »gute kleine Amerikanerin« (S. 134) wird.

Befreiung geschieht jedoch nicht nur durch einen einfachen Kleiderwechsel oder eine Überwindung jener Entfremdung in den amerikanischen Dingen, sondern erfordert auch eine andere Form von »Identität«: »Befreit ist nicht der Mensch in seiner idealen Realität, in seiner inneren Wahrheit oder seiner Transparenz«, schreibt Jean Baudrillard in seinen Amerikabetrachtungen. »[P]raktische Befreiung« bedeute, dass »der Mensch, der den Raum wechselt, der umhergeht, [...] Geschlecht, Kleidung und Lebensgewohnheiten je nach Mode und nicht nach der Moral wechselt«.[13] Nicht mehr jene »Seelenzergliederung« und die immer tiefer schürfende Suche nach einer Wahrheit »in ihrem eigenen Gemüt und in ihren Beziehungen zu anderen Menschen« (S. 198), mit denen Lisa ihre traumatische Exilerfahrung zu bearbeiten versucht, sondern die Abfolge von Identitäten ermöglicht Leles Befreiungsprozess (vgl. S. 173).[14] Was das genau bedeutet, lässt sich an einem weiteren Ding des Romans beobachten.

V.

Ein Zwiebelmustergeschirr markiert im Roman einen signifikanten Bruch: Als sich das Dienstmädchen Lele von ihrer ersten Arbeitgeberin, der Psychoanalytikerin Mrs. Langendorf trennt, bzw. sie sich von Lisa anheuern lässt, zerbricht ein Teil aus Mrs. Langendorfs Zwiebelmustergeschirr:

> Abe hatte, als er das Mittagessen auftrug, eine Saucière zerbrochen, die ein Teil des Eßgeschirrs mit dem Zwiebelmuster war. Die Schuld lag bei mir, denn ich hatte sie, mit Mayonnaise gefüllt, in den Kühlschrank gestellt, aus dem sie, als Abe mit seinen langen ungeschickten Fingern nach ihr griff, zu Boden gefallen war. Nun hatte ich mich längst darüber gewundert, daß man wünschen konnte, kalten Lachs von diesem schweren und altmodischen Porzellan zu speisen, das ursprünglich für riesige Braten und saftiges deutsches Schmorfleisch verfertigt worden war. Es war auch richtig, daß im Hause meiner Eltern, wie in so vielen wohlbestallten Familien Mitteleuropas und des Baltikums das gleiche Geschirr seit Generationen im Gebrauch war und immer weiter vererbt worden war. All das

---

13 Baudrillard, Jean: Amerika. München 1995, S. 137.
14 »Wenn ich in den Fährnissen der letzten Jahre eins gelernt habe, dann ist es dies: daß wir im Lauf unseres Lebens nicht nur ein, sondern viele verschiedene Wesen sind; daß uns nicht mehr Dauer, Einheit und Bestand innewohnen als einer ganzen Reihe von Generationen; und daß – wie in einer gewissen Zeitspanne unsere Haut von uns abfällt und unsere Blutkörperchen sich ersetzen, wodurch unser Körper immerfort erneuert und ausgewechselt wird – unsere Identität beständig abblättert und einer anderen Platz macht.« (S. 173) In der Forschungsliteratur ist diese Passage als »Entwurf einer (post)modernen Integrations- und Normalitätsbereitschaft« gelesen worden, »dessen vitale und humane Potenziale« ein (Über-)Leben im Exil ermöglichen (vgl. von der Lühe, Irmela: Von der Krankheit des Exils. Zu Hilde Spiels Roman *Lisas Zimmer*. In: Klaus Siebenhaar (Hg.): »Die Sprache der Bilder«. Hermann Haarmann zum 60. Geburtstag. Berlin 2006, S. 101–110; hier: S. 108.

> wußte Mrs. Langendorf. Mir aber war, wie sie ebenfalls wußte, wiederum bekannt, daß sie dieses Speiseservice von jener anderen Emigrantin gekauft hatte, bei der sie und ihr Mann anfangs untergebracht waren, ihren Gästen vermutlich sich selbst aber einzureden liebte, es sei das ihre, welches doch in Wahrheit in Wien zurückgeblieben war. Vielleicht gibt es wenige Frauen im näheren Umkreis von Deutschland, in denen ein altes Zwiebelmuster-Porzellan weder Neid noch Mißgunst erregt. Aber Mrs. Langendorf hatte unrecht, mir vorzuwerfen, ich hätte die Sauciere mit voller Absicht, wenn auch möglicherweise nicht bewußt, an den Rand des Kühlschranks gestellt, in der Hoffnung, daß sie beschädigt oder zerbrochen würde, in dem Wunsch, sie zu zerstören – aus Rache für mein verlorenes Elternhaus. (S. 44)

Das Zwiebelmustergeschirr stiftet den Zusammenhang von Generationen und die Zugehörigkeit zu einer »großdeutschen« Kultur, für die es dann symbolisch einsteht. Das von Mrs. Langendorf fetischisierte Zwiebelmustergeschirr erweist sich jedoch nur als Ersatz, der den Mangel einer bruchlosen Generationenabfolge und der kulturellen Identität überdeckt.

Dass Mrs. Langendorf Lele der absichtlichen Zerstörung des Geschirrs beschuldigt, lässt sich als Projektion beschreiben, die unkenntlich zu machen versucht, dass nie ihr eigenes war, was sie nun angeblich verloren hat. Eine Psychoanalyse, die ihr Beschreibungsinstrumentarium auf Gemeinschaften anwendet, beschreibt dieses Phänomen mit Blick auf neue und alte Nationalismen folgendermaßen:[15] Nationale Identität, schreibt Slavoj Žižek in einem programmatischen Aufsatz, stelle sich als ein Ding im übertragenen Sinn dar, »in dem sich das *Genießen* verkörpert«,[16] also eben jener Glaube an eine imaginäre Ganzheit und Zugehörigkeit, die auch das Zwiebelmustergeschirr zum Fetisch macht. Dieser Glaube ist immer bedroht: Den anderen, so Žižek, werde der Diebstahl des nationalen Dings und damit des Genießens unterstellt.[17] »Was wir verschleiern, indem wir dem Anderen den Diebstahl des Genießens zur Last legen, ist der traumatische Umstand, daß *wir das, was uns angeblich gestohlen wurde, niemals besessen haben*: Der Mangel (Kastration) ist ursprünglich, das Genießen konstituiert sich als gestohlenes«.[18] Indem sie Lele die Zerstörung ihres

---

15 Vgl. Žižek, Slavoj: Genieße Deine Nation wie Dich selbst! Der Andere und das Böse – Vom Begehren des ethnischen Dings. In: Joseph Vogl (Hg.): Gemeinschaften. Positionen zu einer Philosophie des Politischen. Frankfurt a. M. 1994, S. 133–164. Slavoj Žižek beobachtet vor allem ethnische Konflikte auf dem Balkan.
16 Ebd., S. 135.
17 Ebd., S. 137.
18 Ebd., S. 138.

Geschirrs ebenso unterstellt wie Neid auf eine Ganzheit – in deren Besitz sie sich ja phantasmatisch wähnt –, versucht Mrs. Langendorf demnach jenen »traumatische[n] Umstand« ihres grundlegenden Mangels zu überdecken, der sich im Roman im Verlust von Familie und Heimat begründet.

Dass Mrs. Langendorf jedoch mit ihrem Vorwurf nicht ganz Unrecht hat, zeigt sich gerade in Leles Beschreibung[19]: Ihre »Verwunderung« über koscheres Essen im deutschen Zwiebelmustergeschirr versucht anzudeuten, dass Mrs. Langendorf zwar behauptet, einer über das Geschirr vermittelten deutschen Esstradition und -kultur anzugehören, von der sie als Jüdin aber immer schon ausgeschlossen gewesen sei; Leles Wissen um den Kauf des Geschirrs macht es zudem anstatt zum Symbol für eine Kulturtradition zur Ware, die nicht als Besitz, sondern nur in der Zirkulation einen Wert hat. Jedoch erweist sich letztlich nicht der kalte Lachs mit Mayonnaise als unpassend für das deutsche Geschirr, sondern umgekehrt das sperrige Zwiebelmustergeschirr für amerikanische Speisen und für die Verwendung in solch amerikanischen Geräten wie einem Kühlschrank ungeeignet. Das Zwiebelmustergeschirr ermöglicht Gemeinschaftsstiftung in der Wärme des Schmorbratens, die zur zeitgleichen Anwesenheit aller am Tisch zwingt; die Zirkulation der Saucière verbindet nicht nur die Essenden, sondern ihr Inhalt ebenfalls die Bestandteile des Gerichts. Die Möglichkeit, zubereitete Speisen im Kühlschrank zur Verfügung zu halten, erfordert jene warme Gemeinsamkeit nicht mehr: Das Geschirr kann in Amerika nicht mehr auf die gleiche Weise gemeinsame Erinnerung und Identität stiften, was in seiner Zerstörung konsequenten Ausdruck findet.

Mit der Saucière zerbricht das Dienstmädchen aber mehr als die Illusion von Zugehörigkeit: Stellt sich die gemeinsame Nahrungsaufnahme in der Kommunion und im Gastmahl als Urszene von Gemeinschaft dar, so wird das Tischgerät aus medienwissenschaftlicher Perspektive zur Voraussetzung für die symbolische Gemeinschaftsstiftung, erweist

---

19 Eine Passage aus Freuds Ausführungen über den Witz scheint Leles Beschreibung zu kommentieren, leitet Freud doch aus einem Witz über »Lachs mit Mayonnaise« die Technik der »Verschiebung« her, die sich in einer »Ablenkung des Gedankenganges« äußert, der »Verschiebung des psychischen Akzents auf ein anderes als das angefangene Thema« (Freud, Sigmund: Der Witz und seine Beziehung zum Unbewussten. In: Ders.: Studienausgabe. Hg. von Alexander Mitscherlich, Angela Richards und James Strachey. Bd. IV: Psychologische Schriften. Frankfurt a. M. 2000, S. 9–219; hier: S. 51). Dass sich der Konflikt im Roman gerade an »Lachs mit Mayonnaise« zeigt, macht Leles Argumentation als eine solche »Ablenkung des Gedankenganges«, also als Hinweis auf ein Trauma lesbar.

es sich doch als dasjenige Medium, das beim Essen zuallererst Materie in zu essende und nicht zu essende unterteilt.

> Tischgeräte sind Bedingungen der Möglichkeit (technische Apriori) dafür, dass das Teilen und Zuteilen der Speisen ein von allen Anteilen des Realen (Schmutz, Störung, Rauschen) gereinigtes symbolisches Geschehen sein kann. Das Transzendieren der Materie [...] will erst einmal technisch hergestellt werden,

schreibt Bernhard Siegert in einem Entwurf zur »Medientheorie des Tischgeräts«.[20]

Das Essgeschirr macht eine Teilung der Materie – das Brechen des Brotes als Symbolon – möglich, die als geteilte dann Bedeutung, Identität und damit Gemeinschaft und ihre symbolischen Repräsentationen produziert.[21] Zugleich hält das Tischgerät damit die Unterscheidung von Essendem und Essen aufrecht, hält Subjekte und Objekte beim Essen auseinander – was sich etwa im eucharistischen Opfer noch vermischte.[22] Geschirr unterbindet die Kontaminierung des Essens mit dem Körper des Essenden und weist daher »auf die symbolische Kastration, die es erlaubt, aus der Zirkulation des Realen eine symbolische Ordnung zu konstruieren«.[23] Was das Dienstmädchen mit dem Geschirr also zerbrochen hat, ist nicht weniger als eine Möglichkeitsbedingung jener symbolischen Ordnung, die das »Transzendieren der Materie«, die Bedeutsamkeit von Dingen, ihre Speicherfunktion für Erinnerung und symbolische Gemeinschaftsstiftung überhaupt erst hervorbringt. Dass damit zugleich die konstitutive Unterscheidung von Subjekt und Objekt bzw. Ding hinfällig wird, zeigen Leles kannibalische Fantasien, die sie mit der Zerstörung des Zwiebelmustergeschirrs verbindet und in denen sie selbst sogar zum Objekt wird:

> Jetzt aber wußte ich, ich würde mich lieber von Lisa in Stücke schneiden und an Stelle ihrer üblichen Omelette mit Salat zum Abendessen verspeisen lassen, statt weiter in dem bittern giftigen Teich umherzuschwimmen, in dem Mrs. Langendorf mich gefangenhielt. (S. 45)

---

20 Siegert, Bernhard: »Tier essen – Gott essen – Mensch essen. Variationen des Abendmahls«. In: Hendrik Blumentrath u. a. (Hg.): Techniken der Übereinkunft. Zur Medialität des Politischen. Berlin 2009, S. 147–168; hier: S. 159 und 161.
21 Vgl. ebd., S. 155.
22 Vgl. ebd., S. 161.
23 Ebd., S. 163. Während sich bei Lisa das »Reale« des Exils als Tumor manifestiert, scheint Mrs. Langendorf sich geradezu mit »wohlgeschnürte[m] Busen« (S. 38) und »wohlkorsettiert« (S. 223) dagegen zu panzern, wie etwa »durch Fettcrème und Lockenwickler gegen den allnächtlichen Ansturm des Alters« (S. 89).

VI.

Der Bruch des Exils zerstört nicht nur die Möglichkeitsbedingung von Gemeinschaft und symbolischer Ordnung und ebnet die konstitutive Unterscheidung von Subjekt und Objekt ein, sondern scheint damit auch jene Form von Identität und Beheimatung zu ermöglichen, die Lele am Ende des Romans zur »gute[n] kleine[n] Amerikanerin« (S. 134) macht. Der Roman beschreibt die Rolle der Dinge, gleichsam die B*eding*ungen der Beheimatung in zwei Konstellationen. In vorsymbolischer Entsprechung vollzieht sich die Reisebewegung Leles durch die neue Heimat: Ihre Fahrt nach Westen parallelisiert die Schwingungen amerikanischer Musik, des Autos und der durchquerten Landschaft. Leles Sohn »kaute Popkorn und horchte den Swingmelodien in dem knatternden alten Radioapparat. Auch wir schwangen dahin. Das Land ringsum war grün und lieblich mit seinen Hügeln und Feldern« (S. 288). Zugleich gestaltet sich Leles Aufnahme in der neuen Heimat, in der neuen Familie mit dem Verspeisen »unzählige[r] Coca-Colas«, »Flapjacks und Hamburgers und Hot Dogs und große Mengen von Eiscrème« (S. 291 f.) als metaphorischer Akt der Aufnahme, als Einverleibung. Die Begeisterung von Leles neu gegründeter Familie für Rodeo und Cowboyhüte nutzt darüber hinaus bekannte Klischees, um den Vollzug ihrer Assimilation zu bezeugen (S. 291 f.). Insofern ist das Verhältnis zu amerikanischen Dingen hier zunächst nicht durch Symbolisierungen bestimmt, sondern besteht in ganz konkretem, körperlichen Kontakt (wie etwa schon die Passung amerikanischer Kleider). Eine amerikanische Dingordnung erscheint demnach durch Kontiguitäten strukturiert. Im Bild des Landes, das sich auf der Fahrt nach Westen unter Leles »Füße wie ein Teppich« breitet (S. 288–289), in der expliziten Bezugnahme auf amerikanische Pioniere (S. 292–293) oder im Märchen von John Appleseed, das Leles Kind schon zu Beginn des Romans liest (S. 8), werden dagegen koloniale Diskurse offensichtlich, die Leles Geburt als Amerikanerin mit einer Landnahme und damit der Errichtung einer neuen symbolischen Ordnung engführt. Widerstand gegen beide Narrationen, die von einer Rückkehr in einen paradiesischen Zustand der Einheit und von der Errichtung einer neuen symbolischen Ordnung berichten, leisten jene auch als Paradiesfrüchte bekannten Erdbeeren, deren Verzehr »fiebrige[n] Ausschlag« (S. 292) bei Lele auslöst. Diese Deutung präsentiert sich Leser und Leserin als Ergebnis ihres europäischen Drangs »immer tiefer zu schürfen«, um auf eine tiefere »Ebene der Wahrheit« zu stoßen (S. 198). Leles Erzählung dagegen verweigert sich einer expliziten Deutung dieses Vorkommnisses und hält sich damit an das amerikanisch »Offenkundige« (S. 8).

Hilde Spiels Roman entwirft, so ließen sich die vorangegangenen Beobachtungen zusammenfassen, eine Typologie der Beziehungen von Subjekt und Dingen und verhandelt darüber verschiedene Ordnungen europäischer und amerikanischer Dinge im Exil. In der Erinnerung der Exilanten präsentieren sich Dinge als Symbole einer europäischen Ordnung, die Identität erzeugen und das Subjekt zu sich selbst kommen lassen. Dinge garantieren Zugehörigkeit zur Kulturtradition und stiften die Gemeinschaft, für die sie symbolisch einstehen (Mobiliar, europäische Kleider, Zwiebelmustergeschirr). Im Exil dann erscheinen europäische Dinge mit der Fülle von kulturellen und literarischen Referenzen, Verweisen und Bedeutungen semantisch überladen, um den traumatischen Mangel und Verlust jener europäischen Ordnung zu verdecken, die ihnen Bedeutung und identitätsstiftendes Potenzial verliehen hatte (Frauenfiguren und -bilder). Dass die europäischen Dinge als Fetische beschrieben werden, weist sie als Gegenstände eines Alterisierungsdiskurses der Erzählerin aus, haben doch – das zeigt schon die Herkunft des Fetischbegriffs aus dem Kolonialdiskurs – immer nur die anderen Fetische.[24] Leles Beschreibung lässt also europäische zu fremden Dingen werden und stellt ihre Bedeutsamkeit und Macht als Bedingungen von Identität infrage (Koffer und sein Inhalt). Im Exil teilen diese Dinge dann nicht nur das Schicksal jedes modernen Zeichens, das immer nur auf andere verweisen kann, sondern erweisen sich immer als Ort, an dem das Reale, das fremde, das warenförmige Ding europäische Bedeutungsstrukturen aussetzt (Kleider, Geschirr). Die Möglichkeitsbedingung einer symbolischen Ordnung, Erinnerung, Subjektwerdung ebenso wie die Unterscheidung von Subjekt und Objekt steht damit zur Disposition. Nach dem Verlust der europäischen Dinge durch das Exil können amerikanische Dinge sie nicht einfach ersetzen und in die Funktion eintreten, Identität und Gemeinschaft ebenso wie ihre Symbolisierungen zu stiften (amerikanische Kleider), weil mit den europäischen Dingen die Form der Symbolisierung und die Möglichkeitsbedingungen bedeutungsstiftender Ordnung verloren gegangen sind. Das Versprechen der amerikanischen Dinge liegt dagegen in ihrer Bedeutungslosigkeit und einer anderen Dingordnung, die eher durch Kontiguität als durch Symbolisierungen strukturiert scheint (amerikanische Kleider und Speisen, automobile Bewegung durch die Landschaft).

---

24 Vgl. dazu etwa Kimmich: Lebendige Dinge in der Moderne (s. Anm. 5), S. 21–22.

VII.

»IN HOC SIGNO VINCES« (S. 210) hatte Lisa auf der Pall-Mall-Zigarettenschachtel ihres späteren Ehemanns Jeff in Rom gelesen und diese »heiligen Worten des Abendlandes« als Omen gedeutet (S. 210): Im Glauben, jenes Zeichen bedeute die Macht einer Neuen Welt, die das »Europa in ihr« besiegen und sie von ihren traumatischen Erinnerungen befreien könne, wandert Lisa nach New York aus (S. 210). Als Innenarchitekt hätte Jeff nicht nur für die Einrichtung von Lisas Zimmer, sondern auch für Lisas Einrichtung im Exil sorgen müssen. Inneneinrichtung hat jedoch eine Immobilie zur Voraussetzung, die die Errichtung einer Dingordnung begründet – diesen Bezugsrahmen sowie eine aus ihm hervorgehende Form der Identitätsstiftung und Symbolisierung kann es für Exilanten jedoch nur noch als brüchiges Phantasma geben. Im Zeichen Amerikas gelingt es Jeff nicht, eine neue symbolische Ordnung zu errichten, in der Lisa erneut zu sich selbst kommen und Europa vergessen könnte: »Ja, sie haßte ihn, weil er das Europa in ihr nicht besiegen konnte, weil er Amerikas Übermacht mit einer Flasche Kornwhisky versoff« (S. 139). Lisa hätte das jedoch schon ahnen können, hätte sie auf der Zigarettenschachtel weitergelesen: »Where Particular People Congregate« heißt es dort – wo immer sich besondere Menschen um das mobile Herdfeuer der Zigarette versammeln, entsteht Gemeinschaft. Nicht auf der Grundlage einer als Immobilie eingerichteten, neuen symbolischen Ordnung kann Jeff so etwas wie Heilung herbeiführen, sondern nur mit mobilen Dingen und in jener Bewegung, jenem Raumwechsel, der mit dem Wechsel der Identitäten einhergeht, den Baudrillard in seinen Amerikabetrachtungen als »praktische Befreiung« beschrieben hat. Nicht zuletzt findet Jeff sein Glück erst als Automechaniker, den also das Funktionieren jener Bewegungen beschäftigt: »Auf seine Art mag es für ihn so befriedigend sein wie für einen Arzt die Heilung seiner Kranken« (S. 294), schreibt Lele am Ende ihres Berichts. Der Roman charakterisiert den Prozess der Befreiung von Europa und der traumatischen Erfahrung des Exils, den die Figur der Lele vollzieht, als Amerikanisierung. Um die Mobilität und Oberflächlichkeit von Dingen im Exil zu beschreiben, nutzt der Roman also bekannte Topoi von Warenkritik, Amerikabeschreibung und geschichtsphilosophischen Theorien wie sie etwa noch in Baudrillards Amerikabetrachtungen wirksam sind.

Der Sieg, der im Zeichen Amerikas geschehen sollte, um das Exil zu beenden, erweist sich im Roman dabei als ein »Sieg« über Zeichen, über die Zeichenhaftigkeit von Dingen überhaupt: Keines der europäischen Dinge, noch nicht einmal der Band lettischer Volkssagen, der an Leles glückliche Kindheit erinnert, begleitet Lele in ihr neues Leben (vgl. S. 288, 294). Folglich können die exilierten Dinge keine Identität stiftende, symbolische Ordnung mehr ein- bzw. errichten; die fremden Dinge, denen die Subjekte im Exil begegnen, sind kein Ersatz: Die Beziehung zwischen Subjekt und Ding ändert sich und entsteht nur noch im körperlichen Kontakt einer unmittelbaren Übertragung – in dieser Welt werden Dinge nicht mehr zu Zeichen. Das Versprechen der fremden Dinge, das Trauma des Exils zu überwinden, erfüllt sich nur in ihrer Mobilität, durch die sie immer bedeutungs- und geschichtslos bleiben. Einem solchen Ende des Exils gegenüber bleibt der Roman ambivalent: Leles neuweltlicher Diskurs bleibt etwa in der Beschreibung einer »hundertfarbig« (S. 293) im Pazifik versinkenden Sonne am Ende des Romans beim »Offenkundigen« (S. 8); den Lesern und Leserinnen jedoch, die vielleicht ganz europäisch nach einer weiteren Bedeutung suchen, scheint der »flammende« (S. 234) Abendhimmel, statt die neue Heimat an der amerikanischen Pazifikküste zu beschreiben, vom Untergang des Abendlandes, wenn nicht sogar vom Jüngsten Gericht (vgl. S. 299) zu künden.

Linda Maeding

Dingwelten in Auflösung: Zum Traumcharakter des Exils bei Rudolf Leonhard und María Teresa León

Dieser Beitrag geht der Frage nach, was mit den Dingen geschieht in Texten des Exils, die in erster Linie deren Fremdwerden oder gar Auflösung thematisieren. Wie beeinflusst der Verlust von Vertrautem im Exil die Wahrnehmung der Dinge, die nur noch erinnerte Dinge sind, die nicht mehr selbstverständlich zur Verfügung stehen oder durch Versetzung in eine andere Umgebung fremd geworden sind? Ausgangspunkt meiner Untersuchung ist die Beobachtung einer problematischen, gar gestörten Beziehung zu den Dingen in vielen autobiografischen Texten des deutschen und spanischen Exils: Die Dinge haben hier offensichtlich an Evidenz verloren. Dass ein Zusammenhang besteht zwischen diesem veränderten Blick auf die Dinge und einem durch die Vertreibung bis in die Grundfesten erschütterten Selbstverständnis, suggeriert die metanarrative Autobiografie *Narziß mit Brille* des exilierten Autors Bernhard Blume:

> Ich bewege mich nach keiner Richtung, sondern liege wie eine Kugel auf einem verlassenen Billardtisch. Könnte es sein, daß ich mich gar nicht, wie ich mir einbilde, an dem übergeordneten Punkt befinde, von dem aus ich mich in Freiheit, nach Gutdünken, der einen oder der anderen Lebenssphäre zuwenden kann, sondern daß dies das äußerste Exil ist, der Ort, der mir klar macht, daß ich aus beiden Lebenssphären ausgeschlossen bin, daß ich *alles* verloren habe?[1]

Blume reflektiert an dieser Stelle seiner ansonsten auffällig abstrakten und dinglosen Autobiografie die Zweifel hinsichtlich seines Lebens zwischen den Welten, zwischen Deutschland und seinem Aufnahmeland USA. Heimisch fühlt er sich in keiner der beiden Umgebungen, die auch tatsächlich weder in den Beschreibungen der Vergangenheit noch in jenen der Schreibgegenwart den Eindruck einer bewohnten Umgebung vermitteln. Zwei Aspekte kommen in diesem Fragment gebliebenen Werk zur Sprache, die entscheidend für die Entwicklung meiner Argumentation sind: die grundlegende Erfahrung des Verlusts

---

[1] Blume, Bernhard: Narziß mit Brille. Kapitel einer Autobiographie. Aus dem Nachlaß zusammengestellt und herausgegeben von Fritz Martini und Egon Schwarz. Heidelberg 1985, S. 27.

als Quelle eines neu zu definierenden Verhältnisses zu den Dingen sowie die gestörte Verbindung von Subjekt und Ding, hier in einem Vergleich – das verdinglichte Ich, das Ich als Ding – auf die Spitze getrieben.

Ebenso wie in der symbolischen Selbstbeschreibung als Billardkugel wird in den im Folgenden vorzustellenden Werken von Rudolf Leonhard und María Teresa León kaum einmal das Verhältnis zu konkreten Dingen thematisiert. Ich ziehe deshalb für diesen Kontext den Begriff der Dingwelt vor, um eine mit Dingen bestückte Umgebung zu bezeichnen, in der es nicht unbedingt auf das einzelne Ding ankommt; eine Umgebung, in der gewöhnlich allein durch die Anordnung der Dinge bereits der Eindruck von Vertrautheit, Strukturiertheit und Sinnhaftigkeit entsteht. In den Texten der erwähnten Autoren gibt es diese Dingwelt nur noch im Prozess ihrer Auflösung, als ferne Erinnerung und Negativabdruck. Wenn es in meinem Beitrag also immer wieder auch um abwesende Dinge geht und um die Entfremdung von den gewohnten Dingen, so wird »Exil« in dieser Lesart zunächst einmal als Entzug bestimmt. Allerdings wird diese negative Erfahrung des Verlusts zum Ausgangsmoment einer *poiesis*, die sich in der ästhetischen und motivischen Formgebung in ein Positives kehrt.

Verzerrung und Auflösung der Dingwelt sind in einer ganzen Reihe von Texten des Exils an den Traum als Medium dieser Phänomene gebunden. Walter Benjamin ist dank seiner theoretischen Untermauerung dieses Verhältnisses sicherlich einer der bekanntesten Vordenker einer geträumten Dingwelt, die hier auch am Beispiel weniger rezipierter Texte analysiert werden soll. Dass die Dinge im Traum ihr fremdes Gesicht zeigen, dass sie sich entgegen aller Wahrscheinlichkeit auflösen und sich unserem Zugriff entziehen, ist eine Erfahrung, die jeder träumende Mensch macht. Doch jenseits dieses Gemeinplatzes geht der Traum mit der Exilerfahrung eine ebenso erhellende wie erhellungsbedürftige Konstellation ein: Als »fiktive Seinsweise«[2] wurde das Exil mitunter beschrieben, als irreal, schwebend, traumhaft. Um diese Nähe von Traum und Exil in Texten zu analysieren, muss man sich zunächst einmal vor Augen führen, in welchen Formen und Ausprägungen das Traumelement in der Literatur überhaupt ausfindig zu machen ist: Typologisch gesprochen handelt es sich bei Texten, die im Verhältnis zu Traum und Traumwelt stehen, entweder um Traumnotate, Traumaufzeichnungen und somit im unmittelbaren Sinn um Traumtexte; um

---

2 Vgl. Faber, Sebastiaan: Un pasado que no fue, un futuro imposible. Juegos parahistóricos en los cuentos del exilio de Max Aub, unter: http://clio.rediris.es/exilio/Aub/aub.htm [abgerufen: 25.06.2013].

Texte, die sich durch eine onirische Schreibweise³ auszeichnen, ohne notwendigerweise manifest von Träumen zu handeln; oder aber um Texte, in denen »Traum« eine Metapher ist, z.B. in Form eines Wunschbildes oder im Rahmen einer Utopie.⁴ Diese Spielarten des Traum-Schreibens haben gemein, Dingwelten auf die eine oder andere Weise aufzulösen und zu transzendieren.

Den Mittelpunkt meiner Analysen im vorliegenden Beitrag bilden Rudolf Leonhards *Traumbuch des Exils* (erstmals veröffentlicht 2001 unter dem Titel *In derselben Nacht*), ein Traumtext im oben beschriebenen Sinne, und María Teresa Leóns Autobiografie *Memoria de la melancolía* (1970 im Exil veröffentlicht), in der sich eine onirische Schreibweise identifizieren lässt: assoziativ, stimmungsreich, nichtchronologisch, das Erzählte nicht logisch begründbar. Beide Autoren tauchen die Dinge in ein unwirkliches Licht, doch während Leonhards Text explizit Dingwelten fokussiert und ihre Verfremdung thematisiert, weicht León der direkten Konfrontation mit den Dingen aus und konzentriert sich auf die von ihnen hinterlassenen Spuren. Der Annäherung an diese Texte dienen einige Betrachtungen Walter Benjamins, der Traum- und Dingwelt insbesondere im *Passagen-Werk* programmatisch verbindet und daher in diesem Zusammenhang einige wertvolle Anregungen zu geben verspricht.

I. Zur Auswahl der Texte

Die Textgrundlage bilden aufgrund der Gattungsaffinität zu Traumaufzeichnungen ebenso wie zu einem ausgeprägt autoreflexiven Diskurs autobiografische Werke des deutschen und spanischen Exils nach 1933 bzw. 1936. Eine komparatistische Betrachtung von Texten beider Exile ist aufgrund der zeitlichen Nähe und biografischer wie geografischer Überschneidungen beider Exilerfahrungen nicht nur gerechtfertigt, sondern sogar notwendig. So entstand beispielsweise Leonhards Text Anfang der 1940er-Jahre in einem der südfranzösischen Lager, in denen

---
3 Unter einer onirischen Schreibweise wird allgemein und dem spanischen Sprachgebrauch (»onírico«) gemäß eine »traumhafte Schreibweise« verstanden, die textpoetisch unterschiedlich realisiert wird. Vgl. zum Begriff auch die Studie von Goumegou, Susanne und Marie Guthmüller (Hg.): Traumwissen und Traumpoetik. Onirische Schreibweisen von der literarischen Moderne bis zur Gegenwart. Würzburg 2011.
4 Siehe zu einer Begriffsbestimmung von Traumtexttypen auch Goumegou, Susanne und Marie Guthmüller: Traumwissen und Traumpoetik: Zur Einführung. In: Dies. (Hg.): Traumwissen und Traumpoetik. (s. Anm. 3), S. 7–18. Der Begriff »Traumtext« umfasst hier die beiden ersten von mir aufgeführten Typen: »Texte, die Träume erzählen oder die im Modus der Traumhaftigkeit operieren« (ebd., S. 8).

sowohl deutsche als auch spanische Exilanten interniert waren. Die Entstehungsbedingungen der frühen Exiltexte sind für beide Exile daher vergleichbar. Einer der gewichtigsten Unterschiede dagegen, der zudem in einer signifikanten, wenn auch indirekten Beziehung zum Traumcharakter vieler Texte steht, betrifft die Dauer des eigentlichen Exils, das sich im spanischen Fall bis 1975 zieht. Es handelt sich damit um eine außerordentlich lange Exilsituation: Dass Leóns Erinnerungen erst in den 1960er-Jahren entstanden sind, mag den Traumeindruck also noch einmal verstärken. Die zunehmende zeitliche Distanz trägt – so steht nicht zuletzt angesichts eines Vergleichs mit frühen Werken der Autorin zu vermuten – erheblich zum onirischen Charakter des Schreibens bei, ebenso wie das bewusst erlebte Altern im Exil zur allmählichen Auflösung der Dinge in der Wahrnehmung der Autobiografin. Critchfield befand das »psychologisch so verheerende Schrumpfen der Zukunftsperspektive«[5] als charakteristisch für die Exilautobiografik – die Wahrnehmung der Dinge ist von der verschärften Bewusstwerdung über das Altern im Exil deshalb betroffen, weil sie vor dem Hintergrund eines zusammenbrechenden Erwartungshorizonts ebenfalls an Gewicht verlieren und infrage gestellt werden.

II. Dingwelt und Traum

Benjamin verbindet die zwei Sphären Traum und Dingwelt im Kontext einer politisch gewendeten Kritik zu einer Konstellation, indem er die Überbleibsel des 19. Jahrhunderts – Spuren eines einstigen Aufbruchs, wie allen voran die *Pariser Passagen* – als »Rückstände einer Traumwelt«[6] interpretiert, die die kommende Epoche – die unsere – geträumt, d.h. träumend antizipiert hatte. Vielsagender noch als das bekannte Beispiel der *Passagen* ist im Exilkontext das Interieur als Zufluchtsstätte, das vom Sammler als wahrhaftigem Bewohner des Interieurs beherrscht wird, und in dem »die Dinge von der Fron frei sind, nützlich zu sein.«[7] Sie sind die Bestandteile der Sammlung, die im Exil aufgrund der Schwierigkeit ihres Transports und ihrer Aufbewahrung von bri-

---

[5] Critchfield, Richard: Einige Überlegungen zur Problematik der Exilautobiographik. In: Exilforschung 2 (1984): Erinnerungen ans Exil – kritische Lektüre der Autobiographien nach 1933 und andere Themen, S. 41–55; hier: S. 52.

[6] Benjamin, Walter: Paris, die Hauptstadt des XIX. Jahrhunderts. In: Ders.: Gesammelte Schriften. Bd. V, 1: Das Passagen-Werk. Hg. von Rolf Tiedemann. Frankfurt a.M. 1982, S. 45–59; hier: S. 59.

[7] Ebd., S. 53.

santer Relevanz ist,[8] und sie sind auch im Traum frei von Nutzbarkeitserwägungen. Doch im Interieur, das in der Exilliteratur in seiner ihm von Benjamin zugesprochenen Form eine geringere Rolle spielt, sind die Dinge nicht nur nutzfrei und haben ihren Warencharakter abgestreift. Im Interieur wird gewohnt, und Wohnen bedeutet mit Benjamin, Spuren zu hinterlassen. Wo hinterlässt der Exilant aber Spuren? Zumindest nicht primär in den Dingen. In der Tat ist das Problem der Spur – oder stärker noch: der *fehlenden* Spur – etwas, das viele Exilautoren umtreibt in ihren Texten. Es treibt auf noch eindringlichere Weise aber den Allegoriker, zumindest den Benjamin'schen Allegoriker, um. Denn dieser ist ein historischer Spurenleser, der sein Material nicht nur und nicht einmal primär in den traditionell als historisch bedeutsam anerkannten Quellen und Dokumenten findet, sondern in kaum beachteten und vergessenen Dingwelten wie jenen der *Pariser Passagen*. In ihnen liest der Allegoriker die Signatur unserer Zeit, indem er in ihnen historische Paradigmen dechiffriert, wie beispielsweise in den Konstruktionen der Pariser Weltausstellung das Versprechen auf Fortschritt. Wenn der deutsch-jüdische Kulturtheoretiker nun die Allegorie im Unterschied zum Symbol als eine Figur versteht, die eine *Differenz* und nicht etwa die Identität von Allgemeinem und Besonderem markiert,[9] so wird die Anschlussfähigkeit dieses Konzepts im Exilkontext sichtbar: Allgemeines und Besonderes, Zeichen und Bezeichnetes treten auseinander, wo soziale Rahmen sich als labil erweisen und Bedeutungsordnungen neu konstruiert und vor allem neu gelesen werden müssen.

In einer komplexen Synthese aus Erinnerung, Imagination und Ding-Wahrnehmung erkennt Benjamin als Allegoriker im Pariser Exil die Monumente der Bourgeoisie bereits als Ruinen, »noch ehe sie zerfallen sind«.[10] Der Blick des Allegorikers ist dabei »der Blick des Entfremdeten«[11] – es ist hier zugleich der Blick des Exilanten. Dieses antizipierende Moment, die Evokation der heraufziehenden Katastrophe, die Überblendung kultureller und industrieller Errungenschaften mit deren eigenen Trümmern ist auch in Leonhards Traumbuch gegeben, wenn auch nicht mit einem historisch-emanzipativen Anspruch

---

8 Siehe dazu den aus dem Exil angestellten Versuch der geistigen Rekonstruktion einer aufgelösten Büchersammlung in Mehring, Walter: Die Verlorene Bibliothek. Autobiographie einer Kultur [1951]. Hamburg 1952.
9 Vgl. Benjamin, Walter: Ursprung des deutschen Trauerspiels. In: Ders.: Gesammelte Schriften. Bd I, 1: Abhandlungen. Hg. von Hermann Schweppenhäuser und Rolf Tiedemann. Frankfurt a. M. 1974, S. 352. Mit dieser Bestimmung ließe sich auch Adornos utopische Vorstellung des Nichtidentitären verbinden.
10 Benjamin: Paris, die Hauptstadt (s. Anm. 6), S. 59.
11 Ebd., S. 54.

verbunden wie bei Benjamin. Die meisten Texte des Exils, die Traum- und Dingwelten evozieren, zeichnet eine umgekehrte Bewegung aus, nicht die Zukunft antizipierend, sondern die auch räumlich entschwundene Vergangenheit rückblickend rekonstruierend. Ein auch in poetologischer Hinsicht komplexes Beispiel bietet dafür Max Aubs apokryphe Biografie *Jusep Torres Campalans* (1958). In dem Roman, der sich als Biografie des exilierten Malers gleichen Namens ausgibt, wird die Dingwelt des mit der Flucht Verlorenen in Gestalt eines fiktiven Werkkatalogs des Künstlers noch einmal materiell und verkörpert ein utopisches Traumbild – ein Traumbild der Welt vor dem Bürgerkrieg, die Aub in vielen Schriften beschwört, die hier aber gebunden ist an einen Katalog von Gemälden und Zeichnungen, die Krieg und Vertreibung entweder nicht überdauert haben oder in aller Welt verstreut sind. Was bleibt, ist der Katalog, der Campalans' Kunst auch topografisch erfasst, ihre Maße, ihre Maltechniken, soweit bekannt auch ihre Besitzerverhältnisse – eine ganze Reihe materialer Daten, die die Existenz dieser in der Nähe von Picasso und Gris entstandenen Kunst beglaubigen sollen.[12]

Was jedoch in Aubs fiktivem Textgedächtnis des Katalogs an Form gewinnt, verbirgt im Traum seine Auflösung nicht mehr. Dies liegt nicht zuletzt am liminalen Status des Traums zwischen der Verwertung von Erlebtem und der Antizipation von Erwartetem (ersehnt oder befürchtet). Wenn Benjamin nun von einer grundlegenden Zweideutigkeit der Dinge (er schreibt »Erzeugnisse«) einer Epoche ausgeht, so ist das dialektische Bild dieser Zweideutigkeit als »Traumbild«[13] deshalb von Interesse, weil es in der überkommenen Dingwelt die uneingelösten Versprechen und unabgegoltenen Ansprüche der Vergangenheit gegenüber der Gegenwart erkennt. Der Exilant als eine Figur, die wie Klees bzw. Benjamins Angelus Novus den Blick auf die Trümmer der Vergangenheit richtet, vermag diese Doppeldeutigkeit treffend auszumachen.

Die Dinge der Vergangenheit sind immer mehr als ihre materielle Oberfläche, bezeichnen mehr als ihre Funktionalität oder auch ihre heutige Nutzlosigkeit. In ihnen lässt sich das kollektive Unbewusste der Moderne lesen, das Hoffnungen und Wunscherfüllungen in die

---

[12] Der Roman wurde zunächst tatsächlich als Biografie rezipiert und erst später als Coup »entlarvt«. Dies hat zweifellos mit den Abdrucken der Gemälde im Buch sowie dem genannten Werkkatalog zu tun, der als Annex die Begegnungen und Gespräche des Erzählers Aub mit Campalans im mexikanischen Exil autorisiert (vgl. Aub, Max: Jusep Torres Campalans [1958]. Barcelona 1970, hier insbesondere den »Cátalogo«, S. 329–344).
[13] Benjamin: Paris, die Hauptstadt (s. Anm. 6), S. 55.

Dinge projiziert, die meist historisch unrealisiert blieben. Der erkennende Blick muss das »Traum- und Geschichtsdickicht«[14] durchdringen, um dieses Offene einer im Übrigen bereits abgelegten, veralteten oder zurückgelassenen Dingwelt freizulegen. Benjamins Interesse am Traum, so wird an dieser Stelle deutlich, ist ein epistemologisches. Somit kann er das Verharren im Traumzustand, wie er es etwa im Surrealismus wahrnimmt, nicht gutheißen. Was den Kulturphilosophen vielmehr interessiert, ist der Moment des Erwachens: Der Traum ist für ihn das geschichtliche Unbewusste, aus dem es sich zu befreien gilt, die »Verwertung der Traumelemente beim Erwachen«[15] der entscheidende Aspekt. Inwiefern sich Benjamins suggestives Denken als anschlussfähig erweist für die im Exil entstandene Literatur über Traum- und Dingwelten, zeigt sich an den Traumaufzeichnungen Leonhards. Zwar sind diese Aufzeichnungen einer Literatur zuzurechnen, die die beschriebene Verbindung nicht wie Benjamin mit Blick auf die gesellschaftlich-politische Emanzipation denkt, sondern tendenziell introspektiv (wie es das Medium Traum zunächst auch nahe legt) auf das träumende Subjekt bezieht. Leonhards Traum-Schreiben – noch radikaler wird dies bei León der Fall sein – gibt Auskunft über die individuelle Verfassung des schreibenden Autors, über eine »Exilsubjektivität«, weniger über ein gesellschaftliches Kollektiv. Dennoch springt mit Blick auf die allegorische Traum-Ding-Konstellation die Verwandtschaft zwischen dem *Passagen-Werk* und Leonhards *Traumbuch* ins Auge. Darauf hat bereits Leonhards Herausgeber hingewiesen: Suchte Benjamin den

> Trauminhalt einer Epoche aus zurückbelassenen gegenständlichen Trümmern zu rekonstruieren, so sammelt Leonhard Relikte einer individuellen Traum-Biographie, in denen er neben Privatem das Zeitalter sich ausdrücken sieht. [...] Das Material strukturiert die Geschichte, nicht vorgedachte oder im nachhinein hineinprojizierte großen Linien. Bruchstellen, Auslassungen werden nicht verdeckt, sondern ausgestellt.[16]

---

14 Benjamin, Walter: Traumkitsch. In: Ders.: Gesammelte Schriften. Bd. II, 2: Aufsätze, Essays, Vorträge. Unter Mitarbeit von Theodor W. Adorno hg. von Rolf Tiedemann und Hermann Schweppenhäuser. Frankfurt a. M. 1977, S. 620–622; hier: S. 621.
15 Benjamin: Paris, die Hauptstadt (s. Anm. 6), S. 59.
16 Mensching, Steffen: Somnio ergo sum. Das Lager als Traumfabrik. In: Rudolf Leonhard: In derselben Nacht. Das Traumbuch des Exils. Hg. von Steffen Mensching. Berlin 2001, S. 493–516; hier: S. 502.

III. Geschichte und Dingwelt in surrealer Verzerrung: Rudolf Leonhards Traumbuch

Das Traumbuch ist ein Dokument der Nächte und eine Sammlung der Träume, die der deutschsprachige Schriftsteller jüdischer Herkunft Rudolf Leonhard,[17] geboren 1889 in Lissa (heute polnisch Leszno), während seiner Internierung im südfranzösischen Lager Le Vernet zwischen Mai 1941 und April 1944 aufzeichnete. Es handelt sich um die Verarbeitung stichwortartiger Traumnotizen, die Leonhard im Dunkeln, direkt nach dem Erwachen, aufs Papier brachte und dann am Tag entzifferte und erinnernd vervollständigte bzw. auffüllte. In diesem Sinne ist das Traumbuch, begonnen 20 Monate nach der ersten Inhaftierung (Leonhard durchlief zwischen Flucht und Leben im Untergrund mehrere Lager-Etappen) und systematisch geführt, auch ein sekundärer Traumbericht, der seine Literarizität im Thematisieren seiner Entstehung deutlich ausstellt. Oft notiert er in Klammern hinter dem Trauminhalt den vermuteten Anlass des Traums, seinen Bezug zum Vortag, sodass sich das wache Ich kommentierend in den Text einschreibt, während die eigentlichen Traumaufzeichnungen jeweils ohne Sichtbarmachung des bewussten Ichs auskommen.

»In derselben Nacht« ist die Formel, die Leonhard immer wieder aufgreift, um die Kontinuität seiner Traumaktivität, aber auch den Übergang zwischen einem Traum und dem nächsten, zu signalisieren. Die Themen der Träume sind so vielfältig wie das Leben des Exilanten: Es geht um die Schriftstellerei, um Manuskripte und Verhandlungen mit Verlegern, um die Welt des Theaters, der sich der *Weltbühne*-Autor eng verbunden fühlte, um seine Beziehungen zu Schriftstellerkollegen, immer wieder um Reise und Unterwegssein, um erotische Begegnungen, und natürlich um das Leben im Lager.[18] Die Traumorte sind denn auch Lager, Städte, Hotels, Grenzübergänge oder Orte, an denen der republikanische Brigadist am spanischen Bürgerkrieg teilgenommen hatte. Es sind, wie an der Aufzählung deutlich wird, keine eskapistischen Träume. Die Zeitgeschichte verstrickt sich in ihnen und hält den Träumenden fest im Griff.[19]

---

17 Vgl. für eine biografische Skizze dieses wenig bekannten Schriftstellers und Kulturjournalisten Jentzsch, Bernd: Rudolf Leonhard »Gedichteträumer«. Ein biographischer Essay. München 1984.
18 Trotz der ausgeprägten Metareflexivität des Traumbuchs und vieler Anknüpfungspunkte an die psychoanalytische Traumtheorie finden sich keine direkten Referenzen auf Freud und seine Traumdeutung.
19 Gerade diese Eigenschaft der aufgezeichneten Träume macht das Buch vergleichbar mit dem einer weiteren Exilantin, die jedoch nicht ihre eigenen Träume sammelte, sondern die von Anderen, Menschen im »Dritten Reich«, die sie noch vor der Flucht be-

Meistens sticht die Surrealität des Geträumten ins Auge, die sowohl die Topografie der Realität als auch die Dingwelt selbst verzerrt: Breslau befindet sich dann am Zürcher See, die Geburtsstadt Lissa wird überblendet vom Berliner Straßensystem und durchsetzt mit Marseiller Architektur. So torkelt der Träumer durch »eine verzerrte, vertrackte, volle, sprudelnde, böse, vertraute Stadt. Aber wo bin ich?«[20] Die Dinge – Stöcke, Betten, Stühle – verlieren ihre alltägliche dienende oder dekorative Funktion und werden fremd. Bücher verändern ihre Stelle im Regal, ohne dass jemand sie herausgenommen hätte, Spazierstöcke werden zum ominösen Warnsignal. Steinplatten, auf die Leonhard tritt, beginnen zu tönen und der Träumer ist sich im Klaren, dass sie die Zukunft bedeuten: »aber ich verstehe nicht oder kann nicht antworten [...]«.[21] Auch Transportmittel, die eine herausragende Rolle in den Träumen spielen, werden verdinglicht und verzerrt. Sie sind sowohl im Kontext des Exils zu deuten (im Falle des Schiffs) als auch im Kontext des Holocaust[22] (Züge u.a. auch konkret zum Zweck der Deportation, wie im Traum vom 7. Januar 1942), werden aber zu Reisemitteln ohne Ziel, zu Spielzeugwagen, deren Schienen im Nirgendwo enden.

Die Desorientierung kulminiert im Traum vom 23. März 1943 mit einem Blick in den Spiegel, einen aus »vergrößernden und verkleinernden, konkaven und konvexen, glatten und Zerrscheiben« zusammengesetzten Spiegel, der das Selbstbild infrage stellt: »und kommt nun die böse Enttäuschung auf meinem Gesicht von der Verzerrung oder von dieser Feststellung [des ungewöhnlichen Spiegels]? Man kann nicht einmal wissen, wie man wirklich aussieht.«[23] Der Spiegel bezeichnet in der Literaturgeschichte einen jener unheimlich-vertrauten Gegenstände, die besonders eindrücklich die Abhängigkeit des Menschen vom Ding überhaupt aufzeigen. Der Mensch ist darauf angewiesen, bis zu einem gewissen Grad sein Ebenbild in den Dingen zu entdecken. Erkennt er sich in ihnen nicht wieder, wird die Hilflosigkeit des Träumers evident. »Ein Spiegel fällt zu Boden und zerbricht; einer will die Scherben aufnehmen; ein andrer will ihn

---

fragte (vgl. Beradt, Charlotte: Das Dritte Reich des Traums. Mit einem Nachwort von Reinhart Koselleck. Frankfurt 1994).
20 Leonhard: In derselben Nacht (s. Anm. 16), S. 7.
21 Ebd., S. 79.
22 Vgl. hier auch Presner, Todd Samuel: Mobile Modernity. Germans, Jews, Trains. New York 2007. Im Entwurf einer materialen Geschichte widmet sich Presner unter anderem dem Bahn- und Gleissystem, deren ruinösen Spuren er im Werk deutscher und jüdischer Autoren nachgeht.
23 Leonhard: In derselben Nacht (s. Anm. 16), S. 298.

hindern: es sei gefährlich, sich selbst zu sehn«,²⁴ lautet eines der kürzesten Traumnotate.

Wie die Dinge ihre Selbstverständlichkeit verlieren, zeigt auch folgender Traum aus dem Februar 1942: Leonhard ist bei Verwandten, die ein jüdisches Fest begehen, er selbst muss sich entschuldigen, die jüdischen Festgebräuche nicht zu kennen. Unvermittelt findet sich Leonhard in einem Gang wieder, als er seine Nacktheit bemerkt:

> Ich kann einen Moment, da niemand durch den Gang kommt, benutzen, um ins Nebenzimmer zu gleiten; ich finde aber von meinen Kleidern nur den Mantel und muss ihn direkt auf den Leib ziehn: ich ziehe ihn übrigens […] mehrmals an, und jedes Mal habe ich Schwierigkeiten, die Hand durch die zu eng zugenähte Ärmelöffnung zu bekommen. Ich gehe hinüber zur Familie in den Wintergarten […] und frage, ob ich in dieser Kleidung mitessen dürfe […] Der Mantel ist auf mir wie eine Mönchskutte.²⁵

Die in diesem Traum angedeutete Fremdheit der Dinge – der Dinge, die uns physisch am nächsten sind – ist deshalb bemerkenswert, weil das Kleidungsstück erst als an einem Ärmel zugenähter und somit dysfunktionaler Gegenstand seinen Dingcharakter offenbart: Der Mantel ist uns sonst zu nah, zu selbstverständlich in seinem Zweck, als dass wir seines Dingcharakters gewahr würden. Dinge funktionieren besonders gut, wenn wir sie in ihrer instrumentellen Nutzung als solche gar nicht wahrnehmen. Herta Müller, die bekanntlich das Leben unter einer Diktatur und die darauffolgende Exilerfahrung ebenfalls eng mit den Dingen und Dingwelten verbindet, hat dies treffend in Worte gefasst: »Wir definieren uns über Gegenstände. Wenn wir sie in unserer Selbstverständlichkeit haben und niemand sie in Frage stellt, merken wir das womöglich gar nicht, weil: Wir haben sie ja, und sie stellen sich uns zur Verfügung.«²⁶

Im Exil ebenso wie im Traum wird die instrumentelle Dimension der Dinge jedoch oft ins Absurde oder ins Surreale aufgelöst, wobei hier von einer Projektion auszugehen ist: Nicht die Dinge an sich verändern sich schließlich, sondern ihr Kontext und ihre Wahrnehmung.

Bis ins namenlose Grauen steigert sich die Verfremdung der Dinge, die auch Menschen unkenntlich macht: Als in Leonhards französisches

---

24 Ebd., S. 11. In Hermann Brochs Exilgedicht »Das Überlieferte« hingegen ist die Welt »spiegellos nackt«, ebenso spiegellos wie das lyrische Ich, das sich in der Welt nicht mehr wiedererkennt (vgl. Wolfgang Emmerich und Susanne Heil (Hg.): Lyrik des Exils. Stuttgart 1986, S. 312).
25 Leonhard: In derselben Nacht (s. Anm. 16), S. 114.
26 Müller, Herta: Lebensangst und Worthunger. Im Gespräch mit Michael Lentz. Leipziger Poetikvorlesung 2009. Frankfurt 2010, S. 25.

Hotelzimmer eine Frau eintritt, die ein schwarzes Kleid der Mutter trägt, dazu einen großen Hut und Dutt, erkennt der Sohn die Person nicht mehr als seine Mutter wieder:

> Dieser Hut, diese schwarze Gestalt, dieser nicht sichtbare schwarze Knollen, von dem ich weiss, kommt langsam auf mich zu; dieser nicht sichtbare Knollen sieht mich stumm an. Das ist ein unsagbares Grauen, und ich fühle eine unausdrückbar ungeheuerliche Angst. Ich frage etwas, aber Kleid, Frau, Form, Knollen antwortet nicht, sieht mich stumm an […].[27]

Zum Zeitpunkt dieses Traumnotats vom 1. Juli 1944 ist Leonhards Mutter bereits in Berlin gestorben. Zum Vorschein kommt in dem Albtraum, wie das von der Zeitgeschichte und Politik indizierte Grauen auf die Dinge übergeht und von deren Stummsein noch gesteigert wird. Die Dinge werden nicht etwa zum Symbol einer monströsen Geschichte, sondern *verkörpern* tatsächlich in ihrer Verzerrung die Wahrnehmungsstörungen eines durch diese Geschichte beschädigten Subjekts. Die geträumten Dinge sind nicht repräsentational. Verkörperung impliziert an dieser Stelle auch die Unmöglichkeit einer Wahrnehmung oder Interpretation im Zeichen einer Aneignung: die Dinge sind nicht mehr interpretierbar, *weil* sie verkörpern, und das heißt, weil sie sich dem Interpreten verschließen. In Leonhards eigenen Worten: »Der Traum ist nicht deutbar, weil er keinen ›Sinn‹ hat; er hat keinen Sinn, denn er ist Gestalt.«[28] Diese Annahme *über* Träume geht auch selbst in diese ein. Am 15. März 1942 schreibt er von einem Artikel, den er zu verfassen habe: »Ich habe ›nichts anders [sic] versprochen‹ als eine ›Erzählung ohne Deutung‹ zu geben. [Umsetzung vielleicht dieser Traumaufzeichnungen].«[29] Die Träume sind ebenso stumm wie die Dinge in ihnen. Ihre abweisende Geste im Traum überträgt sich für Leonhard auch auf das Manuskript an sich als Ding: und zwar als Ding, das den Autor in seiner Materialität vor Probleme stellte – nicht zu unterschätzende Probleme (der Papierbesorgung, der Aufbewahrung) für viele Exilautoren. Leonhard verzeichnet diese Sorge ebenfalls in Traumform:

> Ich habe ein Manuskript vor mir. Ich habe halbgrosse Blätter, auf deren Rückseiten ich Notizen machen will: Papier ist selten und kostbar, und ich muss es sparen. Aber die Blätter sind schon auf beiden Seiten beschrie-

---

[27] Leonhard: In derselben Nacht (s. Anm. 16), S. 426 f.
[28] Zit. nach Mensching: Somnio ergo sum (s. Anm. 16), S. 516.
[29] Leonhard: In derselben Nacht (s. Anm. 16), S. 147. Der Autor benutzt eckige Klammern, um jene Gedanken zu markieren, die nicht dem Traum selbst entnommen sind, sondern im Modus einer Reflexion nachträglich hinzugefügt wurden.

ben, ich werde sie zerreissen, soll ich sie hier im Café liegen lassen? Ein Freund macht eine Bemerkung darüber, dass ich den Aufsatz hier nicht sehn lassen dürfte.[30]

Das »Ding« war mit zunehmendem Umfang immer schwerer zu verbergen: ein 30 Zentimeter dicker Papierstapel, bestehend aus mehr als 1200 beidseitig beschriebenen Blättern, kompliziert zwischen zwei Holzdeckel gewickelt und mit einer Hanfschnur verknotet.[31] Es konnte nach der abenteuerlichen Flucht Leonhards aus dem Lager nur dank des Einsatzes von Mitgefangenen bewahrt und gerettet werden. Doch das Manuskript wird nach seinem Zurücklassen im Lager zum Zeichen eines Scheiterns, wie Leonhard in einem aufgrund seiner abstrakten Selbstreflexivität gar nicht traumhaften Traum expliziert, notiert auf einzelnen Zetteln, nicht mehr im grossen Zusammenhang einer Traumchronik: »Die Niederlage ist das Thema der Niederlage selbst. [...] Es ist ein sprachlich bedingtes, sprachlich fixiertes Thema. Mich trifft es selbst, ich habe in unsrer Niederlage die Lehren unsrer Niederlage zu formulieren [...]. Die Formulierung geht ins Griechische.«[32] Die Sprachkrise, die der Autor hier thematisiert, ohne die »Niederlage« näher zu erörtern, ist auch dem Verhältnis von Subjekt und Dingwelt im Traumbuch inhärent, die »eigene« Sprache reicht für die Beschreibung der fremdgewordenen Dingwelt nicht mehr aus.

Bei allem Sprachbewusstsein aber blieb Leonhard wie beschrieben auch der Ding-Komponente seines Traumbuchs eingedenk: In diesem Sinne unterstreicht er, dass das Traumsymbol erst in zweiter Linie Symbol sei, »in erster Reihe ist es Gegenstand. Ein Haus ist erst ein Haus, und erst dann – und ein Haus bleibend – bedeutet es etwas andres; zugleich etwas andres«.[33] Diese sekundäre Bedeutung des Traum-Dinges lasse sich nicht nur mit Blick auf das träumende Subjekt aufschlüsseln, vielmehr müsse seine Dechiffrierung auch die Beziehung des betreffenden Symbols zu anderen (konkreten und symbolischen) Gegenständen berücksichtigen. An dieser Stelle schneidet der Autor nicht nur auf metareflexiver Ebene eine zentrale Problematik jeder Traumdeutung an, namentlich die Frage nach dem Verhältnis von Trauminhalt und Symbolcharakter, sondern beschreibt auch die Bedeutung, die er den Ding-

---

30 Ebd., S. 402. In anderen Träumen kehrt die Angst wieder, die Manuskripte zurücklassen zu müssen und zu verlieren, die im Traumkontext allerdings nicht durch die Lagerkonditionen gerechtfertigt wird (was eine durchaus wirklichkeitskonforme Rechtfertigung wäre), sondern unerklärlich scheint (vgl. ebd., S. 117).
31 Vgl. zu Entstehungsgeschichte und Aufbewahrung Mensching: Somnio ergo sum (s. Anm. 16), S. 493.
32 Leonhard: In derselben Nacht (s. Anm. 16), S. 188.
33 Ebd., S. 456.

welten gegenüber dem einzelnen Ding in seinen Aufzeichnungen einräumt.

Doch so surreal die geträumten Dingwelten auch sind, so werden für den Leser stets die Fäden sichtbar, die sie an Leonhards Gegenwart binden, ihr »Tagesrest«[34]. Die Brücken zwischen Traum und Wirklichkeit sind dreifach ausgespannt: am offensichtlichsten über Städte (Berlin, Paris, New York, Lissa) und über Personen bzw. Namen.[35] Die Dinge sind das dritte, verborgene und wohl auch dehnbarste Bindeglied zwischen Traum und Wirklichkeit, zwischen Imagination und Erfahrungswelt. Bezeichnend dafür ist Leonhards Aufzeichnung eines Albtraums, der diese Beziehung impliziert:

> Ich träume, dass ich einen Alptraum habe. Ich liege in der Gefängniszelle, in der ich wirklich liege, im Bett, in dem ich wirklich schlafe. Ich habe entsetzliches Herzklopfen, bei jeder Bewegung schwankt das Bett [dessen unsicheres Eisengestell wirklich schwankt, wenn ich eine Bewegung mache] [...] Ich will Stift und Notizblock vom Stuhle nehmen. Ich fühle mich umhergeworfen wie auf dem Meer. [Ich erwache aus dem geträumten und dem träumenden Träume fast gleichzeitig.][36]

Noch im Traum gibt es ein Ding-Bewusstsein, das den Traum an die Wirklichkeit rückbindet: das Bett, die Bewegungen des Eisengestells sind Trauminhalt und zugleich real. Träumend erlebt das Subjekt seine Parallel-Welt nah an der Grenze zur Wirklichkeit der Wachen: Verhandelt wird ein Verhältnis zu den Dingen, das sich im Alltag oft unbewusst konfiguriert und erst im Traum, in der Verzerrung und Verfremdung (bzw. bei seiner Niederschrift nach dem Aufwachen) bewusst wird. »An den Dingen und ihren vielfältigen Beziehungen zu Geschichte, Erinnerung, an ihren unendlich vielen Relationen untereinander, ihren Korrespondenzen, Differenzen und Analogien können wir Wirklichkeit erkennen«,[37] schreibt Dorothee Kimmich. Diese Einsicht setzt Leonhard über die Zwischenschaltung einer weiteren Ebene in Text um, indem er zwischen Dingwelt und Geschichte den Filter des Traums setzt. Meiner Ansicht nach ist das Einfügen dieses Filters mit der Exilerfahrung in Relation zu setzen; eine Erfahrung, die das Verhältnis zu den Dingen alteriert, in ihrem Verlust ebenso wie in der Verfremdung von Wirklichkeit.

---

34 Ebd., S. 27.
35 Personen der Zeitgeschichte und konkret des Exils treten im Traum in großer Zahl auf; unter ihnen Ernst Deutsch, Walter Hasenclever, Willi Münzenberg, Bruno Frei, Alfred Polgar, Ludwig Marcuse, Magnus Hirschfeld, Georg Pabst.
36 Leonhard: In derselben Nacht (s. Anm. 16), S. 293.
37 Kimmich, Dorothee: Lebendige Dinge in der Moderne. Konstanz 2011, S. 68.

IV. Vergänglichkeit der Dingwelt: María Teresa Leóns Erinnerungen

Folgen wir der in den Texten von Benjamin und Leonhard angelegten Verknüpfung von Traum, Dingwelt und Geschichte, ist von einer inneren Verbindung auch zwischen Traum und Vergänglichkeit auszugehen. So ist sie leitmotivisch in María Teresa Leóns *Memoria de la melancolía* (*Gedächtnis der Melancholie*) präsent, eine zwischen 1966 und 1968 verfasste Autobiografie, die sich durch ihre formale Komplexität auszeichnet, das autobiografische Ich in mehrere Erzähler-Ichs aufsplittet und diese Sprecherwechsel mit Reflexionen aus dem Jetzt, Flashbacks, Zitaten aus der spanischen Klassik, Volksliedern und Versen durchsetzt. Zu Beginn ihres Erinnerungsdiskurses beschreibt sich die Autobiografin als Kind im exaltierten, beinahe magischen Verhältnis zu den alltäglichen Gegenständen ihrer Lebenswelt: »Llegaba [...] a abrazar las esquinas, a besar el asfalto, a encontrar hermosas [...] las maniquíes de las tiendas, las puertas rotas, los remiendos de las fachadas caducas y vencidas [...]«.[38] Da León für diese Szenen die dritte Person wählt, markiert sie jedoch zugleich die Distanz zu diesem kindlichen Subjekt-Ding-Verhältnis, das sich tatsächlich mit dem Wechsel in die erste Person für das erwachsene Ich grundlegend ändert. Es ändert sich insofern, als die Dinge mit dem Gang ins Exil gewissermaßen aus dem Blickfeld der Autorin verschwinden. Schon die zitierte Eingangsszene des Buches endet mit einem Verweis auf die Vergänglichkeit der Dinge: Das Mädchen spürt das Bedürfnis, »sich mit beiden Händen an all dem festzukrallen, was seit uralten Zeiten immer geflohen war.«[39] Zwar bleibt diese Aussage vage und durch den Verweis auf die »uralten Zeiten« außerhalb einer bestimmbaren temporalen und kausalen Ordnung, dennoch findet der Leser an dieser Stelle bereits die Perspektive der Exilantin, die auf der überstürzten Flucht alles zurücklassen musste, präfiguriert. Tatsächlich steht die Autobiografie der republikanischen Exilantin, Dramatikerin und Erzählerin, die 1939 über Frankreich nach Argentinien ausreiste und mit Einrichtung der dortigen Militärdiktatur in ein zweites Exil nach Italien ging, ganz im Zeichen der Vergänglichkeit: Das dem Buch vorangestellte und mehrfach wiederholte Motto

---

38 León, María Teresa: Memoria de la melancolía. Edición, introducción y notas de Gregorio Torres Nebrera. Madrid 1998, S. 73: »Sie kam [...] die Straßenecken umarmen, den Asphalt küssen, [...] die Schaufensterpuppen in den Geschäften, die kaputten Türen, die notdürftigen Reparaturen der baufälligen und besiegten Fassaden bewundern.« Diese und alle weiteren Übersetzungen von Zitaten Leóns stammen von der Verfasserin.
39 Ebd., S. 73.

»Las cosas de los mortales todas pasan...«[40] stimmt die Leser von Anfang an auf dieses Leitmotiv ein, das mit dem Grundton der titelgebenden Melancholie korrespondiert. Die Melancholie verleiht einen geschärften Blick für die Vergänglichkeit der Dinge und friert die Zeit zugleich tableauartig ein. Dieser Blick fängt die kindliche Sensibilität für die Dinge ein und entwertet die auf den ersten Seiten skizzierte Idee eines Wachsens mit den Dingen zugleich,[41] da sich im Exil ein endloses Erleben von Gegenwart durchsetzt: Der Erwartungshorizont schrumpft mit fortdauerndem Exil zunehmend, während der Erfahrungsraum der Vergangenheit abgeschnitten bleibt vom Jetzt. Die sich daraus ergebende Zeitwahrnehmung hat konstitutive Implikationen auch für das poetologische Fundament der onirischen Schreibweise Leóns. »Para ti el tiempo carece de dimensiones, lo mismo es ayer que hoy, ayer que antes del día de ayer«:[42] Vergangenheit und Zukunft sind für sie »phantasmagorische Zonen«[43] der Zeit, zwischen denen der Mensch auf dem schmalen Abschnitt Gegenwart balanciert. Die Phantasmagorie von Zeit und Lebensgeschichte führt dazu, dass jegliche chronologische Ordnung in der Autobiografie aufgelöst wird und selbst Elemente, die – wie allen voran Personennamen, Ortsnamen und eben auch Dinge – als »Wirklichkeitsanker« fungieren, zunehmend in den Sog einer ausufernden und seltsam schwebenden Erzählung geraten. Bezeichnenderweise stimmt dieser Übergang auf der Ebene der erzählten Erinnerungen überein mit der Zäsur des Exils. Kurz vor der Flucht ist eine Episode anzusetzen, die ein letztes Mal die Dinge in ihrem Ding-sein würdigt: Es handelt sich um die Rettungsaktion, mit der die Gemälde im Prado-Museum vor den Bombenangriffen auf die belagerte Hauptstadt gesichert wurden und an der die Autorin aktiv teilnahm. Hier beschreibt León ein letztes Mal konkrete Dinge, wertvolle Dinge zudem, einen »künstlerischen Schatz«,[44] der in den Kellern und Restaurationssälen des Museums überdauert. Im Gegensatz zu den Greco-Gemälden, die für die Zukunft gerettet werden, gehören zu der

---

40 Ebd., S. 71, 73 und 449: »Die Dinge der Sterblichen vergehen alle«.
41 Vgl. als Beispiel für eine dieser poetisch geschilderten Erinnerungen ebd., S. 77: »Eran los días en que los guantes del colegio parecían más azules y se iban quedando cortos en los dedos.« (»Es waren die Tage, an denen die Schulhandschuhe blauer schienen als sie waren und an den Fingern schon zu klein wurden.«)
42 Ebd., S. 23: »Für dich entbehrt die Zeit aller Dimensionen, das Gleiche ist gestern wie heute, gestern wie vorgestern«.
43 Ebd., S. 33. Vgl. dazu auch ebd., S. 143: »Todo esto sucedía en un tiempo ¿pasado? El presente es memoria, nada sucede, todo es recuerdo, filtro«. (»All dies geschah in einer – vergangenen? – Zeit. Die Gegenwart ist Gedächtnis, nichts geschieht, alles ist Erinnerung, Filter«.)
44 Vgl. ebd., S. 321.

Zeit des Exils nur noch jene Dinge, die die Autorin an ihre Vergangenheit binden. Allen voran sind das Fotos, die, wie ein Foto von León mit Louis Aragon und seiner Frau Elsa Triolet in Madrid 1936, nicht für sich stehen, sondern Auslöser langer abschweifender Erinnerungen sind.[45]

León zählt sich zu einer von der Zeitgeschichte längst überholten Generation,[46] deren geografische und geistige Entfernung vom Spanien der späten Franco-Diktatur stets spürbar bleibt und die sich aus diesem Grund hauptsächlich über eine Melancholie definiert, die von der Nostalgie grundsätzlich zu unterscheiden ist. Nostalgie wurde auch innerhalb des Exils als unproduktive Tendenz gebrandmarkt bzw. in politischen Exiltheorien als erstarrte Form der Erinnerung mit rhetorischer Verdinglichung assoziiert.[47] León konzentriert sich jedoch nicht wie ihr Gefährte im Exil, der ungleich bekanntere Dichter Rafael Alberti, auf lyrisierte Erinnerungen an das Verlorene. Sie fokussiert vielmehr die *Gegenwart* der Leere: »Sí, es como si al descuido hubiésemos abierto las manos y todo lo que en ellas escondíamos hubiera volado de un soplo«.[48]

Nach Baudrillard überdauert der Mensch die Zeit in den Dingen, die ihm gehören und in denen sich zugleich seine Sterblichkeit spiegelt:

> Der Gegenstand ist das Ding, von dem wir uns trennen, indem es unseren eigenen Tod andeutet, aber dieses Dahinscheiden sogleich symbolisch dadurch überwindet, dass wir es selbst im Besitz halten. […] Im Bilde der Gegenstände wiederholen wir alltäglich dieses Abschiednehmen von uns selbst, und das erlaubt uns – zwar bloß auf eine integrative Weise –, das Leben weiterzuleben.[49]

---

45 Vgl. ebd., S. 111f.: »Cuando esa fotografía vuelve a mis manos, regresan los recuerdos.« (»Wenn dieses Foto in meine Hände fällt, kehren die Erinnerungen zurück.«)
46 Vgl. ebd., S. 378: »somos gente de entonces« (»wir sind Leute von damals«).
47 Vgl. López, Helena: Discursos culturales, memoria histórica y políticas de la afectividad (1939–2007). In: I/C – Revista Científica de Información y Comunicación 6 (2009), S. 363–381; hier: S. 378. Die Autorin spricht von einer »melancholischen Bedrohung«, die darin bestehe, dass Melancholie die Erinnerung weder historisiert noch bearbeitet, sondern petrifiziert. Siehe auch den Beitrag des Exilforschers und Exilanten Andújar, Manuel: Crisis de la nostalgia. In: Ders.: Andalucía e Hispanoamérica: crisol de mestizajes. Sevilla 1982, S. 105–119. Ihm zufolge führt eine nostalgische Haltung zur Einnistung in einer toten Vergangenheit.
48 León: Memoria de la melancolía (s. Anm. 38), S. 139f.: »Ja, es ist, als ob wir unbedacht die Hände geöffnet hätten und alles, was wir in ihnen versteckt zu glauben hielten, wäre schon davongeweht«.
49 Baudrillard, Jean: Das System der Dinge. Über unser Verhältnis zu den alltäglichen Gegenständen. Frankfurt a.M. 2007, S. 124f.

Bei León haben die Verlierer des Bürgerkriegs bereits im Krieg, im Angesicht der zerstörten Häuser und Trümmer Abschied von den Dingen, von *ihren* Dingen genommen,[50] die Wette gegen die Zeit aber lange vor dem Tod schon verloren. In diesem Sinne ist eines der Hauptthemen der *Memoria* auch das Altern im Exil, die immer wieder durchgespielte Vorstellung, zu sterben, ohne Spanien wieder betreten zu haben. Hinzu kommt die beginnende Alzheimer-Erkrankung der Autorin, in deren Bewusstsein sie das Vergessen förmlich erwartet. In diesem liminalen Status zwischen einer zu bewahrenden Erinnerung und dem ebenso befürchteten wie erwarteten Vergessen werden die ihr gebliebenen Erinnerungsstücke – alte Fotografien und Bücher – zu widersprüchlich besetzten Objekten. Sie binden sie an eine Vergangenheit, die sie eigentlich schon verloren weiß. In der Autobiografie *La Arboleda perdida* ihres Gefährten Rafael Alberti führt dieser Zwischenstatus zu einem gewalttätigen Versuch, die Souvenirs dieser Vergangenheit eigenhändig zu zerstören:

> Ahora es cuando deseo, sobre todo en las noches, tirar todo. Romper todo. [...] ¡Afuera! No quiero ver más libros, más cartas, más sobres a pedazos por el suelo. ¡Dejadme! [...] yo estoy cansado, sin fuerza ni valor para acabar con todo.[51]

Die Bücher und Briefe fordern Alberti in ihrer physischen Präsenz zu einem Dialog mit der Vergangenheit auf, zu einer Auseinandersetzung, zu der er in seiner Autobiografie – die im Übrigen auf zahlreichen Leerstellen und einem starken Gestaltungswillen problematischer Erinnerungen beruht – nicht die Kraft findet.

Entgegen dieses ausdrücklich genannten, wenn auch destruktiven Umgangs mit den wenigen gebliebenen Dingen der Vergangenheit, treten bei León angesichts der konstanten Reflexion über die eigene Sterblichkeit Dingwelten klar in den Hintergrund, sind nur noch schemenhaft präsent – Melancholie ist ein Blick ins Leere. Retrospektiv erkennt sie dagegen in der Zweiten Spanischen Republik, jenem Moderne-Pro-

---

50 Vgl. dazu ihren Artikel *Mein Stadtviertel, in Ruinen*, in dem sie zerbombte Gebäude, herumliegende Hausgegenstände und aufgerissene Straßenzüge nicht nur als vom Krieg zerstörte Umgebung schildert, sondern mit sehr genauem Blick auch als zerstörte Dinge. Siehe z. B. die Beschreibung der klappernden Fensterflügel in León, María Teresa: Mi barrio, en ruinas. In: Dies. (Hg.): Crónica General de la guerra civil. Sevilla 2007, S. 111–114; hier: S. 113.
51 Alberti, Rafael: La arboleda perdida, 2. Tercero y cuarto libros (1931–1987). Madrid 1986, S. 396: »Jetzt wünsche ich mir, vor allem in den Nächten, alles wegzuwerfen. Alles zu vernichten. [...] Weg damit! Ich möchte keine Bücher mehr sehen, keine Briefe, keine zerrissenen Umschläge auf dem Boden. Lasst mich! [...] Ich bin müde, ohne Kraft und ohne Mut alles zu beenden.«

jekt und mythischen Bezugspunkt eines Großteils der im 36 Jahre währenden Exil entstandenen Literatur, ein Paradies aus zerwüsteten Häusern und zerlöcherten Dächern: »Un paraíso de calles deshechas, de muertos sin enterrar«.[52] León führt hier in einem Oxymoron den Begriff des Paradieses eng mit Verfall und Zerstörung, und nimmt damit das später wiederholt von ihr eingesetzte Bild der Ruinen vorweg, in denen sich das Vergangene allegorisch darstellt. Die Figur korrespondiert mit dem befremdenden Empfinden, in den Augen jüngerer Spanier nur noch ein museales Exponat zu sein, Teil einer vergangenen Dingwelt darzustellen.[53] Die Empfindung, selbst in ein Ding verwandelt zu sein, hin und her geschoben zu werden zwischen den verschiedenen Orten des Exils, verbindet die Autorin mit Blumes eingangs beschriebenem Bild der Billardkugel, die in Exiltexten von Segundo Serrano Poncela und von Grete Weil als Kugel eines Roulettespiels variiert wird.[54] Bei León kommt angesichts der Dauer des Exils hinzu, nicht nur als Spielball, sondern auch als Zeugin einer untergegangenen Welt wie ein seltener Gegenstand betrachtet und ausgestellt zu werden.

Neben dieser Selbstbeschreibung als Ding – vielleicht sogar in Opposition zu ihr – fällt in den Erinnerungen der Autorin auf, dass Gegenstände ersetzt werden durch ephemere, flüchtige, teils immaterielle Präsenzen. Die Berufung auf Schatten ist hier an vorderster Stelle zu nennen; Schatten als Gegensatz zur Materie. Die Wende im Umgang mit einem topischen Exilantenbild (der Exilant als Schattenwesen), besteht nun aber in der emphatischen Autoaffirmation Leóns als Schattenexistenz: »Nosotros somos los desterrados de España, los que buscamos la sombra, la silueta, el ruido de los pasos del silencio, las voces perdidas. [...] Dejadnos las ruinas.«[55] Meiner Ansicht nach ist hier, ohne es auszusprechen, auch eine Aussage über die Dingwelt impliziert. Aus der Perspektive des Gedächtnisses, noch dazu des beschädigten Gedächtnisses einer an einer Demenz leidenden Autorin, haben die Dinge neben ihrer Kontur auch ihre Bedeutung verloren. Schatten und Schemen absorbieren die gegenständliche Welt, zurück bleiben Geräu-

---

52 León: Memoria de la melancolía (s. Anm. 38), S. 98: »Ein Paradies aus aufgerissenen Straßen, unbegrabenen Toten«.
53 Vgl. ebd., S. 104.
54 Vgl. Serrano Poncela, Segundo: Habitación para hombre solo. Barcelona 1963, S. 12: »Es como la ruleta. Donde se cae allí queda el cuerpo por algún tiempo.« (»Es ist wie im Roulette. Wo er hinfällt bleibt der Körper eine Zeitlang liegen.«) Siehe auch Weil, Grete: Meine Schwester Antigone. Frankfurt a. M. 1982, S. 113: »Ich bin die Kugel auf der Scheibe, im Kreis herumgeschleudert. In welchem Fach bleibe ich liegen?«
55 Ebd., S. 98: »Wir sind die Vertriebenen Spaniens, die den Schatten suchen, die Schemen, das Geräusch der Schritte in der Stille, die verlorenen Stimmen [...] Lasst uns die Ruinen.«

sche, Stimmen und Stille. Die Dinge dagegen bilden eine Leerstelle, an die selbst in ihrer Abwesenheit noch eine Verweisstruktur gebunden ist: In diesem Kontext ist Leóns Obsession für Schatten, Spuren und Ruinen zu situieren, die allesamt auf ihnen vorgängiges Gegenständliches verweisen.

Insbesondere das wiederholt eingesetzte Bild der Ruinen ist dabei eng mit dem Thema der Melancholie verknüpft: die Ruinen der zerbombten Kriegsstätten und entkernten Häuser, die Ruinen eines einst von Hoffnungen und Erwartungen erfüllten, gemeinschaftlichen Projekts, die Ruinen aber auch des eigenen Lebensprojekts. Über sie definiert sich die Autobiografin. Ein Überlebender radikaler Brüche zu sein bedeutet mit Kristin Platt, »zum Überrest dieses Ereignisses« zu werden, zu einem »übersehene[n], übriggebliebene[n] Fragment«.[56] Von dieser Perspektive aus erklärt sich die Affinität Leóns zum Bild der Ruinen. Auf sie allein meint die Autorin angesichts der sie bedrängenden Verlusterfahrungen noch Anspruch zu haben: Wie der Allegoriker deutet sie Verlust und Trauer mittels einer sensibilisierten Wahrnehmung für Ruinen und Trümmer.[57] Die Chronistin wird zur Bewahrerin der letzten Spuren einer gewalttätig abgebrochenen Vergangenheit. Alda Blanco argumentiert überzeugend, dass die Figur der Ruine trotz der Irreversibilität der Geschichte ein Band der Kontinuität zwischen Vergangenheit, Gegenwart und Zukunft etabliert, weil die Trümmer nicht nur Spuren des Gewesenen darstellen, sondern zugleich das Fundament für künftige Gebäude bilden.[58] Die Ruinen der einstigen Republik, auf deren Grundfesten sich die Diktatur errichtet, halten somit trotz einer Ikonografie des Verlustes und der Vergänglichkeit der Dinge immer noch ein Erlösungsversprechen bereit, das aber vom melancholischen Blick nicht mehr ausgemessen werden kann.

---

56 Platt, Kristin: Trauer und Erzählung an der Grenze der Gewalt. In: Burkhard Liebsch und Jörn Rüsen (Hg.): Trauer und Geschichte. Köln, Weimar 2001, S. 161–199; hier: S. 167.
57 Vgl. zur Allegorie der Ruinen bei León und zu einem einleuchtenden Vergleich mit Benjamins Allegorie-Begriff Loureiro, Ángel: María Teresa León: Las ruinas de la memoria. In: Fundación Autor (Hg.): María Teresa León. Memoria de la hermosura. Madrid 2005, S. 203–227; hier: S. 219ff. Auch in Leóns Artikel Mi barrio, en ruinas (s. Anm. 50) sind die Ruinen das Leitmotiv; Ruinen, unter denen sich das Ausmaß der republikanischen Opfer verbirgt (vgl. ebd., S. 111–114). Wenn Michael Lentz das Exil-Schreiben von Herta Müller als einen »Materialismus der Verzweiflung« kennzeichnet, so trifft dies auch Leóns ruinengeleitete Schreibweise (vgl. Müller: Lebensangst und Worthunger (s. Anm. 26), S. 25).
58 Vgl. Blanco, Alda: Las voces perdidas: silencio y recuerdo en María Teresa León. In: Fundación Autor (Hg.): María Teresa León (s. Anm. 57), S. 193–201; hier: S. 199.

V. Schlusswort

Die Verbindung von Traumwelt und Dingwelt konzentriert sich um zwei in der literarischen Moderne äußerst populäre Phänomene, die unter dem Einfluss der Exilerfahrung und ihrer Verschriftlichung historisch bzw. textspezifisch konkretisiert wird: Problematisiert und infrage gestellt wird der moderne Topos vom Ding als Fetisch ebenso wie der Traum als subjektive Erkenntnis versprechendes Deutungsobjekt. Zwar ist der Traum epochenübergreifend ein rekurrentes Thema; in der Moderne aber wird er zunehmend auch formal umgesetzt und determiniert immer mehr die Textgestalt und ihre Poetik[59] – Entwicklungen, die sich noch bei Leonhard und León nachverfolgen lassen. In den ersten Jahrzehnten des 20. Jahrhunderts tritt das Interesse an der Materialität kultureller Erscheinungen hinzu, das sich in der Behandlung von Traumwelten wiederum transzendiert. Exiltexte wie das *Traumbuch* oder die *Memoria* historisieren diese Konstellation, indem sie in Verzerrung und Auflösung der Dingwelt die Spuren der Zeitgeschichte mit einschreiben. Sie radikalisieren sie auch, indem sie das traditionell für unverfügbar gehaltene Wissen des Traums in Verbindung setzen zur profanen Welt der Dinge. Die Autoren arbeiten mit Fragmenten, mit Assoziationen und Verdichtungen, um Träume aufzuzeichnen (wie Leonhard) oder ästhetisch nachzuvollziehen (wie León). Der deutsche Schriftsteller zeichnet auf diese Weise das Fremdwerden der Dinge im Traum nach und entwirft mit seinen Traumwelten auch einen Spiegel der zeitgeschichtlichen Verwerfungen. In der spanischen Autobiografie hingegen verschwinden die Dinge zunehmend aus dem Erinnerungsdiskurs und sind insbesondere mit Blick auf die erlebten Zerstörungen des Bürgerkrieges nur noch als Spuren in den Ruinen enthalten. In beiden Fällen erhält die Exilerfahrung dadurch selbst den Charakter des Traumhaften; bei Leonhard, weil er diese ausschließlich im Medium des Traums beschreibt und bei León, weil sie die Zersetzung der Dingordnungen an das jahrzehntelange Exil bindet.

Texte der Moderne sind laut Kimmich voll von »Dingen, die einfach nichts bedeuten oder genauer, die *nicht* bedeuten« – und »Dinge, die nicht bedeuten, sind fremd.«[60] Den Gestus der literarischen Annäherung an diese Dinge in der Moderne beschreibt sie als »Deutungsabstinenz«[61] und konvergiert dabei mit Leonhards Definition seiner

---

59 Vgl. zu onirischen Schreibweisen als »spezifisches Phänomen der literarischen Moderne« Goumegou und Guthmüller: Traumwissen und Traumpoetik (s. Anm. 3), S. 11.
60 Kimmich: Lebendige Dinge (s. Anm. 37), S. 10f.
61 Ebd., S. 19.

Traumaufzeichnungen als »Erzählung ohne Deutung«:[62] Seine sich strikt auf das unbewusste Ich konzentrierenden Traumaufzeichnungen lassen sich auf den ersten Blick ebenso als eine deutungsabstinente Annäherung verstehen wie auf ihre Weise Leóns onirische Schreibweise, die nicht argumentativ-narrativ verfährt. Es handelt sich dabei um einen Gestus, der im Übrigen durch die Erfahrung des Fremdwerdens der Dinge im Exil bereits jenseits der Literatur präfiguriert wird. Freilich ist er *in* der Literatur nur inszeniert vermittelbar, sodass die »Erzählung ohne Deutung«, auch wenn sie auf direkte Aufschlüsselungen verzichtet, mit dieser Setzung selbst schon wieder eine Deutung vornimmt. Ähnliches gilt für Leóns Stil eines assoziativen und auf äußere Strukturierungsmerkmale wie die Einheit von Zeit und Raum verzichtenden Schreibens. Dem Leser wird zwar kein explizites Deutungsangebot unterbreitet, doch kann gerade auch diese Verweigerung als eine Deutung aufgefasst werden: dessen, was eine Lebensgeschichte im Zeichen des Exils, im Zeichen der Auflösung etablierter Ding- und Sinnordnungen (nicht mehr) zu leisten vermag. Wenn »unsere Welt durch Eingrenzung von Vertrautem und Ausgrenzung von Unvertrautem zustande kommt«,[63] so wird Welt im Exil, hier beispielhaft vorgestellt an zwei Autoren, nicht anhand der Dichotomie Eingrenzung/Ausgrenzung konstituiert, sondern im Aushalten einer Dingwelt, die nicht mehr lesbar ist, aber deren *Spuren* dennoch immer wieder aufs Neue aufgenommen und eingesammelt werden.

---

62 Leonhard: In derselben Nacht (s. Anm. 16), S. 147.
63 Waldenfels, Bernhard: An der Schwelle zwischen Drinnen und Draußen. Phänomenologische Grenzbetrachtungen. In: Ders.: Der Stachel des Fremden. Frankfurt a. M. 1990, S. 28–40; hier: S. 32.

Sylvia Asmus, Jesko Bender

Klickpfade durchs Exil
Die virtuelle Ausstellung *Künste im Exil*[1]

I. Einleitung

Die Erinnerungskultur an die Jahre zwischen 1933 und 1945 entdeckt die Dinge wieder. Das ist insofern bemerkenswert, als dieses Interesse an Gegenständen mit einer Umbruchphase in der Erinnerungskultur zusammenfällt, die durch das allmähliche Verschwinden der Zeitzeugen geprägt ist. Gespräche, Begegnungen, Austausch und Diskussionen mit Zeitzeugen, die seit dem Ende der 1980er-Jahre zu einem Fundament der Auseinandersetzung mit den nationalsozialistischen Verbrechen geworden sind, werden bald kein Bestandteil unserer Erinnerungskultur mehr sein können.[2]

Die Verunsicherung angesichts der noch ungewissen Konsequenzen dieses Prozesses ist groß: das »kommunikative Gedächtnis«, das Aleida Assmann zufolge einen Zeitraum von etwa 80 Jahren (drei Generationen) überspannt,[3] erlischt zusehends und es ist inzwischen nicht mehr zu übersehen, dass schon seit einiger Zeit ein Transformationsprozess in der Erinnerungskultur in Gang gekommen ist. Dieser Prozess ist jedoch als ein völlig offener zu begreifen, denn bisher zeichnet sich keineswegs ab, dass etwas an die Stelle der Zeitzeugen treten könnte, das deren moralischer Autorität auch nur annähernd vergleichbar wäre.

Angesichts dieser Situation lässt sich vorsichtig prognostizieren, dass sich der Stellenwert von Objekten in der Erinnerungskultur in Zukunft verändern wird, weg von einer Betrachtung der Dinge als bloße Illus-

---

[1] www.kuenste-im-exil.de
[2] Vgl. zum Stellenwert der Zeitzeugen und zum Konzept der Zeugenschaft Uhl, Heidemarie: Vom Pathos des Widerstands zur Aura des Authentischen. Die Entdeckung des Zeitzeugen als Epochenschwelle der Erinnerung. In: Norbert Frei und Martin Sabrow (Hg.): Die Geburt des Zeitzeugen nach 1945. Göttingen 2012, S. 224–246; Vgl. auch Baer, Ulrich (Hg.): »Niemand zeugt für den Zeugen«. Erinnerungskultur und historische Verantwortung nach der Shoah. Frankfurt a. M. 2000; als kritische Auseinandersetzung mit dem Konzept des Zeitzeugen in der deutschen Erinnerungskultur vgl. Jureit, Ulrike und Christian Schneider: Gefühlte Opfer. Illusionen der Vergangenheitsbewältigung. Stuttgart 2010.
[3] Vgl. Assmann, Aleida: Erinnerungsräume. Formen und Wandlungen des kulturellen Gedächtnisses. München 1999.

tration eines historischen Erklärungszusammenhangs.[4] Diese Umbruchphase fällt mit einem Paradigmenwechsel in den Kulturwissenschaften zusammen, die unter dem Stichwort der Materialität die Objekte, Dinge, Waren, kurz: das Nicht-Zeichenhafte wiederentdecken. Hatte die Hinwendung zu Objekten vor wenigen Jahren noch unter dem Verdacht einer antiquierten, nicht-diskursiven und auratisierenden Herangehensweise gestanden, so ist es inzwischen nahezu zum Konsens geworden, dass die Auseinandersetzung mit den Bruchstellen zwischen der Materialität und der Zeichenhaftigkeit produktiv auch für das Verständnis historischer Zusammenhänge sein kann.

An dieser Schnittstelle zwischen der Umbruchphase in der Erinnerungskultur und einem wiedererweckten Interesse an den Dingen setzt das Projekt *Künste im Exil* an: eine virtuelle Ausstellung, die sich in bisher so nicht vorhandener Art und Weise mit der Geschichte, der Gegenwart und der Gegenwärtigkeit des Exils beschäftigt. Das Projekt nimmt die Herausforderungen dieser Umbruchphase ganz bewusst an: zum einen werden im Rahmen der Arbeit an der Ausstellung zurzeit zahlreiche Interviews mit Zeitzeuginnen und Zeitzeugen geführt – weil mit den Zeitzeugen auch eine besondere Form des historischen Wissens verschwinden wird. Diese Interviews werden Eingang in die virtuelle Ausstellung finden. Zum anderen sucht das Projekt nach neuen Formen einer Vermittlung von Vergangenheit und Gegenwart und wendet sich ganz bewusst den Objekten, den Dingen des Exils, zu.

II. Das Projekt *Künste im Exil*[5]

Forschung und Vermittlung zusammenzubringen und das Phänomen Exil in einer modernen Weise für ein breites Publikum darzustellen, dies ist das erklärte Ziel der virtuellen Ausstellung *Künste im Exil*. Seit einiger Zeit lässt sich erfreulicherweise ein erneutes Interesse am Phänomen Exil feststellen, gerade auch am Thema deutschsprachige Emigration 1933–1945. Dieses Interesse besteht auch jenseits der universi-

---

4 Folgende Ausstellungen seien an dieser Stelle genannt, die unseres Erachtens einen neuen Bezug zum Objekt ausloten: *Flucht und Verwandlung – Nelly Sachs, Schriftstellerin Berlin/Stockholm*; *Emil Behr – Briefzeugenschaft vor, aus, nach Auschwitz*; *»Fremd bin ich den Menschen dort« – Ein Blick in die Sammlung des Deutschen Exilarchivs 1933–1945*; *Kassiber. Verbotenes Schreiben*; Dauerausstellung im Literaturmuseum der Moderne am DLA Marbach.
5 Dieser Abschnitt sowie weitere Teile des vorliegenden Aufsatzes sind entnommen aus: Asmus, Sylvia: »Künste im Exil« – Ein kooperatives virtuelles Museum. In: Dialog mit Bibliotheken 25/1 (2013), S. 6–8.

tären Forschung, z. B. als Thema der Gegenwartsliteratur.[6] In Ausstellungen[7], Publikationen, Vorträgen und anderen Angeboten wird das Thema Exil und Emigration als Teil der kulturellen Vermittlungsarbeit heute von unterschiedlichen Institutionen behandelt. Über diese Angebote und die Forschungsleistung hinaus ist jedoch schon mehrfach der Ruf nach einem Museum des Exils laut geworden. In ihrem offenen Brief an Bundeskanzlerin Angela Merkel forderte die Literaturnobelpreisträgerin Herta Müller einen solchen Ort.[8]

Der Beauftragte der Bundesregierung für Kultur und Medien (BKM), Kulturstaatsminister Bernd Neumann, hat im vergangenen Jahr das Vorhaben einer virtuellen Ausstellung *Künste im Exil* auf den Weg gebracht und 745.000 Euro für das Projekt zur Verfügung gestellt. Auf Wunsch des BKM hat das Deutsche Exilarchiv 1933–1945 der Deutschen Nationalbibliothek die Federführung und Koordination des Vorhabens übernommen. Gemeinsam mit den Agenturen Init und Iglhaut + von Grote wird aktuell an dieser Ausstellung gearbeitet, die bereits im September 2013 in einer ersten Version und ersten Inhalten online gehen wird. Sie ist weder als Vorstufe noch als Konkurrenzmodell eines realen Exilmuseums zu verstehen, sondern stellt eine ganz eigene Form der Vermittlung dar.

Das Vorhaben versteht sich ganz ausdrücklich als ein Netzwerkprojekt: in die virtuelle Ausstellung fließen die Inhalte und Ergebnisse von Forschungseinrichtungen, Archiven, Ausstellungshäusern und Initiativen im In- und Ausland ein. Die Netzwerkpartner steuern dabei Objekte aus ihren Archiv-Beständen sowie inhaltliche Anregungen zum Gelingen des Projekts bei. Auf diese Weise werden auch auf inhaltlicher Ebene neue Wechselwirkungen ermöglicht. Zu einem ersten Treffen des Netzwerks *Künste im Exil* waren einschlägige bestandshaltende Institutionen geladen, für das zweite Netzwerktreffen, das im März 2013 an der Deutschen Nationalbibliothek in Frankfurt stattfand, wurde der Kreis bereits auf Forschungseinrichtungen und Initiativen erweitert. Der Zuspruch, den das Netzwerk und das Ausstellungs-Vorhaben er-

---

6 Vgl. z. B. Lenz, Michael: Pazifik Exil. Frankfurt a. M. 2007; Modick, Klaus: Sunset. Frankfurt a. M. 2011. Beispielhaft sind aber auch die Romane von Autoren wie Abbas Khider oder Sherko Fatah.
7 Aktuell z. B. die Ausstellung der Akademie der Künste *Letzte Zuflucht Mexiko. Gilberto Bosques und das deutschsprachige Exil nach 1939* (03.12.2012–14.04.2013), die Ausstellungen des Deutschen Exilarchivs 1933–1945: *Fremd bin ich den Menschen dort* (DNB: 30.08.–20.10.2012/Buddenbrookhaus Lübeck: 12.01.–26.05.2013), *So wurde ihnen die Flucht zur Heimat. Joseph Roth und Soma Morgenstern. Eine Freundschaft* (07.11.2012–19.01.2013).
8 Vgl. Müller, Herta: Menschen fallen aus Deutschland. In: FAZ, 23.06.2011.

fahren, ist überaus erfreulich, und so sollen für das kommende Netzwerktreffen weitere Institutionen eingeladen werden.

Die Bestückung der virtuellen Ausstellung mit digitalen Objekten soll kooperativ und kontinuierlich erfolgen. Unterschiedliche Sammlungen werden Objekte einspeisen, denn der Reiz einer virtuellen Ausstellung liegt gerade in ihrer permanenten Erweiterbarkeit und der daraus resultierenden Möglichkeit, immer neue Verbindungslinien zu generieren. Erweiterbar ist eine virtuelle Ausstellung um Objekte und Einzelinformationen, aber auch im thematischen Zuschnitt und im Hinblick auf die Einbindung aktueller Forschungsergebnisse. Eine intuitive und interessengeleitete Benutzerführung, eine zweisprachige Umsetzung (Deutsch/Englisch) und eine perspektivisch weitgehende Barrierefreiheit richten sich an eine breite Zielgruppe. Jugendliche werden zudem besonders durch den Bereich »Junges Museum« angesprochen, dessen Umsetzung das Deutsche Literaturarchiv Marbach als Netzwerkpartner verantwortet.[9]

Technisch wird die virtuelle Ausstellung auf dem »Government Site Builder« als Content Management System basieren; für die Realisierung des Systems sind auch Synergieeffekte aus dem Projekt »Virtuelle Ausstellungen der Deutschen Nationalbibliothek« zu erwarten. Auch bei der technischen Realisierung ist der Netzwerkgedanke von besonderer Bedeutung. Damit das Projekt *Künste im Exil* in eine lebendige, wachsende Ausstellung mündet, ist die kontinuierliche Bestückung mit digitalen Objekten auch über das Finanzierungsende 2014 vorgesehen.

III. Netzwerk – Internet

Der besondere Reiz und das Innovationspotenzial der virtuellen Ausstellung *Künste im Exil* bestehen darin, dass sie sich ganz grundsätzlich die technischen Möglichkeiten des Internets zu eigen macht. Das Konzept ist in seiner Komplexität nur in diesem Medium denkbar. Der Netzwerk-Gedanke beschränkt sich also keineswegs auf das reale Netzwerk von Archiven und Forschungsinstitutionen, die über *Künste im Exil* in einen Dialog miteinander eintreten.

Die technischen Möglichkeiten des Internets sind für die konzeptionelle Ausrichtung von *Künste im Exil* grundlegend. Ein Blick auf die Startseite und den Seitenaufbau von *Künste im Exil* kann dies veran-

---

9 Vgl. hierzu den Beitrag von Heike Gfrereis mit Annika Christof, Johannes Kempf und Martina Wolff in diesem Band.

schaulichen. Die Startseite besteht aus anklickbaren Kacheln, hinter denen sich unterschiedliche Einstiege in die Ausstellung verbergen.

Zu den Sonderbereichen des virtuellen Auftritts gelangt der Besucher über die Einstiege »Exil-Netzwerk« (hier können sich die am Netzwerk beteiligten Partnerinstitutionen vorstellen), »Sonderausstellungen« (die virtuelle Ausstellung bietet die Möglichkeit, Sonderausstellungen zu zeigen) und über den bereits erwähnten Einstieg »Junges Museum«.

Zu den Inhalten der Ausstellung führen unterschiedliche Wege. Kacheln, auf denen Bilder von Personen bzw. Objekten zu sehen sind, wechseln auf der Startseite ab mit solchen, die thematisch besetzt sind. Ein Klick auf ein Personenporträt oder eine Objektabbildung führt den Besucher direkt zum jeweiligen Einzeleintrag und somit in die Ausstellung hinein. Die Kacheln mit der Aufschrift »Objekte« und »Personen« bieten dagegen die Möglichkeit, sich sämtliche Objekt- bzw. Personeneinträge der virtuellen Ausstellung anzeigen zu lassen und mit einer facettierten Suche nach Interesse zu filtern. Von den thematischen Kacheln besonders hervorzuheben sind die Zugänge über die Kacheln »Künste« und »Exil«. Sie nehmen an prominenter Stelle den Titel des Gesamtprojekts auf und eröffnen zwei thematische Einstiege in das Portal. So wird es möglich, Zusammenhänge von Exil, Emigration und Kunst unter einer möglichst umfassenden Perspektive herzustellen.

Bereits hier wird eine inhaltliche Entscheidung sichtbar, die während der Konzeptionsphase getroffen wurde: »Künste« und »Exil« werden zunächst einmal weit definiert, das heißt, die virtuelle Ausstellung löst den Themenkomplex Exil aus einer strikten Epocheneinteilung heraus (1933–1945; 1945–1989; nach 1989). Die konzeptionelle Stärke dieser Herangehensweise liegt zum einen darin, im Portal auch auf die Diskursgeschichte bestimmter Begriffe und Kategorien der Exilforschung eingehen zu können, zum anderen darin, die Komplexität des Exils insofern auch abzubilden, als sich die konkreten Exilsituationen durch ihre Vor- und Nachgeschichten einer strikten historischen Epocheneinteilung in aller Regel widersetzen (sehr wohl wird aber über die Suchfunktion der Seite die Möglichkeit bestehen, sich die Ausstellungsinhalte nach historischen Epochen filtern zu lassen).

Die beiden Einstiegskacheln »Künste« und »Exil« ermöglichen somit einen historisch nicht vordefinierten Zugang zu den Ausstellungsinhalten, während ein Klick auf die Personen bzw. Objekte, die auf der Startseite zu sehen sind, direkt auf einen Einzelbeitrag zur jeweiligen Person bzw. dem jeweiligen Objekt führt – die Startseite vereint demnach zwei Perspektiven auf das Thema Exil: eine sehr konkrete, personen- und objektbezogene sowie eine der thematischen Breite. Beide sind nur einen Klick voneinander entfernt.

Entscheidet man sich nun für den thematischen Einstieg, dann ergibt sich z.B. der folgende Klickweg. Die Wahl der Kachel »Künste« führt auf eine Seite, die einen Übersichtstext zum Zusammenhang von Exil, Kunst und Künstlern anbietet. Unten auf der Seite befindet sich eine Galerie, die als Slideshow realisiert wird und in der die verschiedenen Künste versammelt sind, z.B. Literatur, Bildende Kunst, Fotografie, Architektur und Design, Musik, Tanz, Theater und Film.[10] Entscheidet sich der Besucher für einen Klick auf »Literatur«, dann gelangt er zu einer Seite, die wiederum einen Überblickstext zu Literatur und Exil anbietet, zugleich aber vielfache Verlinkungen enthält. Über Verlinkungen aus dem Fließtext, über redaktionell gesteuerte »verwandte Inhalte« oder über eine Galerie mit Bild-, Ton- und Videodokumenten zum jeweilgen Themenbereich werden unterschiedliche Möglichkeiten der Weiternavigation angeboten. Ab dieser Ebene bewegt sich der Besucher der virtuellen Ausstellung in einem regelrechten Verweisungszusammenhang: er muss nicht einem redaktionell vorgegebenen Weg folgen, sondern kann explorativ durch die vielfältigen Verflechtungen der Objekte, Personen und Themen navigieren – eine Bewegung, die in einem linear oder lexikalisch aufgebauten Internetauftritt nicht denkbar wäre.

Wem der Einstieg über die thematischen Kacheln dennoch zu viel Moderation und Besucherführung ist, kann auch einen radikaleren Weg einschlagen und sofort auf der Startseite auf ein Bild klicken. Mit diesem Klick gelangt man direkt zum jeweiligen Objekt bzw. zur jeweiligen Person. Dieser Eintrag verfügt dann ebenfalls über zahlreiche Links und Galeriebilder, die in das immer weiter anwachsende Netzwerk des Exils führen.

An diesem radikaleren Einstieg, der sich sofort einem Einzelobjekt oder einer einzelnen Person zuwendet, lassen sich zwei weitere konzeptionelle Besonderheiten der virtuellen Ausstellung verdeutlichen.

Was auf jede Ausstellung zutrifft, trifft auf die virtuelle Ausstellung *Künste im Exil* in ganz besonderer Weise zu: sie ist ohne die Besucher gar nicht denkbar, ja, sie existiert überhaupt nicht – abgesehen von der schieren Datenmenge, die in einem Content Management System abgelegt ist. Zur Darstellung kommt auf dem jeweiligen PC, Tablet, Notebook oder Smartphone nur das, was der je spezifische Besucher zur je spezifischen Zeit anklickt. Der Besucher ist also im gleichen Maße Autor, wie er Leser und Betrachter ist. Er folgt keinem festgelegten Weg

---

10 Die Systematik zur Einteilung der Künste ist noch nicht abschließend festgelegt.

durch eine Ausstellung, der ein ganz bestimmtes didaktisches oder kuratorisches (Aussage-)Interesse zugrunde liegt.[11] Im Gegenteil: der Besucher webt sich mit jedem Besuch sein Netz des Exils aufs Neue, verspinnt mal diesen und mal jenen Faden zu einem Knotenpunkt und wird daher auch bei jedem Besuch eine neue Vorstellung von Exil und Künsten im Exil erzeugen. Insofern greift die Ausstellung konzeptionell das auf, was in neueren Ansätzen zur Ausstellungstheorie unter dem Stichwort der »wilden Lektüre« verhandelt wird.[12] Von einem bestimmten Interesse oder von Assoziationen geleitet, kann der Besucher einer bestimmten Spur folgen und damit auch völlig unerwartete Verknüpfungen herstellen bzw. entdecken.

Und hier kommt die Bedeutung der Ausstellungsobjekte ins Spiel.[13] Was der Besucher in der Ausstellung neben der theoretischen Kontextualisierung, bio-bibliografischen Einträgen, Informationen über die historischen Ereignisse auf einem Zeitstrahl und Erklärungen in einem Glossar finden kann, sind Digitalisate von Kunstwerken und Alltagsgegenständen, Briefen, Manuskripten, Fotografien, Dokumenten, Audio- und Videoelementen. Diese Ausstellungsexponate stehen nicht singulär, sondern sie sind Elemente eben jenes kuratierten Verweisungszusammenhangs, dem der Betrachter folgen kann.

Die Telefonliste des Schriftstellers Soma Morgenstern soll hier als Beispiel dienen. Eingeladen von seinem Freund Conrad H. Lester hielt sich Soma Morgenstern von Herbst 1941 bis Frühling 1943 in Los Angeles auf. Unter den Bekannten und Freunden, die er dort wieder traf, waren u. a. Bertolt Brecht, Liesl Frank, Gina Kaus, Otto Klemperer, Fritz Kortner, Arnold Schönberg, Friedrich Torberg. Auf einer Adresskarte, die heute als Original im Deutschen Exilarchiv 1933–1945 liegt, sammelte Morgenstern Telefonnummern von Personen, die er während seiner Zeit in Kalifornien vermutlich häufiger kontaktierte. Die Liste bezeugt das prominente künstlerische und intellektuelle Umfeld Morgensterns und verweist auf die für viele Emigranten so notwendigen Kontakte und Netzwerke untereinander.

Von dem Eintrag und der Abbildung der Telefonliste wird dem Ausstellungsbesucher z. B. die Weiternavigation zu einem Artikel über

---

11 Einem solchen, oft auch dramaturgisch sehr klar vorgezeichneten Weg folgen beispielsweise die virtuellen Ausstellungen des Google Cultural Institute, unter: http://www.google.com/culturalinstitute/#!home [abgerufen: 25.06.2013].
12 Vgl. Metz, Christian: Lustvolle Lektüre. Zur Semiologie und Narratologie der Literaturausstellung. In: Anne Bohnenkamp und Sonja Vandenrath (Hg.): Wort-Räume, Zeichen-Wechsel, Augen-Poesie. Zur Theorie und Praxis von Literaturausstellungen. Göttingen 2011, S. 87–99.
13 Die in der virtuellen Ausstellung freilich nur Digitalisate, Reproduktionen sind.

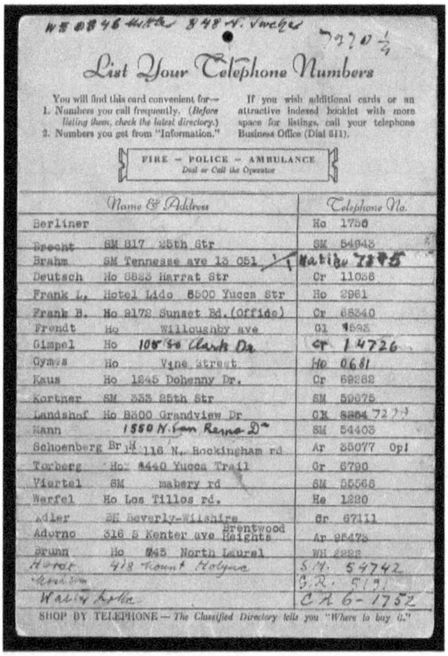

List Your Telephone Numbers

You will find this card convenient for—
1. Numbers you call frequently. (Before listing them, check the latest directory.)
2. Numbers you get from "Information."

If you wish additional cards or an attractive indexed booklet with more space for listings, call your telephone Business Office (Dial 811).

FIRE – POLICE – AMBULANCE
Dial or Call the Operator

Name & Address	Telephone No.
Berliner	Ho 1756
Brecht SM 817 25th Str	SM 54943
Brahm SM Tennesse ave 13 051	
Deutsch Ho 8833 Harrat Str	Cr 11036
Frank L. Hotel Lido 6500 Yucca Str	Ho 2961
Frank B. Ho 9172 Sunset Bd. (Office)	Cr 68340
Frendt Ho Willoughby ave	Gl 1593
Gimpel Ho	
Gymes Ho Vine Street	
Kaus Ho 1245 Doheny Dr.	Cr 69282
Kortner SM 333 25th Str	SM 59675
Landshof Ho 8300 Grandview Dr	CK 8864
Mann	SM 54403
Schoenberg Br 116 N. Rockingham rd	Ar 35077 Op!
Torberg Ho 8440 Yucca Trail	Gr 6790
Viertel SM mabery rd	SM 55568
Werfel Ho Los Tillos rd.	He 1220
Adler BH Beverly-Wilshire	Cr 67111
Adorno 316 S Kenter ave Brentwood Heights	Ar 95475
Brunn Ho 845 North Laurel	WH 2222

SHOP BY TELEPHONE — The Classified Directory tells you "Where to buy it."

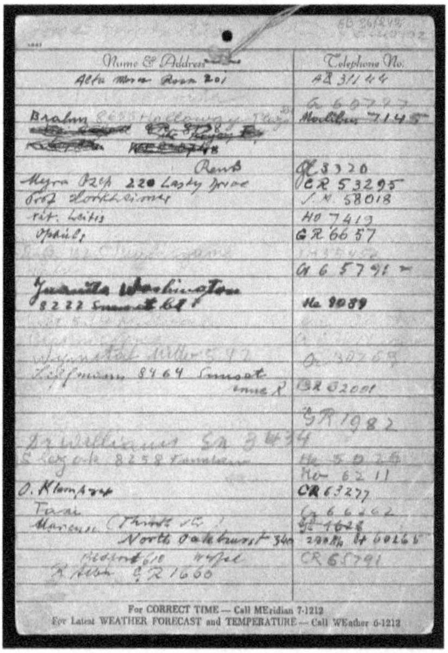

Name & Address	Telephone No.

For CORRECT TIME — Call MEridian 7-1212
For Latest WEATHER FORECAST and TEMPERATURE — Call WEather 6-1212

Abb. 1/2: Morgensterns Telefonkarte mit Nummern in Kalifornien 1941/1943. Vorder- und Rückseite

Netzwerke angeboten. Von dort könnte er über den Link »Hilfsorganisationen« zur American Guild for German Cultural Freedom bis zu einem Interview mit dem Sekretär der Organisation Volkmar von Zühlsdorff gelangen. Freilich bestehen an jedem Knotenpunkt vielfältige andere Möglichkeiten zur Weiternavigation.

IV. Geschichte, Gegenwart und Gegenwärtigkeit des Exils

Seit der Machtübernahme der Nationalsozialisten in Deutschland sind 80 Jahre vergangen. Das Thema deutschsprachige Emigration aus dem Machtbereich der nationalsozialistischen Diktatur hat nach zögerlichen Anfängen seit den 1960er-Jahren breitere Aufmerksamkeit in Expertenkreisen gefunden. An die von außeruniversitären Einrichtungen, darunter das Deutsche Exilarchiv 1933–1945, geleistete Grundforschung[14] und die – immer noch zu leistende – Sammlung und Sicherung von Publikationen und Dokumenten schloss sich die wissenschaftliche Erforschung des deutschsprachigen Exils an. Politische und literarische

14 Den Begriff hatte Walter A. Berendsohn geprägt. Grundforschung meint die Erschließung von Quellenmaterial als Grundlage der Forschung.

Emigration, Wissenschaftsemigration, jüdische Emigration, das »Exil der kleinen Leute« (Wolfgang Benz) und weitere Aspekte rückten in den Fokus der Forschung.[15] In einer Fülle von Forschungsergebnissen wurden die unterschiedlichen Facetten der deutschsprachigen Emigration 1933–1945 dargestellt. Mehrfach schon wurde in der Vergangenheit die Frage nach den zukünftigen Perspektiven der Exilforschung gestellt.[16] Die Herausforderung der Globalisierung mit ihren weltweiten Migrationsbewegungen veranlasste die Gesellschaft für Exilforschung, in ihrer Jahrestagung 2012 der Frage »Quo vadis, Exilforschung?«[17] nachzugehen. Aber nicht das Ende der Exilforschung wurde konstatiert, sondern ein »erneuertes Interesse am Phänomen Exil« (Doerte Bischoff), das zugleich mit der Motivation verknüpft ist, die Erforschung des Exils in neue und größere Zusammenhänge zu stellen.

In diesen größeren Zusammenhängen verortet sich auch das Konzept zur virtuellen Ausstellung *Künste im Exil*. Über das deutschsprachige Exil und die Emigration aus dem Machtbereich der nationalsozialistischen Diktatur hinaus soll – bei Wahrung der Spezifika der einzelnen historischen Situationen und Kontexte – auch die Rolle Deutschlands als Aufnahmeland nach 1945 und bis hinein in die Gegenwart Gegenstand des virtuellen Museums sein.

Künste im Exil nimmt in der Perspektivenerweiterung auf Exile der Gegenwart und Deutschland als Aufnahmeland Wolfgang Frühwalds bereits 1995 formulierte Forderung auf, in die Überlegungen der Exilforschung auch »globale Exil- und Fluchtdebatte[n]« einzubeziehen.[18] Das inhaltliche Konzept bietet zudem die Chance, Impulse durch die Migrations- und Globalisierungsforschung sowie die Hybriditäts- und

---

15 Vgl. dazu etwa: Langkau-Alex, Ursula: Geschichte der Exilforschung. In: Claus-Dieter Krohn, Patrik von zur Mühlen, Gerhard Paul und Lutz Winckler (Hg.): Handbuch der deutschsprachigen Emigration 1933–1945. Darmstadt 1998, S. 1195–1209; Krohn, Claus-Dieter: John Spalek. Pionier der Exilforschung. In: Wulf Koepke und Jörg Thunecke (Hg.): Preserving the Memory of Exile. Nottingham 2008, S. 10–26; Asmus, Sylvia: Nachlasserschließung im Deutschen Exilarchiv 1933–1945 unter besonderer Berücksichtigung der Benutzersicht. Berlin 2009.
16 Vgl. dazu etwa: Albert, Claudia: Ende der Exilforschung? Eine Überlegung anlässlich neuerer Überlegungen zum Thema Exilliteratur. In: Internationales Archiv für Sozialgeschichte der deutschen Literatur 24/2 (1999), S. 180–187; Krohn, Claus-Dieter: Quo vadis Exilforschung? In: Neuer Nachrichtenbrief der Gesellschaft für Exilforschung e.V. 27 (2006), S. 5 f.
17 Vgl. den Tagungsbericht unter: http://www.exilforschung.de/_dateien/jahrestagungen-gfe/Tagungsbericht%20Amsterdam%202012.pdf [abgerufen: 25.06.2013].
18 Frühwald, Wolfgang: Die »gekannt sein wollen«. Prolegomena zu einer Theorie des Exils. In: Hermann Haarmann (Hg.): Innen-Leben. Ansichten aus dem Exil. Ein Berliner Symposium. Berlin 1995, S. 56–69.

Gendertheorien aufzunehmen, die in den vergangenen Jahren zunehmend an Einfluss auf die (auch kulturtheoretische) Erforschung der deutschsprachigen Emigration gewonnen haben.[19] Im Zuge dieser kulturtheoretischen Ansätze stellt sich die Frage danach, was Exil ist und, daran anschließend, die Frage, was »Exil-Kunst« sein könnte, neu.

Claus-Dieter Krohn plädiert in diesem Zusammenhang dafür, die Begriffe Exil und Emigration in den umfassenderen Zusammenhang der Moderne einzugliedern:

> Im Kontext der [...] sozialen und kulturellen Entwicklung hat sich längst gezeigt, dass Fremdheit, Entwurzelung, Ortlosigkeit und Patchwork-Existenzen nicht mehr nur Erfahrungen von Exilen sowie der heutigen, mehr und mehr globalisierten Gesellschaften sind, sondern überhaupt als Signaturen der Moderne begriffen werden müssen.[20]

Dieses theoretische Setting nehmen Susanne Komfort-Hein und Doerte Bischoff in ihrer Auseinandersetzung mit dem »anderen Deutschland« auf und fragen angesichts der Tatsache, dass Deutschland inzwischen auch ein Ort des Exils sei, ob sich »der Begriff Exil überhaupt zur Kennzeichnung einer historisch und kulturell abgrenzbaren Epoche« eigne.[21]

Nimmt man diese Perspektiven auf, dann ergibt sich für die virtuelle Ausstellung *Künste im Exil* eine spannende Konstellation, in der die Exile aus dem Machtbereich des Nationalsozialismus und die Exile der Gegenwart in Deutschland zusammentreten – eine Konstellation, die man durchaus als eine spannungsgeladene bezeichnen kann. Spannungsgeladen, weil die heutige Thematisierung von Deutschland als Exilland immer einen Subtext mit sich führt, der auf die Zeit des Nationalsozialismus verweist. In dieser Konstellation liegt die Gegenwärtigkeit des Exils, die beispielsweise in der Gegenwartsliteratur schon

---

19 Vgl. dazu etwa: Bischoff, Doerte und Susanne Komfort-Hein: Vom *anderen Deutschland* zur Transnationalität. Diskurse des Nationalen in Exilliteratur und Exilforschung. In: Exilforschung 30 (2012): Exilforschungen im historischen Prozess, S. 242–273; von Bernstorff, Wiebke: Geschichte(n) machen. Für eine Wiederaufnahme der historisch-politischen Perspektive in der Exil(literatur)- und Genderforschung. In: ebd., S. 304–326; Vgl. insgesamt den Band Exilforschung 27 (2009): Exil, Entwurzelung, Hybridität; Vgl. auch den Flyer zum interdisziplinären Doktoranden-Workshop Exil und Exilforschung, 21. und 22. März 2013, Universität Hamburg, unter: http://www1.slm.uni-hamburg.de/de/forschen/arbstzentren/exilforschung.html [abgerufen: 25.06.2013].
20 Krohn, Claus-Dieter: Vorwort. In: Exilforschung 27 (2009): Exil, Entwurzelung, Hybridität, S. VII–X; hier: S. IX.
21 Bischoff, Doerte und Susanne Komfort-Hein: Vom *anderen Deutschland* zur Transnationalität. In: Exilforschung 30 (2012): Exilforschungen im historischen Prozess, S. 242–273; hier: S. 249.

dezidiert verhandelt wird. Ein Beispiel ist etwa Abbas Khiders im Frühjahr erschienener Roman *Brief in die Auberginenrepublik*. Khider, der aufgrund politischer Verfolgung aus dem Irak geflohen ist und nun in Deutschland lebt, verwebt in diesem Text sehr geschickt diese beiden Zeiten miteinander, wenn er etwa der Erzählung, deren Handlung kurz vor der Jahrtausendwende zwischen Libyen und dem Irak angesiedelt ist, ein Zitat von Rose Ausländer voranstellt. Die Geschichte des Briefes, um die es in dem Roman geht, wird vor dem Hintergrund eines Schmugglernetzwerks erzählt, das den Briefverkehr der in Bengasi lebenden Exil-Iraker und Bagdad aufrechterhält. In der Verknüpfung zweier zunächst einmal disparat anmutenden Exil-Zusammenhänge entwickelt der Roman einen ganz spezifischen Blick auf das Phänomen Exil und seine historischen wie thematischen Netzwerke.

Die Verweisungszusammenhänge, aus denen sich die *Künste im Exil* bei jedem Klickweg aufs Neue generieren, ermöglichen gerade solche unerwarteten Verknüpfungen. Indem die Besucher immer wieder verschiedene Exil-Zusammenhänge »erklicken« und damit immer wieder eine neue Vorstellung des Exils erzeugen, werden sie zugleich angehalten, den Begriff des Exils zu reflektieren.

Heike Gfrereis mit Annika Christof,
Johannes Kempf und Martina Wolff

Vier Bausteine zu einem virtuellen »Jungen Exilmuseum«

»Ohne Sammlung kein Museum«, bringt der Deutsche Museumsbund in seinem Frühjahrsbulletin 2013 sein Thema »Sammellust und Sammellast« auf eine Gleichung.[1] Jedoch: Haben – Sammeln, Besitzen und Bewahren – ist nur eine Seite des Museums. Ohne Geben – Teilen, Erforschen und Vermitteln – ist es eine Anhäufung toter Gegenstände. Um zum vielbeschworenen Gedächtnis einer Nation oder Gemeinschaft zu werden, muss sich ein Museum zerstreuen, müssen Details den einzelnen Besuchern in Erinnerung bleiben und immer wieder neue Dinge zu einer Entdeckung werden. Ein Bild, ein Buch, ein Ton, ein Wort geht uns nicht mehr aus dem Kopf. Ein Exponat verwickelt uns in einen Sog aus Fragen, Rätseln und Spuren. Ideen, Geschichten und Personen nehmen Gestalt an. Das Museum ist ein Ort des Findens und ein Ort des Suchens. Hier treffen uns fremde Erfahrungen und hier geben wir eigene Erfahrungen preis. Die Bedeutung einer Sammlung liegt in uns selbst, nicht in ihren Gegenständen und nicht in ihren Kuratoren und Kustoden. Lernen und Hinauslassen, nicht Kennen und Horten, ungeschützte Neugier, nicht Allwissenheit gehören hierher.

Aus diesem Grund hat das virtuelle Museum des Netzwerks *Künste im Exil* von Anfang an einen eigenen Bereich, in dem seine Besucher selbst Ausstellungen machen: Für das »Junge Exilmuseum« suchen Kinder, Jugendliche und Studierende Stücke aus den vertretenen Exilsammlungen aus und kommentieren und vernetzen sie auf ihre eigene Weise. Dieses »Junge Exilmuseum« steht allen offen und soll bundesweit gepflegt werden, von den sammelnden, forschenden und lehrenden Institutionen – den Archiven, Museen, Hochschulen und Schulen –, aber auch von einzelnen Besuchern, die hier zu Kuratoren und Projektpaten werden können. In der Pilotphase der *Künste im Exil* 2012/13 wird das »Junge Exilmuseum« vom Deutschen Literaturarchiv Marbach betreut. Die Mitarbeiter der Marbacher Museen bauen zum einen ein Netzwerk mit – Paten auf. Paten für dieses virtuelle Museum,

---

1 Deutscher Museumsbund e. V.: Bulletin 1/13, unter: http://www.museumsbund.de/fileadmin/geschaefts/bulletin/Bulletin_2013_1.pdf [abgerufen am 25.06.2013].

die es dann auch nach dem Start des Netzwerks im September 2013 zu einem lebendigen Museum machen.² Zum anderen stellen sie als Muster vier verschiedene Ausstellungen online, die alle von Exponaten aus dem Literaturmuseum der Moderne ausgehen, sie um andere Marbacher Bestände zum Exil ergänzen und jeweils einen anderen Erschließungs- und Vermittlungsansatz wählen.³ Die Ausstellungen des »Jungen Exilmuseums« spiegeln und reflektieren auf diese Weise Exponate, Perspektiven und Themen der virtuellen Dauerausstellung *Künste im Exil*, fügen aber auch neue Exponate, Sichtweisen und Vernetzungsmöglichkeiten hinzu.

I. Personen. Mascha Kaléko

»Du siehst hier eine Doppelseite aus Mascha Kalékos Notizbuch. Was ist Dein erster Eindruck? Dein erster Gedanke, der Dir dazu durch den Kopf schwirrt? Ich denke immer, meine Güte, so sieht doch kein Notizbuch, wie ich es mir vorstelle, aus! Meines wäre wahrscheinlich über und über bekritzelt mit unnötigem Zeug.

Bei Kalékos Notizbuch sticht zuallererst der Schriftzug ›Angst‹, der groß und bedrohlich auf der linken Seite prangt, ins Auge. Wovor könnte Mascha Kaléko Angst gehabt haben? Vor den Nationalsozialisten in Deutschland? Dem Krieg? Oder aber vor ihrem neuen Leben in der Fremde und dem Verlust ihrer Heimat?

Die anderen Notizen, die sie auf diese beiden Seiten geschrieben hat, sehen im ersten Moment aus, als könnte man davon nichts entziffern, aber meiner Meinung nach spiegeln sich genau dadurch ihre Gedanken und Gefühle in ihrer Handschrift wider. Vor allem durch die von ihr gewählten Worte wird klar, wie sehr sie sich wohl nach Deutschland und ihrem vertrauten Umfeld gesehnt haben muss. Mit Sätzen wie ›Miami – die Hölle als Ausflugsort‹ oder ›Das Leben ein Puzzlespiel – mir fehlt das letzte Stück‹ scheint sie ein Gefühl des Verlorenseins in der Fremde ausdrücken zu wollen. Auch die Bemerkungen ›Wenn wir hingegen tödlich verunglücken?‹ und ›Die Brücke überm Abgrund […]

---

2 Schüler und Studenten, die bereit sind, selbst Exilausstellungen zu erarbeiten und online zu stellen, sowie Lehrer, Dozenten und Kustoden, die sie dabei als Pate unterstützen möchten, können sich bei Johannes Kempf (johannes.kempf@dla-marbach.de) melden.

3 Zum Exil-Schwerpunkt in der Dauerausstellung im Literaturmuseum der Moderne vgl. auch Gfrereis, Heike und Verena Staack: Zeitstempel und Körperspur. »Exil« als Thema im Marbacher Literaturmuseum der Moderne. In: Exilforschung 28 (2010): Gedächtnis des Exils – Formen der Erinnerung, S. 47–66.

das ist unser Leben‹ haben mich sehr erschüttert und verraten viel darüber, wie Mascha Kaléko in dieser schwierigen Zeit gedacht und gefühlt hat.

Was würdest Du in solch einer Lebenssituation in Dein Notizbuch schreiben?«

(Annina Keller)

***

Die Erschließung über Autoren ist die klassische Annäherung an ein literarisches Archiv. Unter dem Namen eines Autors finden sich hier die unterschiedlichsten Dinge aus den verschiedensten Zeiten: Manuskripte, Briefe, Alben, Zeugnisse, Pässe, Bücher. Sie können in die Reihe eines Lebenslaufs gebracht werden und werden so zum Nachlass. In Exil-Beständen tritt die Person des Autors oder der Autorin besonders hervor, weil sie die einzige Konstante ist, wenn andere Koordinaten sich ändern: Orte, Freunde, die Sprache und selbst die Materialität des Papiers. Im Winter 2012/13 haben 23 Schülerinnen und Schüler der Klasse 9d des Asperger Friedrich-List-Gymnasiums zusammen mit ihrer Lehrerin und zwei Mitarbeitern der Marbacher Museen den Nachlass von Mascha Kaléko (1907–1975) gesichtet. Drei Monate lang haben sie sich an insgesamt vier Projekttagen, die im Wechsel im Museum und an der Schule stattfanden, getroffen. Aus den 13 grünen Archivkästen des Kaléko-Nachlasses haben sie Stücke herausgesucht, von denen sie sich angesprochen fühlten und deren Bedeutung sie anderen vermitteln wollten.

Die Schriftstellerin Mascha Kaléko, die 1938 zusammen mit ihrem Mann und ihrem Sohn ins amerikanische Exil übersiedeln musste, eignet sich gut für ein Schülerprojekt zum Thema Exil. Ihre Gedichte sind zugänglich und lebensnah. Ihre Gedicht-Anthologie *Verse für Zeitgenossen* ist wie kaum eine andere Sammlung der Zeit komplexer literarischer Reflex einer Exilerfahrung. Doch nicht nur ihr lyrisches Werk eröffnet einen Zugang zu ihrem Exil-Schicksal. Kalékos Nachlass enthält eine Vielzahl an beeindruckenden Lebenszeugnissen wie ein Notizheft (Abb. 1) und ein Tagebuch (Abb. 2), ein Konvolut »Wiedergutmachung« mit der Korrespondenz mit dem Berliner Entschädigungsamt, Postkarten und Briefe an ihren Mann Chemjo Vinaver, aber auch die Auseinandersetzung mit dem jüdischen Religionsphilosophen Martin Buber und den Umgang mit Schriftstellerpreisen im Nachkriegsdeutschland.

An den vier Projekttagen haben die Schüler den Nachlass der Schriftstellerin in den Magazin-Räumen des Archivs gesichtet, in der

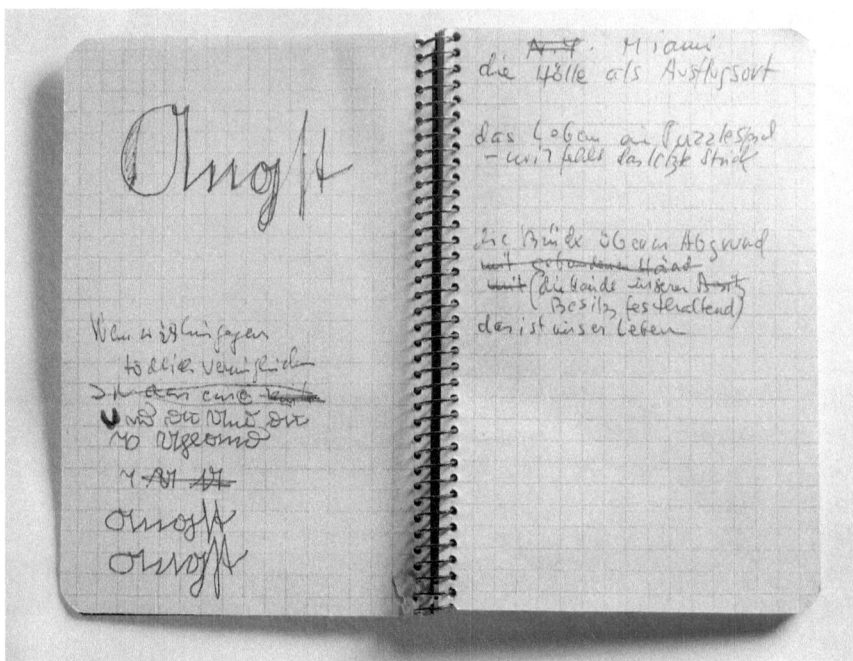

Abb. 1: Doppelseite aus Mascha Kalékos Notizbuch

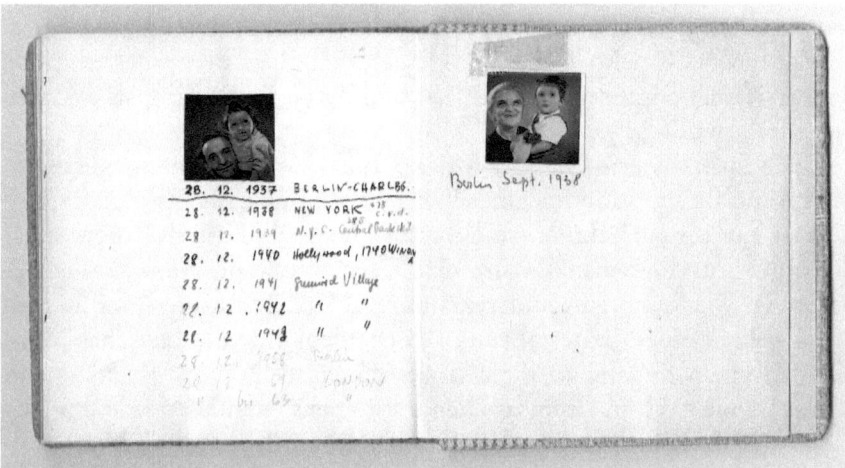

Abb. 2: Doppelseite aus Mascha Kalékos Tagebuch

Dauerausstellung des Literaturmuseums der Moderne Exponate von Mascha Kaléko gesucht und anschließend in Gruppenarbeit sechs thematische Schwerpunkte erarbeitet (»Flucht und Exil«, »Schriftstellerin im Exil«, »Das Exil-Land USA«, »Fremde der Heimat – Blick auf

Deutschland«, »Wiedergutmachung« und »Heimatlosigkeit«) und dafür Leitexponate gesucht. Für die zum Teil auch noch unveröffentlichten Objekte haben sie dann Ausstellungstexte verfasst, bei denen neben der bloßen Beschreibung vor allem die persönliche Auseinandersetzung mit den Objekten im Mittelpunkt steht: Wie gelingt es, ein Exponat mit den nötigen Sachinformationen zu beschreiben und gleichzeitig die Besucher auch emotional einzubeziehen und zum Weiterdenken anzuregen? Was berührt einen selbst an den Objekten am meisten?

Neben der klassischen Verknüpfung von Exponat und Legende auf einer ersten, linearen Ebene haben die Schüler eine zweite und dritte Ebene angelegt, die in diesem Projekt sogenannten »Klickspuren«: Verknüpfungen zu weiteren Exponaten, aber auch zu Gedichten, Transkriptionen und von den Schülern selbst eingesprochenen Tonaufnahmen. Ein Zeitstrahl zu Mascha Kalékos Lebensstationen, den die Schüler mit einer Reihe von Fotos aus dem Nachlass bebildert haben, bringt die verschiedenen Ebenen dann wieder in eine chronologische Folge – ein Gegenstück zur Art des Erinnerns, wie sie in Kalékos Tagebuch sichtbar ist.

***

»Klappt man Mascha Kalékos Tagebuch auf, so steht dort – nichts. Viele leere Seiten folgen. Irgendwann stößt man auf Einträge mit schwarzer Tinte. Doch seltsam: Die Daten und Jahreszahlen scheinen rückwärts zu laufen. Die Aufzeichnungen beginnen 1944, die Jahreszahlen 1941 oder 1940 tauchen weiter hinten auf. Hat Mascha Kaléko verkehrt herum in das Buch geschrieben? Oder hat sie beim Schreiben einfach nicht auf die Reihenfolge der Seiten geachtet?

Schlägt man die letzten Seiten des in kariertem Stoff gebundenen Büchleins auf, so fällt der Blick auf zwei kleine quadratische Fotos. Eines zeigt Kalékos Mann Chemjo Vinaver, der zärtlich den gemeinsamen kleinen Sohn Steven anschaut. Unter dem Foto ist zu lesen: ›28.12.1937 Berlin-Charlbg.‹ Das ist das Datum von Stevens erstem Geburtstag. Neun Einträge dieser Art folgen darunter, zum Beispiel ›28.12.1940 Hollywood‹ oder ›28.12.1958 Berlin‹. Das letzte Datum ist der 28.12.1963. Zu dieser Zeit lebte Steven Vinaver in London. Immer, so scheint es, wenn ihr Sohn umgezogen ist, hat Mascha Kaléko das im Tagebuch vermerkt.

Auffällig ist eine feine Linie, die zwischen dem ersten Eintrag und dem zweiten (›28.12.1938 New York‹) gezogen ist. Was kann sie bedeuten? Diese Linie bedeutet vielleicht den endgültigen Strich, den die Familie unter ihr Leben in Europa ziehen musste: Im Oktober 1938 emigrierte Mascha Kaléko mit ihrem Mann und ihrem fast zweijährigen Sohn in die USA.

Die Seite mit den Fotos ist der Anfang des Buches. Man muss es von hinten nach vorne lesen, wie ein hebräisches Buch. Mascha Kaléko war Jüdin und hat die ersten Einträge in hebräischer Schrift verfasst. Die Übersetzung der ersten Worte lautet: ›Das Tagebuch der Mascha Kaléko, geschrieben für ihren Sohn. Avitar. Du bist jetzt ein Jahr alt geworden. Dein Vater hat dieses kleine Buch gekauft, und wir wollen beide dann und wann hineinschreiben für Dich.‹

Hineingeschrieben hat immer nur Mascha Kaléko, unregelmäßig, zum letzten Mal am 22. Januar 1944. Häufig schreibt sie über die Entwicklung ihres Sohnes. An vielen Stellen merkt man, wie traurig die Autorin gewesen sein muss. Und wie beängstigend die Situation im Exil war. Am 20. Juni 1941 schrieb sie: ›Es wird immer schlimmer. Wir sind ohne Geld. Ohne Freunde. Ohne Verbindungen. Ohne Hoffnung. Geld haben ist nicht schön. Aber Geld nicht haben ist schrecklich. Fahrgeld fehlt. Schuhe fehlen. Medizin für Steven fehlt. Schule wird ihn nicht halten, wenn wir nicht zahlen können.‹

Es ist erstaunlich, dass es dieses sehr persönliche Tagebuch von Mascha Kaléko gibt. Denn die Autorin hat zu Lebzeiten sehr genau ausgewählt, was die Nachwelt von ihr erfahren sollte, und viele persönliche Dokumente und Briefe vernichtet. Durch dieses Buch können wir hautnah an ihrem Leben im Exil teilnehmen, an ihrer unerschütterlichen Liebe zu ihrem Sohn und ihrem Mann. So dicht, so nah, dass ich mich beim Lesen manchmal gefragt habe: Ist das nicht zu privat? Darf ich das wirklich lesen?«

(Andrea Thormählen)

II. Dinge. Von Arnheim bis Seghers

»New York ist immer das, wovon man träumt, wovon man gerade besessen ist. Nichts an der Stadt ist wohnlich oder behaglich, es sei denn, man fühlt sich darin wohl wie ein Stegosaurier zwischen Urzeitbüschen, Schachtelhalmen und den spitzen, stacheligen Bäumen und Bergspitzen. New York ist eine Stadt der Träume. Wer hier ankommt, hat einen Traum und wer dann hier bleibt, hält sich an seine Träume. Manchmal auch nur, weil es sonst nichts gibt, woran man sich halten kann.

Ah, jetzt kommt meine Eiscreme. Slurpees bei Bupees. Mit Schokosoße. Wo waren wir? Ach, bei Erinnerung. Dr. Huelsenbecks elementare Heilungsmethode. New York ist am Abend wie ein Wiesel. Rastlos schnuppern die Geschlechter an der frischen Luft, führen ihre Träume aus, wie frühere Poeten Hummer. Ich zieh mich dauernd um. Und dann geh ich oft raus. Die Leute pfeifen auf den Straßen und sehen sich an, als würden sie sich alle am liebsten sagen wollen, ist es nicht unglaublich, dann: Wir sind hier, in New York! Hier in New York. Neuyork.

Und dabei hat die Stadt so oft ihren Namen geändert, dass man an Fluch oder Flucht denken könnte. Manna-hatta. Nieuw Amsterdam. Großer Apfel. Als ich hier ankam, hieß ich Huelsenbeck. Als ich blieb, hieß ich Hulbeck, Charles R. Namen sind starre Designatoren. Sie zeigen an, wer wir sind, nicht, was wir sind. Manchmal denke ich, wir hätten nur Buchstaben gebraucht, oder Zahlen ohne Bedeutung, und den Rhythmus. Das Stampfen der Stadt und des eigenen Herzens, wenn wir wirklich Dichter wären. Oder Stegosaurier.

Wir sind auch nur Kreaturen unserer Epoche. Na und?«

(Matthias Göritz)

***

Die Erschließung über sichtbare Dinge ist der traditionelle Weg, ein Museum zu besuchen: Was sieht man? Sie ist schwierig, weil sie Augenfänger braucht und Besucher, die sich von den Gegenständen fesseln lassen, auch wenn sie nicht viel von ihnen wissen. 20 Schülerinnen und Schüler zwischen 12 und 14 Jahren und ihre Dozenten, die Autoren Silke Scheuermann und Matthias Göritz, haben in den Faschingsferien 2013 im Rahmen der Kulturakademie der Stiftung Kinderland Baden-Württemberg im Deutschen Literaturarchiv eine Woche lang zwölf Exponate aus dem Literaturmuseum der Moderne in den Mittelpunkt ihrer Texte gestellt, u. a. ein Foto von Bertolt Brecht in Santa Monica, den Identitätsausweis des Ehepaars Katia und Thomas Mann von 1933, die mexikanische Exilausgabe von Anna Seghers *Das siebte Kreuz* und die deutsche Nachkriegsausgabe ihres Romans *Transit* (Abb. 3), das Gedicht *Mein blaues Klavier* von Else Lasker-Schüler, ein von der Bücherverbrennung 1933 gezeichnetes Exemplar von Arthur Schnitzlers *Casanovas Heimfahrt* und auch das Manuskript von Richard Hülsenbecks *Eine New Yorker Phantasie* (Abb. 4).

Jeweils zwei Schüler haben dabei über ein Exponat geschrieben. Sie haben es zunächst in der Dauerausstellung im Literaturmuseum der Moderne im Original angeschaut und dann ihre ersten Eindrücke notiert: Was fällt auf? Welche Spuren sind zu erkennen? Was für Erzählungen sind denkbar? Was ist eindeutig, welche Fragen bleiben offen? Die Recherche im Archiv schloss sich an: Was findet man über die Hintergründe wie beispielsweise die Entstehungsumstände oder die Biografie des Autors? Als die Schüler ihre ersten Ideen skizzierten, wurde

Abb. 3: Anna Seghers' *Transit* in deutscher Nachkriegsausgabe

deutlich, dass sie – bislang gewohnt, beim literarischen Schreiben ihrer Fantasie freien Lauf zu lassen – nach einer neuen Ausdrucksform suchen mussten: Wie kann ein Text aussehen, der bei aller poetischen

Abb. 4: Manuskript von Richard Hülsenbecks *Eine New Yorker Phantasie*

Freiheit Fakten und historisch korrekte Eindrücke vermitteln soll? Wie kann man über fremde Erfahrungen schreiben, die oft auch Erfahrungen des Sprachverlusts sind? Und: Was braucht ein Text generell, der im virtuellen Raum andere Schüler zur Beschäftigung mit dem Thema Exil einlädt? Die Schüler haben sich in Beziehung zu ihrem Exponat zu setzen und dennoch eine Ebene der Distanz und der Verfremdung einzubauen versucht: Die fremde Geschichte bleibt trotz aller fantastischen Ausdeutung eine fremde Geschichte.

***

»*Transit* (Anna Seghers). Blätter rieseln auf das Wasser und verzerren die goldgelben Lichtspiegelungen, die aus den hohen Köpfen der Messinglaternen neben mir fallen. Ich kann mich an eine Zeit erinnern, in der mir so etwas wichtig gewesen war. Vor dieser Zeit hier, meine ich. Ich glaube, damals nannten die Leute das Jugend. Lebensfreude. Holz, das nur kurz glimmt und ergraut, sobald der Wunsch nach Feuer schwindet.

Jetzt, da ich nichts mehr habe, scheint es intensiver. Ich kann wieder die Versuchung spüren, die Dinge auf mich ausüben. Eine Versuchung, deren Existenz ich lange vergessen habe. Einen Sinn habe ich trotzdem nicht gefunden. Sinnlos wäre es auch, nach ihm suchen zu wollen. Freude ergibt sich aus Sinnlosigkeit. Sinn wird durch Schmerzen zerstört. Wird unbedeutend. Auch ich bin unbedeutend geworden …

Ich spüre, wie sich die Umgebung verändert. Es ist ein altbekanntes Gefühl. Während ich über sie nachgedacht habe, sind die Blätter zu etwas geworden, das mir nicht mehr fremd ist. Die Strömung der französischen Seine, in der sie schwimmen, bekommt etwas Vertrautes.

Ich muss aufpassen. Vertrautes – das ist nicht das, was ich wollte. Ich habe nicht umsonst aufgegeben, was ich besaß. Vertrautes gegen Schutz und Freiheit – ein fairer Tausch. Aber auch eine Prostitution der eigenen Erinnerung.

Langsam richte ich mich auf und lasse die goldenen Lichter von Paris hinter mir im Wasser zurück.«

(Leonard Schwob)

***

Ergänzt wurde die Schreibwerkstatt um zwei Workshops. Sergio Vesely, der in den Konzentrationslagern der chilenischen Militärdiktatur zu schreiben begann und 1976 in Deutschland Asyl erhielt, hat mit den Schülern über sein Exil gesprochen und das Thema zu einem aktuellen gemacht: Exil ist nicht nur eine historische Erfahrung. Zudem haben die 20 Schülerinnen und Schüler mit zwei Mitarbeiterinnen des Deutschen Exilarchivs 1933–1945 der Deutschen Nationalbibliothek Frankfurt und Stefan Iglhaut, dem Gestalter von *Künste im Exil*, über die Dimensionen dieses Netzwerks diskutiert: Ist ein Autor auch ein Exilautor, wenn er als Kind mit seinen Eltern auswanderte oder sich als Autor diesem Thema nie zugewandt hat? Und was bedeutet das Wort Künste in diesem Zusammenhang? Wann ist jemand Künstler? Gehört dazu Berühmtheit oder sind nicht auch die wichtig, die man sonst vergessen würde?

III. Sprache, Schrift und Stimme. Oskar Pastior

Im Deutschen Literaturarchiv liegt der Sammelschwerpunkt auf der Literatur – sie wird über die Sprache, die Schrift und die Stimme wahrgenommen und hängt von diesen ab. Der 1927 als Angehöriger der deutschen Minderheit der Siebenbürger Sachsen in Hermannstadt (Rumänien) geborene und 2006 in Berlin gestorbene Dichter Oskar Pastior, der 1968 vor der Ceauşescu-Diktatur nach Deutschland flüchtete, wird gern als »Wortkünstler«, »Wortakrobat« und »Magier der Sprache« bezeichnet. Die Deutsche Akademie für Sprache und Dichtung begründet die postume Verleihung des Georg-Büchner-Preises 2006:

> Oskar Pastior, dem methodischen Magier der Sprache, der mit Konsequenz, Phantasie und Witz ein Œuvre von großer Radikalität, Innovationskraft und Formenvielfalt geschaffen hat, das die spielerische Lust an Dialog und Anverwandlung ebenso spiegelt wie eine profunde Ablehnung ideologischer Bevormundung; der in seinen poetischen Sprachwelten, fernab von Klischee und Kommerz, die lautsinnliche Materialität des Wortes zu schönster Entfaltung bringt, um ihr überraschende, erhellende und humorvolle Bedeutungen zu entlocken.[4]

In Pastiors Nachlass im Deutschen Literaturarchiv finden sich zahlreiche Spuren aus Leben und Werk, die von März bis Juni 2013 von neun Schülerinnen und Schülern aus dem Literaturkurs der Freiberger Oscar-Paret-Schule, einer Gesamtschule, als Material für ihre Exilausstellung gesichtet wurden. Exponate wie die Bestätigung der Deportation nach Russland oder der Registrierschein der BRD führen zur Beschäftigung mit Pastiors Biografie: Im Januar 1945 wurde er für fünf Jahre zum Wiederaufbau nach Donbass in die Ukraine zwangsdeportiert. Einen Wiener Studienaufenthalt nutzte er zur Flucht aus dem kommunistischen Rumänien, ab 1969 lebte er als Schriftsteller in Berlin. Jedoch: Pastior selbst hat sich nicht zu den Exilschriftstellern gezählt, weil er seine Sprache behalten konnte und nicht seine Nationalität, nur seine Staatsangehörigkeit und Heimat verloren hat: »Die Begriffe ›Exil‹ und ›Emigration‹ nehme ich für mich nicht in Anspruch, es sei denn auf einer metaphorischen Ebene, d.h. mein Leben lang und wo immer, aber das ist schon fragwürdige Deklamatorik. [...] Ich bin zwar in Rumänien geboren, aber – ›der Zufall will es‹ – Deutscher, nicht Rumäne. Diese Unterscheidung zwischen Nationalität und zeitweiliger Staatsangehörigkeit mag hierzulande haarspalterisch erscheinen; immerhin wurde ich 1944 als Deutscher aus Siebenbürgen in sowjetische Arbeits-

---

[4] Urkundentext des Georg-Büchner-Preises, unter: http://www.deutscheakademie.de/preise_buechner.html [abgerufen: 25.06.2013].

lager deportiert (für die deutsche Schuld zur Verantwortung gezogen), und auch im sozialistischen Rumänien wird die deutsche Minderheit keineswegs mit der rumänischen Bevölkerung verwechselt. Seit Jahren versuche ich hier, oft erfolglos, meine ›exotische Herkunft‹ im öffentlichen Erscheinungsbild nicht vor mein Werk spannen zu lassen – es braucht diesen Aufputz nicht.«[5]

Literatur ist für Pastior eine Form, für die Sprache immer neue Verwendungsmöglichkeiten zu finden. Seine Gedichte konzentrieren sich auf die Sprache selbst und die Arbeit mit ihr. Die ersten beiden Gedichtbände *Offene Worte* und *Gedichte* erschienen in den 1960er-Jahren noch in Rumänien. *Vom Sichersten ins Tausendste* war sein erstes in Deutschland veröffentlichtes Buch. Pastiors Lyrik und die bei der Produktion verwendeten literarischen Verfahren sind unabhängig von historisch-biografischen Kategorien zu verstehen. Der Begriff »Exil« eröffnet hier anders als bei Mascha Kaléko zumindest auf den ersten Blick keinen historischen Erwartungshorizont, vor dem die Gedichte ihre Bedeutung gewinnen. Anhand einer im Literaturmuseum der Moderne ausgestellten Pralinenschachtel mit Buchstaben zum Anagrammieren (Abb. 5) haben die Schüler selbst die Verfahren dieses Autors ausprobiert: Anagramme (durch Umstellung der Buchstaben eines Wortes gebildete andere Wörter), Palindrome (Zeichenketten, die sich von hinten wie von vorne gleich lesen) und Lipogramme (ein oder mehrere Buchstaben werden bewusst weggelassen).

Im Unterschied zu den bisher geschilderten Projekten des »Jungen Exilmuseums« stand hier mehr das Schreiben im Mittelpunkt, das Schaffen eines eigenen Sprachobjekts, weniger das an einen fremden Gegenstand gebundene Vermitteln einer historischen Erfahrung. Die Fragen waren andere: Welche Logik steckt bei Pastior hinter den literarischen Ausdrucks- und Verständnismöglichkeiten? Ist die literarische Sprache immer eine fremde Sprache in der eigenen? Meint Pastior das, wenn er »Exil« für sich höchstens auf einer metaphorischen Ebene gelten lassen will? Gehört dazu, dass Pastior auch ein wichtiger Übersetzer aus dem Rumänischen ist und für ihn mit jeder Sprache eine eigene Art des Denkens verbunden ist? *In jeder Sprache sitzen andere Augen*, so überschrieb Herta Müller einen ihrer Essays.[6] Für die ständigen Verschiebungen und Spielmöglichkeiten zwischen den Sprachen führt sie ein Beispiel an: Im sächsischen Dialekt heißt es »der Wind geht«, im Hochdeutschen »der Wind weht« und im Rumänischen »der Wind

---

5 Pastior, Oskar: Jalousien aufgemacht. Ein Lesebuch. München 1987, S. 150 und 152.
6 Müller, Herta: In jeder Sprache sitzen andere Augen. In: Dies.: Der König verneigt sich und tötet. Frankfurt a. M. 2008, S. 7–39.

Abb. 5: Pralinenschachtel mit Buchstaben zum Anagrammieren

schlägt«. Jede Sprache eröffnet eine andere Wahrnehmungsmöglichkeit der Wirklichkeit und entdeckt andere Bildräume.

Was an Pastiors Nachlass unmittelbar auffällt, ist die Fülle an Geschenken. Da findet sich ein Gedichtwürfel von Lothar Rumold, eine Zigarrenschachtel mit dem Titel »Vielleicht oder nein« von Dana Ranga, die aufgerollte Gedichte sowie eine Packung Streichhölzer beherbergt, oder das aus Papp-Kuchentellern gefertigte Gedicht-Büchlein *Ketchup, Maioneză, Muştar* samt eingeklebter Plastikgabel von Alain Jadot (Abb. 6).

Allen zugeeigneten Gaben ist gemeinsam, dass sie mit Literatur spielerisch umgehen, Gedichte dreidimensional gestalten, ihnen einen Körper verleihen und, möchte man wieder metaphorisch formulieren, ihnen gleichsam Exil geben.

Pastiors eigene Experimente, die immer wieder Grammatik und Semantik auseinander dividieren, öffnen der Sprache einen besonderen ästhetischen Raum jenseits seiner Biografie. »Exil« als Begriff gilt hier nur in der ästhetischen Übertragung.

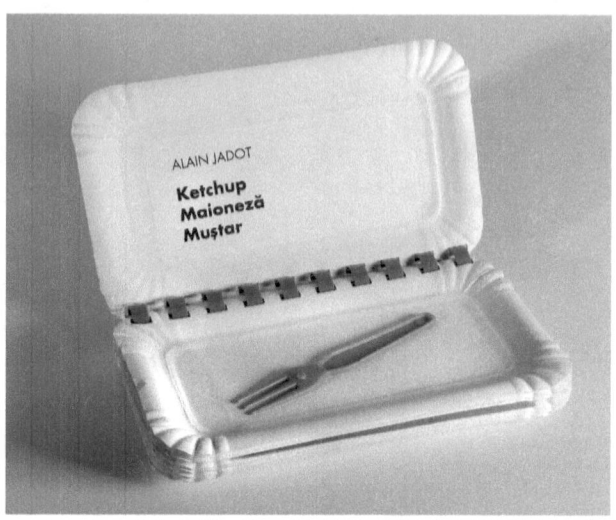

Abb. 6: Alain Jadots
Gedicht-Büchlein
*Ketchup, Maioneză,
Muștar*

IV. Lernen. Exil im Unterricht

Das »Junge Exilmuseum« will nicht nur dokumentieren, zeigen und vermitteln, es will vor allem ein produktives Museum sein, weitere Projekte anregen und Hilfestellungen dafür geben, die Exilthematik und die Arbeit mit realen und virtuellen Exilsammlungen in den Schul- und Hochschulunterricht einzubinden. Für die Pilotphase hat das Deutsche Literaturarchiv daher im Sommersemester 2013 zusammen mit jeweils zwei vierköpfigen Studentengruppen der PH Ludwigsburg aus dem Studiengang Deutsch zwei Unterrichtseinheiten erarbeitet, die in der Sekundarstufe I (Haupt- und Realschulen sowie Gymnasien) bzw. II eingesetzt werden können. Die Materialien (Arbeitsblätter, Vorschläge zu Lektüren, Gruppenarbeiten und Referatsthemen, Abbildungen von Exponaten sowie Hintergrundinformationen zu den behandelten Autoren und Exponaten) sollen Lehrern Grundlagen für eine Themenwoche im Deutschunterricht an die Hand geben, die sich dann auch mit einem Besuch im Literaturmuseum der Moderne kombinieren lässt: Das virtuelle Museum führt an ein reales Museum heran; die zentrale Plattform unterstützt die dezentrale Sammlung, Ausstellung und Vermittlung. Die ersten beiden Unterrichtsvorschläge wollen den Grundstein für einen virtuellen Ort legen, an dem dann bundesweit von Studenten, Lehrern und Dozenten in Kooperation mit Archiven und Museen ausgearbeitete Lehreinheiten zum Thema Exil für die Fächer Geschichte, Deutsch, Kunst und Musik eingestellt und gesammelt werden können. So fördert das Netzwerk und die virtuelle Ausstellung *Künste im Exil* auch den Austausch untereinander.

III. Stückwerk: Collage, Album, Sammlung

Annegret Pelz

Wohnung beziehen – im Album

In instabilen Situationen von Vertreibung, Exil, Migration und sozialer Mobilität werden Alben zur »Wohnung« von Menschen ohne Ort. Alben transportieren Bilder von Räumen und Dingen und sie schaffen über große zeitliche und räumliche Distanzen hinweg eine imaginäre Bleibe für die Zusammenkunft mit den Toten oder mit räumlich fernen Menschen.

Als im Mai 1938 der 82-jährige Sigmund Freud und seine Familie durch diplomatische Intervention und durch die Bezahlung der sogenannten Reichsfluchtsteuer die Genehmigung zur Emigration und zum Mitnehmen einiger Dinge aus der Praxis und aus der Wohnung erhielten, wurde der junge Fotograf Edmund Engelman in die Berggasse 19 geschickt, um den Ort, an dem Freud seit 1891 gelebt und gearbeitet hatte, möglichst vollständig zu dokumentieren. Initiator der improvisierten Aktion war der Pädagoge und Psychoanalytiker August Aichhorn, der die »Geburtsstätte« der Psychoanalyse »in allen Einzelheiten fest[...]halten [wollte], damit [...] ein Museum geschaffen werden kann, wenn der Sturm der Jahre vorüber ist«.[1] Der Plan bestand darin, durch die vollständige fotografische Reproduktion der Einrichtung die Basis für die zukünftige Erinnerung an das einmalige und bald nicht mehr existierende Ensemble der Freud'schen Wohn- und Arbeitsstätte zu schaffen.

Der 1939 emigrierte Fotograf Engelman beschreibt in seinem »Rückblick« die gefährlichen Bedingungen und den Zeitdruck, unter denen die etwa 150 Fotos aufgenommen wurden. Um unbemerkt zu bleiben, arbeitete Engelman ohne Blitzlicht und ohne Scheinwerfer. Die Berggasse wurde von der Gestapo überwacht, die so den Export weiterer Wertgegenstände mit den freigegebenen Besitztümern der Familie Freud verhindern wollte. In dem Bewusstsein, »daß diese Photos möglicherweise eines Tages die einzig verfügbaren Unterlagen sein würden, nach denen man Freuds Praxis- und Wohnräume nachbilden« konnte,[2]

---

1 Engelman, Edmund: Rückblick. In: Sigmund Freud. Wien IX. Berggasse 19. Photographien und Rückblick mit einer Einleitung und Bildlegenden von Inge Scholz-Strasser. Wien 2004 (2. Aufl.), S. 89–105; hier: S. 93. Edmund Engelman starb im April 2000 92-jährig in Manhattan, Nachruf in: *The New York Times*, 16. April 2000.
2 Ebd., S. 99.

nahm der Fotograf die Bilder in der Perspektive Freuds und seiner Besucher auf und versuchte ein lückenloses bilddokumentarisches Inventar der Wohn- und Arbeitsräume zu erstellen, indem er so fotografierte, dass die Bilder einander überschnitten. Tagsüber wurden die Bilder aufgenommen und nachts die Filme entwickelt, um sicher zu gehen, dass die Bilder etwas geworden waren. Nebenprodukt dieses systematischen »Photographierprogramm[s], in dessen Rahmen ein Zimmer nach dem anderen mit allen Einzelheiten im Bild festgehalten werden sollte«,[3] war eine Reihe kleiner Abzüge, die Engelman in der Dunkelkammer entwickelte und »in ein Album [klebte] mit der Absicht, sie Freud vor

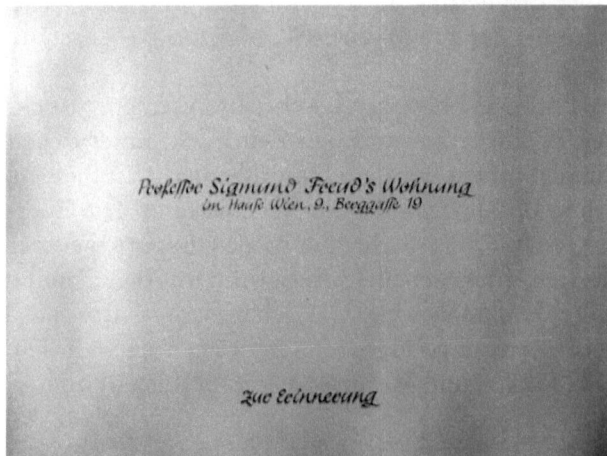

Abb. 1/2: »Professor Sigmund Freud's Wohnung«. Albumeinband und Titelblatt

---

3 Ebd.

der Abreise zu schenken.«[4] So entstand ein 29-seitiges Album mit 28 Bildern, das Engelman mit dem Titel und der Widmung »Professor Sigmund Freud's Wohnung im Hause Wien, 9., Berggasse 19. Zur Erinnerung« versah und Freud in der Wiener Wohnung mit der Bemerkung überreichte,

> es sei als Erinnerung zum Mitnehmen nach England gedacht. Er [Freud] betrachtete es eingehend, Seite für Seite und Bild für Bild. Allmählich begann er zu lächeln – und dann lachte er ungezwungen. Wieder ernster werdend, sagte er: »Ich danke Ihnen herzlich. Das wird für mich viel bedeuten.«[5]

Abb. 3: »Professor Sigmund Freud's Wohnung«. Doppelseite, Bild 5 und 6

I. Reproduzierte Besitztümer

Als Besitzer eines Erinnerungsalbums mit Bildern seiner Wiener Wohn- und Arbeitsräume ist Freud ein »Flüchtling mit Fotos«. »*[Z]wei Sorten Flüchtlinge: solche mit Fotos und solche ohne Fotos*« unterscheidet die aus Jugoslawien emigrierte Schriftstellerin Dubravka Ugrešić in ihrem im Jahr 2000 erstmals im Deutschen erschienenen Roman *Das Museum der bedingungslosen Kapitulation*. Sie erzählt darin eine Geschichte, die während des Jugoslawienkrieges über den bosnisch-serbischen General Ratko Mladić kolportiert wurde, der einem Bekannten

---
4 Ebd.
5 Ebd., S. 100.

vor der Bombardierung seines Hauses die Möglichkeit zur Rettung der Alben gegeben habe:[6]

> Über den Kriegsverbrecher Ratko Mladić [seit 1995 vom Internationalen Strafgerichtshof für das ehemalige Jugoslawien in den Haag (ICTY) des Völkermords und der Verbrechen gegen die Menschlichkeit beschuldigt und seit 2011 vor Gericht gestellt], der monatelang von den umliegenden Bergen Granaten auf Sarajevo abfeuerte, kursierte die Geschichte, daß er einmal das Haus eines Bekannten im Fadenkreuz erblickte. Die Geschichte erzählt weiter, daß der General dem Bekannten telefonisch mitteilte, er gebe ihm fünf Minuten Zeit, um die Alben einzupacken, denn er werde sein Haus in die Luft jagen. Der Mörder dachte dabei an die Alben mit den Familienfotos. Der General, der systematisch an der Zerstörung der Stadt arbeitete, wußte genau, daß er die ERINNERUNG zerstören wollte. Seinem Bekannten schenkte er »großzügig« das Leben mit dem Recht auf Erinnerung. Das nackte Leben und ein paar Familienfotos.[7]

Die Geschichte bindet das Recht auf Erinnerung und die Möglichkeit des Erzählens von brüchigen und fragmentarischen Dislozierungsgeschichten an das Vorhandensein eines transportablen Albenarchivs. Nur wenn das aus dem sozialen Raum herausgerissene Familiengedächtnis auf ein transportables Archiv zurückgreifen kann, hat ein Flüchtling ein Gedächtnis, das seine Geschichte erzählbar macht. Auch bei Ugrešić erscheint das Fotoalbum also als ein transportables Archiv mit Reproduktionen, das in krisenhaften Momenten von Deterritorialisierung und Migration Bedeutung gewinnt.[8]

Deterritorialisierung meint in der jüngeren Migrationsforschung einen Prozess des Übergangs von Lokalitäten, die mit Identität, Geschichte und sozialen Beziehungen aufgeladen sind, zu einer medialen und kommunikativen Praxis, die sich hier im Album verortet. Die stabilisierenden, beruhigenden und organisierenden Effekte, die ein Album im Moment der Krise, der Verwirrung und Desorientiertheit produziert, lassen sich mit dem bei Deleuze und Guattari aus der Musik hergeleiteten Begriff des Ritornells beschreiben. Wie die durch kontrastierende Zwischenspiele unterbrochene Bewegung der Wiederkehr des Ritornells, bewirkt die Hinwendung zum Album einen temporären Sprung aus dem Chaos in eine ansatzweise gegebene Ordnung – auf dreifache Weise: Erstens stiftet ein Album in Momenten emotionaler

---

6 Vgl. Ugrešić, Dubravka: Das Museum der bedingungslosen Kapitulation. Roman [1997]. Aus dem Kroatischen von Barbara Antkowiak. Frankfurt a. M. 2000, S. 14.
7 Ugrešić: Das Museum (s. Anm. 6), S. 13 f.
8 Zum Album als migrierendes Gedächtnis, portatives Museum und Gegenarchiv vgl. Kramer, Anke und Annegret Pelz (Hg.): Album. Organisationsform narrativer Kohärenz. Göttingen 2013.

Unruhe und Desorientiertheit so etwas wie einen ersten »Ansatz für ein [...] stabilisierendes und beruhigendes Zentrum mitten im Chaos.«[9] Durch Sammlung und Auswahl stellt ein Album zweitens ein abgegrenztes »territoriales Gefüge« mit einer »wichtige[n] Beziehung zum Heimatlichen, zum Geburtsort« bereit.[10] Die Zugangsregelungen, d. h. die Entscheidung, was in ein Album hineinkommt und was nicht und die Frage, wem ein Album gezeigt wird und wem nicht, wirken als Filter gegenüber den Wirkkräften der äußeren Un-Ordnung und bilden eine Bleibe, ein Stabilitätszentrum, einen bescheiden dimensionierten Zufluchtsort, der mit Vilém Flusser auch als ein mediales und kommunikatives »Wohnung beziehen in der Heimatlosigkeit«[11] beschrieben werden kann – die Einbettung in Gewohntes, um Ungewöhnliches hereinzuholen. Die temporäre Rückkehr zum abgesteckten Raum eines Albums bewirkt also drittens, dass sich dieser Raum wieder öffnet und man gleichsam aus sich heraustritt, um sich wieder dem Unvorhergesehenen und den unterschiedlichen Kräften der Welt zuzuwenden. In dieser Weise dient der Besitz von Alben in Situationen von Migration, Dislozierung und Exil nicht allein stabilisierenden, rückwärtsgewandten Erinnerungsprozessen, er kann auch zum Ausgangspunkt einer Öffnung gegenüber der Zukunft werden.

Die Geschichten, die aus Alben hervorgehen, sind jedoch unterschiedlich. Der Historiker Michael Ignatieff, der die Emigrationsgeschichte seiner Familie aus Russland über Schottland nach Kanada in seinem Buch *Das russische Album* (1987) auf der Basis des Familienarchivs erzählt, macht darauf aufmerksam, dass das Album als Quelle des Wissens um die Geschichte einer Familie im 20. Jahrhundert in zwei divergente Praktiken eingebunden ist. In der säkularen Kultur der ersten Jahrhunderthälfte waren die Fotografien »oft die einzigen wertvollen Erinnerungsstücke, die den Weg durch das Exil, die Flucht oder das Pfandhaus überstanden haben« und damit auch »die einzigen Ikonen eines Haushalts, [...] deren religiöse Funktion es ist, die Lebenden mit den Toten zu verbinden und die zeitliche Identität der Lebenden zu sichern«.[12] In der Gegenwart, in der Kontinuitäten fragwürdig, »Emigration, Exil und Vertreibung [...] zur normalen Daseinsform geworden

---

9 Deleuze, Gilles und Félix Guattari: Kapitalismus und Schizophrenie. Tausend Plateaus [1980]. Aus dem Französischen übersetzt von Gabriele Ricke und Ronald Voullié. Berlin 1992, S. 424.
10 Deleuze/Guattari: Kapitalismus (s. Anm. 9), S. 424 u. 426.
11 Flusser, Vilém: Wohnung beziehen in der Heimatlosigkeit. In: Ders.: Von der Freiheit des Migranten. Einsprüche gegen den Nationalismus. Bensheim 1994, S. 15–30.
12 Ignatieff, Michael: Das russische Album. Geschichte einer Familie [1987]. Aus dem Englischen übersetzt von Angelika Hildebrandt-Essig. München 1991, S. 10.

sind, [und] es fast unmöglich [ist], die richtigen Worte für Verwurzelung und Zugehörigkeit zu finden«,[13] verändert das Album seine Funktion als Bleibe, Stabilisierungszentrum und Zufluchtsort, und es wird zum Ort der Spurenlese für die Generation der Nachgeborenen. Heute, da Fotografien keine Ikonen mehr sind, und die Vorfahren aus dem Familienalbum uns anblicken »als wollten sie uns etwas mitteilen, das wir nicht hören können«[14], geht mit dem Blick ins Album eine freie Entscheidung darüber einher, ob jemand das Archiv öffnen, sein Erbe antreten und die Vergangenheit annehmen oder ablehnen will.

Die Archivästhetik im Roman von Ugrešić begibt sich willentlich auf die Suche nach einem tieferen, in der Zeit verwurzelten Verständnis der eigenen Familien- und Zeitgeschichte. Die Erzählerin öffnet das familiäre Archiv und reflektiert außerdem in dem Kapitel »Die Poetik des Albums« den porösen Charakter der Erzählungen, die aus einem Album hervorgehen.[15] Das Wort »Kapitulation« im Titel bezieht sich nicht allein auf den historischen Ort der bedingungslosen Kapitulation am 8. Mai 1945, sondern auch auf das Scheitern an dem Versuch, aus einem Familienalbum ein seriöses Lebensdossier zu erstellen. Die lückenhafte Konstruktion von Alben, die eine sammelnde und konstellierende, nicht aber eine ungebrochene und lineare Erzählung ermöglicht, wird hier zum theoretischen Objekt einer Schreibweise, die nicht anders als löchrig und mit vielfachen Brechungen aus dem Archiv hervorgehen kann. Was Georges Didi-Huberman über das Archiv sagt, dass dessen Eigentliches »seine Lücke, sein durchlöchertes Wesen« ist, wird in dem Roman von Ugrešić zur Grundlage einer enumerativen Poetik aus Splittern und Biographemen, die wie jede archivbasierte Erzählung das Ergebnis willkürlicher Zäsuren ist.[16] Weil ein Archiv nur schwer zu beherrschen, zu organisieren und zu verstehen ist und weil es ebenso sehr aus Intervallen und Lücken wie aus Beobachtbarem besteht, bleibt auch das archäologische Schreibverfahren von Ugrešić heterogen und anachronistisch, es stellt »Fetzen nachlebender Dinge nebeneinander[, die] aus verschiedenen, durch Lücken getrennten Zeiten und Räumen stammen«.[17]

---

13 Ebd., S. 9.
14 Ebd., S. 10 f.
15 Ugrešić: Das Museum (s. Anm. 6), S. 23–55. Zu den zeitgenössischen albenhaften Verfahren vgl. Pelz, Annegret: Vom Bibliotheks- zum Albenphänomen. In: Kramer/Pelz (Hg.): Album (s. Anm. 8), S. 40–58.
16 Didi-Huberman, Georges und Knut Ebeling: Das Archiv brennt. Berlin 2007, S. 9.
17 Didi-Huberman/Ebeling: Das Archiv brennt (s. Anm. 16), S. 9.

II. Reterritorialisierung im Album

Was es heißt, in einer Situation von Migration und Exil unmittelbar Wohnung im Album zu beziehen, lässt sich analog zu Vilém Flussers Begriff des Wohnens als einer modernen, bodenlosen, abstrakten Existenzform, die sich nicht im Raum, sondern medial und kommunikativ verortet, noch einmal an zwei deutschsprachigen Texten zeigen, die albenpoetische Verfahren mit dem Blick aus dem Zugabteil und auf die Stadt Montevideo verbinden. Der Wiener Kunsthistoriker und Schriftsteller Wolfgang Georg Fischer konzipierte in den 1960er-Jahren eine Romantrilogie mit den Bänden: *Wohnungen* (1969), *Möblierte Zimmer* (1972) und einen dritten, nicht erschienenen Band, der die Ereignisse der Epoche unter dem Titel *Tausendjährige Dinge* hätte versammeln sollen. Auf der Suche nach einer Erzählposition, die zwischen Neuer Sachlichkeit und Neuem Realismus nur das Sichtbare aufnimmt, entwirft der erste Band *Wohnungen* seine Figuren auf dem Grundriss zweier Wiener Jahrhundertwende-Wohnungen, deren entgegengesetzte Dingwelten, Wohnformen und Einrichtungsgegenstände die kontrastierende Charakterisierung und Inventarisierung einer Gesellschaft im frühen 20. Jahrhundert erlaubt.[18] Nach dem Verlust der Wohnung wechselt im zweiten Band *Möblierte Zimmer*, der all jenen gewidmet ist, »die am 10. April 1938 nein sagten«, die Perspektive ins Zugabteil, dem »eigentliche[n] Zimmer des Emigranten«.[19] Dem Wohnen im Abteil, das den Nahbezug und die lebendige Kontinuität im Wohnraum ersetzt, entspricht ein panoramatischer Blick durch das Zugfenster, der durch das Raumerlebnis einer verflüchtigten Wirklichkeit geprägt ist.[20] In dieser Situation sammelt der von Traumsequenzen und imaginären Bildern durchzogene Text einzelne »Momentaufnahmen«, »Blitzlichter«, »Dias« und »Trickaufnahmen« in einem »Photoalbum, das es gar nicht gibt!«[21] Die Einträge werden durchnummeriert und überschrieben: »Aus dem Fotoalbum, das es gar nicht gibt. Momentaufnahme Nr. 1 (Blitzlicht):«, »Aus dem Fotoalbum, das es gar nicht gibt. Mo-

---

18 Fischer, Wolfgang Georg: Wohnungen. Roman. München 1969. Zum Werk vgl. auch Schmidt-Bortenschlager, Sigrid: Sozialgeschichte als Literatur. Zu Wolfgang Georg Fischer. In: Alexander von Bormann (Hg.): Sehnsuchtsangst. Zur österreichischen Literatur der Gegenwart. Amsterdam 1987, S. 119–137 und Nopp, Katharina: Interieur und Imagination. Zur Poetik des Innenraums bei Wolfgang Georg Fischer. Diplomarbeit. Universität Wien 2013.
19 Fischer, Wolfgang Georg: Möblierte Zimmer. Roman. München 1972, S. 7.
20 Zur panoramatischen Reise vgl. Schivelbusch, Wolfgang: Geschichte der Eisenbahnreise. Zur Industrialisierung von Raum und Zeit im 19. Jahrhundert. Frankfurt a. M., Berlin, Wien 1979, S. 51–66.
21 Fischer: Möblierte Zimmer (s. Anm. 19), S. 7.

mentaufnahme Nr. 2:« oder einfach »Aus dem Fotoalbum, das es gar nicht gibt«. Anders als ein Album mit Fotografien verfügt dieses verbale Album nicht nur über ein negatives Bildregister, es enthält außerdem Aufnahmen im Konjunktiv (»diese Blitzlichtaufnahme hätte festgehalten«[22]) und stellt eine Sammlung von »Trickaufnahmen« zusammen, die auf »Wien – März 1938«[23] datiert sind und die »Wort-Collage[n]« bzw. »Wortfetzen« beinhaltet, die im NS-Alltag »in der Luft liegen«:

> Worte, die sich auf Litfaßsäulen im Kreis drehen, Worte, die als Reklamebegleiter Straßenbahn fahren, Worte, die mit Flugzetteln vom Himmel geworfen werden, Worte, die gestern noch nicht da waren, aber heute schon Worte von morgen sind [...].[24]

Gegen Ende des Buches findet sich schließlich ein Traumprotokoll, in dem »halbierte Fotoalben« in sichere Verstecke gebracht werden.[25] Halbiert wird hier ein in die Emigration mitgenommenes Fotoalbum, in dem sich neben privaten Porträts, Blitzlichtaufnahmen, Gruppenfotos und offiziellen Fotos aus dem Studienbuch auch »geknipste Beweisaufnahmen« (Bilder des nach England geflohenen jüdischen Vaters) finden, die dem Sohn und Wiener Remigranten im Jahr 1940 hätten gefährlich werden können.[26] Aus diesem Grund werden – einer Augenblickseingebung folgend – die Seiten des Familienalbums, wie zuvor die Familie, auseinandergeschnitten und die kompromittierenden Bilder »wegoperiert«[27].

Dass das Vermögen des Albums, alle anderen medialen und kulturellen Formen zu integrieren, zu repräsentieren und symbolisch zu verarbeiten, auch ganze Städte einbegreift, zeigt schließlich Fred Hellers 1948 im deutschsprachigen Exilverlag Editorial Cosmopolita in Buenos Aires erschienene *Familienalbum einer Stadt*.[28] Das Buch des 1938 nach Uruguay emigrierten Wiener Schriftstellers, Theatermachers und Journalisten versammelt Beobachtungen und Zufallsfunde eines Flaneurs in den Straßen, Gassen und Plätzen Montevideos unter Überschriften wie »Die Stadt mit dem Doppelleben«, »Ein Mieter zieht aus«, »Melodien der Gasse«, »Die Sensation einer Woche« oder »Des Fußballs und der Oper Wellen«. Es sind Kurzgeschichten, Anekdoten,

---

22 Ebd., S. 12.
23 Ebd., S. 56.
24 Ebd., S. 56–57, Kursivschrift im Text.
25 Vgl. ebd., S. 263–266.
26 Ebd., S. 264.
27 Ebd., S. 265.
28 Heller, Fred: Familienalbum einer Stadt. Buenos Aires 1948.

Berichte und Reportagen über die freiwillige und unfreiwillige Teilhabe am Gemeinschaftsleben oder über den Petroleumgaskocher Primus, den »erste[n] Freund des europäischen Einwanderers.«[29] Das auf dem Einband mit einem »wirklichen Album« verglichene Buch macht seinen Begriff von einem literarischen Album nicht explizit. Aber die Kurzgeschichte »Treffpunkt der Europaeer«[30] kontrastiert die im »Familienalbum« inventarisierte lebendige Gegenwart der Stadt, in der gefüllte Läden, Schaufenster und eine Flut von Köstlichkeiten selbstverständlicher Alltag sind, mit der »Unwirklichkeit« einer europäischen Welt, in der bereits ein »Fünfkilopaket [...] eine Festwoche bedeutet« und mit der die Exilanten Woche für Woche über ein Postamt in Montevideo korrespondieren.[31] Während also Briefe und Pakete an ein räumlich und zeitlich fernes Europa »drüben« adressiert sind, versammelt das Album die gegenwärtigen Lebenszeugnisse von Immigranten, die »seit Jahren auf dem fremden Boden wie verwachsen« sind, die »ihr eigenes Leben in neuen Bindungen« leben und »in anderen Gedankengängen« denken.[32]

Wenn Wohnen bedeutet, Spuren zu hinterlassen, zeigen die hier vorgestellten Texte, dass das Auffangen und Verwahren von Spuren in schwierigen und zugespitzten Situationen und mit Ausblick auf eine gefährliche Entwicklung auf das transportable Album als einem besonders wertvollen Besitz übertragen wird. Alben, deren Gebrauch sich historisch im Kontext mobiler Kulturen und diasporischer Konstellationen entwickelt hat, sind mit ihrer ubiquitären Verfügbarkeit, Transportabilität und ihrer Offenheit gegenüber Einträgen von Materialien, Bildern und Schriften besonders geeignet, die Zeugnisse eines von Brüchen gekennzeichneten Lebens zu versammeln. Diese Besonderheiten von Alben sind sowohl für die klassische Exilforschung, die sich mit der Literatur der zwischen 1933 bis 1945 Emigrierten beschäftigt, als auch für die neuere kultur- und medienwissenschaftliche Perspektivierung transkultureller Phänomene von Bedeutung. Das Wissen um die große Rolle, die das Album für die Kommunikation, Selbstverständigung und für die Memoria mobiler, deterritorialisierter Kulturen und dislozierter Gemeinschaften spielt, kommt bisher jedoch nicht aus der Exilforschung, sondern aus der Kunst und der Literatur. Wenn ich nun also dafür plädiere, das Album und albenhafte Verfahren in den Wahrnehmungsbereich der Exilforschung zu rücken, meine ich damit letzt-

---

29 Ebd., S. 83.
30 Ebd., S. 192–196.
31 Ebd., S. 196.
32 Ebd., S. 193 u. 196.

lich nicht, dass hier eine Forschungslücke einfach durch ein erhöhtes Forschungsaufkommen zu schließen wäre. Mit Didi-Huberman verstehe ich das Album als ein Archiv, dessen Eigentliches die Lücke ist und auch albenpoetisch verfertigte Texte liefern ungeordnete Überreste, die von Zerstörung, Aggression und willkürlichen oder unbewussten Zäsuren umgeben sind. Auch die Zuwendung zu einem literarischen Album muss also im Kern auf die Lücke verweisen, aus der dieses gerissen wurde.

Elisabeth Gallas

Materialisiertes Gedächtnis – Zur Rettung und Verteilung geraubter jüdischer Bücher nach dem Zweiten Weltkrieg

In der Geschichte nationalsozialistischer Enteignung und Zerstörung jüdischen Eigentums nehmen Bücher einen besonderen Platz ein. Von Anbeginn der Herrschaft Hitlers widmete man ihnen große Aufmerksamkeit: Nach den notorischen Verbrennungsaktionen wurden sie akribisch aus allen Winkeln des besetzten Europas geraubt und nach Deutschland verschleppt, wurde antisemitische Forschung mit ihnen betrieben und ihre Inhalte umcodiert. Die Hartnäckigkeit und Systematik, mit denen der Bücherraub von verschiedenen nationalsozialistischen Einheiten exerziert wurde, bestärkte zahlreiche Zeitgenossen in der Überzeugung, die der britisch-jüdische Historiker Cecil Roth bereits 1944 formulierte: »If anything excells the brutality with which Jews were treated during the past ages, it is the brutality with which their literature was tracked down, condemned, burned, destroyed.«[1] Die Zerstörung und Aneignung der jüdischen Schriftkultur durch die deutschen Sondereinheiten, die, wie es auch der jiddischsprachige Dichter Abraham Sutzkever während seiner Internierung im Ghetto von Wilna in seinem Tagebuch festhielt, »das gedruckte jüdische Wort mit dem gleichen Eifer und der gleichen Ausdauer [verfolgten], mit denen die Gestapo versteckte Juden aufspürte«,[2] wurde von den jüdischen Zeugen als inhärenter Teil des Vernichtungsplans verstanden. Denn hier paarte sich eine bekannte Form kriegerischer Handlung, der Raub wertvoller Kulturschätze des besiegten Feindes, mit den Dynamiken der anvisierten Auslöschung eines gesamten ethnischen Kollektivs. Nicht nur die Menschen sollten verschwinden. Mit ihnen sollten auch ihre Tradition, ihre Geschichte und ihr kollektives Gedächtnis, wie sie sich in den Büchern aufgezeichnet und seit Generationen bewahrt fanden, überschrieben und eliminiert werden. Darüber hinaus galt das

---

1 Roth, Cecil: The Jewish Love of Books (1944). In: Philip Goodman (Hg.): Essays on Jewish Booklore, New York 1971, S. 179–184; hier: S. 179f.
2 Sutzkever, Abraham: Das Ghetto von Wilna. In: Wassili Grossman und Ilja Ehrenburg: Das Schwarzbuch. Der Genozid an den sowjetischen Juden. Hg. von Arno Lustiger. Reinbek bei Hamburg 1995, S. 457–547; hier: S. 496.

Buch jüdischer Provenienz in der antisemitischen Ideologie als spezifischer Ausdruck des als intellektualistisch und wurzellos diffamierten Juden und wurde so zur Projektionsfläche in der Vernichtungslogik.[3]

Tatsächlich nahmen Juden die ausgreifende Plünderung von Schriftstücken und Büchern als brutalen Akt der Liquidierung ihres kollektiven Gedächtnisses wahr. Denn Bücher haben im Sinnzusammenhang jüdischer Tradition und Geschichte eine, wenn nicht die, herausragende Funktion. Über Jahrhunderte hinweg wurde das Buch – in der Vormoderne war damit ausschließlich der heilige Text der Torah gemeint – von den in der Diaspora lebenden Juden als Substitut für das fehlende gemeinsame Territorium verstanden. Es fungierte entsprechend als Bindeglied zwischen den verschiedenen Judenheiten weltweit. Kein formal verfasster politischer Raum konstituierte die Zugehörigkeit, sondern das Buch, in dem die geteilte Geschichte des Kollektivs bewahrt und das Gesetz niedergeschrieben war. Prägnant hat Lion Feuchtwanger den Kern dessen zusammengefasst, was mit der Bezeichnung der Juden als »Volk des Buches« und Heinrich Heines Postulat vom Buch als »portatives Vaterland« seinen ikonischen Ausdruck gefunden hat:

> Sie [die Juden] hatten keinen Staat, der sie zusammenhielt, kein Land, keine Erde, keinen König, keine gemeinsame Lebensform. Wenn sie dennoch eins waren, mehr eins als alle anderen Völker der Welt, so war es das Buch, das sie zusammenschweißte. [...] Sie hatten das Buch mit sich geschleppt durch zwei Jahrtausende. Es war ihr Volk, Staat, Heimat, Erbteil und Besitz.[4]

Eine solche Wahrnehmung verallgemeinerte und säkularisierte sich in der Moderne insofern, als Schrift und Buch als gemeinsamer Kanon und Bezugsrahmen zwischen den Juden über territoriale Grenzen hinweg erhalten blieben, sich aber auf zahlreiche Schriftstücke auch jenseits des sakralen Korpus bezogen. Nicht nur ein Buch, sondern *die* Bücher symbolisierten von nun an das allen gemeinsame, eben textuelle, Territorium.[5] Als die Verwüstung und der Raub der zahlreichen jüdischen Buchsammlungen durch die Deutschen vor und während des

---

3 Zu diesen Formen antisemitischer Zurichtung vgl. Berg, Nicolas: Luftmenschen. Zur Geschichte einer Metapher. Göttingen 2008. Zu den Dynamiken von nationalsozialistischer Enteignung, Aneignung und der damit verbundenen »Auflösung der Erinnerungsspuren« vgl. etwa Assmann, Aleida: Das Gedächtnis der Dinge. In: Alexandra Reininghaus (Hg.): Recollecting. Raub und Restitution. Wien 2009, S. 143–150.
4 Feuchtwanger, Lion: Jud Süß [1925]. Berlin 2007 (5. Aufl.), S. 209 f.
5 Vgl. einführend Kirchhoff, Markus: Häuser des Buches. Bilder jüdischer Bibliotheken. Leipzig 2002; Kilcher, Andreas: »Volk des Buches«. Zur kulturpolitischen Aktualisierung eines alten Topos in der jüdischen Moderne. In: Münchner Beiträge zur jüdischen Geschichte und Kultur 2 (2009), S. 43–58.

Krieges begannen und sich auf das gesamte Besatzungsgebiet ausdehnten, wurden sie deshalb als ein Prozess aktiven Bemächtigens der Grundfesten des kollektiven Selbstverständnisses wahrgenommen. Der Literatursoziologe der Frankfurter Schule, Leo Löwenthal, formulierte den weiteren Gehalt dieser Zerstörungspolitik in Bezug auf Bücher und Schriftstücke, wenn er unterstrich, dass in ihr »die Auslöschung des Gedächtnisses, Auslöschung des Spezifischen [...] der Rückfall aus der Kontinuität sinnvoller Geschichte in das Nichts, in das Chaos, letzten Endes die Verwandlung des geschichtlichen Raumes in brutale Natur« von den Nationalsozialisten beabsichtigt worden sei.[6]

Diese Zusammenhänge verdeutlichen, warum schon während des Krieges, aber insbesondere in seiner unmittelbaren Folge, weitreichende Unternehmungen von jüdischen Organisationen angestoßen wurden, um die millionenfach geraubten Bücher zu finden und sie zurück in jüdischen Besitz zu bringen. Die Rettung solcher häufig nur noch als Fragmente auffindbaren Sammlungen nach 1945 wurde aus jüdischer Perspektive als die Umkehrung der nationalsozialistischen Vorhaben, als eine Form der Wiederaneignung von Geschichte und Gedächtnis betrachtet. Für die ins Exil nach Großbritannien, Palästina und in die Vereinigten Staaten geflüchteten Juden waren die Initiativen zur Suche nach den geraubten Büchern von existenzieller Bedeutung – dienten die Bücher doch gleichermaßen dem Gedenken an die Toten und die vormals lebendige jüdische Kultur Europas wie mit ihnen die Hoffnung auf Bewahrung und damit Kontinuität von Wissen und Traditionen verknüpft war. Die Rettungs- und Verteilungsgeschichte der geraubten jüdischen Bücher nach dem Zweiten Weltkrieg ist deshalb gleichzeitig eine Geschichte von Erinnerung und Neuaufbau, alter und neuer Heimat, Kontinuitäten und Brüchen jüdischer Existenz nach dem Holocaust.

I. Topografie des jüdischen Exils: Die Restitution der geraubten Bücher

Um das Vorhaben einer Rettung der von Nationalsozialisten geraubten Bücher, Archivalien und Schriftstücke praktisch in die Tat umzusetzen, wurde im Sommer 1944 von führenden jüdischen Gelehrten in New York ein Komitee begründet. Die Commission on European Jewish Cultural Reconstruction (kurz: Commission) trat unter der Leitung des

---

6 Löwenthal, Leo: Calibans Erbe. In: Ders.: Schriften. Hg. v. Helmut Dubiel. Bd. 4: Judaica, Vorträge, Briefe. Frankfurt a. M. 1990, S. 136–150; hier: S. 145.

Historikers Salo W. Baron an, als jüdische Interessenvertretung zu agieren und die Alliierten beim Auffinden und bei der Rückführung der Raubsammlungen zu unterstützen.[7]

Sogenannte Monuments, Fine Arts and Archives-Einheiten der amerikanischen und britischen Armee (kurz MFA&A), deren Soldaten mit Kunst- und Kulturgüterschutz beauftragt waren und langsam in das deutsche Reichsgebiet vordrangen, fanden zum Ende des Zweiten Weltkrieges zahlreiche Verstecke und Sammelstellen nationalsozialistischer Einrichtungen, die gefüllt waren mit den materiellen Überresten des jüdischen Kulturerbes Europas.[8] So auch mit Millionen von Büchern jüdischer Provenienz. Verschiedene mitunter miteinander konkurrierende nationalsozialistische Einrichtungen wie das Frankfurter Institut zur Erforschung der Judenfrage und die Forschungsabteilung des Reichssicherheitshauptamtes in Berlin hatten wesentliche institutionelle und private jüdische Bibliotheken in Deutschland und allen deutsch besetzten Gebieten in ihren Besitz gebracht, um der antisemitisch motivierten Gegnerforschung nachzugehen.[9] Zum Schutz vor Bomben wurden viele solcher Raubbestände 1943 auf das Land ausgelagert und in Bergwerksstollen, Schlossanlagen und Höfen versteckt. Die amerikanischen MFA&A-Soldaten fanden über 1400 solcher Verstecke, nahmen die Bestände in Verwahrung und gründeten sogenannte Central Collecting Points, wo sie das Kulturgut sammelten und zur Restitution vorbereiteten.[10] Ein solches Sammeldepot sollte auch in Offenbach am Main entstehen und sich nach Kriegsende zum zentralen Aufbewahrungsort jüdischer Bücher und Ritualgegenstände entwickeln. Mehr als fünf Millionen Bände aus über fünfzehn europäischen Ländern wurden hier ab 1946 in einem alten Industriekomplex der I.G.-Farben gelagert, gesichtet, identifiziert, sortiert, wenn nötig repa-

---

7 Vgl. Herman, Dana: »A Brand Plucked Out of the Fire«. The Distribution of Heirless Jewish Cultural Property by Jewish Cultural Reconstruction, Inc., 1947–1952. In: Julie-Marthe Cohen und Felicitas Heimann-Jelinek (Hg.): Neglected Witnesses. The Fate of Jewish Ceremonial Objects during the Second World War and After. Crickadarn, Amsterdam 2011, S. 29–61; hier: S. 29f.
8 Zur MFA&A vgl. Edsel, Robert: Monuments Men. Nazi Thieves, Allied Heroes and the Biggest Treasure Hunt in History. London 2009.
9 Vgl. einführend Volkert, Natalia: Der Kulturgutraub durch deutsche Behörden in den während des Zweiten Weltkrieges besetzten Gebieten. In: Koordinierungsstelle für Kulturgutverluste Magdeburg (Hg.): Kulturgüter im Zweiten Weltkrieg. Verlagerung – Auffindung – Rückführung. Magdeburg 2007, S. 21–48.
10 Zur Geschichte der Kulturrestitution durch die amerikanische Armee und Militärregierung in Deutschland vgl. Kurtz, Michael J.: America and the Return of Nazi Contraband. The Recovery of Europe's Cultural Treasures. Cambridge/MA, New York 2006.

riert und wenn möglich an die vormaligen Eigentümer zurückerstattet.[11]

Mit herkulischer Anstrengung organisierte die amerikanische Militärregierung eine historisch beispiellose kulturelle Rückerstattungsoperation. Doch die meisten jüdischen Raubbestände gaben dabei große Schwierigkeiten auf: Häufig waren die Herkunftsgemeinden und Einrichtungen zerstört und die früheren Besitzer ermordet. Nach geltendem, zwischen den Alliierten im Pariser Reparationsabkommen Anfang 1946 ratifiziertem Rückerstattungsrecht, das auf der Haager Landkriegsordnung von 1907 basierte, sollten die während des Krieges widerrechtlich entzogenen Güter an ihre Herkunftsstaaten zurückgegeben und dann an ehemalige Eigentümer weiter verteilt werden. Diese Regelung, so wurde schnell deutlich, führte in Bezug auf das jüdische Raubgut zu einer Schieflage, drohten die Sammlungen auf solchem Wege doch in europäischem Staatsbesitz zu verbleiben und niemals zurück in jüdischen Besitz zu gelangen.[12]

Auf diesen Zustand suchten die Akteure aus New York – viele von ihnen waren selbst in den 1930er und 1940er-Jahren als Flüchtlinge nach Amerika gekommen – zu reagieren. Neben Baron waren es berühmte Persönlichkeiten wie Hannah Arendt, Horace M. Kallen, Koppel S. Pinson und Max Weinreich, die sich für die Commission engagierten und für die Anerkennung jüdischer Ansprüche bei der Rückerstattung von Kulturraubgütern durch die Alliierten kämpften. Um ihrer Stimme größeres Gewicht zu verleihen, schloss sich die Commission 1947 mit den wichtigsten jüdischen Organisationen weltweit zu einer Korporation zusammen und trat von nun an unter dem Namen Jewish Cultural Reconstruction, Inc. (kurz JCR), auf.[13] So gelang es ihr nach zähen Rechtsverhandlungen mit der amerikanischen Regierung in Washington und der amerikanischen Militärregierung in Frankfurt schließlich, sich 1949 als jüdische Treuhandgesellschaft für erbloses oder nicht identifizierbares Kulturgut aus jüdischem Besitz

---

11 Vgl. Gallas, Elisabeth: Art. »Offenbach Archival Depot«. In: Enzyklopädie jüdischer Geschichte und Kultur (EJGK), Bd. 4. Hg. v. Dan Diner im Auftrag des Sächsischen Akademie der Wissenschaften. Stuttgart, Weimar (im Erscheinen).

12 Zur gesamten Rechtsproblematik in Bezug auf die Rückerstattung des geraubten und arisierten jüdischen Eigentums vgl. Lillteicher, Jürgen: Raub, Recht und Restitution. Die Rückerstattung jüdischen Eigentums in der frühen Bundesrepublik. Göttingen 2007, bes. S. 37–84.

13 Die wichtigsten Korporationspartner waren das American Jewish Joint Distribution Committee, das American Jewish Committee, die American Jewish Conference, die Alliance Israélite Universelle, der Council of the Jews from Germany, die Hebräische Universität Jerusalem, die Jewish Agency, der Synagogue Council of America und der World Jewish Congress.

durchzusetzen. Durch das im Februar des Jahres unterzeichnete Frankfurt Agreement wurde der JCR die Verantwortung für die Güter übertragen und ihr auferlegt, die Raubbestände im Sinne des jüdischen Kollektivs zu bewahren und mit Blick auf die Bedürfnisse der jüdischen Gemeinden weltweit zu verteilen.[14] Im Konkreten ging es dabei vor allem um Bücher, ferner um Torarollen, rituelle Gegenstände und Textilien, die sich in Offenbach befanden. Doch die Arbeit der JCR ging auch darüber hinaus. Sie nahm nicht nur Hunderttausende von Büchern aus den amerikanischen Sammeldepots auf, darunter Teile der Bibliotheken der Hochschule für die Wissenschaft des Judentums Berlin, des Jüdisch-Theologischen Seminars in Breslau, der Privatsammlung des Philosophen Herman Cohen, der Sammlung des Orientalisten Raphael Kirchheim, der Abraham Mapu Sammlung aus Kaunas und zahlreicher Gemeindebibliotheken. Ihre Mitarbeiter und Mitarbeiterinnen versuchten außerdem weitere Raubbestände in deutschen Bibliotheken und Kultureinrichtungen ausfindig zu machen und zur Restitution zu beanspruchen.[15]

Die über 500.000 Bücher und mehreren Tausend Ritualgegenstände, die so von der JCR in Obhut genommen wurden, gelangten in Folge zu jüdischen Institutionen und Gemeinden weltweit. Zwar stritten die Mitglieder der JCR häufig erbittert um den richtigen Verteilungsschlüssel, da sich die jeweiligen Repräsentanten verschiedener Länder und Gruppen manches Mal im Prozess benachteiligt sahen, aber im Großen und Ganzen wurden die Güter nach immer gleichem Prinzip verteilt: je 40 % eines Bestandes gingen nach Israel und in die Vereinigten Staaten und der Rest wurde auf die restliche Welt verschifft mit einer besonderen Berücksichtigung von Großbritannien.[16]

Zeichnete man alle Orte, die von der JCR Bücher und Objekte erhielten – Synagogen, Gemeindehäuser, Universitäten, Schulen, Lehrhäuser, Bibliotheken, Museen, Stiftungen, Altenheime, Krankenhäuser, Kibbuzim, Forschungseinrichtungen, Archive – auf einer Weltkarte

---

14 Vgl. »Memorandum of Agreement, Subject ›Jewish Cultural Property‹«, 15.02.1949, U.S. National Archives and Records Administration. College Park, Maryland (NA College Park), RG 260, OMGUS Records, AHC, Box 66, Folder Jewish Cultural Property.
15 Zur Gesamtgeschichte der JCR vgl. Gallas, Elisabeth: »Das Leichenhaus der Bücher«. Kulturrestitution und jüdisches Geschichtsdenken nach 1945. Göttingen 2013.
16 Die genaue Verteilung erschließt sich aus den Akten der JCR, die sich im Nachlass Salo W. Barons im Department of Special Collections, Stanford University Libraries, Stanford/CA (UL Stanford) befinden. Einen allgemeinen Überblick gibt der von Hannah Arendt gefertigte Abschlussbericht: »Overall Report of the Activities of the Corporation from its Beginnings in October 1947, until March 1952«. UL Stanford, Salo W. Baron Papers, M0580, Box 231, Folder 18.

ein, ergäbe sich daraus eine recht vollständige Topografie der geografischen Zentren und Peripherien jüdischen Lebens nach 1945, wie sie durch die großen Flucht- und Emigrationsbewegungen während des Zweiten Weltkrieges entstanden waren. Neben den genannten Ländern wurden Bestände nach Australien, nach Nord- und Südafrika und nach Mittel- und Südamerika geschickt. Auch ausgesuchte europäische Länder mit wiederentstehenden jüdischen Gemeinden und Kultureinrichtungen wie Frankreich und die skandinavischen Länder erhielten Bücher der JCR. Wichtige und große, genauso wie gerade in Gründung befindliche und unbekannte Institutionen sollten davon profitieren. Über 100.000 Bücher wurden der Jerusalemer National- und Universitätsbibliothek übergeben, zahlreiche Leuchter, Torahfragmente, Torahkronen, Becher und andere Ritualgegenstände aus den verschiedensten Gegenden des jüdischen Europas bekam das dortige Bezalel Museum, dessen Bestände im heutigen Israel Museum gesammelt sind. Die Yeshiva University New York und das Jewish Institute of Religion erhielten die Raubsammlung des nationalsozialistischen Stürmer-Verlages, an deren Zusammenstellung aus Büchern von Privatbeständen jüdischer Deportierter aus dem gesamten Reichsgebiet sich Teile der deutschen Bevölkerung durch Plünderung und Übersendung dieser Bestände nach Nürnberg maßgeblich beteiligt hatten;[17] das Gemeindezentrum in Buenos Aires erhielt eine Spezialsammlung jiddischsprachiger Gebetsbücher und rabbinischer Literatur, die Wiener Library sowie die Jewish Historical Society in London erhielten Sammlungen aufgelöster deutsch-jüdischer Gemeinden und Vereine und der Berliner Hochschule für die Wissenschaft des Judentums. Hunderte Einrichtungen sollten die Erinnerungsstücke aus Europa bekommen und die Nutznießer reagierten meist euphorisch – sie richteten Ausstellungen, sogar Feste zur Begrüßung der »aus dem Brande geretteten Reste« aus und sie erwiesen den Gegenständen ein außerordentliches Maß an Aufmerksamkeit.[18] Die starke symbolische Aufladung der Rettungsprozesse erklärt sich zum einen mit der bereits beschriebenen Relevanz des Buches für das kollektive jüdische Selbstverständnis und hat zum anderen mit Prozessen jüdischer Gedächtnisbildung nach dem Holocaust zu tun.

Gerade das Offenbacher Depot beschrieben viele jüdische Zeitgenossen als den Ort, wo sich solche Fragen materialisierten: In diesem

---

17 Vgl. Tobias, Jim G.: Die »Stürmer-Bibliothek«. Ein historischer Exkurs. In: Regine Dehnel (Hg.): Jüdischer Buchbesitz als Raubgut. Zweites Hannoversches Symposium. Frankfurt a. M. 2006, S. 73–84.
18 Das Zitat stammt aus einem zeitgenössischen Zeitungsartikel: Ausstellung geretteten Kulturgeräts im Jerusalemer Bezalel Museum. In: *Der Weg*, 04.08.1950.

»Leichenhaus der Bücher« (Lucy Dawidowicz)[19] lagerten die wenigen verbliebenen Fragmente jüdischer Kultur und jüdischen Wissens, die nach dem Vernichtungskrieg geblieben waren. Die Büchern allgemein immanente Funktion des Speichers zur Konservierung geistiger und kultureller Traditionsbestände war im Falle der hier bewahrten auf existenzielle Weise verstärkt – schienen diese doch die letzten Reste des europäisch-jüdischen Kulturerbes zu repräsentieren. Gleichzeitig war den in Offenbach gestapelten Bänden die gesamte Raub- und Vernichtungsgeschichte eingeschrieben. Und dies häufig in ganz sichtbarer Form: zahlreiche Bücher trugen Exlibris ihrer früheren Besitzer, trugen Markierungen der nationalsozialistischen Raubeinheiten wie dem berüchtigten Einsatzstab Reichsleiter Rosenberg, trugen einen Stempel des Offenbacher Depots und trugen schließlich das Exlibris der JCR. So dienten sie als eine Art Ersatz-Grabsteine (»substitute gravestones«[20]) dem Gedenken an ihre spurlos ermordeten Eigentümer und die vernichteten Stätten jüdischen Kulturlebens. Die Rückführung der Bücher in jüdische Zusammenhänge, wie sie von der JCR unternommen wurde, bedeutete demnach zweierlei: Durch ihren Transfer schien die Erinnerung an die Katastrophe genauso wie eine Kontinuität der Wissenskultur und damit das Überleben des Kollektivs selbst gesichert. Der am Offenbacher Depot tätige amerikanische Militärrabbiner Herbert Friedman drückte in seinen Memoiren letzteren Zusammenhang auf ganz emphatische Weise aus, wenn er schilderte:

> Books! They form the soul of the Jewish people [...]. Saving those books amounts to saving the People of the Book, for the intellectual and spiritual messages they contain are the best guarantee of the people's continued physical existence.[21]

Ein Neuanfang und Weiterleben – für das die Bücher als so wertvoll eingeschätzt wurden – konnte freilich nach Auffassung der Akteure nicht mehr in Europa stattfinden. Deshalb sollten die Bücher keinesfalls hier oder gar in Deutschland verbleiben. Diese Entscheidung des JCR-Vorstands führte zu Friktionen mit den nach Kriegsende in deutschen Städten wiederentstehenden jüdischen Gemeinden, die Teile der Bestände als ehemaliges Eigentum beanspruchten. Doch sie bekamen

---

19 Die Bezeichnung »mortuary of books« (Das Leichenhaus der Bücher) für das Offenbach Archival Depot stammt aus Dawidowicz, Lucy S.: From that Place and Time. A Memoir, 1938–1947 [1989]. Hg. v. Nancy Sinkoff. New Brunswick/NJ 2008, S. 316.
20 Der Begriff stammt von Jack Kugelmass und Jonathan Boyarin (vgl. Dies.: From a Ruined Garden. The Memorial Books of Polish Jewry. Bloomington/IN 1998 (2. Aufl.), S. 34).
21 Friedman, Herbert A.: Roots of the Future. Jerusalem, New York 1999, S. 112.

nur das Nötigste – die grundsätzliche Politik der JCR basierte auf der Überzeugung, dass mehr Mitglieder der früheren deutsch-jüdischen Gemeinden nun in London, New York und Tel Aviv lebten, denn in ganz Deutschland.[22]

II. Bücher im Exil: Pläne einer Memorial Library in New York und London

Ein kurzes Fallbeispiel für die Aushandlungsprozesse und Bedeutungszuschreibungen, die mit der Überführung und Verteilung der Bücher verbunden waren, bietet die Initiative des Council of the Jews from Germany (kurz: Council), dessen Mitglieder sich nach dem Krieg darum bemühten, eine Gedenkbibliothek deutsch-jüdischer Wissenskultur einzurichten.

Im Council waren die emigrierten deutschen Juden in Großbritannien, den Vereinigten Staaten und Palästina/Israel organisiert. Jene traten ab 1945 mit der Idee an den Vorstand der JCR heran, eine Gedenkbibliothek mit den materiellen Überresten ihrer Forschungs- und Lehreinrichtungen, Gemeinden und Kulturinstitutionen aufzubauen. Zunächst konnte man sich zwar nicht darüber einigen, wo der richtige Ort für diese Bibliothek sein sollte, es bestand aber Konsens, dass die verbliebenen Bücher nicht mehr nach Deutschland gehörten. Der bei Posen geborene Historiker Eugen Täubler, einer der Protagonisten des Gedenkbibliothek-Projektes in Amerika, betonte schon 1945: »Ich kann nicht mehr an die Zukunft des Judentums in Deutschland glauben. Was in Europa überhaupt an Judentum übrig bleiben wird, sind Fragmente, survivals, ohne Bedeutung, ohne Zukunft [...] Was bleiben wird, gehört Amerika und Palästina an.«[23] Doch die Rechtsordnung sah eine Ausfuhr der deutsch-jüdischen Bestände zunächst nicht vor. Das internationale Völkerrecht, auf dessen Grundlage die Restitutionsfragen verhandelt wurden, versagte vor dem Umstand, dass ein souveräner Staat seine eigenen Bürger ausgeraubt hatte. Deshalb wurde von den westlichen Alliierten in den meisten Fällen eine Rückgabe aufgefundener Sammlungen an die in Deutschland wiederentstehenden Gemeinden erwogen. Dies rief den Widerspruch der internationalen jüdischen Organisationen und insbesondere der Interes-

---

[22] Commission on European Jewish Cultural Reconstruction: Survey of the Legal Situation. Undatiert. UL Stanford, Baron Papers, M0580, Box 39, Folder 3.
[23] Eugen Täubler an Jacob Jacobson, Nov. 1945 (undatiert), zit. n. Nattermann, Ruth: Deutsch-jüdische Geschichtsschreibung nach der Shoah. Die Gründungs- und Frühgeschichte des Leo Baeck Institute. Essen 2004, S. 55.

senvertreter der deutschen Juden im Exil hervor, erkannten diese doch die Gemeinden nicht als Nachfolger der früher bestehenden an. Robert Weltsch, der 1945 mit britischer Lizenz nach Deutschland reiste, fasste seinen Eindruck zur Lage der jüdischen Gemeinden in einem später verfassten Zeitungsartikel eindeutig zusammen:

> Tatsache [ist], dass von einer Kontinuität, d. h. von einem Zusammenhang mit dem jüdischen Leben vor dem Krieg, gar keine Spur ist. Die Leute wissen die einfachsten Dinge nicht, die jeder deutsche Jude 1938 noch wusste [...] mit anderen Worten: diese Überreste des deutschen Judentums sind völlige outsider, die zufällig hier übrig blieben.[24]

Diese Einschätzung war deshalb von Relevanz, da die sich neu konstituierenden Gemeinden in Bezug auf Gemeindeeigentum genauso wie erbloses deutsch-jüdisches Eigentum nur dann anspruchsberechtigt waren, wenn sie als ihren Vorgängern gleich anerkannt wurden. Weltsch drückte damit aus, wovon die meisten Emissäre der internationalen jüdischen Organisationen überzeugt waren: dass die Gemeinden eben nichts mit den vor der erzwungenen Auflösung existierenden gemein hatten außer ihrem Namen. Eine Übergabe von Gütern an einen jüdischen Treuhänder statt an die Gemeinden in Deutschland ließ sich allein mit dieser Argumentation rechtfertigen. Ob der Zusammensetzung mit zahlreichen nicht-deutschen Mitgliedern und der instabilen Situation der Gemeinden, die zu diesem Zeitpunkt häufig noch die kollektive Emigration nach Palästina erwogen, bewerteten die amerikanische Militärregierung und mit ihr die zuständigen Behörden in den Vereinigten Staaten deren Status schlussendlich ähnlich wie die JCR-Vertreter:

> [I]t does not seem proper to consider the communities where some Jews have survived the successors to the communities or organizations that existed at the same places prior to the Nazi regime because not only their number is only a small percentage of their former number, but, also, the composition of the people seems, in most instances, to be entirely different from those that formerly belonged to these communities.[25]

So war der Weg dazu geebnet, das vielfältige Material der deutsch-jüdischen Lehreinrichtungen, Gemeinden und Kulturinstitutionen, das in

---

24 Weltsch, Robert: Besuch in Frankfurt. In: *Mitteilungsblatt des Irgun Olej Merkaz Europa*, 11.01.1946.
25 Fred Hartzsch (Chief of Property Divison/U.S. Military Government) an Richard Howard (Chief of MFA&A, Restitution Branch), 02.07.1948. NA College Park, RG 260, OMGUS Records, Records of the Property Division/Property Control and External Assets, Records of Branch Chief, Box 13.

Offenbach lagerte, der JCR in Verantwortung zu geben. Doch damit kamen neue Fragen auf: Sollten diese Bestände als solche erhalten oder in kleinen Portionen an verschiedene Stellen übergeben werden? Wer würde wo am meisten von ihnen profitieren?

Nach der Vorstellung von Täubler und weiteren Mitgliedern des Councils war es die Pflicht der überlebenden deutschen Juden, die Erinnerung an die geistigen Traditionen des deutschen Judentums wach zu halten und sich ihrer weiter zu bedienen. Dies sollte ihrer Auffassung nach durch eine Konzentration aller auffindbaren Bücher, Dokumente und Archivalien an einem der wesentlichen Exilorte deutscher Juden geschehen. Täubler und mit ihm eine größere Gruppe deutscher Juden in Amerika plädierten für die Einrichtung einer Bibliothek unter den Auspizien des New Yorker Jewish Institute of Religion. Gleichzeitig sprach sich der berühmte Reformrabbiner Leo Baeck, der das Konzentrationslager Theresienstadt überlebt hatte und nach seiner Befreiung in London lebte, für die Einrichtung einer deutsch-jüdischen Gedenksammlung in Großbritannien aus. Er befand die von ihm gegründete Society for Jewish Studies in London in Aufbau, Agenda und Zusammensetzung als eine Einrichtung, die die unmittelbare Nachfolge der Berliner Hochschule für die Wissenschaft des Judentums angetreten habe und deshalb prädestiniert für die Verwaltung des geistigen Erbes der deutschen Juden sei.[26]

Die konkurrierenden Bestrebungen der in Amerika und Großbritannien lebenden Gelehrten machten eine Entscheidung der JCR schwer. Sie wollte weder eine Gruppe unmittelbar bevorteilen, noch entsprach das Zusammenhalten der gesamten deutsch-jüdischen Buchsammlungen der Verteilungslogik der JCR-Führung, die möglichst viele Institutionen und Gemeinden an den Schätzen teilhaben lassen wollte. Zusätzlich sorgten Missverständnisse zwischen der »German Group« und dem Institute of Religion für Probleme, sodass Täubler und seine Mitstreiter keinen geeigneten Ort fanden, um die angestrebte Gedenkbibliothek in New York einzurichten.[27] Der Vorstand der JCR entschied sich am Ende gegen eine vollständige Übergabe der Bestände in eine Institution. Es wurden wichtige Teile der Hochschulbibliothek nach London übergeben, genauso erhielten zahlreiche New Yorker Einrichtungen sowie das American Jewish Archive in Cincinnati Sammlungen aus vormaligen deutsch-jüdischen Gemeinden und Bi-

---

26 Diesbezügliche Vorschläge wurden auf einer Vorstandssitzung der JCR ausführlich diskutiert: JCR, Minutes, Board of Directors Meeting, 07.06.1949. UL Stanford, Baron Papers, M0580, Box 231, Folder 17.
27 JCR, Minutes, Board of Directors Meeting, 12.04.1950. Leo Baeck Institute Archives, New York, Wiener Library Collection, × MfW, Reel 26, 561.

bliotheken. Aber genauso schickte man Bestände nach Mexico City, nach Buenos Aires, nach Kapstadt und nach Melbourne. Dies rief Ärger bei den Mitgliedern des Councils hervor. Seine partikularen Interessen standen im Widerspruch zu den universalistischen Vorstellungen der JCR, die versuchte, Exilgemeinden weltweit – eben das jüdische Volk weltweit, als dessen Repräsentantin die JCR explizit agierte – zu erreichen.

Beide Interessenvertretungen hatten letztlich aber das gleiche Ziel vor Augen: die Rettung, Neuverteilung und Weiternutzung der Bücher sollte die Erinnerung an das Zerstörte und insbesondere die Ermordeten ermöglichen. Gleichzeitig ging es den Beteiligten aber auch um die Möglichkeit der Herstellung von Kontinuität. Was im Namen der Initiative angelegt war – die Idee der Wiederherstellung jüdischer Kultur (Jewish Cultural Reconstruction) – sollte sich an den neuen Orten realisieren. Sie sollten von dem europäisch-jüdischen Kulturerbe profitieren, es nicht nur zum Gedenken, sondern auch zur fruchtbaren Weiterentwicklung nutzen. Der Wunsch, diesem Weiterleben und Gedenken in expliziter Hinsicht auf die deutschen Juden Raum zu verschaffen, wurde letztendlich auf anderem Wege erfüllt – allerdings von denselben Persönlichkeiten herbeigeführt. Mithilfe von Reparationsgeldern, die die Bundesrepublik Deutschland in den Fonds der Conference on Jewish Material Claims Against Germany zahlte, konnte der Council 1955 das Leo Baeck Institut in Jerusalem, London und New York einrichten. Diese »Dokumentations- und Forschungseinrichtung für die Geschichte und Kultur des deutschsprachigen Judentums« stand für einen Neubeginn deutsch-jüdischer Geschichtsschreibung und Wissenskultur nach dem Holocaust jenseits Deutschlands.[28] Hier verwirklichte sich vieles von dem, was die deutschen Juden im Exil zur Pflege ihres kulturellen und geistigen Erbes angestrebt hatten und hier sammelten sich an allen drei Standorten durchaus Bücher und Materialien, die aufgrund der Bemühungen der JCR in die verschiedenen Länder gekommen waren.

Die weitere Nachkriegsgeschichte sollte die negativen Einschätzungen von der Zukunft für Juden in Deutschland und Österreich widerlegen, weshalb die strikte Verteilungspolitik der JCR im Nachhinein von Gemeindemitgliedern häufig kritisiert wurde. Verschiedene Gemeinden und Institutionen versuchen heute, Bestände, die durch die JCR

---

28 Vgl. Nattermann, Ruth: Art. »Leo Baeck Institute«. In: EJGK. Bd. 3 (s. Anm. 11), S. 500–505.

außer Landes gebracht wurden, zurück zu bekommen.[29] Aus der Perspektive der JCR-Verantwortlichen hatte sich die Situation unmittelbar nach dem Krieg gänzlich anders dargestellt. In dem Konglomerat der unterschiedlichen westalliierten, sowjetischen, deutschen und jüdischen Interessen, angesichts der unklaren Rechtslage in Deutschland und dessen nicht voraussehbarer politischen Entwicklung sowie der Tatsache, dass man es mit mehreren Hunderttausend Objekten ohne Anspruchsnehmer zu tun hatte, bestand die Gefahr, dass die Objekte in staatlichen und privaten Einrichtungen verloren gingen, wie es mit Millionen anderer Bücher, Bilder und Kunstgegenstände jüdischer Provenienz geschehen war. Weder waren die jüdischen Gemeinden in Westdeutschland in einem solchen Zustand, dass man bis 1952 von ihrem weiteren Wachstum ausgehen konnte, noch vermittelte die Situation in Mittel- und Osteuropa den Juden Hoffnung auf ein florierendes und autonomes Kultur- und Geistesleben.

So sollten die Bücher aus Europa andernorts Gedenk- und Lehreinrichtungen begründen – weniger als Dinge des Exils, denn als Dinge für das Exil – Dinge, die vor allem dazu beitragen sollten, das Exil schließlich zu Emigrations- und damit zu dauerhaften Orten jüdischen Lebens werden zu lassen. Sie dienten hier als Zeugnisse und Monumente der Zerstörungsgewalt genauso wie Träger jüdischen Wissens und jüdischer Kultur: In ihnen materialisierte sich die Vergangenheit und verband sich mit der Hoffnung auf Kontinuität und eine lebendige Zukunft am neuen Ort.

---

29 Eine interessante Diskussion einer möglichen »Rückkehr« der von der JCR verteilten Gegenstände nach Europa findet sich bei Lipman, Rena: Jewish Cultural Reconstruction Reconsidered. Should the Jewish Religious Objects Distributed Around the World After WW II be Returned to Europe?. In: KUR. Kunst und Recht, Journal für Kunstrecht, Urheberrecht und Kulturpolitik 4 (2006), S. 89–93. Einen langwierigen Rechtsstreit führt zum Beispiel die Israelitische Kultusgemeinde Wien mit den »Central Archives for the History of the Jewish People« in Israel, von denen sie die Wiener Gemeindeakten zurückfordert.

Anthony Grenville

Dinge der Vergessenheit: Der Fall eines unbekannten jüdischen Flüchtlings

Wissenschaftler, die sich mit den jüdischen Emigranten aus dem nationalsozialistischen Deutschland, mit den Opfern des Nazismus und mit der Schoah insgesamt befassen, stehen bekanntlich an einem Wendepunkt. Seit einigen Jahren wird wiederholt behauptet, dass mit dem Verschwinden der überlebenden Opfer, darunter auch die jüdischen Emigranten aus den deutschsprachigen Ländern, die vor dem Ausbruch des Zweiten Weltkrieges in Großbritannien Zuflucht fanden, eine neue Phase der Geschichtsschreibung und des historischen Gedächtnisses einsetzt.

Eine Form des historischen Gedächtnisses löst die andere ab: Die Opfer des Nazismus treten aus dem Bereich des kommunikativen Gedächtnisses, dessen Träger die Mitlebenden sind. Diese haben die Opfer entweder selbst gekannt oder mit ihnen über die aus unmittelbarer Erfahrung gespeisten Schilderungen der Verwandten und Bekannten, aus Gesprächen, aus mündlich weitererzählten Familiengeschichten oder aus ihren eigenen Aufzeichnungen einen noch persönlich gefärbten Kontakt aufrechterhalten können. Die ehemaligen Emigranten treten in den Bereich des kulturellen Gedächtnisses ein; dieses »löst sich aus dem Lebenszusammenhang der Zeitgenossen und ihrer auf unmittelbare Kommunikation angelegten Erinnerungsformen«[1] und lässt die Emigranten nur noch in wissenschaftlichen Werken und deren Objekten, wenn überhaupt, in unpersönlichen, institutionellen Räumen wie Museen, Ausstellungen und Bibliotheken auftreten.

Bei diesem historischen Übergang kommt dem Vergessen eine überaus bedeutende Rolle zu. Denn der einzelne Emigrant, dessen Andenken bei Bekannten und Zeitgenossen sowie bei deren unmittelbaren Nachkommen noch lebendig geblieben war, muss unvermeidlich in Vergessenheit geraten, nachdem die Emigration zum Objekt der Geschichtswissenschaft wird und der Einzelperson im Prozess der Historisierung ihre Individualität verloren geht. Vergessen und erinnern sind

---

1 Winckler, Lutz: Gedächtnis des Exils. Erinnerung als Rekonstruktion. Vorwort. In: Exilforschung 28 (2010): Gedächtnis des Exils – Formen der Erinnerung, S. IX–XVI; hier: S. IX.

jedoch voneinander nicht abzulösen. »Wissen wird durch Vergessen gewonnen«, so Aleida Assmann – sie zitiert Sir Thomas Browne (»Knowledge is made by oblivion«) –, indem sie »die bekannte Logik« hervorhebt,

> nach der ein Phänomen erst abhanden gekommen sein muss, um voll ins Bewusstsein zu gelangen. Bewusstsein entwickelt sich generell »im Zeichen des Abgelaufenen«. Diese Logik passt zum retrospektiven Charakter der Erinnerung: setzt diese doch erst dann ein, wenn die Erfahrung, auf die sie sich bezieht, abgeschlossen im Rücken liegt.[2]

Der hier zu behandelnde Gegenstand ist das Leben eines so gut wie vergessenen jüdischen Emigranten, Otto Gross, am 17. April 1889 in Moravská Ostrava (Mährisch-Ostrau) geboren und am 14. April 1944 im Nordlondoner Vorort Finchley gestorben. Otto Gross war der erste Ehemann meiner Tante Edith Grünfeld, der älteren Schwester meines Vaters Arthur Grünfeld. Ich nenne ihn absichtlich nicht »meinen Onkel«, denn das ist er niemals gewesen: Er ist nämlich gestorben, einige Monate bevor ich auf die Welt gekommen bin. Er ist mir nur noch aus den Erinnerungen der Familienmitglieder sowie aus seinen Dokumenten, Fotos und Objekten bekannt.

Otto Gross existiert also nur noch im Halbdunkel des Vergessens, als eine Figur, die sozusagen immer knapp außer Reichweite schwebt. Sein Fall ist also geeignet, all die Emigranten zu vertreten, deren individuelle Geschichten vergessen zu werden drohen, indem sie in die kollektive Geschichte der Emigration eingehen. Hier soll am Beispiel seines Lebens die Dialektik von Erinnern und Vergessen veranschaulicht werden, die bei Aleida Assmann deutlich auftritt: »Was zur Erinnerung ausgewählt wird, ist stets von den Rändern des Vergessens profiliert. Fokussierendes und konzentrierendes Erinnern schließt Vergessen notwendig mit ein, so wie man [...] den Rest des Raumes verdunkelt, wenn man eine Kerze in die Ecke trägt.«[3] In dem Sinne wird hier jemand profiliert, der gerade noch am Rande des Vergessens steht, um den Prozess der historischen Erinnerung zu beleuchten.

Heute ist das Leben von Otto Gross vornehmlich durch Objekte zugänglich, meistens Fotos, aber auch durch solche konkreten Dinge wie sein Adressbuch oder das Tagebuch, in das er die Briefe eintrug, die er 1940/41 aus einem Internierungslager auf der Isle of Man an seine Familie in London schrieb. Objekte spielen im labilen Verhältnis zwischen dem Damals und dem Heute eine bedeutende Rolle, indem sie

---

2 Assmann, Aleida: Erinnerungsräume. Formen und Wandlungen des kulturellen Gedächtnisses. München 1999, S. 11 f.
3 Assmann: Erinnerungsräume (s. Anm. 2), S. 408.

zwischen Vergangenheit und Gegenwart vermitteln können. Das Objekt vertritt sozusagen die Vergangenheit in der Gegenwart; es übersetzt die Vergangenheit in die Gegenwart, auch wenn es dem heutigen Beobachter etwas ganz anderes bedeutet als dem einstigen Besitzer. Gerade diese Funktion des Vermittelns erwies sich als ein Hauptthema bei einer Tagung, die sich mit Objekten und der Objektkultur befasste: dem Workshop »Objects and Emotions: Loss and Acquisition of Jewish Property«, der vom 26.-27. Juli 2010 im German Historical Institute London stattfand. Von den auf dieser Tagung gehaltenen Referaten sind drei im *German Historical Institute London Bulletin* erschienen.

Die Referate befassten sich mit der Ambivalenz von Dingen, die in der Gegenwart über die Vergangenheit aussagen. Hanno Loewy erläuterte die Doppeldeutigkeit eines Objekts, in dem die materielle Anwesenheit einer vergangenen Ära in der Gegenwart wahrnehmbar wird und das also gleichzeitig auf zwei verschiedene Zeitebenen verweist.[4] Ein anderer Aspekt dieser Ambivalenz ist die zwischen Biografie und Geschichte. So konstatierte Atina Grossmann in ihrem Referat über die Wiedergutmachungsakten ihrer Familie: »My examples of restitution cases come, therefore, from that hybrid place, so often viewed with suspicion by professional historians, between History with a capital H and memoir.«[5] Das Objekt kann also auch zwischen den persönlichen, subjektiven Erzählungen und Erinnerungen der Betroffenen, der Zeitgenossen, und der wissenschaftlichen, an den objektiven Maßstäben der Historiker orientierten Geschichte vermitteln.

Objekte aus der Vergangenheit können auch stark emotionsgeladen sein, besonders wenn es sich um eine verlorene, ausgelöschte, der Vergessenheit anheimgefallene Vergangenheit handelt. Die Erforschung der materiellen Kultur, welche Dinge und ihre Nachwirkungen u. a. historisch anzugehen versucht, berührt sich in dieser wichtigen Hinsicht mit der noch verhältnismäßig jungen und theoretisch durchaus kontrovers diskutierten Geschichte der Gefühle.[6] So nahm sich Hanno Loewy in seinem Referat vor, die emotionale Dimension der Objekte zu analysieren, »the trajectory of meanings, emotions, and affections attached to objects of everyday life – artefacts that mostly have no financial value but sometimes possess a charged, multi-layered, emotio-

---

4 Vgl. Loewy, Hanno: Diasporic Home or Homelessness. The Museum and the Circle of Lost and Found. In: German Historical Institute London Bulletin 34/2 (Mai 2012), S. 41–58.
5 Grossmann, Atina: Family Files. Emotions and Stories of (Non-)Restitution. In: German Historical Institute London Bulletin (s. Anm. 4), S. 59–78; hier: S. 62.
6 Vgl. hierzu Frevert, Ute: Was haben Gefühle in der Geschichte zu suchen? In: Geschichte und Gesellschaft 35 (2009), S. 183–208.

nal significance.«[7] Diese Objekte aus der Vergangenheit wirken sich auf emotionaler Ebene vornehmlich auf die Nachkommen aus, besonders wenn sie Erinnerungen an Opfer des Holocaust wecken. So betonte Chloe Paver in ihrer Besprechung von zwei Ausstellungskatalogen mit dem Thema »Raub und Restitution« die Auswirkungen der restituierten bzw. nicht restituierten Objekte auf die Nachkommen: »The main focus was [...] on the subjective and emotional significance of the restitution of artworks and everyday objects to the descendants of the former owners«.[8]

Im Rahmen dieser allgemeinen Überlegungen sollen nun die Lebensgeschichte eines einzelnen Emigranten und die von ihm hinterlassenen Objekte erforscht werden. Otto Gross wurde 1889 in Mährisch-Ostrau als ältester Sohn von Jakob Gross und seiner Frau Irme, geb. Zeiger, geboren. Er hatte einen jüngeren Bruder, Fritz (Bedřich), 1893 geboren, und eine jüngere Schwester, Louise, 1903 geboren. Als einziger in der engeren Familie gelang es Otto Gross, der nationalsozialistischen Judenverfolgung zu entgehen. Sonst wurde die Familie, wie die jüdische Gemeinde in Mährisch-Ostrau überhaupt, restlos ausgelöscht. Nach Kriegsende wurde die deutschsprachige Bevölkerung der Stadt vertrieben, und die Stadt trug fortan allein den tschechischen Namen Moravská Ostrava. Unter dem kommunistischen Regime wurden dann vier Jahrzehnte lang sowohl die jüdische als auch die deutschsprachige Vergangenheit verdrängt und weitgehend aus dem Gedächtnis der Zeitgenossen getilgt.

Die Geschichte von Otto Gross ist also durch einen Prozess der Auslöschung in Vergessenheit geraten, der sich über mehrere Jahrzehnte erstreckte. Zuerst wurde die jüdische Gemeinde seiner Heimatstadt von den Nationalsozialisten vernichtet; damit verschwand das jüdische Element, zu dem Moravská Ostrava im öffentlichen Gedächtnis heute kaum mehr eine Verbindung hat. Mit der Vertreibung der deutschsprachigen Bevölkerung gingen der Stadt auch die deutsche Sprache und Sozialkultur verloren, die gleichsam den sozialen und kulturellen Nährboden des assimilierten, deutschsprechenden Judentums Mitteleuropas bildeten, zu dem auch die Familie Gross gehörte. Denn die jüdische Mittelschicht, die sich im Laufe des 19. Jahrhunderts im deutschsprachigen Raum ausgebildet hatte, hatte bekanntlich die deutschsprachige Kultur mit solchem Eifer zu ihrer eigenen gemacht,

---

7 Loewy: Diasporic Home or Homelessness (s. Anm. 4), S. 41.
8 Paver, Chloe: Objects and Emotions Exhibited. Two Catalogues on *Raub und Restitution*. In: German Historical Institute London Bulletin (s. Anm. 4), S. 79–87; hier: *S.* 84.

dass oft behauptet wurde, das deutsche Kulturgut habe den säkularisierten Juden ihre Religion ersetzt.

In Deutschland und Österreich blieben die sozialen, sprachlichen und kulturellen Bedingungen, unter denen das assimilierte Judentum des 19. Jahrhunderts entstanden war, mutatis mutandis in großem Maße bestehen, in Moravská Ostrava nicht. In Wien blieb die jüdische Vergangenheit präsent, verschwand aus dem kulturellen Gedächtnis der Stadt trotz Nationalsozialismus und Antisemitismus nicht, unter anderem weil die deutschsprachige Kultur und die Erinnerungsräume des Wiener Judentums, von Oper und Burgtheater zu Kaffeehäusern und Bibliotheken, nach 1945 weiter das Andenken der emigrierten oder deportierten Juden wenigstens unterschwellig lebendig erhielten. Das Andenken der Wiener Juden besitzt deshalb im öffentlichen Gedächtnis eine andere Qualität als das der tschechischen Juden. So blieb Sigmund Freud im öffentlichen Gedächtnis eher mit Wien als mit dem mährischen Příbor (Freiberg), seiner Geburtsstadt, verbunden, sowie man in Verbindung mit Gustav Mahler an Wien und kaum mehr an Jihlava (Iglau) denkt.

Wie so viele Juden aus dem Habsburgerreich zog es Otto Gross nach Wien. Er war offensichtlich ein ehrgeiziger junger Mann und hatte schon im Juli 1907 in Mährisch-Ostrau eine Stelle bei der Mährisch-Ostrauer Handels- und Gewerbe-Bank angetreten. 1910 siedelte er nach Wien über, wo ihm eine Stelle an der Bank & Wechselstuben-Actien-Gesellschaft Merkur angeboten worden war, und wechselte 1911 zur Allgemeinen Depositen-Bank über. Er wurde 1914 einberufen, kehrte aber 1917 als frontdienstuntauglich nach Wien zurück. Otto Gross ging aus dem Krieg als dekorierter Offizier hervor, der anscheinend auch in Friedenszeiten eine vielversprechende Zukunft vor sich haben sollte. Diese Aussichten schienen vollends in Erfüllung zu gehen, als er im Oktober 1920 Edith Grünfeld, die Tochter von Bernhard Grünfeld, Inhaber der 1865 gegründeten Firma Adolf Lichtblau & Co., und Flora, geb. Lichtblau, heiratete. Das Ehepaar Gross hatte zwei Kinder, Willy (geboren 1922) und Alice (geboren 1924).

Im März 1938 verschlimmerte sich aber die Lage der Familie Gross, ebenso die der ganzen jüdischen Gemeinde Wiens, schlagartig. Wie Tausende Wiener Juden versuchte Otto Gross, sich und seine Familie in Sicherheit zu bringen, und suchte nach einem Land, das sie aufnehmen würde. Indem die Juden verfolgt, gedemütigt und marginalisiert wurden, verschwanden sie als Individuen aus dem Lichte der Öffentlichkeit und traten nur mehr als anonyme Objekte der nationalsozialistischen Bürokratie in Erscheinung. Davon zeugen auch die Dokumente, die sich auf die Auswanderung von Otto Gross beziehen. Zuerst wurde sein ganzer Besitz registriert: ein Foto zeigt das sogenannte »Schätzungs-Protokoll«, das ein gewisser Hanns Janauschek, »arischer ständig vereidigter gerichtlicher Sachverständiger und Spezial-Schätzmeister in Wien VI«, im Dezember 1938 ausgestellt hatte und das die Schreibmaschine von Otto Gross auf R. M. 80 schätzte (Abb. 1).

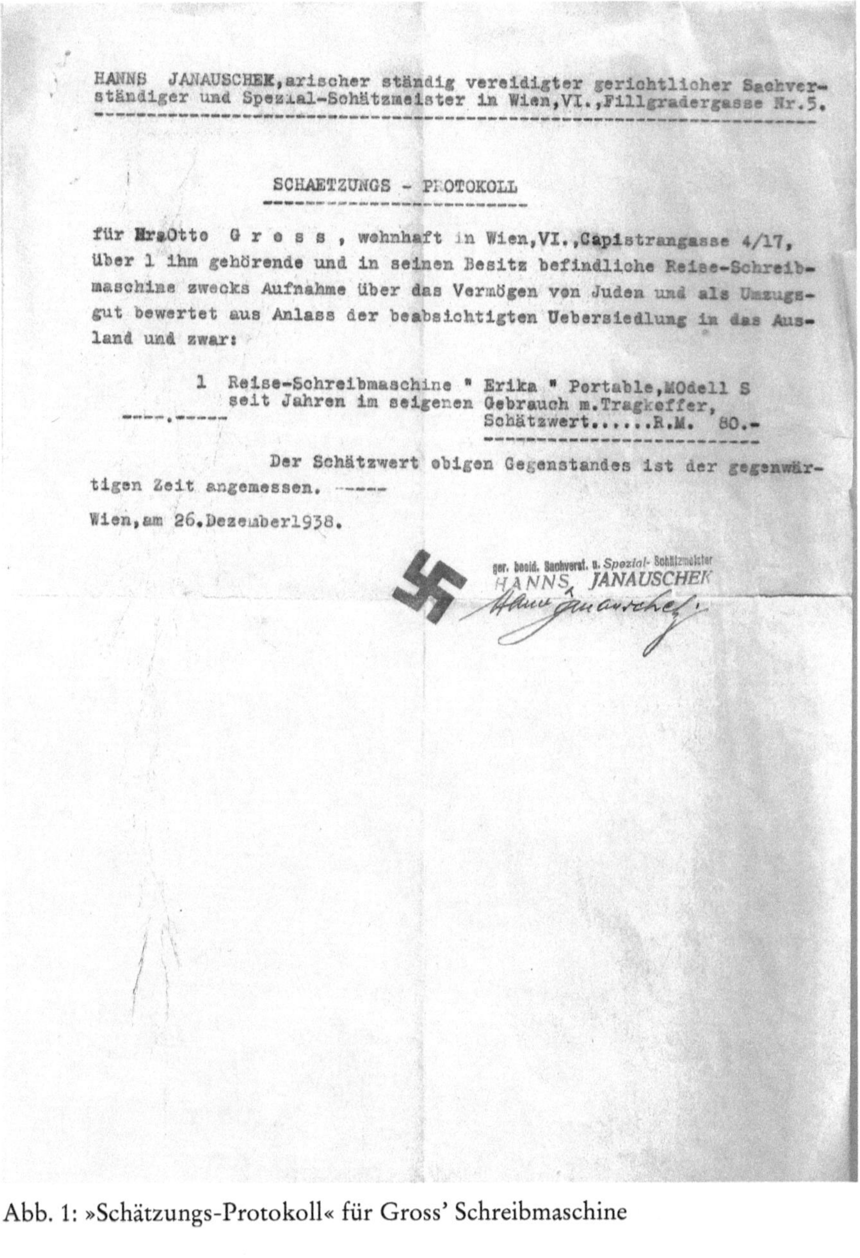

HANNS JANAUSCHEK,arischer ständig vereidigter gerichtlicher Sachverständiger und Spezial-Schätzmeister in Wien,VI.,Fillgradergasse Nr.5.

SCHAETZUNGS - PROTOKOLL

für Hr.Otto G r o s s , wohnhaft in Wien,VI.,Capistrangasse 4/17, über 1 ihm gehörende und in seinen Besitz befindliche Reise-Schreibmaschine zwecks Aufnahme über das Vermögen von Juden und als Umzugsgut bewertet aus Anlass der beabsichtigten Uebersiedlung in das Ausland und zwar:

1 Reise-Schreibmaschine " Erika " Portable,MOdell S seit Jahren im seigenen Gebrauch m.Tragkoffer,
Schätzwert......R.M. 80.-

Der Schätzwert obigen Gegenstandes ist der gegenwärtigen Zeit angemessen.

Wien,am 26.Dezember1938.

ger. beeid. Sachverst. u. Spezial- Schätzmeister
HANNS JANAUSCHEK

Abb. 1: »Schätzungs-Protokoll« für Gross' Schreibmaschine

Im Januar 1939 wurde »das Mitgepäck des Auswanderers Otto Gross« mit minutiöser Genauigkeit verzeichnet und im Februar 1939 das Leben eines Menschen auf eine sachlich anonyme Liste von Kleidungsstücken, Wasch- und Rasierutensilien und anderem Zubehör gebracht, die mit dem Stempel »Devisen geprüft« versehen wurde (Abb. 2).

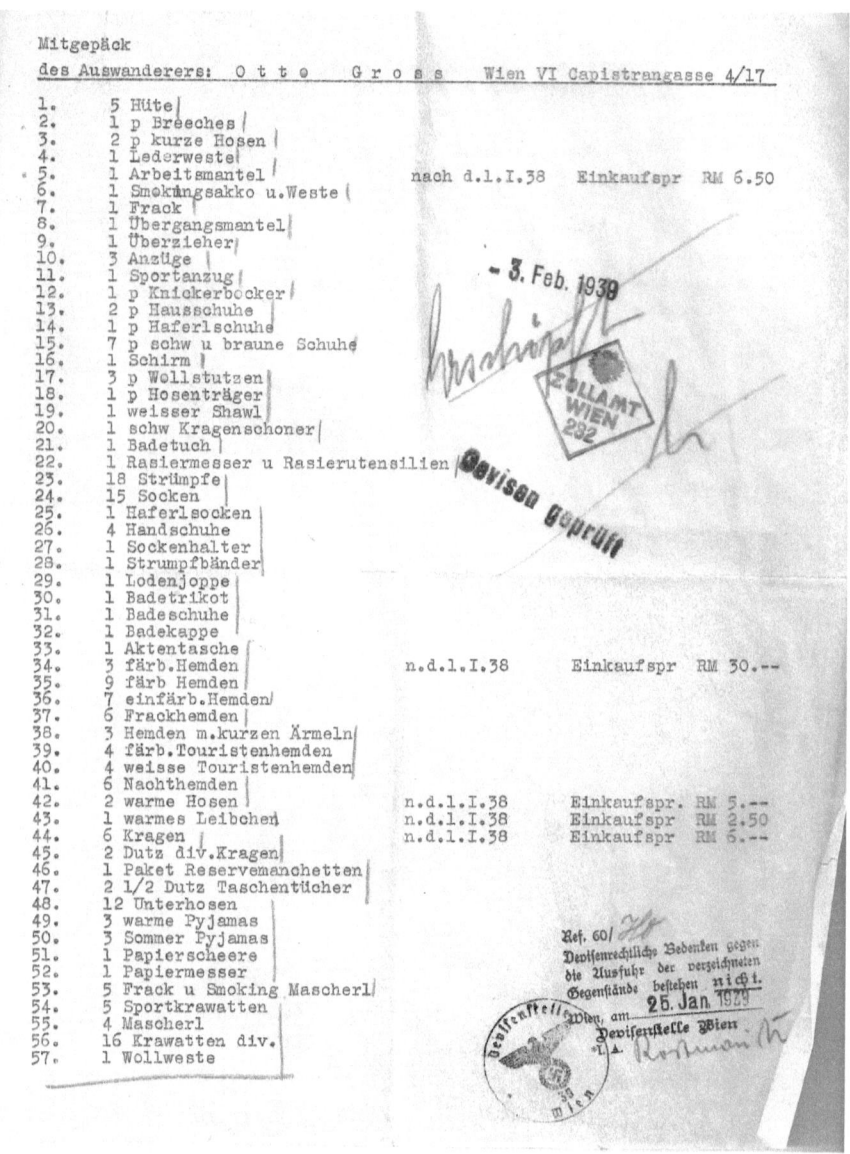

Abb. 2: Aufstellung des Besitzes

Solche Dokumente wurden bewusst eingesetzt, um die Juden Wiens ihrer Bürgerrechte sowie ihrer Identität als freie, gleichberechtigte Menschen zu berauben und um sie bürokratisch zu minderwertigen »Untermenschen« abzustempeln. Die Möbelstücke, Gemälde und die anderen Haushaltsstücke, die Otto Gross nach Großbritannien mitbringen wollte, wurden vom britischen Konsulat gleichfalls aufgelistet. In der langwierigen bürokratischen Prozedur der Emigration war die menschliche Dimension fast vollständig verlorengegangen: Lediglich das tschechoslowakische Visum im Pass von Otto Gross – einem deutschen Pass mit dem obligatorischen roten »J« – beweist, dass er im Februar 1939 seiner Familie in Mährisch-Ostrau einen letzten Besuch abgestattet hatte. Das sollte der letzte Kontakt sein, den er von Angesicht zu Angesicht zu seiner Mutter, seinem Bruder und der Familie seiner Schwester hatte.

Das Bild des nach 1933 bzw. 1938 verfolgten und zur Emigration gezwungenen Juden nimmt im öffentlichen Gedächtnis wieder eine andere Qualität an. Indem ein Pass oder eine Einreiseerlaubnis über Leben und Schicksal eines Menschen entschied, wurde dieser auf seine Staats- oder Rassenangehörigkeit degradiert. Auch die spärlichen Dokumente und Objekte aus der letzten Lebensphase von Otto Gross zeigen, wie er in der Emigration und im Krieg seine Individualität als Einzelmensch einbüßte, um als passives Opfer anonymer bürokratischer Prozesse ins kulturelle Gedächtnis als »refugee« einzugehen.

Nachdem Arthur Grünfeld, der jüngere Bruder von Edith Gross, kurz nach dem Anschluss nach London ausgereist war und sich dank seiner geschäftlichen Kontakte zur angesehenen Firma Alfred Dunhill dort etabliert hatte, konnte auch die Familie Gross nach Großbritannien auswandern: Edith Gross wurde die Einreise als Hausgehilfin gestattet,[9] die beiden Kinder kamen bei englischen Familien unter und Otto Gross kam am 11. Februar 1939 als mittelloser Emigrant am Flughafen Croydon an. Zuerst wohnte er bei seinem Schwager und dessen Ehefrau in Linden Gardens, Notting Hill Gate. Ab 16. Juli 1939 mieteten sie zusammen ein kleines Haus, 101 Hervey Close, Finchley Central, wo am 21. Oktober auch Edith Gross hinzukam, nachdem sie ihre letzte Stelle als Dienstmädchen aufgegeben hatte.

---

9 Vgl. hierzu Bollauf, Traude: Dienstmädchen-Emigration. Die Flucht jüdischer Frauen aus Österreich und Deutschland nach England 1938/39. Wien 2010. Zu den jüdischen Emigranten in Großbritannien im Allgemeinen, vgl. Grenville, Anthony: Jewish Refugees from Germany and Austria in Britain, 1933–1970. Their Image in *AJR Information*. London, Portland/OR 2010.

Diese Informationen sind im Adressbuch von Otto Gross zu finden, einem billigen roten Notizheft, wie es damals bei jeder Schreibwarenhandlung erhältlich war (Abb. 3).

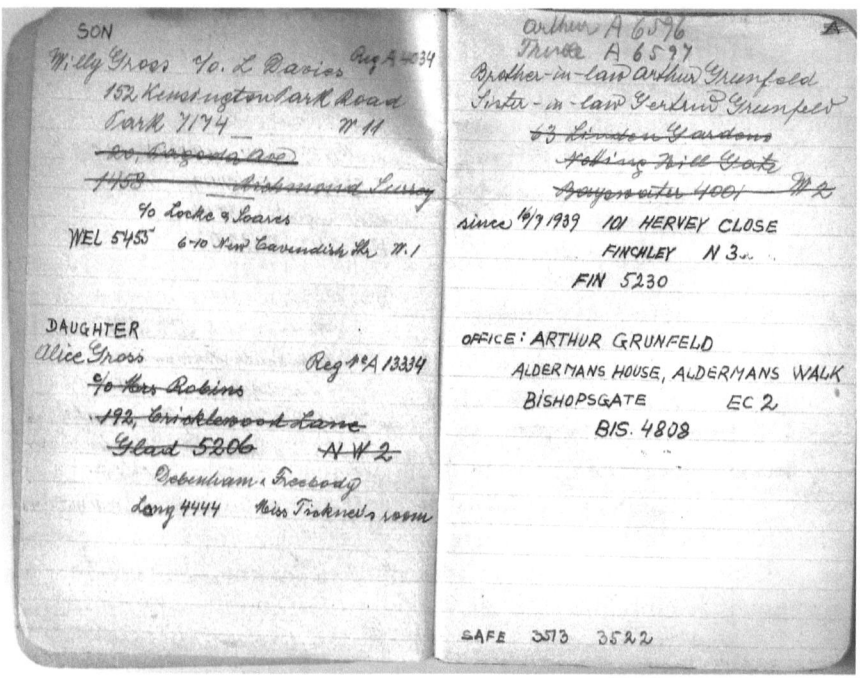

Abb. 3: Otto Gross' Adressbuch

Die Adressen wurden sorgfältig in gut leserlicher Handschrift eingetragen; trotz der vielen Anschriftenänderungen wurde hier versucht, Ordnung in die Wirren der Emigration zu bringen. Zuerst trug Otto Gross die wichtigsten Informationen zu sich und seiner Familie ein: Adresse, Telefonnummer und »Alien Registration Number«, denn die Familien Gross und Grünfeld waren »aliens«, Ausländer, die sich bei der Polizei zu melden hatten, und die nach Kriegsausbruch sogar zu »enemy aliens«, »feindlichen Ausländern« wurden. Verzeichnet wurden die Adressen der Familien, bei denen Edith Gross angestellt war, gutbürgerliche Anschriften in Rustington, Grafschaft Sussex, oder South Norwood im Südosten Londons, sowie die Anschriften der Familien, bei denen die Kinder untergebracht wurden. Das Adressbuch datiert wohl von 1940/41, als beide Kinder alt genug waren, um zu arbeiten, im Fall von Alice Gross bei dem renommierten Kaufhaus Debenham & Freebody.

Aus dem Adressbuch ist auch zu ersehen, wie sich die ausgewanderten Juden aus Mitteleuropa mit der Emigration zurechtzukommen bemühten. Die Schwierigkeiten, denen sie sich dabei konfrontiert sahen, spiegelten sich in der Suche nach einer festen Unterkunft wider. Ein Großteil der Emigranten hatte sich im Nordwesten Londons niedergelassen, in dem einstigen Borough of Hampstead (London NW3, NW6) und in Golders Green (NW11). Aber dem Adressbuch zufolge wechselten die Emigranten den Wohnsitz mit geradezu verblüffender Häufigkeit, ob innerhalb von London, ob von der Hauptstadt weg. Die einst stabilen jüdischen Gemeinden Mitteleuropas waren entwurzelt und in alle Welt zerstreut worden: nach New York oder Melbourne, Palästina oder Paris, Buenos Aires oder Schanghai. Familien wurden dabei auseinandergerissen: während Hans Stolper, ein Vetter von Edith Gross, sich nach Madras (Indien) gerettet hatte, befanden sich seine Mutter und Schwester in New York. Noch hatten Juden Anschriften in Zagreb oder Bukarest, aber das Unheil, das sich anbahnte, war bereits aus dem Adressbuch abzulesen: ein später Eintrag gibt als letzte Adresse von Bernhard und Flora Grünfeld »Sulzfelderstraße 33/2a, Litzmannstadt (Lodz)« an.

Im Mai 1940, als die deutschen Streitkräfte Holland, Belgien und Frankreich überrannten, begann die britische Regierung mit der Masseninternierung der »feindlichen Ausländer«. Am 12. Juli wurde auch Otto Gross festgenommen und kam ins Central Promenade Camp auf der Isle of Man. Er kopierte die mehr als fünfzig Briefe, die er zwischen dem 2. November 1940 und dem 7. April 1941 an seine Familie in London geschrieben hatte, in sein Internierungstagebuch, ein einfaches liniertes Notizheft (Abb. 4).

Die Briefe kreisen monoton, ja fast krankhaft um seine Hoffnung auf Entlassung, um die Trennung von Frau und Kindern und um den schwer erträglichen Zustand des auf unabsehbare Zeit Internierten, des Opfers unergründlicher bürokratischer Maßnahmen, dessen Hoffnungen auf eine baldige Entlassung sich immer wieder zerschlugen.

Otto Gross hatte sich ein Herzleiden zugezogen, das sich erheblich verschlimmert hatte, als er 1938 von den Nazis in Wien vorübergehend festgenommen worden war. Deshalb hoffte er, aus Gesundheitsgründen aus dem Internierungslager entlassen zu werden. Er wurde dem Arzt wiederholt als möglicher »Hardship Case« vorgeführt, aber sein Gesuch wurde abgelehnt. Als besonders aufreibend empfand er die Ausweichmanöver, zu denen die ärztlichen Behörden ihm gegenüber griffen, sowie die langwierige Prozedur der Entlassung, die von den britischen Behörden im Home Office auf vollkommen unberechenbare Weise und mit unerklärlichen Verzögerungen durchgeführt wurde.

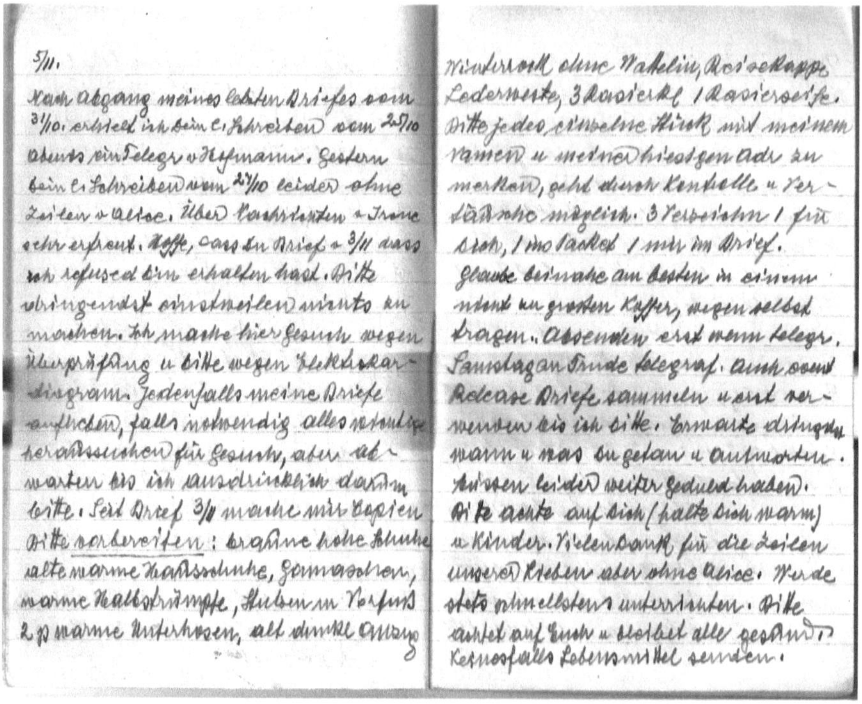

Abb. 4: Otto Gross' Internierungstagebuch

In dem Tagebuch spiegelt sich der Gemütszustand des Internierten in aller Deutlichkeit wider. Am 11. Februar 1941 z. B. schrieb er:

> Heute vor 2 Jahren sind wir nach Engl[and] gekommen und ich habe so gehofft heute in London anzukommen. Ich hatte Glück, als ich interniert wurde, dass ich ohne weitere Zwischenstationen so schnell hier kam. Nun habe ich aber mit allem Pech. Auch jetzt ist eine neue Verzögerung eingetreten, u[nd] ich muss weiter warten und dabei habe ich Euch meine nahe Ankunft in meinen letzten Briefen angezeigt. Ich kann nicht schildern wie ich mich nach Hause sehne. [...] Wenn ich nur wenigstens verläßlich wüsste, dass meine Sache glatt u[nd] gut erledigt ist, dann würde es auf einige wenige Tage nicht ankommen.

Am 16. April 1941 wurde er doch entlassen.

In den ersten Jahren nach seiner Emigration konnte Otto Gross den Kontakt zu seiner Familie in Mährisch-Ostrau gerade noch aufrechterhalten. Es sind nur noch einige wenige Kopien von den sogenannten »Red Cross messages« erhalten, den telegrammartigen Nachrichten, die aus Großbritannien über das Rote Kreuz in die von den Nazis besetzten Gebiete gelangten. Besonders der Kontakt zu Fritz Gross, Ottos jüngerem Bruder, hing an einem dünnen Faden, denn Fritz befand sich in einer äußerst prekären Lage. Anscheinend war er am 17. Oktober 1939 aus seiner Wohnung in Mährisch-Ostrau abgeholt und nach Polen in ein Arbeitslager gebracht worden. Offenbar wurde er entlassen, denn es gelang ihm, in den östlichen, von der Sowjetunion besetzten Teil Polens zu entkommen; von dort konnte er den Kontakt zu seinem Bruder wieder aufnehmen, obgleich unter großen Schwierigkeiten. Er hatte eine Anschrift in Lwów und zuletzt in Kolomea, wohin sein Bruder ihm am 1. Juni 1941 einen letzten Brief abschickte; danach war er wie spurlos verschwunden.

Deshalb sind die erhaltenen Briefe aus dem Briefwechsel zwischen den beiden Brüdern stark emotionsgeladen. An ihnen kann man die Auflösung einer typischen mitteleuropäischen jüdischen Familie ablesen. Als Otto Gross im April 1941 nach London zurückkehren durfte und vom Tode seiner Mutter in Mährisch-Ostrau erfuhr, schrieb er an den »innigstgeliebten, teuersten« Bruder, um den Schmerz und die Trauer mit ihm zu teilen:

> Ich weiss so wie ich es nicht glauben und fassen kann, so geht es Dir. Das Schicksal wollte es, dass die beiden Söhne der edelsten der Mütter in der letzten Stunde keine Dienste leisten durften und nicht das letzte Geleit geben durften. Wir müssen uns mit dieser Tatsache abfinden und so umarme und küsse ich Dich liebster teuerster Bruder und drücke Dir die Hand.

Von Fritz Gross sind lediglich ein Brief und eine mit Bleistift auf einer kleinen Postkarte gekritzelte Nachricht vom 13. Januar 1940 aus Lwów erhalten. Letztere, in dem Fritz seinem Bruder kurz mitteilte, dass er sich zusammen mit anderen Ostrauern befand und dass er wohlauf war, gelangte »über Moskau« nach London (Abb. 5).

Dass diese Worte oben links russisch geschrieben waren, sowie der Name der britischen Hauptstadt, deutete auf die große Entfernung und die kaum zu bewältigenden Hindernisse, welche die Brüder bald endgültig voneinander trennen sollten. In dem Brief vom 20. Februar 1940 drückte Fritz Gross seine »Riesenfreude« darüber aus, dass er einen Brief von seinem Bruder erhalten hatte, und versicherte diesem, dass er mit einigen Kollegen zusammenwohnte und etwas Beschäftigung hatte: »Nur diese furchtbare Bangigkeit und Sehnsucht nach unseren Liebsten!«. Nach diesem letzten Lebenszeichen fiel Fritz Gross, der bis zum heutigen Tag als verschollen gilt, vollends der Vergessenheit anheim. Am 14. April 1944 starb auch sein Bruder in London.

Danach spielte sich die Geschichte der Familie Gross in England und in den Vereinigten Staaten ab. Willy Gross wanderte nach Kanada aus, lebt jetzt in New York. Alice Gross heiratete 1951 den in Berlin gebo-

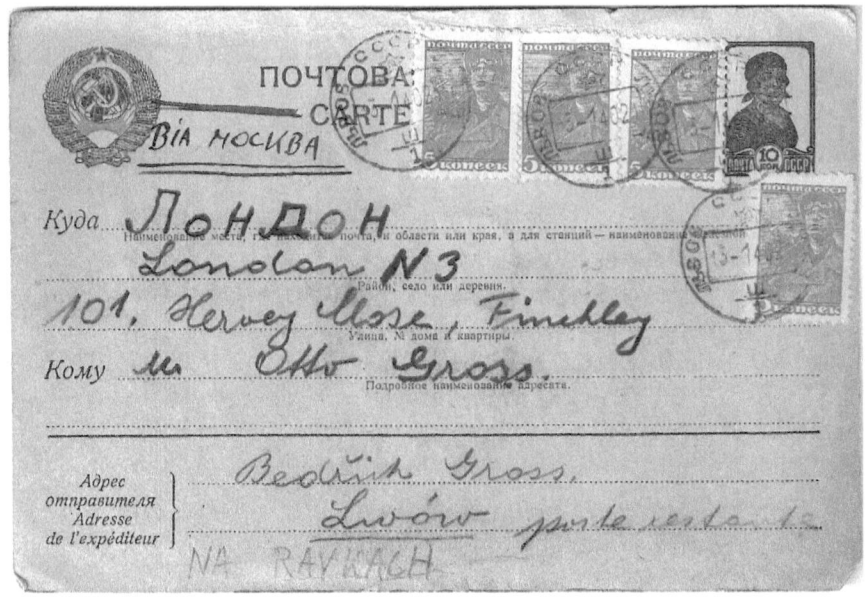

Abb. 5: Postkarte aus Lwów

renen Emigranten Colin Anson (Claus Ascher). Sie haben drei Kinder, alle mit britischen Ehepartnern verheiratet, und sieben Enkelkinder. Edith Gross heiratete 1949 in zweiter Ehe Henry Shelton (Heinrich Schnurmann), einen Emigranten aus Frankfurt am Main, der es in England zum wohlhabenden Fabrikbesitzer brachte.

Aber bei diesem Happy End darf man es nicht belassen. Denn wie Fritz Gross im Zuge des Unternehmens Barbarossa spurlos verschwand, fielen auch die restlichen Mitglieder seiner Familie in Mährisch-Ostrau der »Endlösung« und ihr Andenken der Vergessenheit zum Opfer. Die Schwester von Otto und Fritz Gross, Louise, hatte Hermann Adler geheiratet. Das Ehepaar hatte zwei Töchter, Gerda (geb. 1931) und Eva (geb. 1935). Der Familie Adler gelang die Emigration nicht: sie wurden nach Auschwitz deportiert, wo Hermann Adler am 29. September 1944 und seine Frau und Kinder am 4. Oktober 1944 vergast wurden.

Als ich die wenigen Dokumente zur Familie Adler untersuchte, stieß ich auf zwei kleine Bilder – genauer gesagt, Stücke von Bildern – von mir unbekannten Menschen. Allmählich wurde es mir klar, dass es sich hier um die beiden jungen Töchter von Louise Adler handelte, die nur noch in diesen bruchstückhaften Abbildungen zu sehen sind (Abb. 6).

Sonst wurde ihr ganzes Leben ausgelöscht, fast bevor sie alt genug waren, um überhaupt gelebt zu haben. Im Foto unten rechts ist auch

Abb. 6: Bilder aus den Dokumenten zur Familie Adler

ein Bruchstück von dem Bild einer älteren Frau, der Mutter, zu sehen. Schon das Bruchstückhafte, Scherbenhafte dieser Fotos gibt die Auflösung und Zerstörung einer Familie und deren Auslöschung aus dem Gedächtnis zu erkennen. Eben weil wir, die wir gleichsam im Post-Holocaust leben, zu diesen beiden jungen Opfern des Holocaust kaum mehr eine Verbindung haben und lediglich die Tatsache ihres Verschwindens im Zuge des Massenmords registrieren können, üben die Aufnahmen eine starke emotionale Wirkung aus. Heute nehmen diese eher alltäglichen Familienfotos eine völlig andere emotionale Bedeutung an, da wir von dem späteren Schicksal der Familie wissen: in den Lichtbildern ist neben der Alltäglichkeit des Familienlebens auch das Grauen des gewaltsamen Massenmordes unvermeidlich präsent.

Anat Feinberg

Der Fasan, Bialik und die Sehnsucht nach dem Zuhause

»Ze ha-bayit«, das ist das Haus, verkündete Feiwel Grüngard auf Hebräisch seiner Frau und seinen beiden Kindern, als das Taxi endlich anhielt. Er sagte nicht »higa'anu habayta«, wir sind daheim angekommen. Denn die Villa in der Freiherr-vom-Stein-Straße war nur als zeitweilige Bleibe gedacht. Das eigentliche Zuhause lag Tausende Meilen weit weg von Berlin, an den östlichen Gestaden des Mittelmeers. Es war der letzte Tag des Jahres 1923. Die Villa im Berliner Stadtteil Schöneberg sollte den Grüngards für die nächsten zehn Jahre ein Heim sein, bevor sie im April 1934 endlich ihr Zuhause in »Eretz Israel« bauten.

Die Objekte, um die mein Beitrag kreist – wohlgemerkt bewusst kein wissenschaftlicher Aufsatz, sondern eine persönlich gehaltene Miniatur – stammen zum Teil aus jener Zeit. Sie gehören allesamt zu jener Lebenswelt, die die ursprünglich aus Litauen stammende Familie für sich in der Fremde eingerichtet hatte. Heute, etwa neunzig Jahre später, befinden sie sich wieder in Deutschland, in der Wohnung, in der ich lebe. Eine Bleibe, die ich nur dann, wenn die Worte aus mir spontan und unbedacht heraussprudeln, Zuhause nenne. Diese Objekte sind mehr als »gewöhnliche« Erbstücke, zumindest für mich; sie erzählen die wechselvolle Geschichte der Migration und Geschicke einer jüdischen Familie. Wo individuelle Porträts oder Gruppenbilder von Familienmitgliedern mitunter versagen, ist es gerade die Materialität der geerbten, mitgenommenen »Dinge«, die auf eigenwillige Weise hilft, das Vergangene zu rekonstruieren und weiße Stellen in der Erinnerung und Vorstellungskraft zu schließen.

Diese um mich herum versammelten Objekte begleiten mich seit meiner frühen Kindheit. Sie und viele andere Gegenstände – darunter schwere Ohrensessel mit rosa und gold gemusterten, verzierten Stoffen, ein riesiger viereckiger Tisch, auf dem eine schwere Glasplatte ruhte, zahlreiche silberne Steh- und Hängelampen – füllten die Grüngard'sche Wohnung in Tel Aviv, in der wir – mein Bruder und ich – aufgewachsen sind. Undenkbar wäre es gewesen, nicht bei den Großeltern zu wohnen.

Sind dies *Dinge des Exils*? Wohl kaum. Denn für die zionistisch eingestellte Familie ging mit ihrer Ankunft in »Eretz Israel« ein lang gehegter Traum endlich in Erfüllung. War dagegen vielleicht Berlin eine Stätte des Exils? Wohl eher nicht. Vielmehr war es eine selbst gewählte Lebensstation, die es Frau Grüngard, meiner Großmutter, ermöglichte, ihre Träume zu verwirklichen. Wovon also berichten diese Dinge? Sie erzählen meines Erachtens mindestens zwei Geschichten. Zum einen vermitteln sie auf materiell greifbare Weise die Geschichte der allmählichen Verbürgerlichung einer osteuropäisch-jüdischen Familie in der Weimarer Republik. Zum anderen – und dies ist die zweite Geschichte – erzählen sie von der Rückkehr einiger Gegenstände nach Deutschland, fast sechzig Jahre später; denn diese Objekte sind heute Teil der Lebenswelt, die ich mir in der Fremde eingerichtet habe. Auf die Frage, ob sie Dinge des Exils sind, möchte ich im zweiten Teil meines Beitrags eingehen.

Zunächst aber möchte ich anhand einiger ausgewählter Objekte versuchen, Einblicke in die Lebenswelt der Grüngards zu ermöglichen und damit die Geschichte einer Familie zu rekonstruieren, die sich mit den großen Fragen der damaligen Zeit konfrontiert sah und hierauf eigenwillige Antworten gab.

Abb. 1: Weingläser
aus blauem Kristall

Abb. 2: Schatulle aus Marmor mit Frau als Knauf

Sechs Weingläser aus blauem Kristall sind erhalten geblieben (Abb. 1). Einst waren es viel mehr; aus ihnen tranken seinerzeit in Berlin die Gäste. Die Gäste wohlgemerkt. Denn die Grüngards selbst tranken kaum Alkohol. Der heilige Sabbat wurde weder mit Wein noch mit dem Zünden der Kerzen gesegnet, selbst am Seder-Abend trank man allerhöchstens eines der vier vorgeschriebenen Gläser Wein. Braina und Feiwel Grüngard waren nicht religiös. Feiwel, Jahrgang 1876, hatte in seiner Jugend dem traditionellen Cheder, in dem das stundenlange Studium von Talmud und Thora im Vordergrund stand, den Rücken gekehrt; die 15 Jahre jüngere Braina wiederum hatte in ihrer Jugend bereits die Möglichkeit gehabt, das erheblich breitere Lehrangebot des Cheder Metukan wahrzunehmen, in dem neben dem Studium der religiösen Quellen auch die Fächer Hebräisch, Russisch und Mathematik angeboten wurden. Im Alltag sprachen die Eheleute später Hebräisch – und das galt auch für ihre und viele andere Familien in Verzhbolovo (deutsch: Wirballen). In diesem Städtchen, der letzten russischen Siedlung vor der ostpreußisch-russischen Grenze, lebten die Familien von

Der Fasan, Bialik und die Sehnsucht nach dem Zuhause   253

Braina und Feiwel – und die neue Religion hieß hier, wie damals vielerorts in Osteuropa, Zionismus.

Feiwel Grüngard hatte drei Leidenschaften: die hebräische Sprache, Eretz Israel und seine Frau (Abb. 2). Er kannte Braina seit ihrer Geburt, da er bei ihrer Familie, den Sudarskys, ein- und auszugehen pflegte. Im großen Haus des Bürstenfabrikanten Itzchak Sudarsky gab es nicht zuletzt immer viel und gut zu essen. Die Brüder des Mädchens waren seine besten Freunde. Gemeinsam träumte man von jenem fernen Land im Orient, las die zionistisch orientierte *Hamelitz*-Zeitung, schrieb Gedichte. Als er einmal während eines Waldspaziergangs mit Brainas Bruder Zelig Zukunftspläne schmiedete, bei denen alle Wege nach Palästina führten, drehte er sich um, denn hinter ihnen raschelte es. Es war Braina, die den beiden hinterhergelaufen war. Und siehe da: Sie war längst kein verzogenes Mädchen mehr, sondern bereits eine bezaubernde junge Frau. Bis zum Heiratsantrag dauerte es nicht lange. Ihr Vater gab den Hochzeitsplänen gerne seinen Segen, sie jedoch stellte eine Bedingung: Nur wenn die Hochzeitsreise nach Eretz Israel ginge, wolle sie einwilligen. Feiwel stimmte sofort zu. Zum einen war Zion ja auch das Ziel seiner Sehnsucht, zum anderen brachte er es nie über sein Herz – damals wie auch später – ihr etwas auszuschlagen.

Abb. 3:
Zweiarmiger Leuchter aus Messing

Man schrieb das Jahr 1911. Tel Aviv, eine Siedlung, die zwei Jahre zuvor in den Dünen entstanden war, zählte damals knapp 50 Häuser. Feiwel und Braina ließen sich fotografieren, vor orientalischer Kulisse und in prächtigen Beduinengewändern. Feiwel trägt eine Kefije auf dem Kopf, befestigt mit dem unentbehrlichen Akal; Braina schultert einen Tonkrug, wie es bereits die biblischen Stammmütter Rachel und Rebecca taten.

Einst waren es zwei; einer davon ist erhalten geblieben – ein Leuchter aus Messing (Abb. 3). Nicht sonderlich hübsch, materiell wertlos, jedoch die einzige greifbare Erinnerung an acht Jahre in Schweden. Stockholm bot dem jungen Ehepaar einen Zufluchtsort kurz nach dem Ausbruch des Ersten Weltkriegs. Feiwel hatte damals wieder einmal seinen Beruf wechseln müssen. Offiziell leitete er eine Manufaktur, doch die meiste Zeit widmete er sich zionistischen Aktivitäten und allerlei wohltätigen Angelegenheiten. 1916 wurde er Präsident einer Hilfsorganisation, die sich um die vom Krieg vertriebenen Juden kümmerte. Der beste Freund dieses durch und durch säkularen Idealisten war – eine Ironie der Geschichte – der Oberrabbiner Schwedens. Doch was meinen Großvater mit Mordechai Ehrenpreis verband, war keineswegs die Religion, sondern die gemeinsame Liebe zur hebräischen Sprache und Literatur sowie das Interesse an der Fortentwicklung der zionistischen Bewegung. Mit der Zeit wurde Feiwel klar, dass es in Schweden nur wenige Zionisten gab, und sehr wenige, die seinen eigenen Enthusiasmus für die »nationale« Sache teilten. Braina ihrerseits befand, dass Stockholm kalt und langweilig sei und sich das eigentlich interessante gesellschaftliche Leben in Berlin abspiele. Der Augenblick war günstig: In Deutschland spitzte sich die Inflation immer weiter zu. Zwar waren die Grüngards nicht reich, doch vermögend genug; und vor allem verfügten sie über ein damals in Deutschland sehr begehrtes rares Gut, nämlich ausländische Devisen. Also nutzten sie die Gunst der Stunde und zogen 1923 mit ihren Kindern in die Hauptstadt der Weimarer Republik.

Der achtjährigen Tochter kam es vor, als würde sie eine Wunderwelt betreten. Ein Zimmer und noch eines: Es seien insgesamt 32 an der Zahl gewesen, pflegte sie später zu berichten. Zahlreiche Treppen nach oben und eine Wendeltreppe nach unten, eine Maisonette unter dem Dach, ein Wintergarten mit blühenden Gewächsen und ein Garten, in dem im Sommer der Anblick von Obstbäumen erfreute und der Duft von Rosensträuchern und Zierblumen bezauberte. Eine betörende Vollkommenheit, denn alles war da – neue Möbel, Lampen, herrliche Teppiche, Gardinen, Geschirr, nichts fehlte! Und überall Blumen, prachtvolle Blumen. Der junge, von Herrn Grüngard angeheuerte Architekt hatte

Abb. 4: Ölbild von G. Hesse

die Villa in Schöneberg von oben bis unten neu eingerichtet. Und er hatte an alles gedacht. Sogar an die Gemälde, die ja in einem gutbürgerlichen Haus unbedingt dazugehörten (Abb. 4). Es waren allesamt Landschafts- und Naturbilder, anmutige Ölgemälde in einem Stil, der an Max Liebermann und Lesser Ury erinnerte, ohne freilich deren Qualität zu erreichen. Fast unauffällig dekorierten sie den Raum, und das war auch genau der Zweck, der ihnen zugedacht war. Am rechten Rand eines jeden Bildes war die gleiche Signatur zu sehen, nämlich »G. Hesse«. In keinem Kunstlexikon auffindbar, wenn auch eines seiner Bilder, eine Havellandschaft, ganz im Stil der Grüngard'schen Bilder, zurzeit im Internet zum Verkauf angeboten wird, wodurch wir, die Enkelkinder, endlich wissen, dass der ominöse G. Hesse auch weitere Bilder außer denjenigen im Hause Grüngard gemalt hatte.

Abb. 5: Porzellanservice »Frauenlob« der Manufaktur Hutschenreuther

Wie umfangreich muss einst dieses Tafelservice »Frauenlob« aus der angesehenen Porzellanmanufaktur Hutschenreuther gewesen sein (Abb. 5), wenn nach fast hundert Jahren und mehreren Umzügen noch immer zwanzig große Essteller und ein Dutzend Suppenteller, Vorlegeplatten und Schalen mit blauem und goldverziertem Rand erhalten sind! Und dies, obwohl im Hause Grüngard fast immer mehr als nur vier Personen – also mehr als nur die Eheleute und deren beiden Kinder – am Tisch saßen. Frau Ladebeck war zuständig für das Kochen, obgleich die Hausherrin selbst einen Ruf als ausgezeichnete Köchin genoss. Aber wer in einer Villa in Berlin-Schöneberg residierte, der musste freilich auch ein Dienstmädchen einstellen, ebenso eine Gouvernante für die Kinder sowie einen Portier, der dafür zu sorgen hatte, dass das Auto vor der Haustür immer fahrbereit stand. Noblesse oblige.

Abb. 6:
Chajsaras Pinzette

Diese über 100 Jahre alte Pinzette (Abb. 6), der heute keine auch nur annähernd gleichkommt, gehörte Chajsara, Brainas älterer Schwester, die dieses Utensil bei einem ihrer Besuche vergessen hatte. Chajsara war häufiger da; überhaupt war fast immer jemand aus der Familie als Gast im Hause, und meistens mehr als nur einer. Braina hätte vor allem ihre Geschwister – es waren ursprünglich elf – am liebsten ständig um sich gehabt. Man fuhr gemeinsam in den Winterurlaub, weilte mit den Geschwistern und deren Familien in Karlsbad und Marienbad, in der Hoffnung, dank der dortigen »Wasserkur« abzunehmen, und sei es nur zwei Pfunde. Betrachtet man heute die Fotos von diesen Reisen – wie beispielsweise jenes, das die Eheleute mit beiden Kindern und der Schwester Chajsara in Marienbad zeigt und das jüngst mit meiner Zustimmung für das Cover der amerikanischen Ausgabe von Mirjam Zadoffs *Next Year in Marienbad* (Philadelphia 2012) benutzt wurde –, fragt man sich, ob die vergnügten Herrschaften während der Kur doch nicht vielleicht eher zu- als abnahmen. Die Familie, genauer gesagt, die Großfamilie pflegte gemeinsam zu verreisen. Aber vielleicht ist der Begriff Familie hier überhaupt fehl am Platz: man sollte besser von einem Netzwerk sprechen. Es ging schließlich nicht nur um ein regelmäßiges Wiedersehen. Denn: Jeder war für jeden da, gleich ob in unmittelbarer Nähe oder in der fernen »goldenen Medine«, also in Amerika; man half sich mit Rat und Tat, schmiedete gemeinsame Geschäftsideen und griff sich nicht zuletzt auch gegenseitig mit Geld unter die Arme. Denn auch bei den Grüngards, denen es dank ihrer Devisen während der großen Krise gut ging, sehr gut sogar, waren die Zeiten nicht immer rosig, was Frau Grüngard nicht davon abhielt, sich elegante Kleider schneidern zu lassen.

Höhepunkt der Woche war zweifellos die Soiree (Abb. 7). Dann waren die Räume von Licht durchflutet, Delikatessen wurden serviert, Orangen und Bananen, Pralinen und Nüsse. Auch an Kognak und Likör wurde nicht gespart. Bis zu 100 Personen nahmen teil, die Damen in eleganten Abendkleidern, mit Juwelen geschmückt, die Herren im Smoking. Mal stand ein Klavierrezital auf dem Programm, mal wurde im Rahmen der sogenannten »Mensch-Gesellschaft« ein Vortrag über das Thema »Die innere Souveränität eines jeden Menschen« gehalten. Waren die sozialen Zusammenkünfte in Deutschland des 19. Jahrhunderts ein Zeichen für den erreichten Grad jüdischer Emanzipation, weisen die Grüngard'schen-Soireen darauf hin, dass die Sitten und sozialen Rituale der deutschen Juden auch auf jüdische Immigranten aus Osteuropa beträchtliche Faszination ausübten. Ein wichtiger Unterschied aber fällt auf: Die Soireen im Hause Grüngard richteten sich nicht an die deutsche Gesellschaft. Sie wandten sich auch nicht allgemein an Juden, sondern vielmehr an eine kleine Minderheit innerhalb der jüdischen Minderheit im damaligen Deutschland, genauer gesagt an osteuropäische Zionisten und Kulturliebhaber, von denen die meisten Jiddisch und/oder Hebräisch sprachen. Die Hausherrin thronte sozusagen über der von ihr wöchentlich zusammengerufenen Salongesellschaft, nicht zuletzt weil ihr Gemahl mit Menschenmassen nicht sonderlich viel anzufangen wusste und es vorzog, in Ruhe gelassen zu werden.

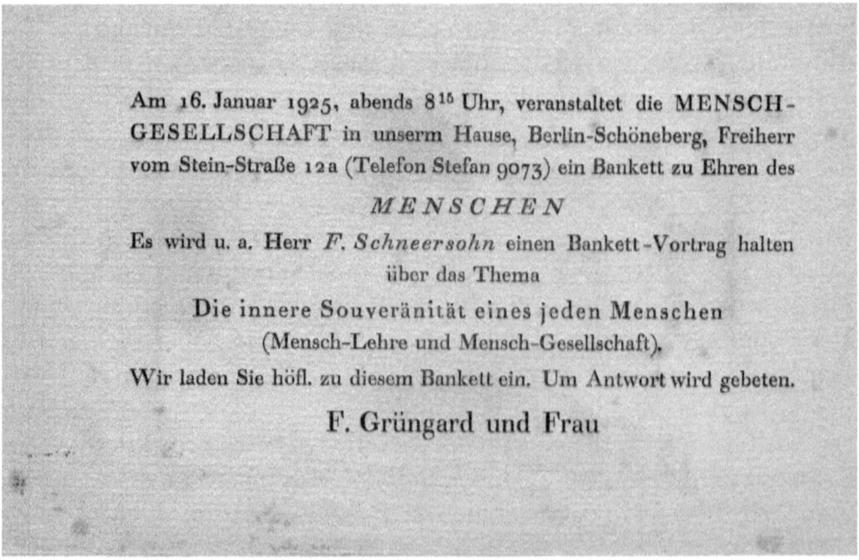

Am 16. Januar 1925, abends 8¹⁵ Uhr, veranstaltet die MENSCH-GESELLSCHAFT in unserm Hause, Berlin-Schöneberg, Freiherr vom Stein-Straße 12a (Telefon Stefan 9073) ein Bankett zu Ehren des

MENSCHEN

Es wird u. a. Herr *F. Schneersohn* einen Bankett-Vortrag halten über das Thema

Die innere Souveränität eines jeden Menschen
(Mensch-Lehre und Mensch-Gesellschaft).

Wir laden Sie höfl. zu diesem Bankett ein. Um Antwort wird gebeten.

F. Grüngard und Frau

Abb. 7: Einladung zu einer Grüngard'schen Soiree

Abb. 8:
Olga Meerson: Vase mit Wildblumen

Und wer gab sich nicht alles im Salon von Frau Grüngard ein Stelldichein! Zionisten auf der Durchreise von oder nach Eretz Israel, hebräische Schriftsteller, darunter keine Geringeren als die Dichter Saul Tschernichowsky, Zalman Schneur und Yakov Kahan, und natürlich zahllose Freunde der Familie. Unter ihnen war auch eine bildschöne Malerin namens Olga. Wenn sie es wieder einmal schaffte, einen Pinsel in die Hand zu nehmen, war sie in bester Laune; meistens jedoch wirkte sie schwermütig. Verheiratet (allerdings unglücklich) war diese russisch-jüdische Künstlerin mit Heinz Pringsheim, dem Schwager von Thomas Mann. Olga soll es übrigens gewesen sein, die Thomas Mann den Namen Tadzio für den Knaben in der Erzählung *Tod in Venedig* vorschlug. Studiert hatte Olga bei Kandinsky und Matisse – letzterer verewigte seine Studentin, die zeitweise auch seine Geliebte war, sogar in einem Porträt. Olga war eine zweifellos begabte Malerin (und ist in den vergangenen Jahren als solche auch von Kunsthistorikern wiederentdeckt worden), aber die Berühmtheit ihrer Lehrer hat sie weder zeit ihres Lebens noch nach ihrem Tod erreicht. Gelegentlich stellte sie ihre Bilder bei den Grüngards aus, wohl auch in der Hoffnung, Käufer zu finden. Ihr letztes Gemälde, eine Vase voller Wildblumen, ist im Haus der Grüngards geblieben. Das Bild ist unvollendet, die braune Spanplatte, die als Bildträger diente, schaut an vielen Stellen noch deutlich hervor (Abb. 8). Das Bild blieb unsigniert. Olga Markovna Meerson nahm sich am 29. Juni 1930 das Leben.

***

Die Grüngards emigrierten 1934 nach Palästina und erfüllten sich damit einen lang gehegten Wunsch. Der Aufstieg der Nationalsozialisten in Deutschland hatte für sie lediglich eine Entwicklung beschleunigt, für die – im Unterschied zu den meisten Juden in Deutschland – schon lange die Weichen gestellt waren. Dies erklärt, weshalb relativ wenige Familienmitglieder, wenn auch sehr viele Freunde von den Nazischergen verfolgt, gedemütigt, gequält, ermordet wurden. Brainas Bruder, der Augenarzt und Publizist Dr. Mendel Sudarsky, errichtete in New York ein Netzwerk für die Überlebenden aus Litauen und gab 1951 den umfangreichen Band *Lite* (in jiddischer Sprache) heraus, in dem die jahrhundertelange Geschichte der Juden in Litauen aufgerollt wurde. Gleichzeitig sollte damit die Erinnerung an die »Katastrophe« (in jiddischer Aussprache) – lange sprach keiner vom »Holocaust« oder »Schoah« – wachgehalten werden.

Die Gegenstände, von denen bislang die Rede war, sind nur ein Teil dessen, was die Grüngards mit sich nahmen, als sie Berlin verließen. Sie nahmen diese Dinge nicht allein deswegen mit, weil sie teilweise von großem materiellen Wert waren. Vielmehr beabsichtigte Frau Grüngard, in Tel Aviv einen ähnlichen Lebensstil weiterzuführen. Das gefällige Ölbild mit einer Waldszene in goldener Herbstpracht (Abb. 9), jenes so durch und durch europäische Bild, wurde in Palästina von neuem an die Wand gehängt; hinter der Vitrine glänzten abermals die zierlichen Mokkatassen, eine jede mit einem anderen, kunstvoll gemalten Motiv; die prachtvolle Vase, auf der ein Fasan stolzierte, stand auf dem langen, aus hellem Holz gezimmerten Buffet (Abb. 10). In der für damalige Tel Aviver Verhältnisse großen Fünfzimmerwohnung mit unverbautem Blick auf das Meer war kein Platz für alles, aber doch für vieles aus Berlin. Allemal auch für die Gäste, die jeden Mittwoch zu der Soiree von Frau Grüngard kamen, eingeladen oder ungebeten. Es waren zwar nicht mehr an die 100, aber immer noch 30 bis 40, alte und neue Bekannte, viele von ihnen Mitglieder des gesellschaftlich-kulturellen Vereins »Lechu neranena« (hebräisch: Lasst uns fröhlich sein). Was Herrn Grüngard anbetrifft, so schaffte er es weiterhin, sich dem gesellschaftlichen Leben in seinem Haus zu entziehen, wenn es ihm zu bunt wurde. Dann saß er, wie so oft, in seinem Lieblingscafé »Tarshish« an der Strandpromenade, rauchte eine Zigarette und lauschte dem sanften Rauschen der Wellen.

***

Meine Großeltern sind bereits lange nicht mehr unter uns; ihre Fotoporträts hängen in meinem Schlafzimmer, die materiellen Überbleibsel

Abb. 9: G. Hesse: Waldszene

umgeben mich nach wie vor, nunmehr hier in Stuttgart. Sind dies also *Dinge des Exils*? Auch in meinem eigenen Fall fällt die Antwort nicht ganz eindeutig aus. Aus Sicht mancher heutiger Juden, darunter übrigens auch Historiker, handelt es sich um die Rückkehr ins Exil, genauer gesagt, um ein Leben in der Diaspora, Galut, wie Juden es notgedrungen über Jahrhunderte führten. Aus israelischer Sicht kam seinerzeit

Abb. 10:
Vase mit Fasan

meine Entscheidung, mit Mann und Sohn nach Deutschland zu ziehen, beinahe einem Verrat gleich. Gute Juden, so bekam ich damals zu hören, leben in Israel, im souveränen jüdischen Staat. Das war die Meinung der Mehrheit in Israel. Mehr noch: Ignatz Bubis s. A. wurde während einer seiner zahlreichen Besuche in Israel mit dem Vorwurf konfrontiert, er gehöre zu den übelsten Juden auf der Welt, zu jenen nämlich, die nach wie vor – »nach alledem, was geschah«, so die abgegriffene Formulierung – auf deutschem Boden leben. Umgekehrt pflegten Deutsche ihren jüdischen Mitbürger Bubis oft zu fragen, was er von der politischen Lage in »seinem« Land – gemeint war Israel – halte. Heute ist etwas mehr Normalität in die Beziehung zwischen Deutschen und Israelis eingekehrt: Mittlerweile leben allein in Berlin schätzungsweise etwa 20.000 junge Israelis, die übrigens mit der örtlichen jüdischen Gemeinde oftmals wenig Kontakt haben.

Was bedeuten mir die Gegenstände aus Berlin, der Fasan auf der Vase, der alte Schuhschrank oder die über 100 Jahre alte Pinzette? Und was jene Gegenstände, die erst später in Tel Aviv erworben wurden und dort fortan zu unserem Haushalt gehörten? Die, in der Tat, nicht sonderlich hübsche, kleine verschließbare Schatulle (Abb. 11), die ich als Kind, neugierig wie ich war, immer wieder heimlich öffnete, oder die kleine Keramikvase, auf der ganz unten, wo man normalerweise nicht hinschaut, »Palestine« geschrieben steht? Nein, diese Gegenstände, ob sie nun ursprünglich aus Berlin oder aus Israel stammen, habe ich keineswegs als Beweis für den »Sieg über Hitler« – wie man das oft euphemistisch nennt – nach Deutschland zurückgebracht. Dass sie heute einen Platz in Deutschland gefunden haben, woher sie größtenteils ursprünglich stammen, ist kein Statement im Sinne einer ausgleichenden Gerechtigkeit. Freilich schenken mir diese Gegenstände, die man sinnlich, mit den eigenen Händen berühren, gar benutzen kann, tagtäglich eine Verbindung zu Menschen, die mir so teuer sind; sie lassen mich teilhaben an ihrer Welt, die ansonsten nur noch in meiner Erinnerung existiert. Eine lebhafte Fantasie kann dabei mitunter die vielen Lücken zu schließen helfen, die in der Geschichte meiner Familie klaffen wie Leerstellen in einem Text. Zugleich lässt das Berühren und das Ertasten des Vergangenen, obwohl unbestreitbar von Nostalgie und Sehnsucht gefärbt, jene *scheinbar* heile Welt der Kindheit wieder aufleben, jenen

Abb. 11:
Verschließbare
Schatulle aus Holz
mit Beschlägen

Lebensabschnitt, der mit dem größer werdenden zeitlichen Abstand immer kostbarer wird.

Aus der Welt meiner Kindheit stammen auch manche meiner Bücher, die ich mitnahm, als ich nach Deutschland ging. Und damit bin ich bei jenen Gegenständen angelangt, die nicht aus der Welt anderer Familienmitglieder stammen, sondern aus meiner eigenen. Hing meine Großmutter an materiellen Gegenständen, die ihren Lebensstil und ihre Lebenslust kennzeichnen, so nahm ich – wie mir zugegebenermaßen erst jetzt, beim Schreiben dieses Beitrags, ganz deutlich wird – hauptsächlich Papier mit, und zwar in Form von Büchern, Bilder- und Poesiealben sowie des einzigen verbliebenen Schulheftes aus meiner Grundschulzeit. Zu den Büchern, die hingegen aus der Bibliothek meines Großvaters stammen und die heute ebenfalls bei mir stehen, zählen zionistische Schriften, darunter diejenigen Theodor Herzls und Max Nordaus, des Weiteren die Gesammelten Werke des eretz-israelischen Landwirtschaftspioniers und Schriftstellers Moshe Smilansky sowie die

Abb. 12:
Jugendbuch aus der Reihe *Chasamba*

wunderbare bibliophile Erstausgabe von Chajim Nachman Bialiks Werken, die 1923 in Berlin erschien (und in deren Subskribentenliste auch der Name meines Großvaters steht). Den Weg nach Stuttgart fanden auch einige meiner Jugendbücher, allen voran mehrere Bände der Jugendreihe *Chasamba* (Abb. 12).

Sie erzählen von den aufregenden Abenteuern einer Jugendbande im vorstaatlichen Israel. Für viele Israelis meiner Generation spielte diese Lektüre eine bedeutende Rolle bei der Herausbildung einer neuen, anti-diasporischen Identität. Nach Deutschland begleiteten mich selbstverständlich meine umfangreiche Bibliothek mit hebräischer Literatur sowie ein kleiner, unscheinbarer Ringordner mit mehreren hundert Seiten in einer noch etwas kindlich anmutenden Handschrift (Abb. 13). Es sind Notizen, die ich während des Literaturunterrichts im Gymnasium machte, zwei Jahre lang. Der aus Serbien stammende, damals nicht mehr ganz junge Lehrer, Kalman Aharon Bertini, der sich übrigens auch als Dichter einen Namen machte, hatte sich zum Ziel gesetzt, mehr als den vorgegebenen Lehrplan zu vermitteln. Er wollte uns Sabras, also im Lande Geborenen, auch klassische europäische Literatur näherbringen. Und so finden sich im Ringordner Notizen über Homers *Odyssee*, Balzacs *Père Goriot*, Puschkins *Eugen Onegin* und Schillers *Wilhelm Tell*. War das eine Wegmarke auf meinem späteren

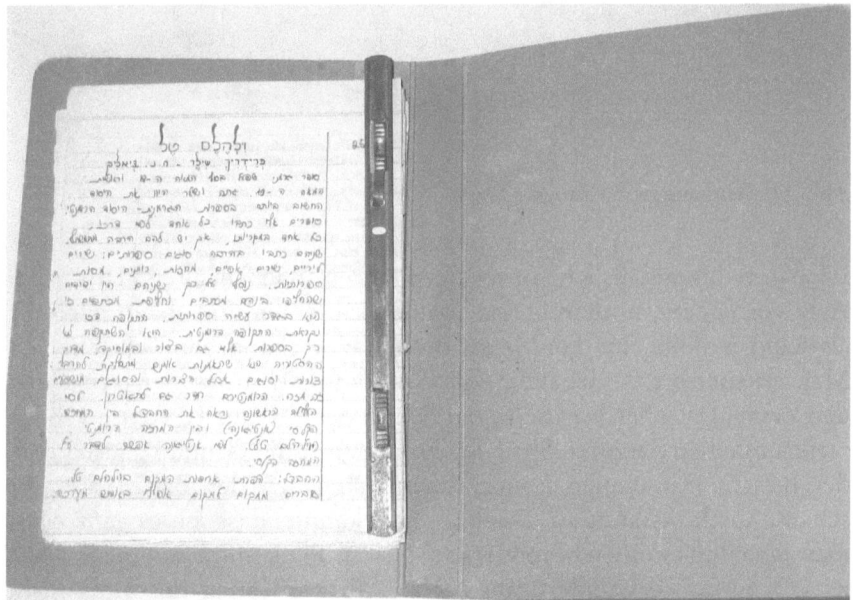

Abb. 13: Ringordner mit Notizen der Autorin aus dem Literaturunterricht im Gymnasium

Weg nach Europa? Im Nachhinein jedenfalls steht der gemeinsame Nenner dieser Gegenstände zweifelsfrei fest: Beim Verlassen meiner Heimat Israel und beim Ankommen in der Fremde nahm ich die hebräische Sprache, die mir so viel bedeutet, sowie ihre Zeugnisse mit. Ist das etwa mein »portatives Vaterland«?

Doch noch ein weiterer Gegenstand steht in meinem Arbeitszimmer: Ein unscheinbarer Steinbrocken, aus grobkörnigem Sand, im Hebräischen Sifsif genannt (Abb. 14).

Abb. 14: Stein aus grobkörnigem Sand

Ich nahm ihn mit, als ich vor wenigen Jahren an jenem alten Haus in Tel Aviv vorbeiging, in dem meine Großeltern lebten und später auch ich als Kind wohnte. Ich fand beim Besuch eine chaotische Baustelle vor. Man erneuerte das Gebäude von Grund auf. Um das Baugerüst und den Zementmischer herum lag der Schutt des Altbaus verstreut. Ob ich vielleicht einen der alten Sifsif-Steine, die einst die Grundmauern gebildet hatten, mitnehmen könne, fragte ich einen der Bauarbeiter. Er schaute mich erstaunt an. Doch als er erkannte, dass ich es ganz ernst meinte, nahm er einen besonders schweren Block und händigte ihn mir, nach wie vor verwundert, aus. »Nein, so groß muss der Stein nicht sein«, erwiderte ich. »Ein kleiner Stein genügt«, sagte ich ihm und erklärte, damals wurde so gebaut, man habe einfach grobkörnigen Sand mit etwas Zement und Holzstücken vermischt. »Verstehen Sie, ich möchte ein Steinchen aus meinem Zuhause nach Hause mitnehmen.« Doch wie sollte er diesen Wirrwarr verstehen, Zuhause, nach Hause... und wo ist es überhaupt, dieses Zuhause?

Also doch Exil? Nein, auch wenn die Frage nach dem Zuhause vielleicht diejenige ist, die mich mein ganzes Leben lang begleitet.

Sibylle Schönborn

Fahrkarte, Touristeninformation, Hotelrechnung: Max Herrmann-Neißes Foto- und Collage-Alben als Archive des Exils

Max Herrmann-Neiße hat sein Leben in privaten Fotoalben seit seiner Kindheit zu dokumentieren versucht und dem Medium als Sammler und als Autor aus vielfältigen Gründen eine ganz besondere Aufmerksamkeit geschenkt. 1934 versucht der Autor aus dem Exil seine in Berlin zurückgelassenen Fotoalben über seinen Freund Friedrich Grieger wieder in seinen Besitz zu bringen. Am 31. Oktober bittet er Grieger in einem Brief: »Behalte nur vorläufig, […] alles bei Dir, und schicke mir nur […] das nicht volle Fotoalbum mit den Garmischphotos (was wir zusammen am letzten gemeinsamen Weihnachtsferienabend anfingen).«[1] Am 14. Juni 1935 dankt er Grieger enthusiastisch für die Übersendung seiner Fotosammlung: »Mit welch einer Fülle von Gefühlen von Sehnsucht bis Rührung, von Freude bis Trauer, besah ich mir wieder diese Konserven vergangener Zeiten, gemeinsamer angenehmer Erlebnisse in Berlin, Garmisch, Breslau und Neisse!«[2] Als verspätete Weihnachtsgabe des Freundes erhält er am 29. Dezember 1935 weitere Fotos, die er als erinnerungsschwere heimatliche Reisebilder[3] begrüßt. Von den zahlreichen privaten Alben, die der Autor alleine oder in Kooperation mit Freunden »geklebt« hat, sind heute nur noch vier[4] erhalten.

---

1 Herrmann-Neiße, Max: Briefe 2. 1929–1940. Hg. von Klaus Völker und Michael Prinz. Berlin 2012, S. 554. Vgl. zuerst den Brief an Friedrich Grieger vom 5. Juni 1935, in dem er Grieger um die Rückgabe verschiedener Alben bittet: »ei, da erinnerte ich mich wieder der Zeit in Garmisch und möchte wohl gern mein diesbezügliches Photoalbum hier haben (und wie steht es mit dem, das meine letzten Zeitungseinklebungen enthält?)« (Bd. 2, S. 614) und den Brief an Grieger vom 03.11.1934 (ebd., S. 555). Am 20. Juli 1937 schreibt er an Grieger: »Müller hat noch die alte Wohnung. Kommst Du mal hin, so findest Du vielleicht das Photoalbum, das mal Leni schenkte und das Photos aus meinem Leben, von Kindheit an, enthält« (ebd., S. 782).
2 Herrmann-Neiße: Briefe 2 (s. Anm. 1), S. 616.
3 Vgl. ebd., S. 639.
4 Zwei Alben aus dem Grieger-Nachlass befinden sich im Nachlass im Deutschen Literaturarchiv Marbach und zwei sollen sich nach Angaben von Fechner, Jörg-Ulrich: Max Herrmann-Neiße: Der Teilnachlaß in der Martin-Opitz-Bibliothek in Herne. Ein Fundbericht. In: Wojciech Kunicki und Monika Witt (Hg.): Neisse: Kulturalität und Regionalität. Nysa 2004, S. 263 in der Martin-Opitz-Bibliothek in Herne befinden.

Im Folgenden soll es um zwei Reisealben aus dem Jahr 1937 gehen, das erste von einer Schweiz-Reise anlässlich des 20. Hochzeitstages im Mai von Max und Leni Herrmann und dem Juwelier Alphonse Sondheimer, mit dem das Ehepaar in London lebte, das andere aus dem Herbst von einer Reise teilweise in derselben Personenkonstellation in die Schweiz, diesmal über die Weltausstellung in Paris und auf dem gleichen Wege zurück nach London. Am Beispiel dieser beiden Alben wird eine Entwicklung vom noch überwiegend privaten Fotoalbum zur künstlerischen Form der sogenannten »Klebealben« nachvollziehbar, die in der einzigen erhaltenen Text-Bild-Collage aus London als neue künstlerische Ausdrucksform des Exils ihren Höhepunkt erreicht.

Am Anfang steht das Fotoalbum des Urlaubs vom Exil, bei dem die einmontierten Souvenirs zu Fetischen magischer Vergegenwärtigung werden, die die Vertreibung aus dem »Paradies« auf Zeit repräsentieren und damit zugleich das Begehren und die Hoffnung nach seiner Restitution aufrechterhalten. Die im Album gesammelten Dinge werden zu Semiophoren[5] des Exils, die das Spannungsverhältnis und die Differenz zwischen der Ferienreise als utopischen Gegenentwurf zur aufgezwungenen Existenzform des Exils in einer als feindlich wahrgenommenen Fremde in sich bewahren. In dem »Um uns die Fremde« überschriebenen Kapitel seiner Geschichte des Exils formuliert Wulf Köpke, Max Herrmann-Neißes Lyrikband zitierend, allerdings ohne den Autor auch nur einmal namentlich in seinem Buch zu erwähnen:

> Das Exil ist keine Reise, denn dazu gehört der feste Wohnort, an den man zurückkehren kann. [...] Aber wenn nicht wenige Schriftsteller das Exil anfänglich als einen »Urlaub« empfanden und sich damit beruhigten, es könnte ja höchstens Monate dauern, bis man wieder zu Hause sei, so war das weniger politische Naivität, vielleicht nicht einmal Wunschdenken, sondern eine psychische Weigerung, das Exil, das als beschämend und traumatisch empfunden wurde, als solches anzuerkennen.[6]

In dem ersten Fotoalbum fungieren die einzelnen Sammlerstücke noch nahezu ausschließlich als Memorialzeichen, die den gelebten Augenblick inkorporieren und zur nachträglichen Vergegenwärtigung, zum erneuten Durchleben des glückhaften Moments als Urlaub vom Exil dienen sollten. Daher stellt Max Herrmann-Neiße seinem zweiten Rei-

---

5 Pomian, Krzysztof: Der Ursprung des Museums. Vom Sammeln. Berlin 1988. Dort grenzt Pomian die Semiophoren von den »nützlichen Dingen« in seiner Definition ab: »Auf der anderen Seite befinden sich die *Semiophoren, Gegenstände ohne Nützlichkeit* im eben präzisierten Sinn, sondern Gegenstände, die das Unsichtbare repräsentieren, das heißt die mit einer *Bedeutung* versehen sind.« (S. 49 f.).
6 Köpke, Wulf: »Wartesaal-Jahre«. Deutsche Schriftsteller im Exil nach 1933. Erkelenz 2008, S. 133.

sealbum vom Herbst 1937 auch – diese Funktion des Albums bereits ironisch gebrochen reflektierend – als Motto den bekannten Poesiealbumspruch voran: »Dies frohe Buch Erinnerung – Halte Dir Dein Leben jung!«[7] Im zweiten Album tritt dagegen der individuelle Fetischcharakter[8] der einzelnen Sammlerstücke hinter eine deutlichere künstlerische Gestaltungsabsicht im Arrangieren des zunächst heterogenen und kontingenten Materials zu einer politischen Botschaft zurück, die die Versprechen der Tourismusindustrie mit der Situation der aus dem faschistischen Deutschland vertriebenen Exilanten konfrontiert.

Ganz allgemein stellt das traditionelle Fotoalbum ein materielles Trägermedium dar, in dem die einzelnen Objekte lebensgeschichtlich bedeutsame Momente zum Bild verdichten und zum dauerhaften mnemotechnischen Nachvollzug bereitstellen.[9] In ihrer Form sind Fotoalben als sequenzielle Kunst[10] der Zeitverdichtung im Raum dem Comic verwandt, da sie als Bildergeschichten nur dann gelesen werden können, wenn der die Einzelbilder voneinander abgrenzende Rahmen, der den Zeitsprung markiert, und die Lücken zwischen den gerahmten Bildern mitgelesen und vom Rezipienten ausgefüllt werden.[11] Beim Fotoalbum kommt es daher im hohen Maße darauf an, die Lücken zwischen den gerahmten Bildern lesbar zu machen, in denen sich das Ausgesparte, Verschwiegene oder Verdrängte sammelt. Will man die erhaltenen Fotoalben Max Herrmann-Neißes aus der Exilzeit erschließen, so muss man sie wie einen Comic[12] lesen, wobei in diesem Falle Rahmen und Lücken mit der Situation und den Bedingungen des Exils bzw. dessen Ursache in der politischen Lage in Deutschland gefüllt werden müssen. Die in die Reisealben einmontierten Materialien erhalten ihre Bedeutung daher durch jene Differenz zwischen Ferienaufent-

---

7 Herrmann-Neiße, Max: Daß wir alle Not der Zeit vergaßen. Reisealbum Herbst 1937. Hg. u. mit einem Vorwort von Klaus Völker. Warmbronn 2012, o. S.
8 Vgl. Böhme, Hartmut: Fetischismus und Kultur. Eine andere Theorie der Moderne. Reinbek 2006, S. 360 f.
9 So sehen auch Anke Kramer und Annegret Pelz in ihrer Einführung zu der ersten Monografie über das Album als künstlerisches Medium den »Rückgriff auf das Album [...] im Kontext kultureller Krisen« begründet, in denen das Album »für das herausgerissene Gedächtnis die Funktion der notwendigen medialen Bezugspunkte, auf den sich alle Memorialfunktionen konzentrieren«, darstellt. In: Anke Kramer und Annegret Pelz (Hg.): Album. Organisationsform narrativer Kohärenz. Göttingen 2013, S. 14.
10 Vgl. Knigge, Andreas C.: Zeichen-Welten. Der Kosmos der Comics. In: Text+Kritik (2009): Sonderband Comics, Mangas, Graphic Novels, S. 21.
11 Vgl. McCloud, Scott: Comics richtig lesen. Die unsichtbare Kunst. Hamburg 2001, S. 74 ff., 107, 125.
12 Vgl. Knigge: Zeichen-Welten (s. Anm. 10). S. 22 f.

halt und Exil, die durch das Verhältnis von Urlaubsfoto, Rahmen und Lücke der Bilderzählung als zwei diametral entgegengesetzte Wahrnehmungs- und Erlebnisformen der Erfahrung und Begegnung mit der Fremde rezipierbar werden. So erhält die Ferienidylle durch das Nicht-Repräsentierte, Ausgesparte – das Exil – etwas Unheimliches und Gefährdetes. Dazu kommt, dass Max Herrmann-Neiße, aufgrund seines Körperschicksals als meistgemalter Dichter zur Ikone des beschädigten Körpers in der Moderne avanciert, selbst offensiv und provokativ mit seiner Körperlichkeit umging und sie im Sinne einer Ästhetik des Hässlichen bewusst zu inszenieren wusste. So demonstrieren auch seine Fotoalben einen äußerst reflektierten Umgang mit Bildern, der im Falle seiner visuellen Selbstrepräsentation unweigerlich einen bewusst praktizierten Tabubruch mit den Normen des Darstellbaren bedeutet.[13]

Das erste Fotoalbum der Reise zum 20. Hochzeitstag in die Schweiz montiert persönliche Fotografien und Abfallprodukte der Reise zu materiellen Memorialzeichen, die von der Trauer und Melancholie des Exilanten Zeugnis ablegen. In dem ersten Reisealbum stehen vier verschiedene Dinge im Zentrum einer Reise als Urlaub vom Exil und damit seiner zeitlich begrenzten Aussetzung und Überwindung. Dabei handelt es sich um Fahrkarten aller Art, touristische Landkarten und Stadtpläne, Dinerkarten, Hotel- und Gaststättenrechnungen und ein Herbarium aus getrockneten Blumen und Gräsern. So prägt die erste Seite des Albums ein »Returnticket« von London nach Basel »not transferable«, das – auf seine ursprüngliche Funktion und seinen Gebrauchswert bezogen – die personenbezogene Berechtigung für die Benutzung der englischen und französischen Eisenbahn dritter Klasse innerhalb eines begrenzten Zeitraums zu einem touristischen Zweck – »30 Days Excursion« – auf der Strecke zwischen London via Folkstone, Dover nach Boulogne sur Mer durch Frankreich nach Basel und retour dokumentiert. Das Ticket steht hier für einen der zentralen Gegenstände des Exils überhaupt, dessen Besitz oder Nicht-Besitz über

---

13 In diesen Kontext einer queeren Dekonstruktion konventioneller Körper- und Geschlechterbilder gehören auch die nicht mehr erhaltene pornografische Sammlung und die pornografischen Bild-Collagen von Max Herrmann-Neiße, die Hans Sahl in einem Brief erwähnt: »Die Erinnerung an Ihre prachtvolle pornographische Sammlung, die ja nun wohl auch der nationalen Erhebung zum Opfer gefallen ist, gehört zum Schönsten, was ich der deutschen Lyrik seit George verdanke. […] Erhalten Sie uns, den Nachfahren, jene Meisterwerke klebetechnischer Phantasie, die eines jeden Jünglings Herz lauter schlagen liessen; die ihn begeisterten wie ihn nichts begeistern konnte, wenn er sah, wie sich Wilhelm und Wilhelmine auf rotem Plüsch, mit und ohne Galauniform, zur Freude ihrer treuen Untertanen paarten…« (zit. n. Völker, Klaus: Max Herrmann-Neiße. Künstler, Kneipen, Kabaretts – Schlesien, Berlin, im Exil. Berlin 1991, S. 196).

Abb. 1: Seite aus Herrmann-Neißes erstem Reisealbum mit eingeklebtem Returnticket von London nach Basel

das Schicksal des Exilanten entscheidet, da er die rettende Ausreise einerseits ebenso wie den meist nicht umkehrbaren Verlust der Heimat andererseits bedeutet. Das kleine Stückchen beschriftetes Papier wird zum Zeichen fremder Gewalt über die menschliche Existenz in Zeit und Raum, indem es befristete Destinationen mit und ohne Rückkehrmöglichkeit zuweist. So zwingt es Max Herrmann-Neiße und seine Mitreisenden im konkreten Fall, innerhalb von 30 Tagen die Schweiz als Tourist wieder zu verlassen und in das ungeliebte Londoner Exil zurückzukehren.

Die touristische Landkarte des Thuner Sees entwirft die Schweiz in hellen, klaren Pastellfarben als unbeschwerte Sommerfrische in unberührter Natur, ein Paradies auf Zeit, allen Fremden aus den europäischen Metropolen von London, Amsterdam, Paris, Berlin und Mailand durch ein dichtes Verkehrsnetz von Eisenbahnverbindungen offenstehend. Wenn auch die Schweizer Ferien-Idylle im Zentrum von dem Ausland am Rande durch die nüchternen Druckbuchstaben der Städte-

Max Herrmann-Neißes Foto- und Collage-Alben als Archive des Exils 273

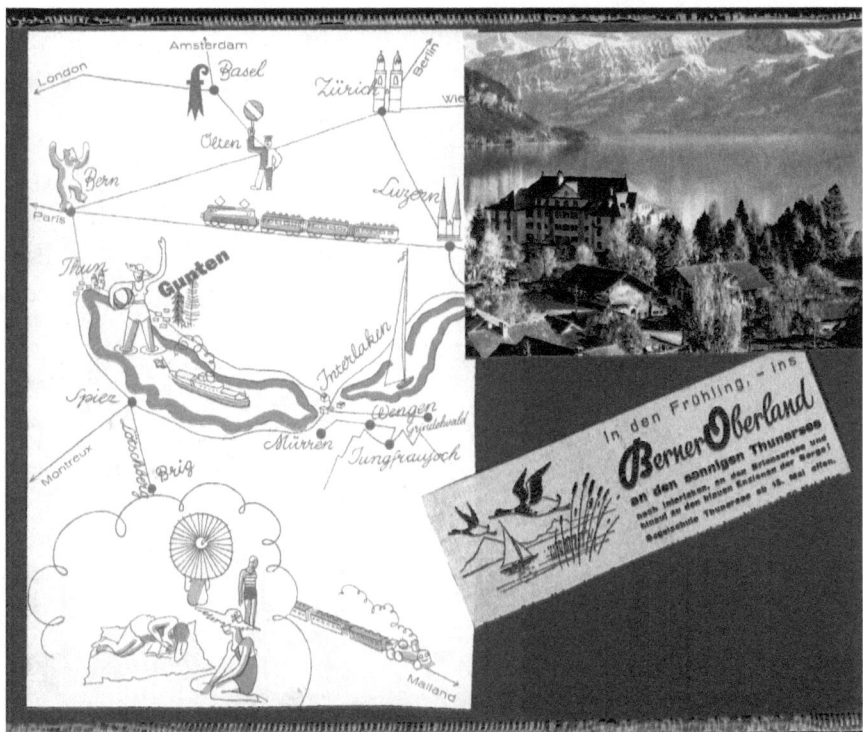

Abb. 2: Seite aus Herrmann-Neißes erstem Reisealbum mit touristischer Landkarte des Thuner Sees

namen von der naiv-kindlichen Schnörkelschönschrift der bekannten Namen der Urlaubsorte unterschieden wird, so fehlen auf dieser Schweizer Touristenkarte Grenzen und Zollkontrollen, die mittellose Exilsuchende im Jahr 1937 abweisen und den Eintritt in dieses »Paradies« verwehren. Das kleine freundliche Männchen in Uniform im oberen Teil der illustrierten Landkarte tarnt sich nämlich trotz seines erhobenen roten Verbotsschilds als Zugschaffner und erinnert nur den wissenden Exilanten auf Urlaub an den abweisenden Zöllner. Die Touristenkarte ist daher wie die Fahrkarte in ihrer Bedeutung ambivalent und mehrdeutig: Sie ist zum Bild erstarrte Verheißung für den Touristen und bittere Lüge und Verhöhnung des Exilanten: leeres Versprechen und verlogenes Ideal zur Beruhigung für beide.

Max Herrmann-Neißes Urlaub vom Exil ist im Kern einem sinnlichen Hedonismus verpflichtet, der Erfahrungen leiblicher Genüsse, bei der die Schweiz weniger als gelobtes Land oder modernes Arkadien denn als sinnlich-derbes, an die schlesische Heimat gemahnendes Schlaraffenland imaginiert wird, in dem statt Milch und Honig Bier und

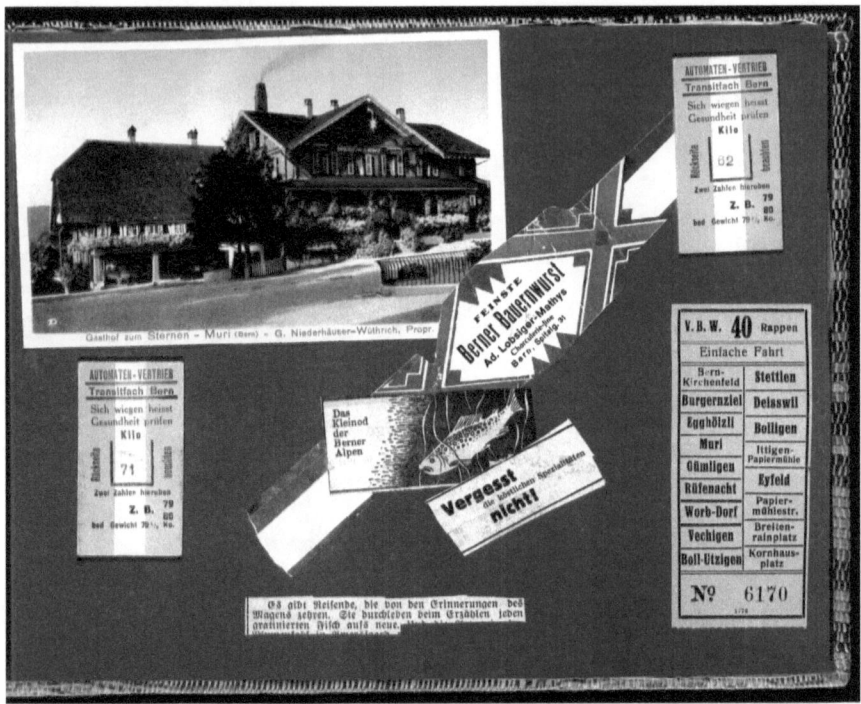

Abb. 3: Seite aus Herrmann-Neißes erstem Reisealbum: Leibliche Genüsse

Wein im Überfluss fließen, begleitet von Fisch, Braten und Würsten, die dem Müßiggänger oder Wanderer in freier Natur in den Mund fliegen. Herrmann-Neiße weist auf diesen Zusammenhang mit einem einmontierten Zitat reflektierend auf das Körpergedächtnis hin, über das einmal erlebte sinnliche Genüsse reproduziert werden können: »Es gibt Reisende, die von den Erinnerungen des Magens zehren. Sie durchleben beim Erzählen jeden gratinierten Fisch aufs neue.«[14]
Die Dinerkarte aus dem vornehmen Hotel Spiezer Hof au Lac, die zugleich als dokumentierte Speisefolge zum Bild intensiv erlebter Stunden privat-intimer Gemeinschaft im Gespräch mit engen Freunden wird, indem sie diese als Ablauf in der Zeit abbildet, lässt den glücklichen Augenblick über sein materielles Substrat als »Gastmahl« lesbar werden. Der einfache Durchschlag der Dinerkarte in verlaufener blass-lila Schreibmaschinenschrift zitiert mit der Anspielung auf Platons »Symposion« die Tradition eines abendländischen Humanismus, in die der Autor den Aufenthalt in der Schweiz einschreibt und der sich der Exi-

---

14 Herrmann-Neiße, Max: Album der Reise in die Schweiz vom Mai 1937. (Unpubliziert). Martin-Opitz-Bibliothek Herne, o. S.

lierte verpflichtet fühlt. Leistet das Album mit diesem Bildungszitat aus der Tradition eines abendländischen Idealismus Widerstand gegen das Exil und seine Verursacher, so wird zwischen den Bildern die Realität des Exils als Bedrohung der Existenz lesbar, die Max Herrmann-Neiße in seinen Briefen von der Reise zur Sprache bringt. So schreibt er an demselben Tag, den die Dinerkarte zum antiken »Gastmahl« im Album verklärt, an Fritz Grieger aus dem Hotel Spiezer Hof am 21. Mai:

> Vom Balkon herrliche Blicke auf See und Berge. Und der Thuner See ist eigentlich der schönste, den ich kenne, grüngefärbt ist er wie der Königssee, aber weit wie der Starnberger, mild wie der Lago Maggiore, und hat Hügel wie der Zürcher und Gipfel wie der Vierwaldstätter, und unten und oben die schönsten Ufer- und »Kramer«-Wege. Im Hotel gibt es so gut und viel zu essen, daß ich schwer zu kämpfen habe, und die Gäste sind außer uns Engländer, so daß ich eben dieser Sprache doch nicht entgehen kann. [...] Auch an einer gewissen Bedrücktheit, die mich bei all dem tiefen Erleben dieser schönen Dinge hier zu keinem wirklichen Glücksgefühl mehr kommen läßt, zu jener freien, unbekümmerten Freudigkeit, deren ich früher bei geringsten Anlässen fähig war.[15]

Abb. 4: Seite aus Herrmann-Neißes erstem Reisealbum: Gasthof »Zum Sternen« in Worb

---

15 Herrmann-Neiße: Briefe 2 (s. Anm. 1), S. 772.

Deutlicher noch als das noble Hotel am Thuner See repräsentiert die ländliche Sommerfrische des Gasthofs »Zum Sternen« in Worb den erfüllten Augenblick im Album. Das Aquarell des ländlichen Idylls – an Ciceros Tusculanum ebenso wie an Max Herrmann-Neißes Kindheit in Schlesien gemahnend – evoziert einen magischen Ort, in dem der Fremde unter seinesgleichen freundliche Aufnahme findet und sich aufgehoben fühlt. Im Gasthof »Zum Sternen« verschmelzen so Räume und Zeiten: Schlesien und die Schweiz, glückliche Kindheit, erfüllte Gegenwart und Zukunftshoffnung. Der Name »Zum Sternen« macht den Gasthof darüber hinaus zu einem poetischen Raum der Dichtung und der Dichter, denn der Stern zählt seit dem Gedichtband »Im Stern des Schmerzes« aus dem Jahr 1924 für Max Herrmann-Neiße zu einer zentralen, wenn nicht gar zu *der* Metapher eines uneingelösten Begehrens, der Hoffnung und des Traums. Zudem zitiert Herrmann-Neiße auf dieser Albumseite ein eingeführtes Bildrepertoire christlich-humanistischer Tradition, wenn er den erfüllten Augenblick im Gasthof »Zum Sternen« durch den Schnappschuss der friedlichen Gemeinschaft des kleinen und großen Tiers vor der Kulisse der unberührten Natur der Schweizer Bergwelt komplettiert. Am Ende des ersten Schweizer-Reisealbums steht ein Foto der Reisenden selbst, das die beiden nicht wie üblicherweise dem Fotografen zugewandt, sondern von ihm abgewandt, also von hinten, zeigt. Diese ungewöhnliche Perspektive, das Barthes'sche »punctum«[16] des Bildes, besteht darin, dass die beiden nicht aus dem abgelichteten Raum herausblicken und damit von ihm Abschied nehmen, sondern sich ihm demonstrativ zuwenden. Es ist nicht so sehr das ungleiche Paar der großen schlanken Frau und des kleinen körperbehinderten Mannes, sondern jene Abkehr vom Betrachter und Hinwendung zur emotional hoch besetzten Landschaft, die den Betrachter nach vielen Urlaubsfotos des Paares in diesem Album irritiert.

Das zweite Fotoalbum zeigt einen deutlicheren Gestaltungswillen als das erste und verzichtet auf die Aufladung einzelner Erinnerungsstücke der Reise zu magischen Semiophoren, sondern arrangiert Text- und Bildmaterial zu einem politischen Reisetagebuch, das bewusst auf die Situation des Reisenden als Exiliertem Bezug nimmt: Bereits das Titelblatt spielt auf die politische Situation in Deutschland durch das Statement in deutscher Frakturschrift an: »Es geht um unsere Freiheitsrechte!«[17] Die Schweiz wird in diesem Zusammenhang ironisch als

---

16 Barthes, Roland: Die helle Kammer. Bemerkungen zur Photographie. Frankfurt a. M. 1985, S. 50–55.
17 Herrmann-Neiße: Reisealbum Herbst 1937 (s. Anm. 7), o. S.

Max Herrmann-Neißes Foto- und Collage-Alben als Archive des Exils 277

»Drehscheibe Europas«, »deutsch und göbbelsfrei« adressiert. Den bunten Prospekten der Tourismusindustrie und ihren Versprechen über das Tessin, in das Max Herrmann-Neiße zu einem Besuch bei Hermann Hesse reist, werden emphatische Erlebnisberichte aus dem Reisefeuilleton der großen Zeitungen oder aus Reiseführern beigefügt, die mit ihrem naiv-verklärenden Ton in deutlichem Widerspruch zu der politischen Realität im Jahr 1937 stehen. Neben diesen Fundstücken aus der heilen Welt der Tourismusindustrie stehen eigene auf der Reise entstandene Gedichte entweder als Autografe oder in einer späteren Druckfassung. Abgesehen von zwei Fotos Hermann Hesses fehlen Personenporträts hier ganz. Deshalb sticht das einzige Porträt-Foto auf einer der beiden seitenfüllenden Collagen besonders hervor und tritt aus dem Hintergrund des montierten Materials aus Eintrittskarten für das Cabarett Cornichon und das Zürcher Schauspielhaus sowie dem kulinarischen Ausflug zum Wein- und Sauserfest in Männedorf heraus, weil der Blick des Mannes im historischen Kostüm des Musketiers nicht zu dem Heiterkeit, Leichtigkeit und Genuss suggerierenden Hintergrundmaterial passt. Sein Blick, der direkt auf den Betrachter gerichtet ist, ohne dass er ihn ansehen würde, ist ernst und verhangen, in sich gekehrt, melancholisch, von Trauer oder Verzweiflung gezeichnet. Es ist dieser Blick, der den Betrachter festhält, fixiert und als »punctum«

Abb. 5: Collageseite aus Herrmann-Neißes zweitem Fotoalbum

fesselt. Er gehört dem Schauspieler des Cyrano de Bergerac, jenem traurigen, körperlich stigmatisierten Helden des französischen Dramas, das Max Herrmann-Neiße im Züricher Schauspielhaus gesehen hat, wie die Eintrittskarte vom Sonntag, den 3. Oktober 1937 dokumentiert. In einem Brief an Alphonse Sondheimer erwähnt Herrmann-Neiße diese Aufführung und ihre besondere Wirkung auf ihn:

> Gestern mittag [sic] waren wir bei schönstem Wetter auf dem Sonnenberg, und abends im Cyrano, dessen Verse seltsame Erinnerungen in mir erweckten. Holitscher und Helene Stöcker waren auch im Theater, und nachher saßen wir noch im Theaterrestaurant mit den Schauspielern Horwitz und Kalser und dem leicht übergeschnappten Baschwitz.[18]

Das Foto dieses in seiner Bild-Text-Umgebung so deplatziert wirkenden, melancholischen Anti-Helden zeigt den Theaterregisseur und Schauspieler Erwin Kalser, einen Exilanten wie Max Herrmann-Neiße. Sein Foto als Cyrano de Bergerac wird zur Ikone des Exilierten, indem er ihm sein unverwechselbar individuelles Gesicht leiht.

Zuletzt variiert das Einzelblatt[19] der seitenfüllenden Text-Bild-Collage aus London noch einmal die bekannten Themen, indem es drei Orte – London, Paris, Zürich – und Räume – England, Frankreich und die Schweiz – sowie drei Sprachen – englisch, französisch, deutsch – zu einer Topografie des Exils montiert. Wiederum steht dem Londoner Exil, das hier den Hintergrund bildet, die Schweiz als Sehnsuchtsort – repräsentiert durch ein Reiseticket, das Hinterschinken-Angebot aus einem Inserat der Metzerei Schlageter sowie ein für den Exilanten unerschwingliches Immobilienangebot für eine Villa am Zürcher See – und Paris als Ort der Kunst, der Unterhaltung und des sexuellen Genusses mit Montmartre, Place Pigalle, und den Champs-Elysees stereotypisch gegenüber. Die Utopie Schweiz wird hier mit der Realität des Londoner Exils unmittelbar in harten Schnitten konfrontiert, denn die »Best Wishes for your Happiness« müssen in dieser Sprache und an diesem Ort für den Autor unerfüllt bleiben, wie die in Form einer Überschrift gestaltete, optisch dominante Botschaft in der Mitte der Collage deutlich macht: »Eat, Drink, And Be Merry … But Not In England«. Das heterogene Material scheint wie in der Cyrano-Collage aus dem zweiten Reisealbum um das kleine Foto des Autors arrangiert. Der kleine Mann mit dem großen Hut vertritt in dieser Collage die Stelle des Cyrano de Bergerac, denn auch er markiert nicht nur das Zentrum der Collage, sondern blickt melancholisch als Fremdkörper,

---

18 Herrmann-Neiße: Briefe 2 (s. Anm. 1), S. 795.
19 Vgl. Völker: Künstler, Kneipen, Kabaretts (s. Anm. 8), S. 184 f.

Max Herrmann-Neißes Foto- und Collage-Alben als Archive des Exils 279

Abb. 6: Text-Bild-Collage aus dem zweiten Fotoalbum Herrmann-Neißes

Deplatzierter, als Exilierter aus dem Bild auf den Betrachter. Der Abgelichtete charakterisiert sich selbst, möglicherweise auf die unkonventionelle Lebensform ihrer Dreierbeziehung anspielend, die das Paar mit dem berühmten Beispiel Franz Hessels teilte, als »loving« und rahmt sein Porträt mit fremdem Textmaterial aus absurden Dialogfetzen ein: »Was lieben Sie an Ihrer Frau?« »Das gespaltene Ich«. »Über Leni kann ich nur Gutes sagen!‹ ›So? Dann wollen wir von etwas anderem reden!‹«

Damit entsteht in dieser Text-Bild-Collage aus dem Londoner Exil, die der Kontingenz- und Fremdheitserfahrung des Exils im Archivieren, Ordnen und Arrangieren der Dinge des alltäglichen Abfalls Widerstand entgegenzusetzen und eine (räumliche) Orientierung in der fremden Umwelt zu stiften versucht, ein deutlicher künstlerischer Mehrwert in Form einer neuen multimedialen, das Materielle betonenden künstlerischen Produktion. Denn diese Collage lässt sich entgegen der sequenziellen Chronologie der Reisealben wegen der fehlenden Zwischenräume nicht mehr linear lesen, sondern löst jede Ordnung von Zeit und Raum um das wahrnehmende Subjekt auf. Am Beispiel dieser Collagen kann gezeigt werden, wie Max Herrmann-Neiße im Exil eine materielle Poetik des Alltäglichen entwickelt, die das Exil als Ordnung der Dinge im Raum, die allererst vom Exilierten herzustellen ist, konstruiert. Den Mittelpunkt dieser instabilen Raumordnung bildet das beobachtende Subjekt selbst, das sich dem Raum durch seine körperliche Anwesenheit nicht nur einschreibt, sondern ihn selbst da, wo es abwesend ist, durch sein Arrangement hervorbringt. Exil wird somit erfahrbar und beschreibbar, als Ordnung der Dinge in einem heterogenen, kontingenten Raum wie es bei Benjamin heißt: »Die wahre Methode, die Dinge sich gegenwärtig zu machen, ist, sie in unsere[m] Raum (nicht in ihrem) vorzustellen. [...] Nicht wir versetzen uns in sie, sie treten in unser Leben.«[20] Max Herrmann-Neißes materiale Text-Bild-Alben, die auf die Kunst des Dada zurückweisen und auf Rolf Dieter Brinkmanns collagierte (Reise-)Tagebücher[21] vorausdeuten, entwickeln somit aus dem Abfall des Alltäglichen eine Poetik des Exils. Auf diese Weise entsteht aus der Erfahrung des Exils als transitorischem Raum eine Kunst des Materialen, eine Materialkunst, die das Scheitern des einsprachigen Lyrikers im Sammeln und Arrangieren des mehrsprachigen Materials seiner Umwelt im englischen Exil zu überwinden versucht.

---

20 Benjamin, Walter: Gesammelte Schriften. Band V, I: Das Passagen-Werk. Hg. von Rolf Tiedemann. Frankfurt a. M. 1982, S. 273.
21 Brinkmann, Rolf Dieter: Rom-Blicke. Reinbek 1979, Schnitte. Reinbek 1988. Vgl. dazu auch Bickenbach, Matthias: Die Enden der Alben. Über Ordnung und Unordnung eines Mediums am Beispiel Rolf Dieter Brinkmanns »Schnitte«. In: Anke Kramer und Annegret Pelz (Hg.): Album (s. Anm. 9), S. 107–124 und Schönborn, Sibylle: Bilder einer Neuropoetik. Rolf Dieter Brinkmanns späte Text-Bild-Collagen und Notizbücher der »Schnitte« und »Erkundungen«. In: Markus Fauser (Hg.): Medialität der Kunst. Rolf Dieter Brinkmann in der Moderne. Bielefeld 2011, S. 213–228.

IV. Identität und/als Objekt

Barbara Thums

Festkleid oder graues Kostüm – Textile Dinge des Exils
Ästhetik und Politik der Kleidung in Thomas Manns
Joseph und seine Brüder und Reinhard Jirgls *Die Unvollendeten*

Kleidung gehört bekanntlich zu jenen Dingen, die den menschlichen Körper unmittelbar umgeben: Als zweite Haut ist sie Membran zwischen Körper und Umwelt, als stoffliche Hülle bedeckt sie die Scham, schützt und schmückt den Körper. Kulturtheoretisch betrachtet ist Kleidung ein soziales Kommunikationsmedium der Selbstkonstruktion und ein Text, der kulturelle Techniken und Strategien am und mit dem Körper lesbar macht. Außerdem gibt Kleidung an der Schnittstelle von Gesellschaft, Kultur, Politik, Religion und Geschlecht in vielfältiger Weise Auskunft über Bedingungen und Möglichkeiten der Selbstkonstruktion sowie über die Materialität kultureller Erfahrung und Wissensproduktion. Zu einem Ding des Exils wird dieses textile Objekt der materiellen Kultur bereits im Narrativ des biblischen Sündenfall-Mythos, der die Entstehung von Kleidung negativ begründet: An der Kleidung materialisiert sich die Vertreibung aus dem Paradies und damit zugleich die exilische conditio humana.

Diese diskursive Verknüpfung erfährt im Kontext historischer Erfahrungen von Exil, Flucht und Vertreibung eine äußerst prekäre Zuspitzung. Mit Thomas Manns Roman-Tetralogie *Joseph und seine Brüder* (1927–43) und Reinhard Jirgls Roman *Die Unvollendeten* (2003) sollen hier exemplarisch zwei literarische Fokussierungen auf textile Dinge des Exils in den Blick genommen werden: Gerade wegen ihrer Unterschiedlichkeit – sowohl die historischen Voraussetzungen wie die politisch-kulturellen Diagnosen und ästhetischen Verfahren betreffend – versprechen sie Aufschluss hinsichtlich zentraler Fragen, die sich in jeder Auseinandersetzung mit Erfahrungen von Exil, Flucht und Vertreibung stellen. Dies gilt hier insbesondere für die Frage nach den Bedingungen, Möglichkeiten und Grenzen einer positiv erlebbaren Akkulturation,[1] einer erfolgreichen Verarbeitung von Entortungser-

---

1 Vgl. zu Exil und Akkulturation Becker, Sabina: »Weg ohne Rückkehr« – Zur Akkulturation deutschsprachiger Autoren im Exil. In: Wilhelm Haefs (Hg.): Hansers Sozialge-

fahrungen oder ganz grundsätzlich ein am Ideal der Humanität ausgerichtetes Denken.

I.

Thomas Manns Roman-Tetralogie *Joseph und seine Brüder* befasst sich im dritten Band mit der Heimat. Bereits in der patriarchalisch organisierten Heimat, in der Jaakob als Stammvater des Volkes Israels die »Vater- und Königsmacht«[2] innehat, nimmt Joseph die Position des Fremden ein: als Lieblingssohn des Vaters wird er zum »Schreiber« ausgebildet und »im gemeinen Rock mit Tuscheflecken« von der brüderlichen Gemeinschaft ausgeschlossen (II, S. 107). Seine Selbstwahrnehmung als Auserwählter und die Identifikation mit seiner Mutter Rahel markieren aber auch den Selbstausschluss aus der Gemeinschaft der Brüder. Dieser doppelte Ausschluss wird über ein textiles Ding, und zwar über »Rahels Ketônet passîm« narrativ organisiert, die auch als »Festkleid«, als »Jungfrauengewand eines Fürstenkindes« (II, S. 92), »Schleier der Vielfalt« (II, S. 100) oder »Bildkleid« (II, S. 107) bezeichnet und dessen rätselhafte Fremdheit hervorgehoben wird.[3]

> Sonderbar ungewiß war das jungfräuliche Gewand in den Händen zu wiegen, denn es war leicht und schwer zugleich und von ungleicher Schwere da und dort: leicht durch sein blaßblaues Grundgewebe, so fein gesponnen, als sei es ein Hauch der Luft, […] und wieder von überall eingesprengter Schwere, durch die Bildstickereien, die es bunt und glitzernd bedeckten […]. (I, S. 293)

Auffallend ist weiter seine hybride Zeichenhaftigkeit, die unterschiedliche Lesarten ermöglicht: Es ist mit Zeichen aus der babylonischen Bildwelt bestickt,[4] insbesondere die auf Sexualität, lustvolle Körperlichkeit,

---

schichte der deutschen Literatur vom 16. Jahrhundert bis zur Gegenwart. Bd. 9: Nationalsozialismus und Exil 1933–1945. München 2009, S. 245–265.

2 Mann, Thomas: Der junge Joseph. In: Ders.: Joseph und seine Brüder. Vier Bände und ein Begleitband. Hg. v. Hermann Kurzke. Bd. 2. Frankfurt a. M. 1993. Sonderausgabe 1997, S. 9–271; hier: S. 123. Zitate aus den Josephsromanen werden künftig in Klammern mit Band und Seitenzahl im Text angegeben.

3 In seiner verhüllend-enthüllenden Rätselhaftigkeit verweist der Schleier stets auch auf das Ästhetische. Vgl. dazu etwa Assmann, Aleida: Der Dichtung Schleier aus der Hand der Wahrheit. Esoterische Dichtungstheorien in der Neuzeit. In: Aleida Assmann und Jan Assmann (Hg.): Schleier und Schwelle. 3 Bde. München 1997. Bd. 1, S. 263–280.

4 Es sind dies insbesondere »allerlei Zeichen der Ischtar und des Tammuz« (I, 290) sowie Motive des Gilgamesch-Epos (I, 293). Vgl. dazu ausführlich Frizen, Werner: »Venus

Zweigeschlechtlichkeit und Tod verweisenden Mischwesen stellen dabei die Verbindung zur Welt des ägyptischen Exils her. Rahel hingegen entdeckt mit der Darstellung von Mann, Frau und Schlange im Paradiesgarten auch Hinweise auf den biblischen Sündenfall und deutet den eingestickten Spruch »Ich habe mein Kleid ausgezogen, soll ich's wieder anziehen?« (I, S. 294) im Kontext des christlichen Keuschheits- und Jungfräulichkeitsideals. Joseph wiederum entdeckt eine »Dattelpalme, aus der eine Göttin die Arme streckt mit Speise und Trank« (II, S. 95). Verwiesen wird hier nicht nur auf Josephs Anstellung als Gärtner in Potiphars paradiesischem Garten, wo er die Nachfolge »jener Genien« antritt, die auf dem »Brautgewand« die weiblichen Blüten der Dattelpalmen künstlich befruchtet hatten (III, S. 222). Es ist auch ein Beispiel für das Wandern dieses textilen Dings durch den gesamten Text. Josephs schmerzliche Erinnerung an »den Schleier, das bunte Kleid, sein und seiner Mutter Ketônet passîm« in dieser Szene, die ja nicht von ungefähr die Paradies-Metaphorik wieder aufgreift (III, S. 221 f.), ist für den ins ägyptische Exil Verbannten auch eine schmerzvolle Erinnerung an den Heimatverlust. Allerdings akzentuieren die Josephsromane insgesamt eher den sozialen Aufstieg ihres Protagonisten in Verbindung mit einer erfolgreichen Integration in die fremde Kultur. In dieser Perspektive lässt sich Josephs Identifikation mit den Genien sowie die Tätigkeit der künstlichen Befruchtung im ägyptischen Paradiesgarten auch als Zeichen für eine souveräne Konstruktion des Selbst verstehen – zumal Joseph eine »natürliche Anlage zur Selbstkostümierung« (II, S. 96) attestiert und er als Sprachkünstler ausgewiesen wird, der »diese zwanglos freie und zweifellos echte Gefügigkeit der Sprache zu verwechselndem Zauber« (II, S. 113) für seine Interessen zu nutzen weiß, der sein Anliegen mithin in wechselnde Sprachkleider zu hüllen versteht.

Die Josephsromane, so ein erster Befund, verweben über Differenz- oder Analogiebeziehungen eine ganze Reihe von Bekleidungen zu einem dichten Bedeutungsgeflecht. Kleidung als textiles Ding erhält damit auch eine Struktur bildende Funktion für die Auseinandersetzung der Josephsromane mit dem Verhältnis von Heimat und Exil sowie mit Grenzüberschreitungen, die nicht nur in raum-zeitlicher und mythi-

---

Anadyomene«. In: Thomas Mann und seine Quellen. Festschrift für Hans Wysling. Hg. von Eckhard Heftrich und Helmut Koopmann. Frankfurt a. M. 1991, S. 189–223 sowie Berger, Willy R.: Die mythologischen Motive in Thomas Manns Roman »Joseph und seine Brüder«. Köln, Wien 1971, S. 131–140.

scher,[5] sondern auch in gender- und subjekttheoretischer Hinsicht interessant sind.

Die erste Brunnenszene, in der Joseph als 17-Jähriger in das Romangeschehen eingeführt wird, ist eine der zahlreichen Kleiderszenen, die diesen Befund stützen. Nachts am Brunnen findet der alte Jaakob seinen Sohn, der halb nackt den Mond anbetet, was vom Erzähler als Form der »kultischen Entblößung« ausgewiesen wird, die »vorabrahamitisch« und »götzendienerisch« (I, S. 80) sei. Um Joseph wieder auf seine kulturelle Herkunft zu verpflichten, erzählt Jaakob die Geschichte vom äffischen Ägypterland, die den Orient nach stereotypen Vorstellungen bebildert, wie sie insbesondere um 1900 Konjunktur hatten. In dieser orientalistischen Manier wird das »äffische Ägypterland« (I, S. 96) als das kulturell Andere der eigenen, am Geist- und Vaterprinzip ausgerichteten moralischen Reinheit konstruiert: Es wird gleichgesetzt mit entfesselter Sexualität, Weiblichkeit, Dekadenz, Irrationalität und barbarischer Gewalt.[6] Außerdem werden die Ägypter, »die für die Sünde weder Wort noch Verstand haben und die in Kleidern herumgehen aus gewebter Luft« (III, S. 341), »des Mangels an Schamhaftigkeit und des religiösen Rückfalls« (I, S. 98) bezichtigt. Diesem Festschreiben einer grundlegenden kulturellen Differenz widerspricht jedoch der vestimentäre Code:[7] So ist nicht nur die Ähnlichkeit der luftigen Gewänder mit Rahels Schleier auffallend, sondern auch die Bekleidung des alten Jaakob: Er ist in einen langen Mantel gehüllt, dessen ausführliche Beschreibung diesen insofern als textiles Gewebe kultureller Hybridität ausweist, als sich hier »Elemente östlicher Kulturübereinkunft« mit Elementen des »Ismaelitisch-Beduinischen und der Wüstenwelt« mischen (I, S. 68).

Diese erste Brunnenszene endet mit der Ankündigung Jaakobs, dass er Joseph etwas schenken wolle, das ihn »kleiden wird« (I, S. 118). Vom

---

5 Zu jenen für die Josephsromane grundlegenden mythischen Konzepten der »offenen Identität«, des »In-Spuren-Gehens« und der »rollenden Sphäre« vgl. Borchmeyer, Dieter: Mythos und Romanstruktur. Thomas Manns Joseph und seine ästhetischen Brüder. In: Rolf Grimminger u. a. (Hg.): Mythos im Text. Zur Literatur des 20. Jahrhunderts. Bielefeld 1998, S. 195–215 sowie Assmann, Jan: Thomas Mann und Ägypten: Mythos und Monotheismus in den Josephsromanen. München 2006.
6 Mit Edward Said betrachtet, figuriert Jaakob den westlich-modernen Orientalismus, für den die Konstruktion des Orients u. a. über stereotype Bilder sexualisierter Weiblichkeit und barbarischer Gewalt kennzeichnend ist. Vgl. dazu Said, Edward W.: Orientalism. Western Concepts of the Orient. New York 1978. Saids Orientalismus-Konzept ist vielfach kritisiert worden, vgl. etwa Irwin, Robert: For Lust of Knowing. The Orientalists and their Enemies. London 2006.
7 Allgemein zur semiotischen Struktur des vestimentären Codes vgl. Barthes, Roland: Die Sprache der Mode. Übers. v. Horst Brühmann. Frankfurt a. M. 1985.

kleidsamen Geschenk hatte bereits Laban geredet, als er Jaakob, der für ihn »nichts als ein Flüchtling und Unbehauster« (I, S. 291) ist, betrogen und ihm nicht die schöne Rahel, sondern Lea als Braut zugeführt hatte. Im Kapitel »Der bunte Rock« aus dem zweiten Buch wird dann erzählt, wie Joseph die Rede vom kleidsamen Geschenk auf Rahels Brautschleier bezieht und wie er diesen dem Vater abschwatzt. In diesem Kontext bezeichnet Jaakob den Schleier als »ein Stück zu freiem Gebrauch, knöchellang, mit Ärmeln, daß der Mensch nach seinem Geschmack und nach seiner Schönheit damit verfahre« (II, S. 93). Diese Lizenz zum freien Gebrauch des Schleiers ist programmatisch zu verstehen: Nicht nur wird Josephs Aneignung des Schleiers von den Brüdern als unrechtmäßige Aneignung der väterlichen Machtposition wahrgenommen, weshalb sie den Schleier zerfetzen, in Blut tränken, Joseph in die Grube werfen und später an Nomaden verkaufen. Sie betrifft auch die durchgängige Gestaltung dieses textilen Dings als Zeichen für Täuschung, Blendung und Betrug, wenn etwa gesagt wird, Joseph habe etwas »schalkhaft Vexatorisches« und habe »das Liebes-Schleierkleid getragen im Austausche mit der Mutter« (III, S. 323), oder wenn Joseph sich als Lieblingssohn des Vaters bezeichnet, der ihm ein »heilig Kleid [schenkte], worein allerlei Lichter verwoben waren und hohe Zeichen, – ein Truggewand war es und ein Kleid der Vertauschung, vermacht von Seiten der Mutter, und er trug es statt ihrer. Aber zerrissen wurde es ihm vom Zahn des Neides« (III, S. 230f.).[8] Überdies betrifft sie die narrative Transformation der Verknüpfung von betrügerischer Täuschung und negativ codiertem Exilstatus in ein konstruktives Spiel mit Kleidung, Sprache und Identität. Die Lizenz zum freien Gebrauch des Schleiers strukturiert demnach ein Exilnarrativ, das nicht vom Leiden am fremden Land bestimmt ist, sondern von der produktiven Aneignung konkurrierender kultureller Deutungen und von der Durchkreuzung des nationalen Dispositivs: In diesem Horizont geht die Neueinkleidung des unbehausten Flüchtlings einher mit dem sukzessiven Aufstieg in die Position des souveränen und mit allen Zeichen der ökonomischen, politischen und männlichen Macht bekleideten Exilanten.[9]

---

8 Vgl. auch Frizen, Werner: »Venus Anadyomene«. In: Eckhard Heftrich und Helmut Koopmann (Hg.): Thomas Mann und seine Quellen. Festschrift für Hans Wysling. Frankfurt a. M. 1991, S. 189–223; hier: S. 204.
9 Auch die Josephsromane sind demnach zu jenen Exiltexten zu rechnen, die gegen eine homogenisierende Orientierung am nationalen Paradigma anschreiben. Vgl. dazu Bischoff, Doerte und Susanne Komfort-Hein: Vom anderen Deutschland zur Transnationalität. Diskurse des Nationalen in Exilliteratur und Exilforschung. In: Exilforschung 30 (2012): Exilforschung im historischen Prozess, S. 242–273.

Die Josephsromane bringen Josephs eigentümliche Akkulturation im Exilland auf die Formel des Zusehends-zum-Ägypter-Werdens: Dazu gehört der Namenswechsel von Joseph zum ägyptischen Osarsiph[10], die Einfügung in die Gepflogenheiten der ägyptischen Kultur sowie die äußerliche Anpassung: Mit »Wir müssen dich scheren und einkleiden, daß du wie alle bist« (III, S. 168) wird das Akkulturationsprogramm gestartet; mit »Kurzum: Joseph wurde zusehends zum Ägypter nach Physiognomie und Gebärde« (III, S. 294) und mit der Feststellung, dass an dem »aus ägyptischen Zutaten gewobenen«, neuen »Leibrock [...] keine Faser mehr von dem alten war, den der Siebzehnjährige getragen« (III, S. 308), wird dann der Erfolg vermeldet. Letztlich aber ist es das Sprachkleid der schmeichelnden und täuschenden Rede, womit sich Joseph die weiße »Linnentracht eines Ägypters gehobeneren Standes« (III, S. 348) erwirbt, dessen durchsichtiges Gewebe wiederum auf das Rahel-Kleid verweist: Folglich auf jenes durch den Text wandernde textile Ding, das als »Truggewand« und »Kleid der Vertauschung« (III, S. 231) die Narration über die erfolgreiche Akkulturation steuert.

Für letztere ist außerdem die Praxis nachahmender Abwandlung grundlegend. So wird zum einen gesagt, dass Joseph zwar die »Lüfte und Säfte Ägyptens nährten« und der »Stoff seines Lebens wechselte«, aber die »Joseph-Form« doch »einigermaßen erhalten« geblieben sei (III, S. 293). Zum anderen wird immer wieder betont, wie Joseph seinen »Vorbehalt« gegen das Ägyptische mit seiner »Anpassung« frei kombiniert, so heißt es etwa, dass er »es in allen Stücken ägyptisch trieb« (III, S. 294). Joseph ahmt mithin die vom Erzähler als typisch ägyptisch ausgewiesene äffische Nachahmung nach, was als produktive Aneignung des Fremden einer Kunst der Hybridisierung gleichkommt. Der Roman setzt derart performativ um, dass das Spiel mit den Kleidern immer auch ein frei kombinierbares Spiel mit Identitäten und ausgehend davon auch ein politisch instrumentalisierbares Machtspiel ist.

Besonders deutlich wird dies in jener Kleidertauschszene, in der Josephs Herrin Mut-em-enet, die ihn sexuell begehrt, »in asiatischer Tracht«, »bunt wie nie ein ägyptisch Kleid« (III, S. 448), vor ihn tritt, um ihn zu verführen. Narrativ inszeniert wird hier nämlich ein kulturelles Missverständnis mit weitreichenden Folgen. Für Mut-em-enet, der »Parteigängerin« des Oberpriesters Beknechon, deren »altfränkisch[e]« Kleidung (III, S. 278) die Ausgrenzung alles Fremden im Zei-

---

10 Mit dem Namen Osarsiph bzw. Usarsiph wird Joseph zum Osirisnachfolger und schilfgeborenen Heilbringer. Vgl. III, S. 36 und Berger: Die mythologischen Motive (s. Anm. 4), S. 152 ff.

chen eines rassisch verstandenen Reinheitsbegriffs repräsentiert,[11] ist dies ein großes politisches »Opfer«, mit dem sie »der Ausländerei huldigte in ihrem Kleide, weil der Geliebte ein Ausländer war« (III, S. 449). Die Worte Muts lauten:

> So haben wir die Kleider getauscht, festlicherweise. Denn etwas Gottesfestliches ist es um solchen Tausch von alters, wenn sich in Weibertracht ergehen die Männer und im Kleide des Mannes das Weib und die Unterschiede dahinfallen. (III, S. 449)

Mut ahnt jedoch nicht,

> welche abschreckenden Gedankenverbindungen sich für Joseph an die Idee der »Entblößung« knüpften: kanaanitische Gedankenverbindungen voller Warnung vor Unerlaubtem und jederlei trunkener Schamlosigkeit, zurückgehend bis zu dem Orte des Anfangs, wo es zur durchdringenden Begegnung von Nacktheit und Erkenntnis gekommen und die Unterscheidung von Gut und Böse aus dieser Durchdringung entsprungen war. (III, S. 452)

Obwohl Joseph in dieser Überblendung von Kleider- und Geschlechtertausch einen Abfall von seiner Väterordnung sieht und das Angebot zurückweist, betreibt er das Liebesspiel weiter, nun gehüllt in das Maskenkleid der Jungfräulichkeit und Keuschheit. Im Kapitel »Von Josephs Keuschheit« wird sodann die Keuschheit an das Prinzip der Autonomie gebunden und derart die Ablösung Josephs von Mut begründet. Endgültig vollzogen wird die Ablösung schließlich im Kapitel »Das Antlitz des Vaters«: Joseph flieht vor Muts Zudringlichkeiten, und ihr bleibt nur noch ein Fetzen seines Kleides, den sie, wie es der Erzähler im Horizont negativer Orientstereotype ausdrückt, »im Paroxysmus begeisterten Schmerzes« wie einen Fetisch »misshandelte und liebkoste« (III, S. 584).

Parallel dazu wird die orientalistische Perspektive auf das äffische und vergreiste Ägypten zusammen mit dem väterlich codierten, »erbstolze[n] Reinheitsgebot« und dem Rekurs auf die eigene kulturelle Überlegenheit wieder stärker in die Argumentation eingeführt (III, S. 466), indem die »Keuschheit Josephs« auch als »das Erbgebot seines Blutes« bezeichnet wird, »diesem Gebiete die Gottesvernunft zu wah-

---

11 Vgl. dazu auch Bertschik, Julia: Mode und Moderne. Kleidung als Spiegel des Zeitgeistes in der deutschsprachigen Literatur (1770–1945). Köln, Weimar, Wien 2005, S. 305 zum Stellenwert der Kleidermode im Nationalsozialismus, wo »in besonders eng verzahnter Weise ästhetischer und technologischer Wandel einherging mit einer rassebiologischen Aufmerksamkeit gegenüber der vestimentären Präsentation des menschlichen Körpers als volksverbunden-bewahrenden, genetischen ›Träger der Art‹«.

ren« (III, S. 469). Gestützt wird damit zugleich die Verknüpfung von Männlichkeit und wirtschaftspolitischer Macht, die zum einen als »natürliche Vermännlichung« und zum anderen als Abwehr der mit Muts Männlichkeit gegebenen Gefahr des Homosexuellen (III, S. 456) ausgegeben wird. Erst auf dieser Basis einer männlich codierten, souveränen Selbstkonstruktion, die auch eine Reintegration moralischer Reinheit und kultureller Differenz ist, erfolgt Josephs Aufstieg zum Ernährer und mächtigen Stellvertreter des Pharaos. Seinen Abschluss findet der Akkulturationsprozess schließlich mit der Zusammenführung der Herkunfts-Familie am Ende der Tetralogie.

Insgesamt ergibt die Poetik des Exils in den Josephsromanen ein ambivalentes Bild. So wird einerseits die Fremdzuschreibung »Du aber bist, wie du weißt, nichts als ein Flüchtling und Unbehauster« in ein kosmopolitisches Souveränitätskonzept[12] transformiert, das auch ökonomischen und politischen Aufstieg ermöglicht. Voraussetzung hierfür ist letztlich die Rückbesinnung auf das heimatlich-väterliche Gebot der moralischen Reinheit und Keuschheit, das auch als Rücknahme der herausgestellten Hybridisierung von Heimat und Exil sowie von weiblichen und männlichen Prinzipien verstanden werden kann. Andererseits ist die Funktion der Kleider zu betrachten, die als textile Dinge des Exils die Wanderungsbewegung von der Heimat ins Exil auch im Sinne einer Wanderungsbewegung durch den Text mit vollziehen. Die ästhetische und politische Signatur dieser textilen Dinge kommt über den Konnex von Einkleidung und Akkulturation ebenso zum Tragen wie über die poetische Funktion der mythisch dimensionierten Ketônet passîm: Deren hybride Zeichenhaftigkeit strukturiert auch das Erzählen über die erfolgreiche Akkulturation im ägyptischen Exil und fügt sich insgesamt in das Erzählkonzept einer »multikulturellen Mythen-Bricolage« sowie in ein politisch lesbares Konzept von Hybridität, welches der nazistischen Reinheits- und Rassenideologie widerstreitet.

II.

Eine völlig andere Literarisierung historischer Erfahrungen von Exil, Flucht und Vertreibung unternimmt Reinhard Jirgls *Die Unvollendeten*.[13] Der 2003 erschienene Familien- und Generationen-Roman per-

---

12 Vgl. zur Exilthematik, allerdings mit biografistischem Fokus, auch Schöll, Julia: Joseph im Exil. Zur Identitätskonstruktion in Thomas Manns Exil-Tagebüchern und -Briefen sowie im Roman Joseph und seine Brüder. Würzburg 2004.
13 Jirgl, Reinhard: Die Unvollendeten. München 2003. Der Roman wird im Text in Klammern zitiert mit der Sigle DU und mit Angabe der Seitenzahl.

spektiviert die Vertreibung einer sudetendeutschen Familie »als lebenslanges, generationenübergreifendes Stigma«,[14] die noch das Leben der vierten, nicht unmittelbar betroffenen Generation determiniert.[15] Insgesamt wird das familiäre Trauma des Heimatverlusts erzählt mit Blick auf die Urgroßmutter Johanna, ihre Töchter Hanna und Maria, Hannas Tochter Anna sowie deren Sohn Reiner, der kinderlos bleibt. Der erste Teil des Romans (»Vor Hunden und Menschen«) schildert die mit der Vertreibung aus Komotau im Sommer 1945 und der Zwangseinweisung nach Birkenau in der ehemaligen DDR verbundenen Erfahrungen von Ausgrenzung und Fremdenhass, der zweite, überwiegend auf die Tochter Anna konzentrierte Teil (»Unter Glas«) rekonstruiert die Zeit von 1947 bis zum Aufstand des 17. Juni 1953 und der dritte, um die Jahrtausendwende angesiedelte Teil (»Jagen Jagen«) wird von dem krebskranken Reiner erzählt, der »Aufgemacht-&-gleichwieder-zugenäht« (DU, S. 158) in der Charité im Sterben liegend auf sein eigenes und das Leben der Familie zurückblickt.[16] Es ist dies ein Rückblick auf ein dreifaches Exil – gründend im Heimatverlust, in der Fremdenfeindlichkeit in der DDR-Provinz und in der Verschränkung von Ausgrenzung und Selbstausschluss aus der Nachkriegskultur.

Jirgls Roman *Die Unvollendeten* zielt auf eine radikale Destruktion des Humanen, indem er nicht nur Krieg, Flucht, Vertreibung und Nachkrieg, sondern das menschliche Zusammenleben insgesamt als Krieg aller gegen alle auf einem transhistorischen Schauplatz der Gewalt darstellt, den er überdies zu einem Schauplatz der Sprache macht.[17] Um die Entgrenzung des Humanen und das Zum-Tier-Werden-des-Menschen in seiner zeithistorischen, aber auch anthropologischen Dimension zu zeigen, erweitert der Roman seinen Blick ins Familienarchiv mit dem Blick ins Archiv der Menschheitsgeschichte

---

14 Jürgensen, Christoph: 1 Mal Flüchtling, immer Flüchtling – Zur Vertriebenenproblematik in Reinhard Jirgls Roman *Die Unvollendeten*. In: Ewa Pytel-Bartnik und Maria Wjtcak (Hg.): Habitus und Fremdbild in der deutschen Prosaliteratur des 19. und 20. Jahrhunderts. Frankfurt a. M. u. a. 2006, S. 41–50; hier: S. 44.
15 Zur Einordnung von Jirgls Roman in die Konjunktur des Themas Flucht und Vertreibung im Erscheinungsjahr 2003 vgl. Kubicová, Hana: Eine Studie zum Roman von Reinhard Jirgl: Die Unvollendeten, unter: http://is.muni.cz/th/180737/ff_b/Eine_Studie_zum_Roman_von_Reinhard_Jirgl__Die_Unvollendeten.pdf [abgerufen: 31.08.2013], S. 37.
16 Zu Jirgls Poetik der Erinnerung im Horizont des Todes sowie zu dem hierfür zentralen Motiv des schwarzen O vgl. Van Hoorn, Tanja: Erinnerungs-Poetiken der Gegenwart: Christoph Ransmayr, Reinhard Jirgl, W. G. Sebald. In: Der Deutschunterricht 57/6 (2005), S. 54–62; hier: S. 34.
17 Vgl. zur subversiven Dimension dieses Verschriftlichungssystems Kammler, Clemens: Literarisierte Erinnerung: Reinhard Jirgls Familienroman *Die Unvollendeten*. In: Der Deutschunterricht 57/4 (2005), S. 18–23.

und diese zeigt sich ihm, dem Prinzip mythischer Wiederholung folgend,[18] als eine Anhäufung von Geschichten unmenschlicher Gräueltaten, von ethnonationaler Identitätspolitik katastrophischen Ausmaßes und damit zugleich als Geschichte der Praktiken nationalstaatlicher Gründungsgewalt, die als »wasted lives« stigmatisierte »verlumpte Habenichtse« (DU, S. 6) exiliert.[19]

Vehement widerspricht Jirgls Roman dem Bild einer gelungenen Integration auf der Basis einer beispielhaften Solidargemeinschaft aller Deutschen und malt den gleichsam darwinistischen Überlebenskampf in drastischen Bildern aus:[20]

> Abströme Zuströme, Menschen Schiffbruch im Sturm, […] Fäuste gegen Rippen, Dürrwanst gegen Dürrwanst, dreckige Finger bohren in Aughöhlen […]. Solidarität, Froint, gibts nur im Brockhaus: irgendwo zwischen Scheiße und Syphilis. (DU, S. 61 f.)

Auf ein Ende dieser umfassenden Entsolidarisierung und Ablehnung zu warten, wird aufgrund ihrer anthropologisch begründeten Tiefenzeitlichkeit als illusorisch ausgewiesen:

> Obwohl beide Geschwister [Hanna und Maria] ihren sudetendeutschen Dialekt in-der-Altmark nicht verlernten […], konnte über-Diejahre der Eindruck entstehn, diese beiden einstigen Flüchtlinge seien nunmehr Hier *angekommen*; […]. Hier indes wie überall auf Dörfern, in klein-Städten zu Allenzeiten wie Tröpfelwasser durch die Erdkrume sickert Ablehnung hindurch, so daß unterirdische Höhlungen sich bilden – Dolinen –, u sobald diesen Ort schwere Schritte betreten, bricht die dünne Erddecke zu-

---

18 Zu einer Lektüre des Romans im »Spannungsfeld von Familiengedächtnis und den kulturellen Praktiken des Erinnerns« vgl. Śliwińska, Katarzyna: »Erinnern: Das heißt immer Wiedergängerei«. Erinnerung und Trauma in Reinhard Jirgls Roman »Die Unvollendeten« (2003). In: Carsten Gansel und Pawel Zimniak (Hg.): Das »Prinzip Erinnerung« in der deutschsprachigen Gegenwartsliteratur nach 1989. Göttingen 2010, S. 471–490; hier: S. 472.
19 Vgl. dazu Baumann, Zygmunt: Wasted Lives. Modernity and its Outcasts. Cambridge 2004; dt.: Verworfenes Leben. Die Ausgegrenzten der Moderne. Hamburg 2005, S. 50: »Im Zeitalter der Moderne hat der Nationalstaat durchgehend das Recht beansprucht, über die Unterscheidung von Ordnung und Chaos zu bestimmen, über Gesetz und Gesetzlosigkeit, Bürger und homo sacer, Zugehörigkeit und Ausschuß, nützliches (= legitimes) Produkt und Abfall.« Vgl. auch Agamben, Giorgio: Homo sacer. Die souveräne Macht und das nackte Leben. Frankfurt a. M. 2002.
20 Vgl. dazu aus historischer Perspektive Grosser, Thomas: Von der freiwilligen Solidarzur verordneten Konfliktgemeinschaft. Die Integration der Flüchtlinge und Vertriebenen in der deutschen Nachkriegsgesellschaft im Spiegel neuerer zeitgeschichtlicher Untersuchungen. In: Dierk Hofmann, Marita Krauss und Michael Schwartz (Hg.): Vertriebene in Deutschland. Interdisziplinäre Ergebnisse und Forschungsperspektiven. München 2000, S. 65–86 sowie Kossert, Andreas: Kalte Heimat. Die Geschichte der deutschen Vertriebenen nach 1945. Berlin 2008.

sammen. Meist aus Anlässen zum Neid [...] mischten in die Rederein der Kollegen sich auch die Töne von Feindschaft-gegen-die-Dahergelaufnen, uralte blutsüchtige Höhlenwörter:/*Immer bereit*..... (DU, S. 216f.)

Aufschlussreich ist in diesem Kontext eine Äußerung Jirgls aus seinem Essay *Endstation Mythos*: »In allen Kriegen zwingt dasjenige Feindesmuster mit dem größten Vernichtungspotenzial schließlich allen Kriegsparteien genau dieses Muster auf.«[21] *Die Unvollendeten* lässt sich als Aufzeichnung der Übertragungswege eines solchen Feindesmusters lesen. Dabei wird zunächst gezeigt, wie sich das nationalsozialistische Feindesmuster einer radikalen Vernichtung von Individualität im Verhalten der tschechoslowakischen Machthaber gegenüber den Sudetendeutschen spiegelt. So erinnert die Logistik der Vertreibung an die Deportation der Juden, und der Zwang zum Tragen von weißen Armbinden an deren Stigmatisierung: »Zuerst leitete man die Züge mit den Güterwagen dadrin zu Hunderten Flüchtlinge mit weißen Armbinden hin1gepfercht, nach Bayern, bis knapp vor München.« (DU, S. 6) Das »verräterische Mal« (DU, S. 15) des weißen textilen Dings wird immer wieder erwähnt, ebenso die Formel »*1 Mal Flüchtling immer Flüchtling*« (DU, S. 63), mit der die anhaltende Stigmatisierung der Sudetendeutschen auch in ihrer neuen Heimat auf den Punkt gebracht und das Individualität vernichtende Feindesmuster auch als nationalsozialistisches Erbe der deutschen Nachkriegsgesellschaft gezeigt wird.

Der Roman bleibt bei dieser Diagnose allerdings nicht stehen, sondern erschließt überdies Identität vernichtende Praktiken der Selbstausschließung, die ihren Ursprung im Vertreibungstrauma haben und deshalb Symptombildungen in der Gegenwart und Zukunft zeitigen. Auch dies wird an einem textilen Ding exemplifiziert, dem grauen Kostüm Hannas, das wie Rahels Kleid durch den Text wandert und diesen strukturiert. Im Unterschied zu Rahels bunt schillerndem Kleid allerdings ist das dunkelgraue, »streng geschnittene u bis unters Kinn geschlossene Kostüm« (DU, S. 60), das bereits in der alten Heimat »meist« für »Gänge zu Behörden« (DU, S. 24) getragen wurde, kein Zeichen der Hybridisierung von Eigenem und Fremden. Vielmehr materialisiert es mit seinem »alten Stoff in Grau&schwarz, gewissermaßen die Familienfarbe« (DU, S. 60), das Festhalten an der alten Heimat, am katholisch geprägten Obrigkeitsglauben und an der Familie als Ordnungs- und Werteinstanz, mithin nicht nur die von außen verunmöglichte, sondern auch die von innen aktiv verweigerte Akkulturation:

---

21 Jirgl, Reinhard: Endstation Mythos. In: *Frankfurter Rundschau*, 24.03.2004, Beilage.

> Wir müssen zusammenbleiben. Dürfen uns nicht mehr verlieren. Damit, wenn Es soweit ist, wir=alle!end=!gültig wieder Dorthin zurückkönnen, wohin wir gehören: in *unsere-!Heimat* - - (DU, S. 60)

Dieser selbst auferlegte Ausschluss aus der »Noienzeit« (DU, S. 63) wird in seiner ganzen Ambivalenz und Widersprüchlichkeit narrativ ausgestaltet, etwa in der Passage, in der Hanna den Heiratsantrag ihres Chefs ablehnt:

> Wer seiner Familie den Rücken kehrt, der taugt Nichts. Also kann ich nicht 1fach auf&davon mit nem Wildfrem -. (Sie räusperte) -Alles was man besitzt kann einem genommen werden, aber Anstand u Stolz, die kann einem!keiner nehmen. [...]!Nein. Ich bin!nicht frei u werd es!niemals sein. [...] (er [der Chef] spürte nicht das Formelhafte, das wie die Wortfolge in einem uralten Gebet, von Generation-zu-Generation weitergegeben, ins Grau&schwarz der Familienkleidung hineingewoben) [...]. (DU, S. 101)

Das Festhalten an der alten Zeit ist auch hier verbunden mit der Ablehnung des Fremden, und bereits hier ist jene verweigerte Fortsetzung der Generationenfolge angedeutet, die als symptomatisch für die Enkelgeneration dargestellt werden wird. Außerdem negiert das katholisch ›Formelhafte‹ jede Vorstellung von Autonomie. Für die Aufhebung der Individualität in einer Schicksalsgemeinschaft, die noch die folgenden Generationen determiniert, findet der Roman mit der in die Familienkleidung hinein gewobenen Verurteilung zum lebenslangen Flüchtling ein eindringliches Bild, welches in der Bezeichnung Hannas als »Das Schicksal im grauen Kostüm« (DU, S. 86) ihrerseits formelhaften Charakter gewinnt.

Dieser um das dunkelgraue Kostüm zentrierte vestimentäre Code steuert nicht nur die narrative Perspektive auf die Geschichte der Vertreibung und des unmöglichen Neuanfangs in der ehemaligen DDR, sondern auch jene auf das Scheitern der Freundschaft mit ehemaligen Nachbarn aus Komotau über die deutsch-deutsche Grenze hinweg. Im Alter verzichtet Hanna auf die nun wieder möglichen Reisen in den Westen, weil sie sich ihrer mehrfach mit der Nähmaschine umgeschneiderten und ausgebesserten, »abgetragenen Kleider«, »darunter jenes hochgeschlossne dunkelgraue Kostüm« schämt, die ihr

> wie einst die weiße Armbinde als Stigma des Flüchtlings, erscheinen. *1 Mal Flüchtling immer Flüchtling* -, u Ende der Sechzigerjahre wollte von den koutüren Improvisationskünsten aus der Nachkriegszeit Niemand irgendwas noch wissen. (DU, S. 222 f.)

Diese Ignoranz illustriert ein Brief, in dem die ehemaligen Nachbarn die Freundschaft aufkündigen, weil sie sich dieser unordentlichen, dreckigen und stinkenden Flüchtlinge nicht mehr länger schämen wollen. Dies führt gleichsam zur Bestätigung der zu Beginn des Romans aufgestellten These vom Krieg aller gegen alle sowie zu einer West-Ost-Grenzziehung zwischen den Schwestern, da Maria mit Vorwürfen wie »Aber etwas! Wahres ist daran: Wie!oft hab ich dir gesagt: *Zieh doch mal deine!neue Wäsche an, du hast doch genug davon*« und »!Sisdochnichso daß wir Nichts hätten. [...] schämen muß man sich« (DU, S. 225) den westlichen Blick übernehmend die stets beschworene Einheit der Familie zerstört.

Wie sich das Stigma »1 Mal Flüchtling immer Flüchtling« sogar in das genetische Programm der nachfolgenden Generationen sowie in die individuellen Körper einschreibt, wird insbesondere im zweiten und dritten Romanteil dargestellt. Die wechselseitige Erhellung von transgenerationeller Traumatisierung der Familie und transhistorischem Trauma von Flucht und Vertreibung wird auch durch die vorangestellten Mottos angezeigt. Das ist zunächst eine Gedichtstrophe aus Hans Henny Jahnns 1929 erschienenem Roman *Perrudja*, die fragt:

> Wie lange noch müssen wir schmutzig sein?/Und ein Faden im Teppich des Lebens sein?/Seidene Faden, Faden aus Garn,/goldene Faden, Faden aus Darm? (DU, S. 79)

In *Die Unvollendeten* bezieht sich diese existenzielle Frage auch ganz konkret auf familiäre Prägungen, etwa auf das bis zur Urgroßmutter zurückreichende katholische Glaubensbekenntnis, dass der »*Mensch aus Schmutz gemacht*« sei und »*wieder in den Schmutz zurück[kehre]*«, welches zugleich das Motto des dritten Romanteils bildet:

> Auch Vielejahre nach dem Tod der Urgroßmutter blieben mir ihre Worte gültig.*/Hüte dich vor den-Menschen, denn der-Mensch ist schmutzig.* Daß Menschen sich waschen & Kleidung tragen – nur eine jener arg=listigen Täuschungen, über die zudem Alle=stillschweigend einig mit1ander sind, um ihre Schmutzigkeit..... zu verbergen. Denn?wer will!erkannt sein als der, der er!ist. (DU, S. 155)

Die Antwort gibt die Biografie Reiners, der die biologische Elternschaft verurteilt und damit seine Ehe zerstört (DU, S. 196). Reiners Ich-Erzählung wird als archäologische Spurensuche nach den Anfängen seiner »Unentschlossenheit zum Wirklichen-Leben« (DU, S. 159) präsentiert: Ergebnis ist, dass die Haltung der inneren Emigration im hinteren Ladenwinkel des Buchladens, den er mit seiner Frau führt, sowie seine Weigerung, marktgängige Titel zu verkaufen, herkommt »von dieser *ver!fluchten Bescheidenheit*..... die ich von diesen Flüchtlingen geerbt hatte wie nen seelischen Buckel« (DU, S. 227).

Auch die in das genetische Programm eingeschriebene Verurteilung zum Flüchtling wird als Verflechtung von Familiengeschichte und nationalstaatlichen Praktiken der Ausschließung gezeigt. Erkennbar wird dies an ihrer Übertragung auf das literarische Feld: D. h. erstens an dem auf Reiners Perspektive bezogenen »Wissen, aus einem Niemand's Land, dem Irr-Wahna DeDeR, zu kommen als der Ewigfremde«, dem »nur bedingt 1 Recht aufs Hier-Sein in Dieselmand« eingeräumt wurde, »weil auch Zeit-Kontinente driften & somit der-Westen vorbeikam« (DU, S. 198). Zweitens an dem auf die Perspektive der Ehefrau bezogenen Wissen, dass die »Großeltern in den Enkeln wieder[kehren]« und dass das, was der »Großmutter *die-Heimat Komotau*« gewesen war, dem von »Schuldgefühle[n]« geplagten Enkel »*die-Heimat Bücher*« seien (DU, S. 196). Drittens schließlich an der – erneut auf Reiners Perspektive bezogenen – Kritik an der Oberflächlichkeit eines am modischen Wechsel ausgerichteten Literaturverständnisses sowie an deren Autoren, die literarische Stoffe wie Kleider anprobieren

> und das Nichtpassende Instinkt=sicher achtlos von sich schleudern, um sogleich das nächste an Stoff sich vorzunehmen; womit jeder ihrer Texte zur stückeweis be-Triebenen Kleideranprobe gerät, Homonyme & Metalepsien als dünne plapperige Fummel am Sprachleib; [...]. (DU, S. 197 f.)

Den genetischen Einschreibungen entsprechend erfolgt diese Kritik mit der Haltung des Schicksals im grauen Kostüm. Kritisiert werden dabei überdies staatliche Machtpraktiken, die unliebsame Autoren und deren als gefährliche »Ver-Störung« (DU, S. 190) wahrgenommene Sprache ausgrenzen; sowie der in »*Designer=Klamotten*« kostümierte Zeitgeist einer Wiedervereinigung (DU, S. 195), die sich als weitere Variante jener zahlreichen Vertreibungen offenbart, welche das »soeben wieder begonnen[e]« 20. Jahrhundert, »das Jahrhundert der Lager & Vertreibungen« (DU, S. 250) bestimmt.

Das in der unendlichen Geschichte der Vertreibungen und der Entgrenzung des Humanen diagnostizierte Prinzip mythischer Wiederholung bekräftigt der Roman am Ende mit allem Nachdruck. Reiners letzte Notiz zitiert mit »30 MINUTEN ZEIT – MIT HÖCHSTENS 8 KILO GEPÄCK ZUM BAHNHOF« nochmals die tschechische Lautsprecherdurchsage, mit der die Erzählung über die Vertreibung der Sudetendeutschen zu Beginn des Romans eingesetzt hatte, und der letzte Satz des Romans lautet: »Es geht weiter« (DU, S. 251).

III.

Mit dem Rekurs auf das mythische Prinzip der Wiederholung, dem Diskurs des Humanen und Nationalen sowie der Struktur bildenden Funktion der Kleidung als durch den Text wandernde Dinge des Exils lassen die Josephsromane und *Die Unvollendeten* Gemeinsamkeiten erkennen, deren narrative Ausgestaltung aber zu völlig konträren Poetiken des Exils führt. Negative Erfahrungen des Exils werden in den Josephsromanen umcodiert und im Modus strategischer Täuschung in ein konstruktives Spiel mit Kleidung, Sprache und Identität transformiert. Die narrative Aneignung divergierender kultureller Mythen und disparater kultureller Codes steht hier im Horizont eines souveränen Selbstentwurfs, der den unbehausten Flüchtling zu einem in politischer, ökonomischer und kultureller Hinsicht erfolgreichen Ich umschreibt. Jene in *Die Unvollendeten* aufgestellte und durchweg katastrophisch gewertete Behauptung, dass die Großeltern in den Enkeln wiederkehren, kann deshalb in den Josephsromanen unter umgekehrten Vorzeichen betrachtet werden. Die für diese narrativ konstruierte Positivierung der Exilerfahrung grundlegende semiotische Praxis der Selektion und Kombination betrifft dabei ebenso die Heimat- wie die Aufnahmekultur: Dies bedeutet einerseits, dass die im und durch das Erzählen geleistete Affirmation der Akkulturation an die Aufnahmekultur unter der Voraussetzung der Einschreibung zentraler Elemente der Heimatkultur erfolgt; dass also ein hybrider Raum zwischen den Kulturen konstruiert wird, der transnationaler Denkraum für jene kosmopolitischen und humanistischen Konzepte sein soll, die einer ethnonationalen Identitätspolitik widerstreiten. Andererseits jedoch ist nicht zu übersehen, dass dieser hybride Raum zwischen den Kulturen auch asymmetrisch konstruiert ist, weil sein Verständnis des Kosmopolitischen und Humanen ein religiös begründetes und heimatlich-väterlich codiertes Ideal der Reinheit aufwertet und weil die hier zu erkennende Variante einer »Orientalisierung der Bibel«[22] im Gegenzug eine orientalistisch markierte Abwertung zentraler Elemente der ägyptischen Kultur unternimmt.[23]

---

22 Zur Diskursgeschichte einer im frühen 19. Jahrhundert zunehmenden »Orientalisierung der Bibel« vgl. Polaschegg, Andrea: Der andere Orientalismus. Regeln deutsch-morgenländischer Imagination im 19. Jahrhundert. Berlin, New York 2005, S. 168f.

23 Damit argumentiere ich gegen die These von Fuchs-Sumiyoshi, dass für Thomas Manns »Forderung nach der ›Umfunktionierung‹ des Mythos ins Humane«, die er in den Josephsromanen umsetze, »die Darstellung des Orients [...] sekundär« sei. Vgl. dazu Fuchs-Sumiyoshi, Andrea: Orientalismus in der deutschen Literatur. Untersuchungen zu Werken des 19. und 20. Jahrhunderts. Von Goethes West-östlichem Divan bis Thomas Manns Joseph-Tetralogie. Hildesheim 1984, S. 140.

Die in Reinhard Jirgls Roman *Die Unvollendeten* problematisierten Erfahrungen von Exil, Flucht und Vertreibung reflektieren die seit der »klassischen Exilepoche« von 1933–1945 veränderten historischen Voraussetzungen, mithin eine Moderne des 20. und 21. Jahrhunderts, die solche Erfahrungen im Horizont von Globalisierung, Migration und unterschiedlichen ethnopolitischen Konflikten zu einem Massenphänomen gemacht hat. Anders als die Josephsromane verneinen *Die Unvollendeten* die Möglichkeit der Umwertung eines negativ codierten Exilstatus ins Positive entschieden und stellen dagegen über die komplexe diskursive Vernetzung des grauen Kostüms die täuschende Hülle von Kleidung und Sprache in ihrer Identität vernichtenden Gewalt aus. Außerdem entwirft der Roman keine Zukunftsgewissheit im Zeichen des Humanen, sondern vielmehr eine generationenübergreifende, traumatisierende und in ihrer Entgrenzung des Humanen unabgeschlossene Vergangenheit, deren Symptom eine trostlose Heimatfixierung ist. In dieser Perspektive ist »Das-Schicksal im grauen Kostüm« politische Chiffre für die Unmöglichkeit gelingender Akkulturation, für die gleichsam mythische Wiederkehr von (biopolitischen) Gewalt- und Ausschlussmechanismen sowie für die unaufhebbare exilische Existenz von Flüchtlingen, aber auch generell von Staatsbürgern, insofern diese stets jenen biopolitischen Machtmechanismen ausgesetzt sind, die eine strikte Grenzziehung zwischen Bürgern, Migranten und Flüchtlingen verunmöglichen. So ist es auch wenig erstaunlich, dass Jirgls Roman kein harmonisches Fest der Erzählung im Geiste des Kosmopolitismus präsentieren kann, sondern sich das disharmonisch Ungefügte der exilischen Existenz mit der irritierenden Typografie auch in die Materialität der Schrift einschreibt.

Katja Schubert

Ein Schiff auf der Dizengoffstraße –
Dinge in Yoel Hoffmanns *Christus der Fische*

I.

233 kurze nummerierte Fragmente in Stanzenform, also »Wohnraum für poetische Gedanken« (im Sinne des italienischen »stanza« als »Wohnraum«)[1], versammelt das Buch *Christus der Fische*[2] des israelischen Autors Yoel Hoffmann, das 1991 im hebräischen Original und 1997 auf Deutsch publiziert wurde. Wir finden darin philosophische Reflexionen, kurze Auszüge aus Familiengeschichten, Traumbilder, Alltagsanekdoten, historische Momente und religiöse Motive. Im Zentrum stehen Mitglieder der aus Mitteleuropa in der Zeit des Nationalsozialismus nach Palästina geflohenen Familie des Ich-Erzählers: der Vater, Onkel Herbert, Tante Magda und deren Freundeskreis. Diese Konstellation kommt biografischen Erfahrungen des Autors nahe, dessen Schreiben ansonsten gerade aus der Grenzverwischung und -überschreitung von Innen und Außen, von Zeit und Raum, von Ding und Mensch, von Leben und Tod seine Kraft bezieht. Damit grenzt sich Hoffmann auch stark von seiner Autorengeneration (Amos Oz und Avraham B. Yehoshua gehören dazu) ab, deren Werk sich vor allem mit gängigen zionistischen Narrativen auseinandersetzt.[3]

Die einzelnen Fragmente in *Christus der Fische* erzählen – im Gegensatz zu dem, was die Nummerierung suggerieren könnte – keine fortlaufende Geschichte und scheinen in ihrer Abfolge oft eher ohne Zusammenhang konstruiert. Erst langsam erkennt man vereinzelt Korrespondenzen zwischen den Szenen. Zahlreich sind die Vignetten, die man auch als einzelne Stanze herausnehmen und lesen könnte. Viel Luft, Raum, Leerstelle und Stille liegen zwischen den einzelnen Paragrafen. An das Schreiben grenzt immer das Nichtschreiben, die Geschichte mündet immer in die Nichtgeschichte ein. Es scheint nicht

---

1 Vgl. Duden. Deutsches Universalwörterbuch. 2011 (7. Aufl.).
2 Hoffmann, Yoel: Christus der Fische. Erzählung. Reinbek 1997.
3 Vgl. hierzu auch die Rezension von Jakob Hessing: An den süßen Wassern der Sterne, FAZ.net, 20.12.1997, unter: http://www.faz.net/aktuell/feuilleton/buecher/rezensionen/belletristik/rezension-belletristik-an-den-suessen-wassern-der-sterne-11303799.html [abgerufen: 25.06.2013].

darum zu gehen, eine breitflächige, bodenstiftende Textur zu entwerfen, das jeweils gewonnene Land beim Lesen ist nur von kurzer Dauer. Der Augenblick des Schreibens zählt offensichtlich mehr als das Ergebnis der Sätze, die sich in eine Dauer einschreiben wollen. Abbrüche und fehlende Übergänge verweigern Kontinuität. Das bezieht sich nicht allein auf die Konstruktion der Fragmente, sondern manifestiert sich bis hinein in die Satzstruktur einzelner Sätze. So kann es vorkommen, dass wir beim Lesen nur manchmal in der Lage sind, den Anfang und das Ende einer Zeile zu entziffern, hingegen der Mittelteil uns gänzlich unverständlich bleibt. Das Nichtschreiben und die Nichtgeschichte scheinen dann einen Reflex auf die Worte zu werfen, der den Effekt des Stummfilms hervorruft. Ein Mund öffnet sich, aber man hört keinen Ton. Es gibt Stimmen, aber auch viele stumme, verstummte Stimmen. In der nachgestellten kurzen Traumerzählung finden wir Elemente des bislang Konstatierten:

»In der Nacht kam Onkel Herbert wie ein langsamer Lufthasenjäger und redete zu mir. Ich sagte zu meinem Vater: ›Onkel Herbert ist doch tot. Träume ich denn?‹ Und mein toter Vater sagte: ›Er lebt.‹«[4] Im Traum erscheint dem Ich-Erzähler der verstorbene Onkel Herbert insofern als lebendiger Mensch, als letzterer zum Ich spricht. Doch das durchaus herkömmliche Motiv der Begegnung mit einem Toten, der im Traum wieder lebendig ist, wird sogleich einer Irritation unterworfen. Das Wort, das für den Vergleich der Ankunft und der Gestalt des lebendigen Toten gewählt wird – »Lufthasenjäger« –, ist uns nicht bekannt, ist in keinem Wörterbuch zu finden; der Neologismus erzeugt kein Bild in uns. Die Ankündigung des Vergleichs im »wie ein« erhellt die Traum-Begegnung mit dem Toten nicht, sondern verdunkelt sie eher. Der Traum, der große Dramatiker, setzt etwas sich Zeigendes in Szene, ohne dass dieses in eine Interpretation, eine Diagnose oder in ein Urteil übersetzt wird. Es wird etwas festgestellt, das in keinem Begründungsdiskurs aufgeht – eine rationale Deutung des Gezeigten kaum zulässt. Die einzige Gewissheit ist, dass die Toten leben, agieren, intervenieren, eine Präsenz haben, die auf die Wahrnehmung der Lebenden hofft und für Augenblicke die Grenze zwischen Lebenden und Toten verwischt.

Es scheint, als ob dieses befremdende Motto eine Ouvertüre hin zu einem Text ist, der kaum mit der Intention des Vorfindens einer Abbildfunktion gelesen werden kann, da sich hinter den Bildern keine »authentischen Aussagen« verbergen. Ein Text, der, und das werde ich

---

4 Hoffmann: Christus der Fische (s. Anm. 2), S. 5.

zu zeigen versuchen, nicht, »was anderswo bereits gegeben ist«,[5] sondern eher etwas Neues darstellen will, das allerdings erst noch herzustellen ist. Aber wie, und das wird eine weitere Frage sein, die nun den Fokus auf die Darstellung der Dinge lenkt, kann die Omnipräsenz der Gegenstände in diesem Text zusammenpassen mit dem Eindruck, dass es ein Text ist, der gerade aufhört, auf gegenständliches Sein zu verweisen?

II.

Tatsächlich finden sich überall in *Christus der Fische* Kanapees und Cembalos, Kirsch-Apfeltorten, Kanasterspielkarten, Karpfen und ein hoher lila Damenhut. Eine erste Lesart suggeriert, dass die meisten Dinge auf das verlorene Universum des bürgerlichen Mitteleuropas bzw. auf die »Europäizität«[6] jüdischer Kultur referieren. Sie könnten hier wie die Grundpfeiler für eine Darstellung der mitteleuropäischen Zivilisation betrachtet werden, in der die jüdische Stadtbevölkerung sich bis zum Beginn des 20. Jahrhunderts zumindest zeitweise integriert fühlte und an der sie in vieler Hinsicht partizipierte bzw. eine solche maßgeblich gestaltete. In einer zweiten Lektüre aber bemerkt man, dass solchen »authentischen Aussagen«, die auch auf eine kulturell-nationale Zugehörigkeit verweisen, buchstäblich der Boden unter den Füßen weggezogen wird. Entsprechend dem Luftraum zwischen den Fragmenten haben viele Gegenstände im Text kaum Bodenhaftung. Die Dinge stehen nicht und liegen nicht still, vielmehr schweben, fallen, stürzen oder fliegen sie, ganz wie es auch die Zeichnungen auf dem Einband der deutschen Ausgabe darzustellen versuchen. »An Yom Kippur segelte in zentrifugaler Bewegung ein totes Huhn in der Luft«,[7] »neunzehnhundertachtundsiebzig sah Tante Magda ein Schiff auf der Dizengoffstrasse«[8] und »Käsetorten schwebten kraft der Freude im Wind. Gabeln flogen zu den Wolken.«[9]

Diese Spannung zwischen der noch als Rest vorhandenen Gültigkeit eines Referenzcharakters und der Auflösung bzw. Verschiebung einer

---

5 Brandt, Bettina: Schnitt durchs Auge. Surrealistische Bilder bei Yoko Tawada, Emine Sevgi Özdamar und Herta Müller. In: Text+Kritik (2006): Sonderband Literatur und Migration, S. 74–83; hier: S. 76.
6 Witte, Bernd: Europa – Heimat der Juden? In: Sibylle Schönborn, Karl Ivan Solibakke und Bernd Witte (Hg.): Traditionen jüdischen Denkens in Europa. Berlin 2012, S. 11–19; hier: S. 13.
7 Hoffmann: Christus der Fische (s. Anm. 2), S. 117.
8 Ebd., S. 181.
9 Ebd., S. 155.

erwarteten Bedeutung in der Darstellung der Dinge durchzieht den Text wie ein roter Faden. Das gilt für die Darstellung der mitgebrachten Objekte in der israelischen Gegenwart sowie für die Dinge in der Erinnerung an Mitteleuropa.

In der Erzählgegenwart, in den von Europa nach Palästina/Israel hinüber geretteten Dingen, entfaltet sich manchmal gerade aufgrund ihrer Kontext- und Zweckentfremdung eine Funktion bzw. ein kritisches Potenzial, die sie im Ursprungsland niemals hatten. Man stelle sich eine Szene vor, in der die zwei älteren Damen, Tante Magda und Frau Stier, im Café am Meer heldenhaft mittels aus Europa mitgebrachter Utensilien gegen eine herannahende Flutwelle ankämpfen:

> Manchmal, bei Flut, stieg der Meeresspiegel bis zur Decke des Cafés. Die Schokoladentorten trieben auf dem Wasser. Tante Magda und *Frau Stier* zogen Nadeln von ihren Köpfen und befestigten die Tassen an der Tischdecke. Ihre Kleider breiteten sich rings um die Holzstühle wie fleischfressende Pflanzen.[10]

Mit ihren Haarnadeln und ausladenden Kleidern eine Meeresflut bekämpfen und die eigene Sesshaftigkeit befestigen zu wollen, scheint ein aussichtsloses Unterfangen zu sein. Die Gegenstände verweisen einerseits auf ein paar absurd übrig gebliebene Juden aus Europa, die sich in Israel befinden, wo die mitgebrachten Dinge nicht mehr wirklich an ihrem Platz sind bzw. nur noch zur Gestaltung einer befremdenden Gegenwart beizutragen scheinen. Andererseits lässt sich die Zwecklosigkeit des Unternehmens der Bekämpfung der Flut mithilfe der Dinge aus Europa auch so betrachten: Haarnadeln und Volantröcke in Waffen verwandelt könnten kaum ferner von der israelischen Kultur von Shorts, Sandalen und Gewehren sein.[11] Die Frauen entsprechen nicht dem Bild des neuen kämpfenden israelischen Juden, sie verharren aber auch nicht in der Position des Opfers. In ihrem aussichtslosen Kampf, der aber der ihrige ist, transportiert das Witzig-Abstruse auch eine Note des Antinationalen, der Nichtzugehörigkeit, die, mag sie auch lächerlich oder surreal erscheinen, auch ein kritisches Potenzial enthält.

Tatsächlich steht der Land-, Verwurzelungs- und Heimatdiskurs des Staates Israel immer wieder im Mittelpunkt der Fragmente. Fest steht, dass die mitgebrachten Gegenstände bei Yoel Hoffmann die Menschen nicht verankern. Die Wurzel selbst wird zum Ding, sie ist alles, nur

---

10 Ebd., S. 69.
11 Vgl. hierzu auch Stahl, Neta: »Not Being at One's Home«: Yoel Hoffmann and the Formal Representation of Otherness. Prooftexts 30/2 (2010), S. 217–237, unter: http://muse.jhu.edu/login?auth=0&type=summary&url=/journals/prooftexts/v030/30.2.stahl.pdf [abgerufen: 26.06.2013].

kein Hineinwachsen des Menschen in etwas oder gar die Rückkehr in ein Stück Erde des jüdischen Volks:

> Ich erinnere mich, Frau Stier sagte »**Wurzel**«. Das war ein ganz besonderer Moment. Der Weinhändler war gestorben, und seine Witwe sagte mit der Kraft göttlicher Güte: »*Wurzel*«. Frau Stiers Zahnwurzeln (außer vielleicht des gezogenen Zahnes) waren in ihrem Mund. In Blumentöpfen gab es Wurzeln. Und von der Linie des Horizontes in Augenhöhe schickten sich unsichtbare Wurzeln in die Rinde der Erde.[12]

Dass das Wort »Wurzel« im ersten Satz als Zitat im Zitat und noch dazu im hebräischen Text auf Deutsch geschrieben ist, zeigt, mit welch spitzen Fingern es der Autor seinem Ich-Erzähler in den Mund legt. Unterstrichen wird die Distanz durch die zitierte direkte Rede in der Rede, die dadurch auch den Charakter vom »Hören-Sagen« erhält. Das Einfügen des Deutschen verwurzelt in gewisser Weise die Wurzel in der deutschen Sprache und nicht in der hebräischen, was wiederum nur der deutschkundige israelische Leser zu entziffern vermag. Diese sprachliche und typografische Verwurzelung führt zugleich etwas Fremdes in die hebräische Sprache ein. Andererseits öffnet das Deutsche in der Literatur nicht-deutschschreibender jüdischer Autoren dann aber immer auch noch zwei weitere Fenster: zum einen die Erinnerung, dass die deutsche Sprache, so George Steiner, maßgeblich die Europäizität vieler europäischer Juden mitbegründet hat und zum anderen, dass die Träger dieser Europäizität ausgelöscht wurden und, wie Stephan Braese schreibt, »durch die systematische NS-Sprach- und Kulturpolitik die letzten sprachimmanenten Voraussetzungen dieser Europäizität«[13] zerschlagen wurden. Für einen in Israel auf Hebräisch schreibenden Autor könnte außerdem zutreffen, dass er auf diese Weise seinen Text zu einem in Israel eher raren, vielleicht für manchen Leser auch schockierenden Begegnungsort zwischen den beiden Sprachen macht, gerade weil eine so vielschichtige Historie in dieser Entscheidung, ausdrücklich auch für die Metonymie »Wurzel«, mitklingt. Für Hoffmanns Textfiguren gilt, dass es über Rinde und Kruste nie weiter hinunter in die Erde geht, ein tieferes Verwurzeln existiert nicht. Die in der Luft schwebenden Objekte scheinen also die Menschen kontaminiert zu haben, wenn es in einer der letzten Vignetten heißt: »Es ist nicht leicht, den Menschen auf der Erdkruste zu halten.«[14] Schaut man sich dann

---

12 Hoffmann: Christus der Fische (s. Anm. 2), S. 65.
13 Braese, Stephan: »An den deutschen Leser« – George Steiners Europäizität. In: Schönborn/Solibakke/Witte (Hg.): Traditionen jüdischen Denkens in Europa (s. Anm. 6), S. 91–100; hier: S. 95 f.
14 Hoffmann: Christus der Fische (s. Anm. 2), S. 185.

noch die Konsistenz der auf- und abtauchenden Menschen an, so bemerkt man, dass die Luft auch durch sie hindurchzugehen scheint. Manchmal ähnelt diese Art von »Luftmenschen«[15] transparenten, durchsichtigen Wesen – nahe an einer Unsichtbarkeit angesiedelt. Man fühlt, dass sie – wie die Fragmentform des Gesamttextes, wie die Traumfiguren im Motto – kein inneres Zentrum besitzen, über keine Gewissheit ihrer Existenz oder ihres Ich verfügen. Dieses Sein ohne Ich ist die Katastrophe, sagt Imre Kertész im Hinblick auf das Leben nach Auschwitz.[16] Ich wage zu behaupten, dass implizit solche Überlegungen auch für Yoel Hoffmann eine Rolle spielen, wie überhaupt der Genozid als Referenz die Texte begleitet, ohne dass er in einer direkten Rede Gestalt annimmt.

III.

Es geht also, und das ist nun meine Lesart des Textes, gerade auch anhand der Darstellung der Dinge, um die Beziehung von Geschichte und Geschichten, also um die doppelte Bedeutung von Geschichte als Geschehen und als Darstellungsform. Reflexionen über historisches Wissen und Fragen der Poetologie treffen hier aufeinander und verbinden sich im Fokus des Unwahrscheinlichen, des Nichttatsächlichen und des Surrealen. Der historische Zusammenhang und der Prozess seiner Überlieferung sowie seine historiografische Konsistenz scheinen ein Irritationspotenzial in sich zu tragen, worin das Bekannte, das Wahrscheinliche dem nicht empirisch Nachweisbaren, dem Unwahrscheinlichen entgegentreten. Akteure einer wahrscheinlichen Geschichte handeln zwischen Notwendigkeit, Dringlichkeit und Kontingenz, mal miteinander, mal gegeneinander. Wir erahnen darin verpasste, gescheiterte oder erst noch zu schaffende Möglichkeiten, in denen die Fiktion

---

15 Die ursprüngliche Bedeutung von »Luftmensch« findet sich in der jiddischen Literatur der zweiten Hälfte des 19. Jahrhunderts. Dabei handelt es sich um die ironische Selbstcharakterisierung des »von Luft«, von der Hand in den Mund lebenden Menschen ohne feste Arbeit, dessen Ertrag sich regelrecht »in Luft« auflöste. Der Begriff bekommt dann in der Diskurs- und Metapherngeschichte eine zunehmend politisch geprägte Bedeutung, in der sich »der Luftmensch« zum politisch ausgelieferten passiven Objekt transformiert. Bei Hoffmann klingt diese Verwandtschaft noch an. Vgl. zur Geschichte des Begriffs Berg, Nicolas: Luftmenschen. Zur Geschichte einer Metapher. Göttingen 2008.
16 Vgl. Kertész, Imre: Sauvegarde. Journal 2001–2003. Arles 2012, S. 68: »Je ne veux pas parler de moi-même, mais de l'homme – l'homme de la catastrophe – pour lequel il n'y a plus de retour vers un quelconque centre du moi, ou du moins vers une assurance de soi ferme et indéniable, qui donc s'est *perdu* au sens le plus strict du terme. L'être dépourvu de moi est la catastrophe, le mal véritable.«

ihre ganze Geltung beansprucht. In Textszenen, die explizit die Erinnerung an eine mitteleuropäische Zeit mobilisieren, wird die Prekarität des Begehrens nach Erinnerung sowie die Unmöglichkeit ihrer Darstellung in den Mittelpunkt gestellt. Auch hier werden Erwartungshaltungen in die Enge oder in die Irre geführt und der einfache Zugriff auf ein Erinnerungsbild verweigert. So bleibt von einer Reise in die alte Heimat Wien viele Jahre nach der Flucht aus dieser Stadt eher eine einzige Nicht-Erinnerung übrig oder eben die Erinnerung an etwas Steckengebliebenes, an eine Blockade, eine Unterbrechung, Störung, in der gerade keine Geschichte und keine Gegenwart der Beziehung mit einem Ort und Leben sichtbar werden. Das Objekt, an dem sich die Erinnerung an diese Reise festmacht, ist weder der Damenhut in der Oper noch das Cembalo oder die Kanasterspielkarten im Kaffeehaus, es ist ein banaler Schuhabsatz, der in Wien und mit Wien ein Weitergehen, im konkreten wie im übertragenen Sinne, nicht mehr erlaubt. Das Erinnerungsbild reduziert sich auf die Beobachtung, »daß Hermines hoher Absatz in der Mariahilferstrasse vor dem Schaufenster eines Blumenladens im Straßenpflaster steckenblieb«.[17] Gesagt wird nicht, was Ruth Klüger in einem Interview aus dem Jahre 2006 scharf im Hinblick auf das Wiener Straßenpflaster und ihren Besuch dort Jahre später denunziert: »Aber Wien schreit nach Antisemitismus. Also jeder Pflasterstein ist antisemitisch für mich in Wien«.[18] Hoffmann ergänzt hier nur, dass man alte Freunde in dieser Stadt auch nicht mehr treffen konnte, da alle tot waren. »Doch Moritz Schlick war 1936 gestorben [nachdem er die Thesen von Rudolf Carnap und Otto Neurath widerlegt hatte].«[19] Vielleicht assoziiert der Leser mit dem Jahr 1936 in Wien die Zeit des Austrofaschismus – auch das wird nicht gesagt. Hoffmann jedenfalls verbindet etwas ganz anderes damit und baut dies in eine für uns zunächst unergründliche Reihenfolge von der Widerlegung von Thesen zweier Philosophen des logischen Empirismus und dem Tod ein. Es ist das Nicht-Gesagte, das uns hier unruhig macht, die Aussparung von historischem Stoff als Hintergrundwissen, als Erklärungsmuster. An deren Stelle sind wir mit Absenz und Nonsens der Objekte, die Erinnerung nicht mehr bergen, nicht mehr entstehen lassen, konfrontiert.

In der Stanze Nummer sechs wird vom Karpfen erzählt, der vor dem Pessachfest zwei Tage in der Badewanne von Tante Magda schwimmt.

---

17 Hoffmann: Christus der Fische (s. Anm. 2), S. 121.
18 Klüger, Ruth: Wien schreit nach Antisemitismus, unter http://www.spiegel.de/ panorama/ruth-klueger-wien-schreit-nach-antisemitismus-a-434150.html [abgerufen: 25.06.2013].
19 Hoffmann: Christus der Fische (s. Anm. 2), S. 119–121. Die eckigen Klammern in allen Zitaten entsprechen der Fassung der deutschen Übersetzung des Textes.

»Am dritten Tag verkündete Tante Magda, daß der Karpfen ›genauso denkt wie wir‹, und schickte Onkel Herbert [er war Experte für Sanskrit], den Karpfen ins Meer zurückzubringen.«[20] So befremdend sympathisch die Geste der Rettung des Karpfens und der Zusammenhang zwischen dem Experten in Sanskrit und dem Denken des Karpfens auch sein mögen, genau 99 Fragmente später assistieren wir einer Meditation über den Karpfen, der im Salzwasser nicht überleben konnte. Über Onkel Herbert heißt es dort:

> Wie Leibniz und Hume unterschied er zwischen Wahrheiten, die in den Tatsachen liegen [wie ›es gibt Lebewesen im Meer‹], und notwendigen Wahrheiten [wie ›alle Fische sind Lebewesen‹]. Er disputierte mit Kant. Aber er wußte leider nicht, daß der Karpfen [*Cyprinus carpio*], den ›ins Meer zurückzubringen‹ Tante Magda ihm aufgetragen hatte, im salzigen Wasser sterben würde.[21]
> Ich erinnere mich. Herbert, mein Onkel, umarmte den Karpfen mit beiden Händen, als sei er ein seltenes Manuskript. Seine Beine wurden länger, sein Kopf verschwand in den Wolken. Dann entließ er ihn mit einer sanften Bewegung in ein anderes – süßeres – Wasser, zwischen die Sterne.[22]

Die ganze mitteleuropäische Kultur und ihre Bedeutung für die Juden stehen hier noch einmal im Sinne George Steiners zur Disposition: »Durch ein Phänomen, das dann zu einem unerträglichen Paradox werden sollte, zählte dieses von säkularer Hoffnung erfüllte Judentum auf deutsche Philosophie, Literatur, Gelehrsamkeit und Musik als seine magischen Garanten.«[23] Genau diese magischen Garanten aber versagen dramatisch in Israel. Weder sie noch die affektive, ins Metaphysische verweisende Geste vermögen der Realität des Tieres gerecht zu werden. Es scheint, als ob die Menschen, die sich um den Fisch sorgen, keine Ahnung von seinen Lebensbedingungen haben und genauso wenig die Gegebenheiten des Landes, in dem sie seit Jahren leben, sich vor Augen führen. Zugleich zeugt diese Episode von einer noch weitergehenderen Dramatisierung insofern, als auch von einem Vergessen der Europäizität gesprochen werden könnte, insofern der Karpfen doch auch dort schon zum Repertoire der Speisekarte jüdisch-ashkenasischer Familien (als gefilte Fisch zum Beispiel, als Karpfen zum Sabbatessen etc.) zählte. In Israel aber bewegen sich die Protagonisten, als ob ihre Füße kaum auf dieser neuen Erde, die doch das definitive Versprechen von Heimat sein wollte, gegangen sind und als ob das seltsam

---

20 Ebd., S. 15.
21 Ebd., S. 93.
22 Ebd., S. 95.
23 Steiner, George: Errata. Bilanz eines Lebens. München, Wien 1999, S. 18.

Schwebende in ihrem Gang und in ihrem Kopf vielmehr das einzig Eigene, das Eigentliche ist. Es scheint, als ob ihre geistige Europäizität, die ihnen in ihren Herkunftsländern zum Boden und zur Heimat wurde, sich in Israel nicht dazu eignet, Boden unter den Füßen zu gewinnen. »Boden, nie gehört?«,[24] heißt es in der kurzen Episode von der alten Hermine, als sie vom Balkon ihres israelischen Hauses scheinbar in ihren Garten weitergeht und ins Nichts fällt, wobei wir nie erfahren, ob dies gewollt war oder nicht, aber wir wissen, dass sie tot ist. Könnten wir es wagen, auch aus diesen Gründen von einem jüdischen Exil in Israel zu sprechen?

Und bodenlos – aus der Perspektive der israelischen Mehrheitsgesellschaft – erscheint auch noch eine zweite Geschichte mit dem Objekt Fisch. Vielleicht aber entwirft diese bodenlose Geschichte auch eine Alternative für das Sehen, Denken und Schreiben:

> In der dritten Klasse [ein Jahr, nachdem mein Vater starb] schrieb ich einen Aufsatz: Was sehe ich auf dem Markt. Ich sah einen mongoloiden Mann in einem Fischladen. Jemand kämmt ihm jeden Morgen das Haar und zieht seinem Leib ein weißes Hemd an. Dann nimmt man ihn an der Hand [vielleicht sagt man: »Frau Sonne scheint schon«] und bringt ihn zum Fischladen, und dort, im Laden, steht er den ganzen Tag neben dem Fass und schaut die Fische an. Wie gut, daß er als Sohn von Eltern geboren wurde, die einen Fischladen haben! Die Lehrerin schrieb unten auf die Seite: Du solltest alles beschreiben, was du siehst.[25]

Dieses weder einem magischen noch einem dokumentarischen Realismus entspringende Schreiben zum Thema »Markt« hat, so die Lehrerin, keinen Boden, da es den Blick zu sehr verengt und das »alles« ignoriert. Tatsächlich verweigert sich das Schreiben des jungen Ichs einem Anspruch des Totalen, der Ganzheit, der alles umfassenden Geschichte. Es schreibt selbst nur eine Art von Fragment, in dem es Beobachtung und Dichtung mischt. Es handelt sich nicht um eine vollständige Geschichte oder Reportage, um keine Chronologie, eher um das Bild eines immer gleichen, sich ewig wiederholenden Vorgangs, der aber gerade in seiner monotonen Wiederholung für den jungen Schreiber eine unerwartete Identifikationsmöglichkeit anbietet. Entgegen dem Anspruch der Lehrerin auf »alles« wird das Abseitige in den Blick genommen, das Unerwartete, das Irritierende, das Partielle, das Mögliche. Es geht um die Konstruktion einer Episode, die die Sehgewohnheiten durcheinanderbringt und die Fragen ans Tageslicht befördert, die man vielleicht lieber nicht stellen möchte. Ein Mann mit Trisomie

---

24 Hoffmann: Christus der Fische (s. Anm. 2), S. 169.
25 Ebd., S. 11–13.

21, der sich täglich in eine Augengemeinschaft mit den toten Fischen begibt und auf dem Weg dorthin jeden Morgen den Alltagsritualen – dem Anziehen, Kämmen und In-den-Laden-geführt-Werden – unterworfen wird, zieht den Blick des Kindes auf sich. Das Befremden, das ein unbeteiligter Beobachter bei diesem Anblick empfinden könnte, verwandelt sich im Munde des Erzählers in eine Geborgenheit, die er selbst, als Waisenkind, nicht erleben konnte. Das Faktum, dass dieser beobachtete Mann Eltern hat, die noch dazu einen Fischladen haben, der wie der ideale Platz für dieses erwachsene behinderte Kind wirkt, lenkt den Blick weg von der vielleicht tragischen Geschichte dieses Menschen hin zu einer emphatischen Rede der Zugehörigkeit, die all die anderen Figuren in Yoel Hoffmanns Text gerade nicht aufweisen. Ja, es gibt in diesem ganzen Buch einen einzigen Menschen in ganz Israel, der seinen Platz gefunden hat, und dies ist ausgerechnet einer, der nicht im Vollbesitz seiner geistigen und körperlichen Kräfte ist. Eine »Poetik des Marginalen und Unbedeutenden«[26] schält einen ganz anderen Punkt der Aufmerksamkeit aus einer Geschichte heraus, der zurückverweist auf den getadelten Erzähler, der die Erwartungshaltung des Sehens der Lehrerin nicht erfüllt, weil er auf das Defizitäre und Prekäre, auf das »beschädigte Leben« konzentriert ist und ausgerechnet darin eine Vision der Zugehörigkeit erblickt. Auch dies kann man natürlich als subtile Kritik am Menschenbild des Staates Israel aus seiner Gründerzeit lesen: der Deformierte, der Versehrte, nicht der Starke, der den Aufbau vorantreibt, ist derjenige, der hier ganz an seinem Platz ist.

Subtil wird mit dem doppelten Auftauchen des Fischs in den beiden Szenen auch der ironische Titel des Buches in Erinnerung gerufen. Der bescheidenere Christus der Fische, vielleicht in Anlehnung an den jungen Mann auf dem Markt, dessen Reich die Fische auf dem Markt sind, ersetzt in gewisser Weise den auch triumphalen Christus Menschenfischer. Onkel Herbert, in mancher Hinsicht auch ein Christus der Fische, da verantwortlich für das Leben und Sterben des Karpfens, irrt sich so ganz in seiner Intention, dem Tier das Leben zurückzugeben. Die solchermaßen wenig potenten Christusfiguren ersetzen unser herkömmliches Christusbild. Gleichzeitig bilden Tiere und Objekte am Ende, in der das Werk beschließenden Vision von Tante Magda, das Zentrum der Vision der Wiederauferstehung. Von Menschen, zu fischenden Menschen ist hier keine Rede, eher sind es der Karpfen und der Vogel, denen jetzt das ewige ungeteilte Leben zugesprochen wird. Die Objekte aber benötigen keine Menschen, keinen Christus mehr:

---

26 Zepp, Susanne und Natasha Gordinsky: Kanon und Diskurs. Über Literarisierung jüdischer Erfahrungswelten. Göttingen 2009, S. 58.

das Bügeleisen, die Handtasche, die Spielfiguren und die Porzellanfiguren sind sich selbst genug.

IV.

Erinnerung, historisches Wissen, wissenschaftliche Welterklärung, europäische Philosophie, nationale Heimatdiskurse des Staates Israel – der Text strotzt geradezu von gewaltsam Abhandengekommenem und dessen Resten, Spuren und Leerstellen. All dies wird an den Gegenständen entlang erzählt, stiftet Irritation, die eine Hellhörigkeit schafft, ohne notwendigerweise die Verwirrung aufzulösen. Was zählt, ist die Arbeit gegen die Chronologie, auch gegen die in die Zukunft gerichtete Chronologie, die uns vermeintliche Sicherheiten bieten will. Es gibt kein zeitliches und auch kein räumliches Kontinuum, wie es uns das Fragment 194 vorführt. Dem Exilanten Moschkowitz beginnen zu seinem großen Schrecken die »Haare nach innen zu wachsen, in seinen Körper hinein. Das war das äußere Zeichen dafür, daß die Richtungen der Zeit durcheinander geraten waren. So als kehrte das Haar in eine andere Zeit zurück [...] Und es gab Tage, da suchte er sich am Ende des Bettes.«[27] Das Nicht-Chronologische verbindet sich mit dem Moment der Entschleunigung im Produktionsprozess von Text und Bild: wenn nicht mehr alles nach vorne rast, um sichtbar die Gestalt des nie endenden Aufbaus und Triumphes über die Geschichte und den Verlust anzunehmen, sondern langsam rückwärts und nach innen wächst, unterläuft diese zweite Bewegung auch eine von der Mehrheit gelebte Existenzform und eine Staatsideologie. Tante Magdas Bewusstsein »stülpte sich gewissermaßen nach innen, wie ein Schneider, der die ganze Zeit seine eigenen Kleider näht. Sie und diese Nähmaschine wurden zu einem Wesen. Die Fadenröllchen ihrer Erinnerungen drehten sich taschekum taschekum. Sie nähte sich selbst.«[28] Die Nähmaschine erinnert uns an einen Satz im Kontext des Surrealismus, den André Breton in Lautréamonts *Chants de Maldoror* findet, wo jener die Schönheit eines Jünglings mit folgendem Bild preist: Er ist »so schön [...] wie die unvermutete Begegnung eines Regenschirms und einer Nähmaschine auf einem Seziertisch«.[29] Verwendete Elemente werden »aus ihrem realen Zusammenhang gerissen und für noch nicht aufgetretene Kombinationen und Konstruktionen frei gesetzt, durch die die

---

27 Hoffmann: Christus der Fische (s. Anm. 2), S. 163–165.
28 Ebd., S. 173.
29 Zit. n. Brandt: Schnitt durchs Auge (s. Anm. 5), S. 76.

Welt neu gelesen, gesehen und entdeckt werden kann«.[30] Der Gegensatz, der in einem solchen Ding-Bild, hier bei Hoffmann Mensch-Ding-Bild, dann aufgebaut wird, verweist nicht mehr auf ein gegenständliches Sein, er wird vielmehr zum Ort einer kreativen Kraft durch einen Moment des Schocks in der Montagetechnik. Mit der Figur von der sich selbst schneidernden Tante Magda zerschneidet und zerstückelt der Autor die Bilder, was auch die Materialität der Sprache sichtbar macht, der feine Singsang der Fadenröllchen »taschekum, taschekum« ist ein kurzer akustischer Ausdruck davon. Das heißt gerade nicht, dass Worte die wirkliche Welt erfassen können, sondern wohl eher Erkenntnis streifen bzw. einen Raum herstellen können, in dem Erkenntnis geschaffen wird. Die Struktur der Dingwelt entspricht nicht der Struktur der Sprache. Das Zerstückelte kann allerdings dann auf Ereignisse prallen, die auf Knotenpunkte in der Geschichte verweisen, und aus dem Zusammenprall entstehen neue Bilder, die eine neue ästhetische Sprache hervorbringen wollen.

Tatsächlich schafft der Autor Yoel Hoffmann in der Arbeit an den Dingen und den vielen Details einen »*effet du réel*, der nicht durch detaillierte Beschreibungen der Räume und der nichtsprachlichen Handlungen, sondern durch das Unterlaufen der Realitätsillusion traditioneller Erzählweisen entsteht.«[31] Zweimal im Text wird deshalb auch hypothetisch die Frage nach der Möglichkeit des Romanschreibens gestellt: »Ich will fragen: Wenn sich diese Dinge in dem, was man so einen Roman nennt, ereignet hätten, wäre es dann angemessen, daß Herr Moschkowitz Tante Magdas Fleisch berührt?«[32] Und in Fragment 180 lesen wir: »Wie auch immer, *Frau Stier* sagte, was sie eben sagte, so wahr ich lebe. Auch wenn sie eine Romangestalt wäre [und nicht aus Fleisch und Blut], hätte sie [kraft eines anderen Gesetzes] in diesem Moment ›Ignatius‹ sagen müssen.«[33] Das Verfahren, das zunächst einfach Scheinende bei näherem Hinschauen immer mehr zu verfremden und so auch niemals zum Kern der Dinge vorzustoßen, sondern in ein »Kaleidoskop von Verschiebungen«[34] hineinzuführen, zieht für jede einzelne formale Entscheidung unzählige andere nach sich, »bis anstelle einer geschlossenen Wahrnehmung ein ganzes Feld von Assoziationen entsteht.«[35] Damit wird immer wieder das Prozesshafte des literarischen Texts als das eigentliche Movens der Schreibweise in den Mittel-

---

30 Ebd., S. 75.
31 Zepp/Gordinsky: Kanon und Diskurs (s. Anm. 26), S. 59.
32 Hoffmann: Christus der Fische (s. Anm. 2), S. 77.
33 Ebd., S. 153.
34 Zepp/Gordinsky: Kanon und Diskurs (s. Anm. 26), S. 69.
35 Ebd.

punkt gerückt, während Fragen nach der kulturell-national-ethischen Zugehörigkeit der Protagonisten und nach der Einordnung in ein verbrieftes literarisches Genre deutlich in den Hintergrund treten. Die Frage nach dem Roman gleicht darin am ehesten der nicht mehr einholbaren Erinnerung über die Dinge, die nichts mehr bergen und nichts mehr neu erschaffen können.

Indirekt angedeutet ist damit erneut der weite Themenkomplex des Erforschens der Existenz über das Geschichtenerzählen nach dem jüdischen Genozid. Ohne dies hier vertiefen zu wollen, sei dazu noch einmal eine Bemerkung von Imre Kertész in einer Notiz zum Roman zitiert:

> [...] le roman est l'analyse de l'existence avec les moyens du roman, mais [...] l'analyse des questions de l'existence est devenue superflue; ainsi, le roman est superflu, et l'écrivain l'est encore plus. La caractéristique principale de l'›être sans destin‹ est l'absence totale de lien entre l'existence et la vie réelle. Une existence sans être, ou plutôt, un être sans existence. C'est la grande nouveauté du siècle.[36]

Diese Dissoziation zwischen Existenz und Sein trägt auch zu der unablässigen Befremdung beim Lesen des Buches *Christus der Fische* bei.

Allerdings nimmt das Ende der Erzählung dann doch eine Wendung, die wir so niemals bei Kertész finden werden. Das Prozesshafte des Schreibens nimmt immer deutlichere Konturen an und wird zugleich radikalisiert in jene schon erwähnte Richtung des »nach innen muss es gehen«. Tante Magda erblindet, und der Leser findet sich in Fragment 232 typografisch mit einem schwarzen Block konfrontiert. Kein Sehen der äußeren Welt mehr, fast kein Wort mehr, dafür ein Sehen, das nach innen geht, das die äußerste und letzte Konzentration erfordert. Diese Forderung ergeht auch an den Leser, der als alleinige »Bildunterschrift« unter dem schwarzen Rechteck dann Folgendes vorfindet: »[Und man konnte sehen, wie sie sich vor dem Weltkrieg bewegt hatte].«[37] Diese Verdunkelung aber wird im letzten Fragment Nummer 233 im wahrsten Sinne des Wortes noch einmal radikal verwandelt. Unser allerletzter Blick ist in Licht getaucht und kann als eine abschließende große Erleuchtung, mystische Vision oder Offenbarung, aber nicht von den

---

[36] Kertész: Sauvegarde (s. Anm. 16), S. 15: »Der Roman ist die Analyse der Existenz mit den Mitteln des Romans, aber die Analyse der Fragen nach der Existenz ist überflüssig geworden, also ist der Roman überflüssig geworden und der Autor ist es noch viel mehr. Das hervorstechende Merkmal des ›schicksalslosen Menschen‹ ist die totale Abwesenheit einer Verbindung zwischen Existenz und realem Leben. Eine Existenz ohne Sein, oder eher ein Sein ohne Existenz. Das ist die große Neuheit des Jahrhunderts.«
[37] Hoffmann: Christus der Fische (s. Anm. 2), S. 191.

Menschen, sondern von den Dingen, vielleicht sogar von den letzten Dingen, gelesen werden. Die Blinde wird zur Seherin, überschreitet die Grenzen der Wahrnehmung, und wir werden definitiv in den Bereich eines anderen Wissens eingeladen, in welchem die Frage nach der Wurzel und nach dem »Au-delà«, vielleicht auch die nach Existenz und Sein, gleichermaßen obsolet geworden sind.

> Kraft dieser Anrede [in der Blindheit; zwei oder drei Wochen vor ihrem Tod] sah sie einen großen Anblick, und darin waren alle Dinge. Sie sah die Seele des Karpfens. Und die Seele der Vögel. Und die Seele der Nadeln. Und die Seele der Porzellanfiguren. Und die Seele des Bügeleisens. Und die Seele der Handtasche. Und die Seele des Ingwers, der Vanille und der Spielkarten. Und sie wusste [oh, sie wußte!], daß diese Welt in die kommende Welt weiterführt, so wie sie ist. Es gibt keine Teilung. Nur die Richtungen verkehren sich.[38]

---

38 Ebd., S. 193.

Katarzyna Śliwińska

»Poniemieckie«: Von Deutschen zurückgelassene Dinge und deren Ort in der neueren polnischen Literatur

In Stefan Chwins mehrfach ausgezeichnetem Roman *Hanemann* aus dem Jahr 1995, der in deutscher Übersetzung unter dem Titel *Tod in Danzig* erschien, sind ganze Abschnitte und ein eigenes Kapitel (»Die Dinge«) den Gegenständen gewidmet, die 1945, als die deutsche Bevölkerung die Stadt verlässt, mit den Menschen auf Reisen gehen – oder zurückbleiben:

> In den Schubladen, Schränken und Kredenzen, auf den Böden von Kisten, Koffern und Blechdosen, in Abstellräumen und auf Speichern, auf Regalen und Gestellen, in Kellern, Speisekammern, auf Tischen und Fensterbänken schickten sich die Dinge, die man für alle Fälle bereithielt, und die Dinge, die man tagtäglich benutzte – zum Nähen, Einschlagen, Schneiden, Polieren, Zertrennen, Schälen und Schreiben –, all diese zarten und spöttischen Dinge, die in der reglosen Arche der Stadt schwammen, [...] schickten sich schon zur Abreise an. Schon jetzt, in der Stille, die die Stadt erfüllte, fand für die Dinge das Jüngste Gericht statt: Sie nahmen günstige Plätze ein, hielten sich in Sichtweite bereit, um schnell zur Hand zu sein und nicht zu spät zu kommen. Die Dinge, ohne die man nicht leben konnte, schieden sich von denen, die dem Untergang geweiht waren.[1]

Von Letzteren – den in der Eile des Aufbruchs zurückgelassenen, scheinbar entbehrlichen deutschen Dingen – und ihrem Ort in der polnischen Literatur nach 1989 soll im Folgenden die Rede sein. In der polnischen Umgangssprache bildete sich für jene Objekte aus deutscher Zeit – Häuser, Möbel, Alltagsgegenstände etc. – ein Wort heraus, das mit »ehemals deutsch« übersetzt werden kann: »poniemieckie«. Es widerlegt in seiner Verbreitung und schier unbegrenzten Kombinierbarkeit einen Mythos, den die Propaganda im kommunistischen Nachkriegspolen mit erheblichem Aufwand – und beachtlichem Erfolg, den sie einem breiten Konsens in dieser Frage verdankte – zu etablieren suchte. Dieser Mythos besagte, dass der polnische Staat mit der Über-

---

[1] Chwin, Stefan: Tod in Danzig. Roman. Aus dem Polnischen von Renate Schmidgall. Berlin 1997, S. 33.

nahme deutscher Provinzen östlich der Oder und Neiße, die ein Drittel seines Territoriums ausmachten, in seine historisch angestammten Grenzen zurückgekehrt sei. Jene Erzählung von Ostpreußen, Pommern, der Neumark und Schlesien als Urbestandteilen polnischer Staatlichkeit musste in den ersten Jahren nach Kriegsende noch mit Gewalt durchgesetzt werden – zu präsent waren die Spuren der deutschen Vergangenheit: in der Landschaft, der symbolischen Schicht der Bebauung, den Formen und dem Grad der Industrialisierung sowie der landwirtschaftlichen Bewirtschaftung, in der materiellen Kultur des Alltags.[2] Aber auch nach Jahrzehnten erwies sich jenes, wenn auch fragmentarisch überlieferte, »Gedächtnis der Dinge« als erstaunlich resistent gegen eine (Neu-)Erfindung von Tradition.

Die Mechanismen der Anknüpfung, des Überschreibens, der Inklusion und Exklusion historischer Bezüge in den »wiedergewonnenen Gebieten« im Norden und Westen Polens sind mehrfach beschrieben worden.[3] Sie erlaubten den neuen Bewohnern jener Regionen, eine emotionale und symbolische Bindung an Orte und Landschaften zu entwickeln, die in vieler Hinsicht fremd waren. Dadurch aber entstand im historischen Bewusstsein der nachgeborenen Generationen eine Lücke – das Wort »poniemieckie«, das mit dem Präfix po- (im Sinne eines zeitlichen Nach) den historischen Bruch von 1945 und als Ganzes die Relikte »aus deutscher Zeit« als solche markiert, kann somit als Ausdruck eines populären Gegen-Gedächtnisses betrachtet werden.

Die demokratische Wende von 1989 hatte einen Paradigmenwechsel im Umgang mit der (deutschen) Vergangenheit, einschließlich ihrer materiellen Hinterlassenschaft bewirkt, der mit der Abkehr von der »großen« Geschichte und der Hinwendung zu eng umgrenzten und selbst erfahrenen Räumen einherging. Für Letztere bürgerte sich der Terminus »mała ojczyzna« (wörtlich: kleines Vaterland) ein, der sinngemäß mit dem im Polnischen fehlenden Begriff »Heimat« zu übersetzen ist. Diese Wortbildung spiegelt eine Wandlung im gesellschaftlichen Bewusstsein der Polen, in dem regionale bzw. lokale Identifikationsange-

---

2 Vgl. Zybura, Marek: Das deutsche Kulturerbe in Polen. In: Andreas Lawaty und Hubert Orłowski (Hg.): Deutsche und Polen. Geschichte – Kultur – Politik. München 2003, S. 144–153; hier: S. 145.
3 Vgl. etwa Loew, Peter Oliver, Christian Pletzing und Thomas Serrier (Hg.): Wiedergewonnene Geschichte. Zur Aneignung von Vergangenheit in den Zwischenräumen Mitteleuropas. Wiesbaden 2006; Mazur, Zbigniew (Hg.): Wokół niemieckiego dziedzictwa kulturowego na Ziemiach Zachodnich i Północnych. Poznań 1997; Ders.: O adaptacji niemieckiego dziedzictwa kulturowego na Ziemiach Zachodnich i Północnych. Poznań 2001; Karp, Hans-Jürgen (Hg.): Deutsche Geschichte und Kultur im heutigen Polen. Marburg 1997; Zybura, Marek: Der Umgang mit dem deutschen Kulturerbe in Schlesien nach 1945. Görlitz 2005.

bote bis dahin keine bedeutende Rolle spielten. Die Karriere der Identitätsformel »mała ojczyzna«, die als Derivat des Begriffs »Vaterland« die Spannung zwischen individueller (privater) und kollektiver Dimension von Zugehörigkeit, Geschichte und Gedächtnis vor Augen führt, zeigt somit wichtige Phänomene der politischen und kulturellen Transformation nach 1989 an. Sie gab auch der wohl bedeutendsten literarischen Tendenz der Neunzigerjahre ihren Namen (»literatura małych ojczyzn«), die ihre Popularität bei den Lesern und Kritikern nicht zuletzt einer nostalgischen Hinwendung zu den Dingen – als Zeugen und Bürgen der Vergangenheit – verdankt.

Der Lyriker und Essayist Leszek Szaruga beschreibt jene Veränderungen, an denen gerade auch die Literatur entscheidenden Anteil hatte, als die mentale Ankunft in den geografischen Koordinaten der Welt nach Jalta.[4] Es handelt sich hier um die polnische Variante des spatial turn,[5] in dessen Zuge auch die ehemals deutschen Städte und Regionen wiederentdeckt oder vielmehr neu konstituiert wurden: als Räume des Neben-, Mit- und Gegeneinanders, der Überlagerung von Kulturen, Bevölkerungen, Sprachen, Konfessionen und Traditionen. Wenn also die polnischen Schriftsteller seit den späten Achtzigerjahren sich verstärkt den ehemals deutschen Gebieten im Norden und Westen des Landes zuwenden, dann nicht, um sie als urpolnisch zu reklamieren, sondern um die Spuren einer fremden Vergangenheit freizulegen, die sie in Gedächtnisfiguren umwandeln.[6] Die Kulturgemeinschaft »Borussia« aus Olsztyn und ihre Ausstellung *Atlantis des Nordens* (1993) mit über 500 Fotografien aus Ostpreußen der Jahre 1864–1944[7] oder der

---

4 Vgl. Szaruga, Leszek: Dochodzenie do siebie. Wybrane wątki literatury po roku 1989. Sejny 1997.
5 Vgl. dazu Joachimsthaler, Jürgen: Von der einen Nation zur kulturell vielfältigen Region. Der »spatial turn« als Provokation der Nationalphilologien. In: Convivium 4 (2008), S. 29–59.
6 Als frühe Beispiele sind Paweł Huelles Roman *Weiser Dawidek* (Gdańsk 1987) sowie die Erzählungen *Niemcy* von Mirosław Spychalski und *Skarb Montezumy* von Mirosław Jasiński aus dem Band *Opowieść heroiczna* (Wrocław 1989) zu nennen.
7 Der Lyriker und Essayist Kazimierz Brakoniecki (geb. 1952), einer der Mitbegründer der »Borussia«, formulierte im deutschsprachigen Teil des Ausstellungskatalogs folgendes Credo: »Historischer Zufall oder geschichtliche Gerechtigkeit bewirkten, daß ich hier, in Ermland und Masuren, über mein Polentum, über mein Mensch-Sein entscheiden will und werde, den fremden Traditionen verbunden, denn sie fügten sich zum moralischen Gepräge des kleinen Vaterlandes, dessen Vision ich in mir hege. [...] Wenn ich über Gemeinschaft der Erinnerungen, des Geistes und der allgemeinen Werte nachdenke, [...] wird mir bewußt, daß ich jetzt – Vertreter der Generation, die hier nach dem Zweiten Weltkrieg geboren wurde – Erbe dieser Landschaft, Kultur und Erinnerungen bin, daß ich mitwirke an der Schaffung einer Gemeinschaft der lebenden und der verstorbenen Preußen, Deutschen, Polen, Ermländer, Masuren, Russen, Litauer, Europäer. Ich bin Erbe der ›Atlantis des Nordens‹, empfindsamer und kritischer Schü-

Essayband *Bresław* (ein Mischwort aus »Breslau« und »Wrocław«) von Andrzej Zawada (1996) sind nur einige Beispiele für eine solche hybridisierende Utopie einer terra recognita.[8]

Die »wiedergewonnenen Gebiete« waren bis in die Achtzigerjahre hinein Schauplatz einer offiziell geförderten Migrations- und Ankunftsliteratur, der legitimierende und integrierende Aufgaben übertragen wurden.[9] Sie schilderte die Entstehung einer neuen, weitgehend homogenisierten Nachkriegsgesellschaft als gesetzmäßigen, wenn auch konfliktreichen Prozess, der vom schweren Anfang im »Neuland« (*Trud ziemi nowej* von Eugeniusz Paukszta, 1948) über das zögerliche »Hineinwachsen« in die neue Umgebung (*Wrastanie* von Eugeniusz Paukszta, 1964) bis hin zum »Heimisch werden« im symbolisch verstandenen »neuen Haus« führt.[10] Sie erzählte zugleich vom durchaus konkreten sich-Einrichten der Ankömmlinge aus verschiedenen Regionen Polens in verlassenen Häusern geflüchteter oder ausgesiedelter Deutscher, vom erzwungenen Zusammenleben unterschiedlicher Bevölkerungsgruppen mit jeweils eigenen Lebensformen und Dingwelten. Viele fiktionale und autobiografische Texte aus dieser Zeit zeugen von einem missionarischen, zuweilen abenteuerlichen Pioniergeist der ersten Siedler, die jene angeblich menschenleeren Gebiete, die im Volksmund bald den Namen »Wilder Westen« erhielten, für den polnischen Staat als rechtmäßigen Eigentümer in Besitz nahmen, dabei das von Deutschen hinterlassene Hab und Gut als »Volkseigentum« requirierten und gegen Plünderungen sicherten,[11] nicht ohne die Chance zur

---

    ler der Geschichte und Landschaft.« (Brakoniecki, Kazimierz: Die Atlantis des Nordens. In: Ders. und Konrad Nawrocki: Atlantyda Północy. Die Atlantis des Nordens. Das ehemalige Ostpreußen in der Photographie. Olsztyn 1993, S. 40).

8 Dzikowska, Elżbieta: Terra recognita. Polnische Schriftsteller über die deutsche Vergangenheit ihrer schlesischen Heimatorte. In: Norbert Honsza und Theo Mechtenberg (Hg.): Die Rezeption der deutschsprachigen Gegenwartsliteratur nach der Wende 1989. Wrocław 1997, S. 217–233.

9 Dzikowska (ebd.) nennt aber auch frühe Beispiele einer literarischen recognitio terrae jenseits ideologischer Vereinnahmung (etwa bei Anna Kowalska und Tadeusz Różewicz).

10 Vgl. dazu insbesondere Trepte, Hans-Christian: Postdeutsch (poniemieckie) – Zur Problematik des westlichen Grenzlandes (kresy) in der polnischen Gegenwartsliteratur. In: Bernd Neumann, Dietmar Albrecht und Andrzej Talarczyk (Hg.): Literatur – Grenzen – Erinnerungsräume. Erkundungen des deutsch-polnisch-baltischen Ostseeraums als einer Literaturlandschaft. Würzburg 2004, S. 393–412; Bakuła, Bogusław: Między wygnaniem a kolonizacją. O kilku odmianach polskiej powieści migracyjnej w XX wieku. In: Hanna Gosk (Hg.): Narracje migracyjne w literaturze polskiej XX i XXI wieku. Kraków 2012, S. 161–191.

11 Zum Beispiel in Józef Hens Roman *Toast* (dt. *Die Faust und das Recht*) von 1964.

persönlichen Bereicherung – oder aber zur elementaren Existenzsicherung in einem zerstörten Land – wahrzunehmen.[12]

Ein wesentlicher Unterschied zur Literatur der Neunzigerjahre mit ihrem hermeneutischen Interesse, ja ihrer Obsession für die (deutschen) Dinge, besteht darin, dass die Gegenstände, die die Erzähler und ihre Figuren in verlassenen Wohnungen vorfinden, gegen Lebensmittel eintauschen oder durch regulären »szaber«[13] erbeuten, hier zumeist das stumme Fremde sind, das erst in der neueren Literatur, als das Andere, zum Sprechen gebracht wird.[14] Sie werden zunächst in ihrer Funktionalität, in ihrem Gebrauchs- und ihrem Tauschwert wahrgenommen, nicht in ihrer symbolischen oder emotionalen Bedeutung, die – vor allem dort, wo unterschiedliche soziale Milieus (mit jeweils eigenen kulturellen Kodes) aufeinanderprallen – nicht verstanden wird. Das Bezugssystem fehlt oder die Kompetenz, oft auch die Bereitschaft, es zu entziffern. Dinge werden zweckentfremdet, weil sich ihr Zweck nicht auf Anhieb erschließt oder weil die Nutzungsroutinen, die ihnen eingeschrieben sind, andere sind. Ihre fremde, nicht zu funktionalisierende Dinghaftigkeit provoziert – sie werden mutwillig zerstört, dem Verfall überlassen, als Rohstoffe verwertet (wie Bücher, die nicht als Träger von Bedeutungen, sondern als Brennmaterial genutzt werden). Sie erzwingen aber auch Anpassungsleistungen, die mit der Zeit durchaus auch als zivilisatorischer Fortschritt gewürdigt werden. Dinge sind Trophäen, die das Prestige der neuen Macht aufbauen und stärken – die ethnische Zuschreibung »poniemieckie« kaschiert in diesem Fall jenes (in der Literatur dieser Zeit ohnehin selten artikulierte) ethische Unbehagen, das die Aneignung fremden Guts verursacht, mit dem Argument der historischen Gerechtigkeit. Der spürbare Mangel an lebensnotwendigen Dingen geht auf paradoxe Weise mit einer geradezu inflationären Präsenz und Sichtbarkeit von Gegenständen einher, die – aus ihren primären Gebrauchszusammenhängen herausgelöst – zufällige Arrangements bilden: Möbel, Klaviere, Fahrräder, Nähmaschinen, Teppiche, Betten, Töpfe, Lampen, Uhren, Bilder. Sie stapeln sich auf Fuhrwerken,

---

12 Vgl. etwa Przybyła, Piotr: Wiedergewonnene Gebiete als Vor- und Feststellung. Zum Verhältnis von Propaganda, Migration und Besiedlung von Polens neuen Gebieten im Jahr 1945. In: Silke Flegel, Anne Hartmann und Frank Hoffmann (Hg.): Wahl und Wagnis Migration. Beiträge des Promotionskollegs Ost-West. Berlin 2007, S. 97–126.
13 Der Begriff umfasst sowohl regulären Diebstahl und Raub, als auch die Aneignung verlassenen Gutes, auch aus existenzieller Not. Es handelte sich dabei, wie Gregor Thum für Breslau nachweist, um »eine Form des Lebens von der Substanz«, die z. T. Überlebensnotwendigkeit war. Vgl. Thum, Gregor: Die fremde Stadt. Breslau 1945. Berlin 2003, S. 385.
14 Vgl. Szydłowska, Joanna: Retoryka rzeczy a proces zadomowienia w przestrzeniach pojałtańskiego Okcydentu. In: anthropos 16–17 (2011), S. 127–141.

Last- und Handwagen, mit denen sie transportiert werden, auf Märkten, wo sie feilgeboten werden, auf Bahnhöfen. Diese Literatur zeigt also, wenn auch punktuell, ganze Dingwelten in Auflösung und Durchmischung, in der die Instabilität sozialer Strukturen sowie die ungeheure (horizontale wie vertikale) Mobilität von Menschen und Dingen kurz nach Kriegsende ihr gegenständliches Substrat findet. Um die Typologie von Adam Zagajewski aufzugreifen, die der Schriftsteller in seinem autobiografischen Essay *Zwei Städte* (1991) entwickelt: aristokratische Dinge (in Benjamins Worten: frei von der Fron, nützlich zu sein[15]) von hohem sentimentalen Wert treffen auf bürgerliche (»poniemieckie«) und vermischen sich, gleichsam in einer klassenlosen »Gesellschaft der Dinge«, mit plebejischen, auch mit den Erzeugnissen staatlicher Betriebe, die zunehmend abgenutzte oder zerstörte Gegenstände »aus der Vorkriegszeit« ersetzen.

Adam Zagajewski wurde 1945 in Lemberg geboren und wuchs im schlesischen Gleiwitz auf. Er arbeitet in seinem Essay mit einem Doppelporträt:

> 1945 packte fast die gesamte Familie ihre Koffer und Kisten und verließ Lemberg und Umgebung. Zur gleichen Zeit packten auch unzählige deutsche Familien ihre Sachen. Sie hatten den Befehl erhalten, ihre Häuser und Wohnungen in Schlesien, Danzig, Stettin, Allenstein oder Königsberg zu verlassen. Millionen Menschen drückten mit Händen und Knien die störrischen Kofferdeckel zu [...].[16]

Er berichtet zugleich von der Übermacht jener phantasmagorischen Bilder der verlorenen Heimat im Osten, die sich vor die reale Topografie seiner Kindheit schieben und so die Gegenwart entwerten, sie gegenstandslos machen.[17] Ähnliches geben auch jüngere Autoren zu Protokoll – wie Olga Tokarczuk, Jahrgang 1962:

> Die Erinnerung jener paar Jahre nach dem Krieg ist eine in der Mitte geborstene Erinnerung [...], denn unsere Vorgänger haben ihre Erinnerung

---

15 Vgl. Benjamin, Walter: Das Passagenwerk. In: Ders.: Gesammelte Schriften. Hg. v. Rolf Tiedemann. Bd. V, 1. Frankfurt a. M. 1982, S. 45–59; hier: S. 53.

16 Die polnische Originalausgabe erschien in der gleichnamigen Essaysammlung des Autors: Zagajewski, Adam: Dwa miasta. Kraków 1991, S. 7–46. Zit. n. der deutschen Übersetzung von Henryk Bereska: Zwei Städte. In: Sinn und Form 5 (1995), S. 613–637; hier: S. 618.

17 Vgl. ebd., S. 613: »Kein Wunder, daß ich auf die realen Häuser und Straßen halb verächtlich herabsah und von der Wirklichkeit nur das zur Kenntnis nahm, was ich zum Leben unbedingt benötigte.«

mitgenommen, während wir in eine Welt ohne Erinnerung geworfen sind, die deshalb unverständlich ist, sich der Aneignung verweigert, nur aus Bruchstücken bestehend.[18]

Tokarczuk spricht – stellvertretend für die erste Nachkriegsgeneration von Autoren, die in den ehemals deutschen Gebieten geboren wurden und dort leben – vom »Hunger nach historischer Kontinuität«, nach einer mythischen Erzählung, »die diese zerbrochene Welt heilen«,[19] Raum und Zeit wieder zusammenfügen, ja alle Zeiten und Räume miteinander versöhnen könnte.[20] Aus dieser Sehnsucht heraus erklärt sich das wichtigste literarische Verfahren jener »Heimatliteratur« der Neunzigerjahre: das Lesen von Spuren, in denen sich die abgebrochene (nicht nur deutsche) Geschichte materialisiert. Auffällig viele Schriftsteller betreiben eine Privatarchäologie ihrer Herkunftsorte (die zugleich eine Archäologie der individuellen Erinnerung ist), um die Ablagerungen der großen Geschichte – in ihren Brüchen und heterogenen Schichtungen – im subjektiven Erfahrungsbereich »Heimat« abzutragen.[21] Neben die Gedächtnisfigur der Ausgrabung tritt die philologische Metapher des Palimpsestes, die den Blick freigibt auf das Problem der Lesbarkeit von Zeichen und Spuren, die (fremde) Erinnerung in sich verdichten. So z. B. in einer Erzählung des Danziger Schriftstellers Paweł Huelle, in der der kindliche Erzähler unter dem abblätternden Putz an den Fassaden der umgebenden Häuser »bisweilen Bruchstücke von unverständlichen Inschriften« entdeckt. Auch der Kanaldeckel in einer Seitenstraße – als »schwarzes Loch« imaginiert, das »jegliche Materie einsaugte«, und so mit »dem Fluß des Vergessens« in Verbindung gebracht –, entpuppt sich am Schluss als ein Medium für die Erkundung der Vergangenheit:

---

18 Tokarczuk, Olga: Stalins Finger. Aus dem Polnischen von Olaf Kühl. In: Kafka 3 (2001), S. 46–51; hier: S. 49. Dies bestätigt auch der Danziger Autor Paweł Huelle: »[M]an hat uns davon zu überzeugen versucht, daß die Geschichte hier in Danzig eigentlich erst im Jahre 1945 begonnen hat. Wir mußten in einer merkwürdigen Zeitzone leben, die aus dem Nichts kam.« (Danzig/Gdańsk. Gespräch zwischen Paweł Huelle und Günter Grass. In: Ewa Kobylińska und Andreas Lawaty (Hg.): Deutsche und Polen. 100 Schlüsselbegriffe. München 1992, S. 547–561; hier: S. 547).
19 Tokarczuk: Stalins Finger (s. Anm. 18), S. 49. Darin zeigt sich eine wesentliche Funktion jener Heimatmythologie der Neunzigerjahre, die in der Kompensation gesellschaftlicher Verlust- und Entfremdungserfahrungen in Zeiten eines politischen und kulturellen Umbruchs liegt.
20 Tokarczuk, Olga: Dom dzienny, dom nocny. Wałbrzych 1998. Deutsche Ausgabe: Taghaus, Nachthaus. Aus dem Polnischen von Esther Kinsky. Stuttgart, München 1998, S. 130.
21 Vgl. auch Chwin, Stefan: Stätten des Erinnerns. Dresdner Poetikvorlesung 2000. Dresden 2005; Liskowacki, Artur Daniel: Ulice Szczecina. Szczecin 1998; Ders.: Pożegnanie miasta i inne szkice z pamięci. Szczecin 2002.

> Ich blickte zur Auferstehungskirche, [...] zu den roten Dächern der Häuser, bis ich schließlich begann, den zerbröckelnden Sand von dem gußeisernen Deckel zu scharren. Allmählich wurden darunter Buchstaben sichtbar, die sich zu einer Inschrift fügten: *Kanalisation von Danzig*.[22]

Der Verlust von Geschichte verwandelt sich derart in einen an das Individuum gerichteten Deutungsauftrag,[23] der Fragen provoziert (»Weshalb wurde diese kleine Kapelle im Wald errichtet? Was bedeutet dieses Kreuz an der Wegscheide?«[24]) und Erzählungen in Gang setzt.

Solche Metaphorik signalisiert wichtige Veränderungen im polnischen Geschichtsbewusstsein; sie schafft zugleich einen Sinnhorizont, in dem die kollektiven Imaginationen des Deutschen revidiert werden können. Spuren eröffnen nämlich einen anderen Zugang zur Vergangenheit als jene Artefakte, die an die Nachwelt adressiert und zur Dauer bestimmt sind.[25] Als materielle Relikte eines zerstörten Lebenszusammenhangs teilen sie etwas von jener Sphäre des Alltäglichen und Privaten mit, von der die Historiografie in der Regel schweigt, die aber gerade in den Romanen der Neunzigerjahre den Zumutungen der »großen« Geschichte entgegengesetzt wird.

Dies soll nun anhand von Stefan Chwins autobiografischem Essay *Krótka historia pewnego żartu* (dt.: Kurze Geschichte eines Scherzes) (1991) verdeutlicht werden. Chwins »Archäologie der Erinnerung«, wie der erste Teil seines Essays betitelt ist, aus der Perspektive des Kindes betrieben, beginnt bezeichnenderweise mit dem Gang in den Keller, der Relikte »aus deutscher Zeit« beherbergt: Bücher, deren Inhalt unzugänglich bleibt, Alltagsgegenstände, die die deutsche Vergangenheit belegen, ohne sie zu erzählen, alte Zeitschriften und Fotografien mit den Emblemen des »Bösen« – und das sind für den Jungen, der mit den Geschichten seiner Großmutter und Bildern aus den Vernichtungslagern aufwächst, die Deutschen. Er liest im Erlebnisbereich seines Alltags die Zeichen jenes Bösen zusammen, die im Danzig der

---

22 Huelle, Paweł: Schnecken, Pfützen, Regen ... In: Ders.: Schnecken, Pfützen, Regen und andere Geschichten aus Gdańsk. Aus dem Polnischen von Renate Schmidgall. Hamburg 1992, S. 41–77; hier: S. 42, 47, 49 und 77. Die polnische Originalausgabe erschien 1991 unter dem Titel *Opowiadania na czas przeprowadzki*. Zu Danzig als Thema der polnischen Literatur vgl. Schmidgall, Renate: Die Macht des Genius loci: Danzig in der Prosa von Stefan Chwin und Paweł Huelle. In: Ansichten. Jahrbuch des Deutschen Polen-Instituts Darmstadt 7 (1995/96), S. 97–115.
23 Vgl. Joachimsthaler, Jürgen: Die Ästhetik des Verlusts. In: Ders.: Philologie der Nachbarschaft. Erinnerungskultur, Literatur und Wissenschaft zwischen Deutschland und Polen. Würzburg 2007, S. 125–138; hier: S. 130.
24 Tokarczuk: Stalins Finger (s. Anm. 18), S. 49.
25 Vgl. Assmann, Aleida: Erinnerungsräume. Formen und Wandlungen des kulturellen Gedächtnisses. München 2003, S. 213.

Fünfzigerjahre – Chwin wurde 1949 geboren – noch zahlreich sind. Scheinbar vertraut, zeigen sie ihre bedrohliche Seite, als unter der Tapete in der eigenen Wohnung unvermittelt deutsche Zeitungen zum Vorschein kommen:

> Ich hatte also hier geschlafen, während sich unter den teerosengelben Tapeten aus Königsberg an der Wand Gauleiter Forster und der Panzerkreuzer *Schleswig-Holstein* verbargen, die Paraden in den Langen Gärten und um die Oper und die Burschen in den Uniformen der Hitlerjugend auf dem Versammlungsplatz beim Olivaer Tor![26]

Von dieser Urszene aus, in der das Unheimliche in die scheinbar sichere Welt des eigenen Kinderzimmers einbricht, können die nachfolgenden kultursemiotischen Überlegungen über das Deutsche und die Deutschen gelesen werden, die um den Widerspruch zwischen dem Bösen und dem Schönen kreisen.[27] Die Vorstellungswelt des Jungen ist von Bildern besetzt, die reflexhaft Assoziationen auslösen: Die Duschen in den Ferienunterkünften erinnern an die Gaskammern, die er aus Dokumentarfilmen kennt, der Anblick der Nähte an den Strümpfen junger Frauen ruft die Bilder einer Ausstellung in Erinnerung, die medizinische Experimente an KZ-Häftlingen dokumentierte, das »preußische« Fachwerk beschwört jenes berühmte Bild Konrad Adenauers im Ornat des Deutschen Ordens, mit dem die Propaganda die Angst vor dem deutschen Revisionismus schürte. Unheimlich wirkt die Fraktur in ihrer Zeichenfunktion als Signifikant für das Bedeutungsfeld »deutsch«. In der Sphäre des Häuslichen aber machen jene »bösen Buchstaben« »eine seltsame Wandlung durch: sie [werden] weich und warm, obwohl sie genauso [aussehen] wie die anderen und ebenfalls Spuren von ›dem da‹ [sind].«[28] Die Schrift, in ihrer visuellen Dimension wahrgenommen, zeigt jene Ambivalenz, die auch dem Blick des Erzählers eignet. Sobald dieser sich von den Bildern des Terrors abwendet und auf die Sphäre des Alltags richtet, entdeckt er eine »Welt des hilfreichen Details, der guten Ausführung, der liebevollen Kleinigkeit«,[29] kurz: der Funktionalität, gepaart mit Schönheit, vor allem aber der Sorgfalt, die sich gegen das (polnische) »Abwinken«, »Mit-den-Achseln-Zucken« und »Nicht-Ernst-Nehmen« – und noch schärfer gegen das »Faustische« am »deut-

---

26 Zit. n. der Übersetzung von Renate Schmidgall (Dies.: Die Macht des Genius loci [s. Anm. 22], S. 99).
27 Vgl. dazu Quinkenstein, Lothar: Entsiegelte Geschichte. Zur Bildfunktion der Stadt Danzig in der polnischen Gegenwartsliteratur. In: Convivium. Germanistisches Jahrbuch Polen (1998), S. 209–221.
28 Zit. n. der Übersetzung von Renate Schmidgall (Dies.: Die Macht des Genius loci [s. Anm. 22], S. 100).
29 Ebd., S. 103.

schen Wesen« abhebt. Die Beschreibungen der Villen im alten Oliva bezeugen eine Sehnsucht nach bürgerlicher Behaglichkeit, nach Dingen, die den Menschen zuhanden sind und »die ruhige Sicherheit der Dauer« verheißen.[30] Die Dinge erscheinen somit als existenzielle Anker, die die Welt wohnlich machen und so »den Wahnsinn der Geschichte [...] widerlegen«:

> Rosetten auf den Sessellehnen, Tintenfäßchen aus gestreiftem Achat, Fächer, die hinter das Hochzeitsfoto gesteckt wurden, Pflanzenmotive auf den Türen der Anrichte, handbemalte Tassen, Suppenschüsseln mit Henkeln in Form von Blumengirlanden [...]. Die neuen Häuser in der Krzywousty-Straße hatten so etwas nicht. In ihnen war der Mensch völlig entblößt, er spürte unter den Fingern nicht die Unterstützung der liebevollen Dinge, er war in seinen vier Wänden des warmen Saumes beraubt, zwischen Dinge aus Sperrholz gezwängt, die mit Furnier beklebt, und Ziegelsteine, die mit Ölfarbe übertüncht waren. Er hatte keinen Halt für Auge und Herz. [...] Er war gleichsam in den leeren, offenen, weißen Raum gestoßen, der nicht mit Dingen bevölkert war, wenn er auch voll davon zu sein schien...[31]

Objekte des Alltags werden derart zu Vexierbildern, und der Erzähler muss an seinem Vorhaben, ihre Ambivalenz aufzulösen und zum Wesen der (deutschen) Dinge vorzudringen, scheitern, im Bewusstsein, die Zeichen möglicherweise falsch gelesen zu haben.

Der Roman *Tod in Danzig* legt den Fokus nun vollends auf die Sphäre des Privaten, die sich von der Sphäre des »Bösen« abspaltet und als eigenständig begriffen wird. Chwin entwirft hier eine Welt von Interieurs, geschildert mit einer impressionistischen Sensibilität für Farben, Formen und Oberflächen. Hinter dieser Obsession für das Detail treten die großen historischen Ereignisse zurück. Sie sind zwar unmittelbare Ursache für die Zerstörung Danzigs und seine Verwandlung in das polnische Gdańsk, im Vordergrund stehen aber existenzielle Fragen: die Irrationalität von Geschichte, die Kontingenz und Fragilität menschlichen Lebens. Die Dinge werden dergestalt zur Allegorie der Vergänglichkeit, sie stehen zugleich für Kontinuität in der Zerstörung – und stemmen sich somit auf paradoxe Weise dem Zeitfluss (oder gar dem Nichts) entgegen.[32] Gerade die »zarten Formen« der Tassen, Porzellandosen und Gipsfiguren enthüllen vor Hannemann, der im polni-

---

30 Ebd.
31 Ebd., S. 103f.
32 Vgl. dazu Czapliński, Przemysław: Rzecz w literaturze albo proza lat dziewięćdziesiątych wobec *mimesis*. In: Seweryna Wysłouch und Bogumiła Kaniewska (Hg.): Człowiek i rzecz. O problemach reifikacji w literaturze, filozofii i sztuce. Poznań 1999, S. 207–237.

schen Gdańsk bleibt, »einen kindlichen Mut [...], die Welt nicht zur Kenntnis zu nehmen« und »die Macht zu ignorieren«.[33] Die Dinge treten hier als Widerpart zu bestehenden Ordnungen auf, sie reflektieren somit auf textstruktureller Ebene, wovon Chwins Roman erzählt: von einer Rebellion gegen totalitäre Machtansprüche, gegen Definitionsmächte und Ideologien, die das einzelne, widerständige Ding (und das einzelne Leben) vereinnahmen. Seine »Poetik der Dinge« erlaubt, die Menschen durch die Dinge und in ihrer (mehr als nur pragmatischen) Beziehung zu den Dingen zu charakterisieren[34] – und damit historischen Wandel exemplarisch auf der Ebene des Privaten darzustellen. Sie ermöglicht zugleich, eine *über* der Geschichte stehende Perspektive aufzubauen:

> Und die Dinge? Die Dinge taten das, was sie immer tun. Sie betrachteten die Welt von den Regalen aus, von den Fächern, Tischplatten, Fenstersimsen, und machten sich nichts aus unseren Angelegenheiten. Sie waren auf keiner Seite. Geduldig begaben sie sich in unsere Hände. Sie paßten wie angegossen, oder sie entglitten unseren Fingern und fielen mit einem Schrei zu Boden. Erst dann, im Blitzen des berstenden Porzellans, im Tönen des Silbers, im Klirren des Glases weckten sie uns aus dem Schlaf. Denn in Wirklichkeit waren sie unsichtbar.[35]

Der Gestus der Urteilsabstinenz schließt Sensibilität für das unmerkliche Verschwinden »deutscher« Dinge nicht aus, mit denen sich auch die Spuren ihrer einstigen Besitzer – und die Erinnerung an sie – verflüchtigen.[36] Der Fokus verschiebt sich damit abermals von den Dingen zu den sozialen Zusammenhängen, die sie stiften und in denen sie gleichberechtigt mit den Menschen agieren:

> Und die Obstschalen, Kaffeemühlen, Kuchengäbelchen? Wohin verschwanden die Reigen der Löffel? Wo sind die Spaliere der Tafel- und Küchenmesser geblieben? Nirgends eine Spur. Hätte man wenigstens die zarten Linien der Reise ins Nichts verfolgen können, die schlaftrunkenen Odysseen, deren Last keine Erinnerung tragen kann. Die Löffel? Wer erzählt ihre Irrfahrten?[37]

---

33 Chwin: Tod in Danzig (s. Anm. 1), S. 113.
34 Wie in jener Episode, in der die Familie des Ich-Erzählers symbolisch das Hausrecht in der Lessingstraße 17 erwirbt, nachdem sein Vater Hannemann und dessen Wohnung vor Plünderern schützt (ebd., S. 81–93).
35 Ebd., S. 169.
36 Vgl. das Kapitel »Adel und Untergang« (ebd., S. 169–178).
37 Ebd., S. 173.

Gerade das tun Autoren wie Stefan Chwin, Paweł Huelle, Olga Tokarczuk[38] oder Artur Daniel Liskowacki, indem sie in ihren Texten die Abfolge »Ding, Abfallprodukt, Zeichen mit Symbolcharakter«[39] nachvollziehen, die jene Gegenstände durchlaufen – in immer neuen Annäherungen an Biografien von Menschen und Dingen, die den ursprünglichen Lebenszusammenhang, den sie nicht einholen können, imaginativ ersetzen. Über die Beschreibung der Zirkulation von Dingen können komplexe historische Zusammenhänge verdichtet werden.[40] Dabei wird die ästhetische Illusion eines authentischen »milieu de mémoire« (Pierre Nora) fortwährend durch metafiktionale Reflexion über den Status und die Grenzen solcher (Re-)Konstruktionen unterminiert.[41]

Jenes empathische Interesse für Dinge und Menschen, die sie benutzen, stieß bei den Lesern wie in der Literaturkritik auf große Zustimmung.[42] Vereinzelt meldeten sich auch kritische Stimmen zu Wort: Die Pietät für eine zersprengte Dingwelt zeuge weniger von lebendigem Traditionsbewusstsein als von antiquarischer Neugier, die den Relikten einer fremden Vergangenheit auratischen Schimmer verleihe. Sie verwandle ganze Regionen in archäologische Schauplätze, die wenig von ihren früheren Bewohnern erzählten – dafür umso mehr von der Sehnsucht der heutigen nach Kontinuität und Dauer, die sich an die Dinge haftet. Da Letztere aber stets die Signatur ihrer ursprünglichen Besitzer tragen (weil sie nur über Namen und Firmenzeichen als »ehemals deutsch« identifiziert werden können), lege der archäologische Blick im Erinnerungsraum »Heimat« gleichsam Einträge ins Grundbuch frei.[43]

---

38 Vgl. das Kapitel »Schätze« in Tokarczuk, Olga: Taghaus, Nachthaus (s. Anm. 20), S. 261–265.
39 Vgl. Pomian, Krzysztof: Museum und kulturelles Erbe. In: Gottfried Korff und Martin Roth (Hg.): Das historische Museum. Labor – Schaubühne – Identitätsfabrik. Frankfurt a. M. 1990, S. 41–64; hier: S. 43.
40 Wie in Paweł Huelles Erzählung *Der Tisch*: »Vater hatte diesen Tisch 1946 von Herrn Polaske gekauft, in dem Jahr, als Herr Polaske seine Sachen packte und mit dem letzten Zug in den Westen nach Deutschland fuhr. Er hatte Herrn Polaske dafür ein Paar Soldatenstiefel gegeben, die er zuvor einem sowjetischen Feldwebel für eine gebrauchte Uhr abgehandelt hatte, und weil die Stiefel nicht mehr ganz neu waren, legte Vater noch etwas Butter von der UNRA drauf, woraufhin der gerührte Herr Polaske ihm außer dem Tisch noch ein Foto aus dem Familienalbum vermachte.« (Huelle, Paweł: Der Tisch. In: Ders.: Schnecken, Pfützen, Regen ... (s. Anm. 22), S. 7–40; hier: S. 7 f.).
41 So z. B. in den Erzählungen des Stettiner Autors Artur Daniel Liskowacki aus dem Band *Cukiernica pani Kirsch (dt.: Die Zuckerdose der Frau Kirsch)* (1998).
42 Chwins *Tod in Danzig* wurde in Polen zum Roman des Jahres 1995 erklärt.
43 Vgl. Uniłowski, Krzysztof: Konstruowanie pamięci. In: Ders.: Kolonišci i koczownicy. O najnowszej prozie i krytyce literackiej. Kraków 2002, S. 29–53; hier: S. 41 f.; Nowacki, Dariusz: Im dawniej, tym lepiej. In: Ders.: Zawód: czytelnik. Notatki o prozie polskiej lat dziewięćdziesiątych. Kraków 1999, S. 41–61; hier: S. 47.

Die scheinbar neutralen Dinge steckten somit ein Territorium ab, das unrechtmäßig in Besitz genommen worden sei – so jedenfalls, als Symptome eines »unbefriedeten« (Harald Weinrich)[44] Bezugs zur (deutschen) Vergangenheit, ließen sich zahlreiche Episoden auslegen, in denen die Erzähler die Wiederkehr des Verdrängten als Heimsuchung durch die einstigen Bewohner ihrer Häuser imaginieren.[45] Bemängelt wurde auch, dass der »mikrohistorische« Blick die dramatischen Vorgänge am Kriegsende auf Akte symbolischer Gewalt reduziere.[46]

Solche Einwände zielen zunächst auf die mimetischen Verfahren dieser Literatur: ihre Detailobsession und topografische Genauigkeit, die Häufung deutscher Namen und Kulturzitate, die den Schein eines authentischen Milieus vermitteln sollen, ohne dass dieses irgendwo sonst greifbar wäre. Auch wenn zuweilen in der Tat ein falscher Zauber über jener Ding-Emphase zu liegen scheint, so sind die Gegenstände mit dem Prädikat »poniemieckie« in der polnischen Literatur doch zweifellos mehr als nur Vehikel zur Generierung von Fabeln. Sie sind das poetologische Medium, mit dessen Hilfe die Erzähler die Vergangenheit in ihrer Vielschichtigkeit zu erschließen suchen. Sie vermitteln jene Begegnungen mit dem Anderen, von denen diese Literatur erzählt, und werden derart zu Bezugspunkten eines veränderten historischen Bewusstseins, das wesentlich durch die Spuren jenes Anderen konstituiert ist.[47] Ihr epistemisches Potenzial erschöpft sich somit kaum in der Erkenntnis, die ein Kritiker in Anspielung auf das Märchen vom Schneewittchen wie folgt persiflierte: »Jemand hat [vor mir] in meinem Bettchen geschlafen« (oder eben »von meinem Tellerchen gegessen«).[48] Sie leiten zur Auseinandersetzung mit dem Fremden an und eröffnen damit Spielräume, in denen das Eigene befragt bzw. neu ausgehandelt werden kann – wie in Liskowackis Gedicht *Kalt – Warm*:

---

44 Vgl. Weinrich, Harald: Lethe. Kunst und Kritik des Vergessens. Kapitel VI.4: Unbefriedetes und befriedetes Vergessen (Freud). München 2005, S. 168–174.
45 Zahlreiche Beispiele in: Borussia 14 (1997): Sonderheft »Metafizyka miejsca«; v. a. die Beiträge von Olga Tokarczuk, Karol Maliszewski, Antoni Matuszewski.
46 Wie im Kapitel »Zerbrechlichkeit« in Chwins *Tod in Danzig* (s. Anm. 1), S. 62–67.
47 Der in Oppeln geborene Lyriker Tomasz Różycki bekennt z. B., sich aus dem Bewusstsein, dass nahezu alles in seiner Umgebung »ehemals deutsch« sei, eine Heimat (und eine private Mythologie) aufgebaut zu haben (Poeci gryzą. Rozmowa z Tomaszem Różyckim. In: Polityka 27 (2006), S. 70).
48 Kompleks krasnoludków. In: FA-art, Wrzesień 2000, unter: http://www.fa-art.pl/archiwum/wersja1/0900.html [abgerufen: 25.06.2013].

die ersten wörter
einer anderen sprache als der meinen
habe ich im eigenen haus gelernt
ich fand sie
an den heizkörperrippen
auf dem drehknopf
den ich nicht greifen konnte
mit der hand
mit dem gedächtnis
kalt warm
ich schloss die augen
durch die lider schimmerten
zaubersprüche
auf geheimen toren
ich wusste nicht
dass ich sie bereits durchschritten hatte
und dass die wörter von jener anderen seite
in einer anderen sprache rufen als der meinen
aus einem anderen haus als dem meinen
kalt kalt
heiß heißer
in der ganzen wohnung
blindlings
suchte ich mich[49]

---

49 Liskowacki, Artur Daniel: kalt – warm. In: Ders.: Atlas ptaków polskich. Szczecin 1994, S. 41. Dt. von Peter Oliver Loew. In Peter Oliver Loew, Christian Pletzing und Thomas Serrier (Hg.): Wiedergewonnene Geschichte (s. Anm. 3), S. 16.

Mona Körte

Übergangsobjekte: Tagebücher zwischen den Sprachen

Das Tagebuch ist vielleicht immer schon, wohl aber unter den besonderen Bedingungen des Exils aufgrund seiner offenen und beweglichen Form ein komplexes Objekt, weil sich mit und in ihm zahlreiche subjektive und objektive Übergänge vollziehen. Selbst ein Ding in einem merkwürdigen Zwischenstatus zwischen eigener Person und Außenwelt, materialisiert sich in ihm der Zustand des Exils als eines Da-Zwischen, das das Leben, wie es Georges-Arthur Goldschmidt formuliert, in zwei unvereinbare Hälften teilt: »in das Vorher und das Nachher«.[1] Als »liminale Form« positioniert es sich hier auf radikale Weise zwischen Vergangenheit und Zukunft, dem Privaten und dem Öffentlichen, dem Universellen und dem Besonderen[2] und nicht zuletzt zwischen den verschiedenen biografischen Ichs.

In seiner selbstbildenden Funktion kann das Tagebuch sowohl Übergangsphänomen als auch Übergangsobjekt sein, weil es als Dokument der Intimität Schwellen anzeigt bzw. oftmals regulierend eingreift und – so die These gleich zu Beginn – auf zweifache Weise für eine Übersetzung sorgt: Im und mit dem Tagebuch vollzieht sich zunächst eine Narrativierung des Selbst, die in einem zweiten Moment im fremdsprachigen Exil auf radikale Weise zu einer Reflexion auf die Narrativierung des Selbst im Modus der neuen Sprache(n) werden kann. Denn angesichts eines Jahrhunderts von Exil und Vertreibung, erzwungenem Sprachenwechsel und Mehrsprachigkeit muss sich, wer Tagebuch schreiben und damit ein Gespräch mit sich selbst führen will, auch den Hürden der fremden Sprache als einem Instrument von Intimität und persönlicher Mitteilung stellen, ein diaristisches Selbstgespräch, das durch diese Komplikationen ins Stocken gerät und dieses Stocken gerade dokumentiert. Dabei gilt die Aufmerksamkeit hier weniger denjenigen Diaristen, die etwa wie Hans Sahl und Klaus Mann bereits als Schriftsteller ins Exil gingen und deren Tagebücher zunächst an die

---

1 Goldschmidt, Georges-Arthur: Exil und Doppelsprachlichkeit. In: Exilforschung 25 (2007): Übersetzung als transkultureller Prozess, S. 1–2; hier: S. 1.
2 Vgl. Nussbaum, Felicity A.: Toward Conceptualizing Diary, in: Broughton, Trev Lynn (Hg.): Autobiography. Critical Concepts in Literary and Cultural Studies. Bd. 4. London, New York 2007, S. 3–13; hier: S. 8.

Stelle eines verhinderten Werks traten, sondern gilt denjenigen Tagebüchern Heranwachsender, für die ein Changieren zwischen taktilem Besitz und ihrer Funktion als Personenrepräsentanz charakteristisch ist. Denn dass Dinge Personen vertreten können, ist nicht erst die Erkenntnis einer durch den biografischen Zusammenhang von Erinnern und Identität inspirierten Psychoanalyse – erinnert sei hier an Tilmann Habermas' große Studie *Geliebte Objekte. Symbole und Instrumente der Identitätsbildung* –, sondern grundiert, zusammen mit anderen Voraussetzungen, das Nachdenken über Mensch und Ding in einem weiteren Sinne. Als intimes Medium einer Selbsttechnik dient das Tagebuch insbesondere unter den Bedingungen von Exil und Migration der Überbrückung von Unüberbrückbarem. Es hält im symbolischen und wörtlichen Sinne das Selbst als ein zu übersetzendes zusammen, in dem es als ein Gegenstand gebundener Seiten einen Anfang und ein Ende hat und mithin zumindest das Angebot einer Linearität macht. Darüber hinaus hat es auf den ersten Blick eine funktionelle Ähnlichkeit mit dem, was seit 1953 mit D. W. Winnicott als »transitional object« oder »transitional phenomenon« bezeichnet wird: Ihm zufolge übernehmen zuverlässige und greifbare Objekte in der frühkindlichen Entwicklung eine spezifische Funktion im Prozess der Individuation und Ausdifferenzierung der Person, indem sie den Abstand zur Mutter regulieren helfen. Auf den Zustand von Exil, Trennung und Verlust bezogen halten handliche Objekte wie das Tagebuch eine (mitunter verborgene) Verbindung zu dem, was die Person verlässt, aufrecht und schaffen somit zumindest die Voraussetzung für den Gedanken an Kontinuität und Zukunft am Zielort.[3]

Als portabler und verfügbarer Begleiter täuscht das Tagebuch durch seine Aufladung zu einem allseits greifbaren Freund, zu einem »imaginären Gefährten«[4] oder auch »grausamen Partner«, wie es bei Elias Canetti heißt, über seinen Objektcharakter hinweg. Das Tagebuch ist ein Ding, das, weil es im Zentrum von Selbsttechniken steht, seine Materialität vergessen lässt. Daran ändert auch der demonstrative Versuch, den Gestus von Geheimnis und Intimität über Schlüssel und Schloss in seine äußere Gestalt zu verlegen, nichts. Eingebunden in den Zusam-

---

[3] Winnicott, Donald W.: Transitional Objects and Transitional Phenomena – A Study of the First Not-me-Possession 34 (1953). In: International Journal of Psycho-Analysis, S. 39–97. Für Winnicott gelten »transitional objects« als Ausdruck einer gesunden Entwicklung, die im Erwachsenenalter durch die Hinwendung zu Artefakten etc. abgelöst wird und von einer Fetischisierung zu unterscheiden sind. Für die Ausweitung von »transitional objects« zu »Verlustobjekten« vgl. Habermas, Tilmann: Geliebte Objekte. Symbole und Instrumente der Identitätsbildung. Frankfurt a. M. 1999, z. B. S. 19f.
[4] Ebd., S. 409.

menhang einer Selbsttechnik, braucht das Tagebuch diese optischen Nachhilfen oder Verstärker ihrer Funktion nicht, macht es doch bereits im Kompositum Tage-Buch dem Selbst das Angebot, sich nach Tagen bzw. in der zeitlichen Übersicht zu sortieren. Die diaristische Konstellation von Tag, Datum, Eintrag und Chronologie wird mit der Idee vom eigenen Werden synchronisiert. Es ist Ordnungshilfe, sorgt für ein geregeltes Verhältnis zu Zeit und Chronologie, würdigt den Augenblick und macht das eigene Ich lesbar.

Dass das für das Tagebuch charakteristische Ordnungsprinzip der Einheit »Tag« und das Versprechen auf eine Fixierung der Zeiten jedoch höchst fragil ist, weil die »Tages-Ordnung« fortwährend von unordentlichen und diskontinuierlichen Eindrücken, Erinnerungen und zeitunabhängigen Gedanken durchbrochen wird, entwickelt bereits Heine in seinen *Memoiren*, indem er das Journal dem Leben analog setzt: »Mein Leben«, so heißt es mit Blick auf die Entwicklung seiner kindlichen Einbildungskraft, »glich damals einem großen Journal, wo die obere Abteilung der Gegenwart, den Tag mit seinen Tagesberichten und Tagesdebatten enthielt, während in der unteren Abteilung, die poetische Vergangenheit, in fortlaufenden Nachtträumen, wie eine Reihenfolge von Romanfeuilletons, sich phantastisch kund gab.«[5] Das Tagebuch hat einen doppelten Boden, die Vergangenheiten bilden einen Unterbau, die in unterschiedlichen Figurationen getarnt nach oben drängen.

Für diesen Zusammenhang der Abstimmung von Einteilung und Aufzeichnung sei kurz an die Genese des Tagebuchs aus Übersichts- und Ordnungssystemen wie dem Kalender und dem kaufmännischen Rechenbuch erinnert. Introspektion, Selbstkontrolle und Erinnerung sind diaristische Funktionen seit der Renaissance, durch die sich das Tagebuch in seinen spezifischen Ausformungen als Journal und Diarium zum Ausdrucksmedium einer unteilbaren souveränen Individualität entwickelt.[6] Tatsächlich lässt sich mit Michel Foucault vom Tagebuch als Ergebnis einer sich über die Jahrhunderte verfeinernden Kultur des Selbst sprechen, denn es dient der Innenschau, der Heraushebung der »Schärfe und Konkretheit aller Dinge, die ein Leben aus-

---

5 Heine, Heinrich: Memoiren. In: Ders.: Sämtliche Schriften. München 1985, Bd. 6/1, S. 553–605; hier: S. 572f. Den Hinweis auf Heines Überlegungen zu den in der Verräumlichung auch unheimlichen Qualitäten des Tagebuchs verdanke ich Esther Kilchmann. Interessanterweise wird bei Heine die Reflexion auf das Tagebuch durch den Fund eines, vielleicht aus Vorsicht in verschiedenen Alphabeten und mit französischen Zitaten verfassten, Notizbuchs seines Großonkels in der Dachkammer seines Großvaters angeregt.
6 Vgl. Hocke, Gustav René: Das europäische Tagebuch. Wiesbaden 1978, S. 16.

machen«.⁷ In historischer Sicht zeigt sich die Verlaufsgeschichte dieser recht offenen und beweglichen Gattung untrennbar mit den Ausdifferenzierungen europäischer Subjektkonstitutionen verbunden, Konstitutionen, deren Auflösungserscheinungen im 20. Jahrhundert nicht zu übersehen sind. Dass diese Subjektentwürfe ihre erkenntnisleitende und orientierende Funktion verlieren, hat seine handfesten Gründe nicht zuletzt in den für das 20. Jahrhundert charakteristischen Verfolgungen, Vertreibungen und weltweiten Migrationsbewegungen. Denn mit ihnen haben sich auch Deutungen und Terminologien verschoben, sind Sprachen und Literaturen mit in Bewegung versetzt worden, was Spuren auch in bewährten »Selbsttechniken« wie dem Tagebuch hinterlassen hat.

Ein exemplarischer Blick auf Exil-Tagebücher gilt dieser Selbsttechnik im Hinblick auf ihr Aufgebot an Sprachen, mittels derer das Ich sich als schreibendes situiert. Dabei gilt zu fragen, welche Effekte Sprachwahl, Sprachenwechsel und Mehrsprachigkeit für die Gattung und ihren Status haben können und was es für Diaristen bedeutet, ihr Ich in verschiedenen sprachlichen Bereichen anzusiedeln. Zwar findet jedes einzelne Tagebuch zu einer je spezifischen Form und Aussage von »Ich-Verhältnissen«, doch wird das Ich in der Mehrsprachigkeit Komplikationen ausgesetzt, durch die sich herkömmliche Tagebuchfunktionen wie Selbstbeobachtung und Selbstermächtigung dynamisieren und modifizieren. Das Tagebuch erscheint hierbei als prädestinierter Ort, um nicht nur über die Mühen des Sprachwechsels nachzudenken, sondern den Sprachenwechsel überhaupt vorzubereiten oder einzuüben. Eingeübt und erfahren wird hierbei, dass die Übersetzung von der einen in die andere Sprache in den Worten Paul Ricœurs »ein Phänomen der Äquivalenz ohne Identität« ist.⁸ Als Übergangsobjekt gibt es einem Zwischenraum Platz, in dem ohne jede Begutachtung und Zensur durch die Öffentlichkeit das Verblassen der Muttersprache beschrieben wird, ohne dass man mit der neuen Zunge je ganz vertraut würde. Es erlaubt in den Worten Eva Hoffmans den »first jump«, insofern als sich im Schreiben die Fremdsprache üben lässt und dem/der Schreibenden durch das Schreiben ein »geschriebenes Selbst« verliehen wird.⁹ Die freiwillige oder erzwungene Mehrsprachigkeit durch Emigration und Exil konturiert hier auf eine sehr genaue Weise die aus dem Zustand des

---

7 Ebd. und Foucault, Michel, Rux Martin u.a.: Technologien des Selbst. Frankfurt a.M. 1993, S. 38.
8 Ricœur, Paul: Von der Trauerarbeit zur Übersetzung. In: Exilforschung 25 (2007): Übersetzung als transkultureller Prozess, S. 3–6; hier: S. 5.
9 Vgl. Hoffman, Eva: Lost in Translation. A Life in a New Language. London 1998, S. 121.

Da-Zwischen resultierenden Verfahren der Aufspaltung und Ausdifferenzierung verschiedener biografischer Ichs. Dadurch findet so etwas wie die Reformulierung der Frage nach der Intimität von Sprachlichkeit und der monologischen oder dialogischen Struktur des Tagebuchs statt.

I. Das Tagebuch als Selbstgespräch

Ein Gewährsmann für die erweiterten Funktionen und produktiven Komplikationen der Selbsttechnik Tagebuch unter den Bedingungen des 20. Jahrhunderts ist Elias Canetti, dessen Essay *Dialog mit dem grausamen Partner* (1965) u. a. in dem Band *Macht und Überleben* (1972) erschien. Canetti ontologisiert das Tagebuchschreiben zu einer von außen störungsfreien, radikalen Erfahrung des Zwiegesprächs zwischen dem Selbst und seinem »fiktiven Ich« und erklärt den Tod zur maßgeblichsten Obsession seiner eigenen Tagebücher.[10] Canetti durchschaut die Instanz des schreibenden Ich als eine, die keine singuläre zu sein beansprucht, sondern ein multiples Dasein in den verfügbaren Sprachen führen kann. Canetti, der täglich geschrieben, aber nur einen Bruchteil davon veröffentlicht hat, erkennt im Tagebuch eine Art Begleiter, der in kreative Prozesse der Erzeugung von Literatur eingebunden ist. Dabei hält das Tagebuch immerzu den im Grunde unheimlichen Charakter der Selbstbegegnung wach, in der es die Funktion eines »Ichverdopplers« einnimmt: »Im Tagebuch spricht man also zu sich selbst. Aber was heißt das? Wird man faktisch zu zwei Figuren, die ein regelrechtes Gespräch miteinander führen? Und wer sind die Zwei? Warum sind es nur Zwei? Könnten es nicht, sollten es nicht viele sein?«[11] Zunächst bringt Canetti die unbedingt »dialogische« Struktur des »echten« Tagebuchs in Form eines Selbstgesprächs mit einer seiner traditionellen Eigenschaften in Verbindung,[12] um diese gleich darauf als allzu offensichtliche zu verwerfen. Die Hauptaufgabe des Tagebuchs sieht er nämlich in der (Selbst-)Beruhigung: »Es ist kaum zu glauben, wie der geschriebene Satz den Menschen beruhigt und bändigt. Der Satz ist immer ein anderes als der, der ihn schreibt.«[13] Die Veräußerung und Wiederaneignung des geschriebenen Ich als ein nun fremdes, die das Tagebuch leistet, bindet Canetti an die aus der Genese des Tage-

---

10 Vgl. Canetti, Elias: Dialog mit dem grausamen Partner [1965]. In: Ders.: Macht und Überleben. Drei Essays. Berlin 1972, S. 38–56; hier: S. 45 und S. 56.
11 Ebd., S. 45.
12 Vgl. ebd., S. 47.
13 Ebd., S. 38.

buchs resultierende Bestimmung der Gattung als einer Technik der Sorge um sich. Dabei ist die Beruhigung, die aus der Schreibform des Tagebuchs resultiert, zu verstehen als sprachlich strukturiertes Kohärenzversprechen im Sinne einer Bündelung all jener Wahrnehmungseindrücke, die den Menschen andernfalls atomisieren würden: »Es ist aber so, dass ein Mensch, der die Heftigkeit seiner Eindrücke kennt, der jede Einzelheit des Tages so empfindet, als wäre es sein einziger Tag [...], dass ein solcher Mensch explodieren oder sonst wie in Stücke gehen müsste, wenn er sich nicht an einem Tagebuch *beruhigte*.«[14] Das Tagebuch tritt hier als eine Gattung gegen die Atomisierung, aber zugunsten einer gezielten Spaltung im Sinne einer Verdopplung des Ich auf.

Bei Canetti hält der reflexive und zugleich pragmatische Modus von Eintrag und Ertrag den Schreiber, der sich, fortwährend im Dialog, in ein Selbst und ein fiktives Ich teilt, als Menschen zusammen. Doch geht die Funktion des Tagebuchs auf Dauer gesehen nicht im Effekt der Beunruhigung und Befriedung auf, sondern entfaltet im Gegenteil eine im besten Sinn verstörende Wirkung: »Mit der Beruhigung als einer Funktion des Tagebuchs ist es, wie man sieht, nicht gar so weit her. Es ist eine Beruhigung des Augenblicks [...]. Auf die Dauer gesehen hat das Tagebuch genau die umgekehrte Wirkung [...] es hält wach und bissig.«[15] Das fiktive Ich, an das sich das Selbst richtet, ist der grausame Partner, der, in verschiedenen Rollen maskiert, nicht »heuchelt«, sich nichts vormachen lässt und sogar bösartig werden kann. Das Tagebuch wird hier zu einem Etwas zwischen Mensch und Ding, da es Canetti zufolge die Reaktionen einer eigenen Person besitzt, aber ohne ihre Motive. Der Partner lässt sich nicht klaren Instanzen wie dem »gute[n], alte[n] Gewissen«, dem Zensor oder dem Tröster zuordnen, sondern »*wechselt* seine Rollen«.[16] In jedem Fall aber ist er mit einem guten Instinkt für die Regungen der Macht versehen und durchschaut jede »Fälschung«. Durch seine Fähigkeit, sich einer Festlegung zu entziehen, hält er das Selbst als sein Gegenüber in Bewegung und offenbart sich darin als wohl gefährlichster Gesprächspartner. Er lässt nichts durchgehen, weshalb die »Figuren« des Ich »mitunter Jagd aufeinander machen«.[17] Canetti entwickelt eine kleine Phänomenologie des Tagebuchs, indem er es gegen andere Genres wie Merkbücher durch seinen geheimen Charakter abgrenzt, denn – so heißt es – »ein Tagebuch, das nicht geheim ist, ist keines: »Es kann gar nicht genug Listen und Vorsichts-

---

14 Ebd., Hervorhebung im Original.
15 Ebd., S. 39.
16 Ebd., S. 47, Hervorhebung im Original.
17 Ebd.

maßregeln geben, um ein echtes Tagebuch geheim zu halten. Schlössern ist nicht zu trauen. Geheimschriften sind besser.«[18] Seine Unverfügbarkeit auch als Objekt in fremden Händen muss das Tagebuch gleichsam aus sich heraus, durch die Verschlüsselung der Aufzeichnung entwickeln und nicht durch die äußere Signifikation des Verschlossenseins.

Neben seiner konsequent dialogischen Struktur fungiert das Tagebuch daher auch als ein Schreib- und Aufbewahrungsort bestimmter, nämlich absoluter, schonungsloser und vernichtender Wörter, die, würden sie öffentlich, in Gewalttätigkeiten endeten. Hier richten sich böse Wörter an Andere, ohne sie je zu erreichen. Unter Verschluss gehalten, werden sie einer Prüfung durch den grausamen Partner unterzogen: Das fiktive Ich wirft dem Selbst die Wörter zurück, um an der moralischen Verfeinerung seiner Ich-Instanzen zu arbeiten.[19] Das Tagebuch ist Kampfzone und Schauplatz produktiver Selbstverunsicherung und -korrektur.

II. Das Tagebuch als textuelles Zuhause

Das Tagebuch in seiner Funktion als Kampfzone verschiedener Sprachen leuchten zwei jüngere literarische Texte aus, die sich, ohne selbst Tagebücher zu sein, mit den Bedingungen des Tagebuchschreibens im Exil und dem Dingcharakter des Diariums beschäftigen. Beide Texte machen Aussagen über den Sitz und die Funktion des Tagebuchs in einem bestimmten Lebensabschnitt, der Pubertät, indem sie ihren eigenen Beginn als problematischen aufs Spiel setzen. Eva Hoffmans Autobiografie *Lost in Translation* (1998) handelt ebenso wie Vladimir Vertlibs Erstlingswerk *Abschiebung* (1995) von der Not des Anfangens auf mehreren Ebenen: Es ist zum einen der Beginn als Vertriebene oder Exilierte in einem fremden Land, und zum anderen der Beginn der Übersetzung des Ichs in die symbolische Ordnung einer neuen Sprache, die das Tagebuch ihnen abverlangt und die deshalb in der Beschäftigung mit ihm in seinem Extrem in Erscheinung tritt. Intimität und Äußerung müssen in einem Moment neu gedacht werden, wo die Fremdsprache erst rudimentär, also noch nicht einmal instrumentell beherrscht wird, geschweige denn ein Sinn für die referentielle und poeti-

---

18 Ebd., S. 48.
19 Vgl. ebd., S. 47 f.: »In diesem Spiel könnte er [der Mensch], wenn es ihm nur gelingt, eine feinere moralische Sensibilität erlangen, als die üblichen Vorschriften der Welt sie ihm bieten.«

sche Funktion von Sprache ausgebildet wurde.[20] Die Sprache schiebt sich als Problem vor den Eintrag, hält, indem die eine Sprache die andere unbarmherzig mitzuverändern beginnt, das Schreiben auf und sorgt schließlich wie im Falle des Ich-Erzählers in *Abschiebung* für die Verdreifachung des eigentlich singulären Objekts Tagebuch.

Vladimir Vertlibs jugendlicher Ich-Erzähler, dessen Familie vor der Emigration zur russischsprachigen jüdischen Bevölkerung Lettlands zählte, gelangt mit seinen Angehörigen über ein Touristenvisum in die USA, von wo sie jedoch nach Ablauf des Visums und einem gescheiterten Antrag auf Einwanderung abgeschoben werden sollen. Ihr unter großen sprachlichen Mühen formulierter Einspruch verzögert das Prozedere zwar, kann aber am Entscheid zur Abschiebung nichts ändern. Der Ich-Erzähler agiert vor den Behörden als Dolmetscher der Familie, und der Text selbst ist durchsetzt nicht nur mit Reflexionen über die Unverfügbarkeit von Sprache und die Unzulänglichkeit des Sprechens, sondern auch mit Auszügen aus den (ursprünglich anderssprachigen) Tagebüchern des Ich-Erzählers. Mit der für Vertlibs Textverfahren charakteristischen Einfügung von Tagebuchausschnitten zitiert er ein Prinzip oder besser eine Auffassung von Literatur, derzufolge Literatur selbst nur eine Version oder einen Ausschnitt des Geschehens zur Sprache bringen kann.[21] Hierfür ist bezeichnend, dass Vertlib in einer seiner Poetik-Vorlesungen die poetologische Bedeutung der mit 14 Jahren begonnenen Tagebücher sowie der Selbstübersetzung für seine Erzählung *Abschiebung* betont und zugleich einschränkt:

> Später, als ich schon seit vielen Jahren in Österreich lebte, übersetzte ich meine Tagebücher aus dem Russischen, meiner Muttersprache, ins Deutsche. Dabei veränderte oder ergänzte ich manches, strich einige Passagen weg und schuf so die Grundlage für *Abschiebung*, mein erstes Buch. Bis das Manuskript schließlich fertig war, mussten aber noch viele weitere Transformationsschritte durchlaufen werden.[22]

---

20 Vgl. dazu Körte, Mona: Sprache ohne Gedächtnis. Zweisprachigkeit als Bedingung der Möglichkeit des Schreibens über Exil und Vertreibung bei Georges-Arthur Goldschmidt. In: Petra Ernst u. a. (Hg.): trans-lation – trans-nation – trans-formation. Übersetzen und jüdische Kulturen. Graz 2012, S. 237–248; hier: S. 237 ff.

21 Auch in anderen Erzählungen Vertlibs spielen versteckte Tagebücher eine wesentliche Rolle, da sie aus ihrem Versteck heraus in ihrer Bedeutung als Vorgeschichte eine Strahlkraft für die Erzählung als Ganze entfalten. Vgl. dazu den Einsatz von Tagebucheinträgen in der verschachtelten Erzählung *Mein erster Mörder*, wo eine Familie von der Geschichte des Vaters durch die Tagebucheinträge seiner Großtante eingeholt wird.

22 Vertlib, Vladimir: 1. Vorlesung. Die Erfindung des Lebens als Literatur. Emigration als »autobiographisches« Schreiben. In: Ders.: Spiegel im fremden Wort. Dresdner Chamisso-Poetikvorlesungen 2006. Dresden 2007, S. 7–42; hier: S. 24.

Vor allem in ihrem ersten Teil ist Vertlibs Erzählung von kursiv gesetzten, amerikakritischen Tagebucheinträgen durchzogen. Die eingestreuten Einträge datieren vom 15. Dezember 1979 bis zum 31. Juli 1980, dem letzten Tag vor Ablauf der Duldungsfrist, und reihen die vielen Schikanen aneinander, die den Ich-Erzähler als »Russen« in amerikanischen Institutionen, vor allem aber die »Abschiebungsanhörungen« in der Einwanderungsbehörde begleiten. Die Einträge bilden eine Art Stellvertreterraum, da in ihnen all jene Wörter zur Anwendung kommen, die Canetti in seinem Essay als »absolute«, »schonungslose« und »vernichtende« Wörter bezeichnet hat. Des Tagebuchschreibers demontierende Beschreibungen sogenannter Deportation Officer und Abschiebungsbeauftragter sind private und dabei höchst agile Antworten auf die Situation vollkommener Bewegungsunfähigkeit im Dreieck Amerika, Israel und Deutschland, dürfen den öffentlichen Raum jedoch auf keinen Fall passieren.[23] Zugleich ließen sich die Tagebucheinträge, würde man sie zusammenstellen, als ein kontinuierliches Nachdenken über mögliche Aufnahmeländer lesen, das mit der Einsicht in die zunehmende Aussichtslosigkeit und der Ankündigung eines ungewissen Schicksals der Tagebücher endet. Die Einträge folgen somit einem Prinzip von Kontinuität *und* Abbruch; inhaltlich werden mit ihnen eine gewisse Stringenz, Wiederaufnahme und Fortführung von Zukunftsentwürfen betont, wohingegen sie auf der poetologischen bzw. erzählorganisatorischen Ebene den Fortgang der Geschehenshandlung zerreißen.

Die zahlreichen Schikanen vonseiten der amerikanischen Behörden werden um absurde Dynamiken innerhalb der Familie ergänzt, Dynamiken, die durch die Präsenz eines Tagebuchs und seine heimlichen Lektüren in Gang gehalten werden. Im Umgang mit dem Tagebuch manifestiert sich eine zur Paranoia gesteigerte familiäre Verdachtshermeneutik, die sich in anderen politisch-kulturellen Ordnungen und Kontexten entwickelt hat und offensichtlich mit exiliert ist: Der Vater befürchtet,

> die Beamten würden mein in russischer Sprache abgefaßtes Tagebuch lesen, und wer weiß, wozu das führen könnte […] ein Tagebuch öffnet Tür und Tor für unterschiedliche Auslegungen, auf deren Grundlage man schließlich die Schlußfolgerungen ziehen kann, die man will. So mußte ich mein Tagebuch in unserer amerikanischen Wohnung verstecken. Mein Va-

---

23 Vertlib, Vladimir: Abschiebung. Erzählung. Salzburg, Wien 1995, S. 75.

ter, der regelmäßig meine Sachen durchsuchte, aus Sicherheitsgründen, wie er sagte, hatte es entdeckt, gelesen und einige Seiten eigenhändig vernichtet, damit sie dem Feind nicht in die Hände fallen.[24]

In der Behandlung des Tagebuchs überkreuzen sich nun nicht mehr geltende staatliche und aktuelle väterliche Übergriffe, die neue Listen im Umgang mit dem Objekt Tagebuch nötig machen. Dabei werden die Einschluss- und Ausschlussmechanismen der Familie auf die Praktiken des Tagebuchs als mobilem Objekt – auf seine Öffnung und Schließung, seine Aneignung durch andere und seinen Entzug – übertragen und gleichsam übererfüllt. Da der Vater es für sein Eigenrecht hält, das Tagebuch seines Sohnes zum Schutz der Familie zu lesen, eröffnet der Sohn mit weiteren in der Sprache des Exillandes geführten Tagebüchern neue Schauplätze von Intimität, die das Objekt als singuläres vervielfachen:

> Schließlich führte ich drei Tagebücher. Eines, das ich vor den amerikanischen Behörden versteckte und dessen Platz, ein Mauerspalt im kleinen Verließ unter der Kellerstiege, meinem Vater bekannt war, ein zweites, das ich vor ihm verbarg, lag auf dem Dachboden. Ein drittes schließlich, das ich in einem holprigen Englisch zu schreiben versuchte und das meine intimsten Gedanken enthielt, war als Schulheft getarnt. Ich hatte es immer bei mir.[25]

Der Ich-Erzähler führt also ein »offizielles« Tagebuch, das seinen Sinn als privates nicht mehr erfüllt und dem Zugriff des Vaters weiterhin überlassen bleibt, aber nur, um von der Existenz weiterer, erfolgreich geheimgehaltener Tagebücher abzulenken. An dem überdeterminierten Versteck – ein Mauerspalt im kleinen Verließ unter der Kellerstiege – zeigen sich die überlagerten und ineinander geschobenen Semantiken des Tagebuchs: Es hält die Erinnerung an staatliche Repressionen wach, ist zugleich ein Offenbarungsmedium adoleszenter Erfahrungswelten und nicht zuletzt das Zentrum familiärer Privatmythologien, das die Ticks der Mitglieder verfeinern hilft. Die Tagebücher in mehreren Sprachen folgen jedoch nicht nur einer raffinierten Logik der Geheimhaltung, angeordnet auf einer Skala von »offiziell« zu »intimst«, sondern sie extrapolieren im Widerspruch zu der dominierenden Erfahrung der sprachlichen Desintegration und Dissimilation des Exils diejenige Erfahrung, die Dieter Lamping als die radikale Freiheit bezeichnet hat,

---

24 Ebd., S. 17.
25 Ebd., S. 18f.

»sich der Festlegung durch *eine* Sprache zu entziehen«.[26] Das erzwungene oder selbstgewählte Exil bringt durch den Sprachwechsel also auch so etwas wie sprachliche (und literarische) Autonomie mit sich.

Vertlibs Ich-Erzähler hält mitunter fest, aus welchem der drei Tagebücher und dies immer schon in der Übersetzung zitiert wird. Allerdings lassen die Einträge unterschiedlicher Herkunft keine Differenz in der Art oder Intensität der Verdichtung, der Ichverdopplung oder der Inhalte erkennen; nur an einer Stelle wird in indirekter Rede angesichts der schwer einzuordnenden Verhöre bei der Einwanderungsbehörde von selbst für das intimste dritte Tagebuch »kryptisch« bleibenden Einträgen berichtet.[27] Als ausgelagertes Selbst regeln sie für den Diaristen Übergänge, machen jedoch zugleich die Übergänge als misslingende oder äußerst problematische und prekäre sichtbar. Als ein Ding schützen sie das Selbst, gefährden in der familiären Eigenlogik jedoch andere. In ihrer Doppelbedeutung vollziehen und dokumentieren sie zugleich Spracherwerb und -fortschritt und erlauben darüber hinaus Einsichten in den unterschiedlich schnell verlaufenden Zugewinn an Souveränität im Reden und im Schreiben. Die festgefahrene Situation der Illegalität in Amerika nach Ablauf des Touristenvisums bei fehlender Aufnahmebereitschaft durch andere Länder wird nicht allein, aber auch in einem durchaus zynischen, weil untertreibenden Sinn als bloßes Kommunikationsproblem beurteilt. Die Addition der anderssprachigen Tagebücher hingegen dokumentiert die zunehmende sprachliche Elastizität und Eloquenz auf der Schriftebene. Dabei stellt das Tagebuch eine mehrfache Herausforderung dar: Denn nicht nur ist es traditionell mit Intimität und Selbsterforschung behaftet, der Ich-Erzähler muss sich darüber hinaus in der Fremdsprache der schwierigsten aller bewussten Sprachtätigkeiten stellen, weil die geschriebene Sprache »in ihren Funktionsgrundlagen einen völlig anderen Prozess dar[stellt] als die gesprochene. Sie ist das Algebra der Sprache, die schwierigste Form der absichtlichen und bewussten Sprachtätigkeit«.[28] Allerdings ist die hier aufgebotene gegenläufige Bewegung innerhalb der Fertigkeiten von Reden und Schreiben in Vertlibs Erzählung wie nahezu alles in ihr wenig zuverlässig, da der Vater des in der Regel dolmetschenden Ich-Erzählers gegen Ende einem Beamten in Uniform »in überraschend deutlichem und verständlichen Englisch« Paroli bietet.[29] Somit wird die

---

26 Lamping, Dieter: Linguistische Metamorphosen. Aspekte des Sprachwechsels in der Exilliteratur. In: Hendrik Birus (Hg.): Germanistik und Komparatistik. DFG-Symposion 1993. Stuttgart 1995, S. 528–540; hier: S. 540.
27 Vertlib: Abschiebung (s. Anm. 23), S. 41.
28 Wygotski, Lew Semjonowitsch: Denken und Sprechen. Frankfurt a. M. 1977, S. 337.
29 Vertlib: Abschiebung (s. Anm. 23), S. 178.

Rollenverteilung zwischen aktiven und passiven Mitgliedern der Familie und ihrem Sprachvermögen im Nachhinein verunsichert.

Während in Vertlibs Erzählung *Abschiebung* die Verfügbarkeit mehrerer Sprachen zu einer Addition von Tagebüchern, nicht aber unbedingt zu unterschiedlichen oder nach Tagebuch differenzierten Selbstermächtigungsstrategien führt, wirft die Beschäftigung mit dem Tagebuch in Eva Hoffmans Autobiografie *Lost in Translation* die Frage nach dem Ich in der Mehrzahl und seinem Vermögen zur Dialogizität explizit nach Art Canettis auf und differenziert diese weiter aus. Wo Vertlib Sprachenwechsel als pragmatisches Hin und Her der Sprachen inszeniert, die zwar auf verschiedene Tagebücher verteilt, aber durchaus gleichzeitig (und gleichrangig) nebeneinander bestehen können, mit der Folge, dass er der Mutter- bzw. Erstsprache kein Exklusivrecht als Sprache der Intimität einräumt, sind bei Hoffman Eigen- und Fremdsprache, Erst- und Zweitsprache durch ein Nacheinander gekennzeichnet, die erste wird durch die zweite abgelöst, gerät in den Hintergrund, wird schließlich verdrängt. 1959 verlässt die halbwüchsige Ich-Erzählerin in *Lost in Translation* mit ihrer jüdischen Familie Krakau in Richtung Kanada; in Montreal angekommen, werden der Verlust der alten Sprache und das gleichzeitige Unvermögen zur Handhabung der neuen schon bald als Ungenügen der Sprache selbst empfunden, eine Situation, die dazu führt, dass das Bezeichnende vom Bezeichneten nunmehr in beiden Sprachen abgetrennt worden ist:

> [...] the problem is that the signifier has become severed from the signified. The words I learn now don't stand for things in the same unquestioned way they did in my native tongue. ›River‹ in Polish was a vital sound, energized with the essence of riverhood, of my rivers, of my being immersed in rivers. ›River‹ in English is cold – a word without an aura. It has no accumulated associations for me, and it does not give off the radiating haze of connotation. It does not evoke. The process, alas, works in reverse as well. When I see a river now, it is not shaped, assimilated by the world that accommodates it to the psyche – a word that makes a body of water a river rather than an uncontained element. The river before me remains a thing, absolutely other, absolutely unbending to the grasp of mind.[30]

Das in »my native tongue«, »my rivers«, »my being« verwendete Possessivpronomen zeigt an, dass die Dinge über die Wörter in Besitz genommen und im Vorgang des Erwerbs der Muttersprache mit idiosynkratischen Bedeutungen versehen wurden. Dies geschieht jedoch nur einmal und wird durch die Begegnung mit der neuen Sprache gleichsam widerrufen, ungeschehen gemacht. Die neue Sprache affiziert

---

30 Hoffman: Lost in Translation (s. Anm. 9), S. 106f.

die alte, entzieht auch ihr die Kraft, für die Dinge zu stehen, bis die alte schrumpft und schließlich durch mangelnde Verwendung verkümmert. Die neue Sprache bildet bei Hoffman die Matrix der durch die Emigration verursachten, radikalen Desorientierung; in der Emigration hat das System Sprache seine definitorische, richtende und identifizierende Kraft verloren. Somit präsentiert sich die Exilerfahrung als unübersetzbare Fremdheitserfahrung und lässt Exilierte zu Ethnologen werden, die wie Hoffmans Ich-Erzählerin danach fragen, »how we are constructed by language and culture«. Die Sprache, in der man sich zu Hause fühlt, übernimmt nun die Rolle einer Kontaktzone, die die bewussten und unbewussten Anteile des Selbst in eine Kommunikation zwingt, sie »informiert«. Die neue Sprache hingegen unterbricht die Verbindung zwischen dem gefühlten »I«, dem »my« und den für diese Instanzen geltenden Signifikanten: »Its words don't apply to my new experiences; they're not coeval with any of the objects, or faces, or the very air I breath in the daytime. In English, words have not penetrated to those layers of my psyche from which a private conversation could proceed.«[31] Die Emphase, die bei Canetti der Einheit des Tages galt, gilt hier der Sprache als einer Verlustgeschichte: Sie ist ein durchaus verdinglicht gedachtes, aufgekündigtes Zuhause, wodurch die Ich-Erzählerin im Status eines Nicht-mehr-und-noch-nicht verbleibt. In eben dieser Phase erhält sie ein alterstypisches, mit Schlüssel und Schloss versehenes Tagebuch, dessen Nutzung das Versprechen auf ein textuelles Zuhause jenseits und unabhängig von kulturellen und nationalen Grenzen macht:[32]

> For my birthday, Penny [ihre Freundin] gives me a diary, complete with a little lock and key to keep what I write from the eyes of all intruders. It is that little lock – the visible symbol of the privacy in which the diary is meant to exist – that creates my dilemma. If I am indeed to write something entirely for myself, in what language do I write? Several times, I open the diary and close it again. I can't decide. Writing in Polish at this point would be a little like resorting to Latin or ancient Greek – an eccentric thing to do in a diary, in which you're supposed to set down your most immediate experiences and unpremeditated thoughts in the most unmediated language. Polish is becoming a dead language, the language of the untranslatable past. But writing for nobody's eyes in English? That's like doing a school exercise, or performing in front of yourself, a slightly perverse act of self-voyeurism.

---

31 Ebd.
32 Vgl. hierzu den Aufsatz von Kramsch, Claire und Wan Shun Eva Lan: »Textual Identities: The Importance of Being Non-Native«. In: George Braine (Hg.): Non-Native Educators in English Language Teaching. London 1999, S. 57–72.

> Because I have to choose something I finally choose English. If I'm to write about the present, I have to write in the language of the present, even if it's not the language of the self. As a result, the diary becomes surely one of the more impersonal exercises of that sort produced by an adolescent girl. These are no sentimental effusions of rejected love, eruptions of familiar anger, or consoling broodings about death. English is not the language of such emotions. Instead, I set down my reflections on the ugliness of wrestling; on the elegance of Mozart, and on how Dostoyevsky puts me in mind of El Greco. I write down Thoughts. I Write.[33]

In der Rückschau des erinnernden Ichs markiert der Gebrauch des Dings, das wiederholte Öffnen und Schließen des Tagebuchs den Vorbehalt, der über die Physiognomie des Tagebuchs, den Schlüssel und den damit konnotierten Schutz der Privatsphäre überhaupt erst geweckt wird: Schlüssel und Schloss, diese demonstrativen Zeichen von Innerlichkeit und Intimität, kreieren erst das »Dilemma« des Schreibens, indem sie die Erwartungshaltung an das Tagebuch schon vorgeben und der Schreibenden den Modus des Schreibens »entirely for myself« geradezu aufnötigen.[34] Die einzig einem Schreiben nach der Zeiteinheit Tag verpflichtete Form des Tagebuchs, für die es keine Poetik im Sinne einer Schreibanleitung gibt,[35] wird vom Kult um die Gattung und ihrem Rezeptionsmodus verordneter Intimität überlagert.

Das Tagebuch ist in Hoffmans Autobiografie das Werkzeug einer Selbsterkundung, zu deren Gelingen es einer besonderen Sprachsicherheit bedarf. Allerdings ist eine verfügbare Sprache für das Schreiben im Jetzt und in der Gegenwärtigkeit allen Geschehens ebenso wichtig, scheint sich aber mit der Notwendigkeit einer Sprachsicherheit nicht zu vertragen. In dem Konflikt entscheidet sich die Ich-Erzählerin für das Englische als Sprache ihrer Gegenwart, kann aber in ihr das Wort »Ich« nicht verwenden: »I am unable to use the word ›I‹. I do not go as far as the schizophrenic ›she‹ – but I am driven, as by a compulsion, to the double, the Siamese-twin ›you‹.«[36] Die Schwierigkeiten der Verwendung eines Personalpronomens für die eigene Anrede und Positionierung in einer fremden Sprache, die das vergangene Ich als unübersetzbares auf Distanz hält und als grammatische Struktur ein Von-sich-, Über-sich- und Mit-sich-Sprechen in gleicher Weise mit abdecken muss, wird verkompliziert durch die doppelte Reflexionsebene, auf der darüber verhandelt wird: Denn anhand des Tagebuchs als einer in die Autobiografie eingelagerten autobiografischen Gattung fragt die Ich-

---

33 Hoffman: Lost in Translation (s. Anm. 9), S. 120f.
34 Ebd.
35 Vgl. Dusini, Arno: Tagebuch. Möglichkeiten einer Gattung. München 2005, S. 109.
36 Hoffman: Lost in Translation (s. Anm. 9), S. 121.

Erzählerin und mit ihr Hoffman mit der Wahl der Pronomen »I«, »she« und »you« auch nach deren Funktion für den »autobiografischen Pakt« als einer spezifischen Schreibweise, den sie in der hier vorliegenden Kommunikationsform des Sich-selbst-Schreibens und -Lesens eingeht. Dabei versteht sie den Pakt nicht einfach als einen Lektüreeffekt im Sinne seines Erfinders Philippe Lejeune, sondern verlegt die Ausgangsposition zu diesem Vertrag in den kreativen Prozess der Selbstkonstitution und des sich-selbst-Erzählens in einer Fremdsprache.

Durch die Filterfunktion der neuen Sprache hindurch werden die englischen Personalpronomen auf ihr sensorisches Vermögen im fragilen Verhältnis von Nähe und Distanz befragt. Denn die Sprache der Gegenwart ist (noch) nicht die des Selbst, und das Polnische lässt sich für gegenwärtige Erfahrungen nicht mehr aktivieren. Dennoch wird das »Ich« in seinen Stufen und Stadien der Entwicklung nicht einfach abgelöst, sondern wachgehalten und gleichsam mitgezogen, wodurch das Tagebuch Versuchscharakter »to create a part of my persona that I imagine I would have grown into in Polish« erhält:

> In the solitude of this most private act, I write in my public language, in order to update what might have been my other self. The diary is about me and not about me at all. But on one level, it allows me to take the first jump. I learn English through writing, and in turn, writing gives me a written self.[37]

Das Tagebuch gestattet es ihr, ihre Existenz als Polin in der Möglichkeitsform weiterzuführen, wodurch die Ichs nebeneinander bestehen und ihren Status und ihre zeitliche Gebundenheit als »English«, »other«, »impersonal« und schließlich »written self« reflektieren. Das polnische Ich ist in der sehr bewussten Schreibhaltung, angesichts derer ein unzensiertes und ungeordnetes adoleszentes Tagebuchschreiben zum Vorurteil wird, kein zurückgelassenes, sondern wird in der Navigation durch Zeit und Raum zu einem zukünftigen Ich. In der doppelten Distanz durch das Englische und die Schrift gerät das geschriebene Selbst zu einem »seltsam objektiven Ich«, wodurch sich das textuelle Zuhause nicht mehr an der Sprachsicherheit bemisst. Stattdessen bildet das durch die Inadäquatheit beider Sprachen entstandene »unpersönliche Ich« die Brücke zu künstlerischen Sprachprozessen und Aufschreibeformen, die »another me« auszuformulieren beginnen.[38] In Eva Hoffmans Autobiografie ist das Tagebuch Übergangsobjekt zwischen dem Polnischen als Sprache der Kindheit und einzig »authentische[m] Kri-

---

37 Ebd.
38 Ebd.

terium« – und der Kunst,[39] ohne dabei wie andeutungsweise in Canettis *Dialog mit dem grausamen Partner* zu einem bloßen Hilfsmittel zu werden. Durch die besondere Dialogizität der verschiedenen Ichs im Spiegel der Sprachen tritt an die Stelle einer unteilbaren souveränen Individualität das »Babel of our multiple selves«.[40]

---

39 Ebd., S. 298.
40 Ebd., S. 275.

Charlton Payne

Der Pass zwischen Dingwanderung und Identitätsübertragung in Remarques *Die Nacht von Lissabon*

Ein Pass erfüllt primär zwei Funktionen: die Wahrhaftigkeit von Aussagen über Name, Wohnsitz und Staatsangehörigkeit eines Menschen zu beglaubigen sowie den Nationalstaat zu identifizieren, der für die im Pass eingetragene Person verantwortlich ist.[1] Flüchtlinge verkörpern einen Zusammenbruch des Passwesens, da sie keinem für sie verantwortlichen Nationalstaat angehören und daher keinen ihre Identität bestätigenden Pass besitzen.[2] Das Bemühen der Nationalstaaten seit Ausbruch des Ersten Weltkriegs, Grenzübertritte unerwünschter Personen zu verhindern,[3] stützt sich auf die Verwaltung von Dokumenten, die autorisiert sind, die Identität, Nationalität sowie Staatsangehörigkeit einer Person zu verbürgen. Dokumentation in Form des Passes verbindet jahrhundertealte Praktiken des Zertifizierens (wie das Wasserzeichen, das Stempeln, Unterzeichnen und Siegeln) mit anthropometrischen Techniken der Kriminologie der Jahrhundertwende, um das Aus-, Be- und Nachweisen nationaler Zugehörigkeit »handgreiflich« zu machen.[4] Diese Bezeichnungspraktiken, die Identitäten von Bevölkerungen »erfassen«[5], werden in einem zweiten Schritt in tragbare, objektive Beweisstücke der Identität verdichtet, die jeden Augenblick durch Kontrollen erneut bestätigt werden kann.

---

1 Vgl. Horn, Eva: Der Flüchtling. In: Dies., Stefan Kaufmann und Ulrich Bröckling (Hg.): Grenzverletzer. Von Schmugglern, Spionen und anderen subversiven Gestalten. Berlin 2002, S. 23–40; hier: S. 27.
2 Vgl. Arendt, Hannah: The Origins of Totalitarianism. San Diego, New York, London 1976, S. 267–302.
3 Vgl. Torpey, John: The Great War and the Birth of the Modern Passport System. In: Jane Caplan und Ders. (Hg.): Documenting Individual Identity. The Development of State Practices in the Modern World. Princeton, Oxford 2001, S. 256–270; hier: S. 263.
4 Vgl. Groebner, Valentin: Der Schein der Person. Steckbrief, Ausweis und Kontrolle im Europa des Mittelalters. München 2004, S. 48.
5 Torpey, John: The Invention of the Passport. Surveillance, Citizenship and the State. Cambridge 2000, S. 15.

Seit der Implementation des modernen Passwesens beschäftigen sich literarische Texte mit den Implikationen des Passes in Bezug auf das menschliche Leben. Exilschriftsteller wie Brecht, Seghers, Werfel und Remarque, die den Zusammenbruch des Passwesens, der viele Flüchtlinge aus Nazi-Deutschland betraf, unmittelbar erfahren haben, setzten sich intensiv mit der festschreibenden Rolle auseinander, welche der Pass im Schicksal der Flüchtlinge gespielt hat. Der Roman *Die Nacht von Lissabon*, der Gegenstand meines Aufsatzes ist, setzt mit der Beschreibung der verzweifelten Notlage europäischer Flüchtlinge mitten im zweiten Weltkrieg ein:

> Die Küste Portugals war die letzte Zuflucht geworden für die Flüchtlinge, denen Gerechtigkeit, Freiheit und Toleranz mehr bedeuteten als Heimat und Existenz. Wer von hier das gelobte Land Amerika nicht erreichen konnte, war verloren. Er musste verbluten im Gestrüpp der verweigerten Ein- und Ausreisevisa, der unerreichbaren Arbeits- und Aufenthaltsbewilligungen, der Internierungslager, der Bürokratie, der Einsamkeit, der Fremde und der entsetzlichen allgemeinen Gleichgültigkeit gegen das Schicksal des Einzelnen, die stets die Folge von Krieg, Angst und Not ist. Der Mensch war um diese Zeit nichts mehr; ein gültiger Pass alles.[6]

Diese Betrachtungen paraphrasieren die Klagen zahlloser Flüchtlinge im Zeitalter der Verfolgung und Entortung, die hier von literarischen Figuren *vertreten* werden. B. Travens *Totenschiff*, Brechts *Flüchtlingsgespräche* und Seghers' *Transit* enthalten weitere Text-Beispiele, welche der Enthumanisierung durch das Passwesen in der Rede von Flüchtlingsfiguren direkt Ausdruck verleihen. Im Folgenden möchte ich zeigen, wie *Die Nacht von Lissabon* nicht nur die transformierenden Kräfte des Passes als Agent einer Dehumanisierung darstellt, sondern zudem vorführt, wie die Instabilität des Passwesens selbst unerwartete Auswirkungen auf die Protagonisten zeitigt.

Die dem Pass als tragbarem Identitätszeichen innewohnende Instabilität wird im Roman durch die Übergaben von Pass und Name(n) als Kernelementen von Handlungsstruktur, Figurenkonstitution sowie -konstellation herausgekehrt. Derselbe österreichische Pass, der den Namen »Josef Schwarz« trägt, wird von insgesamt vier verschiedenen Personen im Roman verwendet. Dieser Pass gehört zunächst einem österreichischen Flüchtling, der ihn 1939 einem Flüchtling aus Deutschland vermacht. Dieser (zweite) Flüchtling gibt den Pass 1942 an einen

---

6 Remarque, Erich Maria: Die Nacht von Lissabon [1962]. Köln 2012, S. 9–10. Zitate aus dieser Ausgabe werden im Folgenden mit der Sigle »NL« und der Seitenangabe direkt im Fließtext nachgewiesen.

weiteren deutschen Flüchtling ab, der ihn schließlich kurz nach Ende des Krieges einem sowjetrussischen Flüchtling schenkt. Der zweite Flüchtling tritt in der Erzählung als Binnenerzähler auf, der dritte Passträger fungiert als Rahmenerzähler, der die Geschichte zu erzählen beginnt. Als Textstrategie entlarvt die Verwirrung der denotativen Funktion des Eigennamens »Schwarz«, den die Protagonisten nacheinander annehmen, die konstitutive Fragilität der Bemühungen, personale Identität referenziell über den Pass abzusichern. Das Zusammenspiel von Namen und Pass gestaltet sich in Bezug auf das Ausweisen einer Identität komplex. Als Ding kann der Pass die Übereinstimmung von leiblicher, individueller Existenz und ihrer durch den Nationalstaat gewährleisteten, mit den Rechten einer Person ausgestatteten Identität nur über ein aufwendiges bürokratisches Symbolsystem einholen. Die Kontingenz der im Pass eingetragenen Merkmale soll zudem über diese Institutionen aufgehoben, zu einem allgemeingültigen (auch über Nationalgrenzen hinaus geltenden) System der Identifizierung umgewandelt werden. Dass die Akkumulation von Bedeutungen, die der Pass im Dienste der Identifizierung leisten soll, sich nicht in dieser beabsichtigten Funktionalität erschöpft, führt Remarques Roman über seine Erzählstruktur vor. Die Erzählstruktur verhandelt diskursiv die Bedeutung des Passes als wanderndes Ding des Exils.

I.

Remarques Roman wurde 1962 veröffentlicht, mehrere Jahre nach Remarques offizieller »Ausbürgerung« durch die Nazis 1938, und nachdem ihm die USA 1941 Asyl gewährt hatten. Der Roman nimmt also die Nachkriegsperspektive eines Exilanten ein. Die Erzählzeit spiegelt die retrospektive Dimension wider, deren Position erst zum Schluss explizit offengelegt wird: Die Geschichte wird irgendwann nach Kriegsende von einem namenlosen Ich-Erzähler, einem ehemaligen Flüchtling aus Nazi-Deutschland, erzählt. Dieser erste Erzähler, der auch Rahmenerzähler ist, berichtet von einer entscheidenden Begegnung. In einer Nacht des Jahres 1942 trifft er einen deutschen Flüchtling, der den Namen und Pass eines gewissen Josef Schwarz aus Österreich trägt (der »erste Schwarz«). Der »zweite Schwarz« bietet dem namenlosen Ich-Erzähler (dem dritten Passträger) Schiffstickets und Pass inklusive Visum an, stellt aber die Bedingung, dass jener seiner Geschichte im Laufe der Nacht zuhört. Der »zweite Schwarz« wird dadurch zum zweiten Erzähler, zum Erzähler der Binnengeschichte, die den Hauptteil des Romans bildet. Mangels Hinweisen auf die Nachkriegsperspektive, die sich erst am Romanschluss klärt, wird diese Nacht zum Angelpunkt narrativer Gegenwart zwischen Rahmen- und Binnenerzählung.

Die Geschichte des »zweiten Schwarz« betrifft den Zeitraum zwischen 1939 und 1942, obwohl sein Zuhörer sowie die Leser erfahren, dass er bereits 1934 aus Nazi-Deutschland geflohen ist. Nach fünf Jahren »draußen« (NL 65) erhält der »zweite Schwarz« 1939 den Pass eines sterbenden österreichischen Flüchtlings namens Josef Schwarz. Diesen lernt er bei einem seiner regelmäßigen Besuche im Louvre kennen. Der »erste Schwarz« war Kunstsammler, musste aber der faschistischen Regierung seinen Kunstbesitz überlassen, um aus Österreich zu flüchten. Durch den Verkauf einiger alter Briefmarken und zweier Zeichnungen von Degas, die er mit sich genommen hatte, konnte er sein Leben im Exil finanzieren. Kurz vor seinem Tod gibt er dem Binnenerzähler seinen Pass (und macht ihn damit zum »zweiten Schwarz«), die Zeichnungen, einen Anzug sowie die verbleibenden Briefmarken mit den Worten: »Es sei besser, Schicksalsgenossen bekämen es, als der Wirt« (NL 21). Zufällig tragen beide den Vornamen Josef, da aber der verstorbene Schwarz 25 Jahre älter ist, muss der neue Schwarz die Fotografie sowie das Geburtsdatum von einem Fälscher ändern lassen. Die folgenden Tage verbringt er damit, seinen neuen Namen, Geburtsort und Geburtsdatum einzuüben – »Josef Schwarz, geboren in Wiener Neustadt am 22. Juni 1898« –, damit er ganz »natürlich« auf eine mögliche Polizeikontrolle reagieren kann (NL 21–22). Das Geschenk des Passes bewirkt, dass die Gemälde im Louvre Bilder seines vergangenen Lebens aufrufen:

> Ich ging wie früher zu den Bildern des Friedens und der Stille, zu den Sisleys und Pissaros und Renoirs, ich saß stundenlang im Museum – aber jetzt war die Wirkung umgekehrt. Die Bilder beruhigten mich nicht mehr – sie begannen zu rufen, zu fordern, zu erinnern – an ein Land, noch nicht verwüstet von dem braunen Aussatz, an Abende in Gassen, über deren Mauern Flieder hing, und die goldene Dämmerung der alten Stadt, an ihre schwalbenumflogenen, grünen Kirchtürme – und an meine Frau. (NL 22)

Zudem entfacht die vom Pass eröffnete Option der Grenzübertretung das riskante Begehren, seine Ehefrau Helen wiederzusehen: »Der Pass, der mir hätte Ruhe geben sollen, trieb mich zur Verzweiflung. Ich lief auf den Straßen umher, bis ich so müde war, dass ich fast umfiel; aber ich konnte nicht schlafen, und wenn ich schlief, weckten mich die Träume wieder auf« (NL 23). Durch den Erhalt des Passes wird er also von Gedanken an seine Frau sowie von Erinnerungen an seine Heimat heimgesucht. Während der neu erhaltene Pass den »zweiten Schwarz«

einerseits zur Auseinandersetzung mit seinem vormaligen Leben in Osnabrück zwingt, das er seit seiner Flucht verdrängt hatte, ermöglicht er andererseits dessen Rückkehr nach Osnabrück bzw. Grenzgänge über die streng kontrollierten Nationalgrenzen Europas. Diese Fähigkeit des Passes, sowohl persönliche als auch zwischenmenschliche Verhältnisse fundamental zu verändern sowie zu grenzüberschreitenden Bewegungen anzuregen, macht ihn zu einem Ding, das die Macht ausprägt, die Ereignisse des Romans zu motivieren – mit der Folge, dass weniger sein Träger als der Pass selbst ein Eigenleben gewinnt.

Beim Besuch seiner Ehefrau Helen in Osnabrück trifft diese die Entscheidung, sich mit ihm auf die Flucht zu begeben, die von Deutschland durch die Schweiz nach Frankreich führt, wo sie interniert werden, bis sie sich schließlich auf der sagenhaften »Via Dolorosa« (ein Fluchtweg von Belgien durch die Pyrenäen) nach Lissabon befinden (NL 187–189). Diese Binnenerzählung verwebt die Flucht- mit der Liebesgeschichte zwischen Helen und Schwarz in den Jahren 1939 bis 1942, wobei eine Geschichte die andere generiert: Denn erst nach Schwarz' Rückkehr nach Osnabrück und Helens Entscheidung zur gemeinsamen Flucht beginnt die vom Rahmenerzähler so bezeichnete »Geschichte einer Liebe« des Ehepaars in Zeiten der Verfolgung (NL 211).

Jedoch verschweigt Helen Schwarz, dass sie unter einer schweren Krebserkrankung leidet.

Dass sie todkrank ist, scheint sie dazu zu bewegen, ihr vorheriges Leben in Nazi-Deutschland hinter sich zu lassen und ihren Ehemann während ihrer letzten wertvollen Lebenstage ins Exil zu begleiten. Damit sie sich einer Krebsbehandlung in Zürich unterziehen kann, hatte die NS-Regierung Helen zuvor einen Pass ausgestellt. Die *Gültigkeit* ihres Passes verleiht diesem gesteigerte physische Realität: »Ein Pass knisterte in meiner Hand« (NL 95). Mithilfe der zwei Pässe treffen sich die beiden in Zürich wieder und begeben sich auf den gemeinsamen Weg nach Frankreich.

II.

Nach der Besetzung Frankreichs durch Deutschland 1940 und der Kollaboration der französischen Verwaltung mit der Gestapo werden Helen und Schwarz in französischen Lagern interniert. Die beiden werden »Menschen, die von ihren Feinden ins Konzentrationslager und von ihren Freunden ins Internierungslager gesteckt werden«, wie Hannah

Arendt das Dilemma der Staatenlosen beschreibt.⁷ Erst ihre fiktive Todeserklärung durch einen anteilnehmenden Arzt im Frauenlager ermöglicht Helen die weitere Flucht. Helens fiktiver Tod verursacht bei Schwarz »[e]ine sonderbare, kühle Angst [...], ein[en] Rest von Aberglauben, das Schicksal nicht zu beschwören.« Außerdem drängt sich ihm der Vergleich mit seiner eigenen Existenz auf: »Aber war ich nicht selbst längst gestorben und lebte mit den Papieren eines Toten?« (NL 192). Der Einsatz von Helens offizieller Todeserklärung, um dem Lager zu entkommen, stellt eine *nützliche Fiktion* dar, die unheimliche Ähnlichkeit mit der unheilbaren Krankheit Helens aufweist. Wie es Schwarz bei der Übernahme der (in)offiziellen Identität des toten Schwarz unterläuft, beginnt Helen, das Verhältnis von Fakt und Fiktion zu vertauschen: Sie verlebt ihre verbleibenden Tage auf der Flucht mit Schwarz, als ob ihr bevorstehender Tod lediglich eine Fiktion wäre. Zugleich ist diese Fiktion eine Wahrheit, die sie aus Not gelten lassen müssen, da es kein Krankenhaus in Frankreich gibt, wo Helen sowohl eine Behandlung als auch ein sicheres Versteck vor der Polizei hätte finden können (NL 194). Auf dem Fluchtweg »Via Dolorosa« entwickeln die Pässe anderweitig unheimliche Tendenzen, insofern sie die Fluchtbewegung des Paares zu unterbinden drohen, bzw. eine gegen ihre Träger gerichtete Aussagekraft entfalten. In Bordeaux verhindert der Besitz der Pässe den Erhalt eines Visums beim amerikanischen Konsulat: »Helen hatte einen gültigen deutschen Pass aus der Nazizeit; wie konnten wir da beweisen, dass wir in Todesgefahr waren? Die Juden, die ohne Papiere voll Angst vor den Türen lagen, schienen in größerer Gefahr zu sein. Unsere Pässe wurden Zeugen gegen uns« (NL 203). Anders verhält es sich in Bezug auf den Pass eines US-Amerikaners, den Helen und Schwarz später im Roman zufällig in Marseille kennenlernen, und der auf dem US-Konsulat für sie bürgen will, damit sie ein Einreisevisum erhalten können. Schwarz' Beschreibung der Szene auf dem Konsulat ist mit mythischen Bildern aufgeladen, die partiell aus Seghers' Roman *Transit* entliehen scheinen: Der Pass des Amerikaners wird mit einem märchenhaften goldenen Schlüssel verglichen, der alle Türen aufzuschließen vermag.

> Es regnete; wir kamen zu dem dicht gedrängten Klumpen der Emigranten. Es war wie ein Traum; wir durchschritten ihn, er teilte sich vor uns wie das Rote Meer vor den israelitischen Emigranten des Pharao. Der grüne Pass des Amerikaners war der Goldene Schlüssel des Märchens, der jedes Tor öffnete (NL 218).

---

7 Arendt, Hannah: Wir Flüchtlinge. In: Dies.: Zur Zeit. Politische Essays. Hamburg 1999, S. 7–21; hier: S. 9.

Wie in Seghers' Roman, der ca. 20 Jahre vor *Die Nacht von Lissabon* veröffentlicht wurde, verkörpert ein gültiger US-Pass ein paradoxes Hybrid magischer Instrumentalität. Dies äußert sich in dessen wunderbarer Tatkraft.

Um die Übergabe des Passes an den Rahmenerzähler (nach Helens Tod in Lissabon) zu vollenden, muss die Fotografie ausgetauscht werden. »Eine Fotografie ist leicht ausgewechselt«, behauptet der Rahmenerzähler, dem Schwarz erwidert:

> »Leichter als eine Persönlichkeit.« Er starrte eine Weile vor sich hin. »Wäre es nicht sonderbar, wenn Sie jetzt auch beginnen würden, Bilder zu lieben? So wie der tote Schwarz – und dann ich?«
> Ich konnte mir nicht helfen, aber ich fühlte einen leichten Schauder. »Ein Pass ist ein Stück Papier«, sagte ich. »Keine Magie.« (NL 133)

Dabei wird besonders die Ausstattung eines Stückes Papier mit der Macht, eine Person zu bezeichnen, als beunruhigend magische Kraft in Schwarz' Lebensgeschichte dargestellt. Man könnte behaupten, dass bereits die geglückte Referenz zwischen Pass und »Wirklichkeit« eine nahezu magische Operation voraussetzt. Insofern die (vom Staat) nicht intendierte Nutzung des Passes weitere Bedeutungen akkumuliert und verschiebt, wächst sich das magische zum unheimlichen Moment für seine Träger aus, insofern ihre Identität etwa durch die Geschichten der »Schicksalgenossen« angereichert wird. Schwarz hat erfahren, welche unerwarteten Effekte die denotativen Konventionen des Passsystems mitunter hervorbringen. Schwarz beschreibt einen weiteren Aspekt dieser Dynamik im Kontext seiner Erfahrungen als Träger des österreichischen Passes während der Besatzung Frankreichs: »Österreich gehörte zu Deutschland, und ein österreichischer Pass wirkte [in Frankreich] bereits wie eine Visitenkarte der Gestapo. Es war sonderbar, zu was allem das Dokument des toten Schwarz fähig war. Zu vielem mehr als ein Mensch – dieses bedruckte Stück Papier!« (NL 167). Schwarz' apostrophischer Ausruf – »dieses bedruckte Stück Papier!« – gleicht der Klage der Flüchtlingsfigur Kalle in Brechts *Flüchtlingsgespräche[n]*, welche die asymmetrischen Verhältnisse von Menschen und Pässen aufnimmt:

> Der Paß ist der edelste Teil von einem Menschen. Er kommt auch nicht auf so einfache Weise zustand wie ein Mensch. Ein Mensch kann überall zustandkommen, auf die leichtsinnigste Art und ohne gescheiten Grund, aber ein Paß niemals. Dafür wird er auch anerkannt, wenn er gut ist, während ein Mensch noch so gut sein kann und doch nicht anerkannt wird.[8]

---

8 Brecht, Bertolt: Flüchtlingsgespräche [1940/41]. Frankfurt a. M. 2000, S. 7.

Kalle erinnert seinen Dialogpartner daran, dass Pässe trotz der entmenschlichenden Auswirkungen des Passwesens von menschlichen Wesen abhängen, ohne die sie keine bezeichnenden Objekte sein könnten: »Der Paß ist die Hauptsach, Hut ab vor ihm, aber ohne dazugehörigen Menschen wär er nicht möglich oder mindestens nicht ganz voll.«[9] Solche Ausrufe verweisen auf die Hybridität eines Objekts,[10] das anderen aufrufbaren bzw. handelnden Figuren in Remarques Roman (sowie in Texten von Seghers und Brecht) gleichgesetzt wird, handelnden Menschen jedoch mitunter in seiner Tatkraft überlegen ist. Wie die »lebendigen Dinge in der Moderne«, die Dorothee Kimmich beschreibt, gibt der Pass sowohl bezeichnendes Ding als auch tragbares Zeichen des unzuverlässigen Verhältnisses ab, das zwischen dem Zeichen und dem (zum Zwecke der Identitätszuschreibung) Bezeichneten besteht. Dieses Verhältnis verweist auf die prekäre Identität der Flüchtlinge im Passwesen.[11] Außerdem vermischt sich die dinghafte Qualität des Passes untrennbar mit den wechselnden Semantiken konkreter Situationen. Der Pass stellt durch die darauf eingetragenen Zeichen freilich ein hoch kodiertes System dar, dessen Bedeutungszuschreibungen sich mit dem Wechsel politischer Umstände plötzlich radikal ändern können.

Der Pass von Schwarz besitzt zudem die beunruhigende Kraft, die Persönlichkeiten seiner Träger zu verändern. Im Nachhinein räumt Schwarz ein, dass das Verhältnis zwischen Bezeichnendem und Bezeichnetem motivierter sein könnte, als er zuvor in einem Gespräch mit Helen über Herkunft und Bedeutsamkeit von (neuerworbenem) Pass und Namen zugegeben hatte:

> »Wie heißt du jetzt?«, fragte Helen.
> »Josef Schwarz.« Sie grübelte einen Augenblick.
> »Heiße ich dann jetzt auch Schwarz?«
> Ich musste lächeln. »Nein, Helen. Es ist nur irgendein Name. Der Mann, von dem ich ihn habe, hatte ihn auch schon geerbt. Ein ferner, toter Josef Schwarz lebt wie der ewige Jude in mir bereits in der dritten Generation weiter. Ein fremder, toter Geistesahne.«
> »Du kennst ihn nicht?«
> »Nein.«
> »Fühlst du dich anders, seit du einen anderen Namen hast?«
> »Ja«, sagte ich. »Weil ein Stück Papier dazugehört. Ein Pass.« (NL 72)

---

9 Ebd., S. 7–8.
10 Vgl. Latour, Bruno: Wir sind nie modern gewesen. Versuch einer symmetrischen Anthropologie. Frankfurt a. M. 2008, S. 70.
11 Vgl. Kimmich, Dorothee: Lebendige Dinge in der Moderne. Konstanz 2011, S. 49.

Generell neigen Bezeichnendes und Bezeichnetes im Roman dazu, sich permanent abzulösen, einander umzukehren. Während die Fotografie einer Person, semiologisch gesprochen, eine Ikone bleibt, wird im Roman angedeutet, dass ein Eigenname womöglich die Person verändern könne, die er denotiert.[12] Auch wenn der Austausch einer Persönlichkeit sich nicht so umstandlos wie der Austausch einer Pass-Fotografie vollzieht, wie der »zweite Schwarz« meint, so nähert er sich seinem Vorgänger in seiner Kunstliebe an. Obwohl der Rahmenerzähler, der den Pass als Nachfolger des »zweiten Schwarz« in Lissabon erbt, diese Vorstellung als vernunftwidrig ablehnt, wird er »sonderbarerweise« ein Interesse an der Malerei kultivieren und sogar ein paar Kopien von Degas' Aufzeichnungen in seinem Zimmer in Amerika aufhängen – »als wäre das eine Erbschaft des fernen toten Urschwarz« (NL 255).

III.

Der Pass ist dasjenige Objekt, das am markantesten die prekäre Existenz des Flüchtlings innerhalb bzw. außerhalb sozialer Bande verkörpert. Das administrative Bemühen der Nationalstaaten um die Vergegenständlichung personaler Identität in Form tragbarer Zeichen hat die mögliche Ausbürgerung zahlreicher Bevölkerungsanteile vorbereitet. Die Ausstellung eines Passes als tragbares Identitätszeichen wiederholt die anfängliche Zuschreibung der nationalen Identität einer Person durch die Eintragung in ein Namensregister. Diese Namen können jedoch wieder ausgelöscht und die Ausstellung eines Passes kann verweigert werden. Menschen, die auf diese Weise entortet werden, müssen alternative Netzwerke der Zirkulation erfinden, um überhaupt zu überleben. Sowohl die wesenhafte Unzuverlässigkeit als auch die Tragbarkeit von Pässen begünstigt deren Umwandlung in wandernde Dinge. Remarques Roman veranschaulicht die Erschaffung unerwarteter unkonventioneller sozialer Bande durch die Übergabe eines Passes. Der Pass mit dem Namen Josef Schwarz sowie die Zuschreibung der österreichischen Nationalität wird entlang einer nicht-genealogischen Kette von Flüchtlingen vererbt und geerbt. Zudem setzen die alternativen Bande Nationalität als Zugehörigkeitsbegriff nachhaltig außer Kraft. Die durch den wandernden Pass strukturierten intersubjektiven Bande gestalten sich kosmopolitisch. Während die kosmopolitischen

---

12 Vgl. Peirce, Charles Sanders: A Sketch of Logical Critics. In: Peirce Edition Project (Hg.): The Essential Peirce. Selected Philosophical Writings. Volume 2 (1893–1913). Bloomington, Indianapolis 1998, S. 451–462; hier: S. 460–461.

Verbindungen die Ausschlusslogik nationaler Zugehörigkeit bloßstellen, bleiben sie negativ auf deren machtvolle Setzung bezogen: »Mein Vaterland hat mich wider meinen Willen zum Weltbürger gemacht. Nun muss ich es bleiben. Zurück kann man nie« (NL 71). Außerdem zwingt die Übernahme eines wandernden Passes dessen Träger zum Umgang mit Fälschern und Kriminellen. Solch unkonventionelle Bande bilden eine Verwandtschaft unter »Schicksalsgenossen« – wie der ehemalige Österreicher und längst verstorbene »erste Schwarz« es ausgedrückt hatte (NL 21). Nach der Etablierung seiner Identität im Nachkriegsdeutschland führt der Rahmenerzähler die Tradition inoffizieller Schicksalsgenossenschaft weiter: Er schenkt einem russischen Flüchtling aus der Sowjetunion den Pass von Josef Schwarz.

Michael Niehaus, der den Begriff des wandernden Dings eingeführt hat, fasst die soziale Bande konstituierende Übergabe von Objekten in Analogie zur Informationsmitteilung folgendermaßen: »Insofern jeder in der Position dessen ist, der etwas weitergeben oder weiterreichen kann, gibt es das soziale Band. Auch der Gebrauch der Sprache für die menschliche Kommunikation beruht nicht auf Signalen zwischen Sender und Empfänger [...], sondern darauf, dass man etwas *weitersagen* kann.«[13] Auch Remarques Roman beschäftigt sich zentral mit der Weitergabe von Geschichten. Nicht nur die Übergabe des Passes, sondern auch der kommunikative Akt des Erzählens einer verschlungenen Liebes- sowie Fluchtgeschichte stiftet ein Band zwischen Flüchtlingen. Im Roman veranlasst der Erwerb des wandernden Passes die Erzählung dessen, was der »zweite Schwarz« »mein apokryphes Leben« (NL 130) nennt. Die Übernahme des Passes vom »ersten Schwarz« steuert den neuen Verlauf seines Lebens und wird mit entscheidenden Wendepunkten seiner Liebes- sowie Fluchtgeschichte identifiziert, die alle nur durch das Erzählen bedeutsam werden. Die Aneignung des Passes mo-

---

13 Niehaus, Michael: Das Buch der wandernden Dinge. Vom Ring des Polykrates bis zum entwendeten Brief. München 2009, S. 16. Binczek behandelt die Verwendung des Text-Begriffs als Aktant und Mittler, sowie die Funktion der Bedeutung eines Textes als Ding in der Soziologie von Latour: »Die Bedeutung, die die Texte evozieren, sind die Dinge, die die Texte selbst sind und auf die sie verweisen.« (Binczek, Natalie: Der Text als sozialer Aktant. Von Luhmann zu Latour. In: Mario Grizelj und Oliver Jahraus (Hg.): Theorietheorie. Wider die Theoriemüdigkeit in den Geisteswissenschaften. München 2011, S. 197–215; hier: S. 207). Barthes betont die Kommunikation von Sinn im Medium des Objekts: »Das Paradox, auf das ich hinweisen möchte, besteht darin, dass wir diese Objekte, die im Prinzip immer eine Funktion, einen Nutzen, eine Verwendung haben, als reine Instrumente zu erleben glauben, wo sie doch in Wirklichkeit andere Dinge transportieren, etwas anderes sind: Sie transportieren Sinn; anders ausgedrückt, dient das Objekt tatsächlich zu etwas, aber es dient auch dazu, Informationen mitzuteilen.« (Barthes, Roland. Semantik des Objekts. In: Ders.: Das semiologische Abenteuer. Frankfurt a. M. 1988, S. 187–198; hier: S. 189).

tiviert das Wiedersehen mit Helen und initiiert deren gemeinsamen Fluchtversuch. Während die Gabe der Fahrkarten das Erzählen der Binnengeschichte veranlasst, vermag der Rahmenerzähler nur nach Übergabe der Pässe durch Schwarz und Helen, die es ihm wiederum ermöglichen, mit seiner Frau Ruth an Bord eines Schiffs nach Amerika zu gehen, die Geschichte von Schwarz nachzuerzählen.

Im Roman geht es nicht nur um den Pass als Ding, das intersubjektive Strukturen konstituiert, sondern er behandelt auch dessen transformative Auswirkungen auf subjektive Identität(en) sowie deren Motivationen, die Einschränkungen des Passes als Medium der Identitätszuschreibung zu überwinden. Gegen Ende der Geschichte wird dem Rahmenerzähler bewusst, dass die Übergabe des Passes die Last der Erinnerung an die Phase der Flucht in Schwarz' Leben mit sich bringt. Schwarz verlangt von seinem Zuhörer sowohl die Deutung als auch die Erinnerung seiner Lebensgeschichte zwischen 1939 und 1942:

> »Ich habe es Ihnen erzählt, weil ich es wissen muss«, flüsterte [Schwarz]. »Was ist es gewesen? Ist es ein leeres, sinnloses Leben gewesen, das Leben eines nutzlosen Menschen, eines Hahnreis, eines Mörders –«
> »Das weiß ich nicht«, sagte [der Rahmenerzähler]. »Aber wenn Sie wollen, auch das eines Liebenden und, wenn Ihnen etwas daran liegt, das einer Art von Heiligen. Doch was sollen die Namen? Es war da. Ist das nicht genug?«
> »Es war da. Aber ist es noch da?«
> »Es ist da, solange Sie da sind.«
> »Nur wir halten es noch«, flüsterte Schwarz. »Sie und ich. Niemand sonst.« Er starrte mich an. »Vergessen Sie es nicht! Jemand muss es halten! Es soll nicht fort sein! Wir sind nur noch zwei. Bei mir ist es nicht sicher. Es soll nicht sterben. Es soll weiterleben. Bei Ihnen ist es sicher.« (NL 251)

Nach dem Verlust Helens befürchtet Schwarz, sein eigenes Gedächtnis könne die Spuren der Vergangenheit zu zerstören versuchen (NL 251). Schließlich deutet der Rahmenerzähler die Übertragung des Passes sowie der Erinnerung als eine beabsichtigte Korrektur der reduktionistischen und arbiträren Identitätszuschreibungen, die durch das Passwesen entstehen: »Nach seiner Vorstellung war ich der Einzige, der ein unverfälschtes Bild seines Schicksals mit sich nahm« (NL 254). Davon unabhängig, ob Schwarz' Annahme zutrifft, dass Erzählungen unverfälschte Bilder zu entwerfen vermögen, präsentiert der Text Erzählen als Tätigkeit, die das Lesen von *Indizien* als konstitutiv für die Identität bzw. Existenz einer Person (»Es war da«) ermöglicht. Damit geht das Erzählen weit über das reduktive Überprüfen stimmiger Aussagen zur juristischen Identität (»Was sollen die Namen?«) hinaus. In diesem Fall begleitet die Passübergabe die Weitergabe der Geschichte seines Trägers, berücksichtigt jedoch kompensatorisch – in Form des Geschichtenerzählens – die Suche nach Erklärungen sowie mögliche Deutungsmuster. Während der Pass selbst ein Leitmotiv bildet, stellt die Schenkung von Pass und Fahrkarten eine unerhörte Begebenheit (im Sinne der Novellentheorie) dar, die von beiden Erzählern als »Wunder« bezeichnet wird.[14] Als Zentralmotiv fungiert der Pass sowohl als *Beweggrund* in Schwarz' Geschichte zwischen 1939 und 1942 als auch als Scharnierstück, das Rahmen- und Binnenerzählung am zweiten Abend nach Helens Tod verbindet, an dem der Rahmenerzähler den Pass von Schwarz übernimmt.

Remarques Roman führt vor, wie die Gestaltung einer Geschichte durch die Zirkulation eines Passes gesteuert wird, der als materielles Ding von mehreren Personen getragen werden kann. Dabei akkumuliert der Pass vielschichtige Konnotationen sowohl für seine wechselnden Träger, die durch ihn identifiziert werden, als auch im Vollzug sozialer Interaktionen, die durch ihn erzeugt werden.

---

14 NL, S. 10, 19, 193. Vgl auch Murdoch, Brian: The Novels of Erich Maria Remarque. Sparks of Life. Rochester 2006, S. 141.

Rezensionen

Georg Gerber, Robert Leucht und Karl Wagner (Hg.): Transatlantische Verwerfungen – Transatlantische Verdichtungen. Kulturtransfer in Literatur und Wissenschaft, 1945–1989. Göttingen (Wallstein Verlag) 2012. 416 S.

Der auf eine Tagung an der Universität Zürich 2010 mit starker germanistischer Referentenrepräsentanz aus dem eigenen Hause zurückgehende Band will sich mit seinen Beiträgen zum literarischen und wissenschaftlichen Ideentransfer in das derzeit aktuelle Feld der »Cold War Studies« einfügen. Die Exposition dafür bilden analytische Beiträge zu Exilanten nach 1933, deren Beiträge jenseits und diesseits des Atlantiks Gegenstand lebhafter Auseinandersetzungen gewesen sind. Dazu zählen etwa die Schriften der Politikwissenschaftler Franz Neumann und Raul Hilberg mit ihren berühmten Studien *Behemoth* von 1942 und *The Destruction of the European Jews* von 1961, die als transatlantische Anfänge der Auseinandersetzung mit dem »europäischen Judenmord« (sic!) gesehen werden. Sodann Hannah Arendts *The Origins of Totalitarianism* von 1951, deren ideologische Funktionalisierung im Kalten Krieg vorgestellt wird. Von der »Neuen Linken« nach 1968 wurde Arendt deshalb in heute nur noch schwer nachvollziehbarer Weise kritisiert, während ihr Werk im Kontext der Wende von 1989 eine erstaunliche Renaissance unter jungen osteuropäischen Intellektuellen erlebte. Eine wichtige Rolle spielen auch die werbepsychologischen Arbeiten des Österreichers Ernest Dichters, der mit seinen Arbeiten wesentlich zur Implementierung des affirmativen Konsenskapitalismus in den USA beitrug und insofern die Konformitätsideologie der McCarthy-Ära fortsetzte. Exilspezifisch ist weiterhin der Beitrag über die Schreibhemmungen des in den 1920er-Jahren erklärten Amerika-Fans Bertolt Brecht nach der Konfrontation mit der Realität im kalifornischen Exil ab 1941 und seine Auseinandersetzung als europäischer Künstler mit der amerikanischen Kulturindustrie in seinen *Hollywood-Elegien*. Schließlich werden die schweren persönlichen und philosophischen Differenzen zwischen Theodor W. Adorno und Günther Anders vor dem Hintergrund der atomaren Bedrohung analytisch neu abgeklopft, ehe exemplarisch die Literatur seit den 1950er-Jahren – unter anderem Ilse Aichingers Rezeption des Lyrikers Hart Crane, Rolf Dieter Brinkmanns Auseinandersetzungen mit der amerikanischen Beat- und Pop-Literatur, Elfriede Jelineks Übersetzung Thomas Pynchons oder Uwe Johnsons *Jahrestage* – auf die transatlantischen Dialogangebote geprüft werden.

Bei den hier nur zu erwähnenden exilrelevanten Beiträgen ist die innere Kohärenz nicht immer erkennbar, bei manchen Ausführungen ist die Fantasie des Lesers gefragt, um den Bezug zum Thema zu erkennen. Erstaunlich ist auch, dass sich fast ausschließlich Germanisten ohne mögliche historische und sozialwissenschaftliche Einreden dem Thema zugewandt haben. So kommt es auch zu der merkwürdigen Annahme, dass die »Cold War Studies« die seit den 1970er-Jahren dominierende Holocaust-Forschung abgelöst hätten. Tatsächlich ist der Kalte Krieg immer Forschungsgegenstand seit den 1950er-Jahren gewesen, und ebenso wenig wird man von konsekutiven Paradigmen sprechen können, da diese Gegenstände zu den vielfältigen Forschungsfeldern im Nebeneinander der Zeitgeschichtsforschung zählen.

Legitim ist zwar, über die Angemessenheit der analytischen Sprache von Neumann und Hilberg nachzudenken, bedenklich ist aber, den *Behemoth* als erste kompakte Darstellung der Nazi-Judenverfolgung und -vernichtung zu reklamieren. Denn im Rahmen seiner Strukturanalyse der NS-Herrschaft thematisiert das Werk lediglich die »wirtschaftliche Verfolgung der Juden« als »Ablenkungsmanöver«, um den Anschlag der totalitären Monopoldiktatur auf den Mittelstand zu

verschleiern. Im Übrigen weckt der Anmerkungsapparat dieses Beitrags weitere Zweifel an der Korrektheit einiger Angaben.
Das theoretische Rahmenverständnis des Bandes wirft ebenfalls Fragen auf. Getan wird so, als ob das Akkulturationstheorem nur eine Sache der »neuere(n) Exilforschung« (S. 70) ist und nicht Analyserahmen für die mentalen Prozesse im Zeichen der wachsenden transnationalen Mobilitäten in der Moderne. Christian Fleck, erfahrener Exilforscher und einer der wenigen Nicht-Germanisten unter den Beiträgern, setzt sich in seinem einleitenden Überblick über die bildungsbürgerliche Emigration nach 1933 in die USA gezielt von diesem Ansatz ab, an dessen Stelle er den von Norbert Elias entliehenen Begriff der »Etablierung« setzen möchte. Die dafür geltend gemachten Kriterien beziehen sich jedoch lediglich auf dispositionelle äußere Eigenschaften, der Prozess des interaktiven Aushandelns beim Kulturtransfer, der Kern des Akkulturationsansatzes ist, kommt dort nicht vor. Beim Terminus »Kulturtransfer« wird der Leser noch mehr in Erstaunen versetzt, denn die Herausgeber führen das »Paradigma des Kulturtransfers« auf Arbeiten von Michel Espagne und Michael Werner in Paris während der 1980er-Jahre zurück. Sicher, die beiden haben darüber Erhellendes geschrieben, allerdings ist das Paradigma schon zu Anfang des 20. Jahrhunderts in der amerikanischen Kulturanthropologie als Alternative zum Melting Pot-Konzept der dortigen Soziologie im Gebrauch gewesen. Solche Einwände trüben jedoch nicht das Vergnügen an der Lektüre dieser im Selbstverständnis häufig quer zum wissenschaftlichen Diskurs argumentierenden Beiträge.

Claus-Dieter Krohn

Christine von Oertzen: Strategie Verständigung. Zur transnationalen Vernetzung von Akademikerinnen 1917–1955. Göttingen (Wallstein Verlag) 2012. 528 S.

Die Geschichte der organisierten Fluchthilfe in der Zeit des Nationalsozialismus ist noch nicht zuende geschrieben. Zugleich wurde bislang zu wenig beachtet, dass Netzwerke in Krisen- und Kriegszeiten und für das Bestehen im Exil von unschätzbarem Wert waren. Eine Wissenslücke schließt Christine von Oertzens ambitionierte Untersuchung der 1919 gegründeten International Federation of University Women (IFUW), einem Zusammenschluss von Akademikerinnen, der einige Jahre später ungeahnte Bedeutung für zahlreiche Flüchtlinge des NS-Regimes haben sollte. Die Historikerin entwickelt eine hochinteressante geschlechtsspezifische Perspektive auf transnationale Beziehungen, wobei ihre Arbeit auch wissenschaftshistorisches Neuland betritt.

Von Oertzen versteht Netzwerke als egozentrierte Verbindungen, Akteure werden von ihr en detail biografisch gewürdigt. Eine der exponierten Figuren ist die Gründerin der IFUW, die britische Professorin Caroline Spurgeon, die zur ersten Generation von Frauen überhaupt gehörte, denen eine Hochschullaufbahn gelang. Ausführlich beschreibt die Autorin die Gründung und Genese der Vereinigung, an deren Beginn der Austausch zwischen britischen und amerikanischen Akademikerinnen im Ersten Weltkrieg stand. Ziel war es, eine interalliierte Gemeinschaft zu schaffen, die sich als pazifistische Organisation für den Weltfrieden einsetzen und überdies die Chancen für studierende, lehrende und forschende Frauen verbessern sollte. Die Programmatik der IFUW, die von Oertzen überzeugend ins Zentrum ihres Buches stellt, betonte die Förderung von Völkerverständigung, Wissenschaft und forschenden Frauen. Als Knoten der Netzwerke und Foren des Austauschs sollten die internationalen Clubhäuser der Vereinigung dienen. Dem Akademikerinnenbund der im Ersten Weltkrieg besiegten Mittelmacht Deutschland gelang die Aufnahme erst im Jahr 1926. Bereits 1930 vereinte die IFUW 24.000 Akademikerinnen und war damit ein exzeptionelles, dynamisches Frauennetzwerk, das vor allem in der westlichen Hemisphäre Präsenz zeigte.

Mit der Machtübernahme der Nationalsozialisten 1933 und der massiven Verdrängung jüdischer oder politisch nicht gelittener Wissenschaftlerinnen sowie mit Ausbruch des Zweiten Weltkriegs erlebte der friedliche Verbund der IFUW eine tiefe Erschütterung. Denn zusammenarbeitende nationale Vereinigungen standen sich nun als politische Kontrahenten gegenüber. Äußerst interessant ist, wie die Autorin die Verbandsgeschichte des Deutschen Akademikerinnenbundes im Kontext seiner internationalen Verflechtung liest. Hier leistet die Netzwerkanalyse Großes, da sie nationale Vereinigung in ein transnationales Kräfteverhältnis zu setzen vermag, Entscheidungen und Ereignisse aus einer Makroperspektive liest. Der Umbenennung in den Reichsbund Deutscher Akademikerinnen 1934 folgte zwei Jahre danach der Austritt aus der IFUW und wenig später die Selbstauflösung.

Für die Exilforschung ist von großem Interesse, wie die starken Verbindungen auch die Abspaltung des deutschen Verbandes überdauerten. So schreibt von Oertzen: »Die IFUW übernahm während der Zeit des Nationalsozialismus umgehend die Funktion eines transnationalen Netzwerks für weibliche akademische Fluchthilfe.« (S. 245) Auf die Machtübernahme Hitlers reagierte die IFUW mit einer Intensivierung der Forschungsförderung verdrängter und verfolgter deutscher Wissenschaftlerinnen, angeboten wurden zudem Auslandsaufenthalte (Residential Fellowships), später auch Fluchthilfe nach Großbritannien und in die USA. Nach Ausbruch des Krieges erweiterten sich die Aktionen auf die annektierten Länder. Von Oertzen kann in ihrer Arbeit belegen, dass die durch das IFUW-Netzwerk geförderten Emigrantinnen häufig ihre Karrieren fortführen konnten. Damit lässt die Autorin ein explizit weibliches globales Netzwerk der Fluchthilfe in der Zeit des Nationalsozialismus sichtbar werden. Gerade angesichts derartiger interessanter, wichtiger Erkenntnisse, die größtenteils auf unveröffentlichtem Quellenmaterial basieren, ist es bedauerlich, dass sich von Oertzen kaum über die von ihr genutzten Methoden äußert. Obgleich die Autorin rege mit dem Begriff des Netzwerks hantiert, bleibt eine Theoretisierung weitgehend aus. Angesichts der viel diskutierten Netzwerkforschung, bei der immer wieder darum gerungen wird, wie sie aus der Soziologie für die Geschichtswissenschaften zu adaptieren sei, wäre eine genauere Verbalisierung des Verständnisses von netzwerkorientierter Forschung wichtig gewesen. Insgesamt gelingt es von Oertzen jedoch, den Forschungen zu transatlantischen Beziehungen eine neue Facette hinzuzufügen. Besonders aus kunstwissenschaftlicher Sicht sind ihre Ausführungen bemerkenswert, prosperieren doch gegenwärtig Forschungen zu den transatlantischen Netzwerken von Architekten und Stadtplanern, die jedoch kaum eine geschlechtsspezifische Perspektive wagen.

Burcu Dogramaci

Kristina Schulz: Die Schweiz und die literarischen Flüchtlinge (1933–1945) (= Deutsche Literatur. Studien und Quellen, Bd. 9). Berlin (Akademie Verlag) 2012. 330 S.

Kristina Schulz erzählt in ihrer Studie die »Geschichte des deutschen Literaturexils aus der Sicht des Ankunftslandes« (S. 7). Dieses Vorhaben verbindet zwei große Themen, nämlich biografische Erfahrungen der Flüchtlinge und eine Institutionengeschichte insbesondere des Schweizerischen Schriftstellervereins. Letzterer betrieb – so Schulz' überzeugend vertretene These – in der Zeit des Nationalsozialismus eine gezielte »Literaturpolitik«, die auf der engen »Zusammenarbeit zwischen Schriftstellerverein und Fremdenpolizei« (S. 234) beruhte. Diese Zusammenarbeit begann bereits im Mai 1933 im Grundsatzentscheid des Schriftstellervereins, mit den fremdenpolizeilichen Behörden zu kollaborieren. Wie Schulz im letzten Kapitel »1945: Kritik und Selbstkritik« (S. 287–297) darlegt, verfasste der Schriftstellerverein noch bis Ende der 1950er-Jahre Gutachten über ausländische Schriftsteller, die über deren Aufenthaltsstatus mitentschieden.

Um die Literaturpolitik des Schriftstellervereins zu analysieren, wertet Kristina Schulz sämtliche auffindbaren, die literarischen Flüchtlinge betreffenden Schriftwechsel und Akten aus und fragt dabei nach Diskursen (ökonomische, politische, ästhetische), die die jeweiligen Empfehlungen des Schriftstellervereins untermauerten. Von diesem extensiven Schriftverkehr betroffen waren laut Schulz 121 literarische Flüchtlinge (S. 50), die zwischenzeitlich Aufnahme in der Schweiz fanden. Ohne Berücksichtigung bleiben diejenigen, die bereits an der Grenze abgewiesen wurden.

Mit der Hilfe zahlreicher statistischer Auswertungen und grafischer Darstellungen zu historischen Verlaufskurven des Exils bzw. der Aufnahme von Flüchtlingen und zu Entscheidungen über deren Erwerbsmöglichkeiten verdeutlicht Schulz Differenzkriterien, die teilweise bei den Gutachten des Schriftstellervereins explizit oder implizit eine Rolle spielten. So differenzierte dieser beispielsweise zwischen willkommenen Vertretern einer sogenannten »Höhenkammliteratur« (so etwa Thomas Mann) und »kleinen Zeilenschreibern«, die es als journalistische Konkurrenz abzuwehren und daher mit Erwerbsverbot und bedingten Aufenthaltsgenehmigungen zu belegen galt. Des Weiteren fragt Schulz nach geschlechtsspezifischen und weiteren Identitätskategorien. Sie diskutiert auch die Frage nach einem spezifisch Schweizerischen Antisemitismus, der sich in der Gutachtersprache in Ausdrücken wie »jüdischer Vielschreiber« (S. 250) oder gängigen antijüdischen Vorurteilen wie der Unfähigkeit jüdischer AutorInnen zu originellen Schöpfungen niederschlug.

Zwei eigene Teile der Arbeit – »II. Flucht in die Schweiz« (S. 45–106) und »III. Strategien des Überlebens: Frauen und Männer im Exil« (S. 107–173) – stellen der Politik des Schriftstellervereins und der Schweizerischen Behörden konkrete Flucht- und Exilerfahrungen von Schriftstellerinnen und Schriftstellern und weiteren Kulturschaffenden gegenüber. Ausführlicher gewürdigt werden die Erfahrungen von Lisa Tetzner und Kurt Held, einem Schriftstellerehepaar, das in der Schweiz bleiben durfte, von Maria Gleit und Walter Victor, die 1938 nach dreijährigem Aufenthalt aus der Schweiz ausgewiesen und zu langjähriger Flucht durch Europa und schließlich in die USA gezwungen wurden, sowie von Margarete Susman, die in der Schweiz wenigen Restriktionen unterlag.

Stringent und äußerst erhellend verzahnt die Historikerin Kristina Schulz in ihrer Studie, die sie 2011 an der philosophisch-historischen Fakultät der Universität Bern als Habilitationsschrift eingereicht hat, die biografischen Erfahrungen der literarischen Flüchtlinge und die Institutionengeschichte des Schriftstellervereins. Darüber hinaus leistet die Publikation auch methodologisch einen wichtigen Beitrag zur Exilforschung, indem sie diese um maßgebliche gendertheoretische Überlegungen und Ergebnisse bereichert. Auch der von Schulz praktizierte, durch Norbert Elias und Pierre Bourdieu inspirierte soziologische Ansatz überzeugt. Entsprechend der Feldtheorie interpretiert sie das Exilland Schweiz als vielschichtiges »Machtfeld« (siehe S. 35 ff.), innerhalb dessen verschiedene Systeme, Individuen und Institutionen in komplexen und häufig konfliktreichen Beziehungen zueinander stehen.

Die einzige kritische Nachfrage, die ich angesichts dieser materialreichen, systematisch aufgearbeiteten Studie anbringen möchte, betrifft den Begriff »double bind«, den Schulz zur Charakterisierung der Literaturpolitik des Schriftstellervereins wiederholt aufruft. Der Begriff wird zwar der subjektiven Situation der Schweizer AutorInnen durchaus gerecht, die sich vor 1933 am Literatursystem des kulturell mächtigen Nachbarlandes orientierten und nach der sogenannten Machtergreifung stärker nationale binnenschweizerische Literaturkategorien entwickeln mussten. Meiner Meinung nach bagatellisiert das erkenntnisleitende Konzept »double bind« jedoch die Tatsache, dass die einst peripheren Schweizer AutorInnen und der sie vertretende Verein nach 1933 für die exilierten SchriftstellerInnen zu einer – im Extremfall über Leben oder Tod entscheidenden – Machtinstanz geworden sind. Die Urteile dieser Machtinstanz sind ganz offensichtlich nicht nur der eigenen kulturellen »Zwickmühlensituation« geschuldet, sondern auch ökonomischen und literarästhetischen Interessen, die nun behördlich gestützt durchgesetzt werden können. Im Übrigen macht die Studie genau dieses deutlich, sodass meine kritische Nachfrage hierzu vor allem die Terminologie, nicht die Ergebnisse der Studie betrifft. Insgesamt belegt sie die großen interdisziplinären Kompetenzen der Autorin, die literaturwissenschaftliche Sensibilität und historische Genauigkeit ebenso einschließt wie methodologische Reflexivität. Die Arbeit wird unverzichtbar sein nicht nur für die Exilsituation der Schweiz, sondern auch für neue methodologische Impulse der Exilforschung insgesamt.

Eva Lezzi

Wolfgang Jacobsen und Heike Klapdor (Hg.): In der Ferne das Glück. Geschichten für Hollywood von Vicki Baum, Ralph Benatzky, Fritz Kortner, Joseph Roth sowie Heinrich und Klaus Mann. Berlin (Aufbau Verlag) 2013. 503 S.

Es liegt etwas Melancholisches über dieser Sammlung von Exposés, Geschichten, Texten, 25 Mal voll Elan entworfen, voll Hoffnung und mit der dringlichen Bitte an die Paul Kohner Agency nach Hollywood geschickt, diesem Vorschlag gegenüber gnädig zu sein, ihm eine Chance zu geben, ihn zu lancieren an die Mächtigen, die das Sagen haben, und den Film zu produzieren. Und 25 Mal Absagen, wieder zerstörte Hoffnungen, an denen so viel mehr hing als bloß die Dollars.

Der Österreicher Paul Kohner, der überaus rührige Vermittler zwischen Literatur und Film, Kunst und Kommerz, zwischen Europa und den USA, bereits seit den Zwanzigerjahren amerikanischer Staatsbürger und ebenso bekannt mit den Produktionsfirmen in Hollywood wie erfahren mit ihren Dependancen in Berlin und anderswo in Europa, brachte alle Voraussetzungen mit für die Rettung gefährdeter Schriftsteller, Journalisten, Schauspieler durch ein Unterkommen im Filmbusiness. Mit Kollegen gründete er in Hollywood den European Film Fond, verschaffte bekannten Autoren bescheidene Arbeitsverträge und ermöglichte ihnen damit die Einreise. Das ist hinreichend bekannt und gewürdigt. Dass aber die Einsendungen von dann abgelehnten Filmvorschlägen die verwirklichten um ein Vielfaches überstiegen (»eine fantastische Überproduktion«) und was da an komischen Einfällen, an politischen Botschaften an das Filmpublikum in Amerika unbekannt im Archiv (vor allem in der Kinemathek in Berlin) liegt, das tritt mit dieser verdienstvollen Auswahl aus einem ungleich größeren Bestand nun ganz zutage. Die streng alphabetische Anordnung mixt die Vielfalt der Themen so durcheinander, dass alberne Verwechslungskomödien neben grausamen Holocaust-Stoffen stehen, Weltverbesserungsappelle wie Klaus Manns plakativer Filmentwurf *The United States of Europe* neben dem typischen Hollywood-Märchen von Aufstieg, Fall und Wiederaufstieg eines im Kern guten Menschen (Laszlo Bus-Fekete: *Ende schlecht – alles gut*), gänzlich unpolitische Krimi-Stories und Geschichten vom kleinen Glück und kleinen Unglück (Vicki Baum) neben einer grotesk-grimmigen und etwas absurd verknäulten Persiflage auf die mörderischen Machtintrigen unter der Nazi-Elite à la Röhm-Morde (Heinrich Mann: *Das blinde Schicksal*) oder fast schon ein kleiner Roman, nämlich der Entwurf für einen Musikfilm von Joseph Roth und Leo Mittler: *Der letzte Karneval von Wien*, der das »Finis Austriae« am Aschermittwoch 1938 in melancholischen Tönen und Bildern beschwört. Auffällig oft sind es Teams, die sich wie hier zusammentun, der Schreiber mit dem Filmfachmann oder Massimo Bontempelli und Luis Trenker mit *Der Engel*, eine schon filmreife Geschichte, die den magischen Realismus mit der Moderne, mit Technik und Mythen verbindet.

Diese Entwürfe wären es gewiss nicht alle unbedingt wert, ein Filmpublikum oder doch wenigstens Leser zu finden. Es sind die Hintergrundgeschichten im überreichen Kommentarteil, die Verzweigungen und Verknüpfungen im Netzwerk Hollywoods, die Biografien dieser Schriftstellerinnen und Filmautoren, der Einblick in ihre Korrespondenzen mit Paul Kohner, die soviel vom Exil erzählen und von der Chancenlosigkeit, »da dieses ganze Milieu fuer den hiesigen Markt zu sehr überholt und zu konventionell ist« oder »because for the next year or two subjects of this nature are strictly taboo in Hollywood«. Es war eben ein ganz anderes, ein Dichter zu sein oder ein hollywoodaffiner, in Anpassung gewiefter, auf literarische Ansprüche verzichtender Filmeschreiber.

Hiltrud Häntzschel

Christine Fischer-Defoy (Hg.): Letzte Zuflucht Mexiko. Gilberto Bosques und das deutschsprachige Exil nach 1939. Berlin (Aktives Museum) 2013. 317 S.

Wie alle der bisher von dem Berliner Verein Aktives Museum zu ihren Ausstellungen konzipierten Begleitbände besticht auch der vorliegende durch seine sorgfältige Gestaltung und optische Qualität. Wie bereits der vorangegangene über Varian Fry und das amerikanische Emergency Rescue Committee/Centre Americain de Secours in Marseille aus dem Jahre 2007 widmet sich auch dieser Band der internationalen solidarischen Hilfe für die deutschen und europäischen Flüchtlinge, die bei Ausbruch des Zweiten Weltkriegs in der Menschenfalle Marseille und Südfrankreich festsaßen. Kooperationspartner für die Ausstellung war auch jetzt wieder die Akademie der Künste in Berlin.

Wie dem US-Amerikaner Varian Fry kommt dem mexikanischen Generalkonsul in Marseille Gilberto Bosques das Verdienst zu, zahlreichen Flüchtlingen zunächst das Überleben in Frankreich und dann die Ausreise aus dem Land ermöglicht zu haben. Im Unterschied zu Fry, dessen Arbeit von amerikanischen Philanthropen initiiert und finanziert worden ist, handelte der Konsul in direktem politischen Auftrag des mexikanischen Präsidenten Cárdenas, beginnend zunächst mit der Rettung der spanischen Bürgerkriegsflüchtlinge nach der Niederlage der Republik im Frühjahr 1939, die in Frankreich politisch unerwünscht und von einer unfähigen Administration dem Dahinvegetieren überlassen worden waren. Dieser Aspekt ist allerdings nicht das Thema des Bandes, sondern behandelt werden nur die antifaschistischen Flüchtlinge aus Deutschland, die unter den insgesamt geschätzten 40.000 Personen, denen Bosques die rettende Zuflucht nach Mexiko erlaubte, allerdings nur eine Minderheit darstellten. Auffallend dabei war die selektive Strategie; Mexiko nahm nur politische Flüchtlinge auf. Die nach der NS-Zuschreibung allein wegen ihrer jüdischen Herkunft Bedrohten fielen nicht darunter.

In zwei großen Abschnitten werden am Beispiel von 25 Personen unterschiedlicher Prominenz und politischer Optionen, mehrheitlich jedoch Kommunisten, exemplarisch die Fluchtbedingungen und -wege nach Mexiko sowie das Alltagsleben und die Akkulturationsbedingungen dort vorgestellt. Zahlreiche Fotos und qualitativ hochwertig faksimilierte Dokumente in den Originalfarben vermitteln eindrücklich die lebensweltlichen Rahmenbedingungen der Betroffenen von der anfänglichen Ungewissheit über das künftige Schicksal bis hin zum erfolgreichen Aufbau unterschiedlicher neuer Existenzen im Lande. Für vier der 25 vorgestellten Personen wurde Mexiko zur endgültigen neuen Heimat. Kurze Kapitel über die mexikanische Politik in den 1930er-Jahren – Mexiko ist zum Beispiel das einzige Land gewesen, das 1938 beim Völkerbund gegen den Einmarsch der deutschen Wehrmacht in Österreich protestiert hatte –, über die bekannten Tatsachen der Netzwerke unterschiedlicher Hilfsorganisationen sowie das politische Profil der Mexiko-Flüchtlinge und ihrer Vereine bieten den Kontext für die Einordnung der Einzelschicksale.

Nach Ende der NS-Herrschaft sind die meisten Mexiko-Flüchtlinge in die damalige Sowjetische Besatzungszone zurückgekehrt, zu einer Zeit, als die aus der Sowjetunion zurückgekehrten kommunistischen Emigranten gerade dabei waren, durch die Stalinisierung des Partei- und Staatsapparats ihre Herrschaft zu sichern. Die remigrierten sogenannten »Westemigranten« waren daher von vornherein suspekt. Für sie begann häufig erst jetzt die eigentliche Verfolgung, die im Fall des Journalisten Rudolf Feistmann, in Mexiko Redakteur der bekannten Zeitschrift *Freies Deutschland*, im Selbstmord endete, da er das Misstrauen der Parteiführung gegen sich nicht mehr ertragen konnte. Ob die Befunde in den Textbeiträgen immer zuverlässig sind, soll hier nicht weiter thematisiert werden. Allerdings erstaunt, dass Anna Seghers' Roman *Transit* bereits 1944 in Mexiko erschienen sein soll, und Alfred Kantorowicz' im amerikanischen Transit angeblich verhinderte Weiterwanderung nach Mexiko ist wohl weniger auf die dortige Gesetzgebung zurückzuführen gewesen, sondern entsprach eher der Selbstinszenierung gegenüber den eigenen Genossen.

Max Stein

Lena Kreppel: Deutsch. Jüdisch. Israelisch. Identitätskonstruktionen in autobiographischen und essayistischen Texten von Erich Bloch, Jenny Cramer und Fritz Wolf (= Epistemata Literaturwissenschaft, Bd. 750). Würzburg (Königshausen & Neumann) 2012. 312 S.

Wenn es darum geht, über »die Migrationssituation deutsch-jüdischer Emigranten in Israel, die vor dem NS-Regime in das britische Mandatsgebiet Palästina geflohen waren« (Klappentext) zu sprechen, steht die deutsche Exilforschung stets vor einem definitorischen Problem. Ohne Relativierungen, Anführungszeichen oder zusätzliche Erläuterungen lässt sich in diesem speziellen Fall nicht ohne weiteres von Exil sprechen, sondern muss zugleich die Immigration nach Erez Israel, eine Heimkehr ins »Land der Väter« mitgedacht werden. Diesen Befund nimmt Lena Kreppels Studie zum Ausgangspunkt. Sie untersucht auf der Mikroebene die individuellen Reaktionen auf die Doppeldeutigkeiten, ideologischen Anforderungen und kulturellen Mehrfachzuschreibungen, die aus der besonderen historischen Situation erwachsen, und betrachtet vordergründig die Narrativität der entstehenden Identitätsentwürfe.

Das Textkorpus umfasst die größtenteils unveröffentlichten Aufzeichnungen und Selbstzeugnisse von Erich Bloch (1897–1994), Jenny Cramer (1887–1975) und Fritz Wolf (1908–2006), die alle in den 1930er-Jahren aus Süddeutschland nach Palästina auswanderten und zur Gründergeneration der im Norden Israels gelegenen Stadt Nahariyya gehörten. Erich Bloch ist der einzige, der 1967 in die Bundesrepublik remigrierte. Die Auswahl der Texte, die Kreppel aus verschiedenen Archiven in Deutschland, Israel, den USA und der Schweiz zusammengetragen hat, beschränkt sich auf die Zeit zwischen der Gründung des Staates Israel (1948) und dem Sechstagekrieg (1967), also dem Zeitraum, in dem das vorherrschende säkular-zionistische Ideal einer homogenen, »neuen« israelischen Kollektividentität die Eingewanderten unter starken Anpassungsdruck setzte. Kreppel strukturiert ihre Untersuchung der in dieser Situation notwendig gewordenen »identitären Neuverortungen« (S. 20) der drei AutorInnen im Spannungsfeld zwischen deutschen, jüdischen und israelischen Identitätsentwürfen entlang einer Reihe von neun zentralen Diskursen, die auch die Reflektionen und Lebensberichte anderer »Jeckes« prägen. Hierzu gehören Stellungnahmen zum zionistischen Projekt, zur beruflichen »Umschichtung« in der Landwirtschaft, zu Nationalsozialismus und Holocaust, zu Nachkriegsdeutschland, zum Judentum, zum Christentum, zur Frage der Sprache, zur kulturellen Zugehörigkeit und zur Frage, ob Nahariyya ein neues Zuhause wurde.

Durch den permanenten Vergleich der teils sehr unterschiedlichen Positionierungen von Bloch, Cramer und Wolf wird in dieser Studie deutlich erkennbar, dass es nahezu unmöglich ist, allgemeingültige Aussagen über Haltungen und Ansichten »der Jeckes an sich« zu treffen, zumal die Ansichten in manchen Punkten bereits bei einzelnen Personen widersprüchlich und über die Zeit veränderlich sind. So bleibt als gemeinsamer Nenner das Problem der Neuverortung und die Notwendigkeit, sich diesem Problem zu stellen. Dementsprechend versteht Kreppel die Suche nach Identität nicht als Abgleich verfügbarer Entwürfe, sondern mit Stuart Hall als nie abgeschlossenen »Prozess der Identifikation« (S. 23).

Gemäß Ihrem Anspruch, anhand der ausgewählten Texte exemplarisch zu demonstrieren, dass die »Selbstdarstellungen im Kontext dieser Diskurse höchst facettenreich konzipiert sind« (S. 14), widersteht die Verfasserin jeder Versuchung, kohärente biografische Narrative zu produzieren oder die Kontingenzen und Widersprüche in den analysierten Texten aufzulösen. Dadurch geraten grundsätzliche Informationen über das berufliche und familiäre Umfeld der drei AutorInnen immer wieder zu unerwarteten Lektürefunden. Nichtsdestotrotz entstehen aus dem Mosaik der Arbeit sprechende Bilder, etwa von den Schwierigkeiten mit der hebräischen (und auf ganz andere Weise auch mit der deutschen) Sprache, von den Besonderheiten des deutschsprachigen Kulturlebens in Nahariyya, an dem alle drei AutorInnen regen Anteil nahmen, oder von dem Verlust eines Sohnes im Krieg von 1948. Auch finden sich immer wieder Verknüpfungen mit bekannten Persönlichkeiten (Martin Buber, Theodor Heuss) oder historischen Prozessen (etwa die Wiedergutmachungsverhandlungen zwischen Deutschland und Israel, Wahlergebnisse in Nachkriegsdeutschland). Ganz im Sinne Walter Benjamins unterscheidet Kreppel nicht zwischen großen und kleinen Ereignissen und rückt zugleich das Erzählen, den narrativen Charakter der Texte, in den Mittelpunkt, an dessen Ende keine monolithische Identitätskonstruktion steht, sondern immer wieder neu gebrochene Fragmente und Entwürfe. All diese Mosaiksteinchen werden in über 1000 Fußnoten akribisch nachgewiesen, sodass das nunmehr inhaltlich erschlossene Archivmaterial durchaus zu fortgesetzter Forschung unter neuen Fragestellungen einlädt.

Es liegt dabei in der Natur einer Arbeit, die hauptsächlich Unveröffentlichtes zu ihrem Gegenstand erkoren hat, der inhaltlichen Darstellung den Vorzug vor theoretischen Erörterungen zu geben. Eine etwas ausführlichere Einleitung und insbesondere Erläuterungen zu jenen neun »zentralen Diskursen«, die den Hauptteil der Arbeit strukturieren und die hier eher als verbindende thematische Schwerpunkte verstanden und nicht im Sinne Foucaults auf die zugrunde liegende Ordnung und (Macht-)Struktur hin analysiert werden, wären allerdings durchaus wünschenswert gewesen. Kreppels Arbeit zeigt exemplarisch, dass die deutsche Exilforschung – um einen Terminus aus ihrer Anfangszeit zu gebrauchen – auch auf dem Gebiet der »Grundforschung«, also dem Sichern und Sichten von unveröffentlichtem Material, durchaus noch Entdeckungen machen kann. Hierin gibt sie aktuellen Erschließungs- und Sammlungsprojekten wie »German-Jewish Cultural Heritage« (Potsdam) oder »Traces of German-Jewish History: Preservation and Research« (Marbach/Jerusalem) Recht und repräsentiert zugleich einen neuen Zugang zu den Quellen, der die Texte selbst und nicht mehr die sozialgeschichtlichen Besonderheiten zum Gegenstand literaturwissenschaftlicher Betrachtung macht. Damit schließt sie etwa an Bernadette Rieders Untersuchung von Autobiografien deutschsprachiger SchriftstellerInnen aus Israel an.

Unter Bezug auf die wiederholt thematisierte »deutsch-jüdische Zerrissenheit« (S. 227) birgt die Arbeit zweifellos auch ein exemplarisches Potenzial für die Betrachtung anderer »Bindestrich-Identitäten«, die aus gegenwärtigen Migrationszusammenhängen entstehen und die sich möglicherweise in der Formulierung Fritz Wolfs spiegeln, mit der Kreppel ihre Arbeit beschließt: »Auch die vollste Wiederbeheimatung oder Neuverwurzelung kann [...] nicht darüber hinwegtäuschen, dass unser Innerstes durch die Umverpflanzung in der Mitte des Lebens Risse und Schäden davongetragen hat, für die es keine Wiedergutmachung gibt« (S. 280).

Sebastian Schirrmeister

Harold James und Martin L. Müller (Hg.): Georg Solmssen – ein deutscher Bankier. Briefe aus einem halben Jahrhundert 1900–1956 (= Schriftenreihe zur Zeitschrift für Unternehmensgeschichte, Bd. 25). München (C.H. Beck) 2012. 645 S.

Die in diesem Band aus diversen Archiven zusammengetragene Korrespondenz beleuchtet einen gesellschaftlichen Bereich, der von der Exilforschung lange ignoriert worden ist; erst in jüngster Zeit begann man, wie etwa Martin Münzel, auf ihn genauer zu schauen. Nicht entschieden werden soll hier, warum das so ist, immerhin soll die Frage gestellt werden, ob sich die überkommene Forschung mit ihren Leitfragen nach dem »Antifaschismus« der Exilanten und der Fixierung auf ein von ihnen konstituiertes »Anderes Deutschland« erkenntnistheoretisch, ideologisch und politisch nicht in einem nicht begrenzten Horizont bewegt hat? Denn dorthinein passen Personen wie der hier in seinen Briefen vorgestellte Bankier Solmssen nicht so richtig. Er gehört zu den Repräsentanten der konservativen deutschen Bourgeoisie mit einst jüdischer Herkunft, deren deutschnationale Bekenntnisse sie nicht vor den antisemitischen Attacken, zumal nach dem Zusammenbruch des Kaiserreichs 1918, und dann vor der Ausgrenzung und Vertreibung durch die Nationalsozialisten schützten. In der breiten Literatur zu den »Arisierungen« ist die Zerstörung der Existenzgrundlagen dieses Wirtschaftsbürgertums zwar ausführlich dargestellt worden, es fehlen bisher aber Untersuchungen zu den psychischen und mentalen bzw. intellektuellen Folgen dieser Prozesse bei den Betroffenen. Wie sahen die Identitätsbrüche und Entwurzelungen derjenigen aus, die sich als Eliten und Träger des wirtschaftlichen Fortschritts gesehen haben; unterschieden sie sich von denen der bildungsbürgerlichen Intellektuellen des linken Spektrums, für die die Distanz zum gesellschaftlichen Status quo immer typisch gewesen ist?

Georg Solmssen, 1869 als Georg Salomonsohn in eine assimilierte jüdische Familie geboren, die führend bei der Entstehung des deutschen Bankwesens gewesen ist – sein Vater und ein Cousin hatten leitende Positionen in der Disconto-Gesellschaft eingenommen –, war nach dem Jura-Studium, Referendariat und Amerika-Aufenthalt diesen Spuren gefolgt, zuvor hatte er seinen Namen geändert und war zum Protestantismus übergetreten. Als Geschäftsführer der Bank war er 1929 an der Fusion der Disconto-Gesellschaft mit der Deutschen Bank zur DD-Bank beteiligt, deren Vorstandsvorsitzender er anschließend wurde. Der fachliche Teil der Korrespondenz soll hier nicht weiter interessieren, obwohl er aus aktuellem Anlass höchst spannend ist, ging es doch auch damals im deutschen Universalbanksystem bereits um unterschiedliche »Bank-Philosophien«, einerseits das persönliche Geschäft der Kreditvermittlung und Unternehmensfinanzierung, wofür die Disconto-Gesellschaft und Solmssen mit seinen diversen Vorstands- und Aufsichtsratsmandaten standen, andererseits das wilde Spekulationsgeschäft des Investmentbankings mit spektakulären Expansionen etwa der Darmstädter- und Nationalbank (Danat-Bank) unter der Führung Jakob Goldschmidts, die nicht von ungefähr in der Bankenkrise 1931 zahlungsunfähig wurde. Die Korrespondenz zeigt, dass Solmssen kein enger Bankfachmann war, sondern zeitgenössischer Beobachter, der unter Berufung auf die »preußischen Tugenden« scharfe Kritik an der politischen Kultur Deutschlands nach Bismarck übte. Sie richtete sich sowohl gegen das Regiment Wilhelms II. als auch gegen die Indolenz und den »Untertanengeist« seiner eigenen bürgerlichen Klasse, die zur politischen Führung kaum in der Lage sei. Nach der deutschen Niederlage 1918, die er als Mitglied der deutschen Waffenstillstandskommission hautnah erlebt hatte, amalgamierten sich in seinen politischen Äußerungen – vorgetragen auch in zahlreichen öffentlichen Vorträgen und Stellungnahmen – militant nationalistische Töne, Kritik an der politischen Linken, die Schuld an der Niederlage gehabt hätte (Dolchstoßlegende), und die Distanz zur Weimarer Republik. In der Weltwirtschaftskrise und der Unfähigkeit des politischen Systems, zu ihrer Überwindung beizutragen, verschärften sich die Töne, zugleich wurde seine Realitätswahrnehmung immer brüchiger.

Den Aufstieg der Nationalsozialisten seit 1930 unterschätzte er, Hitlers Tiraden stellten für ihn zwar eine Bedrohung dar, doch nahm er sie ebenso wenig ernst wie den Antisemitismus der Partei, der sich selbst totlaufen würde. Diese Haltung war ebenso unter anderen Wirtschaftsführern jüdischer Herkunft, so etwa Max M. Warburg, verbreitet. Daher wurde auch die Ernennung Hitlers zum Reichskanzler am 30. Januar 1933 mit keinem Wort in den Briefen kommentiert. Die ersten Stellungnahmen Solmssens begannen erst nach dem Judenboykott am 1. April 1933 und den Entlassungen im öffentlichen Dienst nach dem sogenannten Gesetz zur Wiederherstellung des Berufsbeamtentums. Charakteristisch ist jedoch, dass darin nicht die Repressionen und der Terror des Nationalsozialismus im Mittelpunkt standen, sondern das Verhalten seiner Kollegen. In einem Schlüsselbrief vom 09.04.1933 (S. 356 ff.), der in der Forschung seit längerem bekannt ist, wird hellsichtig zwar die Entwicklung antizipiert, die »zielbewusst, nach wohlangelegtem Plane auf wirtschaftliche und moralische Vernichtung aller in Deutschland lebenden Angehörigen der jüdischen Rasse« gerichtet ist, doch in seinem Zentrum steht der »Mangel jeden Solidaritätsgefühls« der Kollegen, die in vorauseilendem Gehorsam sich den Nazis andienten und auf die frei werdenden Posten spekulierten. Dies war für Solmssen der zentrale Akt der Ausgrenzung und Entwurzelung, nicht die Politik der neuen Machthaber. Wie sehr ihn das getroffen hat, zeigt auch der veränderte Stil seiner Briefe, die nicht mehr die bisherige Korrektheit und persönliche Distanz wahrten, sondern empört von den »Lumpen« sprachen, die es unternahmen, »den vogelfreien Nichtarier in der Öffentlichkeit zu diffamieren« (20.07.1933, S. 371). Ernsthaft glaubte er den Angriffen mit Hinweisen beggenen zu können, »dass es auch Nichtarier gibt, die Tag und Nacht keinen anderen Gedanken kannten als Deutschland« (29.12.1933, S. 393). Die Frage einer Emigration wies er lange zornig zurück; er, seine Frau und seine Kinder seien deutsch, »[u]nser in Generationen erworbenes und bewahrtes Deutschtum kann und darf uns Niemand nehmen« (17.09.1935, S. 420). Die aufgezwungene Untätigkeit nahm er gar als Chance, weiterhin der »Zukunft des Vaterlandes« zu dienen; auf verschiedenen Auslandsreisen, so in Südafrika, wollte er Verbindungen für den bilateralen Handel knüpfen, oder auf Vorträgen wie in London vor dem Royal Institute of International Affairs mit Plänen über deutsche Industriepolitik nachhaltiges Gehör finden. Erst als sich das endgültig als Illusion erwiesen hatte, begann er sich mehr und mehr auf seinen bei Zürich erworbenen landwirtschaftlichen Betrieb zurückzuziehen.

Der Entschluss zur endgültigen Emigration 1938 wurde ebenfalls nicht von der staatlichen Politik veranlasst, sondern ihn empörte, dass die DD-Bank den Namen der von seiner Familie geprägten Disconto-Gesellschaft löschte und sich fortan nur noch Deutsche Bank nannte; die zu dieser Zeit eingeführte Kategorie des »jüdischen Gewerbebetriebs«, durch die Solmssen seine wenigen noch verbliebenen Aufsichtsratsmandate – gesichtswahrend aus Altersgründen – verlor, hatte dabei nur noch eine nachrangige Bedeutung. Sein Beharren darauf, dass er nicht auswandere, sondern ausgewandert werde (09.06.1938, S. 453) zeigte, dass er das Selbstbild des vom linken politischen Spektrum geprägten »Anderen Deutschland« nicht teilte, sondern sich als Repräsentant des eigentlichen, ursprünglichen und authentischen Deutschland verstand. So unterzeichnete er die weiteren Korrespondenzen mit den ehemaligen Bank-Kollegen in der Folgezeit immer wieder unter der Formel »Mit deutschem Gruss«; ob das aus Überzeugung geschah, Ironie oder Anbiederung war, mag weiterer Interpretation vorbehalten bleiben.

Claus-Dieter Krohn

Chryssoula Kambas und Marion Brandt (Hg.): Sand in den Schuhen Kommender. Gertrud Kolmars Werk im Dialog. Göttingen (Wallstein Verlag) 2012. 280 S.

War bislang eine eher enge, textimmanente Rezeption des Werks der deutsch-jüdischen Dichterin Gertrud Kolmar (1894–1943) zu verzeichnen, so geht der hier vorgestellte Sammelband deutlich darüber hinaus. Er legt Vorträge vor, die im März 2010 auf einer Gertrud-Kolmar-Tagung in Weimar gehalten wurden und für den Druck überarbeitet wurden. Alle 17 Beiträge berühren, wenn auch auf ganz unterschiedliche Weise, das Ineinandergreifen von Dialog und Überlieferung im Werk Kolmars, wobei es schwerpunktmäßig um intertextuelle Fragestellungen sowie konstruktive Kontexterschließungen geht, die ihr Werk in einen weiter gefassten Fokus stellen, der in vier verschiedenen Sektionen vorgestellt wird. Vorab gibt Regina Nörtemann, Herausgeberin der Neuedition von Gertrud Kolmars lyrischem und dramatischem Werk, einen ausführlichen Überblick über dessen Entstehungsgeschichte im Kontext zeitgenössischer wie intertextueller Einflüsse. In der ersten Sektion »Dialoge und Überlieferung« folgen weitere sieben Aufsätze. Hier stellt Kerstin Schoor kulturzionistische Einflüsse und deren Stellenwert für die Dichtungen Kolmars nach 1933 heraus. Insbesondere Martin Bubers »Neues Denken« wird in seinem Gestus als »geistiger Widerstand« beschrieben und unter dieser Perspektive in seinem Einfluss auf Kolmars Lyrik untersucht. Um einen »geistigen Widerstand« geht es ebenfalls in dem anschließenden Beitrag von Carola Daffner, die sich dem Briefwechsel zwischen Gertrud Kolmar und Hilde Wenzel in den Jahren 1938–1943 zuwendet. In der durch den Brief-Dialog mit der Schwester ausgelösten »erinnernden Imagination« in Kolmars Briefen erkennt Daffner ein Widerstandspotenzial sowohl gegen die zunehmend in die Isolation treibenden Zeitumstände im nationalsozialistischen Deutschland als auch gegen die Desillusionierung gegenüber der deutschen Kultur. Im Gegensatz zu der gelungenen Dialogizität in den Briefen geht es im folgenden Beitrag um einen gescheiterten deutsch-jüdischen Dialog, den Regina Nörtemann anhand des Verhältnisses von Gertrud Kolmar und Karl Josef Keller erörtert. Marion Brandt eröffnet in ihrem anschließenden Aufsatz eine Perspektive auf das Fortwirken von Kolmars Werk, das sie anhand intertextueller Spuren in Dichtungen von Nelly Sachs nachweist. Hier kommt aufs Neue der Metapher vom »Sand in den Schuhen Kommender«, die auch die Titelgebung des Bandes prägte und die gleichfalls von Nelly Sachs aufgegriffen, verwandelt und weitergeschrieben worden ist, eine herausragende Bedeutung zu.

Einen außergewöhnlich seltenen Fund bedeutet die bislang unveröffentlichte Buchbesprechung »Über die Dichterin Gertrud Kolmar« von Alfred Gong, ein mit Paul Celan und Jacob Picard befreundeter deutschjüdischer Dichter, der noch 1951 in die USA auswanderte. Er hebt Kolmars »Transrealismus« hervor, ein ungewöhnlicher Begriff, den er gerade für die Poetik dieser Dichterin als besonders bezeichnend empfindet. Natalia Shchyhlevska kommentiert diese von ihr im Nachlass Gongs im Archiv der Universität Cincinnati aufgefundene Rezension, indem sie unter besonderer Berücksichtigung des deutsch-jüdischen Aspekts das spezifische Verhältnis des Dichters zum Werk Gertrud Kolmars vorstellt. In der abschließenden Sektion würdigt Johanna Woltmann ausführlich die Bemühungen um die Herausgabe von Kolmars poetischem Nachlass nach dem Krieg, bei der insbesondere der Schwager der Dichterin Peter Wenzel, die Schwester Hilde Wenzel, der damalige Herausgeber Peter Suhrkamp sowie der damalige Lektor des Suhrkamp Verlags Hermann Kasack eine entscheidende Rolle gespielt haben.

Der zweiten Sektion unter dem Titel »Tat- und Bildorte« sind drei Beiträge zugeordnet, die sich schwerpunktmäßig mit Gertrud Kolmars einzigem, 1930 verfassten Roman *Die jüdische Mutter* befassen. Während Claudia Steinkämper diesen Text im Kontext der kriminalerzählerischen Lustmord-Literatur der Zeit untersucht und damit vor allem auch interessante Einblicke in den Zeitgeist gibt, vor dessen Hintergrund der Roman entstanden ist, wendet sich Ourania Sideri besonders den allegorischen Bildern historisch-mythischer Prägung zu, in denen sie eine kritische Auseinandersetzung Kolmars mit dem bedrohlichen zeitgenössischen Antisemitismus erkennt. Barbara Breysach wiederum setzt sich im dritten Beitrag dieses Abschnitts mit dem Topos Berlin als Geburts- und Lebensort Kolmars und zugleich Handlungsort des Romans auseinander. Dabei erweitert sie den Fokus der Analyse noch um weitere Texte der Dichterin, in denen Berlin auf unterschiedliche Weise aufgegriffen wird. Insgesamt wird so nachvollziehbar, dass Gertrud Kolmar Berlin kulturkritisch als einen »Chronotopos« beschrieben hat, an dem die Brüchigkeit der urbanen Moderne ihre Spuren hinterlassen hat und der als ein zunehmend von Verfall, Versteinerung und Gewalt bestimmter Ort für die deutschjüdische Dichterin nicht Heimat repräsentierte, »sondern Gefährdung, nicht Leben, sondern Zukunftslosigkeit«.

In Sektion drei mit dem Titel »Geschichtsstoff, Mythologie« thematisiert Chryssoula Kambas anhand von Kolmars frühem Gedichtzyklus *Napoleon und Marie* (ca. 1920) die Bedeutung Polens für die noch junge Dichterin. Während der familiäre Erfahrungsfundus Kolmars ihr zufolge mit zum Aufgreifen des geschichtsträchtigen Stoffes beigetragen hat, indem er mit der Ausrichtung auf Polen als ein östliches, kulturell vielfältiges, von fremden Mächten okkupiertes Land, eigene Identifikationsmuster freisetzte, führt die Umdeutung des »Heldischen« im Zyklus zum Thema »Frau und Geschichte«. Statt im Dienste des Nationalmythos stehe die weibliche Ich-Figur schließlich für Selbstfindung in Marginalität eines von »Liebe und Innerlichkeit bestimmten weiblichen Geschichtssubjekts«.

Einer weiteren historischen Figur, die für Kolmar von Bedeutung war, widmet sich Grazia Berger mit ihrer Untersuchung intertextueller Bezüge sowohl aus dem Deutschen als auch aus dem Französischen in Kolmars Robespierre-Texten. Vergleichend stellt sie fest, dass diese in ihrem textkonstitutiven Stellenwert unterschiedlich zu bewerten sind, wobei Kolmars Beurteilung der französischen Quellen fundierter als die der deutschen erscheine. Die Aufsätze von Daniel Hoffmann und Annette Bühler-Dietrich schließlich wenden sich Kolmars 1938 entstandenen Drama *Nacht* zu. Hier hebt Hoffmann vor allem den Gegensatz von Rom und Judentum im Drama hervor, den er anhand intertextueller Bezüge besonders zur Isaak- und Jiftah-Geschichte aus dem Alten Testament verdeutlicht. Bühler-Dietrich unterzieht *Nacht* einem intertextuellen Vergleich mit Hebbels *Judith*. Im Mittelpunkt beider Beiträge stehen unterschiedliche Konzeptionen des »Opfers«.

Die vierte und letzte Sektion trägt die Überschrift »Zeit, Sprache, Übersetzung«. Sybilla Hausmann analysiert Kolmars 1927/28 entstandenen Gedichtzyklus *Das preußische Wappenbuch* im Blick auf die spezifische Durchdringung von Vergangenheit und Gegenwart. Einer weiteren Verwobenheit von Altem und Neuem folgt Vera Viehöver mit ihrer Beschreibung des – wie sie es nennt – sprachlichen »Verbariums« der Dichterin, das sie als eine Art Sammelalbum unüblich gewordener, veralteter Sprachformen charakterisiert. In einer »Poetik des Bewahrens« werden so randständig gewordene Wörter aufbewahrt und im dichterischen Prozess einer Neubelebung zugeführt. Und last but not least findet sich im Abschluss dieses sehr informativen, die Kolmarforschung um entscheidende neue Akzente und wesentliche weiterführende Beiträge bereichernden Sammelbandes ein auf Englisch verfasster Kommentar Philip Kuhns und Ruth Zimmermanns zu den Erfahrungen ihrer Übersetzungsarbeit von Gertrud Kolmars Gedichtzyklus *Welten* aus dem Deutschen ins Englische. Damit wird zugleich ein Ausblick gegeben auf einen weiteren Sammelband, der 2013 ebenfalls bei Wallstein erscheinen soll und in dem es vorrangig um Übersetzungsfragen und Gertrud Kolmars Werk gehen wird.

Friederike Heimann

Alexander Gallus: Heimat »Weltbühne«. Eine Intellektuellengeschichte im 20. Jahrhundert (= Hamburger Beiträge zur Sozial- und Zeitgeschichte, Bd. 50). Göttingen (Wallstein Verlag) 2012. 421 S.

Mit ihren mehr als 2.600 Beiträgern, so das Ergebnis einer späteren Auszählung, ist die *Weltbühne* in den 1920er-Jahren das wichtigste Sprachrohr der linken kritischen Intelligenz gewesen. In zahlreichen Untersuchungen ist ihr Bild bis heute allerdings umstritten geblieben. Für die einen trug der »Weltbühnenradikalismus« (Gustav Radbruch) mit seinen hämischen Invektiven gegen die politischen Akteure der Weimarer Republik wesentlich zu deren Delegitimierung bei, andere sahen in ihren kompromisslosen Texten, der von Kurt Tucholsky verspotteten »Ri-Ra-Rücksichtnahme« in der Realpolitik vor allem zivilisationsunfähige idealistische »Gefühlsduselei«, während eine dritte Gruppe von Interpreten ihre Bedeutung als pazifistisches und später antinationalsozialistisches Organ hervorhob, das die clandestinen Machenschaften vom rechten Rand der Gesellschaft gegen die Republik aufdeckte. Auffallend ist, dass sich der Analyserahmen der Rezeption bisher nahezu ausschließlich auf die Jahre bis zu ihrem Verbot in Deutschland 1933 konzentrierte.

Gallus will keinen weiteren Beitrag zu den kontroversen Bewertungen hinzufügen, sein Thema ist vielmehr die geistige Kontinuität und Langzeitwirkung des einstigen Profils der *Weltbühne* bis in die Zeit nach dem Zweiten Weltkrieg. Das wird am Beispiel von vier Intellektuellen dargestellt, die einst starken Einfluss auf die Zeitschrift ausgeübt hatten, als Solitäre und »Ego-Dogmatiker« aber unfähig zu jeder nachhaltigen Kooperation oder gar Netzwerkorganisation gewesen waren. Die unterschiedlichen biografischen Entwicklungen nach 1933 spielten dabei nur eine untergeordnete Rolle. Zwei, Axel Eggebrecht und Peter Alfons Steiniger, waren in Deutschland geblieben, ihre publizistische Karriere 1933 bis 1945 verlief lediglich rudimentär unter Pseudonym mit literarischen Gelegenheitsarbeiten. Die anderen beiden, Kurt Hiller und William S. Schlamm, letzterer als kurzfristiger Herausgeber 1933/34, konnten im Exil noch kurzfristig ihre Zusammenarbeit mit der dort neu gegründeten *Neuen Weltbühne* fortsetzen. Deren KP-konformer Kurswechsel, eingeleitet von Schlamms Nachfolger Hermann Budzislawski, beendete die Kooperation jedoch bald. Für beide wurde fortan die doppelte Frontstellung gegen den Nationalsozialismus wie gegen den stalinistischen Kurs der KPD im Exil, zumal nach Beginn der Moskauer Prozesse, zum Kern ihrer publizistischen Arbeiten, für Hiller in London, für Schlamm zunächst in Prag, ab 1938 in New York, wo er sich recht bald als prominenter Journalist der Luce-Presse (*Time, Life, Fortune*) zu einem eifernden Konservativen entwickelte.

Bis auf Steiniger, der zu einem parteifrommen Funktionärs-Wissenschaftler in der Sowjetischen Besatzungszone wurde, beriefen sich die drei anderen, Eggebrecht und die Remigranten aus dem Exil, bei ihren in Deutschland nach 1945 wieder aufgenommenen journalistischen Tätigkeiten auf den kritischen Geist der früheren *Weltbühne*. Ihre jeweiligen Bemühungen, an sie anknüpfend ein neues Organ zu schaffen, blieben erfolglos; die im Juni 1946 in Ost-Berlin gegründete, SED-konforme Zeitschrift gleichen Namens und Formats wurde als peinliche »Leichenschändung« wahrgenommen, mit der man nichts zu tun hatte. In späteren Jahren, nach 1972, gab Schlamm kurzfristig eine eigene Zeitschrift unter dem variierten Titel *Zeitbühne* heraus, doch die blieb folgenlose Episode. Mit jeweiligen anderen journalistischen Einbindungen, Eggebrecht beim Norddeutschen Rundfunk und später als prominenter freier Autor, Hiller eher randständig bei der studentischen Zeitschrift *konkret*, pflegten sie ihr Selbstbild als eigentliche intellektuelle Glanzlichter des einstigen Weltbühnen-Profils, authentisch und unbeeinflusst von den historischen Zäsuren 1933 und 1945. Trotz ihrer exzentrischen Eigenwilligkeiten, das macht die anregende, mit immensen Belegen gesättigte Untersuchung deutlich, ist aber zu erkennen, dass ihre Kritik nach 1945 nicht mehr fundamentalistisch wie einst auf das Gesamtsystem zielte. Konstant geblieben waren zwar ihre Parteiaversionen, nicht aber ihre Affekte gegen die majoritäre Herrschaftslegitimation; das Grundgesetz und der parlamentarische Pluralismus wurden nicht infrage gestellt. Dies ist augenscheinlich auf die Lernprozesse im Exil und bei Eggebrecht auf die Einflüsse der britischen Besatzungsmacht zurückzuführen. Ihren Habitus als Repräsentanten nonkonformistischer Avantgarde kultivierten sie allerdings weiter. Intellektuelle Wirkung hatte so nur der demokratische Sozialist und Radikalaufklärer Eggebrecht, während Hillers geistesaristokratische Utopietiraden und Schlamms aufgedrehter Skandal-Konservativismus heute eher als Grotesknummern belächelt werden.

Claus-Dieter Krohn

Nils Grosch und Wolfgang Jansen (Hg.): Zwischen den Stühlen. Remigration und unterhaltendes Musiktheater in den 1950er Jahren (= Populäre Kultur und Musik, Bd. 5). Münster u. a. (Waxmann) 2012. 192 S.

Der Obertitel des Bandes ist für einschlägige Untersuchungen zur Rückkehr aus dem Exil inzwischen offenbar zum Stereotyp geworden. Im vorliegenden Fall verweist er auf das, was die auf eine Tagung 2009 im Deutschen Musikarchiv zurückgehende Aufsatzsammlung enthält, die zum ersten Mal dem Einfluss von Remigranten auf die Gattung des unterhaltenden Musiktheaters in den 1950er-Jahren nachgeht. Als Repräsentanten der »Roaring Twenties« gehörten sie wegen ihrer zumeist jüdischen Herkunft wie ihrer modernen, auf den Massengeschmack ausgerichteten populärkulturellen Orientierung zu den bevorzugten Gegnern des Nationalsozialismus. An dieser Frontenbildung hatte sich nach 1945 kaum etwas geändert, da in der Unterhaltungsindustrie die alten künstlerischen Netzwerke aus der NS-Zeit fortwirkten und durch die Verstaatlichungspolitik von Theatern und Spielstätten seit 1933 der Aktionsrahmen jetzt sogar noch weiter eingeschränkt war. Hinzu kam, dass die in Deutschland traditionelle hierarchisierende Unterscheidung von »ernster« und »unterhaltender« Kultur, von »E«- und »U«-Musik nach 1945 eine zusätzliche Auflagung erhielt. Zum einen sollte der auch in anderen Bereichen zu beobachtende typische bildungsbürgerliche Rekurs auf das ästhetische Wertgefüge und den universalen Charakter der hohen Kultur und Musik demonstrieren, dass die deutsche Kulturnation vor der Kontaminierung durch die NS-Ideologie immun geblieben war. Zum anderen implizierte eine solche Stilisierung die Ablehnung der Popularkultur, die weitgehend mit den von der amerikanischen Besatzungsmacht mitgebrachten Lebensstilen und der von ihr bestimmten Reeducation identifiziert wurde. Dieser Spannungsrahmen wird systematisch in etwa der Hälfte der acht Beiträge des Bandes vorgestellt, die anderen sind Einzelschicksalen gewidmet. Den Auftakt bildet die eindrucksvolle Analyse des thematisch und personell in der Kontinuität des NS-Musikfilms stehenden Films *Die Trapp-Familie* (1956), einer der erfolgreichsten Filme der Fünfzigerjahre, in dem das Exil mit dem deutsch-österreichischen militärischen Widerstand verbunden wird, Juden kommen darin nicht vor, und die singende Großfamilie mit Schubert'schen Kunstliedern bei der Einwanderungskontrolle auf Ellis Island den Amerikanern von vornherein die überlegenen ewigen Werte der deutschen/europäischen Kunst klarmachte. Eine Hollywood-Verfilmung knapp zehn Jahre später endet zwar anders, aber nicht weniger kitschig.

Am Beispiel des zuerst 1928 in Berlin aufgeführten Zuckmayer-Dramas *Katharina Knie*, dessen Thema Sesshaftigkeit oder Reisen und Mobilität ist, und das 1956 von dem ehemaligen Emigranten Mischa Spoliansky in München als Musical neu inszeniert wurde, wird der Gegensatz von moderner musikzentrierter amerikanischer Produktionsweise und der traditionellen textbasierten deutschen operettenhaften »musikalischen Komödie« herausgearbeitet. Dem Librettisten der Gesangstexte Robert Gilbert ist noch ein eigener Artikel gewidmet, der das breite Spektrum seiner vor 1933 bekannten Texte, u.a. für die Operette *Im weißen Rössl* oder die Musikfilme *Die drei von der Tankstelle* und *Der Kongreß tanzt*, vorstellt und sie mit den erfolglosen Jahren im New Yorker Exil und seinem nur mäßigen Einfluss im Kabarett Nachkriegsdeutschlands sowie als Übersetzer von *My Fair Lady* kontrastiert. Ähnlich erging es seinem in den 1920er-Jahren nicht weniger prominenten Kollegen Friedrich Hollaender, der im Exil in Hollywood noch bemerkenswerte Erfolge als Film-Musiker hatte, nach 1950 in München und zeitweise in seiner Geburtsstadt Berlin aber ebenfalls nur noch eine Nischenexistenz beim Kabarett führte. Öffentlich breiter bemerkt wurde er nur noch einmal kurz durch seine Kompositionen für den Musik-Film *Das Spukschloss im Spessart*. Nicht viel anders sah es bei den zurückgekehrten Operetten-Komponisten wie Emmerich Kálmán, Paul Abrahám oder Robert Stolz aus; auch sie waren in ihrer Heimat fremd geworden und nahmen hilflos oder resigniert hin, wie ihre einstigen Stücke entweder ohne den einstigen Esprit verschnulzt oder modisch verhunzt auf die Bühne kamen, indem etwa aus Walzer-Melodien Samba-Rhythmen wurden.

Max Stein

Regine Dehnel (Hg.): NS-Raubgut in Museen, Bibliotheken und Archiven. Viertes Hannoversches Symposium. Im Auftrag der Gottfried-Wilhelm-Leibniz Bibliothek – Niedersächsische Landesbibliothek (= Zeitschrift für Bibliothekswesen und Bibliographie, Sonderband 108). Frankfurt a. M. (Klostermann) 2012. 540 S.

Die Provenienzforschung, entstanden im Zusammenhang mit der auf der Washingtoner Konferenz 1998 vereinbarten Initiative zur Überprüfung und Rückgabe geraubter Kulturgüter hat sich inzwischen zu einem eigenständigen bibliotheks- und kunstwissenschaftlichen Forschungszweig entwickelt.[1] Hervorgegangen aus einer Eigeninitiative wissenschaftlicher Mitarbei-

---

1 Vgl. dazu Uwe Hartmann: Sammlertum und Kunstgutwanderung. Provenienzforschung als eine neue wissenschaftliche Disziplin? In: Koordinierungsstelle Magdeburg (Hg.), Andrea Baresel-Brand (Bearb.): Die Verantwortung dauert an. Beiträge deutscher Institutionen zum Umgang mit NS-verfolgungsbedingt entzogenem Kulturgut. Magdeburg 2010, S. 351–403.

terInnen an den Institutionen selbst, wird die Initiative unterstützt und gefördert durch die Länder und die 2008 gegründete Arbeitsstelle für Provenienzrecherche/ -forschung Berlin beim Beauftragten der Bundesregierung für Kultur und Medien. Neben den Publikationen der Koordinierungsstelle für Kulturverluste Magdeburg zählen die Tagungsbände der Hannoverschen Symposien zu den wichtigsten Veröffentlichungen.

Der jetzt vorliegende Band des vierten Hannoverschen Symposiums dokumentiert wie die vorausgegangenen Bände Recherchen an Bibliotheken und Museen, wobei der Radius über Deutschland hinaus auf Österreich und die besetzten bzw. annektierten Gebiete Polens reicht. Als weiterer mit den öffentlichen und staatlichen Institutionen vernetzter Bereich tritt der Buch- und Kunsthandel stark in den Vordergrund.[2]

Jüdische Eigentümer und Sammler, jüdische Kunsthändler und Antiquare, aber auch jüdische Gemeinden bilden die erste und größte Opfergruppe. Aus der großen Zahl anonymer Opfer, zu deren Identifizierung die institutions- und ortsgeschichtliche Recherche ein differenziertes Methodenspektrum entwickelt hat (vgl. Regine Dehnel in der Einleitung und ihrem Beitrag; zu den museums- und kunstwissenschaftlichen Aspekten vgl. insbesondere den Beitrag Claudia Andratschkes), ragen einzelne Personen heraus, denen im vorliegenden Band spezielle Untersuchungen gewidmet sind: so die Münchner Kunstwissenschaftlerin und Galeristin Anna Caspari (Vanessa Voigt, Horst Kessler), die deportiert und ermordet wurde, deren Sammlung rekonstruiert und den Erben restituiert werden konnte; oder die beschlagnahmte Bibliothek der emigrierten tschechischen Industriellenfamilie Petschek, die in der Staats- und Universitätsbibliothek Hamburg gefunden wurde (Ulrike Preuss); oder die Wiener Antiquare Hans Peter Kraus und Leo Weiser, die in die USA emigrierten, dort neue Geschäfte aufbauten und in einem langen Verfahren nach 1945 teilweise entschädigt wurden (Walter Mentzel, Harald Albrecht). An zwei Beispielen wird das Schicksal jüdischer Gemeindebibliotheken dargestellt: während die nicht zerstörten Reste der Bibliothek des Rabbinerseminars in Breslau in das Frankfurter Institut zur Erforschung der Judentums gelangten und den jüdischen Gemeinden in Basel, Zürich und Genf restituiert wurden (Yvonne Domhardt), konnte die in der Universitätsbibliothek Mainz aufgefundene Bibliothek der Jüdischen Gemeinde Mainz an diese zurückgegeben werden (Andreas Lehnhardt). Weitere Opfergruppen sind die Gewerkschaften und die aufgelösten Arbeiterbibliotheken (Werner Schröder, Ragnhild Rabius), die Freimaurer (Susanne Fiedler) und Geheimwissenschaftler (dazu der interessante Beitrag von Uwe Schnellinger über die Beschlagnahme der Privatbibliotheken von Parapsychologen und Forschern in wissenschaftlichen Grenzgebieten), aber auch die katholische Kirche, wie Helga Embacher und Andreas Schmoller am Beispiel der enteigneten Bibliothek des Katholischen Hochschulvereins und der Universität Salzburg zeigen. Auf verfolgte Privatpersonen und deren Sammlungen, beschlagnahmte und ausgeraubte Museen, Bibliotheken, Universitätsinstitute und Kirchen in den besetzten Ländern als weitere bisher wenig erforschte Opfergruppen verweisen die Beiträge von Nawojka Cieslinska-Lobkowicz über den Kunstraub in Polen, Rasa Parpuce in Lettland, Corinna Felsch und Tomasz Lopatka über Bücherfunde aus französischem Privatbesitz in der Universitätsbibliothek Marburg.

Die Erschließung neuer Opfergruppen verweist auf einen erweiterten Täterkreis. Neben die Täter in staatlichen und parteiamtlichen Institutionen – in den örtlichen Polizei- und Gestapodienststellen, dem Reichssicherheitshauptamt, im Einsatzstab Rosenberg und in der Verwaltung der besetzten Gebiete, dazu die Direktoren und das wissenschaftliche Personal der Bibliotheken und Museen – treten Wissenschaftler als neuer Täterkreis in den Vordergrund. Zu den innovativen Beiträgen des Bandes gehören deshalb auch die Untersuchungen zu einzelnen Volkskundlern, Sprachwissenschaftlern und Runenforschern, die in der Doppelfunktion als Wissenschaftler und als

---

[2] Vgl. auch den ausführlichen Tagungsbericht von Jürgen Babendreier und Ragnild Rabius in: Zeitschrift für Bibliothekswesen und Bibliographie 58/6 (2011), S. 332–340.

Gutachter für Reichs- und Besatzungsbehörden unmittelbar am Kunstraub beteiligt waren und über den Tausch bzw. Aufkauf geraubter Bücher, ethnologischer Sammlungen und Kunstobjekte den Aufbau eigener wissenschaftlicher Institute oder Museen förderten (vgl. dazu die Beiträge von Sabine Arendt, Judith Schachtmann, Beate Herrmann und Frank Möbus). Als weitere, bereits bekannte aber noch nicht hinreichend erforschte Tätergruppe verweist der Band auf den gewerblichen Handel. Der Beitrag von Meike Hopp über den Kunst- und Auktionshändler Adolf Weinmüller und der bereits erwähnte Beitrag über die Antiquariats- und Exportbuchhandlung Alfred Wolf unterstreichen die zentrale Rolle, die Buch- und Kunsthändler bei der Begutachtung und Arisierung jüdischen Eigentums gespielt haben und betonen den engen Zusammenhang staatlicher Interventions- und Enteignungspolitik und privatwirtschaftlicher Interessen.[3] Eine Motivationsanalyse, wie sie Jürgen Weber als Verbindung von fachmännischem »Verwaltungshandeln« und besitz- und erwerbsorientiertem Interesse definiert, gibt Hinweise auf das Verhalten aller Tätergruppen und kann erklären, wie derselbe Täterkreis nach 1945 unter veränderten politischen und ideologischen Rahmenbedingungen ohne Unrechtsbewusstsein oft in denselben Institutionen weiter agierte.

Die in dem Band versammelten Beiträge machen die Leistungen und Grenzen lokal- und institutionengeschichtlicher Forschung deutlich. Solch eine Begrenzung ergibt sich mit Notwendigkeit im Zusammenhang mit der ikonografischen und bibliothekswissenschaftlichen Spurensuche am Material der vorgefundenen Bücher, Bilder und anderer Sammlungsobjekte und den nachfolgenden archivalischen Recherchen in den betreffenden Institutionen und den Finanz-, Verwaltungs- und Personalnachlässen der städtischen bzw. landeseigenen Archive. Die Untersuchung der für den Raub verantwortlichen staatlichen Behörden, Ministerien und parteipolitischen Organisationen und des auf nationaler und internationaler Ebene agierenden Buch- und Kunsthandels sind demgegenüber Argumente für eine verstärkte Kontextforschung. Notwendig erscheint neben der Anlage zentraler Internet-Datenbanken (vgl. dazu den Beitrag von Birgit Jooss über die Datenbank der Galerie Heinemann des Deutschen Kunstarchivs im Germanischen Nationalmuseum Nürnberg) sowie der Vernetzung und Verstetigung der Projektforschung über kurzfristige Projektaufträge hinaus, vor allem auch die Zusammenarbeit mit Universitäten und Forschungsinstituten.[4] So haben eine Reihe vor allem jüngerer BeiträgerInnen des Bandes sich mit einschlägigen Magisterarbeiten oder Dissertationen für die Provenienzrecherche qualifiziert oder verbinden die Projektarbeit mit übergreifenden Forschungsvorhaben. Ein auf dem Kongress verabschiedeter »Offener Brief« an die Öffentlichkeit und die politisch verantwortlichen Stellen unterstreicht diese Perspektiven und fordert die dafür notwendigen finanziellen Mittel ein.

Lutz Winckler

Jeremy Adelman: Wordly Philosopher. The Odyssey of Albert O. Hirschman. Princeton-Oxford (Princeton University Press) 2013. 740 S.

Beamish, Strahlemann, hat ihn Varian Fry genannt; er war sein Kontaktmann und vielsprachiger Übersetzer bei der Rettung gestrandeter Emigranten in der Menschenfalle Marseille nach der Niederlage Frankreichs 1940. Frys Rechenschaftsbericht *Surrender on Demand*, 1945 publiziert, wird mit einem bemerkenswerten Zitat von Beamish zum Selbstverständnis bei diesem Einsatz eingeleitet, es kreist um die Notwendigkeit militanter Solidarität. Aus der französischen Armee war er kurz zuvor mit falschen

---

3 Von Meike Hopp ist inzwischen erschienen: Kunsthandel im Nationalsozialismus. Adolf Weinmüller in München und Wien. Köln 2012.

4 In diesem Zusammenhang sei verwiesen auf Ernst Fischer (Hg.): Verleger, Buchhändler und Antiquare aus Deutschland und Österreich in der Emigration nach 1933. Ein biographisches Handbuch. Elbingen 2011.

Papieren unter dem Namen Albert Hermant entlassen worden.

Dies sind nur beiläufige Facetten aus dem bemerkenswerten Leben des 1915 in Berlin in eine assimilierte jüdische Familie geborenen und 2012 in New Jersey gestorbenen Albert Otto Hirschmann. Wenige Tage vor seinem 18. Geburtstag, das Abitur hatte er am Französischen Gymnasium gerade abgeschlossen, war der damals erklärte Marxist, Mitglied der SAJ, nach Paris geflohen, hatte dort ein ihn wenig herausforderndes Ökonomie-Studium an der École des Hautes Études Commerciales absolviert, dann aber die Chance bekommen, mithilfe eines Jahresstipendiums an der London School of Economics für dieses Fach doch noch motiviert zu werden. Hirschmanns Rückkehr nach Paris fiel mit dem Beginn des Spanischen Bürgerkriegs zusammen; als Freiwilliger ging er sogleich nach Barcelona und kämpfte dort mit der linkskommunistischen POUM an der Aragon-Front. Er verließ das Land aber nach einigen Monaten wieder, als der Anspruch der Kommunisten als Ordnungsmacht auf der republikanischen Seite immer größer wurde. Die nächste Station war Triest, wo seine Schwester mit ihrem Mann Eugenio Colorni, einem Schüler des Marburger Romanisten Erich Auerbach, Philosophen, Politiker und Antifaschisten lebte. Nach dessen Verhaftung floh Hirschmann, der neben seiner Promotion über die französische Außenhandelspolitik 1938 an der Universität in Triest als Kurier für den dortigen Widerstand gearbeitet hatte, erneut nach Paris. Dort fand er eine Anstellung in einem ökonomischen Forschungsinstitut und meldete sich bei Kriegsausbruch zur französischen Armee als Freiwilliger, um der Internierung zu entgehen, bis zur erwähnten Selbstdemobilisierung. Durch die clandestine Tätigkeit für Varian Fry selbst in Gefahr geraten, verließ er mit einem litauischen Pass und einem zweijährigen Stipendium der Rockefeller Foundation Ende Dezember 1940 Europa vergleichsweise komfortabel.

In Berkeley begann der alsbald amerikanisierte Hirschman eine ungewöhnliche Karriere als Wirtschaftswissenschaftler, was ihm zwar Rufe an die renommierten Universitäten Yale, Columbia, Harvard und Princeton eintrug, sein unstetes Leben aber führte er weiter. Von 1943 bis 1945 war er als Armeeangehöriger im Office of Strategic Services (OSS) in Nordafrika und Europa als Übersetzer beschäftigt, unter anderem in einem ersten Kriegsverbrecherprozess in Rom, danach bis Anfang der 1950er Jahre als Mitarbeiter des Federal Reserve Board in Washington, zuständig für die Analyse der wirtschaftlichen Lage in Westeuropa. 1952 übernahm er im Auftrag der Weltbank für vier Jahre eine Beratertätigkeit in Kolumbien, die als Flucht aus dem Klima der amerikanischen, von Senator McCarthy angestoßenen antikommunistischen Hysterie zu begreifen ist. In Bogotá vertiefte er seine Forschungen auf dem Feld, für das er als einer der Mitbegründer zählt, der Entwicklungsökonomie. Auch in späteren Jahren als Hochschullehrer war er immer wieder zu Erhebungen und Untersuchungen für unterschiedliche Institutionen in den Ländern der sogenannten »Dritten Welt«, vor allem in Lateinamerika unterwegs.

Ein solches Leben hat durchaus einen Wälzer von mehr als 700 Seiten verdient. Der Titel stellt das Werk in den Bezugsrahmen des Bestsellers *Wordly Philosophers* von 1953 aus der Feder Robert Heilbroners, einem Schüler deutscher Emigranten an der einstigen University in Exile nach 1933 unter dem Dach der New School for Social Research in New York, das die Biografien und Theorien der großen klassischen Ökonomen von Adam Smith bis zu John M. Keynes und Joseph A. Schumpeter in der Gegenwart vorstellt. Mit sichtlichem Respekt vor seinem Gewährsmann, gelegentlich etwas hagiografisch, sieht Adelman in Hirschman den Typus eines jungen Emigranten, der nicht wie viele seiner Schicksalsgenossen des »Anderen Deutschland« obsessiv zurückblickt, sondern der sich in Paris zuerst als »foreign student« verstand und der sein Exil später als »reinvention«, eine Art Neugeburt begriff.

Noch mehr besticht aber, wie der Autor den Wandlungsprozess Hirschmans vom jungen Marxisten zum späteren dogmenkritischen »pragmatischen Idealisten« beschreibt. Prägend dafür waren die politischen Erfahrungen des gerade 20-Jährigen in Spanien und die intellektuellen Diskussionsnetzwerke: Vor allem an der alten Fabier-Hochburg der London School of Economics und die von ihm dort erlebten Kontroversen um die neue keynesianische Theorie der konjunktursteuernden Staatsintervention; sodann die Widerstandskreise in Triest, wo es um die Konzeption eines »liberalen Sozialismus« ging; und schließlich in Berkeley, das in der Nähe der Hafen- und Industriestadt Oakland von Hirschman als »hub for cocktail Marxism« gesehen wurde. Mit großer Selbstsicherheit, befördert durch immense Sprachbegabung, integrierte sich Hirschman offenbar geräuschlos in seiner jeweiligen Umgebung oder wie er noch in Paris sagte: »... we did not have problems with our identity, we had problems with identity papers.«

Diese Sicherheit spiegelt auch sein unorthodoxes wissenschaftliches Werk wider. Seine erste größere Studie von 1945 *National Power and the Structure of Foreign Trade*, das die Mittel- und Osteuropapolitik Deutschlands nach 1918 zum Gegenstand hat, passte in den Rahmen des gerade begonnenen amerikanischen »war effort«. Zugleich ist sie eine theoretische Reflexion über die Beziehung von Außenhandels- und Machtpolitik, die später, in den 1960er Jahren von Wissenschaftlern in Lateinamerika zur Grundlage der von ihnen entworfenen Dependenztheorie genommen wurde. Mit seinen entwicklungsökonomischen Arbeiten, von denen nur das in viele Sprachen übersetzte Schlüsselwerk *The Strategy of Economic Development* genannt sei, lag er quer zum ökonomischen Mainstream. Während dort lineare, gleichgewichtige Fortschrittsmodelle nach dem Vorbild der klassischen Industrieländer vorherrschten, entwarf Hirschman Modelle eines ungleichgewichtigen, nicht unbedingt industriell induzierten Wachstums.

Überhaupt unterschied sich sein Werk von der engen Werkzeugkasten-Ökonomie der nach dem Zweiten Weltkrieg tonangebenden Forschung. Die mathematische Formelsprache hatte er von Anfang an abgelehnt, mehr und mehr erweiterte er auch seinen transdisziplinären Horizont. Breiten Raum gibt Adelman den sozial- und politikwissenschaftlichen Analysen Hirschmans, mit denen er nicht nur in Fachkreisen als origineller Querdenker bekannt wurde. Genannt sei etwa *Exil, Voice, and Loyalty* (1970), deutsch *Abwanderung und Widerspruch* (1974), das vor dem Hintergrund der eigenen Lebensgeschichte den Reaktionen der Öffentlichkeit auf gesellschaftliche Fehlentwicklungen und Verwerfungen nachgeht. Nach Ende des real existierenden Sozialismus sollte dieses Werk besondere Aktualität gewinnen, Hirschman legte dazu 1993 eine eigene Studie über das Ende der DDR vor. Aber auch sonst ist es brandaktuell geblieben, wenn man heute etwa an die geringe Wahlbeteiligung einerseits und die Wutbürger-Proteste andererseits denkt.

Das gilt ebenfalls für die Studie *Shifting Involvements. Private Interests and Public Action* (1982), dt. *Engagement und Enttäuschung* (1984), in der dargestellt wird, wie die Gewöhnung an erreichte Komfortstandards in den westlichen Massendemokratien zum Niedergang des Veränderungswillens, insbesondere in der jüngeren Generation führt, der einst zur Überwindung von krisenhaften Entwicklungen geführt hat. Und in *Rhetoric of Reaction* (1991), dt. *Denken gegen die Zukunft* (1992), gab er angesichts der Erfolge der amerikanischen Neokonservativen seit der Reagan-Ära einen luziden Abriss der Reformkritik von rechts. Auch diesen Werken waren sichtlich persönliche Erfahrungen unterlegt, nicht nur aus der Zeit des Faschismus, sondern ebenfalls mit dem FBI, für das Hirschman mit seiner politischen Biografie ein bevorzugtes Observierungsobjekt gewesen ist. In einem aufregenden Kapitel über Hirschmans FBI-Akte legt Adelman dar, wie genau er seit seiner Meldung zur Armee unter Beobachtung stand und für welches Sicherheitsrisiko der frühere Sozialist und Spanienkämpfer gehalten wurde. Das verhinderte sowohl eine seinen Fähigkeiten entsprechende Tätigkeit im OSS als auch eine ihm später angebotene Anstellung im U.S. Treasury Department, wobei der Autor herausstellt, mit welchen dubiosen Quellen und Zuträgern das FBI gearbeitet hat.

Hirschmans Hauptwerke sind in viele Sprachen übersetzt worden, seine breiten gesellschaftskritischen Analysen liegen alle in deutscher Übersetzung vor. Entdeckt werden muss er nicht, neue Facetten seines Lebens und seines Werkes sind aber immer noch zu finden. Schulebildend hat er nicht gewirkt, ein begeisterter akademischer Lehrer ist er augenscheinlich nicht gewesen, aber unorthodoxe Denkansätze und die Überwindung disziplinärer Grenzen gehören zur faszinierenden Signatur seiner Schriften. Adelmans Biografie hat das Verdienst, dieses volatile Leben dem Leser geordnet und damit überschaubar näher zu bringen.

Claus-Dieter Krohn

Kurzbiografien der Autorinnen und Autoren

Silvia Asmus, Studium der Germanistik, Kunstgeschichte und Kunstpädagogik in Frankfurt a. M., M. A. 1992; Studium der Bibliothekswissenschaft an der Humboldt-Universität Berlin; 2010 Promotion über Nachlasserschließung im Deutschen Exilarchiv 1933–1945; seit 1994 in der Deutschen Nationalbibliothek in Frankfurt tätig, von 2006 bis 2011 stellvertretende, seit 2011 Leiterin des Deutschen Exilarchivs 1933–1945; Projektleiterin von *Künste im Exil*; Kuratorin von Ausstellungen zu Themen des Exils, zuletzt *Fremd bin ich den Menschen dort*; Veröffentlichungen zur Emigrationsgeschichte und Exilliteratur.

Jesko Bender, Projektkoordinator von *Künste im Exil*; Studium der Germanistik und Politikwissenschaft an der Goethe-Universität Frankfurt; bis 2013 wissenschaftlicher Mitarbeiter am Institut für deutsche Literatur an der Goethe-Universität; Co-Kurator der Ausstellung *Emil Behr – Briefzeugenschaft vor, aus, nach Auschwitz 1938–1959* im Jüdischen Museum Frankfurt; Publikationen u. a.: gem. mit Monique Behr (Hg.): Emil Behr – Briefzeugenschaft vor, aus, nach Auschwitz, 1938–1959. Göttingen 2012; Terror ohne Terror. Paulus Hochgatterers »Eine kurze Geschichte vom Fliegenfischen« und Olga Flors »Kollateralschaden«. In: Limbus – Australisches Jahrbuch für germanistische Literatur- und Kulturwissenschaft 2011; Zum Denkmuster der ›Zäsur‹ im deutschen Terrorismus-Diskurs nach dem 11. September 2001 – Ulrich Peltzers *Bryant Park*. In: Inge Stephan / Alexandra Tacke (Hg.): NachBilder der RAF. Köln, Weimar, Wien 2008.

Doerte Bischoff, Prof. Dr., Studium der Germanistik, Geschichte, Publizistik und Philosophie in Münster, Tübingen und St. Louis/USA; Promotion 1999 in Tübingen (über die Prosa Else Lasker-Schülers); zuvor Mitglied des Graduiertenkollegs »Theorie der Literatur und Kommunikation« in Konstanz; seit 1998 Wiss. Assistentin in Münster, dort Habilitation; 2010 Professur in Siegen; seit 2011 Professorin für Neuere Deutsche Literatur in Hamburg mit Leitung der Walter A. Berendsohn Forschungsstelle für deutsche Exilliteratur; seit 2012 Mitherausgeberin des Jahrbuchs Exilforschung; Publikationen zu deutsch-jüdischer Literatur, Holocaust-Erinnerung, Diskursen des Fetischismus und Dingen in der Literatur (Poetischer Fetischismus. Der Kult der Dinge im 19. Jahrhundert. München 2013), zur Materialität der Zeichen und zu

Rhetorik und Gender; zum aktuellen Forschungsschwerpunkt im Bereich Exilforschung im Erscheinen: Literatur und Exil. Neue Perspektiven. Hg. mit Susanne Komfort-Hein. Berlin 2013.

Annika Christof, M. A., Studium der Deutschen Philologie, Vergleichenden Kulturwissenschaft und Kunstgeschichte an der Universität Regensburg; seit Februar 2012 als Wiss. Volontärin am Deutschen Literaturarchiv Marbach tätig, Schwerpunkt Literaturvermittlung/Museumspädagogik.

Burcu Dogramaci, Prof. Dr., Studium der Kunstgeschichte und Germanistik in Hamburg; 2000 Promotion; 2003–2006 Forschungsstipendiatin der DFG; 2005 Stipendium des Aby M. Warburg-Preises; 2007 Habilitation; 2008 Kurt-Hartwig-Siemers-Wissenschaftspreis; seit 2009 Professorin für Kunstgeschichte an der Ludwig-Maximilians-Universität München; 2011/12 Fellow am Center for Advanced Studies der LMU; Forschungen zu Exil und Migration, Stadtkultur und Fotografie, Mode und Moderne; neuere Publikationen: Migration und künstlerische Produktion. Bielefeld 2013; Fotografieren und Forschen. Wissenschaftliche Expeditionen mit der Kamera im türkischen Exil nach 1933. Marburg 2013; Themenheft »Migration«, kritische berichte 4 (2011); Netzwerke des Exils. Künstlerische Verflechtungen, Austausch und Patronage nach 1933. Hg. mit Karin Wimmer. Berlin 2011.

Johannes F. Evelein, Ph. D., Professor für German Studies am Trinity College in Hartford, CT (USA); Veröffentlichungen zum deutschsprachigen Exil, insbesondere in den Vereinigten Staaten, u. a.: Erste Briefe/First Letters aus dem Exil 1945–1950: (Un)mögliche Gespräche. Fallbeispiele des literarischen und künstlerischen Exils. Hg. mit Primus-Heinz Kucher und Helga Schreckenberger. München 2011; Exile and Travel: Exploring Displacement, Crossing Boundaries in German Exile Arts and Writings 1933–1945. Amsterdam/New York 2009; Kurt Bauchwitz: Heim-Findungen. Lebensbuch eines Emigranten. Bonn 2006; Arbeiten zur deutschen und europäischen Exilliteratur; in Vorbereitung: Paths of Exile – Exemplarity and the Search for Meaning in Exile from Nazi Germany (2014).

Anat Feinberg, Ph. D., Honorarprofessorin für hebräische und jüdische Literatur an der Hochschule für Jüdische Studien, Heidelberg; Studium der Anglistik und Philosophie, Promotion an der University of London; Gastprofessuren an der Universität Luzern sowie an der Penn University in Philadelphia; Veröffentlichungen zur modernen hebräischen

Literatur, deutsch-jüdischen Literatur sowie zu Juden im deutschen Theater, u. a.: Das Ende des Babylonischen Exils. Kulturgeschichtliche Epochenwende in der Literatur der letzten irakisch-jüdischen Autoren. Hg. mit Heidy M. Müller und Kamal O. Kolo. Wiesbaden 2011; Moderne Hebräische Literatur. Ein Handbuch. München 2005; Nachklänge: Jüdische Musiker in Deutschland nach 1945. Berlin 2005; Embodied Memory. The Theatre of George Tabori. Iowa 1999.

Elisabeth Gallas, Dr. des., Studium der Kulturwissenschaften und Germanistik an der Universität Leipzig und der Soziologie an der Universität Kopenhagen; von 2005 bis 2012 Wissenschaftliche Mitarbeiterin am Simon Dubnow Institut für jüdische Geschichte und Kultur in Leipzig, hier 2011 Promotion in Moderner Geschichte mit einer Arbeit, die 2013 unter dem Titel Das Leichenhaus der Bücher. Kulturrestitution und jüdisches Geschichtsdenken nach 1945 erschienen ist; seit 2012 Research Fellow am Wiener Wiesenthal Institut für Holocaust-Studien.

Heike Gfrereis, Studium der Germanistik und Kunstgeschichte in Stuttgart, Tübingen und Marburg; nach der Promotion von 1994 bis 1999 Wiss. Mitarbeiterin am Lehrstuhl für Neuere deutsche Literatur der Universität Stuttgart; von 1999 bis 2001 Projektleiterin für Ausstellungen und neue Medien in einem Architekturbüro; seit 2001 Leiterin der Abteilung Museum im Deutschen Literaturarchiv Marbach, zuständig für das Schiller-Nationalmuseum und das Literaturmuseum der Moderne sowie deren Publikationen und Literaturvermittlungsangebote; Kuratorin u. a. der beiden Dauerausstellungen sowie zahlreicher Wechselausstellungen (u. a. zu Ordnung, Kassiber, Randzeichen, Zettelkästen, Robert Gernhardt, Goethes Wilhelm Meister, Franz Kafka, Ernst Jünger, W. G. Sebald und Friedrich Schiller); Publikationen zur Literatur um 1800 und 1900 sowie zur Literatur- und Ausstellungstheorie; seit 2003 Lehrbeauftragte, seit 2013 Honorarprofessorin der Universität Stuttgart.

Anthony Grenville, Dr. phil., Studium der Germanistik und Romanistik an der Universität Oxford; seit 1971 Hochschullehrer für Germanistik an den Universitäten Reading, Bristol und Westminster; ab 2006 Chefredakteur des Association of Jewish Refugees Journal; Publikationen: Jewish Refugees from Germany and Austria in Britain, 1933–1970. Their Image in »AJR Information«. London 2010; Stimmen der Flucht: Österreichische Emigration nach Großbritannien ab 1938. Wien 2011.

Johannes Kempf, M. A., Studium der Deutschen Philologie und Englischen Literaturwissenschaft an der Universität Bayreuth; seit Februar 2012 als Wiss. Volontär am Deutschen Literaturarchiv Marbach tätig, Schwerpunkt Ausstellungsrecherche.

Dorothee Kimmich, Prof. Dr., Studium der Germanistik, Geschichte und Philosophie in Tübingen und Paris; Promotion an der Universität Freiburg 1991; Habilitation an der Universität Gießen 1999; seit 2003 Professorin für Neuere deutsche Literatur an der Universität Tübingen; seit 2004 Leitung der Tübinger Poetikdozentur; wichtigste Buchveröffentlichungen: Lebendige Dinge in der Moderne. Konstanz 2011; Denken durch die Dinge. Hg. mit Frank Grunert. München 2009; Einführung in die Literatur der Jahrhundertwende. Hg. mit Tobias Wilke. Darmstadt 2006; Wirklichkeit als Konstruktion. Studien zu Geschichte und Geschichtlichkeit bei Heine, Büchner, Immermann, Stendhal, Keller und Flaubert. München 2002; Texte zur Literaturtheorie der Gegenwart. Hg. mit Bernd Stiegler und Rolf G. Renner. Stuttgart 1995; Epikureische Aufklärungen. Philosophische und poetische Konzepte der Selbstsorge. Darmstadt 1993.

Mona Körte, PD Dr., Studium der Germanistik, Komparatistik, Psychologie und Soziologie in Frankfurt a. M. und Berlin; Promotion 1998; 1999–2007 Wiss. Assistentin am Zentrum für Antisemitismusforschung der TU Berlin; Habilitation 2009 in Neuerer deutscher und Allgemeiner und Vergleichender Literaturwissenschaft der TU Berlin; Stipendium der Gerda Henkel-Stiftung 2008–2010; 2004 Max-Kade-Visiting-Professor an der University of Virginia/USA; 2010 Gastprofessur am Centrum für Jüdische Studien der Karl-Franzens-Universität Graz; 2010/11 die Vertretungsprofessur Neuere Deutsche und Vergleichende Literaturwissenschaft an der TU Chemnitz; seit 2011 Wiss. Mitarbeiterin im Projekt »Gesicht als Artefakt« am Zentrum für Literatur- und Kulturforschung Berlin; 2013/2014 Fellow am Alfried Krupp Wissenschaftskolleg Greifswald; Arbeiten zu deutsch-jüdischer und europäisch-jüdischer Literatur des 17.-21. Jahrhunderts, Migration und Mehrsprachigkeit im 20. und 21. Jahrhundert, Physiognomik und Vorurteil, literarische Epistemologie der Sammlung und der Dinge.

Robert Krause, Dr. phil., Studium der Germanistik, Philosophie und Geschichte in Tübingen, Sevilla, Straßburg und Freiburg; dort 2009 Promotion mit der Studie: Lebensgeschichten aus der Fremde. Autobiografien deutschsprachiger emigrierter SchriftstellerInnen als Beispiele literarischer Akkulturation nach 1933. München 2010; 2009 bis

2012 Wiss. Mitarbeiter am Dt. Seminar der Universität Freiburg und 2012/13 ebenda Stipendiat der Fritz Thyssen Stiftung mit einem Projekt zu Kritik und Essay in der Weimarer Republik; Publikationen zum Exil und zur deutsch-jüdischen Literatur, zur literarischen Übersetzung und Briefkultur, zum Feuilleton und zur Architektur in der Literatur, v. a. in der Klassischen Moderne und der Zeit um 1800; seit 2011 Mitherausgabe des Jahrbuchs zur Kultur und Literatur der Weimarer Republik.

Anna Langenbruch, Dr. phil., Studium der Musik und Mathematik in Köln; 2011 binationale Promotion in Hannover und Paris mit einer Arbeit zu musikalischen Handlungsmöglichkeiten im Pariser Exil; seit 2012 wissenschaftliche Mitarbeiterin am Institut für Musik der Carl von Ossietzky Universität Oldenburg; Forschungen und Veröffentlichungen zur Kulturgeschichte des Exils, zur deutsch-französischen Musikgeschichte sowie zu interdisziplinärer Musikforschung, u. a. Topographien musikalischen Handelns im Pariser Exil. Eine Histoire croisée des Exils deutschsprachiger Musikerinnen und Musiker im Paris der 30er Jahre. Hildesheim 2013 (im Druck); Musik – Kontext – Wissenschaft. Interdisziplinäre Forschung zu Musik. Hg. mit Talia Bachir-Loopuyt, Sara Iglesias und Gesa zur Nieden. Frankfurt a. M. 2012.

Katarzyna Lukas, Dr. phil., Germanistik-Studium und Promotion 2006 an der Universität Poznań, Polen; seit 2008 Wiss. Mitarbeiterin am Institut für Germanistik der Universität Gdańsk, Polen; Publikationen zum literarischen Übersetzen (deutsch/polnisch/englisch), zur Komparatistik und Kulturwissenschaft, u. a. Das Weltbild und die literarische Konvention als Übersetzungsdeterminanten. Adam Mickiewicz in deutschsprachigen Übertragungen. Berlin 2009; Mitherausgeberin von Sammelbänden, u. a. Translation im Spannungsfeld der »cultural turns«. Frankfurt a. M. 2013.

Linda Maeding, Dr. phil., Studium der Allgemeinen und Vergleichenden Literaturwissenschaft, Philosophie und Theaterwissenschaft in Mainz, Bogotá und Paris; Promotion 2011 in Mainz und Barcelona (Cotutelle); seit 2008 Lektorin an der Sektion für Deutsche Philologie der Universität Barcelona; Lehrtätigkeit an Universitäten in Mexiko und Kuba; Arbeiten zu deutscher und spanischer Exilliteratur, Gedächtnistheorien, Autobiografik, Literatur und Holocaust, Literatur und Oper.

Anne-Rose Meyer, PD Dr., Studium der Allgemeinen und Angewandten Sprachwissenschaft, Romanistik und Germanistik in Bonn; Promotion

2000 ebenda; Habilitation 2009 an der Universität Paderborn; Forschungs- und Lehrtätigkeiten an den Universitäten Warschau, Bonn, Paderborn, Bordeaux, Pavia; 2006–2013 Professur (W1) mit Schwerpunkt Interkulturalität an der Universität Hamburg; zurzeit Vertretung einer Professur (W2) mit Schwerpunkt Theater/Medien ebenda; Arbeiten zu Interkulturalität, Literatur- und Gattungsgeschichte, kulturwissenschaftlichen und komparatistischen Fragestellungen.

Charlton Payne, Ph. D., Studium der Geschichte und Germanistik in Athens/USA und Los Angeles; 2007 Promotion an der Universität von Kalifornien, Los Angeles (UCLA); zuvor Mitglied des Graduiertenkollegs »Figur des Dritten« in Konstanz; 2008–2009 Wiss. Mitarbeiter an der Universität Konstanz; 2010 Fellow am Kulturwissenschaftlichen Kolleg des Exzellenzclusters »Kulturelle Grundlagen von Integration« in Konstanz; seit 2011 Christoph-Martin-Wieland-Postdoktorand an der Universität Erfurt; Arbeiten zu Epos, Nationalität, Kosmopolitismus und Asyl im 18. Jahrhundert; aktuelles Forschungsprojekt: Flüchtlingsnarrative der deutschen Literatur des 20.-21. Jahrhunderts.

Annegret Pelz, Prof Dr., Studium der Germanistik, Kommunikationsforschung und Pädagogik in Bonn und Bielefeld; seit 1986 Lehre an deutschen und österreichischen Universitäten; Promotion 1990 in Hamburg; Habilitation 2003 in Paderborn; seit 2007 Professorin für Neuere deutsche Literatur am Institut für Germanistik der Universität Wien; 2011 Robert-Bosch-Fellow am Max Kade Center for Contemporary German Literature, Washington University in St. Louis; Arbeiten zu kulturwissenschaftlichen, medien- und literaturtheoretischen Fragestellungen: Reiseliteratur, Inszenierung des Schreibens, kulturelle Transformationen von Dingen, Buchgebilde aus Grenzgebieten, Publikation zuletzt: Album. Organisationsform narrativer Kohärenz. Hg. mit Anke Kramer. Göttingen 2013.

Claudia Röser, Studium der Deutschen Philologie an der WWU Münster und Kunststudium an der Kunstakademie Münster; zurzeit Arbeit am Dissertationsprojekt: Europa Topologien. Zur Raumgeschichte eines Kontinents in Literatur, Historiographie und Film; Wiss. Mitarbeiterin an den Universitäten Paderborn, Siegen und seit 2011 an der Universität Hamburg; 2009 Stipendiatin des Exzellenzclusters »Kulturelle Grundlagen von Integration« an der Universität Konstanz; Lehrtätigkeiten an der Universität Konstanz und der HU Berlin; Publikationen zur Rhetorik Europas, zu Raumkonzepten in Klopstocks

Hermanns Schlacht, zum Rhythmus in der Moderne (u.a. Rilke) und zur Exilliteratur.

Joachim Schlör, Prof. Dr., Studium der Empirischen Kulturwissenschaft und Politikwissenschaft in Tübingen; Promotion 1990 in Tübingen; Fellow am Institut für deutsche Geschichte der Universität Tel Aviv; Wiss. Mitarbeiter am Moses Mendelssohn Zentrum für Europäisch-Jüdische Studien der Universität Potsdam; Habilitation 2003 in Potsdam; seit 2006 Professor for Modern Jewish/non-Jewish Relations, University of Southampton; Arbeiten und Publikationen im Bereich der kulturwissenschaftlichen Stadt- und Migrationsforschung.

Sibylle Schönborn, Prof. Dr., Studium der Germanistik, Soziologie und Erziehungswissenschaften an der RWTH Aachen; Promotion 1985; 1997 Habilitation; seit 2003 apl. Prof. für Neuere deutsche Literatur an der Heinrich-Heine-Universität in Düsseldorf; Leiterin des Max Herrmann-Neiße-Instituts; Veröffentlichungen zu deutsch-jüdischer Literatur, Feuilleton und kleiner Prosa, Literaturen deutschsprachiger Minderheiten in Mittelosteuropa, interkulturelle Literatur (Schwerpunkt Mittelosteuropa); Editionsprojekt zu Max Herrmann-Neiße: Kritiken und Essays in Zeitungen und Zeitschriften 1909–1941.

Katja Schubert, Dr. phil., Studium der Germanistik, Romanistik und Geschichte in Freiburg i. Br. und Hamburg; Promotion/Co-Tutelle Paris 7 – HU Berlin 2000; seit 2010 Dozentin für Neue deutsche Literatur an der Universität Nanterre/Paris; seit 2013 Direktorin des Fachbereichs Deutsch; Arbeiten zu Literatur und Auschwitz, ostdeutsche Literatur, Herta Müller, Genderforschung, israelische Literatur.

Katarzyna Śliwińska, Dr. phil., Studium der Germanistik in Poznań und der Sozialwissenschaften in Berlin; seit 1994 Wiss. Mitarbeiterin am Institut für Germanistik der Universität Poznań, dort Promotion 2002; Veröffentlichungen zu deutsch-polnischen Literaturbeziehungen, Erinnerungskulturen sowie Zwangsmigrationen in der deutschen und polnischen Literatur, u.a.: Eine deutsche Odyssee? Figurationen der Irrfahrt in der deutschen Literatur über Flucht und Vertreibung. Poznań 2010; »Heimat« als imaginärer Ort der Versöhnung. Marburg 2008; Sozialistischer Realismus in Polen und der DDR. Dresden 2005.

Andreas Stuhlmann, PD Dr., Studium der Germanistik, Philosophie und Politik an der Universität Hamburg und der University of Pennsylvania, Philadelphia; Promotion zur literarischen Polemik bei Heinrich Heine und Karl Kraus in Hamburg 2006: Die Literatur, das sind wir und unsere Feinde. Würzburg 2010; seit 2009 Mitglied im Direktorium des Research Center for Media and Communication, Hamburg; Habilitation zur Rolle des Politischen in Literatur und Medien, dazu Vorbereitung einer Publikation; Aufsätze zur Exilliteratur, u. a. zur American Guild for German Cultural Freedom, zur Wissenschaftsgeschichte der Germanistik, zur Reiseliteratur, zu Intertextualität und Intermedialität, zur Mediengeschichte und Medientheorie.

Barbara Thums, Prof. Dr., Studium der Germanistik und Geschichte in Tübingen und Berlin; Promotion in Tübingen zu Ilse Aichinger, in Freiburg 2000 unter dem Titel »Den Ankünften nicht glauben wahr sind die Abschiede«. Mythos, Gedächtnis und Mystik in der Prosa Ilse Aichingers« erschienen; von Oktober 1999 bis September 2001 Postdoktorandin am Gießener Graduiertenkolleg »Klassizismus und Romantik«; 2001–2005 Wiss. Angestellte im Rahmen des Margarete-von-Wrangell-Habilitationsprogramms an der Universität Tübingen; 2005 Habilitation an der Eberhard-Karls-Universität Tübingen, Titel: Aufmerksamkeit. Wahrnehmung und Selbstbegründung von Brockes bis Nietzsche. München 2008; zurzeit Akademische Oberrätin am Deutschen Seminar der Eberhard-Karls-Universität Tübingen; Arbeiten zu Literatur und Gedächtnis, Literatur und Recht, Diätetik und Askese, Literatur und Anthropologie, Poetiken der Reinheit, zur Poetik des Rests und zur Mystik der Moderne.

Martina Iris Wolff, Studium der Germanistik, Religionswissenschaft, Grafik und Malerei in Marburg an der Lahn; von 2003 bis 2010 Mitarbeiterin am Deutschen Literaturarchiv Marbach; von 2010 bis 2012 Museumspädagogin; seit 2006 Dozentin im Bereich Medienerziehung und Kreativitätsförderung, Foto- und Filmkunst; Romandebüt im Juli 2012: Halber Stein; Stipendiatin der Kunststiftung Baden-Württemberg 2013.

Abbildungsnachweis

Burcu Dogramaci
Abb. 1: Ernst Reuter, Wohnung der Familie in Ankara, Kızılırmak Caddesi, um 1938, Landesarchiv Berlin.
Abb. 2: Walter Ruben, Wohnung der Familie in der Sümersokak in Ankara, 1936, Privatbesitz Potsdam.
Abb. 3: Ausstellung *Becoming A Copenhagener*, Museum of Copenhagen, 2012, Foto: Verf.
Abb. 4: Ausstellung *Becoming A Copenhagener*, Museum of Copenhagen, 2012, Foto: Verf.
Abb. 5: Barthélémy Toguo, *Climbing Down*, 2004, Installation, Musée National de l'Histoire de l'Immigration, Paris, unter: http://www.barthelemytoguo.com/2oeuvres/2installations/climbing.html [abgerufen: 03.07. 2013], Courtesy Galerie Lelong & Bandjoun Station.
Abb. 6: Peggy Meinfelder: *Meine ersten 100 Westmark*, 2003–2006, Jeans von Rainer R., Foto: Peggy Meinfelder.
Abb. 7/8: Peggy Meinfelder: *Meine ersten 100 Westmark*, 2003–2006, Ausstellungsansichten Prag (2009) und Weimar (2006), Foto: Peggy Meinfelder.
Abb. 9: Ülkü Süngün: *Transitional Objects*, seit 2011, Foto: Ülkü Süngün.
Abb. 10: Sandra Filic: *Modelle der Wirklichkeit*, 2006, Video, Screenshot.
Abb. 11: Sandra Filic: *Modelle der Wirklichkeit*, 2006, Installationsansicht Akademie der Bildenden Künste, München, Foto: Sandra Filic.

Sylvia Asmus, Jesko Bender
Abb. 1/2: Morgensterns Telefonkarte mit Nummern in Kalifornien 1941/1943. Vorder- und Rückseite. Deutsche Nationalbibliothek/Deutsches Exilarchiv 1933–1945, Frankfurt am Main, Nachlass Morgenstern, C.02.0002.

Heike Gfrereis mit Annika Christof, Johannes Kempf und Martina Wolff
Abb. 1: Mascha Kaléko: Notizbuchseite. Aus dem Bestand des Deutschen Literaturarchivs, Marbach, © 1975 Gisela Zoch-Westphal, © 1995 DLA. Marbach. Alle Rechte vorbehalten.
Abb. 2: Auszug aus dem Tagebuch. Aus dem Bestand des Deutschen Literaturarchivs, Marbach, © 1975 Gisela Zoch-Westphal, © 1995 DLA. Marbach. Alle Rechte vorbehalten.
Abb. 3–4: Buchcover aus dem Bestand des DLA Marbach.
Abb. 5: Pralinenschachtel mit Buchstaben zum Anagrammieren (Dauerausstellung im Literaturmuseum der Moderne). Deutsches Literaturarchiv Marbach.
Abb. 6: Buch aus Papptellern: Ketchup, Maioneză, Muştar, Geschenk von Alain Jadot (Bibliotheksmagazin). Deutsches Literaturarchiv Marbach.

Annegret Pelz
Abb. 1–3: Das Fotoalbum »Professor Sigmund Freud's Wohnung. Zur Erinnerung« befindet sich im Freud Museum London, 20 Maresfield Gardens, London, NW3 5SX, ich danke Bryony Davies, Rita Apsan und Marianne Windsperger.

Anthony Grenville
Abb. 1–6: Privatbesitz.

Anat Feinberg
Abb. 1–14: Privatbesitz.

Sibylle Schönborn
Abb. 1–4: Photoalbum der Reise in die Schweiz Mai 1937. Nachlass Friedrich Grieger in der Martin-Opitz-Bibliothek Herne. Nr. 87 505–599.
Abb. 5: Max Herrmann-Neiße: Daß wir alle Not der Zeit vergaßen. Reisealbum. Herbst 1937. Hg. und mit einem Vorwort von Klaus Völker. Warmbronn 2012.
Abb. 6: Klaus Völker: Max Herrmann-Neiße. Künstler, Kneipen, Kabaretts – Schlesien, Berlin, im Exil. Berlin 1991, S. 184f.

Exilforschung. Ein internationales Jahrbuch
Herausgegeben von Claus-Dieter Krohn und Lutz Winckler

Band 1/1983
Stalin und die Intellektuellen und andere Themen
391 Seiten

»... der erste Band gibt in der Tat mehr als nur eine Ahnung davon, was eine so interdisziplinär wie breit angelegte Exilforschung sein könnte.«
Neue Politische Literatur

Band 2/1984
Erinnerungen ans Exil
Kritische Lektüre der Autobiographien nach 1933 und andere Themen
415 Seiten

»Band 2 vermag mühelos das Niveau des ersten Bandes zu halten, in manchen Studien wird geradezu außergewöhnlicher Rang erreicht ...«
Wissenschaftlicher Literaturanzeiger

Band 3/1985
Gedanken an Deutschland im Exil und andere Themen
400 Seiten

»Die Beiträge beschäftigen sich nicht nur mit Exilliteratur, sondern auch mit den Lebensbedingungen der Exilierten. Sie untersuchen Möglichkeiten und Grenzen der Mediennutzung, erläutern die Probleme der Verlagsarbeit und verfolgen ›Lebensläufe im Exil‹.«
Neue Zürcher Zeitung

Band 4/1986
Das jüdische Exil und andere Themen
310 Seiten

Hannah Arendt, Bruno Frei, Nelly Sachs, Armin T. Wegner, Paul Tillich, Hans Henny Jahnn und Sergej Tschachotin sind Beiträge dieses Bandes gewidmet. Ernst Loewy schreibt über den Widerspruch, als Jude, Israeli, Deutscher zu leben.

Band 5/1987
Fluchtpunkte des Exils und andere Themen
260 Seiten

Das Thema »Akkulturation und soziale Erfahrungen im Exil« stellt neben der individuellen Exilerfahrung die Integration verschiedener Berufsgruppen in den Aufnahmeländern in den Mittelpunkt. Bisher wenig bekannte Flüchtlingszentren in Lateinamerika und Ostasien kommen ins Blickfeld.

Band 6/1988
Vertreibung der Wissenschaften und andere Themen
243 Seiten

Der Blick wird auf einen Bereich gelenkt, der von der Exilforschung bis dahin kaum wahrgenommen wurde. Das gilt sowohl für den Transfer denkgeschichtlicher und theoretischer Traditionen und die Wirkung der vertriebenen Gelehrten auf die Wissenschaftsentwicklung in den Zufluchtsländern wie auch für die Frage nach dem »Emigrationsverlust«, den die Wissenschaftsemigration für die Forschung im NS-Staat bedeutete.

Band 7/1989
Publizistik im Exil und andere Themen
249 Seiten

Der Band stellt neben der Berufsgeschichte emigrierter Journalisten in den USA exemplarisch Persönlichkeiten und Periodika des Exils vor, vermittelt an deren Beispiel Einblick in politische und literarische Debatten, aber auch in die Alltagswirklichkeit der Exilierten.

Band 8/1990
Politische Aspekte des Exils
243 Seiten

Der Band wirft Schlaglichter auf ein umfassendes Thema, beschreibt Handlungsspielräume in verschiedenen Ländern, stellt Einzelschicksale vor. Der Akzent auf dem kommunistischen Exil, dem Spannungsverhältnis zwischen antifaschistischem Widerstand und politischem Dogmatismus, verleiht ihm angesichts der politischen Umwälzungen seit 1989 Aktualität.

Band 9/1991
Exil und Remigration
263 Seiten

Der Band lenkt den Blick auf die deutsche Nachkriegsgeschichte, untersucht, wie mit rückkehrwilligen Vertriebenen aus dem Nazi-Staat in diesem Land nach 1945 umgegangen wurde.

Band 10/1992
Künste im Exil
212 Seiten. Zahlreiche Abbildungen

Beiträge zur bildenden Kunst und Musik, zu Architektur und Film im Exil stehen im Mittelpunkt dieses Jahrbuchs. Fragen der kunst- und musikhistorischen Entwicklung werden diskutiert, die verschiedenen Wege der ästhetischen Auseinandersetzung mit dem Faschismus dargestellt, Lebens- und Arbeitsbedingungen der Künstler beschrieben.

Band 11/1993
Frauen und Exil
Zwischen Anpassung und Selbstbehauptung
283 Seiten

Der Band trägt zur Erforschung der Bedingungen und künstlerischen wie biografischen Auswirkungen des Exils von Frauen bei. Literaturwissenschaftliche und biografische Auseinandersetzungen mit Lebensläufen und Texten ergänzen feministische Fragestellungen nach spezifisch »weiblichen Überlebensstrategien« im Exil.

Band 12/1994
Aspekte der künstlerischen Inneren Emigration 1933 bis 1945
236 Seiten

Der Band will eine abgebrochene Diskussion über einen kontroversen Gegenstandsbereich fortsetzen: Zur Diskussion stehen Literatur und Künste in der Inneren Emigration zwischen 1933 und 1945, Möglichkeiten und Grenzen einer innerdeutschen politischen und künstlerischen Opposition.

Band 13/1995
Kulturtransfer im Exil
276 Seiten

Das Jahrbuch 1995 macht auf Zusammenhänge des Kulturtransfers aufmerksam. Die Beiträge zeigen unter anderem, in welchem Ausmaß die aus Deutschland vertriebenen Emigranten das Bewusstsein der Nachkriegsgeneration der sechziger Jahre – in Deutschland wie in den Exilländern – prägten, welche Themen und welche Erwartungen die Exilforschung seit jener Zeit begleitet haben.

Band 14/1996
Rückblick und Perspektiven
231 Seiten

Methoden und Ziele wie auch Mythen der Exilforschung werden kritisch untersucht; der Band zielt damit auf eine problem- wie themenorientierte Erneuerung der Exilforschung. Im Zusammenhang mit der Kritik traditioneller Epochendiskurse stehen Rückblicke auf die Erträge der Forschung unter anderem in den USA, der DDR und in den skandinavischen Ländern. Zugleich werden Ausblicke auf neue Ansätze, etwa in der Frauenforschung und Literaturwissenschaft, gegeben.

Band 15/1997
Exil und Widerstand
282 Seiten

Der Widerstand gegen das nationalsozialistische Herrschaftssystem aus dem Exil heraus steht im Mittelpunkt dieses Jahrbuchs. Neben einer Problematisierung des Widerstandsbegriffs beleuchten die Beiträge typische Schicksale namhafter politischer Emigranten und untersuchen verschiedene Formen und Phasen des politischen Widerstands: z. B. bei der Braunbuch-Kampagne zum Reichstagsbrand, in der französischen Résistance, in der Zusammenarbeit mit britischen und amerikanischen Geheimdiensten sowie bei den Planungen der Exil-KPD für ein Nachkriegsdeutschland.

Band 16/1998
Exil und Avantgarden
275 Seiten

Der Band diskutiert und revidiert die Ergebnisse einer mehr als zwanzigjährigen Debatte um Bestand, Entwicklung oder Transformation der historischen Avantgarden unter den Bedingungen von Exil und Akkulturation; die Beiträge verlieren dabei den gegenwärtigen Umgang mit dem Thema Avantgarde nicht aus dem Blick.

Band 17/1999
Sprache – Identität – Kultur
Frauen im Exil
268 Seiten

Die Untersuchungen dieses Bandes fragen nach der spezifischen Konstruktion weiblicher Identität unter den Bedingungen des Exils. Welche Brüche verursacht die – erzwungene oder freiwillige – Exilerfahrung in der individuellen Sozialisation? Und welche Chancen ergeben sich möglicherweise daraus für die Entwicklung neuer, modifizierter oder alternativer Identitätskonzepte? Die Beiträge bieten unter heterogenen Forschungsansätzen literatur- und kunstwissenschaftliche, zeithistorische und autobiografische Analysen.

Band 18/2000
Exile im 20. Jahrhundert
280 Seiten

Ohne Übertreibung kann man das 20. Jahrhundert als das der Flüchtlinge bezeichnen. Erzwungene Migrationen, Fluchtbewegungen und Asylsuchende hat es zwar immer gegeben, erst im 20. Jahrhundert jedoch begannen Massenvertreibungen in einem bis dahin unbekannten Ausmaß. Die Beiträge des Bandes behandeln unterschiedliche Formen von Vertreibung, vom Exil aus dem zaristischen Russland bis hin zur Flucht chinesischer Dissidenten in der jüngsten Zeit. Das Jahrbuch will damit auf Unbekanntes aufmerksam machen und zu einer Erweiterung des Blicks in vergleichender Perspektive anregen.

Band 19/2001
Jüdische Emigration
Zwischen Assimilation und Verfolgung, Akkulturation und jüdischer Identität
294 Seiten

Das Thema der jüdischen Emigration während des »Dritten Reichs« und Probleme jüdischer Identität und Akkulturation in verschiedenen europäischen und außereuropäischen Ländern bilden den Schwerpunkt dieses Jahrbuchs. Die Beiträge befassen sich unter anderem mit der Verbreitungspolitik der Nationalsozialisten, richten die Aufmerksamkeit auf die Sicht der Betroffenen und thematisieren Defizite und Perspektiven der Wirkungsgeschichte jüdischer Emigration.

Band 20/2002
Metropolen des Exils
310 Seiten

Ausländische Metropolen wie Prag, Paris, Los Angeles, Buenos Aires oder Shanghai stellten eine urbane Fremde dar, in der die Emigrantinnen und Emigranten widersprüchlichen Erfahrungen ausgesetzt waren: Teilweise gelang ihnen der Anschluss an die großstädtische Kultur, teilweise fanden sie sich aber auch in der für sie ungewohnten Rolle einer Randgruppe wieder. Der daraus entstehende Widerspruch zwischen Integration, Marginalisierung und Exklusion wird anhand topografischer und mentalitätsgeschichtlicher Untersuchungen der Metropolenemigration, vor allem aber am Schicksal der großstädtischen politischen und kulturellen Avantgarden und ihrer Fähigkeit, sich in den neuen Metropolen zu reorganisieren, analysiert. Ein spezielles Kapitel ist dem Imaginären der Metropolen, seiner Rekonstruktion und Repräsentation in Literatur und Fotografie gewidmet.

Band 21/2003
Film und Fotografie
296 Seiten

Als »neue« Medien verbinden Film und Fotografie stärker als die traditionellen Künste Dokumentation und Fiktion, Amateurismus und Professionalität, künstlerische, technische und kommerzielle Produktionsweisen. Der Band geht den Produktions- und Rezeptionsbedingungen von Film und Fotografie im Exil nach, erforscht anhand von Länderstudien und Einzelschicksalen Akkulturations- und Integrationsmöglichkeiten und thematisiert den Umgang mit Exil und Widerstand im Nachkriegsfilm.

Band 22/2004
Bücher, Verlage, Medien
292 Seiten

Die Beiträge des Bandes fokussieren die medialen Voraussetzungen für die Entstehung einer nach Umfang und Rang weltgeschichtlich singulären Exilliteratur. Dabei geht es um das Symbol Buch ebenso wie um die politische Funktion von Zeitschriften, aber auch um die praktischen Arbeitsbedingungen von Verlagen, Buchhandlungen etc. unter den Bedingungen des Exils.

Band 23/2005
Autobiografie und wissenschaftliche Biografik
263 Seiten

Neben Autobiografien als Zeugnis und Dokument sind Erinnerung und Gedächtnis in den Vordergrund des Erkenntnisinteresses der Exilforschung gerückt. Die »narrative Identität« (Paul Ricœur) ist auf Kommunikation verwiesen, sie ist unabgeschlossen, offen für Grenzüberschreitungen und interkulturelle Erfahrungen; sie artikuliert sich in der Sprache, in den Bildern, aber auch über Orte und Dinge des Alltags. Vor diesem Hintergrund stellt der Band autobiografische Texte, wissenschaftliche Biografien und Darstellungen zur Biografik des Exils vor und diskutiert Formen und Funktionen ästhetischen, historischen, fiktionalen und wissenschaftlichen Erzählens.

Band 24/2006
Kindheit und Jugend im Exil
Ein Generationenthema
284 Seiten

Das als Kind erfahrene Unrecht ist vielfach einer der Beweggründe, im späteren Lebensalter Zeugnis abzulegen und oft mit Genugtuung auf ein erfolgreiches Leben trotz aller Hindernisse und Widrigkeiten zurückzublicken. Kindheit unter den Bedingungen von Verfolgung und Exil muss also einerseits als komplexes, tief gehendes und lang anhaltendes Geschehen mit oftmals traumatischen Wirkungen über mehrere Generationen gesehen werden, andererseits können produktive, kreative Lebensentwürfe nach der Katastrophe zu der nachträglichen Bewertung des Exils als Bereicherung geführt haben. Diesen Tatsachen wird in diesem Band konzeptionell und inhaltlich anhand neu erschlossener Quellen nachgegangen.

Band 25/2007
Übersetzung als transkultureller Prozess
305 Seiten

Übersetzen ist stets ein Akt des Dialogs zwischen dem Selbst und dem Anderen, zwischen kulturell Eigenem und Fremdem. Übersetzen bedeutet insofern auch deutende Vermittlung kultureller Verschiedenheit im Sinne einer »Äquivalenz des Nicht-Identischen« (P. Ricœur). Ein kulturtheoretisch fundierter Übersetzungsbegriff ist daher geeignet, die traditionelle Exilliteratur aus den Engpässen von muttersprachlicher Fixierung und der Fortschreibung von Nationalliteraturen herauszuführen. Er regt dazu an, das Übersetzen als Alternative zu den Risiken von Dekulturation bzw. Akkulturation aufzufassen und nach Formen der Lokalisierung neuer Identitäten zu suchen, welche in der Extraterritorialität der Sprache und in der Entstehung einer interkulturellen »Literatur des Exils« ihren Ausdruck finden.

Der Band präsentiert Überlegungen und Analysen zu Übersetzern und Übersetzungen von bzw. durch Exilautorinnen und -autoren (u. a. Hermann Broch, Heinrich Mann, Hans Sahl, Anna Seghers). Er enthält Studien zu Sprachwechsel und Mehrsprachigkeit sowie Beispiele eines Schreibens »zwischen« den Sprachen (Walter Abish, Wladimir Nabokov, Peter Weiss), die eine geografische und zeitliche Entgrenzung der »Exilliteratur« nahelegen.

Ein Register aller Beiträge der Bände 1 bis 25 des Jahrbuchs rundet den Band ab und gibt einen Überblick über den Stand der Exilforschung.

Band 26/2008
Kulturelle Räume und ästhetische Universalität
Musik und Musiker im Exil
263 Seiten

Das Themenspektrum des Bandes reicht von allgemeinen Überlegungen zum Doppelcharakter von Musik als »Werk und Zeugnis« über Musik in Exilzeitschriften, die Migration von Musiker/Komponisten-Archiven, die Frage nach »brain drain« und »brain gain« in der Musikwissenschaft bis zum Beitrag von Musikern in der Filmindustrie und einer Fallstudie zum Exil in Südamerika.

Band 27/2009
Exil, Entwurzelung, Hybridität
254 Seiten

Vor dem Hintergrund des Begriffs Hybridität, einem der Schlüsselbegriffe in den Kulturwissenschaften, versammelt der vorliegende Band Beiträge, die dazu anregen sollen Vertreibungen und Entwurzelungen sowie die damit verbundenen Integrationsprozesse unter differenten gesellschaftspolitischen Verhältnissen, insbesondere auch im Zeichen der heutigen Massenwanderungen zu vergleichen.

Band 28/2010
Gedächtnis des Exils
Formen der Erinnerung
276 Seiten

Mit dem Zurücktreten der Zeitzeugen haben sich die Formen der Wahrnehmung des Exils verändert: Gedächtnis und Erinnerung bilden Ausgangspunkt und Rahmen der wissenschaftlichen Auseinandersetzung. Der Band stellt Institutionen des kulturellen Gedächtnisses wie Archive und Bibliotheken vor und untersucht Formen der Erinnerung und des Vergessens am Beispiel von Ausstellungen, Schulbüchern und literarischen Texten.

Band 29/2011
Bibliotheken und Sammlungen im Exil
272 Seiten

Private Bibliotheken sind Spiegelbilder von Interessen und Leidenschaften ihrer Eigentümer, sie dokumentierten einst sozialen Aufstieg und Ansehen in der bürgerlichen Kultur. Der Nationalsozialismus hat wesentliche Teile davon zerstört, eine Mitnahme dieser Überlieferung ins Exil war die Ausnahme. Bisher ließen sich immerhin überlebende Zeitzeugen ansprechen, doch solche Informationsquellen versiegen allmählich, sodass »Archive« zur künftigen Basis der Forschung werden. Während es im Bereich der Nachlassermittlung bereits umfassende Kenntnisse gibt, ist das Wissen über die verlorenen, zerstörten oder geretteten Bibliotheken derzeit noch unterentwickelt. Daher richtet der vorliegende Band den Blick auf dieses Überlieferungssegment. Dabei geht es nicht allein um die Texte, sondern auch um die Materialität, Ästhetik und haptische Bedeutung von Büchern jenseits ihrer Funktion.

Band 30/2012
Exilforschungen im historischen Prozess
358 Seiten

Die Exilforschung ist auf dem Wege der Historisierung. Eine übergreifende Bilanz steht indes noch aus. Nach drei Jahrzehnten seines Erscheinens erhellt der neue Band des Jahrbuches, wie sich die Exilforschung als eigenes Forschungsfeld entwickelt hat. Exemplarisch werden Eindrücke von den Forschungsaktivitäten in einzelnen Ländern und den transnationalen Netzwerkaktivitäten vermittelt. Auf systematische Fragestellungen und aktuelle Forschungsinteressen wird hingewiesen. Neben jüngeren Wissenschaftlerinnen und Wissenschaftlern gehören zum Kreis der Autoren einige Akteure der ersten Stunde mit ihren Deutungen aus der Doppelperspektive von beteiligtem Zeitzeugen und distanziert analysierendem Historiker.

Ausführliche Informationen über alle Bücher des Verlags im Internet unter:
www.etk-muenchen.de

Exilforschung in der edition text + kritik

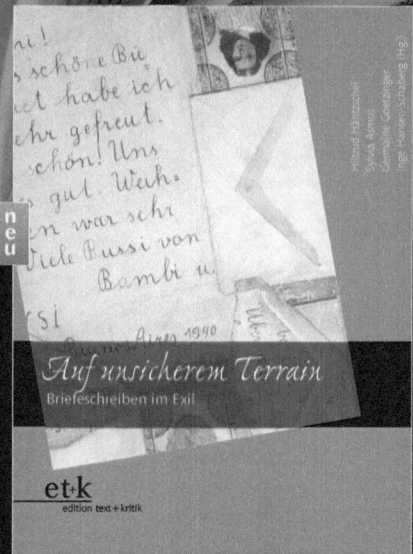

Hiltrud Häntzschel
Sylvia Asmus
Germaine Goetzinger
Inge Hansen-Schaberg (Hg.)

AUF UNSICHEREM TERRAIN
Briefeschreiben im Exil
200 Seiten, zahlreiche
s/w-Abbildungen, € 24,–
ISBN 978-3-86916-272-0

Im Exil ist das Selbstverständnis der Emigranten infrage gestellt und muss neu überdacht werden: Das Verhältnis zur »Heimat«, zur politischen Position und zum Jüdischsein, zur Muttersprache, zum Schreiben, zum Leben, zur Partnerschaft gerät ins Wanken. Der neue Band aus der Reihe »Frauen und Exil« erschließt Korrespondenzen berühmter Intellektueller wie Anna Seghers, Hannah Arendt und Gershom Scholem und gibt einen tiefen Einblick in die Gefühls- und Erfahrungswelt der Emigranten.

edition text + kritik   Levelingstraße 6a   info@etk-muenchen.de
                         81673 München   www.etk-muenchen.de

Film in der edition text + kritik

FILM & SCHRIFT
Band 16
HANS WOLLENBERG
Filmpublizist
Konzeption und Redaktion:
Rolf Aurich, Ulrich Döge
und Wolfgang Jacobsen
267 Seiten, s/w-Abbildungen
€ 20,–
ISBN 978-3-86916-210-2

Seit 1920 war Hans Wollenberg Redakteur und juristischer Berater bei der von Karl Wolffsohn verlegten »Lichtbild-Bühne«. Nach einem Intermezzo als Produzent – darunter für Paul Czinners Film »Nju« mit Elisabeth Bergner – kehrte er 1926 zu Wolffsohn zurück und begann eine verstärkte Vermittlungs- und Publikationstätigkeit, bis er 1933 aus dem Verlag entlassen wurde. Als Chefredakteur der Wochenzeitschrift des Reichsbundes jüdischer Frontsoldaten wurde ihm Redeverbot erteilt, er reiste 1938 in die Tschechoslowakei aus und versuchte ab 1939, sich in England eine neue Existenz aufzubauen. Erst 1944 gelang ihm in der Emigration der Wiedereinstieg ins Filmgeschäft, neuerlich als Autor und Editor – so publizierte er 1948 die Studie »Fifty Years of German Film«. Aus einer zaghaften Annäherung an Deutschland wurde beim filmhistorisch kundigen Wollenberg ein zunehmend stärkeres Engagement für die Demokratie in Westdeutschland und für einen freien deutschen Film.

edition text + kritik Levelingstraße 6a info@etk-muenchen.de
81673 München www.etk-muenchen.de

www.ingramcontent.com/pod-product-compliance
Lightning Source LLC
Chambersburg PA
CBHW020605300426
44113CB00007B/520